Karl Barth, Die Kirchliche Dogmatik

Studienausgabe Band 5

Studienausgabe Band 5

KARL BARTH

DIE KIRCHLICHE DOGMATIK

Die Lehre vom Wort Gottes
Prolegomena zur Kirchlichen Dogmatik

I, 2 §§ 19–21

Die heilige Schrift

Theologischer Verlag Zürich

Die Deutsche Bibliothek – CIP-Einheitsaufnahme

Barth, Karl:
Die Kirchliche Dogmatik / Karl Barth. – Studienausg. – Zürich:
Theol. Verl.

Studienausg. Bd. 5
1, Die Lehre vom Wort Gottes:
Prolegomena zur kirchlichen Dogmatik;
3. Die heilige Schrift. – §§ 19–21. – 1993
ISBN 3–290–11605–0

Erstausgabe: Zollikon-Zürich 1938

INHALT

DIE LEHRE VOM WORT GOTTES

DRITTES KAPITEL: DIE HEILIGE SCHRIFT

DRITTES KAPITEL

DIE HEILIGE SCHRIFT

§ 19

GOTTES WORT FÜR DIE KIRCHE

Gottes Wort ist Gott selbst in der heiligen Schrift. Denn nachdem Gott als der Herr einmal zu Mose und den Propheten, zu den Evangelisten und Aposteln geredet hat, redet er durch deren geschriebenes Wort als derselbe Herr zu seiner Kirche. Die Schrift ist heilig und Gottes Wort, indem sie der Kirche durch den Heiligen Geist zum Zeugnis von Gottes Offenbarung wurde und werden wird.

1. DIE SCHRIFT ALS ZEUGNIS VON GOTTES OFFENBARUNG

Die Aufgabe der Dogmatik (vgl. Kirchl. Dogm. I 1 § 7, 1) ist die Frage nach dem Wort Gottes in der Verkündigung der christlichen Kirche, oder konkret: die Frage nach der Übereinstimmung dieser Verkündigung mit der heiligen Schrift als dem Worte Gottes. Zur Klärung dieser Frage als solcher haben wir zunächst nach der sowohl der kirchlichen Verkündigung als auch der heiligen Schrift vorgeordneten Gestalt des Wortes Gottes, d. h. nach Gottes Offenbarung fragen müssen. Weil und indem Gott sich offenbart hat, gibt es ein Wort Gottes, gibt es auch heilige Schrift und kirchliche Verkündigung als Wort Gottes, gibt es eine Beziehung und Korrespondenz zwischen beiden, wird die Frage nach ihrer Übereinstimmung möglich und notwendig. Auf die Frage nach diesem in beiden anderen Gestalten des Wortes Gottes vorausgesetzten Begriff der Offenbarung haben wir nun Antwort bekommen. Wir haben diese Antwort nicht frei gesucht und gefunden, sondern wir haben sie der Bibel entnommen, weil diese ein Zeichen ist, das, wie niemand bestreiten kann, auf eine der Verkündigung der Kirche gegenüberstehende überlegene Instanz jedenfalls hinweist. Wir meinten, im Widerspruch gegen den römischen Katholizismus und gegen den protestantischen Modernismus dieses Zeichen ernst nehmen zu sollen. Darum haben wir uns die Antwort auf die Frage nach der Offenbarung in allen entscheidenden Stücken durch die Bibel geben lassen. Und nun hat uns die Bibel Antwort gegeben. Sie hat uns die Herrschaft des dreieinigen Gottes in dem fleischgewordenen Worte durch den Heiligen Geist bezeugt.

Eben damit hat uns die Bibel nun aber auch, ohne daß zunächst danach gefragt war, eine Antwort hinsichtlich ihrer selbst gegeben. Wir wissen jetzt, inwiefern sie auf eine der Verkündigung der Kirche gegenüberstehende überlegene Instanz hinweist: eben insofern offenbar, als sie Zeugnis von Gottes Offenbarung ist. Wir haben nicht umsonst auf dieses Zeichen geachtet. Es hat sich als solches bewährt, es hat uns etwas gezeigt, und zwar tatsächlich eine gegenüber aller in der Kirche sich ereignenden, auf Kirchlichkeit Anspruch erhebenden Verkündigung überlegene, richterliche, entscheidende Instanz gezeigt. Anerkennt die Kirche diese Instanz und anerkennt sie also die konkrete Bedeutung der Bibel als das auf diese Instanz hinweisende Zeichen? Anerkennt sie, daß die Frage der Dogmatik ihre eigene Frage sein muß: die Frage nach der Übereinstimmung ihrer Verkündigung eben mit diesem Zeichen, weil ihr in, mit und unter diesem Zeichen das Wort Gottes gegenübergestellt ist, mit dem sie übereinstimmen muß, wenn sie selber Wort Gottes sein will? Die Dogmatik kann diese Frage nicht für die Kirche beantworten. Sie kann das nur an ihrem bestimmten Ort in der Kirche tun. Ist sie eine kirchliche Dogmatik, wie sollte sie sie dann anders als positiv beantworten?

Wir verstehen, nachdem uns der Inhalt des biblischen Zeugnisses vor Augen steht, besser als vorher, daß die tatsächliche Anerkennung dieses Zeugnisses und die Willigkeit, ihm Folge zu leisten, immer ein zugleich ganz wunderbares und ganz schlichtes, ganz anspruchsloses Geschehen sein wird. Wenn das biblische Zeugnis in der Kirche Gehorsam findet, dann ist es eben so: in aller Unscheinbarkeit, ohne allen Schmuck besonderer Gründe und Rechtfertigungen, ohne Berufung auf prophetische Sendung, Erfahrung und Erleuchtung. Wir können jetzt rückblickend auf den Inhalt dieses Zeugnisses sagen: die Herrschaft des dreieinigen Gottes hat sich dann eben als Tatsache erwiesen. Wenn dem so ist, wenn also auch der Gehorsam gegen dieses Zeugnis Tatsache ist, wenn also die kirchliche Verkündigung tatsächlich diesem Zeugnis unterworfen, an ihm gemessen und nach ihm ausgerichtet wird, dann wird man nach äußeren und inneren Gründen und Rechtfertigungen: warum gerade die Bibel? gar nicht fragen. Gerade der Bibel wird man es ja, wenn man ihr je gehorsam werden sollte, überlassen, sich in dem, was dann geschehen wird, selbst zu beglaubigen, d. h. ihr Zeugnis von Gottes Offenbarung, das man dann wohl gehört hat, selbst zu wiederholen, so daß es dem Gehorsamen selbst und allen Anderen wieder vernehmbar wird. Jede Berufung, durch die der Gehorsame — als ob das nötig wäre — seinen Gehorsam auch noch begründen wollen könnte, würde ja dessen Charakter als Gehorsam sofort wieder in Frage stellen müssen. Wo die Herrschaft des dreieinigen Gottes Tatsache ist, da ist sie selbst Grund, und Grund genug, zum Gehorsam.

Was es unter Voraussetzung solchen Gehorsams für die kirchliche Verkündigung bedeutet, dem biblischen Zeugnis unterworfen, an ihm gemessen, nach ihm ausgerichtet zu werden, darüber kann und muß freilich nachgedacht und geredet werden: wir werden dieser Frage im letzten Kapitel dieser Prolegomena nachgehen, wo die Aufgabe der Dogmatik ihre letzte konkrete Formulierung bekommen soll. — Bevor wir an diese Frage herantreten können, bedarf es offenbar einer besonderen Besinnung darüber, was es — wiederum unter Voraussetzung jenes unscheinbaren Gehorsams — nun eben mit der Bibel als solcher auf sich hat: mit ihrem Wesen als zeigendes Zeichen und in ihrem Verhältnis zu dem von ihr Gezeigten, mit ihrem normativen und kritischen Charakter gegenüber der kirchlichen Verkündigung, mit ihrer begrenzenden und bestimmenden Bedeutung für das Leben der Kirche im Ganzen und in ihren einzelnen Gliedern. Darüber müssen wir uns ja klar sein: in jenem unscheinbaren Gehorsam dem biblischen Zeugnis gegenüber steckt, ausgesprochen oder unausgesprochen, eine ganz bestimmte Erkenntnis hinsichtlich dieses Zeugnisses. Schon der bereits ausgesprochene Satz: daß es das Zeugnis von der Offenbarung ist, ist gewichtig und gehaltvoll genug. Er bedarf aber der Umschreibung und Erläuterung. Und er dürfte der einzige Satz, der hier auszusprechen ist, nicht sein. Ist es das Zeugnis von der Offenbarung und gibt es in aller Unscheinbarkeit einen echten und notwendigen Gehorsam gegen dieses Zeugnis, dann muß dieses Zeugnis selbst und als solches — nicht weniger als die Offenbarung, von der es zeugt — in Kraft der von ihm bezeugten Offenbarung Gottes Wort sein, und es muß ihm in der Kirche im Unterschied zu allen anderen Worten und Zeichen die Würde und Geltung des Wortes Gottes zukommen. Es kann nicht überflüssig sein, das alles durchzudenken und auszusprechen, schon darum nicht, weil unsere Stellung zu diesem Zeugnis sicher immer wieder der Prüfung bedarf, der Nachfrage: ob sie jener unscheinbare, aber echte und notwendige Gehorsam denn auch wirklich sei. Die Voraussetzung dieses Gehorsams — den wir freilich nicht schaffen, sondern den wir nur als Tatsache voraussetzen können, muß bei der Beantwortung jener nachher aufzuwerfenden Frage nach der konkreten Aufgabe der Dogmatik gegenüber der Verkündigung in sich geklärt sein. Diese Klärung ist aber nicht wohl anders zu vollziehen als dadurch, daß wir die in dem echten und notwendigen Gehorsam gegen das biblische Zeugnis enthaltene Erkenntnis hinsichtlich des Charakters und der grundsätzlichen Bedeutung dieses Zeugnisses ans Licht zu stellen suchen. Es ist also die Lehre von der heiligen Schrift, der wir uns nun zuzuwenden haben.

Wir haben damit den Punkt erreicht, dessen ausdrückliche Fixierung und Hervorhebung für das Bekenntnis und für die Lehre der Reformationskirchen des 16. Jahrhunderts in ihrem Gegensatz gegen die römische Kirche wie gegen die Schwärmer und Spiritualisten nach ihrem eigenen Bewußtsein und Empfinden so wichtig war, daß sich die Regel bald und mit der Zeit immer bestimmter durchsetzte, die kirchlichen Erklärungen über das Bekenntnis und dann auch die theologischen Darstellungen der evangelischen Lehre mit einer Darlegung gerade dieser Erkenntnis: der Erkenntnis hinsichtlich des Charakters und der Bedeutung der heiligen Schrift zu eröffnen. *Fallitur quisquis aliunde christianismi formam petit, quam e sacra scriptura,* hatte Melanchthon schon in der Vorrede seiner *Loci* von 1521 geschrieben. Bezeichnend für diese Entwicklung war die Einladung, die der Rat der Stadt Zürich Anfang 1523 zu jener entscheidenden Disputation ausgehen ließ. Es heißt darin nicht nur, daß die „göttliche geschrifft" sozusagen geschäftsordnungsmäßig die entscheidende, und zwar die allein entscheidende, gemeinsame Voraussetzung der beabsichtigten Verhandlung über die in der Kirche entstandene Entzweiung sein solle, sondern es wird hinsichtlich der zu erwartenden Ergebnisse dieser Verhandlung nicht ohne drohenden Beiklang festgestellt: Und nochdem sich mit göttlicher schrifft und worheidt erfindt, werdent hyeruff wir ein jeden heym schicken, mit befelch fürzufaren, oder abzestan, dadurch nit für und für ein jeder alles das jn gut beduncket, on grundt der rechten göttlichen schrifft an der Cantzel predige. ... Und so ferr über solichs yemants widerwertig, und nit mit rechter göttlicher leer erschinne, mit dem würden wir nach unser erkanntnüss weitter handlen das, des wir lieber enthalten sein wolten. Dementsprechend beginnen die von Zwingli verfaßten Thesen für die Berner Disputation von 1528 mit dem lapidaren Satz: Die heylig Christenlich Kilch, deren eynig houpt Christus, ist uss dem wort Gotts geborn, im selben belybt sy, und hört nit die stimm eines frömbden. Dass die Augsburger Konfession der Kirchen lutherischer Herkunft von 1530 im Unterschied zu der gleichzeitig eingereichten zwinglisch orientierten *Confessio tetrapolitana* das Schriftprinzip nicht ausdrücklich ausspricht, sondern nur stillschweigend voraussetzt, ist oft bemerkt worden; man muß aber beachten, daß Zwingli selbst, der damals ebenfalls eine Eingabe *(Fidei ratio)* an den Kaiser richtete, es darin auch nicht anders hielt, daß auch noch die Zürcher „Einleitung" von 1523, der Berner Synodus von 1532 und das Basler Bekenntnis von 1534 eine hervorgehobene Aufstellung über das Schriftprinzip ebenfalls vermissen lassen. Und wenn Luther sie in seinen Katechismen von 1529 unterlassen hat, so ist dasselbe doch auch von dem Calvins von 1545 zu sagen. Es handelt sich also nicht etwa um eine spezifisch reformierte Angelegenheit; das zeigt sich auch nachher, als die Hervorhebung des Schriftprinzips in allgemeinere Aufnahme kam. Wird sie, seit der *Conf. helv. prior* und der Genfer *Confession de la foy* (beide 1536) als Eingangsartikel der reformierten Bekenntnisschriften allerdings typisch und ist auch der berühmte Eingang der *Institutio* Calvins nur zu verstehen, wenn man sieht, daß ihr Skopus eben die Behauptung des Schriftprinzips im Gegensatz zu allen durch den Sündenfall verschütteten sonstigen Quellen der Gotteserkenntnis ist, so steht diese doch auch am Anfang von Melanchthons *Examen ordinandorum* (1559), am Anfang des *Examen concilii Tridentini* des Martin Chemnitz (1565), am Anfang der beiden Teile der Konkordienformel (1579). Und es ergibt ein Vergleich zwischen den älteren dogmatischen Werken der Orthodoxie: etwa zwischen den *Loci* des Joh. Gerhard (1610 f.) und dem *Compendium* des Leonhard Hutterus (1610) auf der einen, den *Loci* des Petrus Martyr (1576), den *Institutiones theologicae* des W. Bucan (1602), dem *Syntagma* des Polanus (1609), dem *Compendium* des J. Wolleb (1626) auf der anderen Seite: daß das Schriftprinzip bei den Lutheranern jetzt womöglich noch beflissener und sichtbarer als bei den Reformierten an die Spitze des theologischen Systems gerückt wurde. Bei diesem seinem Charakter als der formalen Grundlehre der evangelischen Kirche ist es denn auch geblieben, bis es als solche durch das neue Dogma *De religione* erst konkurrenziert, dann faktisch, dann weithin auch theoretisch verdrängt wurde. Für die Theologie des 18. und 19. Jahrhunderts war es im ganzen zu einer ehrwürdigen historischen Reminiszenz und zu einer Verlegenheit geworden. Man darf aber seine latente Fortexistenz auch in dieser Zeit nicht übersehen: Aus der Kirche ist ja die Bibel als die ordnungsmäßige Textgrundlage der Verkündigung nie verschwunden, und von ihrer faktischen Geltung gibt die Bibelkritik und später die Bibelwissenschaft, in der die Theologie sich nun erst recht betätigte, ein indirektes, aber um so eindrucksvolleres Zeugnis. Und als in den letzten Jahren zunächst der Protestantismus in Deutschland zu einer Besinnung, Rechenschaftsablage und Abwehr aufgerufen wurde durch eine innere Bedrohung, in der seine ganze schleichende Erkrankung der letzten Jahrhunderte auf einmal akut geworden sein dürfte, da war es weder Zufall noch Willkür, wenn schon im Mai 1933 an der Spitze der sog. Düsseldorfer Thesen jener Satz Zwinglis von 1528 wörtlich wieder auftauchte und wenn im Januar 1934 die Freie Reformierte Synode von Barmen-Gemarke als erste von den Freien Synoden, in denen sich die Bekennende Kirche konstituierte, aber nachher im Mai 1934 auch die Reichssynode von Barmen aufs neue und in bestimmter polemischer Abgrenzung mit einer gewissen automatischen Notwendigkeit eben das reformatorische Schriftprinzip geltend machte und bekenntnismäßig zum Ausdruck brachte. Es scheint schon so zu sein, daß der in diesem Prinzip enthaltene Spruch und Widerspruch, die diesem Prinzip entsprechende Gehorsamsstellung dem Protestantismus als solchem wesentlich ist: ob das Prinzip nun ausdrücklich als solches formuliert wird oder nicht. Wenn er einmal nicht mehr so reagieren könnte, wie er es in der Zeit der Gegenreformation und dann doch auch in unseren Tagen getan hat, wenn die Kirche es einmal wagen würde, das Zeichen der ihren Gottesdienst und Unterricht beherrschenden Bibel einfach zu entfernen, das wäre allerdings das Ende des Protestantismus. Er würde dann damit — eben um diesen und nur um diesen Protest muß es ihm ja gehen — aufhören zu protestieren. In dem Maß, als er protestieren muß und will, nach dem Gesetz des konkreten, doppelten Gegensatzes, nach dem er angetreten, wird auch die Formulierung dieses Prinzips immer wieder unvermeidlich werden.

Es handelt sich also bei der Lehre von der heiligen Schrift als solcher um das Bekenntnis, in welchem die Kirche die der rechten und notwendigen Gehorsamsstellung gegenüber dem Zeugnis von der Offenbarung entsprechende Erkenntnis sich klarmacht und damit in erster Linie sich selbst bei dieser Stellung behaftet und festlegt. Es dürfte wichtig sein, sich zum vornherein dagegen zu verwahren, als könnte es nun etwa doch noch zu einer Begründung und Rechtfertigung dieser Stellung kommen. Wo die Bibel als Zeugnis von Gottes Offenbarung gesprochen hat und als solche vernommen und anerkannt worden ist, da ist der Mensch in diese Stellung gedrängt, da hat er alle Hände voll mit dem zu tun, was in dieser Stellung getan werden muß, da hat er keinen Raum und keine Zeit, sich zu fragen, ob und warum er auch in Zukunft in ihr verharren könne und wolle, da hat er schon für den Gedanken, daß er vielleicht auch nicht in ihr verharren könnte oder wollen könnte, gar nicht die Freiheit, und also auch nicht die Möglichkeit, sich nach Begründungen und Rechtfertigungen für seine Stellungnahme umzusehen. Die Lehre von der heiligen Schrift kann also nur bestätigen: wir sind durch das Zeugnis von der Offenbarung in diese Stellung versetzt; wir bekennen uns dazu und also zu der Notwendigkeit alles dessen, was in dieser Stellung geschehen muß.

Man könnte fragen: Ist ein solches Bekenntnis nötig? Genügt nicht die Tatsache, daß wir in diese Stellung versetzt sind, und also der daselbst zu leistende Gehorsam selbst und als solcher? Ist nicht jede Lehre von der heiligen Schrift als solche ein überflüssiges Herr-Herr-Sagen? Und man könnte weiter fragen, ob denn solches Bekenntnis als eine Bestätigung unserer eigenen Stellungnahme nicht gefährlich sein, nicht doch wieder auf eine Begründung und Rechtfertigung hinauslaufen möchte, mit der wir unseren Gehorsam nur in Frage stellen könnten?

Auf die erste dieser Fragen ist zu antworten: Das Bekenntnis zur heiligen Schrift als dem Zeugnis von Gottes Offenbarung ist nötig, wenn und sofern wir nach unserer Stellung zu ihr gefragt sind. Wir sind aber tatsächlich immer wieder nach ihr gefragt: von der Schrift selbst, die ja wirklich auch das von uns haben will, daß wir wissen, was wir tun, wenn wir ihr gehorchen — von anderen Menschen, die uns nahelegen möchten, eine andere Stellung als diese zu beziehen, die in aufrichtiger oder unaufrichtiger Meinung von uns wissen möchten, ob wir uns denn des Sinnes und der Konsequenzen dessen, was wir tun, bewußt seien? — endlich von uns selbst, sofern Gehorsam und Ungehorsam sich doch auch, und genau gesehen vor allem: in uns selbst, im Gespräch gegenüberstehen. Also: als die sichtbar zu machende Grenze des Gehorsams gegenüber dem Ungehorsam ist das Bekenntnis zur Schrift selber ein notwendiger Bestandteil des Gehorsams gegen die Schrift.

Wenn Jesus nach Matth. 7, 21 f. gesagt hat, daß nicht alle, die Herr Herr zu ihm sagen, in das Himmelreich kommen, sondern die den Willen tun seines Vaters im Himmel, so ist damit nicht gesagt, daß, wo der Wille dieses Vaters getan wird, das Herr-Herr-Sagen unterbleiben solle oder auch nur könne. Daß das Bekenntnis nur das Bekenntnis des Gehorsams sein kann, hebt nicht auf, daß eben der Gehorsam sich dem eigenen und fremden Ungehorsam gegenüber, in Anerkennung und Überwindung der ständig drohenden Versuchung, als Gehorsam auch bekennen muß.

Auf die zweite Frage ist zu antworten: Um eine Bestätigung unserer eigenen Stellung kann es bei dem Bekenntnis zur heiligen Schrift nur insofern gehen, als wir uns durch dieses Bekenntnis, d. h. durch die Klarstellung und Aussprache des Charakters und der Würde, die dem Offenbarungszeugnis als solchem eigen sind, in unserer Stellungnahme ihm gegenüber selbst zur Ordnung rufen, uns selbst bei ihr behaften und festlegen. Es wird, wenn das recht geschieht, dafür gesorgt sein, daß es dabei nicht zu einer Begründung und Rechtfertigung unserer Stellungnahme, sondern nur zu einem wiederholten Aufweis ihrer Notwendigkeit kommt. Das eben wird ja der Inhalt der rechten Lehre von der heiligen Schrift sein müssen: die Entwicklung unserer Erkenntnis des in sich begründeten und gerechtfertigten Gesetzes, unter dem wir stehen, wenn wir es wirklich mit dem Zeugnis der Offenbarung zu tun haben. Der Infragestellung durch die Erkenntnis dieses Gesetzes, die damit unserem Gehorsam in der Tat wiederfahren wird, bedarf er aber, so gewiß wir gerade durch diese Infragestellung zu einem reinen, von allen Begründungen und Rechtfertigungen absehenden Gehorsam aufgerufen werden.

Wir werden aber als den echten Gehalt dieser beiden Fragen die Erinnerung gewiß gerne festhalten, daß das Bekenntnis zur heiligen Schrift, d. h. die Explikation der im Gehorsam gegen sie enthaltenen Erkenntnis ihrer Wirklichkeit und ihres Wesens in der Tat eine überflüssige und gefährliche und dann gewiß trotz aller Genauigkeit und Vollständigkeit unglaubwürdige Beteuerung wäre, wenn uns der dabei vorausgesetzte Gehorsam selbst etwa fremd sein sollte. Ist die Lehre von der heiligen Schrift nichts anderes als der notwendige Exponent ihrer rechten Exegese, so werden wir uns umgekehrt gerne daran erinnern lassen, daß die rechte Lehre von der heiligen Schrift keine abstrakte Gültigkeit beanspruchen kann, sondern ihre Bewährung immer wieder in der Exegese und also in der heiligen Schrift selber wird suchen und finden müssen.

Der grundlegende Satz dieser Lehre, der Satz: daß die Bibel das Zeugnis von Gottes Offenbarung ist, ist selber schlicht darin begründet, daß die Bibel auf unsere Frage nach Gottes Offenbarung tatsächlich Antwort gegeben, daß sie uns die Herrschaft des dreieinigen Gottes vor Augen gestellt hat. Gewiß hätten wir diese Antwort nicht vernehmen können, wenn wir nicht als Glieder der Kirche beständig auf die Stimme der Kirche gehört, d. h. wenn wir nicht die Auslegung der Bibel durch die, die vor uns und mit uns Glieder der Kirche waren und sind, respektiert und, so gut wir es konnten, fruchtbar gemacht hätten. Über diese wichtige Bestimmung des rechten Gehorsams gegen die Schrift, in welcher auch eine Bestimmung der Schrift selber zum Vorschein kommt, wird in § 20 noch ausführlich zu reden sein. Und gewiß hätten wir diese Antwort auch dann nicht vernehmen können, wenn wir die Bibel nicht auch mit unseren eigenen Augen gelesen, erforscht und bedacht, wenn wir die Verantwortung für ihre rechte Auslegung nicht auch selber mit übernommen hätten. Das ist die andere Bestimmung des Gehorsams gegen die Schrift, die wiederum auf eine Bestimmung der Schrift selber zurückweist, von der in § 21 zu handeln sein wird. Aber so gewiß die Frage nach Gottes Offenbarung umsonst an die Schrift gerichtet würde, wenn man dabei an der Auslegung der Kirche vorbeigehen oder wenn man sich die eigene Auslegung der Schrift ersparen wollte, ebenso gewiß und noch gewisser ist das andere, daß es die Schrift war, die uns hier geantwortet hat und die uns hier allein antworten konnte. Die Kirche kann nur auslegen, und auch wir selbst können nur auslegen daraufhin, und es gibt auch eine Autorität und eine Freiheit in der Kirche nur daraufhin, daß uns in der Schrift zuvor das gesagt ist, wonach wir fragen, wenn wir nach Gottes Offenbarung fragen. Der Satz, daß die Bibel das Zeugnis von Gottes Offenbarung ist, wird also dadurch, daß es auch ein notwendig zu hörendes Zeugnis der Kirche gibt und daß außerdem auch unser eigenes Zeugnis von uns gefordert ist, nicht begrenzt. Begründet sich doch die Möglichkeit sowohl des Zeugnisses der Kirche als auch unseres eigenen Zeugnisses auf die Wirklichkeit, von der jener Satz redet. Können doch alle noch zu formulierenden Sätze über jene sekundären Bestimmungen unseres Gehorsams gegen die Schrift, alle Sätze über die notwendige Autorität und über die ebenso notwendige Freiheit in der Kirche selber nur Auslegungen des Grundsatzes sein, daß es ein Wort Gottes für die Kirche gibt: darin, daß sie in der Bibel das Zeugnis von Gottes Offenbarung empfängt. Also: die Wahrheit dieses Grundsatzes ist es, die sich uns darin bewiesen und erprobt hat, daß wir, in der Bibel suchend, in der Bibel Antwort auf unsere Frage nach Gottes Offenbarung gefunden haben.

Wenn wir diesem Grundsatz nun nähertreten, wird es gut sein, auf die besondere Bestimmung zu achten, die darin liegt, daß wir die Bibel gerade ein Zeugnis von Gottes Offenbarung nennen müssen. Darin liegt zweifellos eine Einschränkung: wir unterscheiden damit die Bibel als solche von der Offenbarung. Ein Zeugnis ist ja nicht einfach identisch mit dem von ihm und in ihm Bezeugten. So entspricht es ja auch den Tatsachen, auf die die Wahrheit des ganzen Satzes gegründet ist: wir stießen in der Bibel auf in menschlicher Sprache von Menschen geschriebene Worte, wir haben in diesen Worten und also durch ihr Medium gehört von der Herrschaft des dreieinigen Gottes. Wir haben es also, wenn wir es mit der Bibel zu tun haben, zunächst mit diesem Medium, mit diesen Worten zu tun, mit dem Zeugnis, das als solches nicht selbst die Offenbarung, sondern eben, und darin liegt die Einschränkung, nur ihr Zeugnis ist. Aber der Begriff des Zeugnisses sagt nun doch, gerade wenn wir uns diesen seinen einschränkenden Sinn deutlich vor Augen stellen, auch das höchst Positive: in dieser Einschränkung ist die Bibel von der Offenbarung gerade auch nicht unterschieden, ist die Bibel vielmehr nichts Anderes als die zu uns kommende, sich uns vermittelnde und also uns angemessene Offenbarung — uns, die wir nicht selber Propheten und Apostel und also unmittelbare, direkte Empfänger der einmaligen Offenbarung, Zeugen der Auferstehung Jesu Christi sind. Dennoch ist sie auch für uns Offenbarung: nämlich durch das Medium der in der Bibel geschriebenen Worte der Propheten und Apostel, in welchen sie als die unmittelbaren direkten Empfänger der Offenbarung für uns weiterleben, durch welche sie auch zu uns reden. Ein wirkliches Zeugnis stellt ja das von ihm und in ihm Bezeugte, obwohl es nicht mit ihm identisch ist, gegenwärtig auf den Plan. Und so entspricht es wieder den Tatsachen, auf die die Wahrheit des ganzen Satzes gegründet ist: Haben wir die biblischen Worte in ihrer ganzen Menschlichkeit wirklich gehört, haben wir sie als Zeugnis angenommen, dann haben wir offenbar von der Herrschaft des dreieinigen Gottes nicht nur gehört, sondern dann wurde sie durch dieses Medium für uns selbst Gegenwart und Ereignis. — Wollen wir die Bibel als ein wirkliches Zeugnis von Gottes Offenbarung verstehen, dann müssen wir offenbar dauernd beides vor Augen haben und gelten lassen: die Einschränkung und das Positive, ihre Unterschiedenheit von der Offenbarung, sofern sie nur menschliches Wort von ihr ist, und ihre Einheit mit ihr, sofern die Offenbarung der Grund, Gegenstand und Inhalt dieses Wortes ist.

Es würde also, um das gleich vorwegzunehmen, nicht etwa empfehlenswert sein, um der Heiligkeit der heiligen Schrift willen an ihrer Schriftlichkeit, um ihrer Göttlichkeit willen an ihrer Menschlichkeit vorbeizusehen. Wir haben nicht an ihr vorbeizusehen, an ihr sowenig wie an der Menschlichkeit Jesu Christi selber, sondern wir haben sie anzusehen, denn wir werden ihre Göttlichkeit entweder hier oder aber gar nicht zu sehen bekommen. Eben darin ist ja die Bibel ein uns wirklich gegebenes, ein uns wirklich angehendes, ein von uns wirklich entgegenzunehmendes Zeugnis von der Offenbarung, daß sie ein schriftliches, und zwar ein von Menschen wie wir selbst geschriebenes Wort ist, das wir als solches lesen, hören und verstehen können. Eben als solches müssen wir sie aber auch lesen, hören und verstehen, wenn es dazu und also zu einem Vernehmen der Offenbarung überhaupt kommen soll.

Die Forderung, daß man die Bibel historisch lesen, verstehen und auslegen müsse, ist also selbstverständlich berechtigt und kann nicht ernst genug genommen werden. Die Bibel selbst stellt diese Forderung: sie ist auf der ganzen Linie, auch da, wo sie sich ausdrücklich auf göttliche Aufträge und Eingebungen beruft, in ihrem tatsächlichen Bestand menschliches Wort, und dieses menschliche Wort will offenbar eben als solches ernst genommen, gelesen, verstanden und ausgelegt sein. Alles Andere hieße an der Wirklichkeit der Bibel und damit auch an der Bibel als Zeugnis der Offenbarung vorbeisehen. Die Forderung „historischen" Verständnisses der Bibel muß ja sinnvollerweise dies bedeuten: daß man sie als das nehmen soll, was sie unzweideutig ist und sein will: eine durch bestimmte Menschen zu bestimmten Zeiten in bestimmter Lage, in bestimmter Sprache und Absicht geschehene menschliche Rede, daß ihr Verständnis redlich und rückhaltlos ein durch alle damit angedeuteten Gesichtspunkte geleitetes Verständnis sein soll. Wenn das Wort „historisch" ein modernes Wort ist, so ist doch die Sache wirklich nicht erst in der Neuzeit erfunden worden. Und wenn die nähere Bestimmung des in diesem Sinn „Historischen" wandelbar ist und sich in den Zeiten in der Tat stark gewandelt hat, so ist es doch klar, daß die Bibel, wann und wo immer sie wirklich gelesen, verstanden und ausgelegt wurde, in diesem Sinn „historisch" und nicht unhistorisch, d. h. nicht unter Vorbeisehen an ihrer konkreten Menschlichkeit gelesen wurde. Sofern das letztere doch geschah, ist sie eben überhaupt nicht wirklich gelesen worden. Wir haben also wirklich nicht nur keinen Anlaß, uns dieser Forderung zu entziehen, sondern wir haben allen Anlaß, sie gerade theologisch ganz streng geltend zu machen.

Aber nun werden wir, gerade wenn wir die Menschlichkeit der Bibel ganz ernst nehmen, auch damit ganz ernst machen müssen, daß sie eben als menschliches Wort etwas Bestimmtes sagt, daß sie also als menschliches Wort über sich selbst hinausweist, daß sie als Wort auf eine Sache, auf einen Gegenstand hinweist. Auch darin ist sie echtes, menschliches Wort. Welches menschliche Wort täte dies nicht? Wir reden nicht um des Redens, sondern um des durch unser Reden zu vollziehenden Hinweises, wir reden um des mit unserer Rede Bezeichneten oder Gemeinten willen. Auf ein uns gesagtes menschliches Wort hören kann also nicht etwa nur das heißen, daß wir dieses Wort als solches zur Kenntnis nehmen. Es kann sein Verständnis nicht etwa bloß darin bestehen, daß wir ergründen, aus welchen Voraussetzungen und in welcher Lage, in welchem sprachlichen Sinn und in welcher Absicht, in welchem konkreten Zusammenhang — und in diesem Sinn: in welcher Meinung der Andere uns nun eben dies oder das gesagt haben möchte. Und es kann die Auslegung seines Wortes unmöglich nur in der Auslegung bestehen, die ich mir, indem ich ihn anhöre, unwillkürlich oder auch bewußt, von ihm selbst, dem Redenden, zu machen versuche. Mit all dem wäre ich ja an sein Wort als solches gerade noch nicht herangekommen. Ich hätte mich mit dem Allen bestenfalls auf das Hören, Verstehen, Auslegen vorbereitet. Würde ich diese Vorbereitung schon für das Hören, Verstehen, Auslegen selbst halten und also dabei stehenbleiben, mich mit dem Wort als solchem und seinem Sprecher zu beschäftigen, wie würde ich mich da täuschen! Wie gänzlich vergeblich würde der andere dann für mich geredet haben. Gerade vom Hören eines menschlichen Wortes kann doch sinnvollerweise nur da die Rede sein, wo es uns nicht nur in seiner Funktion des Hinweisens auf ein durch das Wort Bezeichnetes oder Gemeintes deutlich wird, sondern wo diese seine Funktion uns gegenüber Ereignis wird, wo es also geschieht, daß wir durch das Mittel des menschlichen Wortes dieses Bezeichneten oder Gemeinten in irgendeinem Maß selber ansichtig werden. Dann und nur dann hat ein Anderer mir etwas gesagt, und dann und nur dann habe ich von ihm etwas gehört. Alles andere, was man sonst Reden und Hören zu nennen pflegt, kann man, wenn man sich exakt ausdrücken will, nur als mißglückte Versuche, zu reden und zu hören, bezeichnen. Sollte mir ein mir gesagtes menschliches Wort wirklich nichts zu zeigen haben oder sollte ich wirklich nicht in der Lage sein, des mir durch dieses Wort Gezeigten ansichtig zu werden, dann haben wir es eben mit einem solchen mißglückten Versuch zu tun. Das Verstehen eines menschlichen Wortes setzt voraus, daß der Versuch, zu reden und zu hören, nicht mißglückt ist. Ich weiß dann, wovon die Rede ist. Auf Grund des Wortes und von ihm aus verstehe ich, was zu mir gesagt ist. Das Verstehen als solches wird nun allerdings eine Rückkehr zum Wort, ein Erforschen des Wortes selbst sein: des Wortes mit allen seinen sprachlichen und sachlichen Voraussetzungen, ein Erforschen, bei dem ich aber, indem ich mich dem Wort und dem redenden Subjekt aufs neue zuwende, meinen Standpunkt gerade außerhalb des Wortes und des redenden Subjektes einnehme: nämlich in der mir durch das Hören seines Wortes vermittelten Anschauung von der mit seinem Wort bezeichneten oder gemeinten Sache. Nochmals: hat mir sein Wort keine solche Anschauung vermittelt, ist mir die in seinem Wort bezeichnete oder gemeinte Sache nach wie vor unbekannt, dann habe ich sein Wort überhaupt nicht gehört, und wie sollte ich es dann verstehen können? Habe ich es aber gehört, wie soll ich es dann anders verstehen als von dem her, was er mir gesagt, also von der Sache, von der Anschauung her, die er mir vermittelt hat? Gewiß wird dieses Verstehen nun konkret darin bestehen, daß ich von der Sache zurückkehre zum Wort und seinen Voraussetzungen, zum redenden Subjekt in seiner ganzen konkreten Gestalt. Aber nur von der mir gesagten und von mir gehörten Sache her und gerade nicht aus sich selbst werde ich das Wort und das redende Subjekt zu erforschen versuchen. Das Ergebnis meiner so angestellten Forschung wird dann mein Auslegen dieses menschlichen Wortes sein.

Unmöglich wird meine Auslegung in einer Darstellung des zu mir redenden Menschen bestehen können! Hat er denn etwa dazu zu mir geredet, um mir sich selbst darzustellen? Welcher gewissenlosen Gewalttat würde ich mich ihm gegenüber schuldig machen, wenn der Ertrag meiner Begegnung mit ihm nun etwa nur der sein sollte, daß ich ihn jetzt kenne oder etwas besser kenne als zuvor? Welche Lieblosigkeit! Hat er denn nicht etwas gesagt zu mir? Wollte er also nicht das von mir, daß ich ihn gerade nicht *in abstracto*, sondern in seiner besonderen konkreten Beziehung zu der in seinem Wort bezeichneten oder gemeinten Sache, daß ich ihn von dieser Sache her und im Lichte dieser Sache sehe? Wieviel Unrecht tut man sich dauernd an, wieviel unleidliche Verstopfung der menschlichen Beziehungen, wieviel Abgeschlossenheit und Armut, in der infolgedessen die Einzelnen leben müssen, hat nur darin seinen Grund, daß man diesen doch in sich eigentlich sonnenklaren Anspruch, den jedes vom Einen an den Anderen gerichtete Wort bedeutet, nicht ernst nimmt.

Es könnte hier getragt werden: Woher haben wir diese eben skizzierte hermeneutische Prinzipienlehre? Nun, schon die Tatsache, daß sie, so sonnenklar sie in sich selbst sein dürfte, nun doch nicht eben allgemeine Anerkennung genießt, weist darauf hin, daß sie schwerlich aus allgemeinen, d. h. aus im Allgemeinen möglichen Überlegungen über das Wesen des menschlichen Wortes usw., also aus einer allgemeinen Anthropologie hervorgegangen sein kann. Warum pflegen die im allgemeinen möglichen Überlegungen über das Wesen des menschlichen Wortes nicht zu den eben aufgestellten Sätzen zu führen? Ich würde antworten: darum nicht, weil man sich gerade seine hermeneutische Prinzipienlehre nicht, wie es hier allerdings geschehen ist, von der heiligen Schrift diktieren läßt. Fragt man sich nämlich. wie man sich als Leser der heiligen Schrift fragen muß: was Hören, Verstehen, Auslegen bedeuten kann unter der Voraussetzung, daß das durch das menschliche Wort Gesagte, Bezeichnete, Gemeinte nun eben Gottes Offenbarung ist, dann drängt sich die eben gegebene Antwort von selbst auf. Hören heißt dann zweifellos: durch das menschliche Wort die Offenbarung zu Gesicht bekommen — Verstehen: das menschlich konkrete Wort von der Offenbarung her erforschen — Auslegen: das Wort in seiner Beziehung zur Offenbarung erklären. In Erinnerung an die allein mögliche Erklärung der heiligen Schrift haben wir die eben angegebenen Erklärungsgrundsätze aufgestellt. Allerdings nicht in der Meinung, daß sie nur für die Bibelerklärung, sondern durchaus in der Meinung, daß sie, weil für die Bibelerklärung, für die Erklärung des menschlichen Wortes überhaupt Gültigkeit, daß sie also allerdings Anspruch auf allgemeine Anerkennung habe. Weit entfernt davon, daß das menschliche Wort in der Bibel etwa eine anormale Bedeutung und Funktion hätte, zeigt es sich vielmehr gerade in der Bibel in seiner normalen Bedeutung und Funktion. Gerade am Menschenwort der Bibel muß das gelernt werden, was hinsichtlich des menschlichen Wortes im Allgemeinen zu lernen wäre. Daß dies nicht allgemein anerkannt, daß es vielmehr üblich ist, gewisse anderweitig gewonnene falsche Meinungen über die Bedeutung und Funktion des menschlichen Wortes unbesehen auch auf die Bibel anzuwenden — diese Tatsache darf uns nicht verwirren darin, daß gerade der umgekehrte Weg der richtige ist. Es gibt keine besondere biblische Hermeneutik. Aber gerade die allgemein und allein gültige Hermeneutik müßte an Hand der Bibel als Offenbarungszeugnis gelernt werden. Wir kommen also mit der angegebenen Regel nicht von einer allgemeinen Anthropologie, sondern von der Bibel her, um sie als die allgemein und allein gültige Regel nun selbstverständlich auch und erst recht auf die Bibel anzuwenden.

Daß wir die Bibel als ein menschliches Wort zu hören, zu verstehen und auszulegen haben, das ist nun also näher dahin zu erklären: wir haben zu hören, was sie uns als menschliches Wort sagt. Wir haben sie als menschliches Wort von diesem Gesagten her zu verstehen. Wir haben sie als menschliches Wort in ihrer Beziehung zu diesem Gesagten auszulegen.

Wir würden es uns also allerdings verbitten müssen, wenn uns etwa unter dem Titel eines wahrhaft „historischen" Verständnisses der Bibel ein solches Verständnis empfohlen werden sollte, das der eben angegebenen Regel nicht entsprechen würde: ein Hören, bei dem wohl auf die biblischen Worte, aber gerade nicht auf das, worauf diese Worte hinweisen, geachtet, bei dem gerade das, was gesagt wird, nicht gehört oder überhört würde; ein Verstehen der biblischen Worte aus ihrem immanenten sprachlichen und sachlichen Zusammenhang, statt in diesem Zusammenhang von dem aus, was sie sagen und was als von ihnen gesagt zu hören ist; eine Auslegung der biblischen Worte, die schließlich nur in einer Auslegung der biblischen Menschen in ihrer geschichtlichen Wirklichkeit bestehen würde. Wir müßten dazu sagen, daß dies gerade kein ehrliches und vorbehaltloses Verstehen des biblischen Wortes als eines menschlichen Wortes, wir müßten also sagen, daß dies gerade kein historisches Verständnis der Bibel ist. Die Bibel in einem solchen Verständnis könnte allerdings kein Zeugnis sein. Wäre ihr doch durch dieses Verständnis, in welchem sie als menschliches Wort so wenig, ja so gar nicht ernst genommen würde, die Möglichkeit, Zeugnis sein zu können, zum vornherein abgeschnitten. Die Philosophie, die hinter dieser Art Verständnis steht und die es uns wohl gar als das wahrhaft und allein historische Verständnis aufdrängen möchte, ist gewiß keine sehr tiefsinnige und respektable Philosophie. Aber selbst wenn wir sie höher oder aufs höchste schätzen und also ihrem Diktat größtes Vertrauen entgegenzubringen geneigt sein sollten: wissend um das, worum es beim Verständnis der Bibel geht, würden wir diese Art Verständnis der Wirklichkeit eines menschlichen Wortes als eine solche bezeichnen müssen, die ihrem Gegenstand nimmermehr gerecht zu werden vermag. Wir würden es also nötigenfalls auch gegen das Votum der tiefsinnigsten und respektabelsten Philosophie auf das bestimmteste ablehnen müssen, irgendein menschliches Wort und nun erst recht das Wort der Bibel diesem Verständnis zu unterwerfen. Die Bibel kann nicht unbiblisch und das heißt in diesem Fall: sie kann nicht unter solcher Mißachtung ihres Charakters gerade als eines menschlichen Wortes, sie kann nicht so unhistorisch gelesen werden.

Auch die besten und schönsten Resultate, die mittelst der auf dieses Verständnis begründeten Methode zu erzielen und tatsächlich schon erzielt worden sind, werden uns in dieser Ablehnung nicht irremachen, sondern nur bestärken können. Diese besten und schönsten Resultate dieser Methode pflegen ja, entsprechend der Auslegungsmöglichkeit, die hier zuletzt allein übrigbleibt, zu bestehen in einer gewissen anschaulichen Erkenntnis nun eben der biblischen Menschen in ihrem konkreten Sosein, ihrer Persönlichkeit und ihrer Frömmigkeit im Zusammenhang mit ihrer Stellung und Rolle inmitten ihrer geschichtlichen Umwelt, ihrer besonderen mikrokosmisch und makrokosmisch so und so bestimmten Sprache und Sachlichkeit, Größe und Grenze, Bedeutsamkeit und Problematik. Solche Erkenntnis soll gewiß nicht als wertlos verachtet sein. Hätte ein Hören ihres Wortes und in diesem Hören ein Achten auf das in ihrem Wort Bezeichnete und Gemeinte stattgefunden und dann ein Verstehen ihrer Menschlichkeit in jenem ganzen Sinn und Umfang von diesem Gegenstand ihres Wortes her, dann könnte jetzt eine rechte Auslegung ihres Wortes diese ihre ganze Menschlichkeit ebenfalls in dem ganzen eben angedeuteten Sinn und Umfang zur Darstellung bringen, nur eben nicht *in abstracto*, sondern in ihrer Beziehung zu dem in ihnen gehörten und verstandenen Wort sichtbar gewordenen Gegenstand. Eine Darstellung ihrer Menschlichkeit *in ab-*

stracto aber — und wenn sie geschichtlich noch so gefüllt, und wenn sie von größtem Verständnis auch für ihre Religion durchaus getragen und durchgedrungen, auch wenn der Ernst einer solchen Darstellung noch so groß wäre — nein, eine solche Darstellung wäre als Auslegung der Bibel dennoch abzulehnen, und zwar aus dem Grunde, weil sie das menschliche Wort der Bibel als solches nicht ernst genommen hat in der Weise, wie es jedenfalls nach der Bibel selbst ernst genommen sein will. Calvin hat also wirklich schon unter diesem, dem historischen Gesichtspunkt (von allem anderen zunächst ganz abgesehen!) recht, wenn er durch die Bibel selbst eine solche Erklärung der Bibel für ausgeschlossen hält, die den biblischen Menschen in den Mittelpunkt der Betrachtung rückt, und er dürfte auch darin recht haben, wenn er eine solche Bibelerklärung mit den falschen Intentionen der Lehre der Papstkirche in Verbindung bringt: *Retenons bien que saint Paul en ce passage, pour monstrer que nous devons tenir l'Escriture saincte indubitable, ne dit pas, Moyse a esté un homme excellent: il ne dit pas, Isaie avoit une eloquence admirable: il n'allegue rien des hommes pour les faire valoir en leur personnes: mais il dit qu'ils ont esté organes de l'Esprit de Dieu, que leurs langues ont esté conduites en sorte qu'ils n'ont rien advancé de leur propre, mais que c'est Dieu qui a parlé par leur bouche, qu'il ne faut point que nous les estimions comme creatures mortelles, mais que nous sachions que le Dieu vivant s'en est servi, et que nous ayons cela pour tout conclu, qu'ils ont esté fideles dispensateurs du thrésor qui leur estoit commis. Or si cela eust esté bien observé, on ne fust pas venu en telle et si horrible confusion comme encores sont tous les povres Papistes. Car sur quoy est fondee leur foy, sinon sur les hommes? ... Il est vray qu'ils allegueront bien le nom de Dieu: mais cependant ils mettront en avant leurs songes et resveries, et puis c'est tout. Or au contraire, voici sainct Paul qui nous dit qu'il nous faut tenir a l'Escriture saincte. Voilà pour un item. Et à quelles enseignes? Pource que Dieu parle là, et non point les hommes. Nous voyons donc comme il exclud toute authorité humaine, qu'il faut que Dieu ait sa preeminence par dessus toutes ses creatures, et que grans et petis s'assuiettissent à luy, et que nul ne presume de s'ingerer pour dire, Je parleray* ... (Pred. üb. 2. Tim. 3, 16f. C. R. 54, 286). Und mit demselben Recht hat Luther darauf aufmerksam gemacht, daß Paulus in dem berühmten Wort: „So Jemand euch Evangelium predigen würde anders denn das ihr empfangen habt" zweifellos auch sich selbst dem von ihm verkündigten Wort schlechterdings unterordnet: *Paulus simpliciter seipsum, Angelum e coelo, doctores in terra et quicquid est Magistrorum, hoc totum rapit et subiicit sacrae scripturae. Haec Regina debet dominari, huic omnes obedire et subiacere debent. Non eius Magistri, Judices seu Arbitri, sed simplices testes, discipuli et confessores esse debent, sive sit Papa, sive Lutherus, sive Augustinus, sive Paulus, sive Angelus e coelo. Neque alia doctrina in Ecclesia tradi et audiri debet quam purum verbum Dei, vel doctores et auditores cum sua doctrina Anathema sunto.* (Komm. zu Gal. 1, 9, 1535, W. A. 40[1] 120, 18.) Denn: *Hoc vitium insitum est nobis, quod personas admiramur et plus respicimus quam verbum, Cum Deus velit nos inhaerentes et affixos esse tantum in ipsum verbum. Vult, ut nucleum, non testam eligamus, ut plus curemus patremfamilias quam domum. In Petro et Paulo non vult nos admirari vel adorare Apostolatum, sed Christum in eis loquentem et ipsum verbum Dei, quod de ore ipsorum egreditur* (zu Gal. 2, 6 ib. 173, 18). — Alle im Rahmen jenes anderen Verständnisses angewandte Aufmerksamkeit und Liebe gegenüber den biblischen Texten vermag doch nichts daran zu ändern, daß jenes Verständnis als solches ungenügend ist. Luther und Calvin dagegen haben gerade an diesem Punkt gerade auch historisches Verständnis für die Bibel bewiesen.

Es ist nicht nur kein Mißbrauch und keine Vergewaltigung, sei es des menschlichen Wortes überhaupt, sei es des biblischen Menschenwortes im besonderen, sondern es hat geradezu exemplarische Bedeutung, wenn die christliche Kirche ihr Verständnis dieses Wortes oder also der beiden von

Menschen verfaßten und ausgewählten Schriftensammlungen, die wir die Bibel nennen, sowohl hinsichtlich des Hörens wie hinsichtlich des Verstehens, wie hinsichtlich der Auslegung dieses Wortes auf das in diesem Wort Gesagte begründet. Daß sie diesen hermeneutischen Grundsatz aus der Bibel selbst gewonnen, bzw. daß die Bibel selbst, infolge der allerdings so außergewöhnlichen Präponderanz des in ihr Gesagten über das Wort als solches, ihr diesen Grundsatz aufgezwungen hat, ändert nichts daran, daß eben dieser Grundsatz der Grundsatz jeder Hermeneutik sein müßte und daß darum jener Grundsatz ihrer Lehre von der heiligen Schrift: die Bibel ist das Zeugnis von Gottes Offenbarung, nichts anderes ist als die besondere Gestalt jenes allgemeingültigen hermeneutischen Grundsatzes. Die Kirche darf es nicht nur hinsichtlich des Bibelverständnisses selber so halten, sondern sie muß, gerade indem sie die Forderung historischen Verständnisses der Bibel aufstellt, verlangen — und zwar wohlverstanden: von jedem Leser der Bibel verlangen — daß sein Verständnis sich auf das in der Bibel Gesagte und also auf Gottes Offenbarung begründe. Es ist also keineswegs zuzugeben, daß es neben dem so begründeten etwa auch noch ein anderes legitimes Verständnis der Bibel gebe, daß es also z. B. in seiner Weise auch recht und möglich sei, sich beim Hören, Verstehen und Auslegen der Bibel an die in ihr zu Worte kommende Menschlichkeit als solche zu halten. In der Tat: hier kommt eine ganz bestimmte Menschlichkeit zu Worte, sagen wir also z. B. die des Apostels Paulus; aber indem sie zu Worte kommt und indem ein Leser der Bibel sie ehrlich und vorbehaltlos zu Worte kommen läßt, redet sie, wie die Reformatoren gerade historisch richtig empfunden und gesehen haben, nicht von sich selbst, sondern von Gottes Offenbarung, und an dieser historischen Bestimmtheit ihres Wortes wird ein ehrlicher und vorbehaltloser Leser der Bibel gerade nicht vorübergehen dürfen. Daß die biblischen Schriftsteller von ihnen selbst her gesehen — und darauf muß es ja beim Verständnis ihres Wortes als eines menschlichen Wortes ankommen — nichts sagten, daß also das Problem des in ihrem Wort Gemeinten oder Bezeichneten, das Problem der Sache oder des Gegenstandes gar nicht existiere, das hat ja noch niemand zu behaupten gewagt. Und ebenso kann kaum eine Kontroverse darüber bestehen, daß das von ihnen Gesagte, daß das, was, jedenfalls von ihnen her gesehen, den Charakter einer Sache, eines Gegenstandes hat, nähere Bestimmung vorbehalten, eben dies ist: Gottes Offenbarung. Das allerdings ist zuzugeben, wie es hinsichtlich jedes menschlichen Wortes zuzugeben ist, daß es zwischen dem biblischen Wort und seinem Leser gleich bei dem Versuch des Redens und Hörens zu jenem Unglücksfall kommen kann: daß das Gesagte dem Hörer bzw. Leser in seiner Gegenständlichkeit nicht sichtbar wird, daß es nichts mit ihm anfängt und daß er seinerseits dann auch mit ihm nichts anzufangen weiß. Ist dem so, dann wird er dem Wort gegenüber sozusagen in der Luft stehen, er wird es dann gewiß nicht verstehen können, weil er keinen Ort hat, von dem aus er es verstehen könnte und er wird es dann selbstverständlich auch nicht auslegen können. Die Gültigkeit des allgemeinen hermeneutischen Grundsatzes kann aber durch die Möglichkeit solchen Unglücksfalles nicht aufgehoben oder durchbrochen werden. Wäre es wirklich an dem, daß ein Leser der biblischen Schriften dem Problem des in diesen Schriften Gesagten, Gemeinten, Bezeichneten der Offenbarung Gottes also völlig ratlos gegenüberstünde, daß er dort, wo die biblischen Schriftsteller hinzeigen, wirklich nur einen leeren Fleck sehen würde, dann würde das allerdings einerseits die Außergewöhnlichkeit des Inhalts der Aussagen dieser Schriftsteller, andererseits auch den Stand und Zustand dieses Lesers in eigentümlicher Weise beleuchten; es wäre dann aber sicher zunächst nur darüber entschieden, daß von einem legitimen Verständnis der Bibel durch diesen Leser nicht die Rede sein kann, daß dieser Leser als ernst zu nehmender Leser und Interpret der Bibel vorläufig, d. h. bis sein Verhältnis zu dem in der Bibel Gesagten vielleicht ein anderes geworden ist, ausscheidet. Eine Gleichberechtigung seiner Exegese mit einer auf die Sache, auf Gottes Offenbarung begründeten kann gar nicht in Frage kommen.

Und die Vorstellung, als ob wohl gerade eine solche völlige Teilnahmlosigkeit, weil sie völlige „Unbefangenheit" verspreche, die geeignetste, ja die eigentlich normale Disposition zur rechten Bibelexegese sei, wird man, nachdem sie einen Augenblick lang, etwa um 1910, in der protestantischen Theologie schon beinahe kanonisch zu werden drohte, wohl ruhig als geradezu drollig bezeichnen dürfen.

Es kann nun auch das keine Durchbrechung und Aufhebung jenes hermeneutischen Grundsatzes bedeuten, daß es dem in der Bibel Gesagten, Gemeinten und Bezeichneten wiederum im Sinn derer, die es gesagt haben, eigentümlich ist, daß es sich als Sache und Gegenstand, wenn überhaupt, dann durch sich selber, sichtbar und geltend machen muß. Wie sollte es anders sein, da ja eben Gottes Offenbarung, die Herrschaft des dreieinigen Gottes in seinem Wort durch den Heiligen Geist dieses Gesagte ist? Diesem Gesagten eignet — und eben das bezeugen die biblischen Zeugen selber, indem sie von ihm reden — souveräne Freiheit gegenüber dem Redenden wie gegenüber dem Hörenden. Daß es gesagt und gehört werden kann, das bedeutet nicht, daß es in das Vermögen und in die Verfügung derer gestellt ist, die es sagen und hören, sondern das bedeutet, daß es, indem es von ihnen gesagt und gehört wird, sich selber sagen und sich selber hören lassen kann. Offenbarung kann nur durch Offenbarung in der Bibel gesagt und als die von der Bibel gesagte Sache gehört werden. Es bedarf das biblische Zeugnis, um überhaupt Zeugnis zu sein und um als Zeugnis vernommen zu werden, der Bezeugung durch das von ihm Bezeugte. Wir werden auf diese Eigenart des biblischen Zeugnisses im zweiten Abschnitt dieses Paragraphen unter dem Titel

„Die Schrift als Gottes Wort“ ausführlich zurückkommen. Wir können und müssen aber schon hier feststellen, daß auch diese Eigenart des biblischen Zeugnisses uns keineswegs die Erlaubnis gibt, von dem im beschriebenen Sinn historischen Verständnis dieser Texte nun etwa abzugehen oder ein anderes von diesem abweichendes als ein neben diesem allenfalls auch mögliches und berechtigtes gelten zu lassen. Es gibt auch in der Exegese — und zuerst und gerade in der Exegese — nur eine Wahrheit. Sind wir ihr gegenüber nicht entschuldigt durch die Möglichkeit jenes Unglücksfalls, daß uns die Sache, von der das Wort redet, fremd sein könnte — gibt uns diese Möglichkeit nicht die Erlaubnis, uns statt an die Sache und von da aus an das Wort nun an das Wort bzw. an die Menschlichkeit der Sprechenden als solcher zu halten, so erst recht nicht das Geheimnis, in welchem diese fatale Möglichkeit offenbar ihren Grund hat: das Geheimnis der souveränen Freiheit dieser Sache. Ganz im Gegenteil: Das Wissen um dieses Geheimnis wird uns als Leser der Bibel, schon wenn es nur um das Hören als solches geht, dazu aufrufen, in einer Weise zu hören, wirklich hinzuhören, wie wir es sonst wahrscheinlich nicht tun würden. Nicht wissend um dieses Geheimnis würden wir ja gewiß, wie wir es sonst zu tun pflegen, auch hier hören, als wüßten wir schon, als könnten wir uns mindestens teilweise auch selber sagen, was wir ja eben erst hören sollen. Unser vermeintliches Hören würde in Wahrheit ein wunderliches Gemisch von Hören und eigenem Reden sein und in diesem Gemisch würde wahrscheinlich, wie es sonst ebenfalls die Regel ist, unser eigenes Reden das eigentlich entscheidende Ereignis werden. Wir müssen wissen um das Geheimnis dieser Sache, um ihr sachlich gegenüberzutreten, um wirklich offen und bereit zu sein, um uns wirklich an sie hinzugeben, wenn sie uns gesagt wird, damit sie uns also wirklich als Sache begegnen könne. Und es wird uns das Wissen um dieses Geheimnis, wenn es nun um das Verstehen geht, in eine eigentümliche Scheu und Zurückhaltung versetzen, die uns sonst ebenfalls nicht geläufig ist. Wir werden ja dann wissen, daß es dieser Sache gegenüber nicht, wie wir es uns anderen Sachen gegenüber meinen leisten zu dürfen, um jenes kecke, die Sache meisternde und hinter sich bringende Zugreifen gehen kann, daß hier vielmehr das Ergriffensein von der Sache — nicht ein psychisches Ergriffensein, nicht ein mit ihr zu machendes Erlebnis und dergleichen, obwohl es das (o Humor!) auch geben darf, sondern das sachliche Ergriffensein — Alles ist, daß wir nur als die von der Sache Gemeisterten, als die, die sie immer vor sich, nie hinter sich haben, das Wort und die Menschlichkeit des Wortes erforschen können, durch das sie uns gesagt ist. Die souveräne Freiheit dieser Sache, sich selber zu sagen, wird uns dem gesagten Wort als solchem und in seiner Historizität gegenüber eine ἐποχή auferlegen, von der man unter Voraussetzung jener drolligen Lehre von der Voraussetzungslosigkeit des wahren Exegeten keine Ahnung hat, gegen die man sich vielmehr unter Voraussetzung jener Lehre dauernd aufs gröbste versündigen wird. Und es wird gerade das Wissen um dieses Geheimnis dafür sorgen, daß das Werk des Auslegens, auf das ja alles Hören und Verstehen hinzielt, mindestens in das Stadium der Genesung von jener Krankheit treten wird, an der alle Auslegung fast unheilbar zu leiden pflegt, von der Krankheit des eigenmächtigen und willkürlichen Einlegens. Besteht die Auslegung eines menschlichen Wortes in der Darstellung der Beziehung dieses Wortes zu der von ihm gemeinten oder bezeichneten Sache, wissen wir aber um die souveräne Freiheit, um die Selbstherrlichkeit dieser Sache gegenüber dem uns vorliegenden Wort, wie auch uns selbst gegenüber, dann werden wir in dem üblichen selbstgewissen Disponieren über diese Beziehung: als wäre sie von uns in ihrem Gehalt schon durchschaut, als könnte unsere Darstellung etwas anderes geben als Andeutungen in der Richtung dieses ihres Gehaltes — wir werden dann gerade in dem üblen Verfügen über den Text (wenn wir es auch in diesem Aeon sowenig loswerden können wie unseren alten Adam überhaupt) mindestens in heilsamster Weise gehemmt, es wird dann der Weg zu einer sachlichen Darstellung dieser Beziehung mindestens nicht mehr grundsätzlich verschlossen sein. Also: es ist nicht an dem, daß wir durch das Wissen um das Geheimnis der in der Bibel gesagten Sache nun etwa Urlaub bekämen, uns nun dennoch einem anderen als dem auf diese Sache und also auf Gottes Offenbarung begründeten Verständnis der Bibel zuzuwenden. Es ist vielmehr so, daß gerade dieses Wissen uns dieses Verständnis, und zwar dieses als das allein mögliche, erst nahelegen und auch allein möglich machen wird. Wird uns doch erst damit, daß uns die souveräne Freiheit der in der Bibel gesagten Sache vor Augen steht, ihr Charakter als Sache, als Gegenstand unerschütterlich und unzweideutig gewiß werden, so daß wir sie nun nicht mehr mit dem Wort und mit der Menschlichkeit der Sprechenden und noch weniger mit uns selbst verwechseln können. Gekennzeichnet als die sich selbst sagende Sache werden wir sie respektieren als die um ihrer selbst willen unser Interesse in Anspruch nehmende Sache.

Wir haben das Geheimnis, um das hier zu wissen ist, als die Eigenart des biblischen Wortes bzw. als die Eigenart des Gegenstandes des biblischen Wortes bezeichnet. Wir müssen nun aber hinzufügen, daß es sich hier nicht um eine Eigenart des biblischen Wortes bzw. seines Gegenstandes handelt, neben der anderen menschlichen Worten oder ihren Gegenständen normalerweise eine andere Eigenart zuzuschreiben wäre. Gerade hier geht es vielmehr um die exemplarische Eigenart der Bibel, d. h. gerade hier wäre zu lernen, was hinsichtlich der Eigenart des menschlichen Wortes überhaupt zu lernen ist. Ist das in einem menschlichen Wort Gesagte als solches nicht immer in ein Geheimnis, und zwar gerade in dieses Geheimnis gehüllt, auch wenn es keineswegs Gottes Offenbarung ist, aber daraufhin, daß das im biblischen Menschenwort Gesagte nun eben Gottes Offenbarung ist und als solches *analogia fidei*, alles durch menschliches Wort Gesagte in das Dunkel und in das Licht seines Geheimnisses rückt? Ist es nicht so: Was immer uns von Menschen gesagt wird, das möchte offenbar — und mit diesem Anspruch steht es vor uns als ein uns Gesagtes — für sich selber sprechen und sich selber hören lassen. Es möchte uns eben damit zur Sache, zum Gegenstand, werden. Es möchte von uns, daß wir ihm unsererseits Sachlichkeit, d. h. Interesse um seiner selbst willen entgegenbringen. Es möchte also das menschliche Wort, durch dessen Medium es uns gesagt wird, offen und d. h. gerade nicht in jenem Gemisch von Hören und eigenem Mitreden und Dreinreden gehört sein. Es möchte, um von uns verstanden zu werden, nicht von uns gemeistert werden, sondern es möchte uns ergreifen dürfen. Es möchte gewürdigt sein in seiner Beziehung zu dem, was in ihm gesagt ist, nachdem dieses als solches zu uns gesprochen, sich uns vernehmbar gemacht hat. Kurzum: was immer uns von Menschen gesagt wird, das möchte eben dies von uns haben, was Gottes Offenbarung im Menschenwort der heiligen Schrift — aber sie ganz allein — uns gegenüber tatsächlich zu erreichen vermag. Gottes Offenbarung im Menschenwort der heiligen Schrift möchte nicht nur, sondern sie kann für sich selber sprechen und sich selber hören lassen. Sie kann uns zur Sache werden und uns selber zur Sachlichkeit zwingen. Und indem sie das tut, kann das menschliche Wort, durch das sie uns gesagt wird, offen gehört, ungemeistert verstanden, recht, d. h. in seiner Beziehung zu ihr ausgelegt werden. Gottes Offenbarung im Menschenwort der heiligen Schrift unterscheidet sich dadurch von dem, was uns sonst von Menschen gesagt wird, daß jenem die Majestät eignet, die diesem offenkundig radikal abgeht und ohne die es zur Sinnlosigkeit verurteilt wäre, wenn jenes einfach als eine Ausnahme neben ihm stünde und nicht vielmehr das Gesetz, die Verheißung, das Zeichen der Erlösung wäre, das nun mitten im Bereich aller anderen menschlichen Worte und alles dessen, was durch sie gesagt wird, aufgerichtet ist. Wie sollten wir in der Lage sein, den Unterschied zwischen dem, was das von anderen Menschen Gesagte bloß möchte, und dem, was Gottes Offenbarung im Menschenwort der heiligen Schrift tatsächlich kann, zu leugnen oder gar aufzuheben. Es bleibt schon bei diesem Unterschied. Aber wie sollten wir, eben indem wir dieses Unterschiedes gewahr werden, das falsche Hören, Verstehen und Auslegen des menschlichen Wortes und also die Sinnlosigkeit, der dieses damit überliefert ist, weil sie allerdings die Regel ist, unter der alle unsere Worte leiden, darum auch für deren Norm und Gesetz, die Kraft der Offenbarung Gottes im Menschenwort der heiligen Schrift aber einfach für eine danebenstehende Ausnahme halten dürfen? Mag sie als Ausnahme jene Regel bestätigen, so kann es doch nicht anders sein, als daß sie sie zugleich durchbricht und ihrerseits als Norm und Gesetz sichtbar wird, in deren Licht nun wirklich alle menschlichen Worte zu stehen kommen. Was sie alle wollen und meinen, das kann uns ja, wenn wir vom Hören, Verstehen und Auslegen des biblischen Menschenwortes herkommen, unmöglich ganz verborgen bleiben. Sie werden uns damit keineswegs — es ist gesorgt dafür! — selber zu Offenbarungszeugnissen werden. Wir werden aber, von den Offenbarungszeugnissen herkommend, auch an alle anderen menschlichen Worte mindestens mit der Frage herantreten müssen, was in ihnen, wie ohnmächtig und unwirksam immer, gesagt sein und als Gesagtes für sich selber sprechen und sich selber hören lassen möchte. Mit der Sicherheit einer auf die Notwendigkeit der Unsachlichkeit begründeten Hermeneutik wird es dann jedenfalls auch im allgemeinen vorbei sein, im selben Maß aber auch mit der Sinnlosigkeit, zu der das menschliche Wort im allgemeinen in der Tat verurteilt wäre, wenn es das menschliche Wort der heiligen Schrift nicht so verheißungsvoll neben sich hätte, wenn ihm durch dieses menschliche Wort nicht seine eigene Zukunft angezeigt wäre. Im Blick auf diese in der heiligen Schrift schon gegenwärtige Zukunft jedes menschlichen Wortes wird man wohl auch Homer, auch Goethe, ja auch die Zeitung etwas anders lesen, als wenn man um diese Zukunft nicht weiß. Es ist hier nicht unsere Aufgabe, diese Linie auszuziehen. Worauf es hier ankommt, ist die Feststellung: Wir haben mit dem, was über die Offenbarung als den Inhalt des biblischen Wortes und über die durch diesen Inhalt vorgeschriebene Hermeneutik gesagt wurde, keineswegs ein mysteriöses Separatvotum zugunsten der Bibel ausgesprochen. Die biblische Hermeneutik muß sich gegen den Totalitätsanspruch einer allgemeinen Hermeneutik gerade darum wehren, sie muß gerade darum diese besondere Hermeneutik sein, weil die allgemeine Hermeneutik so lange totkrank ist, als sie sich nicht durch das allerdings höchst besondere Problem der biblischen Hermeneutik auf ihr eigenes Problem mindestens hat aufmerksam machen lassen. Sie muß also gerade um einer besseren allgemeinen Hermeneutik willen es wagen, diese besondere Hermeneutik zu sein.

2. DIE SCHRIFT ALS GOTTES WORT

Hören wir in der heiligen Schrift das Zeugnis, eine menschliche Aussage von Gottes Offenbarung, dann hören wir nach dem bisher Ausgeführten im Zeugnis selber mehr als ein Zeugnis, in der menschlichen Aussage mehr als eine menschliche Aussage: wir hören dann die Offenbarung, wir hören dann also das Wort Gottes selber. Ist dem wirklich so? Wie kann dem so sein? Wie kommt es dazu, daß dem so ist? Wir stellen die Antwort auf diese Frage noch etwas zurück — ihr sollen die beiden folgenden Paragraphen dieses Kapitels gewidmet sein — um zunächst den Sinn und Umfang der Frage als solcher: den Sinn und Umfang der positiven Seite unseres Grundsatzes, daß die Schrift das Zeugnis von Gottes Offenbarung ist, durch einige Näherbestimmungen klarzustellen.

1. Wenn wir sagen, daß die Schrift dieses Zeugnis ist, oder wenn wir sagen, daß dieses Zeugnis die Schrift ist, dann sagen wir das in der Kirche und mit der Kirche, d. h. wir sagen das von der von der Kirche als heilige Schrift entdeckten und anerkannten, von der kanonischen Schrift. Indem wir es in dieser Bestimmung und Einschränkung sagen, sagen wir, daß es nicht unsere eigene, überhaupt nicht menschliche Sache sein kann, irgendeine Schrift als heilige Schrift, als Zeugnis von Gottes Offenbarung einzusetzen, sie aus vielen anderen als solche auszuwählen, sondern daß es, wenn es ein solches Zeugnis und das Annehmen eines solchen Zeugnisses gibt, nur darum gehen kann, daß es als solches schon eingesetzt und ausgewählt ist, und bei seiner Annahme nur um die Entdeckung und Anerkennung dieser seiner schon geschehenen Einsetzung und Auswahl. Wenn wir uns nun gerade an die im Kanon der Kirche vollzogene Bestimmung und Einschränkung hinsichtlich dessen, was wir als heilige Schrift annehmen, halten, so kann dies nicht in der Meinung geschehen, als ob jenes Einsetzen und Auswählen zwar nicht die Sache eines einzelnen Christen von heute sein könne, wohl aber irgend einmal, etwa ums Jahr 400 die Sache der Kirche gewesen sei. Kanon heißt Regel, nämlich „Regel der Wahrheit," und es bezog sich dieser Begriff ursprünglich sehr bezeichnenderweise ebensowohl auf das Dogma wie auf den Bestand der als heilig anerkannten Texte. Gerade die Kirche konnte und kann sich den Kanon in keinem Sinn dieses Begriffs selber geben. Sie kann ihn nicht „schaffen", wie theologisch unbedachte Historiker wohl gelegentlich gesagt haben. Sie kann ihn nur als schon geschaffenen und ihr gegebenen Kanon nachträglich nach bestem Wissen und Gewissen, im Wagnis und im Gehorsam eines Glaubensurteils, aber auch in der ganzen Relativität einer menschlichen Erkenntnis der den Menschen von Gott eröffneten Wahrheit feststellen. Eine solche Feststellung ist das Werk der Kirche in Sachen des Bestandes der heiligen Schrift wie in Sachen des Dogmas.

Diese Feststellung hat bekanntlich eine lange und verwickelte Geschichte, und man wird grundsätzlich nicht einmal sagen können, daß diese Geschichte schon abgeschlossen sei. Man wird aber bei der Würdigung dieser Geschichte die Mittel, Motive und Kriterien der Feststellung, um die es ging, von deren Gegenstand wohl unterscheiden müssen. Daß die Kirche sich bei der Frage nach der Regel der Wahrheit *in concreto* dauernd auch an antiquarisch gelehrten, an theologischen, sogar an kirchenpolitischen Gesichtspunkten orientierte, das ist wohl richtig und das charakterisiert ihr Urteil ganz ähnlich wie ihre Urteile hinsichtlich des Dogmas als ein menschliches Urteil. Die Frage selbst, die unter diesen Gesichtspunkten diskutiert und schließlich in verschiedenen Entwicklungsstufen vorläufig entschieden wurde, war doch schlicht die Glaubensfrage nach denjenigen Schriften, in denen die Regel der Wahrheit zu erkennen ist. Diesen Gegenstand als solchen konnte die Kirche weder selbst schaffen noch auch sich selbst auf dem Wege der unter jenen Gesichtspunkten geführten Diskussionen offenbaren. Sie konnte sich in jenen Diskussionen nur darüber klar werden, daß und inwiefern die Regel der Wahrheit schon geschaffen und ihr schon offenbart sei. Der erkennbare Kern der Kanonsgeschichte ist denn auch der, daß bestimmte Bestandteile der ältesten Überlieferung sich in der Schätzung und Geltung der Christenheit innerhalb der verschiedenen Kirchen allmählich unter allerhand Schwankungen faktisch vor anderen ausgezeichnet und durchgesetzt haben, ein Vorgang, den die eigentliche und formelle Kanonisierung durch Synodalbeschlüsse und dergleichen dann nur nachträglich bestätigen konnte. Irgendeinmal und in irgendeinem Maß (neben allem Zufälligen, das diese Schätzung und Geltung verstärkt haben mag) haben gerade diese Schriften kraft dessen, daß sie kanonisch waren, selbst dafür gesorgt, daß gerade sie später als kanonisch auch anerkannt und proklamiert werden konnten.

Wir hören also wohl das Urteil der Kirche, wir gehorchen aber nicht ihrem Urteil, wenn wir uns jener allerdings von der Kirche vollzogenen Feststellung anschließen, sondern wir gehorchen in und mit der Kirche dem Urteil, das schon gefällt war, bevor die Kirche ihr Urteil fällen, das die Kirche mit ihrem Urteil nur bestätigen konnte. Wie die Frage nach dem Zeugnis der Offenbarung nur eine Glaubensfrage sein kann, so auch ihre Beantwortung nur eine Glaubenserkenntnis. Wir sagen, indem wir den kirchlichen Kanon annehmen: daß nicht die Kirche, sondern die die Kirche begründende und regierende Offenbarung selbst gerade diese Zeugnisse und keine anderen als Offenbarungszeugnisse und also als für die Kirche kanonisch bezeugt.

Nous cognoissons ces livres estre canoniques et reigle trescertaine de nostre foy: non tant par le commun accord et consentement de l'eglise, que par le tesmoignage et interieure persuasion du sainct esprit, qui les nous faict discerner d'avec les autres livres Ecclesiastiques. Sur lesquels (encores qu'ilz soyent utiles) on ne peut fonder aucun article de foy. (Conf. Gallic., 1559, Art. 4). *Non potest ecclesia ex libris non canonicis canonicos facere, sed efficit tantum ut ii libri pro canonicis recipiantur, qui revera et in sese sunt canonici. Ecclesia inquam, non facit scripturam authenticam, sed tantum declarat. Illud enim authenticum dicitur, quod se commendat, sustinet, probat et ex se fidem et autoritatem habet* (W. Bucan, *Instit. theol.*, 1602, *loc.* 43 *qu.* 15). *Divino instinctu . . . (hi libri) acceptati sunt, idque non libero aliquo actu ecclesiae sed necessaria susceptione* (*Syn. pur. Theol.*, Leiden 1624, *disp.* 3, 13). — Ist dies auch die römisch-katholische Lehre vom Kanon? Im Vatikanischen Konzil ist in der Tat dekretiert worden: *Eos (libros) vere ecclesia pro rectis et canonicis habet . . . propterea quod Spiritu sancto inspirante conscripti Deum habent autorem atque ut tales ipsi ecclesiae traditi sunt* (*Const. dogm. de fide cath., cap.* 2). Und so schreibt B. Bartmann (Lehrb. d. Dogm.[7] 1928, I, S. 14): „Die Bücher sind kanonisch *in actu primo* und *quoad se*, weil sie inspiriert sind, *in actu secundo* und *quoad nos*, weil sie durch die Kirche als inspirierte in den Kanon aufgenommen wurden. Durch den göttlichen Akt wurden sie geeignet zur Kanonizität, durch den kirchlichen wird ihnen diese formell zuerkannt". Man sollte gewiß meinen, dieses Zuerkennen könne in nichts anderem bestehen als in einem Anerkennen jener Eignung, es könne die Kirche, indem sie diese und diese Schrift in den Kanon „aufnimmt" nichts Anderes tun, als im Blick auf ihre Inspiration und ihrer Inspiration sich beugend (oder könnte sie dies etwa auch unterlassen?) bestätigen, daß sie dem Kanon schon angehören. Man sollte nicht meinen, daß die Kirche einer heiligen Schrift eine Autorität zu geben, daß sie etwas anderes zu tun vermöge, als deren Autorität festzustellen. Aber in der Reformationszeit konnte Sylvester Prierias (in seinem gegen Luther gerichteten *Dialogus de potestate Papae*, 1517, S. 15) doch sagen, die Lehre der römischen Kirche und des römischen Papstes sei die *regula fidei infallibilis, a qua etiam sacra scriptura robur trahit et auctoritatem*. Es konnte damals Joh. Eck (*Enchir.*, 1529, *De ecclesia, c. objecta* 3) kühnlich und lange nicht als Einziger erklären: *Scriptura non est authentica sine autoritate ecclesiae*. Und es gab Polemiker, die sogar die Meinung aussprachen, die Fabeln des Äsop hätten ebensoviel oder mehr Gewicht als eine Bibel ohne die ihr von der Kirche verliehene Autorität. Immer wieder ist in diesem Sinn das Wort des Augustin angeführt worden: *Ego vero evangelio non crederem, nisi me catholicae ecclesiae commoveret auctoritas* (*C. ep. Manich.* 5, 6). Nun, es gab auch schon damals römisch-katholische Autoren, die in dieser Hinsicht nicht mittaten, so daß es nicht angebracht sein dürfte, in jenen Äußerungen die Lehre der römisch-katholischen Kirche zu erblicken. Wie es sich auch mit dieser verhalten möge, die rechte Lehre vom Kanon ist jedenfalls mit den Worten des Joh. Gerhard so wiederzugeben: *Non est duplex, sed una scripturae auctoritas, eademque divina, non dependens ab ecclesiae auctoritate, sed a solo Deo. Auctoritas scripturae quoad nos nihil aliud est quam manifestatio et cognitio unicae illius divinae et summae auctoritatis, quae scripturae est interna atque insita. Ecclesia igitur non confert scripturae novam aliquam auctoritatem quoad nos, sed testificatione sua ad agnitionem illius veritatis nos deducit. Concedimus ecclesiam esse scripturae sacrae 1. testem, 2. custodem, 3. vindicem, 4. praeconem, 5. interpretem, sed negamus ex eo effici, quod auctoritas scripturae sive simpliciter sive quoad nos ab ecclesia pendeat* (*Loci theol.*, 1610 f., L I c. 3. 39). Oder mit den Worten des Joh. Wolleb: *Ecclesiae testimonium prius est tempore; Spiritus sancti vero prius est natura et efficacia. Ecclesiae credimus, sed non propter ecclesiam; Spiritui autem sancto creditur propter seipsum. Ecclesiae testimonium τὸ ὅτι demonstrat, Spiritus sancti vero testimonium τὸ διότι demonstrat. Ecclesia suadet, Spiritus sanctus persuadet. Ecclesiae testimonium opinionem, Spiritus sancti vero testimonium scientiam ac fidem firmam parit* (*Comp. Christ. Theol.*, 1626, *Praecogn.* 9). Es ist die Kirche, wie die protestantischen Theologen damals gerne ausführten, jenem samaritanischen Weibe zu vergleichen, von dem es Joh. 4, 39 zuerst heißt, es hätten viele in jener Stadt an Christus geglaubt um ihres Wortes willen, nachher aber V. 42 sagen sie ihr: „Wir glauben nun hinfort nicht um deiner Rede willen; wir haben selber gehört, daß dieser ist wahrlich Christus, der Welt Heiland." Daß dies die Lehre der katholischen Kirche vom Kanon sei, wird man nun freilich auch nicht vermuten können.

Die heilige Schrift ist Gottes Wort an die Kirche und für die Kirche. Darum sind wir bereit, schon dies: was heilige Schrift ist, in der Kirche und mit der Kirche zu erkennen. Wir halten uns auch in dieser Sache nicht für ungebunden oder für allein an unsere eigene und unmittelbare Erkenntnis der Regel der Wahrheit gebunden. Wir wissen also, daß wir die Kirche in Sachen des Kanons zu hören haben, wie sie auch in Sachen der Auslegung der heiligen Schrift, auch in Sachen des Dogmas und der Ordnung auf der ganzen Linie zu hören ist. Aber gerade indem wir in und mit der Kirche fragen: was heilige Schrift, welches der in der Kirche gegebene, durch seine Inspiration sich selber als solcher aufdrängende Schriftkanon ist, werden wir uns die Antwort nicht von der Kirche, sondern von der heiligen Schrift selber geben lassen, werden wir nicht der Kirche, sondern dem Worte Gottes und gerade damit im rechten Sinn auch der Kirche gehorsam sein.

Diese Antwort ist an sich eine göttliche und also untrügliche und definitive Antwort. Das menschliche Hören dieser Antwort aber, das Hören der Kirche einst und unser eigenes Hören heute ist ein menschliches und also der Möglichkeit des Irrtums nicht einfach entzogenes, nicht ein als solches über jede Verbesserung erhabenes Hören. Das gilt von unseren Antworten auf die Frage nach dem Dogma und nach der Ordnung; das gilt auch von unserer Antwort auf die Frage nach dem Kanon. Wir haben das Recht und die Pflicht, diese Antwort, indem wir sie uns, in und mit der Kirche glaubend, geben, indem wir also in und mit der Kirche diese und diese Schriften (z. B. die 66 der Lutherbibel) als kanonisch erkennen, für eine gute, genügende Antwort zu halten und an Hand dieser heiligen Schriften allen Ernstes nach dem Zeugnis von Gottes Offenbarung, nach dem Worte Gottes selbst zu fragen. Jeder Bruchteil wirklichen Zeugnisses von Gottes Offenbarung — und das Vorhandensein eines solchen etwa unter diesen 66 Büchern wird man ja ohne Irrsinn nicht leugnen können — würde auch als Bruchteil Gottes Wort sein und für das Leben der Kirche und für unser eigenes Leben in Zeit und Ewigkeit völlig genügen. Eine absolute Gewähr für die Abgeschlossenheit der Kanonsgeschichte und also dessen, was wir als Kanon erkennen, kann doch auch nach den besten und befriedigendsten Antworten auf jene Frage weder der Kirche noch dem einzelnen in der Kirche gegeben sein. Eine Verengerung oder Erweiterung der menschlichen Erkenntnis hinsichtlich dessen, was als kanonische Schrift gelten sollte, ist in der Vergangenheit tatsächlich mehr als einmal vorgekommen, und wenn es nicht dazu kam, mindestens in ernsthafte Erwägung gezogen worden. Es wird die Einsicht, daß die konkrete Gestalt des Kanons keine absolut, sondern immer nur eine in höchster Relativität geschlossene sein kann, auch im Blick auf die Zukunft nicht einfach zu leugnen sein.

Wenn wir von den heftigen Schwankungen der ersten vier Jahrhunderte hier absehen wollen, so ist es doch bemerkenswert, daß noch das Florentiner Konzil im Jahre 1441 — tausend Jahre, nachdem unser heutiges Neues Testament sich im ganzen durchgesetzt hatte — zum Zweck der damals versuchten Verständigung mit den Ostkirchen — es für nötig hielt, eine ausdrückliche Aufzählung der als kanonisch anerkannten alt- und neutestamentlichen Schriften zu proklamieren (Denz. Nr. 706). Dieser Akt mußte dann 1546 vom Tridentiner Konzil (*Sess.* IV Denz. Nr. 784) wiederholt werden, nachdem inzwischen durch die Reformation das Kanonsproblem aufs neue in Bewegung gekommen war. Hatten es doch die protestantischen Kirchen — sehr bestimmt die reformierten, aber grundsätzlich entschieden auch die lutherischen — für richtig gehalten, eine ganze Reihe der seit tausend Jahren in aller Form als kanonisch anerkannten alttestamentlichen Schriften (die Bücher Judith, Weisheit Salomos, Tobias, Jesus Sirach und die beiden Makkabäer) als „Apokryphen" vom Kanon auszuschließen. Aber auch der neutestamentliche Kanon schien damals noch einmal in Bewegung zu kommen. Wie Luther über den Hebräer-, Jakobus- und Judasbrief und über die Apokalypse dachte und daß er sie, ohne sie jemandem nehmen zu wollen, für seine Person nicht unter die „rechten gewissen Hauptbücher" rechnen wollte, ist bekannt. Weniger bekannt ist, daß er sie im Inhaltsverzeichnis seiner Septemberbibel von 1522 nun doch ganz sichtbar außerhalb der Zählung der 23 anderen, nach ihm eigentlichen neutestamentlichen Schriften aufführte und damit augenfällig als deuterokanonisch charakterisiert hat. Und Luther stand nicht allein. Vor dem Tridentiner Konzil mit seiner neuen Einschärfung der Überlieferung konnte nicht nur Erasmus, sondern auch der Kardinal Cajetan gegenüber der Echtheit und Autorität des Hebräer-, des Jakobus- und des Judasbriefes sowie des 2. und 3. Johannesbriefes offene Zweifel aussprechen. Zwingli meinte insbesondere die Apokalypse ablehnen zu müssen. Und daß Calvin sie bei seiner im übrigen vollständigen Erklärung des Neuen Testamentes stillschweigend übergangen hat, ist mindestens auffällig; daß auch er nicht nur gegen die von Luther genannten Schriften, sondern auch gegen den zweiten Petrus- und gegen den zweiten und dritten Johannesbrief Bedenken hatte, geht aus seinen Einleitungen zu den betreffenden Kommentaren deutlich hervor. In der *Apol. Conf. Württ.* 1555 hat Joh. Brenz alle diese sieben Schriften in derselben milden, aber entschiedenen Weise als zwar erbaulich und heilsam, aber nicht normativ zu lesen auf die Seite gestellt, wie es in Luthers bekannter Formel gegenüber jenen alttestamentlichen Apokryphen geschehen war. Und wie er dachte und lehrte bei den Reformierten der Berner W. Musculus (vgl. H. Heppe, Dogm. d. ev. ref. Kirche, Neuausg. 1935, S. 15). So konnte es einen Augenblick scheinen, als werde der Ausscheidung der alttestamentlichen Apokryphen auf neutestamentlichem Gebiet jetzt ganz einfach eine Rückkehr zum Eusebianischen Kanon mit seiner Unterscheidung von Homologumena und Antilegomena entsprechen, zu denen dann also alle jene sieben Schriften zu rechnen gewesen wären. Noch Joh. Gerhard (*Loci theol.*, 1610 f.) redet (in cap. 9 u. 10 seines *Locus de scriptura*) ganz offen *De libris Novi Testamenti canonicis primi et secundi ordinis* und versteht unter den *libri secundi ordinis* eben die sieben eusebianischen Antilegomena. Nun, im ganzen hat die Sache trotz der Autorität vor allem Luthers selbst doch den Charakter einer Privatansicht behalten. Und diese Privatansicht ist in der Auseinandersetzung mit der römischen Kirche und Theologie schon ziemlich bald als peinlich empfunden, dann freilich doch auch aus inneren Gründen abgelehnt worden. Auch Joh. Gerhard hatte für jedes einzelne der von ihm als *libri canonici secundi ordinis* den Beweis geführt, daß und warum sie nun immerhin als *canonici* zu gelten hätten. Auf Grund dieser Einsicht, in der man jenen älteren Beanstandungen widersprechen mußte, lag es nahe genug, die eusebianische Unterscheidung nun doch wieder fallen zu lassen. Und so geschah es denn auch. Schon das Zürcher Bekenntnis von 1545 polemisiert folgendermaßen gegen Luther: In gemelten büchern dess Nüwen testaments, irrt uns kein herter knotten, habends ouch nit dafür, dass ützid ströuwis in jnen sye, oder unordig eins ins ander vermischt. Und ob sich glych der menschen geist in die offenbarung oder andere bücher nit schicken wil, achtend wir doch dess schickens nüt. Dann wir wol wüssend, dass wir menschen uns in die geschrifft richten söllend, und die gschrifft sich nit in uns (bei K. Müller, Bek. Schr. der ref. Kirche, S. 155). Die *Conf. Gallic.* (1559 Art. 3) und die *Conf. Belgica* (1561 Art. 4) bringen, dem Beispiel des Tridentinums folgend, eine solenne Aufzählung der 66 kanonischen Schriften, in der irgendeines Unterschiedes unter den neutestamentlichen Büchern nicht gedacht wird. Und der reformierte Zeitgenosse des Joh. Gerhard: Polanus erklärt kurz und gewichtig: *Novi Testamenti (libri) omnes sunt vere, univoce et proprie divini et canonici, nullo excepto.* Es gebe zwar unter den Evangelischen einige (*quidam!*), die die Kanonizität jener sieben Schriften bestritten. Aber die Meinung dieser *quidam* wird nun schon als *pudendum* empfunden: *Horum opinio erronea, quia paucorum est, communitati ecclesiae evangelicae seu reformatae impingi non debet.* (*Synt. Theol. chr.* 1609, S. 283 u. 307.) Immerhin gibt sich auch Polanus noch die Mühe, hinsichtlich jedes einzelnen der beanstandeten Bücher einen ausführlichen Gegenbeweis anzutreten. Am Ende des 17. Jahrhunderts ist die ganze Angelegenheit bei den Reformierten schon zu einer historischen Erinnerung geworden, die etwa bei F. Turrettini (*Instit. Theol. el.*, 1679, *Loc.* 2 *qu.* 9, 13) gerade noch erwähnt wird, während bei den Lutheranern Quenstedt die Unterscheidung von *libri primi et secundi ordinis* im Neuen Testament (er nennt sie auch *protocanonici* und *deuterocanonici*) immerhin noch kennt und, wenn auch viel weniger sichtbar als einst Joh. Gerhard, anerkennt. Er will aber die letzteren nur als solche charakterisiert wissen, die von einigen zeitweilig hinsichtlich ihres menschlichen

— nicht ihres göttlichen! — Autors angezweifelt worden seien. Uneingeschränkt soll der Charakter als heilige, inspirierte Schrift auch ihnen zukommen. Und er gibt sich darum alle Mühe, gewisse Spuren Luthers, die nun doch entschieden auch in andere Richtung weisen konnten, möglichst unsichtbar zu machen. (*Theol. did. pol.*, 1685, P I *cap.* 4 *sect.* 2, *qu.* 23, *th.* 2, *dist.* 5 und *font. sol. obs.* 23 f.) Der ganze Vorgang blieb praktisch ein Zwischenspiel. Aber daß er möglich war, ist von grundsätzlicher Bedeutung: denn daß nach dem Bestand des Kanons überhaupt gefragt werden konnte, wie im 16. Jahrhundert danach gefragt worden ist, das haben eigentlich auch die Späteren, die die Bedenken der Früheren nicht mehr teilten, nicht formell bestritten, sondern durch die ausdrückliche Aufzählung des gelten sollenden Bestandes der biblischen Bücher haben faktisch (im Tridentinum) auch die römische und (in der *Gallicana* und *Belgica*) auch die reformierten Kirchen die Legitimität dieses Fragens anerkannt. Und einen Rest von dieser Anerkennung wird man auch in der zähen Erhaltung der formellen Unterscheidung von protokanonischen und deuterokanonischen Schriften bei den späten Lutheranern erkennen dürfen. — Und nun wird man hier ja auch eines in dieselbe Richtung weisenden allgemeinen Phänomens gedenken müssen: Auch da, wo von einer direkten Anfechtung des überlieferten Kanonsbestandes nicht die Rede war, haben nicht nur einzelne Privatleser der Bibel, sondern hat auch die Kirche im Ganzen, wie sie sich in ihren Symbolen und Bekenntnisschriften, in ihrer Theologie, Predigt und Erbauungsliteratur aussprach, dem Kanon faktisch und praktisch wohl nie ganz gleichmäßig, d. h. nie ganz ohne stillschweigende Fragen hinsichtlich mancher seiner Bestandteile gegenübergestanden. Die heilige Schrift ist in der Kirche tatsächlich immer in sehr ungleichen Gewichtsverteilungen hinsichtlich ihrer einzelnen Bestandteile zu Worte gekommen. Das berühmte Kriterium Luthers: man habe bei allen heiligen Schriften zu prüfen, ob sie „Christum treyben odder nit" — Was Christum nicht leret, das ist nicht Apostolisch, wens gleich Petrus odder Paulus leret. Widerumb was Christum predigt, das ist Apostolisch wens gleych Judas Annas, Pilatus und Herodes thett (Vorr. auf. d. Ep. S. Jakobi und Judas, 1522) — dieses Kriterium ist, bei verschiedener Einsicht hinsichtlich dessen, was nun „Christus" heißen möchte, von der Kirche mehr oder weniger aller Zeiten und natürlich in ihrer Weise auch von den jeweiligen Häretikern dem Kanon gegenüber zur Anwendung gebracht worden, ohne daß es deshalb zu Folgerungen und Forderungen hinsichtlich einer Veränderung seines öffentlichen Bestandes kommen mußte. Am allerwenigsten war es gewiß — trotz der 1000 Jahre und trotz Florentinum und Tridentinum! — die römische Kirche (man denke nur an ihre im *Missale* so sichtbare Überordnung des Evangeliums über die Propheten und Apostel), die sich faktisch und praktisch gleichmäßig an den ganzen überlieferten Kanon gehalten hätte. Muß die Kirche, muß auch die römische Kirche, muß aber auch Luther sich von der überlieferten Ganzheit des Kanons her fragen lassen, ob die jeweils vorgenommenen Bevorzugungen und Geringerschätzungen wohlgetan sein möchten, ob damit nicht unentbehrliche Bestandteile des Offenbarungszeugnisses zum Schaden unserer Erkenntnis des Wortes Gottes vernachlässigt wurden, so darf und muß doch die Kirche auf Grund der Erkenntnis des Wortes Gottes, die sie vielleicht aus bestimmten Bestandteilen des Offenbarungszeugnisses im Unterschied zu anderen gewonnen, auch immer wieder nach dem Recht der überlieferten Ganzheit des Kanons fragen. Und wenn sie das darf und muß, wie sie es ja faktisch und praktisch auch auf der ganzen Linie tut, dann kann auch die Erwägung der Möglichkeit einer öffentlichen Veränderung dieses Bestandes, sei es wie im 16. Jahrhundert im Sinne einer Verengerung, sei es im Sinn einer Erweiterung, keine einfach verbotene Erwägung sein. Wir wissen, daß ein uns unbekannter Brief des Paulus an die Laodicener und zwei ebenfalls nicht mehr bekannte weitere Briefe an die Korinther einmal existiert haben. Nicht unbekannt sind uns gewisse „ungeschriebene", d. h. wohl geschriebene, nur eben nicht in den kanonischen Evangelien geschriebene Jesusworte. Und was wissen wir — nach gewissen Funden der letzten Jahre muß man sich ja wirklich auf allerhand gefaßt machen — ob im Sande Ägyptens nicht noch Dinge auf uns warten, angesichts derer es vielleicht eines Tages — nämlich an dem vielleicht einmal anbrechenden Tage ihrer Entdeckung — nicht einmal die römische Kirche verantworten könnte, sich auf den Begriff eines geschlossenen Kanons dogmatisch festgelegt zu haben. — Aber nicht die Erwägung solcher Möglichkeiten, sondern die grundsätzliche Erwägung des positiven Wesens und Sinnes des Kanons muß es uns nahelegen, uns an den Gedanken, daß der Kanon nicht absolut geschlossen ist, wieder zu gewöhnen.

Es ist klar, daß eine solche Veränderung des Kanonbestandes, wenn sie je praktisch in Frage kommen sollte, sinnvoll und legitim nur als ein kirchlicher Akt, d. h. in Form einer ordentlichen und verantwortlichen Entschließung eines verhandlungsfähigen Kirchenkörpers Ereignis werden könnte. Was Einzelne aus theologischen oder historischen Gründen hier denken und auch wohl aussprechen mögen, wird, auch wenn es noch so ernst gemeint und begründet ist, nur den Charakter einer privaten und unverbindlichen Vorauserwägung eines solchen kirchlichen Aktes tragen können, wobei dessen echte Kirchlichkeit wieder ganz von der Frage abhängen wird, ob es sich dabei heute wie einst um eine *necessaria susceptio*, d. h. um eine tatsächlich stattfindende Belehrung der Kirche durch die als kanonisch sich selbst bestätigende bzw. nicht bestätigende Schrift handeln wird. Solange es zu einer solchen neuen Entscheidung der Kirche nicht offenkundig gekommen ist, wird man ihre einst gefallenen Entscheidungen wie hinsichtlich des Dogmas so auch hinsichtlich des Kanons als in Kraft und Geltung stehend ansehen müssen. Die Kirche sagt uns in Form dieser ihrer einst gefallenen Entscheidungen noch heute: das und das, dieser bestimmte Bestand von Schriften ist die heilige Schrift. Kann und darf der Einzelne in der Kirche sie gewiß nicht daraufhin als heilige Schrift anerkennen, daß die Kirche das tut, kann und darf jeder Einzelne vielmehr nur der heiligen Schrift selber gehorsam sein, die sich ihm als solche offenbart und damit aufdrängt, die ihm diese Anerkennung abzwingt, so wird er doch zu bedenken haben, daß die Schrift das Wort Gottes für und an die Kirche ist, daß er also nur in und mit der Kirche der Schrift gegenüber sinnvoll und legitim Stellung nehmen kann. Er hat die Kirche auf alle Fälle, welches auch sein vielleicht abweichendes persönliches Urteil, auch sein persönlich abweichendes Glaubensurteil sein möge, zu hören. Das bis jetzt nicht veränderte Urteil der Kirche geht als solches dem Urteil des Einzelnen, auch wenn es das Urteil noch so vieler und noch so ernst zu nehmender Einzelner in der Kirche wäre, grundsätzlich voran: nicht als ein absolutes Gottesurteil, wohl aber als das Urteil der *majores*, der πρεσβύτεροι (Irenäus!), als das Urteil derer, die vor uns berufen waren und geglaubt haben, und das als solches, sofern es nicht durch die Kirche überholt, d. h. vertieft und ergänzt ist, zu respektieren ist, das als solches den Charakter einer Weisung hat, über die sich niemand einfach hinwegsetzen darf. Wir haben bis auf eintretende bessere Belehrung der Kirche selber heilige Schrift, Schrift als Zeugnis von Gottes Offenbarung, Schrift als Gottes Wort da zu erwarten, wo die

Kirche laut ihrer bisherigen Entscheidung sie gefunden hat. Wir haben sie nur da zu erwarten, d. h. wir sind nicht ermächtigt, auf Grund eigener Entscheidung andere Schrift als diese, auch wenn wir persönlich sie dafür halten sollten, in der Kirche als heilige Schrift geltend zu machen, als ob wir eben doch anders als in und mit der Kirche reden, als ob wir reden dürften, ohne die Kirche gehört zu haben. Und wir haben da, wo die Kirche heilige Schrift gefunden zu haben erklärt, heilige Schrift tatsächlich zu erwarten, d. h. wir haben an die von der Kirche als heilig, als Offenbarungszeugnis bezeichnete Schrift, welches auch unsere bisherigen Erfahrungen mit diesem oder jenem ihrer Bestandteile sein oder nicht sein mögen, immer wieder unter der Weisung heranzutreten, gerade hier aufmerksam zu sein darauf, ob das Wort Gottes, das hier einst, vielleicht noch nicht von uns selber, wohl aber von den *majores* gehört worden ist, nicht auch zu uns sprechen möchte.

Der Begriff des Kanons ist also in einer differenzierteren Weise geltend zu machen, als dies im Protestantismus des 17. Jahrhunderts geschehen ist. Man kann nämlich nicht die Begründung der göttlichen Autorität der in diesem und diesem Umfang vorliegenden Schrift durch die Kirche so bestimmt ablehnen, man kann der Kirche in Sachen des Kanons nicht so bestimmt die Rolle eines bloßen, wenn auch höchst ehrwürdigen Zeugen und Wächters zuschreiben und die eigentliche und bindende, die göttliche Autorität, die über den Kanon entscheidet, so ganz der Schrift als dem Worte Gottes selbst zuschreiben, wie es die altprotestantische Orthodoxie mit Recht getan hat, um dann doch den Einzelnen in der Kirche zu sagen, daß — als ob es hier für Luther und Calvin keine Fragen gegeben hätte — in diesen und diesen Schriften, hinsichtlich deren Umfang sie nun doch zunächst nur auf das Zeugnis der Kirche angewiesen sind, gleichmäßig das Wort Gottes zu ihnen spreche. Ist dem so, dann ist dem eben so, d. h. dann wird das Wort Gottes eben wirklich gerade in diesen Schriften zu ihnen sprechen. Die Kirche darf aber, wenn jene negativen und positiven Voraussetzungen gelten, wenn es ihr selbst ernst ist mit der Versicherung, daß über die Offenbarung des Wortes Gottes allein das Wort Gottes selbst verfügen und entscheiden könne, nicht so von ihrem Kanon reden, als habe sie mit ihrer Entscheidung die Entscheidung des Heiligen Geistes selbst vollzogen und also für alle Zeiten und allen einzelnen in der Kirche gegenüber in ihrer eigenen Macht. Sie kann ihre eigene Entscheidung nur als eine ernst gemeinte und ernst zu nehmende Weisung, sie kann sie aber nicht — wenn sie nämlich die Herrschaft Jesu Christi und des Heiligen Geistes, wenn sie also die Offenbarung und damit ihr eigenes Sein nicht in Frage stellen will — als ein göttliches Gesetz verstehen und geltend machen. Sie wird sich selbst auch hinsichtlich des Kanons für weitere Belehrung offenhalten und sie wird den Einzelnen in ihrem Raum gegenüber hinsichtlich ihres praktischen Verhältnisses zum Kanon Geduld beweisen müssen. Sie darf und sie muß für ihre Weisung Respekt von ihnen verlangen. Sie darf und sie muß dem Wechsel der Zeiten und der Zeitströmungen und den besonderen Gaben und Erleuchtungen, aber doch auch den drohenden Willkürlichkeiten der einzelnen Individuen und Gruppen gegenüber die Ganzheit des Kanons und nun gerade dieses von ihr als solchen erkannten Kanons bezeugen. Sie darf und muß darüber wachen, daß es nicht etwa unter dem Titel und in Anwendung jenes Luther'schen Kriteriums zu Vernachlässigungen bestimmter Seiten des biblischen Zeugnisses, zu häretisierenden Einseitigkeiten und Überbetonungen komme. Sie darf und muß es sich verbitten, daß in ihrem Raum willkürliche Veränderungen des Kanons in dem ihr anvertrauten Umfang vorgenommen oder daß einzelne von dessen Bestandteilen nun wirklich im Gegensatz zu anderen allein als kanonisch behandelt werden. Sie kann und darf sich aber gegen weitere Belehrung auch hinsichtlich des Umfangs dessen, was ihr als Kanon tatsächlich anvertraut ist, nicht zum vornherein verschließen und sie kann und darf mit ihrem Zeugnis hinsichtlich dieses Umfangs dem Zeugnis des Heiligen Geistes dem Einzelnen in ihrem Raum gegenüber nicht vorgreifen. Sie kann und darf ihm nur sagen, daß er in dem von ihr bezeugten Umfang das Zeugnis des Heiligen Geistes zu erwarten habe, um dann selber mit ihm zu erwarten, daß diese Verheißung, die ihm zu geben sie berechtigt und verpflichtet ist, sich auch an ihm bewahrheiten werde. Diese Differenzierung hinsichtlich der Wahrheit über den biblischen Kanon ist es, die in der Kanonslehre der protestantischen Orthodoxie verdunkelt worden ist. Sie durfte wohl faktisch und praktisch im Gegensatz zu Luther und Anderen für die volle Kanonizität jener sieben Antilegomena eintreten, wenn sie aus inneren Gründen und entscheidend im Gehorsam gegen die Schrift selbst das Bewußtsein hatte, dies tun zu müssen. Sie durfte aber die grundsätzliche Bedeutsamkeit der Tatsache nicht übersehen und unterdrücken, daß der Kanon sich im 16. Jahrhundert hinsichtlich der Erkenntnis seines Bestandes als eine bewegliche Größe erwiesen hatte. Sie griff zu hoch, wenn sie den von ihr erkannten Kanon mit dem von Gott offenbarten einfach gleichsetzte, um eben damit zu tief zu greifen. Sie durfte die Kirche nicht veranlassen, hinsichtlich ihres Kanons nun doch wieder (sehr im Widerspruch zu dem gegen die römische Kirche erhobenen Vorwurf!) eine ganz andere Stellung als die eines Zeugen und Wächters, nämlich die eines Garanten seiner göttlichen Autorität, einzunehmen. Soweit dies geschehen ist, hat die Orthodoxie mit ihrer Schriftlehre, wie sich auch noch an einem anderen Punkte, nämlich in der Frage des Begriffs der Inspiration, zeigen wird, ganz einfach dem Neuprotestantismus vorgearbeitet, indem sie der Kirche, d. h. den Menschen in der Kirche eine Vollmacht und eine Sicherheit in die Hände spielte, die nach ihren eigenen Voraussetzungen die Vollmacht und Sicherheit Gottes gegenüber allen Menschen, auch gegenüber den Menschen in der Kirche, sein und bleiben mußte. Hatte man nicht gesagt, daß die göttliche Autorität der Schrift für sich selber sprechen und auch ganz allein als selbst für sich selbst sprechende zu hören sei? Warum blieb man nicht dabei, diese ihre geistliche Autorität zu bezeugen? Gerade indem man aus der kirchlichen Glaubensentscheidung willkürlich ein göttliches Gesetz machte, statt sie im Glauben als kirchliches und also als geistliches Gesetz zur Geltung zu bringen: zu einem göttlichen Gesetz, mit dem man sich weiterer Belehrung verschloß und das man als solches den Menschen als ein Joch auf den Hals legen zu können meinte, hat man deren Widerspruch gegen das wirkliche Gesetz Christi und des Heiligen Geistes — man war ja heimlich selbst schon in diesem Widerspruch begriffen — herausgefordert, hat man die Perlen vor die Säue geworfen und durfte sich nicht wundern, wenn die kirchliche Weisung hinsichtlich des Kanons nun zunächst für längste Zeiten auch als Glaubenszeugnis, auch als kirchlich-geistliches Gesetz weithin nicht mehr angenommen, wenn die Lehre von der Schrift nun zunächst von der soviel näher liegenden Lehre von der Religion verdrängt und abgelöst wurde. Also: um der wirklichen Autorität des biblischen Kanons willen müssen wir es wieder lernen, seine Feststellung als ein Glaubenszeugnis, seine Anerkennung als Glaubensgehorsam und also seinen tatsächlichen Bestand, auch wenn wir gar keinen Anlaß haben sollten, ihn zu beanstanden, als unabgeschlossen zu verstehen.

2. Wenn wir die Schrift und nun also die kanonische, d. h. die von der Kirche als kanonisch bezeichnete und von uns in und mit der Kirche als kanonisch zu erkennende Schrift als heilige Schrift, als Zeugnis und zwar als das Zeugnis von Gottes Offenbarung entgegennehmen, so nehmen wir entgegen: das Zeugnis des Mose und der Propheten, der Evangelisten und der Apostel. Gemeint ist (wir wiederholen ja mit dieser

Formulierung nur gewisse biblische Zusammenfassungen) das Zeugnis des Alten und des Neuen Testamentes, das Zeugnis von der Erwartung und das Zeugnis von der Erinnerung, das Zeugnis der Vorzeit und das Zeugnis der Nachzeit der in Jesus Christus geschehenen Offenbarung. Über die Offenbarung als Zeit und zwischen diesen beiden Zeiten haben wir in der Lehre von der Offenbarung selbst (§ 14) ausführlich gesprochen. Wir reden jetzt von ihrer Bezeugung, von ihren Dokumenten als solchen und haben von ihnen im Rückblick auf das über ihren Inhalt Ausgeführte zu sagen: daß sie in dem durch ihren Inhalt gegebenen Zusammenhang und in der durch ihr verschiedenes Verhältnis zu diesem Inhalt bedingten Verschiedenheit darin alle zusammengehören, darin alle im gleichen Sinn heilige Schrift sind, daß sie eben alle diesen Inhalt haben. Es hat das Alte und es hat das Neue Testament je darin seine Besonderheit, daß jenes den kommenden, dieses den gekommenen Messias bezeugt. Es ist im Alten Testament das Gesetz von den Propheten darin unterschieden, daß im Gesetz die Berufung Israels, in den Propheten die Leitung und Zucht des schon berufenen durch das Wort Jahves das Material der in beiden vorliegenden Weissagung bildet. Und so im Neuen Testament die Evangelien von den Apostelschriften darin, daß die Evangelien auf die der Auferstehung entgegenweisenden Worte und Taten Jesu, die Apostelschriften dagegen von der Auferstehung her auf die durch diese beleuchtete und veränderte menschliche Lebenssituation zurückblicken. Aber wie sich die beiden Linien dort des alttestamentlichen hier des neutestamentlichen Zeugnisses je in einem Punkte schneiden, so wiederum die alttestamentliche und die neutestamentliche Linie je als ganze. Man wird ja auch im einzelnen diese Unterschiede oft genug aufgehoben finden: es gibt Gesetzliches bei den Propheten und Prophetisches im Gesetz, Evangelisches in den Apostelschriften und Apostolisches in den Evangelien. Unbeweglich sind eigentlich nur zwei Unterschiede: Der erste besteht darin, daß Christus im Alten Testament noch nicht als der schon erschienene, im Neuen Testament nicht mehr als der noch nicht erschienene bezeugt wird; aber in den ersten Kapiteln des Matthäus- und Lukasevangeliums und in den Täufer- und Mariaperikopen wird man wenigstens auf seiten des Neuen Testamentes, sofern es hier selber noch alttestamentlich redet, eine Ausnahme doch auch von dieser Regel konstatieren müssen. Und gerade dieser in der Hauptsache unverrückbare Unterschied beider Zeugnisse wird durch die Einheit ihres Gegenstandes auch wieder völlig relativiert. Innerhalb aller dieser Gruppen besteht dann noch als zweiter unverrückbarer Unterschied der zwischen den verschiedenen Individualitäten der bekannten und unbekannten Schriftsteller, mit denen wir es im biblischen Zeugnis zu tun haben. Jesaja ist nicht Kohelet, und Paulus ist nicht Jakobus. Aber wie wird auch dieser Unterschied, so unaufhebbar er offenbar ist, relativiert durch die Einheit dessen, was durch alle diese Individuen gesagt wird! Dieses Zeugnis in seiner Ganzheit ist gemeint, wenn wir vom biblischen Zeugnis reden. Eine Verschiedenheit innerhalb dieses Zeugnisses wird durch die erwähnten Unterschiede seines Inhalts nicht begründet. Die Kirche entstand, indem dieses Zeugnis in dieser seiner Ganzheit auf den Plan trat. Denn die Kirche entstand durch die Erzählung von Jesus Christus und durch die Botschaft von der Kraft seiner Auferstehung, und beide, die Erzählung und die Botschaft, gaben sich offenbar schon vor ihrer schriftlichen Fixierung, und in ihrer schriftlichen Fixierung erst recht, auf Schritt und Tritt als Auslegung des Gesetzes und der Propheten. Eines greift hier mit Notwendigkeit ins Andere. Man kann weder das Gesetz und die Propheten, noch die Evangelien und die Apostelschriften, noch das Alte und das Neue Testament im Ganzen auseinanderreißen, ohne jedesmal beide zu entleeren und zu zerstören. Hätte die Kirche nicht von Anfang an dieses Ganze gehört, so hätte sie gar nicht gehört, was sie gehört hat, so wäre sie als Kirche gar nicht entstanden. Nur in diesem Zusammenklang ist das biblische Zeugnis das Zeugnis von Gottes Offenbarung. Und in Erinnerung an diesen seinen Zusammenklang hält die Kirche fest an diesem Zeugnis, erkennt sie in ihm die regierende göttliche Autorität, bemüht sie sich um seine Auslegung, existiert sie, indem sie selber bezeugt, was sie in ihm bezeugt findet. Die Kirche verfügt nicht einmal über den Klang dieses Zeugnisses: in ihrer Macht ist es nicht, obwohl sie es hat, daß es das Zeugnis von Gottes Offenbarung ist. Wie sollte sie über seinen Zusammenklang verfügen? Wie sollte es in ihrer Macht liegen, daß dieses Zeugnis, obwohl und indem sie es hat, in seiner Ganzheit das Zeugnis von Gottes Offenbarung ist? Was sie hat, kann außer dem Zeugnis selbst nur die an dieses Zeugnis geknüpfte Erinnerung sein und darum: die wiederum an dieses Zeugnis geknüpfte Erwartung. In ihrer Erinnerung und in ihrer Erwartung ist es das Zeugnis von Gottes Offenbarung, ist die Schrift heilige Schrift. Über das, was dazwischen liegen kann: über das Ereignis, daß dieses Zeugnis nicht nur in Erinnerung und Erwartung, sondern heute und hier Zeugnis von Gottes Offenbarung ist — über dieses Ereignis hat die Kirche weder Verfügung noch Macht. Das Alles gilt auch von der Ganzheit, vom Zusammenklang dieses Zeugnisses. Aber wie die Erinnerung überhaupt genügt, die Erwartung überhaupt zu wecken, zu begründen und zu rechtfertigen, so erlaubt sie der Kirche keine andere Erwartung als die Erwartung der Ganzheit, des Zusammenklangs dieses Zeugnisses. In dieser Meinung lehrt die Kirche die Heiligkeit und darum die Einheit der Schrift. Sie meint die Heiligkeit und Einheit Gottes in seiner Offenbarung, wie sie sich einst in der Begründung der Kirche und dann immer wieder in der menschlichen Mannigfaltigkeit dieses Zeugnisses erwiesen und bewährt hat. Und sie meint wieder die Heiligkeit und Einheit Gottes in seiner Offenbarung, die sie, im Besitz dieses Zeugnisses, von ihm zu erwarten aufgerufen und berechtigt ist. So gehalten vom Gestern und vom Morgen her wird ihr Heute nur ein ganz demütiges, ganz anspruchsloses, aber auch ganz ungebrochenes Ja zu diesem Zeugnis, und zwar zu der Fülle dieses Zeugnisses in seiner Einheit sein können. Sie nimmt damit nicht vorweg, was nur Gott selbst in seiner Offenbarung schaffen und geben kann: das Ereignis der Erkenntnis dieser Einheit. Sie bejaht aber, daß Gott in seiner Offenbarung eben diese Erkenntnis schaffen und geben kann, wie er sie einst schon geschaffen und gegeben hat. In diesem Sinn wird sie festhalten am ganzen biblischen Zeugnis, also am Gesetz und an den Propheten, am Evangelium und an den Apostelschriften, am Alten und am Neuen Testament. In diesem Sinn wird sie sich um die Auslegung und Verkündigung dieses Ganzen mühen. In diesem Sinn wird sie jedes ihrer Glieder vor die Verheißung und vor die Aufgabe stellen, in diesem Ganzen das Wort Gottes zu hören. In diesem Sinn wird sie sich, wie wir schon bei der Untersuchung des Begriffs des Kanons sahen, gegen alle Abtrennungen nicht nur, sondern auch gegen alle die Einheit des Zeugnisses in Frage stellenden Bevorzugungen dieses oder jenes seiner Bestandteile, aber auch gegen alle den Teil gegenüber dem Ganzen isolierende Abwertungen zur Wehr setzen. Sie weiß, wenn sie es auch nur in der Erinnerung und in der Erwartung weiß, um den Frieden, in welchem dieses Zeugnis seinen Ursprung und sein Ziel hat; und eben in der Willigkeit, sich selbst diesen Frieden mitteilen zu lassen, stellt sie sich selbst unter dieses Zeugnis und also unter dieses ganze Zeugnis.

Die Folgerung und Forderung, die sich aus der recht verstandenen Einheit der heiligen Schrift ergibt und über deren Beachtung die Kirche zu wachen hat, kann also gerade nicht etwa dahin lauten, daß wir ein verborgenes geschichtliches oder begriffliches System, eine Heilsökonomie oder eine christliche Weltanschauung aus der Bibel zu erheben hätten. Eine biblische Theologie in diesem Sinn kann es nicht geben: weder eine solche des Alten noch eine solche des Neuen Testamentes, noch eine solche der ganzen Bibel. Die Voraussetzung, das organisierende Zentrum eines solchen Systems müßte ja wohl der Gegenstand des biblischen Zeugnisses, nämlich die Offenbarung sein. Nun ist die Offenbarung aber nicht mehr und nicht weniger als das uns zugewandte Leben Gottes selber, das durch den Heiligen Geist zu uns kommende Wort Gottes, Jesus Christus. Eben Jesus Christus können wir aber in unserem Denken, auch in unserem Nachdenken der biblischen Texte, immer nur uneigentlich, d. h. nur in Form unserer Erinnerung und Erwartung „voraussetzen", um dann unsere weiteren Gedanken, auch unsere in Form von Auslegung jener Texte gewonnenen Gedanken an diese Voraussetzung anzuknüpfen. Eigentlich, und das heißt: gegenwärtig kann gerade die Offenbarung nur durch die Offenbarung selbst unseren Gedanken, auch unseren Auslegungsgedanken vorausgesetzt bzw. zu ihrem organisierenden Mittelpunkt gemacht werden. Eine biblische Theologie wird also immer nur in einer Gruppe von Annäherungsversuchen, in einer Sammlung und Zusammenfassung von Einzelexegesen bestehen können, bei der es auf eine Systematik im Sinn der platonischen, aristotelischen oder hegelischen Philosophie darum nicht abgesehen sein kann, weil der dazu nötige Grundgedanke nicht nur, wie es ja auch die Philosophen sagen, der Gedanke eines letzten, unbegreiflichen Wirklichen ist, sondern auch eben als solcher — und hier unterscheidet sich das theologisch vom philosophisch Unbegreiflichen — gar nicht zu unserer Verfügung steht, als Gedanke eines eigentlich, d. h. gegenwärtig Wirklichen gar nicht, oder eben nur uneigentlich, d. h. nur in Form von Erinnerung und Erwartung vollzogen werden kann. Auch die biblischen Zeugen selbst können und wollen ja die Offenbarung nicht selbst auf den Plan stellen, sondern gerade darin erweisen sie sich als ihre echten Zeugen, daß sie nur auf sie hinblickend und auf sie zurückblickend von ihr reden. Wie könnten wir die Ganzheit ihres Zeugnisses dadurch ergänzen wollen, daß wir mit der Offenbarung umgingen wie mit einer uns verfügbaren Voraussetzung? Wie könnten wir sie anders auslegen, als indem wir uns mit ihnen der Erinnerung, ihrer Erinnerung und der Erwartung, ihrer Erwartung hingeben? Eben in dieser Hingabe und allein in ihr — nicht in einem eigenmächtigen Tun dessen, was sie unterlassen haben — wird sich unsere Auslegung jenes Zeugnisses als echt bewähren und entzünden zu unserem eigenen Zeugnis. Alle biblische Theologie (und selbstverständlich auch und erst recht alle Dogmatik) wird also nur in einer Übung in dieser Hingabe, nicht aber in einem Versuch, das Ganze des biblischen Zeugnisses auf den Plan zu führen, bestehen können. —

Man wird wohl auch an dieser Stelle fragen müssen, ob die altprotestantische Theologie des 17. Jahrhunderts nicht zu viel tat, um eben damit zu wenig zu tun. Es war gewiß nicht an sich verwerflich, daß sie sich bei ihrer Auslegung so lebhaft des Handwerkszeugs der aristotelischen und später der kartesianischen Philosophie bediente. Wie sollte die umfassende Gründlichkeit und Genauigkeit, die sie damit offenbar anstrebte und auch in erstaunlichem Maße bewiesen hat, verwerflich und nicht vielmehr höchst vorbildlich sein? Wenn sie sich nur freier gehalten hätte von der Neigung, sich von dorther nun auch zu dem theologisch unmöglichen Unternehmen einer Systematik der Offenbarung, eines Systems, in welchem die Offenbarung zur verfügbaren Voraussetzung wurde, inspirieren zu lassen. Sie hat das Offenbarungszeugnis nun doch als solches in seiner Einheit und Ganzheit auf den Plan führen wollen. Damit wurde sie ihm aber gerade nicht gerecht. Und daran hat sie, als im 18. Jahrhundert die Philister über sie kamen, wie einst über Simson, scheitern müssen. — Wir werden es der Offenbarung schon selbst überlassen müssen, sich wie überhaupt, so auch in ihrer Einheit und Ganzheit auf den Plan zu führen. Wir haben sie nie hinter uns, wir können ihr immer nur nachgehen. Wir können sie nicht denken, wir können sie nur bedenken. Wir können sie nicht behaupten und beweisen, wir können sie nur glauben, in Erinnerung und Erwartung glauben, damit sie, wenn unser Glaube recht und Gott wohlgefällig ist, in dem, was wir dann denken und sagen, sich selber behaupte und beweise. Eben das ist also die Folgerung und Forderung, die sich aus der recht verstandenen Einheit der heiligen Schrift ergibt, und eben darüber hat also die Kirche zu wachen: Es darf nie in Vergessenheit geraten, daß wir es bei der kanonischen Schrift vermöge ihres uns allerdings unverfügbaren Inhalts und Gegenstandes mit einem einzigen, d. h. mit einem in eine einzige Richtung weisenden, eine einzige Wahrheit bezeugenden Zeugnis zu tun haben. Nehmen wir es in und mit der Kirche auf, der es gegeben ist, dann ist das die Erinnerung, und dann ist das auch die Erwartung, in der wir es zu lesen haben. Es kann und darf die Hingabe, das Nachgehen, das Bedenken, das Glauben in dieser Richtung nicht aufhören, nicht durch ein willkürliches Fragen, Suchen und Streben nach allen möglichen anderen Richtungen ersetzt werden. Luther hat über die Einheit der Heiligen Schrift einmal folgendes gesagt: Denn die heylige Schrifft ist das kleyd, das unser Herr Christus angezogen hat und sich drinn sehen und finden lest. Solches kleyd ist durchauss gewürcket und in einander dermassen gefasset, das mans nicht schneyden noch teylen kan. Es nemen sich aber die Kriegssknechte drumb an die Christum creutzigen, das ist: die Ketzer und Rotten. Die haben sonderlich dise unart, das sie den rock wöllen gantz haben und yederman über reden, die gantz schrifft stymme mit jnen und sey jr meynung . . . fassen jn ein sondere meynung, one und ausser dem wort, die selbe meynung fladdert jn ymmerdar für den augen und wie ein blowes glass was sie darnach sehen, dunkt sie alles blow und jre meynung sein. Aber es sind spitzbuben, wies Paulus nennet, Ephe. 4, da er vermanet, sie sollen sich nicht ein yeden wind der lehre treyben lassen durch schalkheyt der menschen. Da heyst das wörtlein schalckheit in Griechischem *kybia*, auff deutsch würffelspiel oder spitzbüberey. Denn gleych wie die spitzbuben den würffel meystern, er muss jnen tragen, was sie wöllen, also thun die Rotten und schwirmer auch mit der Schrifft, ein yeder wils gantz haben, und brauchen den würffel dazu. (Pred. üb. Matth. 26, 33 f., Hauspostille, 1545, W. A. 52, 802, 1.) Nun, die Frage, die damit ausgesprochen ist, dürfte doch wohl in aller Ehrfurcht auch an Luther selbst gerichtet werden. Sollte er, etwa in seiner Lehre von Gesetz und Evangelium, die Würfel nicht in besten Treuen auch etwas gemeistert und das Kleid Christi nicht auch geteilt haben? Auch an die später aufgekommene Lehre von einer in verschiedenen, tiefer und höher liegenden Stufen verlaufenden Heilsgeschichte, an die Vorstellung einer Entwicklung der Offenbarung, die in die einer Entwicklung der biblischen Religion so leicht umschlagen konnte und mußte, an die der Einseitigkeit Luthers entsprechende Höherschätzung der Synoptiker gegenüber Johannes, der Evangelien gegenüber den Apostelschriften, auf alttestamentlichem Gebiet an die lange übliche Bevorzugung der Propheten im engeren Sinn des Begriffs wäre hier zu denken. In allen diesen Fällen hat die Verkennung der Einheit der Schrift noch immer ihre Verkennung als heilige Schrift früher oder später nach sich gezogen und nach sich ziehen müssen; denn schon mit solch eigenmächtiger Bevorzugung hat man auch die jeweils bevorzugten Stücke schon nicht mehr als heilige Schrift gelesen. Ähnlich steht es aber mit diesem Bevorzugen auch im Einzelnen und Einzelsten. Es dürfte grundsätzlich wohl so sein — und es dürfte dieses Kriterium auch auf die anerkannteste, auch auf die in den Bekenntnisschriften niedergelegte Lehre der Kirche als solche, erst recht aber auf die ihrer einzelnen Lehrer als solcher, und wären sie die größten, anzuwenden sein: wo bei der Auslegung der Schrift auch nur etwas übersehen wird, was eben auch geschrieben steht, wo man genötigt ist, zur Durchführung seiner Auslegung auch nur etwas, was auch geschrieben steht, abzuschwächen oder gar fallen zu lassen, da droht die Möglichkeit, daß die Auslegung das Eine, von dem die Schrift in ihrer Ganzheit zeugt, auch da, wo sie es gefunden zu haben meint, in Wirklichkeit verfehlt hat. Eine Auslegung ist in dem Maß vertrauenswürdig, als sie nicht nur den gerade vorliegenden Text, sondern mindestens implizit auch alle anderen Texte auslegt, in dem Maß, als sie mindestens den Ausblick auf die Auslegung auch aller anderen Texte eröffnet. — Es gab unter den altprotestantischen Theologen solche (z. B. Bucan, *Inst. theol.*, 1602, Loc. 4, 11; *Syn. pur. Theol.*, Leiden 1624, *Disp.* 3, 20), die die These vertraten, daß das Hinzutreten der Propheten zum Gesetz, das ursprünglich allein die Heilige Schrift bildete, diese als solche, d. h. als Wort Gottes, nicht etwa vollkommener, sondern eben nur als die Erklärung und Bestätigung des ersten Zeugnisses durch ein zweites deutlicher machte. Dasselbe sei aber auch von dem Hinzutreten des Neuen Testamentes zum Alten zu sagen. Es sei tatsächlich das ganze Heil schon im Pentateuch als solchem verkündigt und zu vernehmen. Man kann diese These für allzu kühn und vor Allem, weil wir es nun einmal nicht nur mit dem Pentateuch zu tun haben, für überflüssig erklären. Ich wüßte aber nicht, von woher man ihr sachlich Unrecht geben wollte. Bezeugt wirklich die ganze Schrift Eines, dann ist nicht abzusehen, inwiefern sie es nicht, wären wir nur mit einem Bruchteil von ihr bekannt, auch in einem solchen Teil des Ganzen vollkommen bezeugen sollte. Da sie nun einmal nicht aus einem solchen Teil, sondern aus dem Ganzen besteht, so kann uns jene Erwägung gewiß nicht davon dispensieren, sie als Ganzes ernst zu nehmen. Sie mag uns aber immerhin daran erinnern, daß wir, belehrt und in Schranken gehalten durch das Ganze, tatsächlich auch im Einzelnen nach dem Einen zu fragen haben.

3. Man hat oft gefragt: ob und inwiefern die Lehre von der heiligen Schrift, insbesondere der Satz, daß wir unter der ganzen Weltliteratur

alter und neuer Zeit nun gerade in diesen Schriften heilige Schriften zu erkennen hätten, in der Bibel selber begründet sei?

Daß dieser Satz in der Tat dem entspricht, was die heilige Schrift von sich selber lehrt, das ergibt sich zunächst allgemein und indirekt aus der Einmaligkeit und Kontingenz der in ihr bezeugten Offenbarung. Man kann auch schlichter sagen: es ergibt sich aus der wahren Menschheit der Person Jesu Christi als des Gegenstandes ihres Zeugnisses. Was ist die Bibel anderes als der Existenzbeweis der geschichtlichen Umgebung dieser Wirklichkeit und insofern der Geschichtlichkeit dieser Wirklichkeit selber? Diesen Existenzbeweis liefert eben in der ganzen Weltliteratur nur die Bibel oder liefert ein Teil der übrigen Weltliteratur nur daraufhin, daß er zuvor durch die Bibel geliefert ist. Das Zeugnis der heiligen Schrift von sich selber besteht also allgemein einfach in ihrem Wesen als Zeugnis von Jesus Christus. Und es steht und fällt die Erkenntnis der Wahrheit dieses ihres Selbstzeugnisses, es steht und fällt die Erkenntnis ihrer einzigartigen Maßgeblichkeit mit der Erkenntnis, daß Jesus Christus der fleischgewordene Sohn Gottes ist. Weil aber diese Erkenntnis zusammenfällt mit der Erkenntnis des Glaubens an seine Auferstehung von den Toten, muß man sagen: die Schrift zeugt damit von sich selber, daß sie in ihrer entscheidenden Mitte die Auferstehung Jesu Christi von den Toten bezeugt. Die den Glauben und seine Erkenntnis erweckende Bezeugung der Auferstehung Jesu ist aber selber wieder nichts anderes als die Selbstbezeugung Gottes durch den Heiligen Geist, so daß man endlich und zuletzt sagen muß: die heilige Schrift zeugt damit von und für sich selbst, daß der Heilige Geist von Christi Auferstehung und also davon zeugt, daß dieser der in das Fleisch gekommene Sohn Gottes ist.

Diesem allgemeinen und impliziten Selbstzeugnis entspricht nun aber doch auch ein besonderes und explizites. Die Bibel redet auf der ganzen Linie nicht nur von Gottes Offenbarung in Jesus Christus in ihrem Gegenüber zu allen Menschen, zum Menschen und zur Menschheit überhaupt. Das tut sie freilich auch, ja man muß sagen, daß dieses Gegenüber der eigentliche Inhalt der Bibel ist. Wir sahen an früherer Stelle: der in der Offenbarung angeredete und in Anspruch genommene Mensch gehört als solcher mit zu ihrem Inhalt, mit in die Offenbarung selbst hinein. Aber nun müssen wir konkreter fortfahren: eben der in diesem Umfang verstandene Inhalt der Bibel hat eine von ihm als diesem Inhalt gar nicht zu lösende bestimmte Form. Daß die Bibel als Zeugnis von Gottes Offenbarung jeden Menschen, alle Menschen angeht, ja gewissermaßen schon in sich schließt, daß recht verstanden die ganze Menschheit, ob sie es weiß oder nicht, ganz real in der Bibel steht und also sich selber zum Zeugnis von Gottes Offenbarung gesetzt ist — das ist dadurch ermöglicht und bedingt, daß zunächst nun doch gar nicht alle, sondern nur ganz bestimmte, besondere Menschen in der Bibel stehen: diejenigen nämlich, die der einmaligen und kontingenten Offenbarung gegenüber die wesensmäßig ebenfalls einmalige und kontingente Funktion von ersten Zeugen hatten. Daraufhin, daß es diese ersten Zeugen gab und noch gibt, konnte und kann es zweite und dritte Zeugen geben. Man kann eben nicht von Jahves Bund mit Israel reden, ohne sofort auch von Mose und den Propheten zu reden. Und so sind im Neuen Testament von Jesus Christus nicht zu trennen die Gestalten seiner Jünger, seiner Nachfolger, seiner Apostel, der von ihm Berufenen, der Zeugen seiner Auferstehung, derer, denen er selbst und unmittelbar seinen Heiligen Geist verheißen und gegeben hat. Alles, was die Kirche über das Geschehen von Gott und Mensch überhaupt zu sagen hat, sagt sie daraufhin, daß zwischen Gott und diesen bestimmten besonderen Menschen ein für allemal etwas geschehen ist und daß diese uns in dem, was sie geschrieben haben oder was von ihnen geschrieben wurde, als lebendige Dokumente jenes ein für allemal Geschehenen gegenüberstehen. Wollten wir an ihnen vorbeisehen, dann würden wir an diesem ein für allemal Geschehenen vorbeisehen. Die Existenz jener besonderen bestimmten Menschen ist die Existenz Jesu Christi für uns, für alle Menschen. Eben darin, in dieser Funktion, sind sie von uns und von allen anderen Menschen, denen sie in allem Übrigen gleich sind, unterschieden. Das besondere und explizite Selbstzeugnis der Schrift besteht also darin, daß sie, auf die Form gesehen, in der sich uns ihr Inhalt darbietet, und zwar allein darbietet, das Zeugnis von der Existenz dieser bestimmten, besonderen Menschen ist.

Es ist das einmalige und kontingente Faktum des neutestamentlichen Apostolats, von dem man, um hier zu hören und zu verstehen, was die Bibel mit diesem Zeugnis meint, am besten ausgeht. (Vgl. zum Folgenden: E. Fuchs, Die Auferstehung Jesu Christi und der Anfang der Kirche, Zeitschr. für Kirchengesch. 1932 Heft I/II S. 1 f.) Die Tatsache, daß Jesus Christus als Gottes Offenbarung nicht allein und also nicht ungeschichtlich bleibt und also zu uns und allen Menschen kommen kann, die Tatsache, daß er erste Zeugen hat, auf die hin es dann auch zweite und dritte geben kann — diese Tatsache, wesensmäßig so einmalig wie die Offenbarung selbst, wird einmal ganz ausdrücklich als eine besondere Schöpfung Jesu Christi bezeichnet: καὶ ἐποίησεν δώδεκα ἵνα ὦσιν μετ' αὐτοῦ καὶ ἵνα ἀποστέλλῃ αὐτοὺς κηρύσσειν (Mc. 3, 14). Man wird diese Aussage wie so manche in den der Passionsgeschichte zeitlich vorgelagerten evangelischen Berichten als eine proleptische, nämlich als eine solche, die ihre Eigentlichkeit erst durch die Auferstehungsbotschaft gewinnt, verstehen müssen. Ein schöpferisches, aber eben darum in seinem eigentlichen Gehalt ebenfalls nur von Ostern her zu verstehendes Wort ist es ja immer auch, wenn Jesus (etwa Mc. 2, 14) einem Menschen jenes ἀκολούθει μοι· zuruft. Von einer Schöpfung des Auferstandenen ist jedenfalls auch Eph. 4, 11 die Rede, wo es heißt αὐτὸς ἔδωκεν τοὺς μὲν ἀποστόλους, τοὺς δὲ προφήτας, τοὺς δὲ εὐαγγελιστάς . . . „Durch Jesus Christus, ja durch Gott den Vater, der ihn auferweckt hat von den Toten“ ist ja auch Paulus Apostel, und zwar „ausgesondert von Mutterleibe an“ (Gal. 1, 1, 15 vgl. Jer. 1, 5). Apostel sind die, die Jesus „durch den Heiligen Geist“ dazu erwählt hat (Act. 1, 2). Von hier aus werden die außerordentlichen Qualifikationen verständlich, in denen wirklich nicht nur und nicht erst Paulus von seinem Apostolat geredet hat, sondern die schon dem evangelischen Teil des Neuen Testamentes durchgängig eigentümlich sind. „Wer euch hört, der hört mich" (Luk. 10, 16). „Wer euch aufnimmt, der nimmt mich auf" (Matth. 10, 40). Man wird hier nicht abschwächen dürfen, als hieße es: der hört auch mich, der nimmt auch mich auf, sondern die Meinung ist schon die: sie, die Jünger, hören und aufnehmen heißt ihn, Christus, hören und aufnehmen. Es gibt kein Hören und Aufnehmen Christi, das in seiner Form nicht ein Hören und Aufnehmen seiner Jünger wäre. Denn: „Wie mich der Vater gesandt hat (ἀπέσταλκεν), so schicke (πέμπω) ich euch" (Joh. 20, 21). „Die Worte, die du mir gegeben hast, gab ich ihnen, und sie nahmen sie auf und erkannten in Wahrheit, daß sie von dir ausgingen und glaubten, daß du mich gesandt hast" (Joh. 17, 8). In dem Verhältnis zwischen Jesus Christus und den Aposteln wiederholt oder spiegelt sich also gewissermaßen die Ökonomie der Fleischwerdung des Wortes selber. Darum betet Jesus in einem Atemzug für sie, aber nicht nur für sie allein, sondern für die, die durch ihr Wort an ihn glauben (Joh. 17, 20). Darum sein Wort an Petrus als den, der sich durch sein Bekenntnis auf Grund der ihm zuteil gewordenen Offenbarung des Vaters im Himmel erwiesen hat als der Felsen, auf den Jesus seine Kirche bauen will, als den Menschen, dem er die Schlüssel des Himmelreichs geben will zu einem menschlichen Binden und Lösen auf Erden, mit dem das göttliche Binden und Lösen im Himmel schlechterdings identisch sein soll (Matth. 16, 18 f.), eine Vollmacht, von der wir aus Matth. 18, 18, Joh. 20, 23 wissen, daß sie nicht nur (wie die bekannte römisch-katholische Auslegung lautet) dem Petrus, sondern in der Person des Petrus dem ganzen Apostelkreis, den ersten Zeugen als solchen, zugedacht und zugesprochen war. Und darum wird diesen ersten Zeugen gesagt, daß sie, von der Welt zur Rechenschaft aufgefordert, nicht sorgen sollen, wie und was sie reden möchten: „Denn es wird euch in jener Stunde gegeben werden, was ihr reden sollt. Denn nicht ihr seid die Redenden, sondern der Geist eures Vaters ist der durch euch Redende" (Matth. 10, 19 f.). „Ihr werdet die Kraft des Heiligen Geistes empfangen, welcher auf euch kommen wird, und werdet meine Zeugen sein" (Act. 1, 8). Denn: „Der Tröster, der Heilige Geist, den der Vater in meinem Namen schicken wird, der wird euch alles lehren, ja er wird euch alles in Erinnerung rufen, was ich euch sagte" (Joh. 14, 26). Er wird euch als der Geist der Wahrheit „in alle Wahrheit führen" (Joh. 16, 13). Die Erfüllung dieser Verheißung ist dann der besondere Gegenstand der Pfingstperikope Act. 2, 1 f., und sie ist und bleibt die Voraussetzung der ganzen nun einsetzenden apostolischen Tätigkeit und Verkündigung. „Sieh uns an!", kann und muß jetzt Petrus zu dem Lahmen vor der schönen Tür des Tempels sagen, obwohl und indem er ihm nichts zu geben hat als das Wort im Namen Jesu Christi von Nazareth (Act. 3, 4 f.). Daß sie eben dieses Wort, d. h. also: daß sie in Vollstreckung der in Jesus Christus von Nazareth geschehenen Offenbarung zu sprechen haben: so, daß er selbst bei ihnen ist alle Tage (Matth. 28, 20), das ist's, was sie jetzt in der Tat auszeichnet, sodaß man jetzt in der Tat sie, gerade sie ansehen muß. Von einem außerordentlichen Amts- und Sendungsbewußtsein gerade des Paulus wird man angesichts aller dieser Zusammenhänge nicht wohl reden können. Es lag in der Linie des ganzen Neuen Testamentes, wenn er etwa 2. Kor. 5, 18 die geschehene Versöhnung durch Christus und die „Gabe" des „Dienstes der Versöhnung" wie zwei Seiten einer und derselben Sache dargestellt hat. In der *analogia fidei* findet hier tatsächlich wieder Ähnlichkeit statt zwischen Gott und Mensch, zwischen himmlischer und irdischer Wirklichkeit. „An Christi Stelle sind wird Botschafter, indem Gott durch uns mahnt. Wir bitten an Christi Stelle: lasset euch mit Gott versöhnt sein!" (2. Kor. 5, 20). Man könnte ruhig gerade in diesem Wort die ganze biblische Begründung des Schriftprinzips zusammengefaßt ausgesprochen finden.

Und nun war es nicht so, daß die alte Kirche das evangelisch-apostolische Zeugnis von Jesus Christus willkürlich ergänzt hätte, indem sie ihm aus irgendeinem Pietätsempfinden gegen die heiligen Urkunden des alten Gottesvolkes oder aus dem Bedürfnis, sich selbst durch den Anschluß an diese Überlieferung zu legitimieren, den Kanon der Synagoge voransetzte. Es ist in alter und neuer Zeit oft vorgeschlagen und versucht worden, das sogen. Alte Testament entweder ganz abzuschütteln oder doch auf die Stufe einer Art gut und nützlich zu lesender deuterokanonischer Einleitung zur eigentlichen, nämlich der neutestamentlichen Bibel herunterzudrücken. Man wird sich demgegenüber nicht klar genug machen können, daß für die älteste Kirche selbst, und zwar für die unter den Heiden sowohl wie für die unter den Juden, nicht das Alte, sondern das Neue Testament das Hinzugekommene, die Ergänzung und Erweiterung des Kanons, daß nicht die Evangelien und Apostelschriften, sondern gerade der Kanon der Synagoge: Mose, die Propheten und Psalmen (Luk. 24, 44) den selbstverständlichen Grundstock ihrer heiligen Schrift bildeten. Wir finden weder im Neuen Testament noch in den Dokumenten der nachapostolischen Zeit des zweiten Jahrhunderts auch nur eine Spur davon, daß jemand ernstlich und verantwortlich den Versuch gemacht hätte, an Stelle der heiligen Schriften Israels nun etwa irgendwelche Überlieferungen anderer Völker, all der Völker, in deren Raum die jungen Kirchen entstanden, als Weissagungen auf Christus und also als die für sie passendere Einleitung in die neutestamentliche Bibel geltend zu machen: trotz der ungeheuren Erleichterung, die das für die Mission hätte bedeuten können, trotz der Apologetik, deren Gedanken ja oft genug, aber doch kaum je unter Anwendung auf das Problem des Kanons, in dieser Richtung liegen. Selbst Marcion, dem das doch nahe genug liegen konnte, ist tatsächlich nicht in dieser Richtung vorgestoßen. Man kann nicht in dieser Richtung vorstoßen, man kann aber schon das, was Marcion und nach ihm die Sozinianer, Schleiermacher, Ritschl, Harnack wollten, nicht wollen, ohne an die Stelle des Grundes, auf den die christliche Kirche gebaut ist, einen anderen Grund zu setzen. Wer das Alte Testament zu einer allenfalls entbehrlichen oder auswechselbaren Vorstufe der eigentlichen, der neutestamentlichen Bibel machen oder wer nun gar nachträglich die Streichung des Alten Testamentes oder dessen Auswechslung gegen die Urkunden der religiösen Vorzeit anderer Völker vollziehen will, wie dies Rich. Wilhelm für China, in gewissem Sinn doch auch B. Gutmann für Afrika und nun neuerdings zahlreiche Unbesonnene für Deutschland zu tun vorgeschlagen haben, der setzt sich tatsächlich nicht etwa mit einem vielleicht diskutablen Beiwerk, sondern mit der Entstehung und mit dem Sein der christlichen Kirche in Widerspruch, der begründet eine neue Kirche, die nicht mehr eine christliche Kirche ist. Denn die kanonische Geltung des Alten Testaments ist nicht nur keine willkürliche Ergänzung des evangelisch-apostolischen Christuszeugnisses durch die alte Kirche, sondern sie war, bevor und indem die älteste Kirche entstand, eben in dem evangelisch-apostolischen Christuszeugnis selbst, das man jetzt als das Zeugnis der Erinnerung mit Recht neben jenen ursprünglichen Kanon als das Zeugnis der Erwartung stellte, sie war also eben in der neutestamentlichen Bibel selbst so begründet, daß diese, nur wenn man sie völlig unleserlich machen wollte, ohne jenen ursprünglichen Kanon als Zeugnis von Gottes Offenbarung gewürdigt und verstanden werden könnte. Ob es uns gefällt oder nicht: der Christus des Neuen Testamentes ist der Christus des Alten Testamentes, der Christus Israels. Wer das nicht wahrhaben will, zeigt damit nur, daß er auch an die Stelle des Christus des Neuen Testamentes in Wahrheit schon einen anderen Christus geschoben hat. Nicht um das Gesetz und die Propheten aufzulösen, sondern um sie zu erfüllen, ist der wirkliche Christus des Neuen Testamentes gekommen (Matth. 5, 17; vgl. Joh. 10, 35). Man vergewissere sich, was darüber gerade in dem von Marcion so bevorzugten, aber auch so fleißig korrigierten Lukas-Evangelium zu lesen steht. Heute, so sagt dort Jesus gleich bei seinem ersten Auftreten, ist „die Schrift erfüllt vor euren Ohren" (Luk. 4, 21). Es wird durch das Leiden Jesu „Alles vollendet werden, das geschrieben ist durch die Propheten von des Menschen Sohn" (Luk. 18, 31). Es besteht die Offenbarung des auferstandenen Christus nach der Perikope von den Emmaus-Jüngern (Luk. 24, 13 f.) in nichts Anderem als in einer Eröffnung, Auslegung und Bestätigung dessen, was Mose, die Propheten und alle Schriften vorhergesagt haben. Und darum heißt es Joh. 1, 45: „Wir haben den gefunden, von welchem Mose im Gesetz und die Propheten geschrieben haben." Darum wird Joh. 5, 39 den Juden vorgeworfen: „Ihr sucht in der Schrift in der (richtigen!) Meinung, in ihr das ewige Leben zu haben, und sie ist's, die von mir zeugt." „Wenn ihr Mose glauben würdet, so würdet ihr mir glauben; denn er hat von mir geschrieben" (Joh. 5, 46). Man kann sich wirklich den Tenor des neutestamentlichen Christuszeugnisses klar machen an dem Hebr. 10, 7 zitierten Psalmwort: „Siehe, ich komme, im Buch steht von mir geschrieben, daß ich tue, Herr, deinen Willen". Es ist das „Evangelium Gottes", das auch Paulus und gerade er verkündigt, kein anderes als das, das Gott „zuvor verheißen hat durch seine Propheten in der Heiligen Schrift" (Röm. 1, 2; 3, 21; 16, 26). Gerade Paulus betont immer wieder (Röm. 4, 23f.; 15, 4; 1. Kor. 9, 10; 10, 11), daß, was im Raum des Alten Testamentes geschehen ist und geschrieben steht, „auch um unseretwillen" und also in unverminderter, ja in jetzt erst recht erwiesener Aktualität geschehen sei und geschrieben stehe. Gerade für ihn ist es entscheidend, daß das Sterben und Auferstehen Christi κατὰ τὰς γραφάς und nicht anders Ereignis wurde (1. Kor. 15, 3f.). Gerade er kann an Stellen, wo man das Wort „Gott" erwartet, das Wort „die Schrift" einsetzen: „Die Schrift sagt zu Pharao ..." (Röm. 9, 17), „die Schrift hat alles beschlossen unter die Sünde" (Gal. 3, 22, vgl. Röm. 11, 32!). Und so wollen denn auch die Evangelisten und Apostel selbst offenkundig nichts anderes als eben Ausleger der alten heiligen Schrift sein. Nichts außer dem (οὐδὲν ἐκτός), was die Propheten als zukünftig geredet haben und Mose, will Paulus nach Act. 26, 22 selber sagen. Und eben dazu haben sie offenkundig, wie uns etwa der Bericht über die Christen von Beröa (Act. 17, 11) oder der über die Bekehrung des Juden Apollos (Act. 18, 24f.) oder Stellen wie 1. Tim. 4, 13, 2. Tim. 3, 15 f. belehren können, auch ihre Nachfolger unterwiesen. Wir haben „das feste prophetische Wort". Und: „Ihr tut wohl, wenn ihr darauf achtet als auf ein Licht, das an einem finstern Ort scheint, bis der Tag anbricht und der Morgenstern aufgeht in eurem Herzen (2. Pet. 1, 19).

Und nun bliebe uns nur noch die Frage, ob sich denn auch die alttestamentlichen Zeugen selbst so, d. h. als die ausgesonderten und berufenen Zeugen der einen Offenbarung des einen Gottes in Jesus Christus verstanden haben, wie sie von den Menschen des Neuen Testamentes zweifellos verstanden worden sind. Sie ist die Entscheidungsfrage zwischen der Kirche und der Synagoge. Die Synagoge leugnet die eine Offenbarung des einen Gottes, indem sie Christus leugnet, und muß darum die Frage verneinen. Die Kirche bejaht sie, wie sie durch das Neue Testament bejaht ist: daraufhin, daß Christus von den Toten auferstanden und die Erfüllung der Schrift und eben damit ihren wirklichen Sinn offenbart hat. Wie sollte sie von da aus die alttestamentlichen Zeugen anders denn als Christuszeugen verstehen können? Ein von der Offenbarung des auferstandenen Christus abstrahierendes religionsgeschichtliches Verständnis des Alten Testamentes würde eben nur die Preisgabe des Neuen Testamentes und damit des Raumes der Kirche zugunsten des Raumes der Synagoge und also zugunsten eines ohne seinen Gegenstand und Inhalt verstandenen Alten Testamentes bedeuten können. Wir haben die grundsätzlichen Überlegungen, die hier anzustellen sind, in früherem Zusammenhang angestellt und können nur noch einmal darauf verweisen, daß die Frage nach dem Selbstverständnis der alttestamentlichen Zeugen letztlich mit der Glaubensfrage selber identisch ist. Ist Christus auferstanden von den Toten, dann ist das Verständnis des Alten Testamentes als eines Christuszeugnisses keine spätere Deutung, sondern das Verständnis seines ursprünglichen und allein legitimen Sinnes, dann gehören Mose und die Propheten nicht nur darum, weil das Neue Testament es unzweideutig so sagt, sondern — nachdem das Neue Testament auf Grund der Auferstehung Jesu es unzweideutig so gesagt hat — nicht als die Vertreter einer älteren Religion vor, sondern als die vorwärtsblickenden Verkündiger Jesu Christi neben die Evangelisten und Apostel. Dann kann die Kirche von der Aufgabe der Auslegung und Anwendung auch des alttestamentlichen Zeugnisses, von der Respektierung auch seiner Autorität als Wort Gottes nicht entbunden sein.

Indem uns nun die Schrift nicht nur das Objektive der geschehenen Offenbarung, ihrer Erwartung und ihrer Erinnerung, sondern zugleich sich selbst in der Existenz dieser bestimmten besonderen Menschen: des Mose und der Propheten, der Evangelisten und Apostel bezeugt, meint sie — und das ist nun hervorzuheben — die Funktion, in der diese Menschen passiv und aktiv waren, was sie waren, und in ihrer Schrift sind, was sie sind. – Passiv: sie waren im Unterschied zu uns und allen anderen Menschen diejenigen, die die einmalige Offenbarung als solche und also ebenfalls in einmaliger Weise gesehen und gehört, die ihre geschichtliche Umgebung gebildet haben.

„Was von Anfang war, was wir gehört haben, was wir mit unseren Augen gesehen haben, was wir geschaut und was unsere Hände betastet haben, περὶ τοῦ λόγου τῆς ζωῆς (vielleicht: rings um das Wort des Lebens)... Das Leben ist ja erschienen, und wir haben es gesehen" (1. Joh. 1, 1 f.). Man darf hier aber auch an die merkwürdige Stelle Num. 12, 1–16 erinnern, wo von einer Auflehnung der Mirjam und des Aaron gegen Mose berichtet wird: „Hat denn Jahve bloß mit Mose geredet? Hat er nicht auch mit uns geredet?" Ihnen wird folgendes geantwortet: „Wenn unter euch ein Prophet ist, so offenbare ich mich ihm durch Gesichte oder rede durch Träume mit ihm. Nicht so steht es mit meinem Diener Mose; er ist betraut mit meinem ganzen Hauswesen. Von Mund zu Mund rede ich mit ihm, offenbarlich und nicht in Rätseln, sondern er schaut die Gestalt Jahves. Warum habt ihr euch da nicht gescheut, von meinem Diener, von Mose, übel zu reden?" Aber bei einer anderen etwas strengeren Fassung des Begriffs der Prophetie wird dann offenbar doch dieselbe Unmittelbarkeit der Begegnung mit Gott in anderen Zusammenhängen auch den Propheten zugeschrieben. Die Propheten sind, indem sie mit allen anderen Israeliten Zeugen von Israels innerer und äußerer Geschichte sind, zugleich — und das hebt sie aus der Masse des Volkes heraus — Zeugen des in dieser Geschichte verborgenen fordernden und regierenden, verheißenden und drohenden Wollens Jahves. „Der Herr Jahve tut nichts, ohne daß er seinen Entschluß seinen Knechten, den Propheten, geoffenbart hat." (Amos 3, 7). Insofern gehören offenbar auch sie zu den Sehenden und Hörenden von 1. Joh. 1, 1 f.

Die Funktion dieser Menschen hat dann aber sofort und unvermeidlich noch eine andere, aktive Seite: sie waren im Unterschied zu uns und allen anderen Menschen diejenigen, die die Offenbarung, so wie sie ihr begegneten, den übrigen und damit uns und allen anderen Menschen zu verkündigen haben.

Wir lesen weiter 1. Joh. 1, 3 f.: „Was wir gesehen und gehört haben, das verkündigen wir euch, damit ihr Gemeinschaft mit uns habt. Es ist aber unsere Gemeinschaft die mit dem Vater und mit seinem Sohne Jesus Christus. Und dies schreiben wir euch, damit unsere Freude vollkommen sei." Und nun denken wir daran, wie durch das ganze Alte Testament hin Jahve denen, zu denen er geredet hat und indem er mit ihnen redet, Sendung und Vollmacht, Auftrag und Befehl gibt, ihrerseits zu reden. Wir denken daran, wie das Alte Testament in allen seinen Teilen darum mit Autorität reden zu dürfen meint, weil es in menschlichen Worten wieder sagt, was Jahve selbst zuerst gesagt hat. Nicht jeder Mensch kann das wieder sagen, kann Gottes Wort sagen, weil nicht jeder es gehört hat. Der es aber gehört hat, muß und kann es wieder sagen. Dieses Sagen des Wortes Gottes ist das Andere, was die Propheten zu Propheten macht. Und nun zeigt sich gerade hier frappant die Einheit zwischen dem Alten und dem Neuen Testament: Wie Jahve seine Propheten, so beruft, sendet und beauftragt Jesus seine Jünger, um vom

Reiche Gottes, d. h. von seiner eigenen Gegenwart als der Gegenwart des Messias, zu reden. Kein alttestamentlicher Zeuge hatte davon geredet. Und so übte auch im Alten Testament kein Mensch, auch nicht Mose, solche Sendung: alle, auch Mose selbst und die größten Propheten, sind dort selber Gesendete. Subjekt der Sendung ist dort Jahve ganz allein. Im Neuen Testament ist Jesus ganz allein das Subjekt dieser Sendung, ihm gegenüber sind alle Anderen die von ihm Gesendeten. Abgesehen von dieser allerdings unerhörten Neuerung bleibt doch alles beim Alten. Es liegt im Begriff des εὐαγγελιστής ebenso wie in dem des ἀπόστολος, wie es im Begriff des Propheten lag: daß beide nicht in ihrem eigenen Namen, sondern allein im Namen, d. h. aber in Vollstreckung der Offenbarung Jesu zu reden haben: zu reden von Ihm, zu reden in Seinem Auftrag, zu reden nach Seiner Anordnung, zu reden in der von Ihm zu erwartenden Fähigkeit. Wenn man diese Menschen als freie religiöse Denker interpretiert, so macht man sich zum vornherein einer Deutung schuldig, zu der die Texte nicht nur keinen Anlaß geben, sondern der sie offen widersprechen: man hat sie dann sofort an entscheidender Stelle so verstanden, wie sie sich selber gerade nicht verstanden und um keinen Preis verstanden wissen wollten. „Wir haben aber eine solche Zuversicht zu Gott durch Christus. Nicht als ob wir von uns selbst aus fähig wären, etwas zu denken als von uns aus. Sondern unsere Fähigkeit dazu kommt von Gott, der uns fähig gemacht hat zu Dienern des Neuen Bundes" (2. Kor. 3, 4 f.). „Ich wage es nicht, etwas zu sagen von Dingen, die nicht Christus durch mich gewirkt hätte, um die Heiden zum Gehorsam zu bringen" (Röm. 15, 18). „Das Predigen kommt durch das Wort Gottes" (Röm. 10, 17). Ja: „Christus redet in mir!" (2. Kor. 13, 3). Daraufhin muß Paulus sagen: „Wehe mir, wenn ich das Evangelium nicht verkündigte!" (1. Kor. 9, 16). Daraufhin kann denn auch die Predigt der Apostel in der Apostelgeschichte und in den Briefen häufig als gleichbedeutend mit dem Worte Gottes selbst verstanden werden. Es will die aktive Seite der Funktion dieser Menschen eben ganz von ihrer passiven Seite her gesehen werden.

Und nun dürfte eine Abgrenzung selbstverständlich sein: in dieser Funktion, aber auch nur in dieser Funktion, in Ausübung ihres Amtes allein sind diese Menschen heilige Menschen und Verfasser heiliger Schriften. Sie sind es also nicht als Denker, nicht als religiöse Persönlichkeiten oder Genies, nicht als moralische Heroen, obwohl sie das alles recht verstanden und in verschiedenem Maß wohl auch waren. Was sie als Zeugen der Offenbarung und also als Sehende, Hörende, Gesendete, Beauftragte und Bevollmächtigte waren, das wurde durch das, was sie intellektuell, religiös, moralisch waren oder nicht waren, weder größer noch kleiner, weder besser noch schlechter.

Die Bibel selbst hat hinsichtlich verschiedener ihrer Wortführer unabsichtlich und oft genug auch absichtlich deutlich gemacht, daß es wenig Ertrag verspricht, ihre Bedeutung etwa auf dieser Ebene suchen zu wollen. Auf dieser Ebene sind sie mit uns und allen Menschen beisammen. Es kann bestimmt klügere, frömmere, bessere Menschen gegeben haben, als es gerade diese Propheten und Apostel gewesen sind. Joh. Wichelhaus hat sogar in dürren Worten zu sagen gewagt: „Als Menschen verdienen Paulus und Petrus gar keinen Glauben" (Die Lehre der Heiligen Schrift[3] 1892, S. 221). Nun, warum sollten sie nicht auch als Menschen mindestens ebensoviel Glauben verdienen, als wir anderen Menschen normalerweise entgegenzubringen pflegen? Aber sicher nicht mehr, sicher keinen anderen Glauben!

Ihre entscheidende Beglaubigung, nämlich die Beglaubigung dessen, was sie sagen, werden sie sich mit dem, was als ihre Menschlichkeit beiläufig sichtbar wird, sicher nicht verschaffen können, sondern es wird umgekehrt nur das, was sie sagen, durch seine eigene Glaubwürdigkeit ihre Menschlichkeit beglaubigen können, wobei es freilich notwendig — und das dürfte von ihnen allen gelten — auch das Gericht über ihre Menschlichkeit bedeutet. Sie ansehen, wie es Act. 3, 4 gefordert wird, wird eben immer heißen müssen: Den ansehen, der sie gesandt hat!

4. Weil dem so ist, daß die Bibel, indem sie Gottes Offenbarung bezeugt, zugleich die Einsetzung und Funktion der Propheten und Apostel und damit sich selbst als Heilige Schrift, als die notwendige Form jenes Inhalts bezeugt, darum hat sich die Kirche, darum hat sich in und mit der Kirche die Theologie bei der Frage nach Gottes Offenbarung an diese Einheit von Inhalt und Form zu halten. Die Unterscheidung von Form und Inhalt darf auch hier keine Trennung nach sich ziehen, als könnten wir die Offenbarung nun doch, wenn auch auf Grund des biblischen Zeugnisses, auch noch anderswie als durch das Medium dieses Zeugnisses, auch noch in irgendeinem An-sich zu Gesichte bekommen, zu dessen Erreichung uns das biblische Zeugnis dann bloß gedient und nach dessen Erreichung es dann etwa ausgedient hätte. Gewiß: die Offenbarung ist der Gegenstand des biblischen Zeugnisses, und wir sahen schon, daß dessen Erkenntnis als solche für die Lesung, das Verständnis und die Auslegung des biblischen Zeugnisses schlechterdings entscheidend ist. Er ist und bleibt aber der Gegenstand dieses, des biblischen Zeugnisses. Wir haben ja kein Zeugnis von ihm als dieses. Wir haben also keine Vergleichspunkte, die es uns ermöglichen würden, uns auch nur teilweise von diesem Zeugnis frei zu machen, uns in ein direktes Verhältnis zu seinem Gegenstand zu versetzen. Und es entspricht ja der Natur dieses Gegenstandes, daß er sich (in Form der Berufung, Erleuchtung, Bevollmächtigung jener besonderen bestimmten Menschen) mit seinen Zeugen bzw. mit deren Zeugnis in einer nicht wieder aufzulösenden Weise vereinigt hat. Damit ist es uns verboten, uns bei der Frage nach der Offenbarung von den Texten, in denen uns ihre Erwartung und ihre Erinnerung bezeugt ist, nun doch wieder zu lösen. Damit sind wir an diese Texte gebunden und können uns die Frage nach der Offenbarung nur stellen, indem wir uns der in diesen Texten bezeugten Erwartung und Erinnerung unsererseits hingeben.

Sie fasset gottis wortt, hat Luther einmal von der Bibel gesagt (Pred. üb. Röm. 15, 4 f., 1522, W. A. 10[1],[2] 75, 6). Also: sie „fasset", sie umschließt, sie begrenzt, sie umgibt es nur; das ist die Indirektheit der Identität von Offenbarung und Bibel. Aber sie und sie allein „fasset" es wirklich: sie begreift und beschließt es in sich, so daß man es nicht ohne sie haben kann; darum ist hier von einer indirekten Identität zu reden. — Die Vorstellung, gegen die wir uns abzugrenzen haben, ist die im Zusammenhang mit dem modernen Historismus in der Theologie weithin heimisch gewordene, als könne und müsse es beim Lesen, Verstehen und Auslegen der Bibel darum gehen, über die biblischen Texte hinaus zu den irgendwo hinter den Texten stehenden Tatsachen vorzustoßen, um dann in diesen (in ihrer Tatsächlichkeit nun auch unabhängig von den Texten feststehenden!) Tatsachen als solchen die Offenbarung zu erkennen. So entdeckte man denn hinter dem kanonischen Alten Testament eine Geschichte Israels und eine Geschichte der alttestamentlichen Religion, hinter den kanonischen Evangelien eine Geschichte des Lebens Jesu und später auch wohl einen Christusmythus, hinter der kanonischen Apostelgeschichte und den kanonischen Briefen eine Geschichte des apostolischen Zeitalters bzw. eine urchristliche Religionsgeschichte. Man meinte an den biblischen Kanon die Wahrheitsfrage, und zwar die im Sinn des modernen Historismus formulierte Wahrheitsfrage stellen, man meinte ihn also lesen zu müssen, wie man eine Quellensammlung liest. Es geschah dies alles zunächst auch kirchlich-theologisch in guten Treuen. Man war ja so überzeugt von der Güte und Fruchtbarkeit der im Sinn des modernen Historismus gestellten Wahrheitsfrage, daß man zunächst der Meinung sein konnte, der Bibel die größte Ehre und sich selbst bzw. der Christenheit die größte Wohltat zu erweisen, indem man sich, nachdem man die Texte studiert hatte, von den Texten abwandte und entfernte, um mit Hilfe der aus ihnen gewonnenen Beobachtungen ein Bild bzw. Bilder des Eigentlichen und Wirklichen, eine Gestalt des Geistes jenseits des Buchstabens zu schaffen. Die redliche wissenschaftliche Mühe nicht nur, sondern auch der fromme Ernst, mit dem man an der Errichtung dieser Bilder arbeitete, der Eifer, mit dem man sie der Kirche präsentieren zu sollen glaubte: „Das sind deine Götter, Israel!" — das Alles soll hier in seiner menschlichen Bedeutsamkeit wirklich nicht verkannt werden. Es kann aber auch nicht verschwiegen werden, daß es sich hier, sachlich betrachtet, von Hause aus um einen I r r w e g handelte. Von Hause aus: also nicht erst von dem Augenblick an, wo man den als Quellensammlung verstandenen Kanon kritisch, d. h. mit Vorsicht, mit M i ß t r a u e n hinsichtlich der Frage, ob denn auch Alles so gewesen sein möchte, wie man es liest, mit U r t e i l e n hinsichtlich des verschiedenen sogen. „Wertes" der verschiedenen Quellen, mit D i s q u a l i f i z i e r u n g e n dieser und jener seiner Bestandteile, mit V e r m u t u n g e n über die wahren Zusammenhänge des in Wirklichkeit Geschehenen an Stelle der in den Texten angegebenen oder auch zu vermissenden, mit mehr oder weniger umfassenden K o r r e k t u r e n der biblischen zugunsten einer „historischen" Wahrheit, endlich mit partiellen oder totalen N e u k o n s t r u k t i o n e n der Wirklichkeit, wie man sie über die Schultern und Köpfe der biblischen Autoren hinweg besser als diese selbst zu sehen glaubte. Daß es auf dem langen Wege von Zachariä bis zu Gunkel und von Reimarus bis zu Wrede gelegentlich zu Ergebnissen kam, deren Radikalität in der Kirche peinliches Aufsehen erregte, das war, nachdem man diesen Weg einmal angetreten, nicht zu verwundern, konnte auch nicht wohl verboten und unterdrückt werden, und nicht etwa um dieser Ergebnisse willen, denen ja zu allen Zeiten auch harmlosere, d. h. konservativere gegenüberstanden, ist dieser Weg als ein Irrweg zu bezeichnen. Er ist es darum, weil er grundsätzlich das Erliegen gegenüber der Versuchung bedeutet, den biblischen Kanon anders zu lesen, als er selber gelesen sein will und als er — denn das fällt hier zusammen — gelesen werden k a n n. Gilt die allgemeine hermeneutische Regel, daß ein Text nur im Wissen um seinen Gegenstand und von diesem Gegenstand her recht gelesen, verstanden und ausgelegt werden kann, dann mußte von diesem Gegenstand her — gar nicht apriorisch, sondern aus diesem Text selbst — die Beziehung zwischen Gegenstand und Text als eine wesensmäßige und unauflösliche erkannt, dann durfte also jene Trennung von Form und Inhalt nicht vollzogen, es durfte nicht unter Absehen von der Form nach dem Inhalt gefragt werden. Man durfte die Wahrheitsfrage also gerade nicht so stellen, wie man sie ganz willkürlich meinte stellen zu sollen: wie es denn nun eigentlich, nachdem wir die Genesis und die Synoptiker als leider einzige Quellen zu Rate gezogen, irgendwo hinter der Genesis und den Synoptikern hinsichtlich der israelitischen Urgeschichte oder hinsichtlich des Lebens Jesu historisch, d. h. welthistorisch, kulturhistorisch, religionshistorisch gewesen sein möchte. Man durfte — das wäre nun gerade historisch, nämlich literarhistorisch zu sagen — diese Literatur nicht als Q u e l l e n literatur lesen wollen. Wollte und will jemand etwa mit einem Sonderinteresse an Antiquitäten das dennoch tun, so mochte und mag er das auf eigene Gefahr, nämlich auf die Gefahr, dabei sehr wenig auf seine Rechnung zu kommen und am Wesen dieser Literatur jedenfalls vorbeizusehen, immerhin tun. Warum sollten nicht beiläufig auch gewisse Auskünfte dieser Ordnung in der Bibel zu erhalten sein? Daß man, indem man eigensinnig jene Wahrheitsfrage stellte, indem man so tat, als ob das Interesse an Antiquitäten nun gerade das einzig legitime Interesse überhaupt sei, nun doch allgemein an dem Wesen dieser Literatur jahrhundertelang so vorbeisehen konnte, das dürfte man — wenn über die Gültigkeit jener hermeneutischen Regel mehr Einverständnis herrschte, als es der Fall ist — wohl auch von dem berühmten „rein wissenschaftlichen" Standpunkt aus als einen Skandal bezeichnen. Ein kirchlicher Skandal war es auf alle Fälle: wohlverstanden, nicht daß D. Fr. Strauß und Wellhausen zu allerlei extremen Resultaten kamen, sondern daß die Theologie (ohne übrigens auch nur den Vorgang namhafter nicht-theologischer Wissenschaft zu ihrer Entschuldigung geltend machen zu können) grundsätzlich auf diese Fährte sich locken ließ. Mindestens die Theologie, und zwar auch und gerade die historische, die speziell den biblischen Texten zugewandte Theologie hätte — sagen wir einmal: den Takt und Geschmack haben müssen, angesichts der Verklammerung von Form und Inhalt der biblischen Texte, um die sie doch wissen mußte, vor jener Versuchung zurückzuweichen, die neugierige Frage nach dem, was hinter den Texten stehen möchte, zu unterlassen und sich dafür mit um so mehr Aufmerksamkeit, Genauigkeit und Liebe den Texten als solchen zuzuwenden. Indem sie dem eigenmächtigen Entwerfen und Gestalten jener Bilder nachging, unterließ sie weithin die Arbeit, die ihr hier eigentlich gewiesen war. Merken wir es doch erst heute, wie wenig etwa auf dem scheinbar längst nach allen Seiten aufs Tiefste durchpflügten Feld der neutestamentlichen Literatur zur Erklärung auch nur der einfachsten Einzelbegriffe, geschweige denn zur Kommentierung der Texte in ihrem vorliegenden Bestand und Zusammenhang bisher wirklich geleistet ist. Es wird kein Zufall sein, daß es in der protestantischen Theologie etwa um 1920 ziemlich genau gleichzeitig zu einer Art Wiederentdeckung der Gegenständlichkeit des neutestamentlichen und überhaupt des biblischen Zeugnisses und — im Aufkommen der sogen. „formgeschichtlichen Methode", wie sie (nicht ohne Vorgang bei Fr. Overbeck) zuerst durch M. Dibelius, R. Bultmann, K. L. Schmidt eingeführt wurde — wenigstens auf neutestamentlichem Gebiet auch zu einer Neubesinnung auf die jener Gegenständlichkeit entsprechende Gestalt dieses Zeugnisses gekommen ist und daß es in unseren Tagen gerade ein biblisch-theologisches Wörterbuch ist, zu dessen Bearbeitung sich die wichtigsten Kräfte der biblischen Forschung zusammengefunden haben, wenn man auch leider nicht sagen kann, daß der Fortschritt, um den es heute gehen müßte, allen Mitarbeitern an diesem Unternehmen schon gleichmäßig deutlich wäre. Die eigentliche Entscheidung darüber, daß wir uns auf diesem Feld in einer wirklichen Bewegung zum Besseren befinden, wird davon abhängen, ob nicht nur die alttestamentliche Wissenschaft zu ähnlichem Interesse erwachen, sondern ob dort wie hier die Zeit mehr oder weniger willkürlich gewählter Themastellungen vorbei ist und die Exegese der kanonischen Schrift als solcher, also die zusammenhängende Auslegung der Genesis, des Jesaja-Buches, des Matthäusevangeliums usw. in ihrem nun einmal vorliegenden Bestand und Umfang als das schließlich allein mögliche Ziel der biblischen Wissenschaft wieder anerkannt und neu in Angriff genommen werden wird. Als Material zur Bearbeitung dieser eigentlichen und lange genug vernachlässigten Aufgabe werden dann die unter dem verkehrten Vorzeichen der bisher geübten biblischen Quellenforschung gewonnnenen Gesichtspunkte ihrerseits nicht vernachlässigt werden müssen und auch nicht vernachlässigt werden dürfen. Es kann sich also keineswegs etwa darum handeln, die sogen. „Kritik", wie sie für diese Forschung bezeichnend gewesen ist, auszuschalten bzw. inskünftig zu unterlassen. Die sämtlichen in Betracht kommenden historischen Fragen sind ja auch an die ihrem literarischen Wesen entsprechend als Zeugnisse zu würdigenden biblischen Texte zu stellen, und es werden die aus ihrer Beantwortung sich ergebenden Differenzierungen der Auslegung dieser Texte nur zugute kommen können, sobald die Kritik klar in den Dienst dieser Aufgabe gestellt wird, sobald sie nicht mehr dem unsinnigen Ziel der Ermittlung einer hinter den Texten liegenden historischen Wahrheit zu dienen hat. Die historische Wahrheit, die in ihrer Art in der Tat auch die biblische Wissenschaft zu ermitteln hat, ist der wahre Sinn und Zusammenhang der biblischen Texte als solcher. Sie ist also von der zu ermittelnden biblischen Wahrheit gerade nicht verschieden. Ist das begriffen und verstanden, ist die törichte Jagd nach einer historischen Wahrheit *supra scripturam* einmal wirklich abgeblasen zugunsten einer nach allen Seiten aufgeschlossenen Erforschung der *veritas scripturae ipsius*, dann kann und soll dem kritischen Fragen und Antworten, wie es durch den Charakter des biblischen Zeugnisses als eines menschlichen Dokumentes und also als einer historischen Größe nun einmal gefordert ist, freiester Lauf gelassen werden. Es kann und es wird dann dieses Fragen und Antworten nur der Ausdruck dessen sein, daß die Schrift in ihrem tatsächlichen Bestand ernst genommen wird. Und es kann und wird dann dieses Fragen und Antworten dazu dienen, die Lektüre, das Verständnis und die Auslegung der Schrift der Willkür zu entziehen, von der sie in den älteren Zeiten der Kirche, die dieses Fragen und Antworten noch nicht kannte, dauernd bedroht war, ihre konkrete Gestalt plastisch sichtbar zu machen und damit auch die Frage nach ihrem objektiven Gehalt, die Frage nach Gottes Offenbarung in bestimmte Bahnen zu weisen und darin zu halten. Es ist also m. e. W. nicht die Annulierung der bibelwissenschaftlichen Arbeitsergebnisse der letzten Jahrhunderte, es ist auch nicht der Abbruch und die Vernachlässigung der in ihrer Linie liegenden Bemühungen zu fordern, wohl aber eine radikale Neuorientierung hinsichtlich des dabei zu verfolgenden Zieles auf Grund der Erkenntnis, daß die biblischen Texte insofern um ihrer selbst willen erforscht sein wollen, als die Offenbarung, von der sie zeugen, nicht hinter oder über ihnen, sondern in ihnen steht, geschieht und zu suchen ist. — Will man darauf antworten mit der Frage, ob das Christentum denn wirklich eine „Buchreligion" sei, so ist zu antworten, daß das Christentum merkwürdigerweise noch immer dann und nur dann eine lebendige Religion gewesen ist, wenn es sich nicht schämte, in der Tat allen Ernstes eine Buchreligion zu sein. Calvin hat in Auslegung des Wortes 2. Kor. 5, 7 („Wir wandeln im Glauben und nicht im Schauen") und unter Beziehung auf 1. Kor. 13, 12 den Satz geprägt: *Videmus enim, sed in speculo et aenigmate; hoc est loco rei in verbo acquiescimus* (C. R. 50, 63). Die biblische Theologie wird so kritisch sein dürfen, wie sie will und muß — in Ausführung des in diesem Satz angedeuteten Programms wird sie als kirchliche Wissenschaft bestimmt gute Arbeit tun: bessere, als es in den letzten Jahrhunderten trotz alles angewandten Ernstes und Fleißes geschehen ist, und wird sie dann gewiß auch als Wissenschaft überhaupt erst recht in Ehren dastehen.

5. Indem wir die Propheten und Apostel als Zeugen von Gottes Offenbarung verstehen, schreiben wir ihnen, wie unter 3. geschehen ist, in dieser ihrer Funktion als Zeugen eine ganz bestimmte Aussonderung, eine einmalige und einzigartige Stellung und Bedeutung uns und allen anderen Menschen gegenüber zu. Der Begriff dieser Aussonderung wird nun offenbar noch verschärft, wenn uns deutlich ist, daß wir zwischen Form und Inhalt dieses Zeugnisses nicht scheiden können, daß wir, um zur Offenbarung zu kommen, nicht über die Propheten und Apostel, nicht über ihr Erwarten und Erinnern hinaus, zu der Pseudogegenwart einer Offenbarung an sich vorstoßen sollen und können. Unter den vielen anderen Größen und Faktoren, die zusammen den Bestand unseres mensch-

lich-geschichtlichen Kosmos bilden, sieht die Kirche gerade diese Menschen, gerade diese Schriftensammlung (und das nicht einmal in erster Linie und direkt der sog. Welt gegenüber, sondern entscheidend und in erster Linie ihr selbst, der Kirche, gegenüber) hervorgehoben, ausgezeichnet, eingesetzt zu einer nur ihr eigentümlichen Würde und Rolle.

„Sie haben die Gabe der Wunder und der Unterweisung empfangen im Unterschied zu uns, denen es nur zukommen kann, zu besprechen, was uns von dieser Erklärung der Gnade überliefert worden ist" (Joh. Damascenus, *Ekd.* 1, 3). *Hoc esse,* schreibt Calvin, *rectae intelligentiae initium, cum fidem, quae Deo debetur, tribuimus sanctis eius prophetis.* Als „heilige Menschen Gottes" seien sie darum zu bezeichnen, weil sie *iniunctum sibi munus fideliter exsequentes, divinam in suo ministerio personam sustinuerunt* (Komm. zu 2. Petr. 1, 20 C. R. 55, 458).

Diese Aussonderung und Auszeichnung wird ihnen aber durch die Kirche zugeschrieben daraufhin, daß sie ihnen zu eigen ist und daß sie sich der Kirche gegenüber, wie wir schon bei der Erörterung des Kanonsbegriffs gesehen haben, in dieser Aussonderung und Auszeichnung selbst dargestellt und durchgesetzt haben. Es liegt in der Natur dieser Auszeichnung und Aussonderung, daß sie ihre Grenze hat. Als Zeugnis von Gottes Offenbarung ist die Schrift heilige Schrift, in jener passiven und aktiven Funktion der in ihr redenden Menschen, im Ereignis dieser Funktion, d. h. so, daß in ihrem Zeugnis Gottes Offenbarung offenbar wird, als Wort Gottes Gehorsam verlangt und Gehorsam erlangt. So und nicht anders! Wir wiesen schon darauf hin, daß die intellektuellen, moralischen, religiösen Qualitäten dieser Menschen ihre Auszeichnung weder begründen noch in Frage stellen können. Wir müssen nun fortfahren: es besteht zwischen der Bibel und anderen Größen und Faktoren unseres menschlichen Kosmos kein Unterschied, sofern die Bibel beiläufig auch als geschichtliches Dokument für die Geschichte des alten Israel und seiner Religion, sofern sie auch ein Dokument für eine bestimmte Linie der Religionsgeschichte des Hellenismus ist und also — wenn auch wegen ihrer eigentümlichen literarischen Form mit wenig Aussicht — als historische Quellensammlung zu benützen ist. Auch als zeitloses Dokument menschlichen Sehnens und Suchens nach dem Unbedingten, kann sie, wenn man will, neben anderen Dokumenten ähnlicher Art gelesen werden, und man wird dann finden, daß sie von anderen Dokumenten dieser Art jedenfalls nicht grundsätzlich ausgesondert ist: man wird sich dann durchaus nicht wundern, feststellen zu müssen, daß man in anderen Dokumenten dieser Art vielleicht mehr Erbauung, d. h. stärkere Anregung zu solchem Sehnen und Suchen findet, daß man in Goethes Faust oder auch in den heiligen Schriften gewisser Fremdreligionen in dieser Hinsicht vielleicht tatsächlich viel mehr auf seine Rechnung kommt. Man kann ferner den Begriff des Gottesmannes oder des Propheten, vielleicht auch den des Apostels, auf eigene Rechnung und Gefahr erweitern und darüber hinaus unter allerlei Titeln (nicht ohne Annäherung, ja vielleicht Angleichung an das katholische Traditionsprinzip) den Begriff des Offenbarungszeugnisses erweitern auf alle diejenigen Wirklichkeiten, in denen man eine Vermittlung Christi oder auch allgemein: einen göttlichen Anstoß von Mensch zu Mensch stattfinden zu sehen meint.

Ich zitiere der Anschaulichkeit halber, was Horst Stephan (Glaubenslehre[2] 1928) über die „Stufenordnung" innerhalb dessen, was er als Inbegriff der Quellen christlicher Glaubenslehre das „Wort Gottes" nennt, geschrieben hat: „Geben wir Jesus die ihm gebührende Sonderstellung, so nehmen die erste Rangstufe die gottgesandten Gestalten ein, die wir Propheten nennen. Sie führen von den großen Zeiten Israels über Paulus bis herab in die Begründung des Protestantismus; wir werden vorläufig Luther als letzten Propheten bezeichnen dürfen. Schon diese Reihe der Propheten fordert im einzelnen eine genauere Unterscheidung ihrer Art und Bedeutung. Weit mehr noch aber bedarf die zweite Rangstufe der Sonderung und Einzelgruppierung. Sie umfaßt die Fülle der Frommen, die für bestimmte Zeiten maßgebend geworden sind, vor allem solche, die dem christlichen Glauben innerhalb bestimmter Kulturperioden zur klassischen Formung verholfen haben: Gestalten wie Origenes und Augustin in der Spätantike; der heilige (!) Thomas oder Meister Eckart im Mittelalter; Melanchthon, Zwingli und Calvin im Altprotestantismus (neben Luther, der sich in den Hauptmotiven seines Wirkens in die Höhe der Prophetie erhebt . . .), Herder und Schleiermacher im deutschen Neuprotestantismus. An dritter Stelle könnte man solche nennen, die in ihrem Christentum Kinder ihrer Zeit sind, aber auf gewissen Seiten des Glaubens über sie hinausführen: etwa der heilige (!) Franz im Mittelalter, in der Neuzeit ein Zinzendorf oder John Wesley oder auch (in erheblichem Abstand) ein Wichern und Kierkegaard. Erst um die Gestalten der zweiten und dritten Reihe kreist dann die Fülle der übrigen Geister, die mehr Vorbereitung oder Kleinarbeit leisten, aber zuweilen doch gewisse Erkenntnisse besonders klar und eindrucksvoll formulieren; so zahlreiche religiöse Dichter oder große Theologen" (S. 28). An späterer Stelle des Buches (S. 217) erfahren wir dann noch, daß auch „die Kunst eines Paul Gerhardt, Bach oder Dürer" in diesem Sinn „in Betracht" komme, und hören grundsätzlich: „Lebendiger Glaube weiß sich von der Anrede Gottes durchaus nicht nur in der Bibel getroffen" (S. 216). „Der lebendige Gott redet seine Menschen an wo und wie er will; und so kann gar manches zum ‚Gotteswort' werden, was dem Vordergrundsblick rein weltlich zu sein scheint. Ist die gegenwärtige Gemeinde die Führerin zu Jesus Christus, kann ein Mensch der Gegenwart dem anderen zum Christus werden und Anteil an der göttlichen Natur gewinnen, so kann auch jede Art von Menschensprache, wie die der Verkündigung so die des Begriffs oder des anschaulichen Zeichens oder der Handlung, die göttliche Rede in sich tragen; ja, es muß die Geschichte des Glaubens voll von Gottes Wort sein" (S. 217). In der Tat: wenn man sich herausnimmt, Offenbarung und Wort Gottes unter Anbringung von allerlei Stufenunterschieden Alles das zu nennen, worin man nach seinem persönlichen Urteil und Geschmack die Offenbarung und das Wort des sogen. „lebendigen" Gottes für einen sogen. „lebendigen" Glauben zu sehen meint, dann kann von einer Aussonderung gerade der Bibel keine Rede sein. Man wird dann nur fragen können: Wollen die Vertreter dieser Ansicht etwa im Ernst leugnen, daß es um Offenbarung und Gottes Wort, um den lebendigen Gott und um einen lebendigen Glauben im Bereich der christlichen Kirche doch allein da gehen kann, wo es nicht um willkürliche menschliche Wertung und Auswahl, sondern um göttlichen Befehl und unsererseits um Gehorsam geht? Oder halten sie alle jene Stimmen der Völker und der Jahrhunderte für Gehorsam fordernde Befehle? Und wollen sie dann im Ernst behaupten, daß zwischen dem göttlichen Befehl, der bei dem „Propheten" Luther oder bei dem „heiligen" Thomas und bei dem „heiligen" Franz und dem, der bei dem Apostel Paulus und, in der „ihm gebührenden Sonderstellung", bei Jesus zu hören ist, nur ein Gradunterschied bestehe? Wenn sie jenes ernstlich leugnen oder dieses ernstlich behaupten wollen, und unter dieser Voraussetzung die Bibel sachgemäß lesen, verstehen und erklären zu können meinen, dann ist auch ihnen zuzugestehen: die Bibel ist nicht ausgesondert. Es hat dann nur rhetorischen Wert, gerade sie „heilige" Schrift zu nennen.

Schreiben wir ihr den Charakter heiliger Schrift zu, dann kann das nur daraufhin geschehen, daß wir ihr Zeugnis von Gottes Offenbarung, daß wir das Ereignis der prophetisch-apostolischen Funktion mindestens in Erinnerung haben und uns darum der in ihr wirksamen und von uns in ihrer Wirksamkeit erkannten und anerkannten Befehlsgewalt fügen, und zwar nicht nur als der einer der in der christlichen Geschichte lebendigen Mächte und Gewalten, sondern als der Macht und Gewalt, die die Kirche und mit ihr die ganze christliche Geschichte geschaffen hat, trägt und regiert, darum aber auch der ganzen Kirche und allen in ihrem Raum wirksamen Kräften — all dem, was wir nach unserem persönlichen Urteil und Geschmack ebenfalls für ein Offenbarungszeugnis und Gotteswort halten möchten — als kritische Norm gegenübersteht. Allein kraft dieser Selbstaussonderung kann die Bibel ausgesondert sein; kraft ihrer ist sie es aber auch wirklich, radikal und gültig. Der Einwand liegt auf der Hand: Inwiefern kann und darf denn eine geschichtliche Größe, wie sie die Bibel doch auch ist, allen anderen geschichtlichen Größen in dieser grundsätzlichen Priorität gegenübergestellt werden? Geschieht in der Erinnerung und in der ihr entsprechenden Fügsamkeit, in der die christliche Kirche der Bibel die Autorität heiliger Schrift zuerkennt, in der sie in der Bibel und nur in der Bibel Gottes Wort zu hören erwartet, nun nicht doch etwas, was sich mit der Majestät Gottes nicht vereinigen läßt: die Verabsolutierung eines Relativen, nämlich eines immerhin menschlichen Wortes, das in dieser Verabsolutierung neben dem, der selber ganz allein Gott ist und sein will, nicht bestehen kann? Und wenn es das nicht kann, gehört es dann nicht doch als Relatives zu den anderen Relativitäten unseres menschlichen Kosmos? Gehört es dann nicht in der Tat, vergleichbar, wenn auch vielleicht bis heute unüberboten, in jene Reihe, in der der Neuprotestantismus und in anderer Weise der römische Katholizismus es sehen möchte? Wird durch das protestantische Schriftprinzip der Bibel nicht etwa zu viel und Gott selbst auf der einen, allen übrigen Zeugnissen seiner Offenbarung auf der anderen Seite zu wenig Ehre angetan? — Darauf ist zu antworten: Es gibt in der Tat nur eine einzige absolute grundsätzliche und unzerstörbare Priorität, und das ist die Priorität Gottes als des Schöpfers vor der Totalität und vor ausnahmslos jedem seiner Geschöpfe. Aber wie seltsam, daß wir gerade über diese Priorität (im ernsten Sinn, im vollen Umfang und in der ganzen Kraft dieses Begriffs) nun doch nur durch die Bibel, und zwar durch die als Offenbarungszeugnis und also selber als Gottes Wort gelesene, verstandene und erklärte, also gerade durch die angeblich verabsolutierte Bibel unterrichtet werden! Die

Unterscheidung zwischen Absolutem und Relativem scheint ja so leicht, und kinderleicht scheint dann auch die Feststellung: Gott allein ist absolut, alles übrige relativ, und ein Gemisch von beiden oder ein Drittes zwischen Gott und allem übrigen gibt es nicht. Wir haben uns aber zu fragen: wie wir denn überhaupt dazu kommen, diese Unterscheidung zu machen, wie menschliches Denken den Gedanken der Priorität des Absoluten gegenüber dem Relativen überhaupt vollziehen kann, ohne entweder das angebliche Absolute doch relativ oder aber das Relative dem Absoluten gegenüber als gar nicht wirklich, sondern als nichtig zu setzen? Wir haben weiter zu fragen: wie kommen wir dazu, diese Unterscheidung nicht nur zu denken, d. h. als Anschauung und Begriff zu vollziehen, sondern — und damit wird sie doch erst ein ernster Gedanke — uns so zu eigen zu machen, daß sie nicht etwa eine bloße *theoria*, ein uns gegenüber sich abspielendes Drama bleibt, sondern daß wir selbst sie mit unserem Leben, in unserer Existenz vollziehen, daß ihre Dramatik wirklich unsere eigene Dramatik wird? Denn was wäre eine Erkenntnis der Priorität des Absoluten, wenn sie nicht unsere Anerkenntnis wäre, wenn sie nicht die Autorität des Absoluten und unseren Gehorsam ihm gegenüber in sich schlösse, ja wenn sie nicht in dieser offenbar gar nicht selbstverständlichen Anerkenntnis, Autorität und Gehorsamsleistung begründet wäre? Und wir haben weiter zu fragen: wie können wir denn diese Unterscheidung vollziehen, ohne in ihr auf die Wirklichkeit des Gerichtes zu stoßen, in welchem unsere Existenz und mit unserer Existenz unser Denken zunichte wird? Wer kann denn die Priorität Gottes des Schöpfers sehen und leben? Wer oder was sollte denn, in diese Dramatik hineingezogen, nicht vergehen müssen? Jene Unterscheidung, auf Grund derer man die Auszeichnung und Aussonderung der Bibel in Frage stellen könnte und möchte, ist also in Wirklichkeit gar nicht so leicht zu vollziehen. Und wenn sie nun gerade in der Bibel tatsächlich vollzogen, und zwar in klarer Beantwortung jener drei Fragen vollzogen wird, dann muß uns das hinsichtlich des Wesens und der Stellung der Bibel selbst jedenfalls zu denken geben. Nach der Bibel ist ja das an sich wirklich nicht denkbare Nebeneinander des Absoluten und des Relativen dadurch möglich gemacht, daß sie nicht vom Absoluten, sondern von der Güte und Geduld des uns in Jesus Christus offenbarten Schöpfers aller Dinge und nicht vom Relativen, sondern von den Geschöpfen dieses Schöpfers redet; dieser Gott ist und bleibt der Herr einer in ihrer Art wahrhaft seienden Schöpfung. Die Bibel bietet uns weiter sicher keine bloße *theoria*, sondern was in ihr geschieht, das ist als Proklamation des göttlichen Gesetzes der Angriff auf unsere Existenz, der Akt, in welchem wir selbst zur Anerkennung der Priorität Gottes gezwungen werden, in welchem seine Autorität aufgerichtet und unser Gehorsam gegen sie Ereignis und mit dem allem jene Unterscheidung Wirklichkeit wird. Eben dieser Angriff ist aber nach der Bibel nicht einfach und an sich das Gericht über unsere Existenz, sondern als die Proklamation des Evangeliums im Gesetz unsere Begnadigung im Gericht, die Verheißung, daß wir leben dürfen und leben werden, unsere Erhaltung mitten in dem uns allerdings von allen Seiten umgebenden Tode zur Auferstehung des Fleisches und zum ewigen Leben. Die Erkenntnis der Priorität Gottes, wie sie in der Bibel vollzogen wird, ist die Erkenntnis der göttlichen Wohltat, die uns nun wieder — und hier schließt sich der Kreis — erlaubt und gebietet, den undenkbaren Gedanken des Zusammenseins von Absolutem und Relativem, nein: des gnädigen Gottes und der durch seine Gnade geretteten Menschen im Gedanken des Schöpfers und des Geschöpfs in ruhiger Klarheit zu vollziehen. Wie sollte nun gerade die ausgezeichnete Stellung und Bedeutung der Bibel, der wir diese Erkenntnis verdanken, durch diese Erkenntnis in Frage gestellt sein können? Ausgeschlossen wäre gewiß, daß wir ihr diese Stellung und Bedeutung eigenmächtig, d. h. in irgendeinem Akt freier Wertung uns zuschreiben würden. Aber eben darum, also eben um eine „Verabsolutierung" einer eigentlich und an sich relativen Größe, um eine Vergöttlichung oder Quasivergöttlichung von Menschen hat es sich für die ernsthaften Vertreter des evangelischen Schriftprinzips niemals auch nur von ferne handeln können. Hier wurde nichts verabsolutiert und niemand vergöttlicht. Hier war das Absolute, nein, hier war Gott in seinem Wort als der Herr, als der Gebieter und als der Barmherzige so auf dem Plan wie es eben in dem Menschenwort der Bibel der Fall ist und indem nun — und nun erst in Wahrheit und im Ernst — die Unterscheidung zwischen Absolutem und Relativem vollzogen wurde, kam die Bibel in der Erkenntnis ihres Wesens nicht erst nachträglich und willkürlich auf die erste Seite zu stehen, sondern dort stand sie schon, von jener ersten Seite her redete sie schon, eben von ihr her wurde ja jene Unterscheidung in Wahrheit und im Ernst vollziehbar, indem sie vollzogen wurde. Und es konnte das sog. Schriftprinzip, laut dessen sie allerdings einmalig und einzigartig auf dieser ersten Seite steht, laut dessen sie Gottes Wort ist, nur die nachträgliche Feststellung dieses durchaus ursprünglichen Sachverhaltes sein wollen. Ausgeschlossen wäre nun gewiß auch dies: daß zwischen dem Menschenwort der heiligen Schrift und dem Worte Gottes und also zwischen dieser geschöpflichen Wirklichkeit an sich und als solcher und der Wirklichkeit Gottes des Schöpfers eine direkte Identität bestünde, eine Verwandlung der einen in die andere oder eine Vermischung der einen mit der anderen stattgefunden hätte. Um eine solche handelt es sich ja auch in der Person Jesu Christi nicht, sondern es ist schon hier die Identität zwischen Gott und Mensch bei aller Ursprünglichkeit und Unauflöslichkeit, in der sie uns hier gegenübersteht, eine angenommene, eine von Gott besonders gewollte, geschaffene und gewirkte und insofern eine indirekte, d. h. eine weder im Wesen Gottes noch in dem des Menschen, sondern in einer Entscheidung und Tat Gottes am Menschen beruhende Identität. Genau so verhält es sich, wenn man auch die in der Sache liegenden Unterschiede berücksichtigen muß, mit der Einheit von göttlichem und menschlichem Wort in der heiligen Schrift.

Man kann, was Calvin von der Gegenwart Gottes im Fleische Christi gesagt, *mutatis mutandis* ohne weiteres auch auf die Gegenwart Gottes im Wort der Propheten und Apostel anwenden: *Sacramenta . . . iustitiae et salutis materiam in eius carne residere docent, non quod a se ipso iustificet aut vivificet merus homo, sed quia Deo placuit, quod in se absconditum et incomprehensibile erat, in mediatore palam facere* (*Instit.* III, 11, 9).

Das Menschliche hört auch hier nicht auf, menschlich zu sein, und ist als solches und an sich gewiß nicht göttlich. Und es hört ganz gewiß auch hier Gott nicht auf, Gott zu sein. Es besteht auch — dies im Unterschied zu der Menschheit Jesu Christi — keine Personeinheit zwischen Gott und der Menschlichkeit der Propheten und Apostel. Es ist wiederum im Unterschied zu der Menschheit Jesu Christi die Menschlichkeit der Propheten und Apostel keine zu der Herrlichkeit Gottes erhobene Menschlichkeit. Sie kann nicht selbständig selber offenbaren, sondern nur die in der Menschheit Jesu Christi geschehene und geschehende Offenbarung bezeugen. Aber in dieser Distanz und Unterscheidung, als solches Zeugenwort, als das Zeichen geschehener und geschehen werdender Offenbarung, und zwar, wie wir sahen: als das in und mit der Offenbarung selbst eingesetzte Zeichen, als das Zeugnis der unmittelbar in und mit der Offenbarung selbst berufenen Zeugen, steht nun doch auch die Schrift in jener indirekten, weder durch Gottes noch durch des Menschen Wesen bedingten, wohl aber durch Gottes Entscheidung und Tat herbeigeführten Identität menschlichen Seins mit Gott selber, kann und muß auch sie — nicht als ob sie Jesus Christus wäre, aber im gleichen ernsten Sinn wie Jesus Christus — Gottes Wort genannt werden: Gottes Wort im Zeichen des Menschenwortes, so werden wir genau sagen müssen.

Es gibt noch eine dritte Größe, von der in ihrer Beziehung zur heiligen Schrift dasselbe zu sagen sein wird, wie wir es hier von der heiligen Schrift in ihrer Beziehung zu Jesus Christus sagen: die Verkündigung der christlichen Kirche durch Wort und Sakrament. Und es gibt noch andere Zeichen der Offenbarung, von denen nicht oder doch nur uneigentlich zu sagen sein wird, daß sie Gottes Wort seien. Die Kirche als solche z. B. ist wohl ein einziges, großes Zeichen der Offenbarung, aber darum doch nicht selber Gottes Wort, sondern — und das ist etwas Anderes — sie ist geschaffen durch das Wort Gottes und sie lebt von ihm. Auch die Dogmen der Kirche, auch der jeweils erkannte und anerkannte Bestand des Kanons als solcher, auch die Existenz wegweisender Lehrer der Kirche bzw. deren Lehre, auch die Handlungen und Erfahrungen der Kirche oder der Christen in der Welt sind wohl Zeichen der Offenbarung, aber darum nicht in einem eigentlichen und selbständigen Sinn Gottes Wort zu nennen. Sie sind es, sofern sie Verkündigung sind und sofern sie als Verkündigung das Zeugnis der heiligen Schrift und damit selber die Offenbarung bezeugen. Die heilige Schrift unterscheidet sich andererseits als Zeichen der Offenbarung dadurch auch von dem Zeichen der wahren Menschheit Christi, daß diese als solche uns vermöge der Einmaligkeit und also der zeitlichen Begrenztheit der Offenbarung, vermöge ihres Endes in der Himmelfahrt Christi verborgen ist, bzw. nur in ihrer Bezeugung durch die Schrift und durch die Verkündigung der Kirche und im Glauben daran offenbar werden kann. Aber eben indem die heilige Schrift die ursprüngliche Gestalt ihrer Bezeugung ist, eben indem sie, im Unterschied zu der Verkündigung der Kirche, die Offenbarung gerade in ihrer Einmaligkeit und zeitlichen Begrenztheit bezeugt, gehört sie mit jenem ersten und ursprünglichen Zeichen, mit der wahren Menschheit Christi zusammen. Die Schriftwerdung des Wortes ist nicht ein und dasselbe wie seine Fleischwerdung. Aber eben die Fleischwerdung in ihrer Einmaligkeit und gleichzeitig allgemeinen Tragweite mußte die Schriftwerdung unweigerlich nach sich ziehen. Das göttliche Wort wurde Propheten- und Apostelwort, indem es Fleisch wurde. Indem der Mensch Jesus für diese Menschen das Wort Gottes war und eben damit zu diesen Menschen gesagt hat: Nehmet hin den Heiligen Geist! und: Wer euch hört, hört mich! und: Siehe, ich bin bei euch alle Tage bis an der Welt Ende! treten sie in die durch die Einmaligkeit und zeitliche Begrenztheit der Offenbarung geschaffene Lücke, stehen sie der durch ihn, *in concreto* aber durch ihr Wort begründeten Kirche — mittelbar, als Träger seines Auftrags, als Herolde seiner Herrschaft — nun dennoch in der ihm selbst eigenen Ursprünglichkeit gegenüber, kommt ihnen *ministerialiter* die Ehre zu, die ihm *principaliter* eigen ist, entscheidet es sich ganz und gar an ihnen, ob die Verkündigung der Kirche, dem durch sie der Kirche anvertrauten ursprünglichen Wort Gottes entsprechend, aktuelles Wort Gottes sein wird, kann die Kirche, wenn sie wirklich von Gottes Wort leben und also wirklich Kirche sein will, an ihnen sowenig vorbeisehen und vorbeigehen wie an Jesus Christus selber. — Wir erinnern uns nochmal an das calvinische *loco rei in verbo acquiescimus.* Calvin hat dieselbe Erkenntnis einmal so formuliert: *Mysteria Dei enim, cuiusmodi sunt, quae ad salutem nostram pertinent, in se, suaque (ut dicitur) natura cerni non possunt: verum ipsa in eius verbo duntaxat intuemur: cuius veritas sic persuasa esse nobis debet, ut pro facto impletoque habendum sit quicquid loquitur* (*Instit.* III 2, 41). Es dürfte nun wohl deutlich sein: daß das Wort (d. h. das Schriftwort) an die Stelle der Sache (d. h. des Wortes Gottes) tritt, das heißt nicht, daß nun „nur“ das Schriftwort, nicht aber das Wort Gottes zugegen sei, sondern das heißt: daß das Wort Gottes nun eben im Schriftwort als seinem Zeichen, oder also allgemein ausgedrückt: die Sache im Wort gegenwärtig und wirksam sei.

Als Wort Gottes im Zeichen dieses prophetisch-apostolischen Menschenwortes ist die heilige Schrift sowenig nur göttlich und sowenig nur menschlich, sowenig ein Gemisch von Göttlichem und Menschlichem und sowenig ein Drittes zwischen Gott und Mensch wie die Einheit von Gott und Mensch in Jesus Christus. Sondern sie ist in ihrer Weise und auf ihrer Stufe wie Jesus Christus selber wahrer Gott und wahrer Mensch, d. h. Zeugnis von der Offenbarung, das selber zur Offenbarung gehört, und historisch literarisches Dokument einer bestimmten Menschlichkeit. — Sie tritt damit der Majestät des einen Gottes in seiner Unterschiedenheit gegenüber Allem, was nicht er selber ist, wahrlich nicht zu nahe. Gerade sie bezeugt vielmehr in ihrer Existenz, d. h. schon in ihrer (freilich ganz in ihrem Inhalt begründeten) Form: als dieses, das allein so ausgezeichnete und ausgesonderte Menschenwort, die Einzigkeit der göttlichen Majestät. Die Sorge, als ob die Heiligkeit der Schrift der Heiligkeit Gottes Eintrag tun könnte, wird sich sicher gerade da, wo die Heiligkeit der Schrift geglaubt und respektiert wird, als eine sehr überflüssige Sorge erweisen. — Die Schrift tritt aber in ihrer Einzigartigkeit tatsächlich auch der Würde und Bedeutung der anderen Zeichen und Zeugnisse der Offenbarung nicht zu nahe. Einmal darum nicht, weil es auch abgesehen von Jesus Christus selbst noch jene andere Gestalt des Wortes Gottes gibt, dessen die Schrift ebenso bedarf, um Wort Gottes zu sein, wie jene ihrer bedarf. Es bedarf zwar die Predigt und das Sakrament der Kirche des Vorgangs, der Autorität und Geltung des ursprünglichen Wortes Gottes in der Schrift, um selber Wort Gottes sein zu können. Es bedarf aber ebenso die Schrift auch der Verkündigung durch Predigt und Sakrament, so gewiß sie gelesen, verstanden und ausgelegt sein, so gewiß das in ihr bezeugte ursprüngliche Wort Gottes Aktualität haben will. Die heilige Schrift kann und will also als Wort Gottes gerade nicht allein bleiben in der Kirche. Und weit entfernt davon, daß die Stimme und die Stimmen der Kirche, ihrer Lehrer, ihrer Erfahrungen und Entscheidungen, ihrer Geschichte und Überlieferung in der Mannigfaltigkeit ihrer verschiedenen Zeiten und Gaben durch die Existenz der Schrift als der allerdings vorgeordneten, normativen und regierenden Gestalt des Wortes Gottes unterdrückt würden, ist es vielmehr die Existenz dieser ursprünglichen Gestalt des Wortes Gottes, die dafür sorgt, daß die Stimme der Kirche und alle diese Stimmen in der Kirche einmal überhaupt als Stimmen laut werden, sodann überhaupt etwas zu sagen haben, sodann Grund und Anlaß genug bekommen, immer aufs neue sich zu erheben, sodann eine ständige Leitung und Ordnung empfangen, die sie vor dem Chaos und vor der Kakophonie trotz aller menschlichen Irrtümer und Torheiten zu bewahren geeignet ist, und die endlich der Kirche, indem sie sie vor die Erinnerung an ihr Sein in Jesus Christus stellt, die Verheißung, unter der sie lebt, in konkreter Wirklichkeit vorhält. Wenn die Kirche ernstlich und d. h. nicht von außen, sondern innerlich und wesentlich zu leiden hatte, dann war es wirklich nie deshalb, weil sie allzu sehr, sondern immer deshalb, weil sie allzu wenig unter dem Wort der Schrift lebte. Die Kirche wurde aber noch immer stark, selbstbewußt und kühn, erzeugte Helden, Wissende und Wohltäter, wurde zur Stätte der Aufrichtung des Trostes und der Hoffnung für alles Volk, nicht nur innerhalb, sondern auch außerhalb ihrer Mauern, erzwang sich realen Respekt auch in der Welt, wenn sie den Mut zur Demut faßte, wenn sie nicht über und neben, sondern unter dem Wort zu leben sich angelegen sein ließ. Gerade die Existenz der in einem ernsthaften Sinn lebendigen Kirche aller Zeiten dürfte also faktisch die konkrete Widerlegung des Einwandes sein, als ob die Anerkennung der Priorität der Bibel in der Kirche eine Beeinträchtigung des lebendigen Gottes und eines lebendigen Glaubens bedeutete. Das Gegenteil ist richtig. Der Tod pflegt in der Kirche da zu herrschen, wo man dieser Anerkennung aus dem Wege gehen zu müssen meint.

6. Wir glauben in und mit der Kirche, daß die heilige Schrift diese Priorität vor allen anderen Schriften und Instanzen, auch vor denen der Kirche selbst hat. Wir glauben in und mit der Kirche, daß die heilige Schrift als das ursprüngliche und legitime Zeugnis von Gottes Offenbarung das Wort Gottes selber ist. Die dasselbe besagenden Worte „hat" und „ist" in diesen beiden Sätzen bedürfen nun noch einer näheren Erläuterung und Abgrenzung. Ihr Ergebnis soll der Übersichtlichkeit halber gleich vorweggenommen sein: dieses „hat" und „ist" sind Aussagen über eine göttliche Verfügung, Tat und Entscheidung, auf die als solche wir, wenn wir diese Sätze bilden, einerseits als auf eine schon geschehene zurückblicken, auf die wir anderseits als auf eine künftige hinblicken. Sie sind also nicht: Aussagen über einen uns übersichtlichen und verfügbaren Sachverhalt. Sie sagen nicht, daß wir die Fähigkeit und Kompetenz haben, der Bibel diese ihre Priorität, diesen ihren Charakter als Gottes Wort zuzuschreiben, und daß die Bibel ihrerseits uns in dieser ihrer Priorität und in diesem ihrem Charakter ohne weiteres einsichtig wäre. Wagen wir diese Aussagen, so wagen wir sie im Gehorsam und also nicht auf Grund und nach Maßgabe eines von uns selbst mitgebrachten und an diesen Gegenstand (als wäre seine Heiligkeit eine unsrer Beobachtung und Beurteilung zugängliche Eigenschaft!) herangebrachten Vorverständnisses und Vorurteils, sondern im Gehorsam gegen ein von diesem Gegenstand her schon gefallenes und in der Bereitschaft gegen ein von diesem Gegenstand her wieder und aufs neue fallendes Urteil Gottes. Wir wagen sie in Dankbarkeit gegenüber dem, was wir in der Schrift schon gehört zu haben uns erinnern, und in Hoffnung gegenüber dem, was wir wiederzuhören erwarten dürfen. Sagen wir: die Bibel hat jene Priorität, sie ist Gottes Wort, dann ist also dieses „hat" zunächst auseinanderzulegen in ein: „sie hatte" und in ein „sie wird haben", und dieses „sie ist" in ein „sie war" und „sie wird sein". In dieser und nur in dieser Auslegung entsprechen die beiden Worte dem, was wir hier faktisch wissen und sagen können: wir, die wir nicht in der Lage sind, jene göttliche Verfügung, Tat und Entscheidung zu vollziehen oder mit ihr umzugehen, als ob sie unsere eigene wäre. Wiederum darf aber über dieser unserer Auslegung der ausgelegte Text — und dieser lautet: „hat" und „ist" — nicht aus den Augen verloren und vergessen oder gar in seiner diese Auslegung fordernden, aber auch aller Auslegung spottenden Überlegenheit und Kraft abgeschwächt, es darf die Wahrheit dieses „hat" und „ist" unter keinen Umständen durch Auflösung in ein Präteritum und Futurum geleugnet werden. Auch und gerade das „hatte" und „war" und das „wird haben" und „wird sein" lebt ja durchaus von seiner Mitte, von der Gegenwart des „hat" und „ist". Und nur dann können unsere auslegenden Aussagen über die Erinnerung und Erwartung, in der wir von dieser Gegenwart allein etwas wissen und sagen können, echte Auslegung sein, wenn sie sich

durchaus auf diese Mitte, auf die Gegenwart beziehen, von der wir kein Wissen, für die wir kein Wort, über die wir keine Macht haben, von der als solcher wir nichts sagen können als eben dieses überschwengliche „hat" und „ist", weil sie das Ereignis dessen ist, was Gott in göttlicher Freiheit und Überlegenheit und Kraft selber und allein beschließt, will und tut. In der Wirklichkeit und Wahrheit dieses Ereignisses ist nichts schon vergangen oder erst zukünftig, nichts bloße Erinnerung und nichts bloße Erwartung, in ihr ist nichts problematisch und nichts ungewiß, nichts nachträglich oder vorläufig, nichts der Wiederholung, nichts der Bestätigung bedürftig. Um dieses Ereignis kreist die ganze Lehre von der heiligen Schrift, kreist mit ihr die ganze kirchliche Dogmatik, kreist auch die Predigt und das Sakrament der kirchlichen Verkündigung. Hören wir auf, mit unserem Denken und Reden um dieses Ereignis zu kreisen, lassen wir uns darauf ein, bloß historisch oder auch bloß eschatologisch und so oder so: bloß problematisch und ungewiß von Gottes Wort in der heiligen Schrift zu denken und zu reden, dann denken und reden wir sicher nicht in und mit der Kirche, nicht im Glauben und überhaupt nicht mehr vom Wort Gottes in der heiligen Schrift, sondern von irgendeinem Surrogat, das sich uns bewußt oder unbewußt an dessen Stelle geschoben hat. Aber gerade wenn wir dies vermeiden wollen, haben wir uns klarzumachen, daß wir um jenes Ereignis tatsächlich nur *kreisen*, daß wir es aber sowenig wie — wie wir früher sahen — die Einheit der Schrift von uns aus auf den Plan führen können. Will und wird es sich selber auf den Plan führen, indem es inmitten unseres es umkreisenden Auslegens tatsächlich geschieht — nun, dann wird es eben geschehen, und um so gewaltiger und herrlicher geschehen, je weniger wir etwa mit unseren plumpen und frechen Experimenten, mit denen wir es wohl herbeiführen möchten, dazwischengetreten sind. Gerade weil und wenn es uns deutlich ist, daß wir mit allem unserem Auslegen nur dieses *Ereignis* meinen und auslegen können, muß es uns ebenso deutlich sein, daß wir unsererseits dieses Ereignis immer nur *meinen* und *auslegen* können. Es haben die sämtlichen möglichen Leugnungen und Auflösungen jenes Präsens in allerlei Präterita und Futura ihre Wurzel darin, daß man jenes Präsens nicht respektieren wollte als das *göttliche* Präsens, daß man es im handkehrum als ein uns verfügbares und griffbereites geschöpflich-menschliches Präsens behandeln zu sollen und zu können glaubte, daß man nicht verharren wollte in einem beständigen Kreisen um jene Mitte, in einem treuen Auslegen und also in der Erinnerung und Erwartung, die dieser Gegenwart gegenüber — gerade weil sie *diese* Gegenwart ist — unser Ort, unser Teil, unsere Aufgabe und doch auch unser Trost ist. Das ist die Einsicht, die wir nun noch im Einzelnen zu erwägen und zu verteidigen haben.

Es wird am Platze sein, uns an dieser Stelle zunächst die beiden wichtigen und von jeher viel beachteten Aussagen vor Augen zu halten, in denen im Neuen Testament selber etwas ausführlicher von der Priorität und vom Charakter der heiligen Schrift als solcher die Rede ist. Es geht in beiden Stellen zunächst um das Alte Testament, aber die Aussagen können, dürfen und müssen in ihrer Grundsätzlichkeit gerade im Sinn der beiden Autoren, bei denen sie sich finden, ohne weiteres auf das Ganze, also auch auf das neutestamentliche Offenbarungszeugnis selbst angewendet werden.

Da ist zunächst 2. Tim. 3, 14–17: Paulus fordert den Timotheus — man meint zu merken, daß wir uns hier dem Rande des Kanons nähern — auf, zu „bleiben" in dem, was er gelernt und im Glauben aufgenommen hat (ἔμαθες καὶ ἐπιστώθης). Er soll derer gedenken, von denen er es gelernt hat, und dessen, daß er selbst von Kind auf die heilige Schrift (die ἱερὰ γράμματα) kennt, die die Kraft hat (τὰ δυνάμενα...), ihn „für die Errettung weise zu machen durch Glauben in Christus Jesus". Was bis hierher gesagt ist, ist deutlich und ausdrücklich im Rückblick darauf gesagt, daß die Schrift im Leben des Angeredeten eine bestimmte, entscheidende Rolle schon gespielt, daß sie den Beweis für das, was sie zu sein beansprucht, schon geführt, sich in ihrer Dynamik, und zwar in dieser bestimmten Dynamik, einer Unterweisung zu dem ihn errettenden Glauben, und zwar konkret: zu dem in Jesus Christus begründeten, auf ihn gerichteten und durch ihn wirklichen Glauben, schon bewährt hat. Nachher aber fährt Paulus fort mit der Zusicherung: eben diese Schrift wird dir auch nützlich sein „zur Belehrung, zur Überführung, zur Aufrichtung, zur Erziehung in der Gerechtigkeit" (offenbar alles sowohl für ihn selbst wie durch ihn für andere), „damit der Mensch Gottes fertig werde, gerüstet zu jedem guten Werk". Nun ist dieselbe Schrift also zum Gegenstand der Erwartung geworden, wobei doch der Jnhalt der Erwartung kein anderer ist als der der Erinnerung, von der vorher die Rede war, nur daß jetzt eben das Ganze, was vorher als Gabe dargestellt war, den Charakter einer künftig zu ergreifenden und auszuführenden Aufgabe bekommt. Es entspricht doch das ὠφέλιμος aufs genaueste dem δυνάμενα: die Schrift konnte und sie wird können, was vorher und nachher von ihrer Bedeutung für das Leben und Handeln des Angeredeten gesagt ist. Inmitten dieser beiden Aussagen steht nun, nach rückwärts und vorwärts erleuchtend, der Satz: πᾶσα γραφὴ θεόπνευστος, alle, die ganze Schrift ist — wörtlich: „gottesgeistlich" d. h. von Gottes Geist eingegeben, erfüllt, beherrscht, und aktiv: Gottes Geist atmend, verbreitend, erkennen lassend. Es ist klar, daß dieser Satz für das Ganze entscheidend ist. Deshalb, d. h. in der Kraft der Wahrheit dessen, daß der Geist Gottes vor, über und in der Schrift ist, deshalb konnte sie und deshalb wird sie können, was vorher und nachher von ihr gesagt wird. Es ist aber ebenso klar: in dieser Mitte der Stelle wird eine Aussage über eine Beziehung zwischen Gott und der Schrift gemacht, die nur als eine Verfügung, Tat und Entscheidung Gottes selbst verstanden und die darum als solche nicht weiter entfaltet, auf die vielmehr nur — und nicht umsonst so kurz — Bezug genommen werden kann. Alles, was dazu zu sagen ist, wird im entscheidenden Punkt nur in der Unterstreichung und Abgrenzung des uns unzugänglichen Geheimnisses der freien Gnade bestehen können, in der der Geist Gottes vor, über und in der Bibel gegenwärtig und wirksam ist.

Die andere hier in Betracht kommende Stelle ist 2. Petr. 1, 19–21. Neben seine Augenzeugenschaft für die „Größe" (μεγαλειότης) Jesu Christi, von der hier vorher (V. 16–18) die Rede war, stellt hier der Verfasser mit einem sehr merkwürdigen Komparativ (βεβαιότερον) das „prophetische Wort" und nennt es ein Licht, das an einem finsteren Ort scheint, bis der Tag anbricht und der Morgenstern in euren Herzen aufgeht. Daß wir dieses Wort haben (ἔχομεν) und daß wir auch inskünftig darauf achten sollen (προσέχοντες), wird von ihm gesagt. Wir stehen also auch hier, wenn auch hinsichtlich des „prophetischen Wortes" als solchen etwas weniger deutlich, zwischen den beiden Zeiten. Gerade der jener Erinnerung an die Augenzeugenschaft entsprechende Hinweis auf den kommenden Tagesanbruch stellt doch auch das in dieser Stelle Gesagte zweifellos in diesen Rahmen. Und nun wird auch hier, und hier nun sogar deutlicher als 2. Tim. 3, die Mitte gekennzeichnet, von der aus rückwärts und vorwärts zu blicken ist: die „Prophetie der Schrift" wird dann richtig gelesen, im Sinn des Vorangehenden: sie ist dann unser Licht in der Finsternis, wenn sie nicht zum Gegenstand einer ἰδία ἐπίλυσις gemacht wird, d. h. doch wohl: wenn wir sie selbst sich auslegen, bzw. wenn wir unsere Auslegung durch sie selbst beherrschen und bestimmen lassen. Und das darum, weil sie, wie nun die Fortsetzung lautet, nicht durch den Willen des Menschen gegeben ist, sondern weil in ihr Menschen „vom Heiligen Geist bewegt", ὑπὸ πνεύματος ἁγίου φερόμενοι, weil in ihr Menschen „von Gott her" (ἀπὸ θεοῦ) geredet haben.

Die entscheidende Mitte, die in diesen beiden Stellen sichtbar wird, wird also beide Male durch einen Hinweis auf den Heiligen Geist gekennzeichnet und zwar beide Male in der Weise, daß er als der eigentliche Urheber des in der Schrift Gesagten bzw. Geschriebenen bezeichnet wird. Es muß bemerkt werden: die in diesen Stellen verwendeten Ausdrücke bestätigen doch nur, was wir über die Aussendung und Bevollmächtigung der Propheten und Apostel bereits gehört haben. Sie reden in ihrer Funktion als Offenbarungszeugen an Stelle und im Auftrag dessen, der sie gesandt hat: Jahves bzw. Jesu Christi. Sie reden als *auctores secundarii*. Aber von einer Beseitigung oder Beeinträchtigung ihrer *auctoritas* und damit ihrer Menschlichkeit ist darum doch keine Rede. Auch was wir sonst über das Werk des Heiligen Geistes am Menschen im Allgemeinen und an solchen Zeugen im Besonderen erfahren, auch die Erinnerung an das *conceptus de Spiritu sancto* der Christologie läßt uns ja nicht vermuten, daß wir das, was hier hinsichtlich der Verfasser der heiligen Schriften gesagt wird, so zu deuten hätten, als wären sie nicht wirkliche *auctores* gewesen, als hätten sie bei dem, was sie als solche geredet bzw. geschrieben, nicht auch ganz und gar und in vollem Umfang dessen, was diese Anschauung und dieser Begriff enthalten, von ihren menschlichen Möglichkeiten Gebrauch gemacht. Calvin hat sicher exegetisch recht, wenn er zu 2. Petr. 1, 21 bemerkt: *Impulsos fuisse dicit, non quod mente alienati fuerint (qualem in suis prophetis* ἐνθουσιασμὸν *fingunt gentiles), sed quia nihil a se ipsis ausi fuerint: tantum obedienter sequuti sint Spiritum ducem, qui in ipsorum ore tamquam in suo sacrario regnabat* (C. R. 55, 458). Theopneustie kann im Umkreis des biblischen Denkens gar nichts anderes bedeuten als die besondere Gehorsamstellung der zu diesem allerdings besonderen Dienst auserwählten und berufenen Menschen. Es lag das Besondere dieser Gehorsamstellung in der Besonderheit, nämlich in der Unmittelbarkeit ihres Verhältnisses zu der einmaligen und zeitlich begrenzten Offenbarung und also in der Besonderheit dessen, was sie als Augen- und Ohrenzeugen, als die Erstlinge der Kirche zu sagen und zu schreiben hatten. Es war aber ihre Gehorsamstellung kein in sich anderes Sein und Verhalten als eben — äußerlich und innerlich — das von echten und rechten Menschen. Es war insbesondere keine Aufhebung ihrer Freiheit, ihrer Selbstbestimmung. Wie sollte ihr Gehorsam Gehorsam gewesen sein, wenn er nicht in Freiheit geschehen wäre? Geschah er aber in Freiheit, dann müssen wir sagen: sie haben wirklich selber und von sich aus als echte *auctores* gedacht, geredet und geschrieben, was sie gedacht, geredet und geschrieben haben. Sie taten es ein Jeder im Umkreis seiner psychologischen, biographischen und geschichtlichen Möglichkeiten. Sie taten es ein Jeder auch in den ihm damit gesetzten Schranken. Ihr Tun war wie alles menschliche Tun ihr eigener, ein in sich und durch ihre zeitliche und räumliche Umwelt bedingter und diese wiederum bedingender Lebensakt. Daß er als solcher diese besondere Funktion bekam, als solcher unter die *auctoritas primaria*, unter die Herrschaft Gottes gestellt, als solcher vom Heiligen Geist umschlossen, regiert und getrieben, als solcher zur Gehorsamsstellung wurde kraft ihres unmittelbaren Gegenübers zu Gottes Offenbarung — das war ihre Theopneustie. Man wird zum Verständnis dieses biblischen Begriffs zwischen dem Denken und Reden der Propheten und Apostel und ihrem Schreiben keinen wesentlichen Unterschied machen dürfen: weder in dem Sinn, wie es in neuerer Zeit manchmal versucht worden ist, die Theopneustie auf ihr Denken und Reden oder wohl gar auf ihr ihrem Denken und Reden vorangehendes und zugrunde liegendes prophetisches Erlebnis beschränkt — noch auch in dem Sinn, daß man sie in ausgezeichneter Weise nun gerade in ihr Schreiben verlegt. Was wir im Alten und Neuen Testament überhaupt und was wir speziell 2. Tim. 3 und 2. Petr. 1 von dieser Sache hören, gibt uns weder zu der einen noch zu der anderen Deutung Anlaß. Als die, die dort und damals und nicht hier und jetzt gelebt haben, existieren ja die Propheten und Apostel für uns überhaupt nur in dem, was sie geschrieben haben. Aber eben in dem, was sie geschrieben haben, existieren sie selber für uns. Daß sie in dem, was sie geschrieben haben, in voller Menschlichkeit vor unseren Augen und Ohren existieren als erwählte und berufene Offenbarungszeugen, von Gott beansprucht und Gott gehorsam, wahre Menschen, redend im Namen des wahren Gottes daraufhin, daß sie seine Stimme gehört hatten, wie wir sie nicht direkt, wie wir sie nur durch ihre Stimme hören können, dies ist ihre Theopneustie, dies das Geheimnis der Mitte, vor der wir immer wieder stehen, wenn wir sie hören und lesen: eingedenk dessen, daß es einmal so war (die Erinnerung der Kirche und unsere eigene Erinnerung bezeugen es uns!), daß ihre Stimme die Stimme Gottes wiedergab, und daraufhin in der Erwartung, daß dies wieder geschehen werde. Es verweist uns also der biblische Begriff der Theopneustie allerdings auf die Gegenwart, auf das an uns selbst sich ereignende Ereignis: die Schrift hat jene Priorität, die Schrift ist Gottes Wort. Er verweist uns aber doch nur darauf. Er ersetzt es nicht. Er verschafft es uns auch nicht. Wie sollte er schon, da er ja eben die Beschreibung dessen ist, was Gott tut in der Menschlichkeit seiner Zeugen. Er verweist uns also, wie es auch in diesen beiden Stellen geschieht, auf das, was die heilige Schrift war, und auf das, was sie sein wird. Aber eben auf diesem Umweg verweist er uns auf das, was sie ist. Es wird sich, wenn die Schrift als Gottes Wort gelesen, verstanden und ausgelegt werden soll, immer darum handeln müssen, diesen von ihr selbst angegebenen Weg zu gehen.

Wir werden in dem Satz: Wir glauben, daß die Bibel Gottes Wort ist, zunächst das Wort Glauben zu unterstreichen und wohl zu bedenken haben. Glauben heißt freilich auch Erkennen und Wissen. Glauben ist kein dunkles, gestaltloses Fühlen, sondern ein klares Hören, Apperzipieren, Denken und dann auch Reden und Tun. Auch Glauben ist ein freier, d. h. ein durch keine Magie zerstörter oder gestörter menschlicher Lebensakt. Aber freilich ein freier Lebensakt, der als solcher bedingt und bestimmt ist durch eine Begegnung, durch einen Anruf, durch einen dem Menschen widerfahrenden Herrschaftsakt, dessen Geschehen dieser sich nicht selber verschaffen kann, der entweder Ereignis ist oder eben nicht ist. Glauben ist also kein eigenmächtiges, d. h. kein seines Gegenstandes mächtiges, sondern ein von seinem Gegenstand bemächtigtes Erkennen, Wissen, Hören, Apperzipieren, Denken, Reden und Tun. Glauben, daß die Bibel Gottes Wort ist, das setzt also voraus, daß diese Bemächtigung schon stattgefunden, daß die Bibel sich als Gottes Wort schon erwiesen hat, so daß wir sie daraufhin als solche erkennen können und müssen. Dieser Erweis muß nun aber, wenn und wo er stattfindet, die Sache des Wortes Gottes selber sein. Wir haben zunächst festzustellen: das bloße Vorhandensein der Bibel und unser eigenes Vorhandensein ihr gegenüber mit unseren Fähigkeiten, einen Gegenstand zu erkennen, bedeutet als solches noch nicht und bedeutet als solches auch niemals die Wirklichkeit oder auch nur die Möglichkeit des Erweises, daß die Bibel

Gottes Wort ist. Es muß vielmehr anerkannt werden, daß diese Situation als solche, d. h. abgesehen vom Glauben, geradezu die Unmöglichkeit dieses Erweises bedeutet und daß also der Glaube als der Durchbruch in seine Wirklichkeit und Möglichkeit die Niederlegung einer Mauer bedeutet, in der man nur ein Wunder und immer wieder ein Wunder wird erblicken müssen, zu dessen Verständnis es außer dem Glauben selbst oder vielmehr außer dem Worte Gottes, das der Glaube glaubt, keine Erklärung gibt, dessen Wirklichkeit und Möglichkeit also außerhalb des Glaubens und des Wortes in keiner Weise behauptet oder verteidigt werden, hinsichtlich dessen man sich außerhalb des Glaubens und des Wortes keine Sicherungen verschaffen kann. Es steht ja nicht nur so, daß wir uns selbst keine Fähigkeit und kein Organ zur Erkenntnis des Wortes Gottes, sei es in der Bibel, sei es anderswo, zuschreiben können. Es steht, wenn wir mit der wahren Menschlichkeit der Bibel ernst machen, offenbar mit der Bibel selbst so, daß wir ihr nicht etwa als solcher die Fähigkeit zuschreiben können — darin unterscheidet sie sich, wie wir sahen, von der erhöhten und verherrlichten Menschheit Jesu Christi — Gottes Wort so zu offenbaren, uns durch ihr bloßes Vorhandensein, dadurch, daß sie von uns gelesen werden kann, den Glauben an das in ihr gesprochene Wort Gottes ins Herz zu geben. Als Zeichen, als menschlich zeitliches Wort — und damit ist gesagt: bedingt und auch beschränkt — steht sie ja zunächst und steht sie doch auch immer wieder vor uns. Daß sie von Gottes Offenbarung zeugt, das bedeutet ja nicht, daß Gottes Offenbarung nun in irgend einer göttlichen Offenbartheit vor uns läge. Die Bibel ist kein Orakelbuch; sie ist kein Organ direkter Mitteilung. Sie ist wirklich Zeugnis. Und wie könnte sie Zeugnis von Gottes Offenbarung sein, wenn gerade die Entschließung, die Tat, die Entscheidung Gottes in seinem eingeborenen Sohn, wie sie von den Propheten und Aposteln in diesem selbst gesehen und gehört wurde, in der Bibel aufgelöst wäre in eine Summe von aus dieser Entscheidung abstrahierten Wahrheiten — und wenn diese sich uns als Glaubens-, Heils- und Offenbarungswahrheiten darstellen würden? Würde sie uns dann, wenn sie mehr sein wollte als Zeugnis, würde sie uns als Organ direkter Mitteilung nicht gerade das Beste, das Eigentliche, das, was Gott uns sagen und geben will und was wir nötig haben, vorenthalten? Tut sie das aber nicht, ist sie wirklich Zeugnis, dann müssen wir uns in allen Konsequenzen klarmachen, was das heißt, daß sie an sich nun eben doch nur Zeugnis ist. Das bedeutet dann eben die Existenz jener Mauer, die nur durch das Wunder niedergelegt werden kann. Die Menschen, die wir hier als Zeugen reden hören, reden als fehlbare, als irrende Menschen wie wir selber. Was sie sagen und was wir als ihr Wort lesen, könnte an sich und durch sich selbst den Anspruch, Gottes Wort zu sein, wohl erheben, aber nimmermehr siegreich durchsetzen. Man kann ihr Wort auch als bloßes Menschenwort lesen und zu würdigen versuchen. Man kann es allerlei immanenter Kritik unterziehen, und zwar nicht nur hinsichtlich seines weltanschaulichen, geschichtlichen und moralischen, sondern auch hinsichtlich seines religiösen und theologischen Gehaltes. Man kann Lücken, Rätsel und Einseitigkeiten ihres Zeugnisses feststellen. Man kann durch eine Gestalt wie die des Mose befremdet sein. Man kann mit Jakobus, man kann aber auch mit Paulus diskutieren. Man kann sich eingestehen müssen, daß man mit weitesten Partien der Bibel, wie es uns mit den Kundgebungen auch anderer Menschen zu gehen pflegt, nichts oder nicht viel „anzufangen" weiß. Man kann sich an der Bibel ärgern. Und im Lichte des Anspruchs oder der Behauptung, daß die Bibel Gottes Wort sei, wird man sich — vorausgesetzt, daß jenes Wunder des Glaubens und des Wortes nicht dazwischengetreten ist — an der Bibel sogar ärgern müssen. Eben dieses Wunder können wir aber nicht voraussetzen. Wir können seiner gedenken. Wir können seiner warten. Wir können es aber nicht als eine Schachfigur neben anderen aufstellen, um dann im gegebenen Moment mit ihr zu „ziehen". Und also müssen wir uns eigentlich im Lichte jenes Anspruchs an der Bibel ärgern. Tun wir es nicht, so ist uns wohl das Gewicht jenes Anspruchs noch nicht bewußt. Nur das Wunder des Glaubens und des Wortes könnte uns eigentlich und ernstlich davor bewahren, uns an der Bibel ärgern zu müssen. Die Theopneustie der Bibel aber, die Gehorsamstellung, in der sie geschrieben ist, die zwingende Tatsache, daß hier wahre Menschen im Namen des wahren Gottes zu uns reden, sie — und in ihr besteht dieses Wunder — liegt nicht vor uns, indem die Bibel vor uns liegt und indem wir die Bibel lesen. Die Theopneustie ist der Akt der Offenbarung, in welchem die Propheten und Apostel in ihrer Menschlichkeit wurden, was sie waren, und in dem allein sie in ihrer Menschlichkeit auch uns werden können, was sie sind.

Luther hat in *De servo arb.* das gewichtige Wort geschrieben: *Duae res sunt Deus et scriptura Dei, non minus quam duae res sunt creator et creatura Dei* (W. A. 18, 606, 11). Und ein anderes Mal: Darum ist die Schrift ein solch Buch, dazu gehöret nicht allein das Lesen, sondern auch der rechte Ausleger und Offenbarer, nämlich der Heilige Geist. Wo der die Schrift nicht öffnet, da bleibet sie wohl unverstanden. (Pred. üb. Luk. 24, 13f. 1534, nach Rörer E. A. 3, 334). Wer aber Christus nicht erkennet, der mag das Euangelium hören oder das buch wol ynn den henden tragen, aber seynen vorstand hatt er noch nit, denn Euangelium on vorstand haben ist keyn Euangelium haben. Und die schrifft haben on erkenntniss Christi ist keyn schrifft haben, und ist nit anders, den dissen sternen leuchten lassen und doch nit ersehen (Pred. üb. Matth. 2, 1–12, Kirchenpostille 1522, W. A. 10[1], 1, 628, 3). Der eine in Betracht kommende Grund solchen Unverstandenbleibens der Schrift ist aber nach Augustin dieser: *Nam dicere ut est, quis potest? Audeo dicere fratres mei, forsitan nec ipse Joannes dixit ut est, sed et ipse ut potuit! quia de Deo homo dixit: et quidem inspiratus a Deo sed tamen homo. Quia inspiratus, dixit aliquid; si non inspiratus esset, dixisset nihil; quia vero homo inspiratus, non totum quod est, dixit, sed quod potuit homo dixit* (*In Joann. tract.* 1, 1). Augustin hat damit auf einen Sachverhalt hingewiesen, der später in der altprotestantischen Orthodoxie, besonders in ihrer Lehre von der *perspicuitas* und von der *perfectio* der heiligen Schrift fast ganz übersehen worden ist: Man weiß doch wohl erst dann, was man sagt, wenn man die Bibel Gottes Wort nennt, wenn man dieser ihrer göttlichen Vollkommenheit gegenüber auch ihre menschliche Unvollkommenheit vorbehaltlos anerkannt und dann jene dieser zum Trotz erkannt hat. In bezug auf die gewisse Unsicherheit der Überlieferung des Kanons sowohl hinsichtlich seines Umfangs wie der Textgestalt konnte dies zwar von manchen zugegeben werden. So konnte Fr. Burmann im Blick auf diese Dinge schreiben: *Doctrina ipsa et hoc verbum Dei vivum sese ipsum ostendit et cordibus electorum per operationem Spiritus sancti potenter insinuat, non obstante defectu vel vitio quocunque in organis istis externis. Non enim ab illis fides vel salus nostra pendet sed a doctrina ipsa iis contenta. . . . Doctrina sacra vi sua propria pollet et defectum organorum superat et licet per homines fallibiles praedicata, tamen plenam sui fidem in cordibus fidelium facit* (*Syn. Theol.*, 1678, I 5, 21). Eben diese Unterscheidung zwischen der Inspiration und also der göttlichen Infallibilität der Bibel und ihrer menschlichen Fallibilität muß nun aber grundsätzlich durchgeführt werden.

Es handelt sich zunächst um die Binsenwahrheit, daß man nicht erwarten und postulieren darf, es möchte den Propheten und Aposteln in und mit ihrer Begegnung mit Gottes Offenbarung zugleich ein Kompendium salomonischen, ja göttlichen Wissens um alle Dinge zwischen Himmel und Erde, um Natur, Geschichte und Menschentum vermittelt sein, in Besitz dessen sie sich nicht nur von ihrer Zeit, sondern von allen Zeiten als die Inhaber und Vertreter einer idealen Kultur und also als die irrtumslosen Verkünder aller und jeder Wahrheit abgehoben hätten. Sie waren faktisch nicht im Besitz eines solchen Kompendiums, sondern sie hatten, ein jeder in seiner Weise und nach seinem Maß, die Kultur ihrer Zeit und Umgebung, deren Gestalt und Gehalt darum von der anderer Zeiten und Umgebungen her angefochten werden konnte, deren Gestalt und Gehalt sich auch uns auf Schritt und Tritt als anfechtbar erweisen muß. *Quod potuit homo dixit.* Das heißt: Wir können es nicht übersehen, nicht leugnen und auch nicht ändern. Wir stoßen in der Bibel hinsichtlich alles dessen, was ihr Welt- und Menschenbild betrifft, beständig auf Voraussetzungen, die nicht die unsrigen sind, und auf Feststellungen und Urteile, die wir uns nicht zu eigen machen können. Es kann sich nicht darum handeln, die hier entstehenden Anstöße grundsätzlich zu beseitigen. Man kann wohl damit rechnen, daß dies praktisch im Einzelnen manchmal möglich wird und man wird sich dafür auch offenhalten müssen; man wird deshalb statt von „Irrtümern“ der biblischen Autoren schon auf diesem Gebiet, wenn man grundsätzlich reden will, besser nur von ihrer „Irrtumsfähigkeit“ reden, weil die Sicht und das Wissen gerade unserer Zeit schließlich auch hinsichtlich des allgemeinen Welt- und Menschenbildes weder göttlich noch auch nur salomonisch sein dürfte. Es muß sich aber sicher grundsätzlich darum handeln, dem hier entstehenden Anstoß ins Gesicht zu sehen und darum um die Frage des Glaubens trotz dieses Anstoßes!

Es gehört zu diesem, nicht für alle Zeiten und Räume, aber sicher für uns bestehenden Anstoß, daß die Bibel des Alten und des Neuen Testamentes mit der ganzen Literatur des sog. Altertums den für uns bedeutsam gewordenen Sach- und Wertunterschied zwischen Historie auf der einen, Sage und Legende auf der anderen Seite, so nicht kennt. Wir werden uns darüber klar sein müssen, daß dieser Unterscheidung ein letzter Ernst und also den von daher sich erhebenden Einwänden eine letzte Schwere nicht zukommen kann. Aber wenn wir nicht leugnen können, daß diese Unterscheidung zu unserem Apperzeptionsapparat nun einmal gehört, dann werden wir die von daher sich erhebenden Bedenken weder niederschlagen noch künstlich aus dem Wege räumen wollen. Wir haben dann auch ihnen ins Gesicht zu sehen und uns also deutlich zu machen, daß es in der Bibel durchaus auch darum gehen kann, das Wort Gottes zu glauben, obwohl es uns nicht in der Gestalt dessen, was wir Geschichte nennen, sondern in der Gestalt dessen, was wir Sage oder Legende nennen zu müssen meinen, begegnet.

Die Anfechtbarkeit bzw. Irrtumsfähigkeit der Bibel erstreckt sich aber auch auf ihren religiösen bzw. theologischen Gehalt. Das Gewicht einer schon dem kirchlichen Altertum wohlbekannten Tatsache drückt uns heute schwerer als es in früheren Zeiten der Fall war: daß die biblischen Autoren, indem sie Gottes Offenbarung bezeugten, religionsgeschichtlich betrachtet, die Anschauung ihrer Umwelt teilten und deren Sprache — und also, ob es uns gefällt oder nicht, keine von dieser grundsätzlich verschiedene besondere Offenbarungssprache sprachen. Wir finden sie vielmehr wiederum auf Schritt und Tritt in den Spuren ihrer an ihrer Erfahrung und ihrem Zeugnis nicht beteiligten Zeit- und Raumgenossen, ihnen manchmal ähnlich bis zur Ununterscheidbarkeit. Nicht nur Einiges sondern Alles, was sie sagen, ist religionsgeschichtlich verhängt und bedingt, scheint abgeschwächt und seines Charakters als Offenbarungszeugnis entkleidet dadurch, daß es gar so viele „Parallelen" hat. Daß sie von Jahve und von Jesus Christus und nicht von irgendwelchen anderen Größen reden, das müssen wir aus ihrem Sprachgebrauch, verglichen mit dem ihrer Umwelt, mit Mühe — und das können wir aus ihrem Sprachgebrauch wohl nirgends mit lückenloser Evidenz, sondern letztlich eben nur unter Voraussetzung unseres Glaubens herausschälen und nachweisen. Es kommt dazu, daß manche Bestandteile, insbesondere des Alten Testamentes nach unseren Begriffen gar nicht als religiös-theologische Literatur, sondern als Dokumente profaner Gesetzgebung, Geschichtsschreibung, Lebensweisheit und Poesie anzusprechen sind, obwohl doch die Synagoge und nachher auch die Kirche auch in ihnen Offenbarungszeugnis zu erkennen meinte. Es kommt dazu, daß kein einziger unter den biblischen Autoren der Kirche und uns den Gefallen getan hat, seinem Zeugnis von Gottes Offenbarung nun etwa die Form eines auch nur einigermaßen vollständigen und durchsichtigen theologischen Systems zu geben, daß wir sogar hinsichtlich der Theologie eines Paulus und Johannes nur nachträglich und in mühsamer Konstruktion zu einer gewissen hypothetischen Anschauung vorstoßen können. Es kommt dazu, daß die biblischen Autoren von den denkbar verschiedensten geschichtlichen und individuellen Standorten und unter den denkbar verschiedensten Gesichtspunkten mit allen damit gegebenen Schranken ihrer Aussagen geschrieben haben, so daß der Inhalt ihres Schrifttums auch im Ganzen, auch in seinem früher schon berührten „Zusammenklang" keineswegs ein System bildet. Sondern da sind, je nachdem wie man sie sehen kann und will: Unterschiede höherer und niederer Stufen, zentralerer und beiläufigerer Aussagen, mehr oder weniger wörtlich, mehr oder weniger bildhaft zu verstehender Zeugnisse. Da ergeben sich offenkundige Überschneidungen und Widersprüche (etwa zwischen Gesetz und Propheten, zwischen Johannes und den Synoptikern, zwischen Paulus und Jakobus). Da wird uns gerade nirgends auch nur eine Regel angegeben, die nun doch eine Zusammenordnung, vielleicht eine Stufenordnung, die nun doch eine Synthese dieses in sich so mannigfaltigen Ganzen enthielte, die uns nun doch in den Stand setzte, den Griff zu vollziehen, mittelst dessen wir aus den Unterschieden organische Teile zu machen, mittelst dessen wir die Widersprüche als solche zu beseitigen vermöchten. Sondern da werden wir jetzt hierhin, jetzt dorthin geführt — jeder einzelne der biblischen Autoren hat nun einmal offenkundig nur gesagt *quod potuit homo* — um jetzt hier, jetzt dort, unter Führung jetzt dieses, jetzt jenes der biblischen Menschen vor die eine Frage des Glaubens gestellt zu werden. Wieder wird man sich vorsichtigerweise nicht zu Parteinahmen, nicht zum Ausspielen des Einen dieser biblischen Menschen gegen den Anderen, nicht zu der Feststellung, dieser und jener habe „geirrt", hinreißen lassen. Von wo aus wollten denn wir eine solche Feststellung machen? Aber daß sie alle miteinander innerhalb gewisser Schranken und also relativ anfechtbar und also irrtumsfähig geredet haben auch in religiös-theologischer Hinsicht, das kann man angesichts des tatsächlichen Bestandes des Alten und des Neuen Testamentes unmöglich leugnen, wenn man ihnen ihre Menschlichkeit nicht doch wieder nehmen, wenn man sich nicht des Doketismus schuldig machen will. Wie sollten sie denn noch Zeugen sein, wenn es anders wäre? Ist es aber nicht anders, dann ergibt sich auch von hier her der nicht zu beseitigende oder nur im Glauben zu beseitigende Anstoß.

Zu dem allem ist nun aber als eine Sache für sich noch hinzuzunehmen ein Moment, dessen Gewicht der Kirche wohl ebenfalls erst in unseren Tagen in seinem ganzen Ernst bewußt zu werden beginnt, obwohl es faktisch sicher zu allen Zeiten seine bestimmte Wirkung ausgeübt hat. Die Bibel als Zeugnis von Gottes Offenbarung ist in ihrer Menschlichkeit zugleich ein Erzeugnis des israelitischen oder sagen wir es gleich deutlicher: des jüdischen Geistes. Der Mensch, der in diesen Schriften gesagt hat, *quod potuit*, ist der *homo Judaeus*. Es gilt das wirklich — da helfen keine Künste, denn das hängt zu genau mit ihrem Inhalt zusammen — von der ganzen, auch von der ganzen neutestamentlichen Bibel. Es ist nun einmal so, daß der Inhalt dieser Schriften die Geschichte der göttlichen Erwählung, Berufung und Regierung Israels, die Geschichte und die Botschaft von dem Messias Israels, die Geschichte von der Begründung der Kirche als des wahren Israel ist. Und es sind Israeliten — und weil, wie wir hörten, die Zeugen der Offenbarung zur Offenbarung selbst gehören, ist es sogar notwendig so, daß es gerade Israeliten sind — die uns in diesen Schriften das alles bezeugen. Wollten wir es anders haben, so müßten wir nicht nur das Alte Testament, sondern auch das ganze Neue Testament streichen und durch irgend etwas Anderes, das dann eben nicht mehr das Zeugnis von Gottes Offenbarung wäre, ersetzen. Das heute so gewaltig ertönende Jammergeschrei hat sachlich ganz recht: hier wird uns, hier wird den Menschen aller Völker durch Juden zugemutet, nicht nur sich auf jüdische Dinge einzulassen, sondern in einem gewissen, aber letztlich geradezu entscheidenden Sinn selbst Juden zu werden. Und nun könnte man wohl fragen, ob nicht alle anderen Anstöße, die man sonst an der Bibel nehmen kann und ohne den Glauben wohl nehmen muß, nicht Kleinigkeiten sind, neben diesem Anstoß, ob es eine härtere Probe des Glaubens gibt als die, deren wir hier ansichtig werden? Denn die Bibel selbst verhüllt ja nicht, sondern sie enthüllt vielmehr aufs schonungsloseste, daß das wirklich eine Zumutung ist, daß das Volk Israel tatsächlich ein böses, halsstarriges, weil ein seinem, dem lebendigen Gott widerstehendes Volk ist. Sie charakterisiert es auf ihrem Höhepunkt als das Volk, das mit seinem eigenen Messias zugleich den Heiland der Welt verworfen und gekreuzigt, das sich also der Offenbarung Gottes endgültig verweigert hat. Gerade so ist also die Bibel ein jüdisches, das jüdische Buch. Was hat denn aller spätere Antisemitismus noch zu sagen neben der Anklage, die hier gegen die Juden erhoben wird? Und was kann er gegen sie ausrichten neben dem Gericht, unter das sie, nach dem was hier gesagt wird, längst von Gott selber her gestellt sind? Aber eben der Antisemitismus in seiner ganzen Torheit und Bosheit, er, der so alt ist wie das jüdische Volk selbst, beruht nun doch nicht, wie seine liberalen Kritiker meinen, auf einer bloßen, seltsamerweise nicht ganz zu überwindenden, sondern immer wieder auftauchenden Laune und Willkür, die durch ein bißchen Ermahnung zur Humanität jeweilen auch wieder in ihre Schranken zu weisen wäre. Der Antisemitismus — stark genug, daß er heute eine ganze, feierlich als Wissenschaft sich gebende und doch schließlich ganz naiv nur auf die Juden zugespitzte Rassentheorie aus dem Boden stampfen und sogar ein ganzes Staatswesen auf diesen Boden, einen schließlich doch nur antijüdischen Boden stellen konnte — dieser Antisemitismus sieht und meint schon etwas ganz Reales, das der ganze Liberalismus tatsächlich nicht gesehen hat. Dieses Reale ist natürlich nicht identisch mit dem, wogegen er eifert und losschlägt. Wüßte er, was dieses Reale ist, so würde er dagegen weder eifern noch losschlagen und das schon darum — nicht nur darum, aber auch darum — weil er dann wüßte, daß keine Macht der Welt mit dem, was ihm hier begegnet, fertig werden kann. Das jüdische Blut und die jüdische Rasse, um die es wenigstens dem deutschen Antisemitismus heute geht, sind bestenfalls Zeichen des Realen, das hier der Menschheit unerkannt und unverstanden genug in den Weg tritt. Das Reale selbst ist aber der in der Existenz des jüdischen Volkes in der Mitte aller anderen Völker von Gott geführte einzige natürliche Gottesbeweis. Hier zeugt tatsächlich ein Stück Weltgeschichte aufs direkteste, wenn auch von Antisemiten und Liberalen gleich wenig gesehen, für das biblische Offenbarungszeugnis und damit für den Gott, der in der Bibel bezeugt wird: Israel ist eben bis auf diesen Tag noch vor unseren Augen das Gottes-Volk, das Gott verworfen hat. Israel führt uns als Volk bis auf diesen Tag vor Augen, daß Gott nur im Gericht Gnade übt und daß es sein freies Ermessen ist, wenn er im Gericht Gnade übt. Israel erinnert die Welt daran, daß sie Welt ist, und es erinnert die Kirche daran, woher auch sie genommen ist. Darum, weil es dieses Volk ist, müssen sich die Völker immer wieder vor seiner Existenz entsetzen, sich gegen sie auflehnen, sie wegwünschen aus ihrer Mitte. Darum regt sich etwas von Befremden in jedem Nichtjuden gegenüber ausnahmslos jedem, auch dem besten, dem feinsten, dem edelsten Juden. Und das wirklich jenseits von allen moralischen wie von allen biologischen Erwägungen und Empfindungen. Das Befremden kann wirklich nicht dem fremden Blut und seiner Art gelten. Müßte uns alles fremde Blut, das uns in dem Völkergemisch der heutigen abendländischen Welt täglich begegnet, Befremden erregen, so könnten wir aus dem Befremden gar nicht herauskommen. Ist die Welt dem jüdischen Blut gegenüber befremdet, so beweist sie damit nur, daß sie Welt ist: blind und taub und stumpf gegenüber den Wegen Gottes, die in der Existenz dieses Volkes auch vor ihren Augen sind. Und wenn nun gar auch die Kirche mittun wollte bei diesem Befremden gegenüber dem jüdischen Blut, so würde sie damit nur beweisen, daß sie selbst blinde, taube, stumpfe Welt geworden ist. Sich selbst müßte ja der Nichtjude wiedererkennen im Juden, seinen eigenen Abfall, seine Sünde, die er sich nicht selber vergeben kann. Und Christus, den Messias Israels, müßte er wiedererkennen im Juden als den, der ganz allein seinen Abfall gut gemacht und seine Sünde getilgt hat. Vor Gottes Strenge und Güte also müßte er befremdet sein durch die Existenz des Juden, und es bedeutet eine geradezu dämonische Verrücktheit, wenn er sich an Stelle dessen einem biologischen und moralischen Befremden hingibt und sein so pervertiertes Befremden damit abreagiert — wie alle Perversionen abreagiert werden müssen — daß er gegen den Juden um seiner Volksfremdheit willen eifert und losschlägt. Er beharrt damit in seinem eigenen Abfall. Er gebärdet sich, als ob er in der Lage wäre, sich selber seine Sünde zu vergeben. Er verwirft Gott, indem er den Juden verwirft. Aber gerade damit ist ja gesagt, daß es in dieser Perversion nicht nur um ein Reales, sondern um das Allerrealste geht. Und daß es kein Zufall sein kann, wenn wir gerade da, wo es um das Allerrealste geht, nämlich in der Bibel, haarscharf vor die Frage gestellt sind, ob wir dieser Perversion verfallen sind oder nicht. Indem die Bibel als das Zeugnis von Gottes Offenbarung in Jesus Christus ein jüdisches Buch ist, indem sie gar nicht gelesen, verstanden und erklärt werden kann, wenn wir uns nicht auf die Sprache, das Denken, die Geschichte der Juden in gänzlicher Offenheit einlassen wollen, wenn wir nicht bereit sind, mit den Juden Juden zu werden, damit fragt sie uns, wie wir uns zu dem in der Weltgeschichte geführten natürlichen Gottesbeweis durch die Existenz der Juden bis auf diesen Tag zu stellen, ob wir ihn zu bejahen, oder ob wir ihm gegenüber mit den Wölfen zu heulen gedenken. Und diese Frage kann, wenn wir uns einmal darüber klar geworden sind, daß die liberale Lösung, d. h. das liberale Übersehen des Judenproblems uns keinen Schritt weiterhelfen kann, nur eine sehr harte Frage sein. Der Mensch möchte nun einmal nicht durch die Güte und Strenge Gottes befremdet sein. Eben dieses Befremden verschafft ihm aber, mitten im heutigen Leben der Völker und der Gesellschaft und nun also offenkundig auch in der Bibel, der Jude. Das Heil bedeutet Befremden und „das Heil kommt von den Juden" (Joh. 4, 22). Und weil der Mensch nicht, auch und gerade nicht zu seinem Heil befremdet sein möchte, darum wälzt er das Befremden ab auf den Juden. Es wird dann alles so einfach. Man kann ja gegen die Juden so vieles auf dem Herzen haben. Man kann, wenn man dem Antisemitismus auch nur den kleinen Finger gegeben hat, sofort so vitale und tiefsinnige Gründe für ihn ins Feld führen, und jeder von ihnen wird dann auch der Bibel, und zwar nicht nur der des Alten, sondern auch der des Neuen Testamentes, nicht nur dem Rabbi Paulus, sondern wirklich auch dem Rabbi Jesus von Nazareth der drei ersten Evangelien gegenüber aufs schwerste ins Gewicht fallen. Und nun sei noch einmal gefragt: Welcher Anstoß, den man an der Bibel nehmen kann, liegt näher, greift tiefer, wirkt sich allgemeiner aus als der Anstoß, den sie von daher bietet? Denn wie kann der Mensch, wenn die liberale Lösung, die keine ist, ausfällt, nicht Antisemit sein? Es bedarf gerade von dieser Seite gesehen wirklich des Wunders des Wortes und des Glaubens dazu, daß der Anstoß falle, die Perversion überwunden, der Antisemit in uns Allen erledigt, das Menschenwort, das Judenwort der Bibel als Gotteswort gehört, zu Herzen genommen werde.

Von Luthers Wort: *Duae res sunt Deus et scriptura Dei* sind wir ausgegangen. Wir haben uns durch Augustin darauf aufmerksam machen lassen, was jedenfalls der eine Grund ist, vermöge dessen dem so ist: Luther hat darum recht, weil die Bibel anfechtbar — auf der ganzen Linie anfechtbares Menschenwort ist. Gerade Luther ist bei diesem Satz wahrlich nicht stehen geblieben. Dem Glauben sind Gott und die Schrift nicht zwei Dinge, sondern eines. Wir glauben, daß die Schrift Gottes Wort ist. Aber wenn wir das sagen, dann sagen wir mehr, als wir im Blick auf unsere eigene Gegenwart sagen können; dann blicken wir in Erinnerung und Erwartung hin auf die Gegenwart eines Ereignisses, das Gott allein auf den Plan führen kann. Nicht nur hinsichtlich der schließlich harmlosen Überlieferungsfrage, sondern auf der ganzen Linie muß gelten — und als Hinweis auf das von uns nicht auf den Plan zu stellende Wunder Gottes gelten: *Doctrina sacra vi sua propria pollet et defectum organorum superat et licet per homines fallibiles praedicata, tamen plenam sui fidem in cordibus fidelium facit.* Weniger, etwas Anderes als das, kann die Entscheidung, um die es hier geht, nicht herbeiführen.

Aber nun werden wir, um das Problem in seiner vollen Schärfe zu Gesicht zu bekommen, in dem Satz: Wir glauben, daß die Bibel Gottes Wort ist, auch den Begriff Wort Gottes zu unterstreichen und besonders zu bedenken haben. Die Meinung des bisher Gesagten kann nicht die sein, das eben wieder berührte Wunder bestehe darin, daß wir uns in einer Art von enthusiastischem Aufschwung durch die Mauer von Anstoß, von der die Bibel umgeben ist, hindurchzuglauben hätten. Gewiß beruht das ganze Geheimnis dieses Satzes auch darin, daß der Glaube nicht jedermanns Ding und daß er, auch wenn wir ihn haben, immer ein kleiner, ein schwacher, ein ungenügender, weil uneigentlicher Glaube ist, so daß das Wunder, das geschehen muß, damit uns die Bibel aufgehe und als Wort Gottes zu uns rede, immer auch in einer Erweckung und Stärkung unseres Glaubens bestehen muß. Aber die eigentliche Härte jenes Satzes beruht doch nicht in seiner uns, den Menschen, sondern in seiner Gott selbst zugewandten Seite und also nicht in der Härte der Anstöße, die uns durch die Menschlichkeit der Bibel bereitet werden. Die Glaubensfrage, von der wir bis jetzt sprachen, ist, so zentral sie ist, gewissermaßen doch nur die sekundäre Gestalt der Frage, die in diesem Zentrum zur Entscheidung kommt. Der Glaube kann ja nur Gehorsam sein und am Wort hängen, als eigene freie Entscheidung des Menschen, aber daraufhin, daß das Wort zu ihm gekommen und ihn als Glauben geschaffen und auf den Plan gestellt hat. Der Glaube kann also nicht bloß nach der Bibel greifen, als käme mit der Energie, vielleicht mit einer aufs höchste, mit einer zum Enthusiasmus gesteigerten Energie dieses Greifens quer hindurch durch alle Anstöße (die dann eben durch diesen Enthusiasmus überwunden würden) das Wort Gottes zu ihm. Vielmehr kommt es ja erst auf Grund des Kommens des Wortes Gottes zu der Energie dieses Greifens. Nicht von dieser seiner eigenen Energie und auch nicht erst von seiner Erweckung und Stärkung durch das Wort Gottes lebt der Glaube, sondern von der Energie der Bewegung, in der das Wort Gottes in der heiligen Schrift quer hindurch durch alle Anstöße, die wir an dieser nehmen mögen, zu uns gekommen ist und unseren Glauben al ererst geschaffen hat. Ob dies geschehen oder nicht geschehen ist, das ist das der Glaubensfrage gegenüberstehende und ihr vorangehende objektive Geheimnis des Satzes, daß die Bibel Gottes Wort ist. Wir können in dem Satz: „Die Bibel ist Gottes Wort" nicht etwa plötzlich ein anderes, geringeres, weniger gewaltiges und unzugängliches, weniger herrliches Wort Gottes meinen als das, das uns in der Trinitätslehre, in der Lehre von Christus und vom Heiligen Geist beschäftigt hat. Es gibt nur ein Wort Gottes und das ist das ewige Wort des Vaters, das, Fleisch geworden wie wir, um unserer Versöhnung willen wieder zum Vater gegangen ist, um durch den Heiligen Geist seiner Kirche gegenwärtig zu sein. Um dieses Wort und seine Gegenwart geht es auch in der heiligen Schrift, im Menschenwort seiner Zeugen. Das heißt aber: Es geht bei jener Gleichung um das Wunder der göttlichen Majestät in ihrer Herablassung und Barmherzigkeit; es kann, wenn wir diese Gleichung in unseren Mund nehmen, nur um einen Appell an die Verheißung gehen, laut welcher dieses Wunder in Jesus Christus wirklich war und für uns im Wort seiner Zeugen wieder wirklich werden soll; es geht bei jener Gleichung um die freie Gnade und um die gnädige Freiheit Gottes. Daß die Bibel Gottes Wort ist, dieser Satz kann nicht besagen: die Bibel hat neben einigen anderen Eigenschaften auch die Eigenschaft, Gottes Wort zu sein. Damit würden wir Gottes Wort, das Gott selber ist — damit würden wir nämlich der Freiheit, der Souveränität Gottes zu nahe treten. Gott ist keine Eigenschaft eines Anderen und wenn dieses Andere die Bibel wäre! Gott ist Subjekt, Gott ist Herr. Er ist Herr auch über die Bibel und in der Bibel. Der Satz, daß die Bibel Gottes Wort ist, kann also nicht besagen, daß Gottes Wort an die Bibel, sondern er muß umgekehrt besagen, daß die Bibel an Gottes Wort gebunden ist. Das heißt aber: daß wir mit diesem Satz auf eine freie Entscheidung Gottes hinblicken — nicht in Ungewißheit, sondern in Gewißheit, nicht ohne Grund, sondern auf Grund der Verheißung, die die Bibel selbst ausspricht und die wir in und mit der Kirche entgegennehmen dürfen. Ihr Inhalt ist und bleibt aber eine freie Entscheidung Gottes, der wir nicht dadurch vorgreifen können, daß wir — und wenn es im größten Glauben geschehen würde, dessen wir fähig sind — nach der Bibel greifen, sondern deren

Freiheit wir gerade, wenn wir in der rechten Weise nach der Bibel greifen, werden anerkennen müssen. Die Bibel ist eben nicht in derselben Weise Gottes Wort auf Erden wie Jesus Christus, wahrer Gott und wahrer Mensch, es im Himmel ist. Es bedarf ja das Sein Jesu Christi als des Wortes Gottes auch nach seiner wahren Menschheit weder der Verheißung noch des Glaubens. Es bedarf der Akt, in welchem er auch nach seiner Menschheit das Wort Gottes wurde, weder der Wiederholung noch der Bestätigung. Aber in dieser seiner ewigen Gegenwart als das Wort Gottes ist er uns auf Erden, uns in der Zeit Lebenden, verborgen, offenbar nur in dem Zeichen seiner Menschheit und also vor allem im Zeugnis seiner Propheten und Apostel. Diese Zeichen sind aber wie wir selbst nicht himmlisch-menschlicher, sondern irdisch- und zeitlich-menschlicher Natur, darum bedarf der Akt ihrer Einsetzung zum Worte Gottes der Wiederholung und Bestätigung; darum bedarf ihr Sein als Wort Gottes der Verheißung und des Glaubens — und das Alles gerade darum, weil sie Zeichen der ewigen Gegenwart Jesu Christi sind. Damit sie als Zeichen zeigen und damit uns also die ewige Gegenwart Christi in der Zeit offenbar werde, dazu bedarf es des fortgehenden, in immer neuen Akten sich ereignenden Werkes des Heiligen Geistes in der Kirche und an ihren Gliedern. Wenn die Kirche von der Bibel lebt, weil die Bibel das Wort Gottes ist, dann heißt das also: sie lebt von dem Offenbarwerden Christi in der Bibel durch das Werk des Heiligen Geistes. Wobei sie über dieses Werk keine Macht und keine Verfügung hat. Sie kann wohl nach der Bibel greifen; sie kann sie wohl in Ehren halten; sie kann sich ihre Verheißung wohl zu Herzen nehmen; sie kann sich wohl offen halten und bereit machen, sie als Gottes Wort zu lesen, zu verstehen und zu erklären. Das Alles kann sie, das Alles soll sie auch tun. In dem Allem besteht recht eigentlich die menschliche Seite des Lebens der Kirche mit der Bibel. Darüber hinaus aber kann diese menschliche Seite ihres Lebens mit der Bibel nur noch darin bestehen, daß sie um das Sein der Bibel als Wort Gottes heute und hier, also um das Geschehen jenes Werks des Heiligen Geistes, also um die freie Zuwendung der freien Gnade Gottes betet. Was darüber ist: die Erfüllung dieser Bitte, das Sein der Bibel als Wort Gottes heute und hier kraft der ewigen, jener verborgenen, jener himmlischen Gegenwart Christi — das ist die göttliche Seite des Lebens der Kirche. Ihre Realität kann nicht in Frage stehen: die Fülle der Realität des Lebens der Kirche mit der Bibel liegt in dieser seiner göttlichen Seite. Auch die Gewißheit ihrer Erkenntnis kann nicht in Frage stehen: in der Verheißung ist sie uns vermittelt, im Glauben kann sie ergriffen werden. Aber eben daß dies geschehe, daß die Verheißung zu uns rede und daß wir ihr im Glauben gehorsam werden, das steht als die durch das Werk des Heiligen Geistes immer wieder zu beantwortende Frage immer wieder vor uns. Das ist das Ereignis, auf das wir hinblicken, wenn wir — wir hier auf Erden, in der noch nicht triumphierenden, sondern streitenden Kirche — bekennen, daß die Bibel Gottes Wort ist. So gewiß wir uns damit zu Gott bekennen, so gewiß zu seiner Gnade, so gewiß zur Freiheit seiner Gnade.

An Hand dieses Kriteriums wird nun zu prüfen sein, was in der Kirche im Anschluß an jenes Wort 2. Tim. 3, 16 und 2. Petr. 1, 20 f. über die Inspiration der heiligen Schrift gesagt worden ist. In der sog. Inspirationslehre ging und geht es ja darum, inwiefern, d. h. auf Grund welcher Beziehung zwischen dem Heiligen Geist als dem dem Menschen für sein Wort die Ohren und den Mund öffnenden Gott und der Bibel diese als menschliches Zeugnis von seiner Offenbarung als Gottes Wort und in diesem strengen Sinn als heilige Schrift zu lesen, zu verstehen und zu erklären ist. Das Kriterium wird auf Grund des zuletzt Ausgeführten so lauten müssen: die Inspirationslehre muß das Verhältnis zwischen dem Heiligen Geist und der Bibel auf alle Fälle so beschreiben, daß die ganze Realität der Einheit zwischen beiden ebenso zur Geltung kommt, wie dies, daß diese Einheit eine freie Tat der Gnade Gottes und also für uns immer der Inhalt einer Verheißung ist.

Wir veranschaulichen uns zunächst noch einmal die Notwendigkeit dieses Kriteriums an zwei neutestamentlichen Stellen.

Paulus hat 2. Kor. 3, 4–18 deutlich gemacht, wie er zunächst die Lesung des Alten Testamentes als eines Zeugnisses der Offenbarung Jesu Christi durch die christliche Gemeinde verstanden wissen wollte. Die alttestamentliche Schrift als solche wird von Paulus (V. 6) charakterisiert als γράμμα d. h. als das bloß Geschriebene, und zwar als heilig und heilsnotwendig Vorgeschriebene. Eine Disqualifizierung der Schrift liegt an sich nicht in dieser Bezeichnung. Sie liegt auch nicht in dem, was Paulus weiter von ihr sagt: das γράμμα tötet, der Geist aber macht lebendig. Für den Geist, aber nicht gegen die Schrift oder eben nur gegen eine ohne den Geist empfangene und gelesene Schrift ist das gesagt. Man darf und soll von hier aus ruhig hinüberblicken auf Matth. 5, 17 f., wo es heißt, daß kein Jota und kein Strich vom Gesetz vergehen werden, bis es ganz erfüllt sei, und daß darum auch das kleinste seiner Gebote nicht „aufgelöst" werden dürfe. Paulus nimmt den Dienst des Neuen Bundes (V. 6), den Dienst des Geistes (V. 8), den Dienst, der unvergleichlich viel größere „Herrlichkeit" hat (V. 9), für sich in Anspruch. Er bestreitet aber nicht, sondern er setzt ausdrücklich voraus, daß auch der Dienst des γράμμα als solcher seine „Herrlichkeit" hat (V. 9 f.). Und daß er seinen eigenen Dienst, den Geistesdienst des Neuen Bundes, dem Dienst der Schrift nicht einfach ausschließend gegenüberstellt, sondern vielmehr als den wirklichen, nämlich zum Ziel führenden Dienst auch der Schrift versteht, das beweist er doch wohl durch die Tat darin, daß er gerade in diesem Abschnitt das Kapitel Ex. 34 kommentiert. Daß das Geschriebene als solches und ohne das Werk des Heiligen Geistes nicht nur nicht zum Leben, sondern vielmehr zum Tode dient, das ändert nichts daran, auch das beweist vielmehr in seiner Weise, daß es das mit göttlicher Autorität Vorgeschriebene ist und bleibt. Paulus wird die Theorien des talmudischen und des alexandrinischen Judentums über die gottmenschliche Entstehung der Thora bzw. des ganzen alttestamentlichen Kanons gekannt haben. Wenn er, wie man sicher annehmen kann, eine besondere Eingebung der Schrift durch Gott seinerseits bejaht hat, dann doch sicher nur im Zusammenhang mit seiner Anschauung von der gegenwärtigen Bezeugung desselben Gottes durch das Werk des Heiligen Geistes. Denn darauf kommt ihm 2. Kor. 3 alles an: ohne dieses Werk des Geistes ist und bleibt die Schrift, wie groß auch ihre Herrlichkeit, und wie sie auch entstanden sein möge, verdeckt. Dies ist der Fall bei der durch die Verhüllung des Angesichts des Mose (Ex. 34) vorgebildeten Lesung der Schrift durch die Synagoge (V. 13–15): das göttlich Vorgeschriebene ist da, die Menschen, die es lesen, sind auch da; aber über ihren Herzen hängt eine Decke. Ihr Denken ist verstockt, das offene Buch ist für sie faktisch ein verschlossenes Buch. Nur die Umkehr zum Herrn könnte die Decke beseitigen und ihnen also den Zugang zur Schrift eröffnen. Der Herr, durch dessen Anwesenheit es zu dieser Freiheit käme, nachdem sie „in Christus" objektiv schon geschaffen ist (V. 14), ist aber der Geist (V. 17). Wenn wir, wir Christen alle und als solche, ohne jene Decke Spiegel der Herrlichkeit des Herrn sind und also zu lesen, in uns aufzunehmen wissen, was die Juden lesen und doch nicht zu lesen, doch nicht sich anzueignen wissen, dann geschieht das nicht auf Grund eines uns im Gegensatz zu jenen eigenen Vermögens, sondern vom Herrn her, der der Geist ist — oder vom Herrn des Geistes her (V. 18), nicht als ob wir selbst uns dazu fähig gemacht hätten, sondern weil Gott uns dazu fähig gemacht hat, wie es V. 4–6 zunächst im Blick auf den persönlichen Dienst des Paulus geheißen hatte. Man kann wohl nicht deutlicher sagen, daß die Heiligkeit und Heilsamkeit der Schrift als solcher ein Vorläufiges ist, bei dem die christliche Gemeinde nicht stehen bleiben kann, durch dessen Wirklichkeit ihr so wenig geholfen wäre wie der Welt oder der Synagoge, ja durch dessen Wirklichkeit sie wie jene bloß unter das Gericht gestellt wäre. Die Erfüllung und Vollendung dieses Vorläufigen kann sie sich aber auch nicht selber verschaffen. Daß sie da das Leben findet, wo die Synagoge nur ihrer Verurteilung begegnen kann, das ist die Gnade des Heiligen Geistes, ein Ereignis, für dessen Geschehen eben nur Gott gepriesen werden kann.

Und nun bietet 1. Kor. 2, 6–16 insofern eine interessante Parallele, als wir hier Paulus unter demselben Gesichtspunkt nun von seinem eigenen Reden und damit doch wohl auch von dem von ihm als Apostel Geschriebenen sprechen hören. Paulus ist sich bewußt, Weisheit, und zwar „Weisheit Gottes im Geheimnis" zu reden, die verborgene, die von Gott vor allen Zeiten zu unserer Herrlichkeit vorherbestimmte, die von den Gewaltigen dieses Äons verkannte und darum ans Kreuz geschlagene Weisheit: das, was an sich keinem menschlichen Auge, Ohr oder Herzen zugänglich ist, was aber Gott denen bereitet hat, die ihn lieben (V. 6–9). Von dieser „Weisheit im Geheimnis" d. h. von der in Jesus Christus geschehenen Gottesoffenbarung sagt er nun nicht mehr und nicht weniger als dies, daß er, Paulus, sie rede, sage, ausspreche! Λαλοῦμεν σοφίαν. Wie sollte er dazu kommen, das zu tun, wenn Gott ihm nicht den Zugang dazu eröffnet, wenn Gott es ihm nicht allererst offenbart, und zwar durch den Geist offenbart hätte? Wie der menschliche Geist die menschlichen, so erkennt der göttliche Geist — er allein, er aber auch völlig und gewiß — die göttlichen Dinge. Diesen Geist hat er, Paulus, empfangen, nämlich dazu, die göttlichen Wohltaten der göttlichen Weisheit (τὰ ὑπὸ τοῦ θεοῦ χαρισθέντα ἡμῖν) als solche zu erkennen (V. 10–12). Aber darin sieht er das Werk des Heiligen Geistes noch nicht erschöpft. Genau entsprechend dieser Erkenntnis der uns durch Gottes Weisheit erwiesenen Wohltaten glaubt er sie nun auch aussprechen zu können und zu dürfen: οὐκ ἐν διδακτοῖς ἀνθρωπίνης σοφίας λόγοις, ἀλλ' ἐν διδακτοῖς πνεύματος: nicht in Worten, die menschliche Weisheit, sondern in Worten, die ihn der Geist gelehrt, πνευματικοῖς πνευματικὰ συγκρίνοντες: in geistlichen Worten jene geistliche Wirklichkeit messend und umfassend (V. 13). Man wird gerade angesichts dieser Selbstaussage nicht annehmen können, daß Paulus nicht auch mit einer Inspiration, und zwar mit einer Real- und Verbalinspiration auch der alttestamentlichen Hagiographen gerechnet habe; man wird gerade von da aus das θεόπνευστος 2. Tim. 3, 16 nicht als unpaulinisch verdächtigen können. Sich selber jedenfalls beschreibt Paulus entschieden nicht etwa nur als Zeugen der göttlichen Wohltaten, so daß seine Worte darüber den Wert einer historischen Urkunde hätten, sondern darüber hinaus: als durch den Geist zur Erkenntnis dieser Wohltaten als solcher Befähigten und Geführten, und noch einmal darüber hinaus: als durch denselben Geist zum angemessenen Reden von diesen Wohltaten Ermächtigten und Angeleiteten. Und nun folgt erst die für unseren Zusammenhang entscheidende Aussage: Paulus weiß, daß der Mensch an sich und als solcher, das Lebewesen Mensch, der ψυχικὸς ἄνθρωπος, das in der beschriebenen Weise auf Grund des Werks des Geistes von den Wohltaten Gottes Gesagte (τὰ τοῦ πνεύματος τοῦ θεοῦ) nicht annimmt; es ist für ihn Torheit, weil er es nicht erkennen kann. Geistlich, d. h. offenbar: nur auf Grund desselben Werkes desselben Geistes, auf Grund dessen er in Erkenntnis dieser Wohltat stehen und angemessen von ihr reden kann — geistlich allein könnte es auch erkannt und also aufgenommen werden: πνευματικῶς ἀνακρίνεται (V. 14). Es gibt also einen Stand des Menschen — von dem des ψυχικὸς ἄνθρωπος allerdings radikal verschieden — den Stand des πνευματικός: des selber mit dem Geist Begabten, durch den Geist Erleuchteten und Geführten. Was aber ist die Besonderheit dieses Standes? Schlicht und doch gewaltig dies: er vernimmt und versteht als Mensch das, was der Andere, selber vom Geiste belehrt und geleitet, sagt: ἀνακρίνει τὰ πάντα. Der Kreis, der von den durch den Geist offenbarten Wohltaten Gottes zu dem vom Geist belehrten und durch den Geist zum Reden ermächtigten Apostel führte, schließt sich nun bei dem Hörer des Apostels, der wieder durch den Geist zu dem hier nötigen Aufnehmen befähigt ist. Auch er, dieser Hörer, gehört in seiner Existenz in das Wunder hinein, das hier Ereignis ist. Nicht weniger als der Apostel, ja nicht weniger als die von diesem Äon verkannte, dem Apostel aber offenbare Weisheit selbst ist auch der Hörer des apostolischen Wortes, der Pneumatiker Allen (und im Sinn des Paulus doch wohl vor allem sich selbst!) ein Geheimnis: er selbst als solcher wird von niemand verstanden. αὐτὸς δὲ ὑπ' οὐδενὸς ἀνακρίνεται (V. 15). Es geht eben, so schließt Paulus: auf der ganzen Linie um die Gedanken des Herrn, dem keiner Rat zu geben hat, d. h. dem niemand als seinesgleichen und also als kompetent, mit ihm zu denken, und also niemand als kompetent, seine Gedanken zu erkennen, zur Seite steht: τίς γὰρ ἔγνω νοῦν κυρίου, ὃς συμβιβάσει αὐτόν; Es gibt drei Schlüssel, die zu seiner Erkenntnis nötig sind: Paulus ist sich bewußt, zwei davon zu haben, ja sie in seiner Existenz als Apostel selbst darzustellen — in der Mitte zwischen der verborgenen Weisheit Gottes bezw. der Wohltat ihrer Offenbarung und dem „geistlichen Menschen" steht der, der die „Gedanken Christi" hat, der Apostel, selber durch den Geist ermächtigt, das Verborgene zu erkennen und angemessen von ihm zu reden: ἡμεῖς δὲ νοῦν Χριστοῦ ἔχομεν (V. 16); ihm gegenüber — nun fragt es sich, ob auch der dritte Schlüssel zur Stelle ist — fällt für den Hörer die Entscheidung: wird er als ψυχικὸς ἄνθρωπος nicht annehmen, nicht erkennen, sondern für Torheit halten? — oder wird er vermöge desselben Geistes, der zum Apostel und durch den Apostel geredet hat, selber ein geistlicher Mensch, hören, was ihm der Apostel zu sagen hat?

Hält man die beiden Stellen nebeneinander, so dürfte sich ein ziemlich vollständiges Bild davon ergeben, wie sich die Funktion des Offenbarungszeugen jedenfalls dem Paulus in ihrem Wesen und mit ihren Grenzen nach beiden Seiten dargestellt hat. Mit allen anderen Menschen steht auch der Zeuge vor dem Geheimnis Gottes und der Wohltat seiner Offenbarung. Daß dies Geheimnis sich ihm erschließt, das ist das Erste, daß er davon reden kann, das ist das Zweite im Wunder seiner Existenz als Zeuge. Aber noch einmal müßte das Geheimnis Gottes, jetzt als das dem menschlichen Zeugen anvertraute, Geheimnis bleiben, wie es der Synagoge widerfährt, die nur das γράμμα hat und liest, und wie es dem Lebewesen Mensch widerfährt, dem das Wort des Apostels Torheit ist und bleibt — wenn seine Selbsterschließung nicht weiter geht, nun auch in seiner Gestalt als menschliches Zeugnis, wenn nicht derselbe Geist, der dieses Zeugnis als solches geschaffen, den Menschen, den Hörern und Lesern Zeugnis gibt von dessen Wahrheit. Diese Selbsterschließung in ihrer Totalität ist die Theopneustie, die Inspiration des Propheten- und Apostelwortes. Es dürfte berechtigt sein, den Inhalt dieser beiden Stellen als Kommentar auch zu den kurzen Angaben, die 2. Tim. 3, 16f. und 2. Petr. 1, 19f. über diese Sache gemacht werden, anzusehen. Und es dürfte berechtigt sein, am Inhalt dieser Stellen auch das zu messen, was später in der Kirche zu dieser Sache gesagt worden ist.

Da muß uns nun aber schon in der altkirchlichen Literatur ein Dreifaches auffallen:

1. Es zeigt sich bald eine auffallende Neigung, das Interesse an der Inspiration der Schrift auf einen ganz speziellen Punkt jenes Kreises zu konzentrieren, ja zu beschränken:

nämlich auf die Geisteswirkung speziell beim Zustandekommen des gesprochenen bzw. geschriebenen prophetisch-apostolischen Wortes als solchem. Wir sahen, daß auch Paulus allen Ernstes um ein heiliges γράμμα, um ein mit göttlicher Autorität im Kanon des Alten Bundes Vorgeschriebenes weiß und daß er auch seine eigenen Worte als „vom Geist gelehrte" betrachtet. Wie sollte dieser Punkt in jenem Kreislauf des Werks des Geistes zu leugnen oder unwichtig sein? Wie sollte der Weg der Inspiration nicht tatsächlich auch durch diese Phase hindurchführen? Aber was bedeutete es, wenn das Interesse der Kirche sich nun einseitig gerade auf diesen Punkt richtete? Kann man verstehen, was das heißt: daß die Propheten und Apostel durch den Heiligen Geist geredet und geschrieben haben, wenn man sich nicht gleichzeitig vor Augen hält, daß ihnen schon das, wovon sie geredet und geschrieben haben, der Gegenstand ihres Zeugnisses, die wohltätige Offenbarung des Geheimnisses Gottes, allein durch den Geist vermittelt war und daß es auch für die Hörer und Leser des von ihnen Geredeten und Geschriebenen der Gabe und des Werks desselben Geistes bedarf, wenn sie wirklich von diesem Gegenstand lesen und hören sollen? Muß die Anschauung von einer Tat der freien Gnade Gottes, um die es sich bei Paulus so deutlich handelt, nicht in dem Maß verdunkelt werden, als dieses Eine sozusagen als griffbereites Resultat und Datum in den Vordergrund geschoben wird: es war einmal und ist nun einmal so, daß diese Menschen das, was sie geredet und geschrieben haben, aus dem Heiligen Geist geredet und geschrieben haben? Das haben sie freilich so und nicht anders getan. Wir werden das, gerade von Paulus herkommend, unmöglich in Abrede stellen können. Aber ist die Gnade und das Geheimnis, die man mit Recht auch darin zu sehen hat, wirklich noch die Gnade und das Geheimnis Gottes, des Wortes Gottes im biblischen Vollsinn des Begriffs, wenn es etwa als auf diesen Akt des Redens reduziert vorgestellt wird? In welchem Raum befinden wir uns nun eigentlich? Ist es ein Zufall, daß wir zunächst gerade die Apologeten des zweiten Jahrhunderts in dieser Richtung vorstoßen sehen? Wird und soll nun das Wunder Gottes in den Zeugnissen von seiner Offenbarung nicht doch übersichtlich gemacht werden, begreiflich in seiner Unbegreiflichkeit, natürlich bei aller betonten Übernatürlichkeit, ein Faktor, mit dem man rechnen kann, obwohl man ihn doch dem Heiligen Geist zuschreibt, wie schließlich doch auch die Juden mit ihrer inspirierten Thora und wie die Heiden etwa mit ihren Sibyllinischen und ähnlichen Büchern als mit gegebenen Faktoren gerechnet haben? Was soll man davon denken, wenn Theophilus von Antiochien (*Ad Autol.* 2, 9) und Pseudo-Justin (*Coh. ad Graecos* 37) dieselbe Inspiriertheit tatsächlich den Propheten und den Sibyllinischen Büchern zugeschrieben haben?

2. Es zeigt sich schon in alter Zeit die Neigung, hervorzuheben, daß die Wirkung des Heiligen Geistes in der Inspiration der biblischen Schriftsteller sich durchaus bis auf die einzelnen von ihnen gebrauchten Wörter im grammatikalischen Sinn des Begriffs erstreckt habe. Man findet die erste ausdrückliche Äußerung in dieser Richtung, wenn ich recht sehe, im *Protrepticus* des Clemens Alexandrinus (IX. 82, 1): daß nach Matth. 5, 18 kein Strichlein der Schrift vergehen könne, das sei darin begründet, daß der Mund des Herrn, der Heilige Geist das Alles geredet habe. Es habe, so heißt es im Psalmenkommentar des Origenes (zu Ps. 1, 4): die Weisheit Gottes jedem einzelnen Buchstaben der Diener seines Wortes ihre Spuren eingeprägt. Es sei, so schreibt 100 Jahre später Gregor von Nazianz (*Orat.* 2, 105) jedes Strichlein und jede Linie der Schrift kraft der Akribie des Geistes zustande gekommen, auch die geringste Wendung der Schreibenden habe nicht umsonst stattgefunden und sei nicht umsonst uns erhalten. Man wird sich auch hier, schon im Blick auf Matth. 5, 17 f., wohl hüten, etwas Anderes sagen zu wollen! Gehören die Zeugen der Offenbarung in ihrer konkreten Existenz und also auch in ihrem konkreten Reden und Schreiben selber mit zur Offenbarung, haben sie durch den Geist geredet, was sie durch den Geist erkannt haben, haben wir sie wirklich zu hören und also ihre Worte zu hören — dann ist nicht abzusehen, inwiefern wir nicht in der Tat alle ihre Worte mit dem gleichen Respekt zu hören haben sollten.

Es wäre dann willkürlich, ihre Inspiration nur auf diese und jene uns vielleicht wichtig scheinenden Bestandteile ihres Zeugnisses oder wohl gar überhaupt nicht auf ihre Worte als solche, sondern nur auf die sie dabei bewegenden Meinungen und Gedanken zu beziehen. Ist die Inspiration nur eingeordnet in jenen Kreislauf von Gottes Offenbarwerden durch den Geist bis zu unserem eigenen Erleuchtetwerden durch denselben Geist, dann mag und dann muß die zwischen dort und hier, zwischen Gott und uns vermittelnde Inspiration der biblischen Zeugen sehr bestimmt als Realinspiration nicht nur, sondern wirklich als Verbalinspiration verstanden werden. Aber eben das fragt sich: ob man sie nicht schon früh aus diesem Kreislauf gelöst und als eine zwar der Gnade Gottes zu verdankende, aber nun doch gar nicht mehr als Gnade, sondern als ein Stück höherer Natur verstandene Verbalinspiriertheit aufgefaßt hat? Was jene Kirchenväter sagten, war also an sich schon richtig; aber wo bleibt bei ihnen jener Zusammenhang, in welchem Paulus von der Sache geredet, in welchem sicher auch Paulus implizit von Verbalinspiration geredet hat? Von einer Verbalinspiriertheit hat er jedenfalls nicht geredet — er müßte sonst sowohl 2. Kor. 3 von der Schrift des Alten Testamentes wie 1. Kor. 2 von seinem eigenen Wort sehr anders geredet haben — und von Verbalinspiriertheit dürfte auch im Raum der Kirche nicht geredet werden, wenn sie sich des Wortes Gottes nicht irrtümlicherweise in der Weise versichern will, wie es die Juden und Heiden allerdings tun, um doch gerade dadurch zu verraten, daß ihnen das wirkliche Wort Gottes fremd ist.

3. Es zeigt sich schon früh die Neigung, sich den Vorgang der Inspiration der biblischen Schriftsteller in einer Weise anschaulich zu machen, die darauf hinweist, daß man dem eigentlichen Geheimnis dieser Sache: daß hier wirkliches Menschenwort das wirkliche Wort Gottes ist, indem man es behaupten wollte, heimlich schon wieder aus dem Weg zu gehen bemüht war, indem man seine wirkliche Menschlichkeit durch eine unbesonnene Charakterisierung seiner Göttlichkeit mehr oder weniger bestimmt in Frage stellte. Wieder ist gewiß nichts dagegen, sondern Alles dafür zu sagen, wenn Irenäus (C. o. h. II 28, 2) die Vollkommenheit der heiligen Schriften damit begründet, daß sie *a verbo Dei et Spiritu eius dictae* seien. Daß Gott selbst sagt, was seine Zeugen sagen, daß, wer sie hört, ihn hört, das lesen wir ja auch in der Bibel selber oft und offen genug; das ist an sich der rechte Ausdruck für das Geheimnis ihrer Rede. Es geht aber offenbar zu weit oder vielmehr angesichts der Größe des Geheimnisses gerade zu wenig weit, wenn Gregor der Große (*Moralia, praef.* 1, 2) die menschlichen Verfasser der heiligen Schriften überhaupt nicht mehr als deren Autoren gelten lassen, sie als solche überhaupt nicht mehr beachtet wissen will: sei es doch für den Empfänger des Briefes eines großen Mannes ganz gleichgültig, in wessen Feder er den Brief diktiert habe. *Ipse igitur haec scripsit, qui scribenda dictavit.* Droht die Inspirationslehre mit dieser Vorstellung von einem „Diktat" der heiligen Schriften durch Christus oder den Heiligen Geist nun nicht doch in der Richtung des Doketismus abzugleiten? Wenn ich recht sehe, war es Augustin (*De consensu evang.* I 35, 54), der zuerst deutlich von einem solchen göttlichen Diktat bzw. von der Entgegennahme eines solchen durch die biblischen Schriftsteller geredet hat: *Quidquid enim ille* (Christus) *de suis factis et dictis nos legere voluit hoc scribendum illis tamquam suis manibus imperavit.* Gewiß konnte und kann das auch als nicht doketisch, sondern eben als Bild für die Strenge der Regierung, unter der die Hagiographen standen und für die Strenge ihres Gehorsams verstanden werden. War es aber nicht doketisch gemeint, wie konnte es dann anders denn als — wiederum jüdisch und heidnisch — eine mantisch-mechanische Einwirkung verstanden werden? Und ist es nicht mantisch-mechanisch zu verstehen, inwiefern dann nicht doketisch? Dieselbe Alternative stellt sich noch dringlicher, wenn wir schon im 2. Jahrhundert bei Athenagoras (*Leg. pro Chr.* 7 u. 9) hören, es habe der Heilige Geist die Münder der Propheten bewegt als seine Organe, und zwar indem er sie ihren eigenen Gedanken entrückte (κατ' ἔκτασιν τῶν ἐν αὐτοῖς λογισμῶν), indem er sie gebrauchte, wie ein Flötenbläser auf seiner Flöte bläst, oder bei Pseudo-Justin (*Coh.*

ad. Graecos 8) und später bei Hippolyt (*De Antichristo* 2): Es sei der Logos das Plektrum gewesen, mittels dessen der Heilige Geist auf ihnen gespielt habe wie auf einer Zither oder Harfe. Eine Stabilisierung des Menschenwortes als des Wortes Gottes selber und damit eine Vergewisserung hinsichtlich des Wortes Gottes wollte man mit dem allem offenbar erreichen. Aber der Preis, den man für diesen vermeintlichen Gewinn bezahlte, war allzu hoch! Indem man das Menschenwort als solches sozusagen verdampfen ließ, indem man es umdeutete in ein nur noch scheinbar wirkliches Menschenwort, in ein in menschlicher Sprache griffbereit vorliegendes Gotteswort, verlor sich doch wohl das Geheimnis, nämlich das Geheimnis der Freiheit seiner Gegenwart sowohl im Munde der biblischen Zeugen als auch in unseren Ohren und Herzen. Und es konnte das an seine Stelle getretene Mirakel, das man sich in dieser oder jener Form von den biblischen Schriftstellern erzählte und dessen Resultat man im Bibelbuch bestaunte, mit dem Wunder der Gegenwart des Wortes Gottes doch wohl nur noch den Namen gemein haben.

Es lag in der Linie schon der Inspirationslehren der alten Kirche eine gewisse naive Verweltlichung des ganzen Offenbarungsbegriffs. Wohl erscheint die Existenz der Propheten und Apostel, wohl erscheint die Existenz der Bibel als ein höchst erstaunliches und ehrwürdiges Faktum. Aber dieses Faktum ist nun auf einmal statt in die Reihe jenes von der Offenbarung des dreieinigen Gottes bis zur Erleuchtung unserer Herzen hier und heute ununterbrochen fortgehenden Geheimnisses gewissermaßen in eine Weltanschauung eingeordnet, in der es neben allerlei Anderem nun eben auch die Anschauung von Inspirationen, Inspirierten und Inspiriertheiten gibt: im Bibelbuch nämlich, zu dem dann doch in mehr oder weniger wohl umfriedetem Bezirk das hinzutritt, was man gewissen von der Kirche anerkannten Heiligen und außerdem dem Lehramt der Kirche selbst zugestehen will. Man versteht schon von hier aus, wie es möglich wurde, daß die einzigartige Autorität der Schrift gegenüber der Tradition der Kirche in der Lehre des Katholizismus so relativiert werden konnte, wie es der Fall gewesen und auf dem Trienter Konzil offiziell anerkannt worden ist. Eben in dieser säkularen Abkapselung der Inspiration, auf der sie beruht, gegenüber der Inspiration, in der sie erkennbar wird, konnte sie offenbar nicht mehr als eine gegenüber ähnlichen Phänomenen außerhalb und innerhalb der Kirche einzigartige Wirklichkeit verstanden werden. Es hat wahrscheinlich der Kampf und die Reaktion gegen den Montanismus schon in früher Zeit zu dieser säkularen Abkapselung der Inspiration auf die objektive Bibelinspiration und ihre kirchlich legitimierten Fortsetzungen wesentliches beigetragen. Aber wie es auch gekommen sein mag: in dieser Abkapselung, in dieser Verwandlung in eine Inspiriertheitslehre mußte doch auch die Lehre von der objektiven Bibelinspiration ihres Sinnes als eines Momentes der Lehre vom Wort Gottes, bzw. es mußte die Lehre vom Worte Gottes selbst ihres ursprünglichen umfassenden Sinnes verlustig gehen. Daß die Lehre von der Schrift alsbald den Charakter einer Beschreibung eines zwar wunderbaren, aber immerhin neutral feststellbaren und zu betrachtenden Natur- und Geschichtsphänomens annimmt, das als solches schließlich doch auch das Phänomen der Entstehung der Dokumente irgendeiner anderen Religionsgründung sein könnte — das ist die Bedenklichkeit dessen, was nun als kirchliche Lehre von der Inspiration üblich und maßgebend wurde. Man lese dazu etwa die sehr scharfsinnigen, sehr umsichtigen, aber in ihrem rein phänomenologischen Charakter doch auch sehr unheimlichen Darlegungen über das Wesen der Prophetie, die Thomas von Aquino (*S. theol.* II² qu. 171 ff.) gegeben hat. Wie dunkel ist es schon da geworden, daß es der Heilige Geist Gottes ist, der in der Offenbarung Jesu Christi die Propheten zu Propheten gemacht hat und der allein auch uns zur Erkenntnis der Propheten als Propheten führen und erleuchten kann! Man kann und darf sich zwar bestimmt dessen trösten, daß die Bibel faktisch auch in der alten und mittelalterlichen Kirche noch unter anderen Voraussetzungen gelesen worden ist, als es in der Lehre von der Bibel als solcher sichtbar wird. Aber wenn wir etwa bei Augustin (*De civ. Dei* XI, 4) dem schönen

Gedanken begegnen, der Verfasser von Gen. 1, 1 erweise sich schon darin als ein rechter Zeuge Gottes, daß er kraft desselben Geistes, in welchem er selbst Gottes Offenbarung erkannte, auch unseren künftigen Glauben weissagte, wenn wir ihn (*Conf.* XI 3, 5) beten hören: *Qui illi servo tuo dedisti haec dicere, da et mihi haec intelligere!* und wenn die Erinnerung an die aktuellen Zusammenhänge der Bibelinspiration nach rückwärts und vorwärts auch sonst durchaus nicht ausgestorben ist, so fragt man sich doch mit Sorge: warum sie nicht stark genug war, um in der Lehre von der Bibel selbst Gestalt und von da aus neue Einwirkung auf das tatsächliche Verhältnis der Kirche zur Bibel zu gewinnen?

Was im 16. Jahrhundert geschehen ist, hat sich als Reformation der Kirche auch dadurch ausgewiesen, daß es jetzt mit der Wiederherstellung der Geltung und Herrschaft der Schrift in der Kirche auch zu einem dieser Geltung und Herrschaft entsprechenden neuen Lesen, Verstehen und Erklären der Schrift gekommen ist. Im gleichen Zug nun aber auch zu einer der Schrift selbst entsprechenden Lehre von der Schrift und ihrer Inspiration im Besonderen (vgl. zum folgenden Paul Schempp, Luthers Stellung zur heiligen Schrift 1928. Eine unter Voraussetzung derselben grundsätzlichen Einsichten geschriebene Darstellung der Lehre Calvins, mit der dann die Luthers zusammenzuhalten wäre, fehlt uns noch!). — Es dürften für die reformatorische Lehre von der Inspiration folgende Punkte entscheidend sein:

1. Die Reformatoren haben sich den Satz von der Inspiration, und zwar von der Verbalinspiration der Bibel, wie er ja auch in den von uns zugrunde gelegten Paulusstellen explizit und implizit enthalten ist, unbedenklich und vorbehaltlos, auch mit der Formel, daß Gott der Autor der Bibel sei, gelegentlich auch mit Verwendung der Vorstellung von einem den biblischen Schriftstellern widerfahrenen Diktat zu eigen gemacht. Wie sollte es anders sein? Nicht mit geringerem, sondern mit größerem, mit grundsätzlicherem Ernst wollten sie ja die Beugung der Kirche unter die Bibel als Gottes Wort und also deren Autorität als solche verkündigen. Luther forderte schon in seiner Frühzeit *ut omne verbum vocale, per quemcunque dicatur, velut Domino ipso dicente suscipiamus, credamus, cedamus et humiliter subiiciamus nostrum sensum. Sic enim iustificabimur et non aliter* (Komm. zu Röm. 3, 22, 1515/16, Fi. II 89, 31). Und zur selben Stelle (übrigens ausgerechnet unter Berufung auf Jak. 2, 10! Fi. II, 86, 10): *Fides enim consistit in indivisibili, aut ergo tota est et omnia credenda credit aut nulla, si unum non credit.* Luther ist also jedenfalls auch sich selbst nicht etwa untreu geworden, wenn wir ihn am Ende seines Lebens polemisch donnern hören: Darumb heißts, rund und rein gantz und alles geglaubt, oder nichts gegleubt, Der heilige Geist leßt sich nicht trennen noch teilen, das er ein stück solt warhafftig und das ander falsch leren oder gleuben lassen. ... Denn alle Ketzer sind dieser art, das sie erstlich allein an einem Artikel anfahen, darnach müssen sie alle hernach und alle sampt verleugnet sein, gleich wie der Ring, so er eine borsten oder ritz kriegt, taug er gantz und gar nicht mehr. Und wo die Glocke an einem ort berstet, klingt sie auch nichts mehr und ist gantz untüchtig. (Kurzes Bekenntnis vom heil. Sakrament 1544 W. A. 54, 158, 28.) Und so hat sich denn auch Calvin jedenfalls keiner Untreue gegenüber dem reformatorischen Ansatz schuldig gemacht, wenn er von der Heiligen Schrift sagt, ihre Autorität sei erst da erkannt, wo erkannt sei, daß sie *e caelo fluxisse acsi vivae ipsae Dei voces illic exaudirentur* (*Instit.* I 7, 1), wo erkannt sei: *autorem eius esse Deum. Itaque summa Scripturae probatio passim a Dei loquentis persona sumitur* (ib. 7, 4). *Constituimus (non secus acsi ipsius Dei numen illic intueremur) hominum ministerio ab ipsissimo Dei ore ad nos fluxisse* (ib. 7, 5). In Calvins Predigt über 2. Tim. 3, 16 f. (C. R. 54, 283 f.) kehrt die Bezeichnung Gottes als des *autheur* der Heiligen Schrift immer wieder und in seinem Kommentar zu derselben Stelle meinen wir ganz das Echo jener Stimme aus der alten Kirche zu hören, wenn wir lesen: *Hoc principium est, quod religionem nostram ab aliis omnibus discernit, quod scimus Deum nobis loquutum esse, certoque persuasi simus, non ex suo sensu loquutos esse prophetas, sed, ut erant Spiritus sancti organa tantum pro-*

tulisse, quae coelitus mandata fuerunt; quisquis ergo vult in scripturis proficere, hoc secum inprimis constituat, legem et prophetas non esse doctrinam hominum arbitrio proditam, sed a Spiritu sancto dictatam (C. R. 52, 383). — Es ist klar daß die Fragen, die wir angesichts der entsprechenden Sätze Augustins und Gregor des Großen aufgeworfen haben, an sich auch hier aufgeworfen werden könnten. Wir werden aber gleich sehen, daß sie hier in einem Zusammenhang stehen, der sie faktisch ungefährlich macht. Eine mantisch-mechanische ebenso wie eine doketische Auffassung der Bibelinspiration liegen tatsächlich trotz der Verwendung jener Begriffe nicht im Bereich des calvinischen Denkens. Womit freilich nicht darüber entschieden ist, daß diese nicht ebenso wie die Aussagen Luthers später jenen Zusammenhang nicht doch wieder verlieren und aufs neue in das Licht jener Fragen rücken konnten.

2. Die Reformatoren haben wieder eingesehen und ausgesprochen, daß die Inspiration der Bibel als Inspiration durch den Heiligen Geist Gottes darum nicht irgendein Mirakel, darum nicht mit irgendwelcher anderen angeblichen oder wirklichen Inspiration vergleichbar ist, weil sie auf dem Verhältnis der biblischen Zeugen zu dem höchst bestimmten Inhalt ihres Zeugnisses beruht, weil es recht eigentlich dieser Inhalt ist, der sie inspiriert, d. h. in ihrem Reden und Schreiben des Heiligen Geistes teilhaftig und also ihre Schrift zur Heiligen Schrift gemacht hat. Nicht aus sich selbst, sondern — so hat besonders Luther immer wieder hervorgehoben — von Christus als ihrem Herrn und König her hat die Schrift ihre Klarheit als göttliches Wort und muß sie es auch für uns immer wieder bekommen. Andere haben seltzame gedancken und füren sich von Christo, wollen etwas newes haben, Aber die hl. Schrift wil von nichts anders wissen noch uns fürlegen, denn Christum, Und wer die Schrifft also füret oder durch die Schrifft also zu Christo gefüret wird, der bleibt wol und gehet auff richtiger ban (Pred. üb. 2. Buch Mose 1524 zu Ex. 7, 3, W. A. 16, 113, 22). Von der Auferstehung her empfängt die ganze Schrift ihr Licht: *Quid enim potest in scripturis augustius latere reliquum, postquam fractis signaculis et voluto ab hostio sepulchri lapide, illud summum mysterium proditum est, Christum filium Dei factum hominem, Esse Deum trinum et unum, Christum pro nobis passum et regiturum aeternaliter? ... Tolle Christum e scripturis, quid amplius in illis invenies?* (*De servo arb.* 1525, W. A. 18, 606, 24). Eben damit wird aber die Lehre von der Bibelinspiration wiederhergestellt als die Lehre von einem unserem Zugriff entzogenen und gerade so wahrhaften und heilsamen göttlichen Geheimnis. Denn: *Deus incomprehensibilis.* Christus ist vnzvverstehen, *quia est Deus.* Er ist vnausgelernt vnd vnbegreiflich, weil wir hie leben (W. A. Ti. 2, 125, 4). Kein Mensch, er sei Apostel oder Prophet, viel weniger ich oder meines Gleichen kann Christum in diesem Leben auslernen, daß er recht wüßte und verstünde, wer und was er wäre. Denn er ist wahrer, ewiger, allmächtiger Got, und hat doch sterbliche Natur an sich genommen, den höhesten Gehorsam und Demuth erzeiget bis in den Tod; daher er selbst spricht: „Ich bin sanftmüthig und von Herzen demütig." Nu kann ich nicht gnugsam ausreden, wie mir zu Sinn und Muth ist, wenn ich recht fröhlich oder traurig bin; wie solt ich denn die hohen Affectus und Bewegungen von Christo ausreden? (W. A. Ti. 6, 65, 36). Es ist festzustellen, daß Calvin von dieser rückwärtigen Seite der Sache etwas weniger deutlich und eindringlich geredet hat als Luther. Immerhin weiß auch er: *hoc animo legendas esse scripturas ut illic inveniamus Christum. Quisquis ab hoc scopo deflectet, utcunque discendo se fatiget tota vita, nunquam ad scientiam veritatis perveniet. Quid enim sapere absque Dei sapientia possumus* (Komm. zu Joh. 5, 39 C. R. 47, 125). Es geht auch nach Calvin der Inspiration der biblischen Schriftsteller als Ausrüstung zum Reden bzw. Schreiben des Wortes Gottes voran eine ihrem Herzen eingetragene *firma certitudo* hinsichtlich der Göttlichkeit der Erfahrungen, auf die hin sie dann redeten und schrieben. *Semper enim Deus indubiam fecit verbo suo fidem.* Es ist klar, daß auch unsere Erkenntnis ihrer Inspiration sich ursprünglich und eigentlich auf diesen Grund, auf dem sie selber standen, begründen muß (*Instit.* I 6, 2). Es war also die Frage nach dem inspirierten Wort bei den Refor-

matoren als solche immer zugleich die Frage nach der das Wort inspirierenden und regierenden Sache. Es war ihnen gerade die wörtlich inspirierte Bibel durchaus kein offenbartes Orakelbuch, sondern ein von seinem Gegenstand her und auf seinen Gegenstand hin und in Gemäßheit dieses Gegenstandes zu interpretierendes Zeugnis der Offenbarung.

3. Die Reformatoren haben auch nach der anderen Seite den Zusammenhang wieder hergestellt, in welchem die Bibelinspiration verstanden werden muß. Es kann, wie Luther an unzähligen Stellen eingeschärft hat, das durch den Geist eingegebene Schriftwort nur dadurch als Wort Gottes erkannt werden, daß das in ihm geschehene Werk des Geistes wieder geschieht und weitergeht, d. h. auch an seinen Hörern oder Lesern Ereignis wird. Wie wollte Gott anders denn als durch Gott selbst erkannt werden? *Spiritus solus intelligit Scripturas recte et secundum Deum. Alias autem, etsi intelligunt non intelligunt* (Komm. zu Röm. 7, 1, Fi. II, 165, 25). Was das Wesen des Häretikers ist, läßt sich von hier aus verstehen: *haereticus est, qui scripturas sanctas alio sensu quam Spiritus flagitat, exponit* (*Ad librum . . . Ambr. Catharini* 1521, W. A .7, 710, 16). Und hier ist nun der Punkt, an welchem auch Calvin besonders lebhaft wurde. Seine (*Instit.* I, 7, 4 und im Kommentar zu 2. Tim. 3, 16, C. R. 52, 383 entwickelte) Anschauung war diese: Es besteht eine genaue Entsprechung zwischen der Gewißheit, in der das Wort der Apostel und Propheten in sich bzw. für sie selbst Gottes Wort war, und der Gewißheit, in der es als solches auch uns einleuchtet. Hier wie dort kann nur Gott für Gott zeugen: *Deus solus de se idoneus est testis — in suo sermone* zunächst und dann auch *in hominum cordibus*. Und eben dieser dort und hier sich selbst bezeugende Gott ist der Geist: kein anderer hier und dort, sondern hier und dort derselbe Geist; *idem ergo Spiritus, qui per os prophetarum loquutus est, in corda nostra penetret necesse est.* In derselben Kraft, in der das Wort Gottes im Menschenwort der biblischen Schriftsteller wohnt, und in der es von ihm ausgeht, muß es zu uns kommen, d. h. von uns als Gottes Wort erkannt und aufgenommen werden, muß es uns deutlich werden: Gott hat sich der Propheten bedient zu unserer Belehrung (*eorum se ministerio usum esse ad nos docendum*) und sie gaben treulich weiter, was ihnen befohlen war (*fideliter protulisse quod divinitus erat mandatum*). So öffnet und schließt sich der Inspirationsbegriff auch nach dieser Seite. So wenig wir von der Bibelinspiration reden können unter Absehen von dem Majestätsakt der ursprünglichen Inspiration, in welchem der auferstandene Christus die Seinigen seines eignen göttlichen Geistes teilhaftig machte, so wenig können wir es unter Absehen von dem anderen Majestätsakt der uns selbst zuteilwerdenden Inspiration — der doch nur die Fortsetzung jenes ersten ist! — in welchem wir heute und hier aus der Zuschauerstellung gegenüber dem Wort und Werk der biblischen Schriftsteller herausgeholt werden, in welchem die Berufung der Propheten und Apostel durch den Dienst ihres Wortes und Werkes an uns selbst zum Ereignis wird. Denn: *Mutuo quodam nexu Dominus Verbi Spiritusque sui certitudinem inter se copulavit, ut solida Verbi religio animis nostris insidat, ubi affulget Spiritus, qui nos illic Dei faciem contemplari faciat, ut vicissim nullo hallucinationis timore Spiritum amplexemur, ubi illum in sua imagine, hoc est in Verbo, recognoscimus. Ita est sane . . . Eundem Spiritum, cuius virtute Verbum administraverat, submisit, qui suum opus efficaci Verbi confirmatione absolveret* (*Instit.* I, 9, 3).

Hält man Luther und Calvin zusammen, so wird man wohl sagen dürfen: der Weg zu jener universalen und bewegten, der Majestät des Wortes Gottes entsprechenden Anschauung von der Inspiration, wie sie uns in der Schrift selber begegnet, ist durch die Reformation aufs neue gebahnt worden. Die Inspirationslehre der Reformatoren ist ein Lobpreis Gottes, und zwar der freien Gnade Gottes. Der Satz, daß die Bibel Gottes Wort ist, ist in ihrem Verständnis keine Einschränkung, sondern die Entfaltung der Erkenntnis von der Souveränität, in der Gottes Wort sich herabgelassen hat, in Jesus Christus für uns Fleisch und im Zeugnis der Propheten und Apostel als der Zeugen seiner Fleischwerdung nun auch menschliches Wort für uns zu werden. In ihrem Mund

und Verständnis ist er der wahre Satz über die Bibel, dessen die Kirche niemals entbehren können wird.

Die Zeit nach der Reformation aber hat es zunächst unterlassen, den neugebahnten Weg zum Sinn und Verständnis dieses Satzes nun auch wirklich zu gehen. Und noch etwas später ist dann deutlich erkennbar ein anderer, und zwar ein verkehrter Weg angetreten worden: verkehrt darum, weil er das Geheimnis dieses Satzes zerstörte, weil er auf die Leugnung der Souveränität des Wortes Gottes und damit notwendig des Wortes Gottes selbst hinauslaufen mußte. Man wird hier eine merkwürdige Parallelität nicht genug beachten können: Die in der sog. Orthodoxie anhebende und um 1700 sichtbar werdende Entwicklung des ursprünglichen reformatorischen Protestantismus zum sog. Neuprotestantismus ist bekanntlich gekennzeichnet durch das allmähliche Unsicherwerden der Erkenntnis hinsichtlich der Sünde und der Rechtfertigung des Menschen, hinsichtlich des Gerichtes und der Gnade Gottes: ein Unsicherwerden, dem hinsichtlich der Offenbarungsfrage ein erst leises, dann immer offeneres und direkteres Einströmen der natürlichen Theologie sozusagen auf dem Fuße folgte. Eben dieser Entwicklung entsprach nun aber seltsamerweise eine ebenso leise anhebende und ebenso bestimmt sich durchsetzende Versteifung hinsichtlich des Verständnisses der Bibelinspiration. Der streng supranaturalistische Charakter der Sätze, zu denen man auf dem Wege dieser Versteifung zuletzt kam, ist geeignet, eine optische Täuschung hervorzurufen: vor einem Widerspruch meint man ja zunächst zu stehen, wenn man sieht, wie die Orthodoxie hinsichtlich der natürlichen Theologie und heimlich auch hinsichtlich der Gnadenlehre immer laxer und hinsichtlich der Bibelinspiration immer strenger wurde. In Wirklichkeit hängt beides aufs genaueste zusammen: Es war gerade auch das allmählich sich durchsetzende neue Verständnis der Bibelinspiration nur ein Exponent, und zwar gerade um seines in der Tat höchst supranaturalistischen Charakters willen vielleicht der bedeutungsvollste Exponent des großen Säkularisierungsprozesses, in den der Protestantismus nach der Reformation zunächst eintrat. Bedeutete dieses neue Verständnis der Bibelinspiration doch nichts anderes, als daß der Satz, daß die Bibel Gottes Wort ist, jetzt (in den Spuren der bedenklichen Ansätze, die uns schon in der alten Kirche begegnet sind) aus einem Satz über Gottes freie Gnade zu einem Satz über die Natur der der Einsicht des Menschen unterbreiteten und seiner Verfügung anheimgestellten Bibel verwandelt wurde. Es wurde die Bibel als Gottes Wort unter der Hand gewissermaßen selbst zu einem Element natürlicher, d. h. vom Menschen ohne Gottes freie Gnade, kraft eigenen Vermögens, in direkter Einsicht und Vergewisserung zu vollziehender Gotteserkenntnis. Daß die höchst supranaturalistische Form, in der sich dieser Fortschritt vollzog, wirklich nur die Form war, nach der man griff, weil man eine bessere zunächst noch nicht hatte, das beweist die Eile, mit der man sich ihrer, kaum daß man sich darauf festgelegt hatte, alsbald auch wieder entledigen konnte. Die Aufklärung und die ganze ihr folgende „geschichtliche" Betrachtung und Behandlung der Bibel, d. h. die ganze nun einsetzende Umdeutung des Charakters der Bibel als Wort Gottes in den einer höchst relevanten geschichtlichen Urkunde brachte doch nur an den Tag, was, verborgen unter jener supranaturalistischen Form, schon die Hochorthodoxie gewollt und erreicht hatte: das Verständnis und den Gebrauch der Bibel als eines der freien Gnade Gottes entwundenen und in die Hände des Menschen gelegten Instrumentes. Wenn es heute darum gehen sollte, wieder zu dem anderen besseren Verständnis der Bibel zurückzukehren, auf das wir durch die Reformatoren und zuerst und noch mehr durch die Bibel selbst aufmerksam gemacht sind, dann wird es sich also gerade nicht darum handeln können, im Gegensatz zur Aufklärung und der ihr folgenden Entwicklung die Inspirationslehre der Hochorthodoxie zu erneuern! Es wird dann vielmehr schon der Fehler dieser Orthodoxie — der um so gefährlicher ist, weil er vermöge seiner supranaturalistischen Gestalt wie ein Vorzug aussehen kann — sorgfältig und konsequent zu vermeiden sein. Anders als in dieser Wurzel läßt sich nämlich das später zum Ausbruch gekommene Übel nicht wirklich angreifen.

Wir vergegenwärtigen uns kurz die geschichtlichen Tatsachen. — Studiert man die Lehre *De Scriptura sacra* in den Bekenntnisschriften des 16. Jahrhunderts und in den Werken der älteren protestantischen Lehrer, so stößt man an unserer Stelle, d. h. bei der Frage: warum und inwiefern die Bibel Gottes Wort sei? zunächst fast durchgängig auf die allgemeinen Aussagen, die uns auch bei den Reformatoren begegnen: Gott bzw. der Heilige Geist ist ihr *autor primarius*, ihr Inhalt ist den Propheten und Aposteln „eingegeben" (so *Conf. helv. prior* 1536 Art. 1); sie ist durch göttlichen „Impuls" *mandata, inspirata, dictata* usw. Nur daß eine mindestens zweideutige Redensart jetzt üblich zu werden beginnt: die Propheten und Apostel seien bei der Abfassung ihrer Schriften als *amanuenses* (W. Bucan, *Instit. theol.* 1602 L IV 2; *Conf. Bohem.* 1609 I 2) oder als *librarii* (A. Hyperius, *De theol.* 1582 II 10) oder als *actuarii (Syn. pur. Theol.* Leiden 1624 *Disp.* 2, 3) tätig gewesen. Ist das noch im selben Sinn zu verstehen, wie wenn Calvin (Pred. üb. 1. Tim. 4, 1 f. C. R. 53, 338) sie als *ministres* bezeichnet hatte? Oder sind wir hier schon auf dem Rückweg zu der Vorstellung, wonach sie bloße Flöten am Munde des Heiligen Geistes gewesen wären? Sicher ist, daß der ganze Blickpunkt der Lehre sich jetzt wieder merklich verengert auf das besondere Problem der Bibelinspiration, daß jetzt von der Göttlichkeit der Bibel bereits wieder ohne jene Bezugnahmen nach rückwärts und vorwärts geredet werden kann, daß auch das *testimonium Spiritus sancti internum*, von dem man freilich die entscheidende Erkenntnis in dieser Sache nach wie vor erwartet, entweder von dem in der Schrift selbst lebendigen Geisteszeugnis merkwürdig — als wäre es ein anderes und zweites — abgerückt oder aber in eine ebenso merkwürdige Nähe zu allerhand anderen überzeugenden Eigenschaften der Bibel gerückt wird. Gewiß fehlt es auch in dieser Zeit nicht an blitzartig auftauchenden Lichtern, in welchen man noch zu erkennen meint, wohin der Weg eigentlich hätte gehen können und sollen. Noch will z. B. die Leidener Synopse (Disp. 3, 7) daran festhalten, daß die biblischen Schriftsteller sich wenigstens teilweise nicht passiv, sondern aktiv verhalten hätten: *commentantium et autorum rationem habuerunt.* Noch liest man in demselben Werk (*Disp.* 2, 33): *Scriptura . . . non nisi a Deo, qui eam dedit, et a propria sua luce, quam ei indidit, pendere potest.* Noch unterscheidet Abr. Heidan (*Corp. Theol. christ.* 1636 *L* I S. 24 f.) sehr schön die *vis persuadendi verbi intrinseca et nativa a Dei verbo indita* und die *testificatio et obsignatio Spiritus in cordibus fidelium*, um dann von der letzteren zu sagen: *hoc testimonium non est citra aut extra verbum quaerendum, in immediatis afflatibus et raptibus, sed in et cum scriptura est coniunctissimum, ita ut una numero sit actio Verbi et Spiritus sancti. Ut non sit aliud quam illuminatio intellectus, qua capax redditur ad intelligendum et persuadetur.* Das Verlangen nach Sicherheit, wie man ihrer im Kampf gegen Rom und die Spiritualisten, aber auch in der Auseinandersetzung zwischen Lutheranern und Reformierten und vor allem in der positiven kirchlichen Verkündigung mit Recht zu bedürfen meinte, hätte wohl auch und besser auf diesen Linien und auf denen des reformatorischen Inspirationsbegriffes befriedigt werden können. Aber immer deutlicher und bestimmter suchte und fand man jetzt eine ganz andere als die geistliche Sicherheit, mit der man sich auf diesen Linien hätte zufrieden geben, die man auf diesen Linien als die einzige, aber auch als die wirkliche Sicherheit hätte erkennen müssen. Man wollte eine greifbare und nicht eine geschenkte und wieder zu schenkende, man wollte menschliche und nicht göttliche Sicherheit, eine Sicherheit des Werks und nicht allein des Glaubens. Im Zeichen dieser Verschiebung entstand die Inspirationslehre der Hochorthodoxie des 17. Jahrhunderts. Wenn die biblischen Schriftsteller bisher immerhin noch *amanuenses* gewesen waren, so wurden sie jetzt zu bloßen *manus Dei*, ja zu *calami viventes et scribentes* (Abr. Calov *Syst. Loc. theol.* I 1655, S. 453, 551, 556). Auch der Flötenspieler des Athenagoras taucht jetzt in der Tat wieder auf (H. Heidegger, *Corp. Theol.* 1700 II 34 zit. nach A. Schweizer, Glaubenslehre der ev.-ref. Kirche 1844 I. Bd. S. 202). Hatte man sich bis jetzt mit dem allgemeinen Satz von Gott als dem *auctor primarius* der heiligen Schrift und mit der allgemeinen

Vorstellung des „Diktats“ begnügt, so formulierte man jetzt mit juristischer Genauigkeit das, was man die „extensive Autorität“ der heiligen Schrift nannte (Gisbert Voetius, *Sel. Disp. theol.* 1648 I S. 29). *Tenendum est, Spiritum sanctum immediate et extraordinario dictasse omnia scribenda et scripta, tum res, tum verba, tum quae antea ignorabant aut recordari non poterant scriptores, quam quae probe noverant, tum historica seu particularia, tum dogmatica universalia theoretica et practica, sive visu, sive auditu, sive lectione, sive meditatione ea didicissent* (*ib.* S. 32). Und nicht erst die Helvetische Consensformel von 1675 (*can.* 2), sondern schon Polanus (*Synt. Theol. chr.* 1609 S. 486) und wieder G. Voetius (*ib.* S. 33) haben diese Bestimmung ausdrücklich auch auf die Vokalzeichen — und es hat sie, was von den Späteren allerdings meist abgelehnt wurde, Polanus (S. 479 f.) sogar auf das *Keri* des hebräischen Textes ausgedehnt. Die Schriften des Neuen Testamentes sind ihren Verfassern nach G. Voetius (S. 44) nicht etwa in ihrer aramäischen oder syrischen Muttersprache, sondern in hellenistischem Griechisch inspiriert worden. Es haben die biblischen Schriftsteller auch die Dinge, um die sie auf Grund eigener Erfahrung, Überlegung und Beurteilung auch sonst wußten, nicht auf Grund dieses ihres menschlichen Wissens, sondern auf Grund göttlicher Inspiration niedergeschrieben (S. 46). Sie bedurften zur Abfassung ihrer Schriften keiner vorangehenden *studia, inquisitiones et praemeditationes* (S. 47). Inspiriert ist auch jener Gruß des Tertius Röm. 16, 22 (S. 46) und selbstverständlich auch ein Wort wie das von dem in Troas gelassenen Mantel des Paulus 2.Tim. 4, 13 (Calov, S. 560). Indem Gott sein Wort einem Propheten in den Mund legt, ist es, wie Calov (S. 565) ausdrücklich feststellt, nicht des Propheten, sondern Gottes eigenes Wort, *in quibus nihil humani sit praeter organum oris.* Die heiligen Schriftsteller hatten nicht die Freiheit, etwas Anderes als das — und etwas anders als so, wie es ihnen vom Heiligen Geist diktiert wurde, niederzuschreiben (S. 565 u. 570). Es ist auch dies, daß sie offenbar ein jeder in seiner Sprache und in der seiner Zeit geschrieben haben, nur auf eine besondere Kondeszendenz des Heiligen Geistes, nicht aber auf ihre menschliche Mitwirkung zurückzuführen (S. 575). Fragt man aber, warum dies Alles nun auf einmal mit dieser fast grausamen Pedanterie ausgesprochen und allen möglichen Abschwächungen gegenüber ausdrücklich festgelegt werden mußte, dann stoßen wir immer wieder auf das Postulat: die heilige Schrift muß uns sein: eine *divina et infallibilis historia.* Wahrheit muß über sie als Ganzes und in allen ihren Einzelheiten ausgebreitet sein (*infallibilis et θεόπνευστος veritas per omnes et singulas eius partes diffusa est*, Voetius S. 31) Schon Polan hat die Inspiration der hebräischen Vokalzeichen damit begründet: *quia si a Massoritis demum vera lectio et pronuntiatio prophetarum esset ostensa, essemus aedificati super fundamentum Massoritarum et non super fundamentum prophetarum* (S. 487). *Nullus error vel in leviculis, nullus memoriae lapsus, nedum mendacium ullum locum habere potest in universa sancta scriptura* (Calov, S. 551). Fände sich auch nur der kleinste Irrtum in der Bibel, dann wäre sie ja nicht mehr ganz Gottes Wort, dann wäre es um die Unverbrüchlichkeit ihrer Autorität geschehen (S. 552), ebenso wenn auch nur ein kleinster ihrer Teile aus menschlichem Wissen, Überlegen und Erkennen stammte (S. 555). „Alle Schrift von Gott eingegeben . . .“ heißt es 2. Tim. 3,16, also darf sich kein Wörtlein in ihr finden, das nicht von Gott eingegeben und also irrtumsfreie Wahrheit wäre (S. 563). Wäre es anders, so gäbe es weder für die Theologie noch für den Glauben Gewißheit, keine Gewißheit der Gnade und der Sündenvergebung, keine Gewißheit von der Existenz und von der Gottessohnschaft Jesu Christi. *Quid vero inde, nisi merus Pyrrhonismus, mera σκεπτική et academica dubitatio, immo merus atheismus?* Gott selbst würde, indem er dann nicht besser für seine Offenbarung gesorgt hatte, die Ursache des menschlichen Unglaubens sein. *Principium debet esse certum, indubitatum, infallibile* (S. 579). *Si enim unicus scripturae versiculus, cessante immediato Spiritus sancti influxu, conscriptus est, promptum erit satanae, idem de toto capite, de integro libro, de universo denique codice biblico excipere et per consequens omnem scripturae autoritatem elevare* (Quenstedt, *Theol. did. pol.* 1685 I *c* 4 *sect.* 2

qu. 3 *beb.* 7). *Si verba singula non fuissent scriptoribus sacris suggesta per* θεοπνευστίαν, *scriptura sacra non proprie, non absolute et simpliciter . . . esset dicique posset* θεόπνευστος (Hollaz, *Ex. Theol. accroam.* 1707 Prol. 2, 27). H. Cremer (PRE[3] 9, 192) hat wohl recht: „Diese Inspirationslehre war ein schlechthinniges Novum." Sie war es aber nicht wegen ihres Inhalts, der ja nur eine Durchführung und Systematisierung von Sätzen bedeutete, die man in der Kirche von den ersten Jahrhunderten an längst gehört hatte, sondern in der Intention, die hinter dieser Durchführung und Systematisierung stand. Diese Sätze waren, wie wir sahen, von jeher nicht ohne Zweideutigkeit, nicht außerhalb der Gefahr einer doketischen Auflösung oder einer mantisch-mechanischen Verdinglichung des Begriffs des biblischen Offenbarungszeugnisses gewesen. Es ist klar, daß die „moderne" Inspirationslehre des 17. Jahrhunderts mit ihrer Durchführung und Systematisierung dieser Sätze jene Gefahr noch vergrößerte. Es würde aber keinen Sinn haben, sie von dieser Seite aus angreifen zu wollen: wir sahen ja am Beispiel der Reformatoren, daß jene Sätze als solche, wenn sie nur im rechten Zusammenhang nach rückwärts und vorwärts standen, faktisch auch außerhalb jener Gefahr ausgesprochen werden konnten; wie denn überhaupt bloße „Gefahren" einer Lehre noch nicht dazu berechtigen, sie als Irrlehre zu bezeichnen. Und erst recht würde es keinen Sinn haben, die Inspirationslehre des 17. Jahrhunderts, mit den Wölfen des 18. und 19. Jahrhunderts heulend, wegen ihres zugespitzten Supranaturalismus angreifen zu wollen. Angreifen muß man sie vielmehr deshalb, weil ihr Supranaturalismus nicht grundsätzlich genug, ihre Intention schließlich ein einziges, in seiner Weise höchst „naturalistisches" Postulat war: die Bibel muß uns eine *divina et infallibilis historia* bieten; sie darf in keinem Vers menschlichen Irrtum enthalten; sie muß in allen ihren Teilen, in ihrem ganzen uns vorliegenden Bestand ihrer Worte und Buchstaben feststellbare und griffbereite göttliche Wahrheit aussprechen; sie muß uns in der Form menschlicher Worte das Wort Gottes so sagen, daß wir es ohne weiteres, in derselben Selbstverständlichkeit und Direktheit als solches hören und lesen können, wie wir sonst menschliche Worte hören und lesen; sie muß ein Kodex von Axiomen sein, die sich als solche mit der gleichen formalen Dignität neben denen der Philosophie und der Mathematik sehen lassen können. Die Profanität dieses Postulats verrät sich deutlich genug darin, daß man dem lieben Gott für den Fall seiner Nichterfüllung ungeniert genug Vorwürfe zu machen, ihm mit Mißtrauen, Skeptizismus und Atheismus drohen zu dürfen glaubte — eine Drohung, die dann durch die nächsten Generationen, als man sich überzeugen mußte, daß dieses Postulat unerfüllbar war, ebenso ungeniert wahr gemacht wurde. Um dieser nicht nur als Gefahr drohenden, sondern offen vorliegenden Profanität willen muß man die Inspirationslehre des 17. Jahrhunderts als Irrlehre angreifen und ablehnen. Ihre Durchführung und Systematisierung der überlieferten Sätze über die göttliche Autorschaft der Bibel bedeutete eine Vergegenwärtigung des Wortes Gottes unter Streichung der Erkenntnis, daß dessen Vergegenwärtigung nur seine eigene Entscheidung und Tat sein und daß unser Teil an ihr nur in der Erinnerung und Erwartung seiner ewigen Gegenwart bestehen kann. In dieser eigenmächtigen, weil trotzig postulierten und behaupteten Vergegenwärtigung konnte das Wort Gottes nicht mehr das Wort Gottes sein und darum auch nicht mehr als solches erkannt werden. Ohne das Geheimnis Christi und ohne das Geheimnis des Heiligen Geistes in sich selbst feststehend, ein „papierener Papst", der nun doch, im Unterschied zu dem immerhin lebendigen Papst in Rom, gänzlich in die Hand seiner Ausleger gegeben war, keine freie, keine geistliche Macht, sondern ein Instrument menschlicher Macht — in dieser Gestalt war die Bibel den heiligen Büchern anderer Religionen, von denen ja längst Entsprechendes behauptet worden war, allzu ähnlich geworden, als daß die Überlegenheit ihres Anspruchs ihnen und überhaupt den vielen Erfindungen des menschlichen Geistes gegenüber noch hätte zur Geltung kommen können. Hinter welchem Produkt menschlicher Erfindung stünde schließlich nicht derselbe Infallibilitätsanspruch? Welches könnte nicht in ähnlicher Weise damit umkleidet werden? Gerade dem geschichtlichen Relativismus, dem man, indem man die Autorität der Bibel in dieser Weise festlegen wollte, zu wehren gedachte, hat man eben damit Tür und Tor geöffnet, durch welche in die Theologie und in die Kirche einzuziehen er denn auch keinen Augenblick gezögert hat. Daß die Inspirationslehre des 17. Jahrhunderts inhaltlich Dinge behauptete, die sich gegenüber einer ernsthaften Lesung und Auslegung dessen, was die Bibel selber von sich selber sagt, und gegenüber einer ehrlichen Kenntnisnahme der Tatsachen ihrer Entstehung und Überlieferung nicht halten ließen, m. a. W.: daß jenes Postulat, auf dessen Karte man im 17. Jahrhundert alles gesetzt hatte, sich als unerfüllbar erwies — das ist wichtig, aber schließlich doch nur sekundär wichtig, weil immerhin diskutabel. Wichtiger ist die theologiegeschichtliche Tatsache, daß diese Lehre, nachdem sie einmal auf den Plan getreten war, zwar nur kurze Zeit in einer Art von Glaubwürdigkeit, wohl aber für längste Zeiten und zum Teil noch bis in die Gegenwart hinein als theologischer Kinderschreck, als die in ihrer Konsequenz angeblich unvermeidliche Interpretation des Satzes, daß die Bibel Gottes Wort ist, sich durchgesetzt und ganzen Generationen und unzähligen Einzelnen unter den Theologen und in der Gemeinde den Blick für den wirklichen, den geistlichen, den biblischen und reformatorischen Sinn jenes Satzes verbaut hat, indem er sie veranlaßte, um nur nicht mit Voetius und Calov gehen zu müssen, lieber gleich auch an Luther und Calvin und vor allem auch an Paulus vorüberzugehen. Entscheidend aber ist dies: diese Inspirationslehre hat es mit sich gebracht, daß der Blick auf die Bibel, der bei den Reformatoren, indem er wirklich und streng der Blick auf die Bibel war und blieb, sofort zum Blick auf Christus hier und den Heiligen Geist dort und damit zum Blick auf Gottes Souveränität und freie Gnade wurde, sich nun für lange Zeiten und für große Teile der evangelischen Kirchen einschränkte auf die biblischen Dokumente als solche und in ihrer historisch-literarischen Gegebenheit, von der jene Inspirationslehre so wunderbare Dinge behauptet hatte. Folgte man ihr nicht mehr in diesen Behauptungen — und nicht das war schlimm, daß man das nicht mehr tat, das war vielmehr recht und unvermeidlich — so folgte man ihr doch um so intensiver und hartnäckiger in dieser Einengung des Gesichtspunktes. Eine neue Erweiterung des Gesichtspunktes war es nämlich wirklich nicht, als man nun die Bibel als Dokument einer bestimmten Geschichte und den sogen. Geist der Bibel als Geist dieser bestimmten Geschichte zu interpretieren begann, wie es nacheinander in verschiedener Weise die Rationalisten des 18. Jahrhunderts, Herder, Schleiermacher, und die konservativen und liberalen Schulen des 19. Jahrhunderts bis auf Ritschl und die Religionsgeschichtler versucht haben. Allerlei scheinbar und wirklich konkretere Anschauungen der menschlichen Gestalt der Bibel sind auf diesen Wegen zweifellos gewonnen worden. Aber wenn man sich jetzt einredete, in der historisch-literarisch zu erforschenden Geschichte, deren Quellen man in der Bibel in der Hand zu haben meinte, das Wort Gottes zu erkennen, so war man zwar dem Doketismus der Alten, die sich vor der Menschlichkeit der Schrift die Augen zuhalten wollten, entronnen, aber doch nur, indem man um so schwerer einem komplementären Ebionitismus verfiel. Und eine höhere Mantik dürfte doch wohl tatsächlich auch mit dem Geheimnis des nun einsetzenden Kultes des „Gottes in der Geschichte" getrieben worden sein! Sicher ist dies, daß der Ausblick auf den Zusammenhang des Wortes Gottes in der Bibel mit dem Werk Jesu Christi für uns und mit dem Werk des Heiligen Geistes an uns, der durch die Inspirationslehre des 17. Jahrhunderts versperrt worden war, jetzt, nachdem man diese aus sekundären Gründen nicht mehr aufrechterhalten konnte, ohne sich doch von ihrer Verengerung des Gesichtspunktes frei machen zu können, hermetisch verschlossen war. Die Erkenntnis der freien Gnade Gottes als der Einheit von Schrift und Offenbarung war verloren gegangen. Kein Wunder, daß, als die Sonne diesen Verlust an den Tag gebracht hatte, auch die Erkenntnis jener Einheit überhaupt verlorenging. Kein Wunder, daß man des Satzes, daß die Bibel Gottes Wort ist, jetzt als eines „unwahrhaftigen" Satzes überdrüssig wurde. Kraft der glücklichen Inkonsequenz, die zu allen Zeiten das Beste in der Kirchengeschichte gewesen ist, hat dieser Satz trotzdem weitergelebt und mit ihm die evangelische Kirche.

Ohne seine offene oder heimliche Geltung hätte sie ja wahrlich keinen Augenblick weiterleben können. Aber das steht in einem anderen Buch. Von der Geschichte der Inspirationslehre als solcher muß doch wohl gesagt werden, daß sie in der evangelischen Kirche zunächst damit endigte, daß dieser Satz nicht mehr verständlich war, wie sie denn nach einem verheißungsvollen Anfang überhaupt eine Geschichte von Unglücksfällen gewesen ist.

Wir versuchen es nun noch, belehrt durch den Blick auf die Wege, die dabei zu gehen und zu vermeiden sein werden, thetisch klarzustellen, was von der Inspiration, von der „Gottgeistlichkeit" der Bibel und also von dem Satz, daß die Bibel Gottes Wort ist, im Besonderen vom Begriff des Wortes her zu halten ist.

1. Wer „Wort Gottes" sagt, der sagt Wort Gottes, der redet also von einem menschlicher Verfügung und menschlicher Voraussicht entzogenen Sein und Geschehen. Daß wir um dieses Sein und Geschehen wissen, das berechtigt uns nicht, von ihm zu denken und zu reden, als wäre es nun doch unserer Verfügung und Voraussicht unterstellt. Eben um seine uns nicht verfügbare und von uns nicht vorauszusehende Göttlichkeit wissen wir, wenn wir um dieses Wort wissen, wenn wir also wissen, was wir sagen, wenn wir sagen, daß die Bibel Gottes Wort ist. Daß wir die Bibel als Gottes Wort haben, das berechtigt uns nicht, den Satz, daß die Bibel Gottes Wort ist, aus einem Satz über Gottes Sein und Walten in der Bibel und durch die Bibel in einen Satz über die Bibel als solche umzudeuten. Eben indem wir die Bibel als Gottes Wort haben, eben indem wir ihr Zeugnis annehmen, werden wir ja aufgerufen, des Herrn der Bibel zu gedenken und ihm selber die Ehre zu geben. Das wäre gerade nicht Bibeltreue, gerade nicht Dankbarkeit für das in ihr geschenkte und wieder zu schenkende Wort Gottes, wenn wir uns nicht durch sie die Ohren öffnen lassen wollten für das, was nicht sie, sondern er, Gott selbst, uns als sein Wort in ihr und durch sie zu sagen hat. Mit der Anerkennung und Anbetung der Souveränität dessen, dessen Wort die Bibel ist, wird also die Erkenntnis ihrer Inspiration, ihres Charakters als Gottes Wort immer wieder anfangen müssen.

2. Wer „Wort Gottes" sagt, der sagt Werk Gottes, der betrachtet also nicht einen Zustand oder Sachverhalt, sondern der blickt hin auf ein Geschehen, und zwar auf ein ihn angehendes Geschehen, und zwar auf ein solches, das ein Handeln Gottes, und zwar ein auf freier Entscheidung beruhendes freies Handeln Gottes ist. Daß Gottes Wort von Ewigkeit und in Ewigkeit ist, das erlaubt uns nicht, mit ihm umzugehen, als wäre es für uns in der Zeit lebende Menschen nicht das Ereignis seiner Gegenwart, seiner Gemeinschaft mit uns, seiner Verheißung unseres eigenen ewigen Lebens. Eben der Ewigkeit seines Wesens entspricht in seiner Offenbarung für uns notwendig dies, daß es für uns und an uns nicht sowohl da ist wie das, was nicht Gottes Wort ist, da ist, sondern

geschieht, und zwar geschieht so wie nichts anderes geschieht: als ein Neues gegenüber allem, was wir waren, sind und sein werden, ja gegenüber Allem, was die ganze Welt war, ist und sein wird. Auch daß die Bibel da ist als Gottes Wort erlaubt uns keine andere Ansicht; gerade sie gebietet uns vielmehr diese Ansicht. An die ein für allemal geschehene Tat Gottes erinnert sie uns ja. Geht uns diese Erinnerung an, ist die Bibel also wirklich da für uns, dann können wir das Wort Gottes, das sie uns sagt, unmöglich anders als die nunmehr auch von uns zu erwartende Tat Gottes verstehen. Unsere Erkenntnis ihres Charakters als Gottes Wort und also ihrer Inspiration wird dann darin bestehen, daß wir dem in ihr verheißenen Worte Gottes bereitwillig entgegengehen: bereitwillig, uns das Neue gefallen zu lassen, das, wenn wir es hören werden, in unserem Leben und im Leben der ganzen Welt Ereignis werden wird.

3. Wer „Wort Gottes" sagt, der sagt Wunder Gottes, der hält also das Neue, mit dem er es im Worte Gottes zu tun bekommt, nicht heimlich doch wieder für ein Altes, d. h. für gebunden an die Voraussetzungen und Gesetze, an die Gewohnheiten und Überlieferungen des sonstigen Geschehens in seinem Leben und im Leben seiner Welt. Er rechnet damit, daß das Ereignis des Wortes Gottes nicht eine Fortsetzung, sondern das Ende alles dessen sein wird, was er sonst als Ereignis kennt. Er rechnet mit dem Anfang einer neuen Reihe von Ereignissen. Wieder wird ihm die an sich so gar nicht wunderbare Gegebenheit der Bibel als Gottes Wort, ihre Existenz inmitten der übrigen Gegebenheiten unseres Kosmos nicht zu einer anderen Sicht, sondern gerade sie selbst wird ihn zu dieser Sicht veranlassen. Redet sie doch, indem sie von der Tat Gottes in Jesus Christus redet, selber von Gottes Gnade als von einer im Zusammenhang der uns bekannten menschlichen Existenz unableitbaren und unbegreiflichen, von der ein Ende aller sonstigen Ereignisse setzenden und eine neue Reihe von Ereignissen eröffnenden Wirklichkeit. Daß Gottes Wort so gar nicht zu unserer Verfügung und so gar nicht in unserer Voraussicht steht, das ist darin begründet, daß sein Inhalt — aber nicht nur sein Inhalt, sondern schon seine Wirklichkeit als solche — Gottes Gnade ist, die wir nicht verdient haben, auf deren Ereigniswerden wir keinen Anspruch und über deren Ereigniswerden wir auch keine Macht haben, die wir uns nur gefallen lassen können daraufhin, daß Gott es sich gefallen läßt, uns gnädig zu sein. Lassen wir uns dies und eben damit Gottes Wort durch die Bibel sagen, wie sollten wir dann diesem Worte Gottes in der Bibel anders denn als einem Wunder entgegensehen? Wie sollten wir dann den Charakter der Bibel als Gottes Wort noch anders, noch besser kennzeichnen, wie sollten wir ihr dann noch eine höhere Würde und Autorität zuschreiben als die, daß wir in ihr die Stätte sehen, an welcher wir das Wunder des Wortes Gottes zu erwarten haben? Kein Wort über sie wird zu hoch sein, sofern es eine

Beschreibung dieses Wunders und ein Bekenntnis zu seiner Wahrheit sein wird. Es würde aber jedes noch so fromme, noch so hochgegriffene Wort, das dieses Wunder eliminieren, das das Wort Gottes in der Bibel zu einem Stück höherer Natur, zu einer wunderbaren Eigenschaft eines Stücks unseres alten Wesens machen, das die Bibel als Gottes Wort in den Bereich unserer eigenen Macht bringen würde, ihre wirkliche Würde und Autorität gerade zerstören, den Satz, daß sie Gottes Wort ist, gerade leugnen.

4. Reden wir aber von einem Wunder, wenn wir sagen, daß die Bibel Gottes Wort ist, dann dürfen wir die Menschlichkeit ihrer Gestalt und die Möglichkeit des Anstoßes, den man an ihr nehmen kann, weder direkt noch indirekt in Abrede stellen. Es würde der Versuch dazu gleichbedeutend sein mit dem Versuch, uns bei der Exegese des Neuen Testaments dadurch ein Verständnis der dort erzählten Wunder zu verschaffen, daß wir uns einreden würden, die nach diesen Erzählungen geheilten Kranken möchten gar nicht so ernstlich krank, es möchte wohl auch der am dritten Tage auferstandene Jesus am Kreuz gar nicht wirklich gestorben sein. So gewiß Jesus am Kreuz, so gewiß Lazarus Joh. 11 wirklich gestorben ist, so gewiß jene Lahmen lahm, jene Blinden blind, jene Hungrigen bei der Speisung der Fünftausend wirklich hungrig waren, so gewiß das Meer, auf dem Jesus ging, wirkliches klaftertiefes Meer war — so gewiß waren die Propheten und Apostel auch als solche, auch in ihrem Amt, auch in ihrer Funktion als Zeugen, auch im Akt der Niederschrift ihres Zeugnisses wirkliche, geschichtliche und also in ihrem Tun sündige und in ihrem gesprochenen und geschriebenen Wort irrtumsfähige und tatsächlich irrende Menschen wie wir Alle. Geschah an ihnen das Wunder, daß sie berufen wurden zu Zeugen der Auferstehung und daß sie den Heiligen Geist empfingen, so geschah dieses Wunder an ihnen selbst und also an ihnen im vollen Gebrauch ihrer menschlichen Freiheit, ohne Aufhebung der Schranken, die eben damit für sie wie für uns alle gesetzt waren. Es bedeutet ihre Existenz als Zeugen, wie sie in der Heiligen Schrift vor unseren Augen und Ohren Ereignis ist, gerade die Existenz wirklicher (und also keineswegs durch die Existenz Gottes verdrängter und auch keineswegs durch irgendeine Magie im Vollzug ihrer Existenz gehemmter) Menschen, die uns als solche: im vollen Gebrauch ihrer Freiheit und innerhalb der damit gesetzten Schranken Gottes Wort zu sagen haben. Daß die Lahmen gehen, die Blinden sehen, die Toten auferstehen, daß sündige und irrende Menschen als solche das Wort Gottes sagen, das ist das Wunder, von dem wir reden, wenn wir sagen, daß die Bibel Gottes Wort ist. Es gehört also zur Erkenntnis dieses Satzes die Anerkennung, daß seine Wahrheit in der durch die Kraft des Wortes Gottes Ereignis werdenden Aufhebung eines jeden Augenblick und auf der ganzen Linie gegebenen Anstoßes besteht. Dieser An-

stoß ist wie der Anstoß des Kreuzes Christi darin begründet, daß das Wort Gottes Fleisch ward und darum mitten im Fleisch seine Kirche begründet hat, beruft, sammelt, erleuchtet und heiligt bis auf diesen Tag. Dieser Anstoß ist also ebenso wie seine Überwindung in der Barmherzigkeit Gottes begründet. Eben darum darf er nicht geleugnet, eben darum kann er auch nicht von uns beseitigt werden. Eben darum ist jede Umdeutung des Wortes Gottes in ein unfehlbares biblisches Menschenwort oder jede Umdeutung des biblischen Menschenwortes in ein unfehlbares Gotteswort eine Auflehnung gegen das, wogegen man sich unter keinen Umständen auflehnen dürfte, nämlich gegen die Wahrheit des Wunders, daß hier fehlbare Menschen in fehlbaren Menschenworten Gottes Wort sagen — und damit eine Auflehnung gegen die Souveränität der Gnade, in welcher Gott selber in Christus Mensch wurde, um sich selber in seiner Menschheit zu verherrlichen. Wer sich zu diesem harten Gedanken nicht entschließen kann, der sehe wohl zu, ob er sich nicht gerade gegen das Tröstliche verschließt, das uns durch die Existenz der Bibel als solcher gesagt ist. Und wer hier einen vermeintlich strengeren Begriff von der Würde und Autorität der Bibel geltend machen möchte, der sehe wohl zu, ob er nicht unterwegs ist, sich gerade der Strenge ihrer wirklichen Würde und Autorität zu entziehen. Sind die Propheten und Apostel keine wirklichen und also fehlbaren, auch in ihrem Amt, auch wenn sie von Gottes Offenbarung reden und schreiben, fehlbaren Menschen, dann ist es kein Wunder, daß sie Gottes Wort reden. Ist es aber kein Wunder, wie soll es dann Gottes Wort sein, was sie reden, wie soll dann ihr Reden und unser Hören ihrer menschlichen Worte als das Wort Gottes den Charakter von Offenbarung haben? Wir stellen also dem trotzigen Postulat, sie dürften, wenn ihr Wort Gottes Wort sein sollte, in keinem Wort gefehlt haben, noch trotziger die Feststellung gegenüber: Nach dem Zeugnis der Schrift vom Menschen, das auch von ihnen gilt, k o n n t e n sie in jedem Wort fehlen und h a b e n sie auch in jedem Wort gefehlt, und nach demselben Zeugnis der Schrift haben sie, gerechtfertigt und geheiligt allein durch Gnade, eben mit diesem ihrem f e h l b a r e n und f e h l e n d e n Menschenwort Gottes Wort geredet. Daß wir in der Bibel dieses wirklichen Wunders, des Wunders der Gnade Gottes an Sündern, teilhaftig werden, das und nicht das müßige Mirakel von Menschenworten, die gar keine wirklichen Menschenworte gewesen wären, begründet die Würde und Autorität der Bibel.

5. Ist es nun aber ernst mit dem Ereignischarakter dieses Wunders, dann können wir die G e g e n w a r t d e s W o r t e s G o t t e s in der Bibel nicht als eine diesem Buch als solchem und in seinem uns vorliegenden Bestand von Büchern, Kapiteln und Versen nun einmal inhärierende Eigenschaft ansehen. Vom Buch als solchem in seinem uns vorliegenden Bestand können wir nur sagen: Wir erinnern uns, da und dort in diesem B u c h das

Wort Gottes gehört zu haben; wir erinnern uns, in und mit der Kirche, daß das Wort Gottes auch schon in diesem ganzen Buch, in allen seinen Bestandteilen gehört worden ist; und daraufhin erwarten wir, das Wort Gottes in diesem Buch wiederzuhören, es selber auch da zu hören, wo wir es wohl bisher für unsere Person noch nicht gehört haben. Die Gegenwart des Wortes Gottes selbst aber, sein wirkliches, gegenwärtiges Geredet- und Gehörtwerden ist nicht identisch mit der Existenz des Buches als solcher. Sondern in dieser Gegenwart geschieht etwas in und mit dem Buch, wozu das Buch als solches zwar die Möglichkeit gibt, dessen Wirklichkeit aber durch die Existenz des Buches weder vorweggenommen noch ersetzt sein kann. Es fällt dann eine freie göttliche Entscheidung. Es ereignet sich dann, daß die Bibel, und zwar *in concreto:* dieser und dieser biblische Zusammenhang, d. h. die in dieser und dieser bestimmten Breite auf uns zukommende Bibel als Instrument in Gottes Hand genommen und von Gottes Hand gebraucht wird, d. h. als authentisches Zeugnis von Gottes Offenbarung zu uns redet und von uns gehört wird und also als Gottes Wort gegenwärtig ist. Es ist ein unfaßbares Gegenwärtigsein: keine dritte Zeit zwischen Vergangenheit und Zukunft, zwischen Erinnerung und Erwartung, sondern die als Zeit unbegreifliche Mitte zwischen beiden, für die Reflexion alsbald wieder auseinandertretend in ein Vorher und Nachher und gerade so das Gegenwärtigsein des ewigen Wortes, konstitutiv für seine Erwartung und für seine Erinnerung, unsere Zeit begründend, wie die Inkarnation und Auferstehung Jesu Christi als Mitte der Zeit die Zeit überhaupt begründet. Wirkliches fehlbares Menschenwort ist in dieser Mitte: nicht kraft seiner eigenen Vortrefflichkeit, nicht kraft seiner Ersetzung durch ein als Menschenwort verhülltes Gotteswort und noch weniger kraft irgendeiner mirakulösen Verwandlung, wohl aber kraft des Vorzugs, jetzt und hier von Gott selbst in Dienst genommen und gebraucht zu werden, wie das Wasser des Teiches Bethesda, Gottes Wort.

6. Darüber, wann, wo und wie die Bibel sich uns in solchem Ereignis als Gottes Wort bewährt, darüber entscheiden nicht wir, darüber entscheidet Gottes Wort selber, indem es in dieser und dieser Zeit der Kirche diesen und diesen Menschen gegenüber das Ereignis der Einsetzung und Inspiration der Propheten und Apostel zu seinen Zeugen und Dienern bestätigt und erneuert, so daß sie in ihrem geschriebenen Wort vor unseren Augen und Ohren aufleben, nun nicht nur als die Menschen, die einst, in Jerusalem und Samarien, zu den Römern und Korinthern geredet haben, sondern nun als die Menschen, die in der ganzen Konkretheit ihrer damaligen Situation und Aktion heute und hier auch zu uns reden. Wir können wohl wissen: um diese Entscheidung und Tat Gottes oder vielmehr um diese Vergegenwärtigung seiner ein für allemal geschehenen Tat in Jesus Christus geht es im Leben der Kirche, und zwar

im Leben der Kirche mit der Bibel; um diese Tat geht es in der ganzen Bibel. Wir können dessen gedenken, daß die Bibel uns selbst und Anderen die Stätte solcher Tat wirklich schon gewesen ist. Wir können und sollen solche Tat aufs neue erwarten. Wir können und sollen uns an das geschriebene Wort halten, wie Jesus es den Juden empfohlen hat und wie die Leute von Beröa es getan haben. Wir können und sollen die Schrift erforschen mit der Frage nach ihrem Zeugnis. Wir können und sollen beten darum, daß dieses Zeugnis auch uns geschenkt werde. Es liegt aber — und eben darum muß hier das Gebet das letzte Wort haben — nicht in unserer, sondern allein in Gottes Macht, daß jenes Ereignis eintritt und also dieses Zeugnis der Schrift auch uns geschenkt wird. Wir sind also wirklich dispensiert von dem Versuch, uns das Geschehen dieses Ereignisses nun etwa erzwingen zu wollen. Keine Erlaubnis der Untreue und Trägheit ist mit diesem Dispens ausgesprochen. Gerade der wird im Forschen, Fragen und Beten treu sein, der weiß, daß hier die Treue Gottes und nicht seine eigene Treue entscheidet. Wir sind aber gänzlich dispensiert davon, innerhalb der Bibel auszusondern das Göttliche vom Menschlichen, den Gehalt von der Gestalt, den Geist vom Buchstaben, um dann das Erstere bedächtig zu wählen, das Letztere hochmütig zu verwerfen. Mag uns auf der ganzen Linie in der Bibel wie in allen sonstigen menschlichen Worten immer Beides begegnen, mögen wir auch Beides unterscheiden, wie es zum Verstehen eines menschlichen Wortes nun einmal gehört — das Ereignis, in welchem sich das biblische Menschenwort als Gotteswort bewährt, werden wir uns mit diesem Unterscheiden doch nicht verschaffen. Gottes Wort ist so gewaltig, daß es durchaus nicht an das gebunden ist, was wir als das Göttliche, den Gehalt und Geist der Bibel meinen ermitteln und schätzen zu können. Und es ist wiederum nicht zu gewaltig, um sich nicht auch ganz an das zu binden, was wir als das Menschliche, die Gestalt, den Buchstaben der Bibel meinen gering schätzen zu dürfen. Wir sind davon dispensiert, das Wort Gottes in der Bibel von anderen Inhalten, also irrtumsfreie Bestandteile und Worte von allerlei irrtümlichen, unfehlbare von fehlbaren zu trennen und uns einzureden, daß wir uns mittels solcher Entdeckungen die Begegnungen mit dem echten Wort Gottes in der Bibel verschaffen könnten. Hat Gott sich der Fehlbarkeit all der menschlichen Worte der Bibel, ihrer geschichtlichen und naturwissenschaftlichen Irrtümer, ihrer theologischen Widersprüche, der Unsicherheit ihrer Überlieferung und vor allem ihres Judentums nicht geschämt, sondern hat er sich dieser Worte in ihrer ganzen Fehlbarkeit angenommen und bedient, dann brauchen wir uns dessen auch nicht zu schämen, wenn er sie in ihrer ganzen Fehlbarkeit als Zeugnis auch an uns erneuern will, dann wäre es Eigenwilligkeit und Ungehorsam, in der Bibel auf die Suche nach irgendwelchen unfehlbaren Elementen ausgehen zu wollen. Wir sind aber endlich auch davon dispensiert, das Ereignis oder die Ereignisse, in welchen sich uns die Schrift als Wort Gottes bewährt und bestätigt, als solche kennen und namhaft machen zu müssen. Wir sahen ja: gerade als die Ereignisse ewiger Gegenwart des Wortes, gerade als die Stunden Gottes, können sie in der Zeit nie faßbar oder eben nur in ihrem Vorher und Nachher, nur in Erinnerung und Erwartung faßbar sein. Es genügt vollständig — und dies ist es, was von uns gefordert ist — daß wir immer wieder auf diese Ereignisse zugehen und immer wieder von ihnen herkommen. Können wir doch auch unseren Glauben nicht in seiner ewigen Gestalt, sofern er unsere Rechtfertigung vor Gott ist, sondern immer nur als das als solches gewiß nicht gerechtfertigte Wandern ἐκ πίστεως εἰς πίστιν (Röm. 1, 17) kennen. Wir können uns selber und Andern Rechenschaft geben von unserm Glauben; wir können das aber nur tun in der Dankbarkeit und in der Hoffnung, ohne doch den Grund unseres Glaubens auf den Plan stellen zu können. So stehen wir auch der heiligen Schrift gegenüber. Wir können und sollen uns durch sie zur Dankbarkeit und zur Hoffnung aufrufen lassen. Im Gehorsam gegen diesen Aufruf wird es sich in der Wirklichkeit und im Urteil Gottes zeigen, ob und inwiefern wir des Ereignisses der Gegenwart seines Wortes teilhaftig sind. Ein Bewußtsein von dieser Gegenwart als solcher oder gar ein Aufweis dieser Gegenwart Anderen gegenüber liegt nicht im Bereich menschlicher Möglichkeit und kann darum auch nicht von uns gefordert werden. „An ihren *Früchten* sollt ihr sie erkennen.“ Die Gegenwart des Wortes Gottes ist also kein Erlebnis, gerade weil und indem sie die göttliche Entscheidung über uns ist.

7. Wenn wir von der Inspiration der Bibel reden oder wenn wir bekennen: die Bibel ist Gottes Wort, so haben wir also einerseits, im Raume der Zeit und der Sichtbarkeit, im konkreten Leben der Kirche und unseres eigenen Lebens als Glieder der Kirche, an eine *doppelte Wirklichkeit* zu denken. Es geht nämlich einmal um den Text des biblischen Zeugnisses oder vielmehr: je um einen bestimmten Bestandteil dieses Textes, der in bestimmter Zeit und Lage die Aufmerksamkeit bestimmter Menschen oder eines bestimmten Menschen in Anspruch nimmt. Wird es jetzt wahr in der Zeit, wie es in Ewigkeit wahr ist, daß die Bibel Gottes Wort ist, dann heißt das nach dem bis jetzt Gesagten: *Gott* redet jetzt, was dieser Text redet. Gottes *Werk* geschieht durch diesen Text. Gottes *Wunder* ereignet sich jetzt an diesem aus Menschenworten geformten Text. Dieser Text in seiner ganzen *Menschlichkeit* mit aller Fehlbarkeit, die dazu gehört, ist Gegenstand dieses Werks und Wunders. Durch Gottes *Entscheidung* wird jetzt dieser Text in Dienst und Gebrauch genommen. Und in Gottes *Geheimnis* vollzieht es sich jetzt, daß dieser Text jetzt und hier diese Bestimmung bekommt. Dennoch ist es nun eben dieser Text als solcher, von dem das alles zu sagen ist.

Er als solcher will reden und zeugen, gelesen und gehört sein; in ihm und durch ihn das Wort Gottes, nicht irgendwo neben oder hinter ihm, nicht in irgendeinem Raum, den wir jenseits des Textes erst zu erobern oder gar zu schaffen hätten. Spricht jetzt Gott zum Menschen, dann spricht er jetzt wirklich die Sprache dieses konkreten Menschenwortes. Das ist das gute und notwendige Recht des Begriffs der Verbalinspiration. Ist das Wort nicht von der Sache zu trennen, gibt es also keine Verbalinspiriertheit, so ist doch auch die Sache nicht vom Wort zu trennen, gibt es also Realinspiration: Hören des Wortes Gottes, nur in der Form von Verbalinspiration: Hören des Wortes Gottes in der konkreten Gestalt des biblischen Wortes. Verbalinspiration bedeutet nicht: Unfehlbarkeit des biblischen Wortes in seinem sprachlichen, geschichtlichen, theologischen Charakter als menschliches Wort. Verbalinspiration bedeutet: das fehlbare und fehlende menschliche Wort ist jetzt als solches von Gott in seinen Dienst genommen und ungeachtet seiner menschlichen Fehlbarkeit als solches anzunehmen und zu hören. Wie es auch mit der eigenen Würde des Beauftragten und seines Wortes stehen möge, er hat jetzt uns gegenüber die Würde seines Auftrags. In dieser Würde ist er zu respektieren, und ist auch sein Wort zu respektieren. Daß wir nicht nur ihn und sein Wort, daß wir nicht nur den biblischen Text, sondern in ihm und durch ihn Gottes Wort haben, dafür haben wir Gott sorgen zu lassen. Eben in diesem Vertrauen, das uns dem menschlichen Wort als solchem gegenüber auch in die rechte Freiheit versetzen wird, haben wir uns nun tatsächlich an dieses menschliche Wort zu halten. Es geht nämlich — und das ist das Andere, was hier zu beachten ist — dem konkreten Text gegenüber ebenso konkret um uns selbst: um das Ereignis, um Ereignisse der Gegenwart des Wortes Gottes in unserer eigenen Gegenwart. Nicht um das Erlebnis seiner Gegenwart, aber allerdings um seine Gegenwart! Um seine Gegenwart, über die Gott entscheidet, die wir weder machen noch voraussehen können, aber um seine Gegenwart, die gerade als die unfaßbare, freie Gegenwart Gottes selbst über unsere Vergangenheit und über unsere Zukunft entscheidet, die unsere Erinnerung bestimmt als Dankbarkeit und unsere Erwartung als Hoffnung. Wir sind dem biblischen Text gegenüber nicht verpflichtet, uns die Gegenwart des Wortes Gottes einzureden. Wir sind zu keinerlei Künsten aufgerufen, um sie herbeizuführen. Wir sind aber dem biblischen Text gegenüber in die Klammer oder Zange der Dankbarkeit und der Hoffnung genommen und dieser Klammer oder Zange sollen wir uns nicht entziehen wollen. Gefangen in Dankbarkeit und Hoffnung müssen wir es wagen, der Menschlichkeit der biblischen Texte und also auch ihrer Fehlbarkeit ohne das Postulat, daß sie eigentlich unfehlbar sein müßten, aber auch ohne den Aberglauben an irgendeine von uns erst auf den Plan zu stellende unfehlbare Wahrheit neben oder hinter dem

Text von vorne ins Gesicht zu sehen — aber nun eben wirklich ins Gesicht zu sehen, d. h. den Text in seiner tatsächlichen Beschaffenheit zu uns reden, und zwar in seinem Wortlaut und in seinem Zusammenhang zu Ende reden zu lassen, es zuzulassen, daß die Propheten und Apostel eben das, was sie dort und damals gesagt haben, heute und hier wieder und nun zu uns selbst sagen. Darum wird es ja auf alle Fälle gehen, wenn sie uns, was wir nicht erzwingen können, in ihren menschlichen Worten Gottes Wort sagen. Es kann sich das Tor der biblischen Texte nur von innen öffnen. Es ist aber etwas Anderes, ob wir vor diesem Tor verharren oder ob wir von ihm weglaufen zu anderen Toren. Es ist etwas Anderes, ob wir Einlaß begehrend an dieses Tor anklopfen oder ob wir ihm träge gegenüber sitzen bleiben. Zu dieser Treue des Ausharrens und Anklopfens sind wir aufgerufen durch die Existenz der biblischen Texte. Wir sind durch ihre konkrete Gestalt zu konkreter Bemühung um sie aufgerufen. Man kann alles, was hier zu sagen ist, zusammenfassen in den Satz: der Glaube an die Inspiration der Bibel steht und fällt damit, daß das konkrete Leben der Kirche und der Glieder der Kirche ein wirklich von der Exegese der Bibel beherrschtes Leben ist. Zwingt uns der biblische Text nicht in seiner Wörtlichkeit als Text zur Aufmerksamkeit, oder haben wir die Freiheit, uns der durch ihn geforderten Aufmerksamkeit von Wort zu Wort zu entledigen, was für einen Sinn sollte es dann haben, wenn wir die Bibel für inspiriert und für Gottes Wort halten? Hier gilt wirklich kein Herr Herr sagen, hier gilt es den Willen Gottes zu tun, um seine Gnade und Wahrheit — denn das ist die Inspiration der Bibel — zu erkennen.

8. Wir haben nun aber — und damit können wir diese Erwägungen zum Abschluß bringen — wohl zu bedenken, daß die Inspiration der Bibel nicht aufgeht in unserem Glauben an sie, auch dann nicht, wenn wir diesen Glauben als Gottes Gabe und Werk an uns verstehen. Was im Raume der Zeit und der Sichtbarkeit, im konkreten Leben der Kirche und unseres eigenen Lebens als ihrer Glieder geschieht, jenes Ereigniswerden der Gegenwart des Wortes Gottes im Menschenwort der Propheten und Apostel, das ist ja nur zu verstehen als eine Wiederholung, eine sekundäre Verlängerung und Fortsetzung des einmaligen und primären Geschehens der Offenbarung selber. Es war schon nicht umsonst, und es war kein Irrtum, wenn die alte Kirche die Würde und Autorität der Bibel als des Wortes Gottes gesichert wissen wollte gegenüber dem Zufall und der Willkür, der sie in ihrer Lesung, in ihrem Verständnis und in ihrer Auslegung um ihrer Menschlichkeit willen offenbar ausgesetzt ist. Wir haben die Gottgeistlichkeit der Bibel als eine als Gottes Werk und Wunder und in seinem Geheimnis fallende, im Glauben und im Gehorsam und in treuer Exegese zu bedenkende und zu erwartende ereignishafte Entscheidung verstanden. Das Bedenken liegt nahe, ob damit der Objek-

tivität der Wahrheit, daß die Bibel Gottes Wort ist, Genüge getan sei, ob diese Beschreibung nicht mindestens in Gefahr stehe, nun vielleicht doch dahin gedeutet zu werden, als ob unser Glaube die Bibel zu Gottes Wort mache, als ob ihre Inspiration letztlich Sache unseres eigenen Ermessens, Empfindens und Befindens sei. Wir werden vor dieser Gefahr nicht die Augen verschließen. Wir werden uns aber fragen müssen, wie ihr zu begegnen, wie denn jener Objektivität der Inspiration der Bibel Genüge zu leisten ist. Ihr kann nun aber offenbar nur damit Genüge geleistet werden, daß wir darauf verzichten, ihr Genüge leisten zu wollen. Ihr ist damit Genüge geleistet, daß wir daran glauben und darauf vertrauen, daß Gottes Handeln in der Begründung und Erhaltung seiner Kirche, mit dem wir es in der Inspiration der Bibel zu tun haben, objektiv genug ist, um sich den Einbrüchen und Ausbrüchen der menschlichen Subjektivität gegenüber immer wieder siegreich durchzusetzen. An die Inspiration der Bibel glauben, das heißt: auf Grund und entsprechend ihrem Zeugnis an den Gott glauben, dessen Zeugnis sie ist. Tun wir das nicht, was hülfe uns dann die sicherste Sicherung hinsichtlich der Göttlichkeit dieses ihres Zeugnisses? Tun wir es aber, wie sollten wir dann noch nach einer besonderen Sicherung dieser Göttlichkeit verlangen? Würden wir nicht glauben ohne zu glauben, wenn wir eine solche Sicherung für unentbehrlich erklären wollten? Unser Glaube ist es gewiß nicht, der die Bibel zu Gottes Wort macht. Aber eben die Objektivität der Wahrheit, daß sie Gottes Wort ist, können wir nicht besser sicherstellen als durch die Feststellung, daß sie unseren Glauben fordert, unseren Glauben begründet, die Substanz und das Leben unseres Glaubens ist. Eben damit stellen wir ja fest, daß sie die Wahrheit des lebendigen Gottes ist, über der es keine höhere gibt, an deren Macht gegenüber den Mächten der menschlichen Subjektivität zu zweifeln uns nicht erlaubt sein kann und die wir darum als solche erkennen und anerkennen müssen. Hat es aber mit dieser Feststellung seine Richtigkeit, dann muß es dabei bleiben, daß wir die Inspiration der Bibel als eine im Leben der Kirche und im Leben ihrer Glieder immer wieder fallende göttliche Entscheidung zu verstehen haben. Daß sie in der Auferstehung Jesu Christi und in der Ausgießung des Heiligen Geistes als in der Gründung der Kirche ein für allemal gefallen ist, das wird nicht in Frage gestellt, sondern eben das wird in seiner Objektivität erkannt und anerkannt dadurch, daß wir auch hinsichtlich der Erhaltung der Kirche, auch hinsichtlich unserer eigenen Gemeinschaft mit Jesus Christus und im Heiligen Geist derselben göttlichen Entscheidung gedenken, dieselbe göttliche Entscheidung erwarten. Daß die Bibel Gottes Wort ist, das ist nicht dem Zufall und nicht dem Lauf der Geschichte und nicht unserer eigenen Willkür überlassen, sondern dem Gott Abrahams, Isaaks und Jakobs, dem dreieinigen Gott als dem, dessen Selbstzeugnis allein dafür sorgen kann, dessen Selbstzeugnis aber auch mit letzter Bestimmtheit dafür sorgt, daß dieser Satz wahr ist, daß die biblischen Zeugen nicht umsonst geredet haben und nicht umsonst gehört werden.

Wir schließen gerade im Blick auf das zuletzt Gesagte mit einem Eingeständnis von, wenn man so will, rein formaler Natur, das nun doch gerade als solches den Hinweis auf den Bekenntnisakt bedeutet, um den es in der Lehre von der heiligen Schrift, wo ihr Inhalt recht verstanden ist, allein gehen kann: Wir haben uns selbst und wir haben auch jedem Anderen, der uns danach fragen sollte, einzugestehen, daß der Satz, daß die Bibel Gottes Wort ist, ein analytischer Satz ist, ein Satz, dessen Begründung immer nur in seiner Wiederholung, Umschreibung und Erläuterung, nicht aber in seiner Ableitung aus irgendwelchen übergeordneten Sätzen bestehen kann. Er kann nur als in sich selbst begründeter, allen anderen Sätzen vorangehender Satz oder er kann gar nicht verstanden werden. Es will die Bibel als Gottes Wort erkannt sein, um als Gottes Wort erkannt zu werden. Die Lehre der evangelischen Kirche von der heiligen Schrift lautet dahin, daß eben dieser logische Zirkel der Kreis der Wahrheit ist, die sich selbst als solche behauptet und bezeugt, in den erst hineinzutreten eben so unmöglich ist, wie wieder aus ihm herauszutreten: der Kreis unserer Freiheit, der als solcher auch der Kreis unserer Gebundenheit ist.

Als die evangelischen Kirchen in der Reformationszeit und nachher von ihren römischen Gegnern gefragt wurden, wie denn die göttliche Autorität der Schrift den Menschen kenntlich und glaubwürdig werden könne, ohne durch die Autorität der Kirche garantiert zu sein, da haben die evangelischen Theologen die harte, aber allein mögliche Antwort gegeben, daß die Autorität der Schrift allein in sich selbst und nicht durch das Urteil der Menschen begründet sei: *Credimus et confitemur, scripturas canonicas sanctorum prophetarum et apostolorum utriusque testamenti ipsum verum esse Verbum Dei et autoritatem sufficientem ex semetipsis, non ex hominibus habere. Nam Deus ipse loquutus est patribus, prophetis et apostolis et loquitur adhuc nobis per scripturas sanctas* (*Conf. helv. post.* 1562 *Art.* 1). Ebensogut könnte man fragen, woher wir die Unterscheidung des Lichtes von der Finsternis, des Weißen vom Schwarzen, des Süßen vom Bitteren begründen könnten (Calvin, *Instit.* I, 7, 2). *Quaestio, an scripturae seu sacra biblia sint Dei verbum? homine christiano indigna est. Ut enim in scholis contra negantem principia non disputatur, ita indignum iudicare debemus, qui audiatur, si quis christianae religionis principium neget* (J. Wolleb, *Chr. theol. comp.* 1626. *praecogn.* 7). Das waren keine Verlegenheitsauskünfte, das war die Antwort der Schlangenklugheit und der Taubeneinfalt, kein Ausweichen vor der sachlichen Diskussion, wohl aber ihre Zurückführung auf die allein mögliche Sachlichkeit. Wäre man doch nur auf diesem Boden geblieben und weitergegangen!

Für den Satz, daß das Menschenwort der Bibel Gottes Wort ist, kann es offenbar nur einen einzigen und unvergleichlichen Grund geben, nämlich den, daß er wahr ist, den Grund, der entweder sich selbst setzt oder gar nicht besteht, der entweder schon erkannt und anerkannt ist oder gar nicht wahrgenommen wird.

Auctoritas scripturae quoad nos nihil aliud est quam manifestatio et cognitio unicae illius divinae et summae auctoritatis, quae scripturae est interna et insita. (J. Gerhard, *Loci theol.* 1610 f. *L* I *cap.* 3, 38.)

Indem dieser eine Grund sich selber setzte, erkannt und anerkannt wurde, wurde er der Grund der Kirche, und indem er sich in derselben Selbstherrrlichkeit wieder setzt und eben in dieser seiner Selbstherrlichkeit wieder erkannt und anerkannt wird, ist er und er allein auch die Kraft ihrer Erhaltung. Die Kirche hat ihn nicht zu beglaubigen, sie hat sich immer wieder von ihm beglaubigen zu lassen. Und es wird Alles, was man an anderweitigen Gründen für die Autorität der Schrift etwa vorbringen kann, diesen einen Grund und also ihre Göttlichkeit nicht begründen, sondern bestenfalls durch diesen einen Grund begründet sein und also bestenfalls unter Voraussetzung dieses einen Grundes und als Hinweis auf ihn geltend gemacht werden können.

Das 16. Jahrhundert kannte vom kirchlichen Altertum und Mittelalter her sehr wohl und bejahte sogar — ebenso wie es ja auch eine der Schrift untergeordnete Autorität der Kirche bejahte — eine jenem einen Grund untergeordnete, aber ihn sozusagen illustrierende Apologetik: *argumenta, testimonia,* menschliche Gesichtspunkte, unter denen man sich die Göttlichkeit der Schrift nachträglich mehr oder weniger klar machen zu können glaubte. Auf das Alter der Bibel pflegte man hinzuweisen, auf ihre Wunder und Weissagungen, auf die Harmonie ihrer Bestandteile, auf die Majestät und Gewalt ihrer Sprache und ihres Inhalts, auf ihre kritische und siegreiche Rolle in der Kirchengeschichte. Calvin hat der Beleuchtung der Existenz der Bibel unter solchen Gesichtspunkten ein ganzes Kapitel seiner *Institutio* widmen zu müssen gemeint (I 8: *Probationes, quatenus fert humana ratio satis firmas suppetere ad stabiliendam scripturae fidem*). Aber er selbst nennt sie *secundaria nostrae imbecillitatis adminicula* und warnt in aller Form davor, sie als Begründungen des Glaubens ansehen und verwenden zu wollen: *inepte faciunt, qui probari volunt infidelibus, scripturam esse verbum Dei, quod nisi fide cognosci nequit* (I 8, 13). Das Urteil, daß die Schrift Gottes Wort sei, ist kein menschliches Urteil, sondern ein göttliches, und nur als solches kann es von uns angenommen und geglaubt werden: *illius ergo virtute illuminati iam non aut nostro aut aliorum iudicio credimus a Deo esse scripturam. ... Non argumenta, non verisimilitudines quaerimus, quibus iudicium nostrum incumbat; sed rei extra aestimandi aleam positae, iudicium ingeniumque nostrum subiicimus ... quia inexpugnabilem nos veritatem tenere, probe nos conscii sumus. ... quia non dubiam vim numinis illic sentimus videre ac spirare, qua ad parendum, scientes quidem ac volentes, vividius tamen et efficacius quam pro humana aut voluntate aut scientia trahimur et accendimur. ... Talis ergo est persuasio quae rationes non requirat, talis notitia, cui optima ratio constet, nempe in qua securius constantiusque mens quiescit, quam in ullis rationibus, talis denique sensus, qui nisi ex caelesti revelatione nasci nequeat. Non aliud loquor quam quod apud se experitur fidelium unusquisque, nisi quod longe infra iustam rei explicationem verba subsidunt* (I 7, 5). In der Aufzählung und Entfaltung jener sekundären Gründe hat Calvin nun leider in der Folgezeit viele Nachahmer gefunden, nicht aber in seinem so bestimmt ausgesprochenen Wissen um die abgrundtiefe Verschiedenheit dieser Gründe von dem einen primären und wirklichen Grund, nicht in seinem Wissen um die Überlegenheit und Selbstgenügsamkeit dieses einen Grundes. Das *testimonium Spiritus sancti internum,* auf das er mit der ganzen Reformation den Glauben an die Bibel als an Gottes Wort allein gründen wollte, wurde in der Folgezeit ganz allmählich, aber unaufhaltsam zu einem Grund neben den anderen Gründen, und die anderen Gründe gewannen ein Interesse und bekamen ein Gewicht, als ob sie nun doch selbständige Gründe zu sein vermöchten. Die wehrlose Kraft des einen Grundes, daß in der Bibel Gott selber für Gott gezeugt hat und noch zeugt, wurde immer mehr so verstanden, wie man sie im 16. Jahrhundert gerade nicht verstanden haben wollte: nämlich als die Kraft einer besonderen seelischen Erfahrung, eines Erlebnisses, das der Mensch einmal mit der Bibel gemacht haben müsse. Eben in diesem Verständnis konnte sie dann aber auch nicht mehr lange die Kraft eines wirklichen Grundes haben, mußte sie, in der Calvin die allein objektiv beweisende Kraft gesehen hatte, nun in den Verdacht geraten, eine doch nur subjektiv und also streng genommen gar nicht beweisende Kraft zu sein, mußte das Zeugnis des Heiligen Geistes hinter jenen vernünftigen Argumenten, die bei Calvin gerade die Rolle eines schönen Luxusartikels haben spielen dürfen, schließlich völlig zurücktreten und verschwinden. Dies war der Stand der Dinge am Ende des 17. Jahrhunderts. Und so finden wir das Zeugnis des Heiligen Geistes bei S. Werenfels (*De triplici teste, Opusc.* I S. 179 f.) ganz schlicht umgedeutet in die menschliche Überzeugung, die man sich als Leser der Schrift vom Sinn und von der Glaubwürdigkeit des Gelesenen nach bestem Wissen und Gewissen zu bilden vermag. Und so lesen wir etwas später bei J. D. Michaelis (*Comp. theol. dogm.* 1760, § 8) die offene Erklärung, er habe ein solches Zeugnis des Heiligen Geistes seiner Lebtage nie vernommen, er beneide niemanden, der da meine, ein solches vernommen zu haben, und gedenke sich für seine Person durchaus zu halten an *illa quae in codice sacro insunt divinitatis indicia et argumenta.* Die Schlacht war für einmal auch auf diesem Punkt verloren. Es hat in der Neuzeit nicht ganz an Stimmen gefehlt, die uns verraten, daß wenigstens das historische Verständnis der ursprünglichen Position nicht ganz verlorengegangen ist. Wir dürfen dafür A. Ritschl als Zeugen anrufen, der vom *testimonium Spiritus sancti* einmal schreiben konnte: „Mag auch dieser Begriff alles dasjenige umfassen, was man unter religiöser Erfahrung versteht, so ist er doch formell ganz anders beschaffen als der Begriff der Erfahrung, ja er ist demselben geradezu entgegengesetzt. Als Erfahrung bezeichnet man eine Bewegung, deren Subjekt das menschliche Ich ist; im *testimonium Spiritus sancti* aber wird das Ich als Objekt und seine Heilserfahrung und Wahrheitsüberzeugung als Wirkung einer anderen Kraft gedacht" (Rechtfert. u. Versöhnung"[4] 2. Bd. S. 6). Aber eben in diesem richtigen Verständnis hat auch Ritschl diesen Begriff als „unbrauchbar" erklärt!!

Die Schrift wird als Gottes Wort daran erkannt, daß sie Gottes Wort ist. Das sagt die Lehre vom Zeugnis des Heiligen Geistes. Vom Heiligen Geist ist Jesus Christus nach seiner Menschheit empfangen, um für uns geboren zu werden aus Maria der Jungfrau. Durch den Heiligen Geist ist er wiederum nach seiner Menschheit heilsam gegenwärtig im Abendmahl. Durch den Heiligen Geist wurden und sind die Zeugen seiner Menschheit Zeugen auch seiner ewigen Gottheit, wurde seine Offenbarung von ihnen und wird seine Offenbarung durch sie von uns vernommen. Sagen wir „durch den Heiligen Geist", so sagen wir: durch Gott im freien gnädigen Akt seiner Zuwendung zu uns. Sagen wir „durch den Heiligen Geist" so sagen wir: daß wir auch in der Lehre von der heiligen Schrift uns wohl damit zufrieden geben, Gott und nicht uns selbst die Ehre zu geben.

Heinr. Alstedt (*Theol. schol.* 1618 S. 27 zit. nach H. Heppe, Dogm. d. ev. ref. Kirche 1861 Neuaufl. 1935 S. 24) hat geschrieben: *Auctoritas et certitudo scripturae pendet a testimonio Spiritus sancti et haec est demonstratio demonstrationum maxima. Auctoritas namque dicti vel scripti cuiuscumque pendet ab ipso eius auctore. Multum situm est in hac regula, quippe basi totius theologiae.* D. Fr. Strauß hatte wohl recht, wenn er diese Regel kritisiert hat mit den Worten: „Wer zeugt nun von der Göttlichkeit dieses Zeugnisses? Entweder nur wieder es selbst, das heißt Niemand; oder irgend etwas, sei es Gefühl oder Denken im menschlichen Geiste — hier ist die Achillesferse des protestantischen Systems" (Die chr. Glaubenslehre 1. Bd. 1840 S. 136). Ja, wer zeugt nun von der Göttlichkeit dieses Zeugnisses?! Strauß dürfte nur übersehen haben, daß es kein protestantisches „System" gibt, daß aber die protestantische Kirche und Lehre sich seine Frage nicht nur gefallen lassen muß, sondern von Herzen gern gefallen läßt, weil sie gerade an dieser ihrer schwächsten Stelle, wo ihr nur dieses Zugeständnis und Bekenntnis übrig bleibt, auch ihre ganze und unvergängliche Stärke hat.

§ 20

DIE AUTORITÄT IN DER KIRCHE

Unmittelbare, absolute und inhaltliche Autorität nimmt die Kirche nicht für sich selbst, sondern allein für die heilige Schrift als Gottes Wort in Anspruch. Eben der Gehorsam gegen das autoritäre Wort Gottes in der heiligen Schrift ist aber objektiv bestimmt dadurch, daß die, die in der Kirche miteinander das Zeugnis der Schrift anzunehmen bekennen, bei dessen Auslegung und Anwendung gegenseitig aufeinander zu hören, willig und bereit sein werden. Die Autorität in der Kirche ist durch die Autorität der heiligen Schrift, in der sie begründet ist, begrenzt als mittelbare, relative und formale Autorität.

1. DIE AUTORITÄT DES WORTES

Die heilige Schrift bezeugt der Kirche (und durch die Kirche der Welt) Gottes Offenbarung, Jesus Christus, das Wort Gottes. Die Kraft, in der sie dies tut, ist die Kraft des Gegenstandes, von dem sie Zeugnis gibt und der sie auch zu seinem Zeugnis geschaffen und gestaltet hat. Das Zeugnis der heiligen Schrift ist also das Zeugnis des Heiligen Geistes. Er ist ja die Kraft des Gegenstandes der heiligen Schrift. Durch ihn wurde sie heilige Schrift; durch ihn und nur durch ihn redet sie als solche. Indem sie dies tut, vermittelt sie die Offenbarung, vergegenwärtigt sie Jesus Christus, redet sie selber, in der dienenden Gestalt menschlichen Wortes, das Wort Gottes. Wer sie hört, hört ihn. Wer ihn hören will, muß sie hören. Dies ist das evangelische Schriftprinzip als solches: das Allgemeine, Grundsätzliche und in sich Feststehende, was über die Bezeugung und Vermittlung der Offenbarung zu sagen ist — von dieser Erkenntnis und von diesem Bekenntnis abhängig ist nun die Beantwortung der Frage, wie es für uns, für die Kirche (und durch die Kirche für die Welt) dazu kommt, daß das Zeugnis der heiligen Schrift in der Kraft des Zeugnisses des Heiligen Geistes vernommen und angenommen wird. Wie kommt es zum Gehorsam gegen das Wort Gottes in der heiligen Schrift? Die Frage steht in Analogie zu der grundlegenden Frage:

Wie kommt es zum Vollzug der Offenbarung des dreieinigen Gottes? Und wenn dort in näherer Erklärung eben dieser Offenbarung selbst zu antworten war: es kommt dazu objektiv durch die Fleischwerdung des göttlichen Wortes in Jesus Christus und subjektiv durch die Ausgießung des Heiligen Geistes Gottes, so wird jetzt auch hinsichtlich des Gehorsams gegen die Bezeugung und Vermittlung dieser Offenbarung, gegen das Wort Gottes in der heiligen Schrift ein objektives und ein subjektives Moment, d. h. eine äußere und eine innere Bestimmung dieses Gehorsams zu unterscheiden sein. Es handelt sich hier wie dort um Bestimmungen, deren Subjekt Gott ist. Ist doch die Wirklichkeit der Bezeugung und Vermittlung seiner Offenbarung im gleichen Sinn und Ernst sein eigenes Werk wie seine Offenbarung selbst und als solche. Aber eben um das Verstehen der Wirklichkeit dieser Bezeugung und Vermittlung an uns geht es jetzt. Und wie wir zum Verständnis der Wirklichkeit der Offenbarung selbst und als solcher von der Lehre vom dreieinigen Gott aus einen doppelten Weg einschlagen mußten in der Lehre von der Fleischwerdung des Wortes und in der Lehre von der Ausgießung des Heiligen Geistes, so nun auch zum Verständnis der Wirklichkeit ihrer Bezeugung und Vermittlung durch die heilige Schrift. Die Wahrheit und Kraft der heiligen Schrift in ihrer sich selbst bezeugenden Glaubwürdigkeit ist in sich — und das werden wir auch hier nie aus den Augen verlieren dürfen — ein einziger gleichzeitiger Herrschaftsakt des dreieinigen Gottes, der in seiner Offenbarung der Gegenstand und als solcher auch der Ursprung der heiligen Schrift ist. Fragen wir aber, wie diese Wahrheit sich an uns bewähre, wie diese Kraft in uns kräftig werde — fragen wir, wie die Selbstevidenz der heiligen Schrift als Gottes Wort der Kirche (und durch die Kirche der Welt) einleuchtend werden kann, dann müssen wir, ohne die Einheit des göttlichen Wortes in Frage zu stellen, d a s, w a s hier jemandem einleuchtet, und den, d e m hier etwas einleuchtet und also ein Objektives und ein Subjektives, ein Äußeres und ein Inneres oder ganz konkret: die Möglichkeit Gottes für den Menschen und die Möglichkeit des Menschen für Gott zunächst auseinanderhalten. Nur indem wir sie auseinanderhalten, können wir sie, wie es hier nötig ist, zusammensehen und also die Wirklichkeit des Offenbarungszeugnisses in der heiligen Schrift verstehen, will sagen: begreifen in den Möglichkeiten, die in ihr wirklich werden. Indem wir diese Möglichkeiten als solche zu begreifen versuchen, wiederholen wir sozusagen auf einer unteren Stufe jenen doppelten Weg der Lehre von der Fleischwerdung des Wortes und der Lehre von der Ausgießung des Heiligen Geistes. Diese Möglichkeiten sind — o b j e k t i v: die in der Kirche aufgerichtete A u t o r i t ä t der heiligen Schrift, durch die dann auch eine bestimmte Autorität der Kirche selbst begründet ist und begrenzt wird, und s u b j e k t i v: die in der Kirche waltende F r e i h e i t der heiligen Schrift, in der dann wiederum auch eine bestimmte Freiheit der Kirche und ihrer Glieder ihren Grund und ihre Grenze hat. Beides, die Autorität und die Freiheit, will beachtet sein, wenn wir Antwort haben wollen auf die Frage, wie es zum Gehorsam gegen Gottes Wort in der heiligen Schrift kommt. Autorität ist die *äußere* Bestimmung, unter der dies von Gott her für den Menschen — Freiheit ist die *innere* Bestimmung, die Bestimmung, unter der dies vom Menschen her für Gott möglich wird. Es geht hier wie dort zuerst und eigentlich um die Autorität und Freiheit, die der *heiligen Schrift selbst* in der Kirche eigen ist. Es geht dann aber hier wie dort auch um die Autorität und Freiheit der *Kirche* als solcher unter der heiligen Schrift. Die heilige Schrift begründet und begrenzt ja die Kirche; eben damit konstituiert sie sie aber auch. Indem sie in der Kirche Autorität und Freiheit hat, verleiht sie ihr auch Autorität und Freiheit. Wir werden das Alles in Betracht zu ziehen haben. Denn nur indem das Alles geschieht, kommt es dazu, daß die heilige Schrift als Wort Gottes in der Kirche (und durch die Kirche in der Welt) Gehorsam findet. Wir fragen jetzt nicht mehr: warum das geschieht? Denn auf diese Frage ist die Antwort bereits gegeben: es geschieht darum, weil sie das Wort Gottes ist und sich als solches zu erkennen gibt. Wir fragen jetzt genetisch: wie das geschieht? Genau so, wie wir in der Lehre von der Fleischwerdung des Wortes und von der Ausgießung des Heiligen Geistes nicht das Warum?, sondern, auf dem Hintergrund der Trinitätslehre, nur das Wie? der Offenbarung erörtern konnten. Auf dieselbe Frage nach dem Modus nunmehr der *Vermittlung* und der *Bezeugung* der Offenbarung antworten wir in diesem und im nächsten § mit der Lehre von der Autorität und von der Freiheit in der Kirche.

Wenn wir von „*Autorität*" in der Kirche reden, so sagen wir damit zunächst allgemein: daß es in der Kirche eine Instanz gibt, die anderen Instanzen gegenüber in einem *näheren* Verhältnis zu Grund und Wesen der Kirche steht, die mehr Anteil hat an ihrem geschichtlichen und sachlichen Ursprung und die darum Anspruch darauf hat, jenen anderen Instanzen gegenüber in der Kirche mehr und intensiver gehört und als maßgeblicher beachtet zu werden. Autorität in der Kirche ist grundsätzlich und allgemein eine *durch ihre höhere Ursprünglichkeit vorgeordnete* kirchliche Instanz. Solche Autorität in der Kirche ist nun auf alle Fälle auch die *heilige Schrift*. Sie ist es in diesem allgemeinen Sinn, weil sie ein Dokument, und zwar das geschichtlich *älteste* aufweisbare *Dokument* der Entstehung und insofern des Grundes und Wesens der Kirche ist. Daß es auch andere Instanzen in der Kirche gibt, die zu deren Grund und Wesen in einem bestimmten Verhältnis stehen, die an ihrem Ursprung geschichtlich und sachlich Anteil und die also an ihrem Ort den Anspruch haben, gehört und beachtet zu werden und also in ihrer Art als Autoritäten zu gelten, das wird durch die Existenz der heiligen

Schrift nicht grundsätzlich verneint. Es haben aber nicht alle von diesen anderen Instanzen den Charakter von Dokumenten und es hat keine von ihnen den Charakter des ältesten Dokumentes. Die heilige Schrift hat also auf alle Fälle eine eigene, und zwar eine in ihrer Art singuläre Autorität in der Kirche. — Aber eben in dem in diesem allgemeinen Sinn verstandenen Autoritätscharakter kann sich nun die autoritative Bedeutung der heiligen Schrift für die Kirche nicht erschöpfen.

Der Hinweis auf die Schriftlichkeit und auf das Alter der Bibel hat denn auch in der Reformation auf lutherischer wie auf reformierter Seite nie eine entscheidende Rolle gespielt. Er findet sich beiläufig in der *Conf. Helv. prior* 1536 Art. 1 und bei Calvin, *Instit.* I 8, 3 f. Das *Ad fontes!* der Humanisten hat im Mund der Reformatoren, auch wenn sie sich wie Zwingli in nicht allzu großer Ferne von Erasmus befanden, sofort einen ganz anderen Sinn bekommen.

In diesem allgemeinen Sinn verstanden, könnte auch die heilige Schrift zwar eine eigene und singuläre, aber doch nur eine mittelbare, relative und formale Autorität in der Kirche haben. Mittelbar: das heißt zeitlich, geschichtlich, menschlich. Sie wäre dann so Autorität, wie es auf Erden auch auf anderen Gebieten Autorität gibt, *iure humano*, unter Vorbehalt besserer Belehrung, unter Vorbehalt ihrer Korrektur oder doch Interpretation durch die bekannten anderen Autoritäten ähnlicher Art, unter Vorbehalt des Widerspruchs einer vielleicht auf derselben Ebene einmal auftauchenden und dann auch zu respektierenden noch höheren Autorität, unter Vorbehalt vor Allem eines *ius divinum*, von dem her sie ihre Beglaubigung erst empfangen müßte. Relativ: sie könnte dann wie alle anderen autoritativen Instanzen in der Kirche die göttliche Autorität nur repräsentieren. Es wäre dann nicht nur möglich, sondern notwendig, von der Schrift (bei aller Anerkennung der ihr eigentümlichen Würde) zu appellieren an ein anderweitig zu vernehmendes, eigentliches und ursprüngliches Wort Gottes. Es dürfte und müßte dann die Kirche an dem stellvertretenden und vorläufigen Urteil der Schrift vorbei auch noch direkt mit dem höchsten und wirklichen Richter und Herrn verkehren. Formal: die heilige Schrift würde dann mit anderen Zeugnissen von Gottes Offenbarung grundsätzlich und praktisch in einer Reihe stehen als bloßes Zeugnis, als reine Form und Gestalt. Sie wäre dann nicht der Erkenntnisgrund der Verheißung, daß Gottes Offenbarung selbst in ihrer Bezeugung gegenwärtig sein will und kann, sondern diese Verheißung, von der in der Tat alles Zeugnis lebt, bedürfte dann eines anderen Erkenntnisgrundes, nach welchem wir uns, wenn wir ihn in der Schrift nicht hätten, nach eigener Willkür und aus eigener Vollmacht umschauen müßten.

Es wäre dann mit Schleiermacher zu sagen, daß der Glaube an Christus „schon vorausgesetzt werden muß, um der heiligen Schrift ein besonderes Ansehen einzuräumen" (Der chr. Glaube, § 128).

Es ist nun wohl wahr, daß die heilige Schrift auch in diesem allgemeinen Sinn, also als ältestes Dokument, Autorität ist.

Man kann also mit Schleiermacher, der hier Gewicht legte auf das, was für die Reformatoren kein Gewicht hatte (Der chr. Glaube § 129, Kurze Darstellung § 105), die Autorität der heiligen oder wenigstens der neutestamentlichen Schrift darin sehen, daß sie die geschichtlich ersten Dokumente des kirchlichen Lebens enthält.

Die heilige Schrift ist ja in der Tat auch ein menschlich geschichtliches Dokument und also in ihrem Verhältnis zu Gottes Offenbarung auch vergleichbar mit anderen Zeugnissen; sie ist auch eine mittelbare, eine relative, eine formale Größe. Sie will und sie muß auch immer als solche gewürdigt werden. Nur daß, sofern das nun Alles sein sollte, die Frage, wie es zum Gehorsam gegen sie kommen soll, letztlich unbeantwortet bleiben müßte. Der eigentliche Gehorsam der Kirche gilt dann einer von der heiligen Schrift zu unterscheidenden Instanz, einem Unmittelbaren, Absoluten, Inhaltlichen, das irgendwo neben oder über der heiligen Schrift zu suchen ist oder schon gefunden ist.

Der Gehorsam der Kirche gilt denn auch nach Schleiermacher nicht dem geschichtlich Ältesten und Ursprünglichen als solchem, sondern diesem nur sofern ihm eine „normale Dignität" eignet, über deren Vorhandensein in der heiligen Schrift aus anderweitiger Erkenntnis zu entscheiden ist.

Es wird sich dann auch fragen, inwiefern diese anderweitige Erkenntnis Anspruch darauf erheben kann, Erkenntnis von Gottes Offenbarung zu sein, inwiefern also jenes Unmittelbare, Absolute, Inhaltliche neben oder über der heiligen Schrift mit Recht mit Gott oder mit Christus oder mit dem Heiligen Geist gleichgesetzt und also zum Gegenstand des eigentlichen Gehorsams der Kirche erhoben wird. Sicher ist dies, daß die Kirche sich bei dieser Bestimmung ihres Gehorsams letztlich auf ihr eigenes Urteil verlassen würde und müßte. Sie selbst wäre es, die dann jener unmittelbaren, absoluten, inhaltlichen Instanz abseits oder oberhalb der heiligen Schrift, von der her diese ihre mittelbare, relative, formale Autorität erst zu empfangen hätte, den Charakter als Gottes Offenbarung zuschreiben würde und müßte. Sie selbst müßte sie ausfindig machen; sie selbst müßte ihr diese höchste Würde zuerteilen. Um das zu können, müßte sie aber ihrerseits der Offenbarung Gottes schon mächtig sein, sie zuvor schon erkannt haben, ihrer also zuvor selber schon teilhaftig sein. Gottes Offenbarung müßte ein ursprünglicher Besitz der Kirche sein, der es ihr ermöglichte, gesichert festzustellen, wo und was Offenbarung und wo und was dann auch Zeugnis von Offenbarung ist.

Einen solchen ursprünglichen Offenbarungsbesitz der Kirche zuzuschreiben, war Schleiermacher, der Normaltheologe des Neuprotestantismus, bei seiner Lehre von der heiligen Schrift in der Tat in der Lage. Und in derselben Lage war und ist auch der römische Katholizismus.

Wäre dem wirklich so, dann wäre die Kirche tatsächlich sich selber eine unmittelbare, absolute und inhaltliche Autorität. Immer wäre es ja sie selber, die diese Instanz als solche einsetzte und immer würde und müßte sie in ihr sich selbst wiedererkennen. Immer wäre also ihr Gehorsam dieser Instanz gegenüber in Wirklichkeit die Ausführung ihres eigenen Strebens und Willens. Inwiefern er Gehorsam und nicht Selbstregierung, inwiefern die in der Kirche geltende Autorität Autorität über der Kirche und für die Kirche wäre, würde dann unerkennbar.

Dieser Möglichkeit stellen wir zunächst entgegen die Feststellung, daß die Kirche, wo sie wirklich Kirche ist, als Kirche Jesu Christi sich dem gegenüber, was ihr Sein, ihren Grund und ihr Wesen ausmacht, also gegenüber Jesus Christus, dem Worte Gottes, in einem erkennbaren und als solches immer wieder vollziehbaren Gehorsamsverhältnis befindet. Ein Gehorsamsverhältnis ist aber ein Verhältnis in einem Gegenüber, und zwar in einem Gegenüber, in welchem es ein erkennbares und jederzeit aktuelles Oben und Unten gibt. Zu einem Gehorsamsverhältnis gehören zwei gewiß in einer bestimmten Einheit zusammengehörige, aber in dieser Einheit auch bestimmt unterschiedene, zwei in einer bestimmten und unumkehrbaren Ordnung sowohl vereinigte als auch unterschiedene Partner, von denen der Eine und nur der Eine befiehlt, der Andere aber diesem Befehl sich zu fügen und eben nur zu fügen hat. In einem solchen Gehorsamsverhältnis zu Jesus Christus finden wir die Kirche sofort in dem von der heiligen Schrift bezeugten ursprünglichen Akt der Offenbarung, in dem Gegenüber der Apostel mit dem Gekreuzigten und Auferstandenen, das in dem Gegenüber der Propheten Israels mit Jahve sein alttestamentliches Vorbild hat. Wir finden weder im Alten noch im Neuen Testament auch nur eine Spur von der Möglichkeit, daß dieses Gehorsamsverhältnis, in welchem die biblischen Zeugen wurden, was sie waren: Empfänger der Offenbarung, sich nachträglich etwa aufgelöst und verwandelt hätte in ein solches, in welchem diese Menschen Jesus Christus oder Jahve gegenüber als Träger einer ihnen nunmehr zu eigen gewordenen Mächtigkeit über das ihnen Offenbarte dastehen würden, in welchem also die Kirche sich auch nur teilweise nunmehr selbst zu regieren in der Lage wäre. Es gibt in der heiligen Schrift kein solches Nachher eines gesicherten Offenbarungsbesitzes, das dann von diesen Menschen her gesehen, der Offenbarung gegenüber auch ein Vorher, einen Offenbarungsstandpunkt neben oder gar über der Offenbarung bedeuten könnte. Empfänger der Offenbarung werden sie nicht, indem sie sich die Offenbarung irgendwie aneignen, um nun inskünftig in der Lage zu sein, Offenbarung von sich aus als solche zu erkennen und zu würdigen, sondern Empfänger der Offenbarung werden und sind sie, weil und indem ihnen Offenbarung gebieterisch begegnet und weil und indem sie ihr gehorsam werden. Als Gehorchende sind sie Propheten und Apostel.

Als Gehorchende haben sie den Heiligen Geist. Als Gehorchende werden sie auch eingesetzt und beauftragt als Zeugen Christi den Anderen, der werdenden Kirche und der Welt gegenüber. Kirche Jesu Christi kann also jedenfalls nur da sein, wo es zu einer Wiederholung dieses Gehorsamsverhältnisses kommt. Eine Offenbarung, die die Kirche auf Grund eines ihr eigenen Offenbarungsbesitzes und von einem selbständigen Offenbarungsstandpunkt aus als solche erkennen und würdigen würde, wäre, auch wenn sie Offenbarung Gottes oder Christi oder des Heiligen Geistes genannt würde, als solche nicht die Offenbarung, auf die die Kirche Jesu Christi gegründet ist. Und es wäre die Kirche, die in solchem Verhältnis zur Offenbarung unmittelbare, absolute und inhaltliche Autorität sich selbst zuschriebe, als solche nicht die Kirche Jesu Christi, auch wenn sie sich noch so ernstlich christliche Kirche nennen wollte. Die Existenz der Kirche Jesu Christi steht und fällt damit, daß in ihr gehorcht wird, wie die Apostel und Propheten ihrem Herrn gehorcht haben. Sie steht und fällt mit dem erkennbaren und jederzeit aktuellen Gegenüber von Mensch und Offenbarung, das keine Umkehrung zuläßt, in welchem der Mensch empfängt, lernt, sich fügt und sich richtet, in welchem er einen Herrn hat und ganz und gar diesem Herrn gehört.

Aber nun ist ja das Gehorsamsverhältnis zwischen den Propheten und Aposteln und ihrem Herrn als solches ein einmaliges Verhältnis. So einmalig wie die Fleischwerdung des göttlichen Wortes, wie die Ausgießung des Heiligen Geistes, wie die Versöhnung des Menschen mit Gott im Tode Christi und wie deren Offenbarung in seiner Auferstehung, wie die 40 Tage nach Ostern in der Mitte der Zeiten. Diese Mitte der Zeiten ist eine in sich abgeschlossene Zeit, die so nicht, oder vielmehr: erst in und mit der Wiederkunft Jesu Christi selbst wiederkehrt. Die Zeit der Kirche, unsere Zeit, ist eine andere Zeit. Und diese Zeit ist nicht einfach eine Verlängerung und Fortsetzung jener Zeit. Es bedeutet also die Existenz der Kirche nicht die Existenz von immer neuen Propheten und Aposteln, die in derselben direkten Weise Gottes Offenbarung empfangen würden, in derselben direkten Weise als deren Zeugen beauftragt und bevollmächtigt wären. Ist nun Kirche Jesu Christi nur da, wo es zu einer Wiederholung jenes Gehorsamsverhältnisses kommt, dann werden wir sagen müssen: Entweder es existiert außerhalb jener Mitte der Zeiten überhaupt keine Kirche Jesu Christi mehr; es hat die Kirche Jesu Christi überhaupt nur einmal gegeben, nämlich in den Propheten und Aposteln selbst, genau genommen: in den 40 Tagen nach Ostern, in denen die Apostel die Verheißung der Propheten erfüllt sahen vor ihren Augen; die Welt ist seit dem Erscheinen dieses Lichtes wieder zurückgekehrt in ihre ursprüngliche Finsternis, und die Erinnerung an jenes Licht ist eine bloße, leere Erwartung geworden. Oder: die Verheißung gerade der 40 Tage ist wahr und ebenso erfüllt vor unseren Augen wie die alttestamentliche Weissagung in den 40 Tagen selber: Ihr sollt meine Zeugen sein! und: Siehe, ich bin bei euch alle Tage! Die einmalige Offenbarung ist nicht umsonst geschehen, und auch jenes einmalige Gehorsamsverhältnis ist nicht umsonst zustande gekommen. Beide: die Offenbarung und der Gehorsam der Propheten und Apostel existieren weiter: indirekt, aber in voller ungebrochener Wirklichkeit, ein Abbild der Offenbarung, in welchem doch diese selbst für alle Zeiten wahr und gültig gegenwärtig ist, und ein Urbild des Gehorsams, wie er in allen Zeiten, auch ohne daß es weitere Propheten und Apostel gibt, in vollem Ernst wiederholt werden kann und soll. Dieses authentische Abbild der Offenbarung und dieses authentische Urbild des Gehorsams gegen sie ist dann der Inhalt des Zeugnisses der Propheten und Apostel in der heiligen Schrift. Es ist dann wahr, daß die heilige Schrift Gottes Wort für die Kirche ist, Jesus Christus für uns, wie er es in den 40 Tagen für die Propheten und Apostel selbst war. In ihrem Zeugnis hat es dann die Kirche mit ihrem Herrn, und sie hat es also in der an sich mittelbaren, relativen und formalen Größe der Schrift, in der uns deren Zeugnis vorliegt, mit der sie selbst begründenden und erhaltenden unmittelbaren, absoluten und inhaltlichen Autorität, mit ihrem Sein, Wesen und Grund selber zu tun. Die Kirche kann dann nicht an der Schrift vorbeisehen. Sie kann dann nicht an ihr vorbei direkt an Gott, an Christus, an den Heiligen Geist appellieren wollen. Sie kann dann die Schrift nicht von einem abseits von der Schrift gewonnenen und bezogenen Offenbarungsstandpunkt aus messen und beurteilen. Sie weiß dann um keine „normale Dignität", die die Schrift als das älteste Dokument ihres eigenen Lebens erst heiligen und zu dessen Norm erheben müßte. Sie kann dann nicht aus irgendeinem Besitz von Offenbarung heraus konstatieren, daß und inwiefern auch die Schrift Offenbarungsquelle ist. Die Schrift tritt ihr dann gebieterisch als heilige Schrift gegenüber, und sie empfängt dann von ihr die Offenbarung in einer ebenso konkreten und konkret geordneten Begegnung, wie dies nach der Schrift zwischen dem Herrn und seinen Zeugen ursprünglich geschehen ist. Sie gehorcht dann der heiligen Schrift. Nicht als ob sie irgendwelchen längst verblichenen Menschen, ihrer Humanität, ihrer Theologie gehorchte, sie gehorcht aber dem, dem es gefallen hat, diesen längst verblichenen Menschen in und mit und trotz ihrer Humanität, Frömmigkeit und Theologie Auftrag und Vollmacht zu geben. Sie dient dann dem Wort Gottes im Zeichen und Gewand des Wortes dieser Menschen. Indem sie *sie* hört, hört sie ihn. Und indem sie sie hört, *hört* sie ihn. Die Fleischwerdung des Wortes Gottes und die Ausgießung des Heiligen Geistes *ist geschehen*, *geschieht* und *wird geschehen* für die Kirche (und durch die Kirche für die Welt) aller Zeiten, weil und indem die Kirche sich angesichts der Einmaligkeit der Offenbarung bescheidet, deren authentisches Zeugnis anzunehmen und in seiner Authentie aufzunehmen und weiterzugeben.

Es wird gut sein, sich dieses Entweder-Oder in voller Schärfe vor Augen zu halten! — Ist die Verheißung: Ihr sollt meine Zeugen sein! und: Siehe, ich bin bei euch alle Tage! nicht erfüllt, ist also die Schrift nicht Gottes Wort für die Kirche, dann ist und bleibt Gottes Offenbarung eine bloße Erinnerung, dann gibt es keine Kirche Jesu Christi. Es mag dann wohl eine menschliche Gemeinschaft geben, die sich aufbläht in der Illusion, daß in ihr das Leben und Wirken der Propheten und Apostel seinen Fortgang nehme und daß sie also mit diesen in einer direkten Beziehung zu der unmittelbaren, absoluten und inhaltlichen Autorität Gottes, Christi und des Heiligen Geistes sich befinde. Diese Illusion, das Vergessen der Einmaligkeit der Offenbarung und mit ihr der prophetisch-apostolischen Situation wird sich rächen: indem die Kirche an sich reißt, was ihr nicht gehört, wird es sich sofort zeigen, daß sie zu dem Gehorsamsverhältnis, in welchem die Propheten und Apostel der Offenbarung gegenüber standen, unfähig ist. Sie wird dieses Gehorsamsverhältnis verfälschen in ein Verhältnis, in welchem sie als Besitzende, Wissende und Mächtige mit Gott, Christus und dem Heiligen Geist meint umgehen zu dürfen, in welchem sie nicht nur zu gehorchen, sondern auch zu verfügen hat. Und es kann nicht anders sein: immer mehr wird sie selbst die wahrhaft Verfügende in diesem Verhältnis werden. Sie wird zwangsläufig immer mehr sich selbst in die Nähe jener unmittelbaren, absoluten und inhaltlichen Autorität schieben und sich schließlich mehr oder weniger direkt mit ihr identisch erklären. Sie wird zwangsläufig zu einer unter dem Vorwand des Gehorsams gegen die Offenbarung sich selbst regierenden Kirche werden. Und es könnte ja dann wohl, wenn etwa diese Illusion als solche mehr oder weniger deutlich empfunden und durchschaut werden sollte, auch eine andere menschliche Gemeinschaft geben, die sich, solcher Überhebung müde geworden, nur noch die Pflege jener schönen Erinnerung als solcher zum Zweck machen würde. Möglich wäre ja auch ein Kultus und eine Theologie der laut heiliger Bücher vor Zeiten einmal geschehenen Offenbarung als solcher, einer Offenbarung, die uns zwar im Grunde nichts anginge, weil sie Offenbarung an uns doch nicht werden könnte, die man aber immerhin von weitem nicht ohne Andacht und Genuß bestaunen, besprechen und feiern könnte. Möglich wäre, wenn die heilige Schrift nicht Gottes Wort wäre, wenn sie bloß mittelbare, relative und formale Autorität hätte, auch eine Kirche bloßer, für die Gegenwart zwar unfruchtbarer, aber immerhin korrekter Gläubigkeit. Also: einmal die katholische Kirche ist möglich und die verschiedenen neuprotestantischen Anwendungen und Abwandlungen des katholischen Kirchenbegriffs: alle unter Voraussetzung der großen Illusion hinsichtlich der Einmaligkeit der Offenbarung, alle auf dem Wege zu einer pantheistischen Identifikation von Kirche und Offenbarung. Und es ist andererseits ebenfalls in katholischer wie in protestantischer Form möglich das Schattenbild dieses immerhin stattlichen Vorbildes: die tote, die um die Offenbarung wie um ein lebloses Götzenbild versammelte, die die Einmaligkeit der Offenbarung irgendwie einsehende und gerade darum im Grunde an sich selbst verzweifelnde Kirche. Aber diese beiden Kirchen sind wohl im Grunde gar nicht zwei Kirchen, sondern nur die beiden Pole, zwischen denen sich das Leben der einen Kirche in einer höchst unnützen und verderblichen Spannnung notwendig hin und her bewegen müßte, wenn die heilige Schrift nicht Gottes Wort wäre — zwischen denen sich das Leben der einen Kirche, ob sie katholisch oder protestantisch sich nenne, tatsächlich hin und her bewegen muß, wenn sie den Glauben nicht hat, daß in der heiligen Schrift Gott selber mit ihr redet. Sie wird sich dann notwendig abwechselnd jetzt übermütig aufblähen, jetzt schwachmütig in sich selbst zusammensinken lassen. Sie wird dann vor ihren eigenen Augen und vor denen der Welt abwechselnd jetzt groß und prächtig, jetzt klein und häßlich dastehen, nicht in der Herrlichkeit und nicht in der Armut Christi, sondern das Eine wie das Andere, indem sie wie alle anderen weltlichen Gebilde ein Exponent ist der Finsternis, in der die Welt liegen müßte, wenn Gott sich nicht offenbart oder seltsamerweise einmal, für alle anderen Zeiten aber umsonst offenbart hätte.

Ist diese Kirche in der einen wie in der anderen Gestalt nicht die Kirche Jesu Christi, gibt es im Unterschied zu dieser Kirche — wenn auch vielleicht nur als das Geheimnis Gottes, das sich in dieser Kirche beständig zum Wort meldet, eine wirkliche Kirche Jesu Christi, dann darum, weil es wortwörtlich wahr und erfüllt ist: Ihr sollt meine Zeugen sein! und: Siehe, ich bin bei euch alle Tage! Ist das wahr und wird das, weil es wahr ist, geglaubt, dann ist die Offenbarung so hoch über der Kirche beschlossen in dem Wort der Propheten und Apostel, zu denen dies gesagt wurde: nicht ihr, der Kirche eigenes, sondern das zu ihr gesprochene fremde Wort, daß sie es wohl unterlassen wird, nach ihr zu greifen, sie zu ihrem Besitz zu machen und also in ihre Macht zu bringen. Beugen wird sie sich dann immer aufs neue vor ihr. Lernen wird sie dann von ihr. In echtem Gehorsam wird sie dann an ihr Anteil haben. Gerade dann, gerade in dieser Höhe wird sie ihr ja auch nicht ferne, sondern in ihrem Gewand als menschliches Wort, mit dem man heute und alle Tage menschlich umgehen kann, nahe sein. Die Kirche wird dann, wenn ihr im menschlichen Zeugnis der bezeugte Gott gegenwärtig, wenn die Schrift Gottes Wort ist, leben von Gottes Offenbarung, zwischen Übermut und Verzweiflung mitten hindurchgehen, nun wirklich in der Armut, aber auch wirklich in der Herrlichkeit Christi und nicht in einem eigenmächtig erwählten Prunk- oder Bettlergewand wirklich und legitim in unserer Gegenwart seine Gegenwart erfahrend und verkündigend, in unserer Zeit die Genossin seiner Zeit.

In diesem Entweder-Oder wird die Kirche immer wieder wählen müssen. Will und kann sich die Kirche dabei bescheiden, Gottes Offenbarung zu empfangen, indem sie deren authentisches Zeugnis als solches an- und aufnimmt? Ist sie also wirklich entschlossen, unmittelbare, absolute und inhaltliche Autorität nur der heiligen Schrift und sonst niemandem, auch nicht sich selbst zuzuschreiben? — Wir befinden uns mit dieser Frage im Angesicht eines der schwersten Konflikte ihrer Geschichte. Vorhanden, wenn auch noch nicht in seiner Schwere empfunden, seit den ersten Jahrhunderten, kam er in der Reformation und Gegenreformation des 16. Jahrhunderts zum offenen Ausbruch und bezeichnet seither im Zusammenhang mit den bekannten anderen Gegensätzen die Grenze, die die römisch-katholische Kirche von der wahren, der evangelischen Kirche trennt und so lange unerbittlich trennen wird, als nicht die eine oder die andere aufgehört haben wird, zu sein was sie ist. Wobei doch der nächste und bedrängendste Gegner und Gesprächspartner der evangelischen Kirche nicht der als solcher manifeste Katholizismus, sondern die in ihrer eigenen Mitte aufgebrochene Häresie des Neuprotestantismus ist, der sich auch in dieser Angelegenheit in der Hauptsache sehr schlicht als der verlängerte Arm der irrenden Papstkirche erwiesen hat. — Es steht und fällt die evangelische und mit ihr die wahre Kirche damit, daß sie den Satz: die Bibel ist Gottes Wort (von dem mit der Schrift identischen offenbarten und verkündigten Wort Gottes selbstverständlich abgesehen) exklusiv versteht, daß sie also unmittelbare, absolute und inhaltliche Autorität weder für irgendeine dritte Instanz noch auch für sich selber in Anspruch nimmt, und eben damit, mit dem Bekenntnis zu der Neuheit, Einzigartigkeit und Göttlichkeit der in der Schrift bezeugten Offenbarung, mit der Anerkennung, daß die Kirche dieser konkreten Gehorsam schuldig ist, schroffen und, wenn man ihr das wirklich vorwerfen will, „bornierten" Ernst macht. Es ist demgegenüber für das römisch-katholische System ebenso wesentlich und bezeichnend, daß es diese angebliche Einengung der Offenbarung auf ihre biblische Bezeugung ablehnt und an Stelle dessen zunächst ein bestimmtes, als göttliche Offenbarung qualifiziertes Moment des kirchlichen Lebens, die sog. Tradition, neben die heilige Schrift stellt, dann dieses Moment mehr und mehr erweitert, bis das Ganze des kirchlichen Lebens gerade in ihm beschlossen scheint, dann die heilige Schrift diesem Ganzen unter- und einordnet und endlich dieses Ganze und damit sich selbst für mit Gottes Offenbarung identisch erklärt. Dieselbe Relativierung der heiligen Schrift zunächst gegenüber gewissen Momenten, dann gegenüber der Totalität der christlichen Geschichte, dann dieselbe Einbeziehung der heiligen Schrift in diese Geschichte und schließlich dieselbe Gleichsetzung dieser Geschichte als solcher mit Gottes Offenbarung ist aber auch das Wesen und Merkmal der neuprotestantischen Lehre von der Schrift. Der Unterschied zwischen diesen beiden besteht darin, daß die mit der Offenbarung gleichgesetzte kirchliche Wirklichkeit im Katholizismus in der Gestalt der römischen Hierarchie eine theoretische und praktische Geschlossenheit und Manövrierfähigkeit hat, die der in keiner sichtbaren Gestalt verkörperten neuprotestantischen „Geschichte" des Christentums so nicht eigen sein kann. Beide treffen aber darin zusammen, daß hinter beiden die Möglichkeit steht, die lange Linie jener Gleichsetzungen gleich noch um ein Glied zu erweitern, d. h. nicht nur die christliche Geschichte, sondern gleich die Religionsgeschichte, ja letztlich die Geschichte oder die menschliche Wirklichkeit überhaupt mit der Offenbarung zu identifizieren. Man wird also schon sagen müssen, daß es in diesem Konflikt um eine Entscheidung von letzter Tragweite geht. — Eine geschichtliche Besinnung über das Verhältnis von Schrift und Tradition wird hier unerläßlich. (Vgl. zum Folgenden: H. J. Holtzmann, Kanon und Tradition 1859; Josef Ranft, Der Ursprung des katholischen Traditionsprinzips, 1931.)

Das Vorurteil ist auch heute noch nicht beseitigt, als ob die konkrete polemische Zuspitzung des reformatorischen Schriftprinzips, die bedingungslose Ablehnung einer mit der heiligen Schrift als Offenbarungsquelle konkurrierenden kirchlichen Tradition eine Eigentümlichkeit der reformierten Kirche sei. Und dasselbe gilt von der auf dieses Vorurteil gegründeten Meinung, als ob es vom Standpunkt des Luthertums aus allenfalls doch nicht ganz ausgeschlossen sein möchte, mit dem Katholizismus in dieser Sache zu einem Einverständnis zu kommen. Jenes historische Vorurteil hat einen Anhalt in der bekannten Tatsache, daß das Schriftprinzip zwar an der Spitze der sämtlichen wichtigeren Bekenntnisschriften der reformierten Kirchen mit mehr oder weniger Schärfe und Ausführlichkeit ausgesprochen ist, während es in dem Grundbekenntnis der Lutheraner, in der Augsburgischen Konfession und in Luthers Katechismen überhaupt nicht explizit genannt wird. Hören wir zunächst, beispielsweise herausgegriffen, aus der *Conf. Gallic.* 1559 Art. 5, was die reformierte Kirche in dieser Sache bekannt und verworfen hat: *Nous croyons que la parole de Dieu qui est contenue en ces livres est procedee de Dieu, duquel elle seule prend son authorité et non des hommes. Et d'autant qu' elle est reigle de toute vérité contenant tout ce qui est necessaire pour le service de Dieu et nostre salut, il n'est loysible aux hommes, ne mesmes aux Anges d'y adiouster, diminuer ou changer. Dont il s'ensuit que ne l'antiquité, ne les coustumes, ne la multitude ne la sagesse humaine, ne les iugements, ne les arrestz, ne les edicts, ne les decrets, ne les conciles, ne les visions, ne les miraclez, ne doivent estre opposez à icelle Escripture saincte, ains au contraire toutes choses doivent estre examinees, reiglees, et reformees selon icelle.* Man darf aber angesichts solcher und ähnlicher Texte einmal nicht übersehen: es gibt auch reformierte Bekenntnischriften wie der Berner Synodus von 1532, die Basler Konfession von 1534 und vor allem der Heidelberger Katechismus, in denen man das Schriftprinzip ebenso mit der Lupe suchen muß wie in jenen älteren Dokumenten des Luthertums. Sodann: Daß die Sache auf der reformierten Seite in der Tat in ausgesprochenerer Weise sichtbar wird als auf der lutherischen, hat seinen guten Grund darin, daß das reformierte Bekenntnis die gemeinsame evangelisch-kirchliche Substanz hier wie anderwärts im ganzen in einem späteren Stadium, nämlich im Stadium ihrer vorläufig abschließenden Abgrenzung und darum in einer Klarheit zeigt, die sich zwar praktisch von Anfang an auf der ganzen Linie anbahnte, die aber theoretisch im dritten Jahrzehnt jenes Jahrhunderts — der hohen Zeit der lutherischen Reformation — wenigstens noch nicht bekenntnisreif geworden war. Daß die lutherische Kirche am Ende des Reformationszeitalters sich selbst nicht anders verstand und also auch nichts anderes zu bekennen hatte als die reformierte, zeigt ganz unzweideutig der Eingang der Konkordienformel in ihren beiden Teilen, wo die Heilige Schrift, „die prophetischen und apostolischen Schriften Alten und Neuen Testamentes", als „der einig Richter, Regel und Richtschnur", als der „reine, lautere Brunnen Israels" angegeben wird, „nach welchem als dem einigen Probierstein sollen und müssen alle Lehrer erkannt und beurteilt werden, ob sie gut oder bös, recht oder unrecht sein". „Wenn ein Engel vom Himmel käme und predigte anders, der soll verflucht sein" wird aus Gal. 1, 8 zitiert. „Andere Schriften aber der alten und neuen Lehrer, wie sie Namen haben, sollen der heiligen Schrift nicht gleichgehalten, sondern alle zumal miteinander derselben unterworfen und anders oder weiter nicht angenommen werden denn als Zeugen..." Und die lutherische Kirche war wirklich weit davon entfernt, sich mit diesen Sätzen etwa nachträglich korrigieren und ergänzen zu müssen. Sprachen sie doch nur explizit aus, was jedenfalls Luther selbst nicht nur faktisch betätigt, sondern auch hundertfach implizit und explizit gesagt hatte. Stund es nicht in den Schmalkaldischen Artikeln, die ja nun ebenfalls zur öffentlichen Bekenntnisschrift erhoben wurden, in seinen eigenen Worten: „Es gilt nicht, daß man aus der heiligen Väter Werk oder Wort Artikel des Glaubens macht.... Es heißt, Gottes Wort soll Artikel des Glaubens stellen und sonst niemand, auch kein Engel." (Bek.Schr. d. ev.-luth. Kirche 1930, 421, 18.) Es ist nicht erfindlich, inwiefern die damit vollzogene Entscheidung weniger gründlich und unwiderruflich gewesen sein sollte als die der reformierten Bekenntnisse. Mit gutem Gewissen sollte in dieser Sache tatsächlich ein Lutheraner ebensowenig wie ein Reformierter der katholischen Position gegenüber auch nur die geringste Konzession machen können.

Wir stellen dieser evangelischen Entscheidung unmittelbar gegenüber die römisch-katholische, wie sie in ihrer grundlegenden Form am 8. April 1546 in der vierten Session des Tridentiner Konzils beschlossen und vollzogen worden ist: Die *puritas ipsa evangelii*, die Wahrheit und Ordnung (*veritas et disciplina*), die, von den Propheten verheißen, von Christus selbst ausgesprochen, von den Aposteln auf sein Geheiß verkündigt wurde, sie ist enthalten in *libris scriptis et sine scripto traditionibus, quae ab ipsius Christi ore ab apostolis accepta aut ab ipsis apostolis Spiritu sancto dictante quasi per manus traditae ad nos usque pervenerunt*. Und dann erklärt das Konzil, daß es die Bücher des Alten und Neuen Testamentes *nec non traditiones ipsas, tum ad fidem, tum ad mores pertinentes, tanquam vel oretenus a Christo, vel a Spiritu sancto dictatas et continua successione in ecclesia catholica conservatas, pari pietatis affectu ac reverentia suscipit et veneratur* (Denz. Nr. 783). Also: die heilige Schrift ist zwar eine, aber nicht die einzige Quelle unserer Erkenntnis der Offenbarung. Außer dem, was wir aus der heiligen Schrift kennen, hat Christus, hat aber auch der Heilige Geist den Aposteln noch Anderes ebenfalls als „Wahrheit und Ordnung" zu Hörendes und zu Verehrendes gesagt. Dieses Andere ist die Überlieferung, die, von Hand zu Hand weitergegeben, von ihnen auf uns gekommen ist. Ihre Trägerin und Hüterin war die katholische Kirche in ihrer geschichtlichen Kontinuität. Also haben wir dieser vor unseren Augen strömenden zweiten Erkenntnisquelle dieselbe Autorität zuzuschreiben wie der ersten. — Diese Entscheidung ist auf dem Tridentiner Konzil nicht ohne Schwierigkeiten und Kämpfe zustande gekommen. Es haben insbesondere drei Bischöfe, der von Fiesole, der von Astorga und der von Chioggia, bei diesem Anlaß nach katholischer Lesung „wiederholt teils durch Taktlosigkeiten, teils durch Widerstand gegen die offensichtliche Stellungnahme der Mehrheit (!), besonders als es sich um das *pari pietatis affectu* handelte, das Mißfallen der Konzilsleitung und der übrigen Väter hervorgerufen" und mußten sich nicht ohne Drohungen zum Schweigen bringen lassen (Ranft S. 7). Sie hatten die Konsequenz der vorangegangenen Entwicklung in der Tat nicht für sich und mußten mit ihren Bedenken und Abschwächungsvorschlägen ein Konzil, das sich die Bekämpfung der Reformation zur Aufgabe gestellt hatte, notwendig gegen sich haben. War die reformatorische Entscheidung allerdings kein Novum in der Kirche, so war es die tridentinische tatsächlich auch nicht, und man wird sogar zugestehen müssen, daß sich die Waage längst in dieser letzteren Richtung gesenkt hatte. Wäre es anders gewesen, so hätte sich die Reformation nicht in der schmerzlichen aber unvermeidlichen Form einer Kirchenspaltung durchsetzen müssen.

Wir finden schon bei Irenäus die „wahre Gnosis" definiert als ἡ τῶν ἀποστόλων διδαχὴ καὶ τὸ ἀρχαῖον τῆς ἐκκλησίας σύστημα κατὰ παντὸς τοῦ κόσμου. (*C. o. h.* IV, 33, 8) und bei Origenes die *credenda veritas* als diejenige, *quae in nullo ab ecclesiastica et apostolica traditione discordat* (Περὶ ἀρχῶν I *praef.* 2). Es hat Basilius unter den kirchlichen Lehren unterschieden: τὰ μὲν ἐκ τῆς ἐγγράφου διδασκαλίας — τὰ δὲ ἐκ τῆς τῶν ἀποστόλων διαδοθέντα ἡμῖν ἐν μυστηρίῳ. Mit der mündlichen Überlieferung — Basilius hat sie sich als eine Geheimtradition vorstellig gemacht — würden wir unbesonnenerweise Wichtigstes aus dem Evangelium selbst vernachlässigen (*De Spiritu sancto* 27, 66). Wir finden bei ihm und dann bei Epiphanius die Notwendigkeit der παράδοσις neben der Schrift begründet mit der leisen Klage über die Unvollständigkeit der in der Schrift enthaltenen apostolischen Überlieferung: οὐ γὰρ πάντα ἀπὸ τῆς θείας γραφῆς δύναται λαμβάνεσθαι. (*Adv. haer.* 61, 6). Noch offener hatte sich doch bereits Tertullian hinsichtlich der Vieldeutigkeit der Schrift ausgesprochen: *Non ergo ad scripturas provocandum, nec in his constituendum certamen, in quibus aut nulla aut incerta est victoria* (*De praescr.* 19). Es hat schon Chrysostomus die von der späteren katholischen Polemik gerne benützte Stelle 2. Thess. 2, 15 fruchtbar zu machen gewußt: wir lernten daraus, daß die Apostel vieles auch ohne Schrift überliefert hätten: ὥστε καὶ τὴν παράδοσιν τῆς ἐκκλησίας ἀξιόπιστον ἡγώμεθα. παράδοσίς ἐστιν, μηδὲν πλέον ζήτει (*In ep.* II *ad Thess. hom.* 4, 2). Und auf dem zweiten nicänischen Konzil 787 ist es dann auch bereits zu einer ausdrücklichen Anathematisierung derer gekommen, die die παράδοσις ἐκκλησιαστικὴ ἔγγραφος ἢ ἄγραφος ablehnen. (Denz. Nr. 308). — Was aber ist diese neben der Schrift gültige und zu hörende apostolische Tradition? Man hat jenem Dekret des Tridentiner Konzils schon im 16. Jahrhundert den Vorwurf gemacht, daß es wohl von apostolischen Traditionen rede, ohne doch zu sagen, was es konkret als solche verstanden wissen wolle. Dieser Vorwurf ist doch nur insofern begründet, als das Konzil sich in der Tat zunächst damit begnügt hat, mit jenem Hinweis auf die historische Kontinuität der katholischen Kirche die Antwort zu wiederholen, die hier schon in der alten Kirche mit wachsender Bestimmtheit gegeben wurde. Sie lautet schlicht dahin, daß die kirchliche Anerkennung, und zwar die allgemeine kirchliche Anerkennung eine bestimmte Überlieferung als apostolisch und also als legitim und also als Offenbarung erweist. Wir hörten diese Antwort schon in jenem Wort des Irenäus. Und so lesen wir bei Hieronymus, es gebe vieles, was in der Kirche nur auf Grund von Überlieferung Geltung besitze und dennoch die *auctoritas scriptae legis* gewonnen habe (*usurpaverunt*). Wer entscheidet darüber, wo dies gelten soll? Der *consensus totius orbis* (*Dial. c. Luciferianos* 8). *Quod universa tenet ecclesia nec conciliis institutum, sed semper retentum est, non nisi auctoritate apostolica traditum rectissime creditur* (Augustin, *De bapt.* IV, 24, 31, vgl. II 7, 12 u. V. 23, 33). Die Allgemeinheit als Kennzeichen des Apostolischen und also des Kirchlichen konnte sowohl zeitlich (also im Blick auf das Alter einer bestimmten Überlieferung) als auch räumlich (im Blick auf ihre geographische Verbreitung) verstanden werden. Im ersten Sinn hat Tertullian den Präskriptionsbeweis verstanden und gehandhabt: *id esse dominicum et verum, quod sit prius traditum, id autem extraneum et falsum, quod sit posterius immissum* (*De praescr.* 31), während in den Äußerungen besonders Augustins der Nachdruck mehr auf die räumliche Allgemeinheit zu fallen scheint. Zusammenfassend wäre also die Antwort auf jene Frage dahin zu formulieren: was die in diesen beiden Dimensionen allgemeine, katholische Kirche als solche anerkennt, das ist apostolische und insofern legitime Überlieferung. Was nun die Kirche als solche neben der heiligen Schrift, wenn auch in ergänzender und bestätigender Erklärung derselben zu sagen hat, das hat schon um die Wende vom 4. zum 5. Jahrhundert ein solches Eigengewicht, daß jetzt jenes schon einmal angeführte Wort

Augustins — man hat es wohl in der Reformationszeit vergeblich in *meliorem partem* zu deuten versucht — möglich wird: angesichts der Frage, was zu einem Menschen zu sagen sei, der noch nicht an das Evangelium glaubt, müsse er, Augustin, offenbar auf Grund seiner persönlichen Erfahrung, bekennen: *Ego vero evangelio non crederem, nisi me catholicae ecclesiae commoveret auctoritas* (*C. ep. Man.* 5, 6). Daß ich das Evangelium habe und ihm glauben kann, das ist ja, so meint Augustin offenbar und so ist es wohl von der späteren katholischen Polemik richtig verstanden worden, selber eine Gabe kirchlicher Überlieferung. Es ist also bereits die viel später ausdrücklich vollzogene Einordnung der Schrift selber in die Überlieferung, was sich in diesem Wort ankündigt.

Eindeutig ist nun freilich die Stellungnahme der Kirchenväter in dieser Sache trotz aller auf dieser Linie laufenden Zeugnisse nicht gewesen. Einigen Anlaß zur Berufung auf die alte Kirche hatten doch auch die Reformatoren. Der Satz: *quia non possit ex his* (*sc. Scripturis*) *inveniri veritas ab his qui nesciant traditionem; non enim per literas traditam illam, sed per vivam vocem* wird bei Irenäus (*C. o. h.* III 2, 1) als ein gnostischer, als ein häretischer Satz zitiert! Gegen die Vorstellung, als ob das Alter als solches eine Überlieferung legitimiere, hat besonders Cyprian in seinen Briefen an mehr als einer Stelle Einspruch erhoben (63, 14; 71, 3; 73, 13, 23) gipfelnd mit dem bekannten Wort: *consuetudo sine veritate vetustas erroris est* (74, 9). Im selben Sinn und noch prägnanter hatte schon Tertullian, der Vater des Präskriptionsbeweises, trotzig genug geschrieben: *Dominus noster Christus veritatem se, non consuetudinem cognominavit* (*De virg. vel.* 1). Man findet bei Athanasius eine deutliche Unterscheidung zwischen den „heiligen und inspirierten Schriften“, die zur Verkündigung der Wahrheit an sich genügend (αὐτάρκεις) seien, und den als Kommentar zu jenen zu benützenden Schriften der übrigen Lehre (*Adv. gentes* 1). Und so konnte auch Augustin erklären: *In iis, quae aperte in scripturis posita sunt, inveniuntur illa omnia, quae continent fidem moresque vivendi, spem scilicet et caritatem* (*De doctr. chr.* II 9). Man wird aber bemerken müssen, daß es in allen derartigen Äußerungen, so widerspruchsvoll sie jenen anderen gegenüberstehen mögen, doch nirgends zu jener klaren, kritischen Gegenüberstellung von Schrift und Tradition im Sinn der reformatorischen Entscheidung kommt. Es hat die Anführung jenes „häretischen“ Satzes bei Irenäus doch nur dialektische Bedeutung. Gerade Irenäus ist im übrigen (vgl. *C. o. h.* II, 4, 1—2; IV 24, 3) einer der Ersten von den Vielen, die die Schrift der Tradition förmlich ein- und untergeordnet haben. Was bei Cyprian der *consuetudo* gegenübersteht, ist der vieldeutige Begriff einer kirchlichen *ratio* und so war wohl auch schon bei Tertullian die der *consuetudo* so eindrucksvoll gegenübergestellte *veritas* nicht sowohl die *veritas scripturae* der Reformatoren, als vielmehr eine in der Geschichte mit immanenter Folgerichtigkeit aus ihrem ursprünglichen Keim sich entfaltende, der Kirche mitgeteilte Wahrheitssubstanz gemeint, deren eigentliche und maßgebende Erscheinung dann ebensowohl und in bestimmter Hinsicht noch mehr — der Präskriptionsbeweis hat schon bei ihm auch eine der Zukunft zugewandte Form! — das Spätere als das Frühere sein konnte, so daß er gelegentlich in einem gewiß nur dialektisch zu verstehenden Widerspruch zu sich selber sagen konnte: *In omnibus posteriora concludunt et sequentia antecedentibus praevalent* (*De bapt.* 13). Mehr als dies, daß es inmitten der Entwicklung des katholischen Systems an der Erinnerung an seinen Gegensatz und also an einem retardierenden Moment nicht gefehlt hat, würde ich den in jene andere Richtung weisenden Äußerungen der Kirchenväter nicht zu entnehmen wagen.

Die klassische und für die Zeit bis zur Reformation und Gegenreformation zunächst maßgebende Darstellung der katholischen Konzeption haben wir vor uns in einer Schrift, für die man es wohl bezeichnend finden darf, daß sie von einem erklärten Semipelagianer verfaßt ist und daß sie sich ursprünglich indirekt gegen die augustinische Prädestinations- und Gnadenlehre richtete: in dem *Commonitorium* des Vinzenz von Lerinum von 434. Der Weg zur Erkenntnis der *veritas catholicae fidei* ist, so lesen wir hier (2), ein doppelter: *Prima scilicet divinae legis auctoritate, tum deinde ecclesiae catholicae traditione.* Warum muß die zweite neben die erste treten? Darum, erklärt Vinzenz, weil die heilige Schrift, obwohl an sich Autorität genug, um ihrer Erhabenheit (*altitudo*) willen nicht von Allen in demselben Sinn verstanden werden kann, weil faktisch die gleichen Bibelstellen von Anderen immer wieder anders erklärt werden. Es ist aber nötig und es muß dafür Sorge getragen werden, daß die Erklärung der Propheten und Apostel eine kirchliche und also allgemeine, eine katholische sei: *ut id teneamus, quod ubique, quod semper, quod ab omnibus creditum est.* Damit es dazu komme, muß aber danach gefragt, müssen also als Kriterien beachtet werden: die *universitas*, die *antiquitas*, die *consensio*. *Universitas* eignet einer bestimmten, als kirchlich sich ausgebenden Position dann, wenn sie räumlich-geographisch überall die der Kirche ist, *antiquitas* dann, wenn sie schon die der Vorfahren und Väter gewesen ist, *consensio* endlich dann, wenn sie von allen oder doch fast von allen jeweiligen Trägern des Lehramtes (den *sacerdotes et magistri*) vertreten wird. Mit dem *ubique* und mit dem *semper* hat Vinzenz offenbar nur wiederholt und zusammengefaßt, was die vorangehenden Jahrhunderte über das Wesen der von der Schrift zu unterscheidenden Tradition herausgearbeitet hatten. Er hat aber zugleich, und darin dürfte die selbständige Bedeutsamkeit seiner Sätze zu sehen sein, mit der Hinzufügung des dritten Kriteriums, des *ab omnibus*, das keine bloße Tautologie zu dem *ubique* ist, das Problem jedenfalls bezeichnet, das auch nach der Feststellung der *universitas* und *antiquitas* als der Merkmale des Katholischen und also Apostolischen offenbar zu beantworten blieb, die Frage: Wer denn nun über das Vorhandensein des Merkmals des räumlich und zeitlich Allgemeinen *in concreto* zu entscheiden haben möchte? Diese Frage hat in der Tat auch das Trienter Konzil in seiner Erklärung über das Traditionsprinzip wenigstens theoretisch offen gelassen, wenn auch praktisch ein Zweifel hinsichtlich seiner Meinung kaum bestehen konnte. Noch in diesem Instrument der Gegenreformation scheint also jenes retardierende Moment nicht ganz unwirksam gewesen zu sein. Bei Vinzenz ist es doch grundsätzlich bereits überwunden. Er gibt auch die theoretische Antwort auf jene Frage, und wenn man auch vom Standpunkt der neueren Entwicklung aus sagen kann, daß sie auch bei ihm ihrer letzten Bestimmtheit noch entbehrt, so ist sie doch in ihrer Weise klar genug. Es gibt über dem konstitutiven *ubique* und *semper* ein regulatives *ab omnibus*, will sagen: Es ist die Deutung der Tradition und — weil die Tradition ihrerseits die legitime Deutung der heiligen Schrift ist — die Deutung der heiligen Schrift die Sache des jeweiligen kirchlichen Lehramtes in seiner *consensio*. Das Dunkel, in welchem einst Tertullian sowohl das Frühere über das Spätere, als auch das Spätere über das Frühere gestellt hatte, lichtet sich nun. Es ist die *veritas catholicae fidei*, die der ihrem Gegenstand entsprechenden wahrhaft katholischen und also im Rahmen der Tradition zu vollziehenden Auslegung der heiligen Schrift zu entnehmen ist, einerseits nach 1. Tim. 6, 20 ein *depositum: quod tibi creditum est, non quod a te inventum, quod accepisti, non quod excogitasti, rem non ingenii sed doctrinae, non usurpationis privatae, sed publicae traditionis, rem ad te perductam, non a te prolatam, in qua non auctor debes esse, sed custos, non institutor sed sectator, non ducens sed sequens.* Zum Hüten, Bewahren und Erhalten also ist der *Timotheus*, der *sacerdos*, der *magister*, der *tractator*, der *doctor* der jeweiligen Gegenwart berufen: *quae didicisti doce, ut cum dicas nove, non dicas nova.* Aber eben mit diesem *nove* ist schon das Zweite gesagt, daß sein Gesicht nicht nur nach rückwärts, sondern auch nach vorwärts gerichtet sein soll: *preciosas divi dogmatis gemmas exculpa, fideliter coapta, adorna sapienter, adice splendorem, gratiam, venustatem, intelligatur te exponente illustrius quod ante obscurius credebatur. Per te posteritas intellectum gratuletur quod ante vetustas non intellectum venerabatur.* Seine Tätigkeit ist also nicht nur eine konservierende, sondern, im Dienste des Konservierten, eine produzierende. Es gibt, so erklärt Vinzenz, einen kirchlichen Fortschritt. Es gibt keine *permutatio* zwar: *ut aliquid ex alio in aliud transvertatur*, wohl aber einen *profectus religionis: ut in semetipsum res amplificetur. Crescat igitur oportet et multum vehementerque proficiat tam singulorum quam omnium, tam unius hominis quam totius ecclesiae, aetatum ac saeculorum gradibus, intelligentia, scientia, sapientia, sed in suo dumtaxat genere, in eodem scilicet dogmate, eodem sensu, eademque sententia. Imitetur animarum religio rationem corporum, quae, licet annorum processu numeros suos evolvant et explicent, eadem tamen quae erant permanent* (22–23). Also: die Überlieferung ändert sich zwar nicht, aber sie wächst, im selben Sinn wie ein natürlicher Organismus nach Wesen und Art derselbe bleibt und nun doch wächst und insofern ständig mit sich selber identisch ständig neu wird. Es liegt aber die konservierende und die produzierende Pflege der Überlieferung in einer Hand, sie untersteht einer Führung und Verantwortung, und diese Hand, Führung und Verantwortung ist die des von Vinzenz angeredeten Timotheus, d. h. der Träger des jeweiligen kirchlichen Lehramtes in ihrer *consensio* untereinander. Welche *consensio* offenbar dafür bürgen muß, daß das Konservieren sowohl, also das Achten auf das *ubique* und auf das *semper*, als auch das Produzieren in dem der Zukunft zugewandten Dienst dieser echten Überlieferung vor Zufall und Willkür bewahrt bleibe. Man wird das Verdienst des Vinzenz von Lerinum hinsichtlich der theoretischen Klärung dieser Sache nicht leicht hoch genug anschlagen können, auch wenn man in Rechnung stellt, daß er nur formuliert hat, was sich praktisch in seiner kirchlichen Umgebung bereits durchgesetzt hatte und im Lauf des Mittelalters praktisch immer mehr durchsetzte, was aber offenbar selbst das Trienter Konzil noch nicht in dieser Bestimmtheit zu formulieren und als Dogma zu verkündigen wagte. Indem Vinzenz, die Fäden straffer anziehend als alle Älteren, aus dem ungeklärten Nebeneinander der auslegungs- und ergänzungsbedürftigen Schrift einerseits und der auslegenden und ergänzenden Überlieferung andererseits das einheitliche *corpus* des *depositum* werden ließ, indem er dieses *corpus* in seiner Ganzheit als ein Lebewesen verstand, das, indem es erhalten bleibt, auch wachsen darf und muß und vor allem, indem er beides, die Erhaltung und das Wachstum in die Hand des kirchlichen Lehramts legte und damit dieses letztere zum sichtbaren Subjekt der Überlieferung machte, hat er gezeigt, wohin die Fahrt ging und nachdem die ersten Schritte schon viel früher getan worden waren, in der Tat gehen mußte. Man wird gerade im Blick auf Vinzenz von der gegenreformatorischen Entscheidung des Tridentinums nicht sagen können, daß sie übereilt und übertrieben war. Die Väter von Trient haben vielmehr mit fast übergroßer Besonnenheit und Mäßigung eine Erkenntnis zum Bekenntnis erhoben, die in der Papstkirche faktisch längst lebendig war und zu der sie sich schon sehr viel früher hätte bekennen können, wenn sie nicht durch eine (von der neueren Entwicklung her gesehen) rätselhafte Scheu daran gehindert gewesen wäre. Sie war tatsächlich, ohne daß man sagen könnte, warum es notwendig so sein mußte, lange daran verhindert, auch nur die Lehre von den zwei Quellen, die ja wahrlich selber nur ein vorletztes Wort ist, offen zum Dogma zu erheben. Es bedurfte der Proklamation der Wahrheit durch die Reformation, um die Lüge auch nur in dem Maß, wie es zu Trient geschehen ist, zur Reife zu bringen.

Eine komprimierte Andeutung des eigentlich Gemeinten: der Identifikation von Schrift, Überlieferung, Kirche und Offenbarung, wie sie hinter dem Dekret über die Tradition stand, und wie sie dem Sinn der bisherigen Entwicklung entsprechend, schon damals hätte ausgesprochen werden können, kann man immerhin schon im Tridentinum selber finden, sofern es in die mehr als praktische Anweisungen gedachten Bestimmungen über Bibelübersetzung und Bibelerklärungen einen Satz aufgenommen hat, der dann auch Bestandteil der 1564 formulierten *Professio fidei Tridentina* wurde, laut welchem es verboten ist, die heilige Schrift auch nur *privatim* zu erklären *contra eum sensum, quem tenuit et tenet sancta mater ecclesia, cuius est iudicare de vero sensu et interpretatione Scripturarum sanctarum, aut etiam contra unanimem consensum patrum* (Denz. Nr. 786).

Die katholische These in ihrer im Tridentinum niedergelegten Form ist im 16. Jahrhundert und von da bis in die Gegenwart in der Hauptsache mit folgenden einzelnen

Gründen behauptet und verteidigt worden: Man wies darauf hin, daß Christus selbst wohl geredet aber weder geschrieben noch zum Schreiben Auftrag gegeben habe, daß die Schrift auch sonst jünger sei als die Kirche mit ihrer mündlichen Überlieferung und nicht nur jünger, sondern geradezu auf diese begründet, ein Werk der ältesten Kirche und in ihrer kanonischen Geltung abhängig von deren Entscheidung. Man wiederholte, was schon in der alten Kirche so oft gesagt worden: den Satz von der dogmatischen Insuffizienz der Bibel. Es gebe viele, übrigens auch von den Protestanten anerkannte kirchliche Sätze und Einrichtungen: etwa die Formeln der Trinitätslehre, etwa die Kindertaufe und die Sonntagsfeier, die nur in der Tradition der Kirche, nicht aber in der Schrift begründet seien. Man betonte — und konnte es angesichts der innerprotestantischen Streitigkeiten mit neuem und besonderem Nachdruck tun — die Schwierigkeit der Erklärung der Bibel, die Gefahr eines willkürlichen Subjektivismus bei ihrer Lektüre und die daraus sich ergebende Notwendigkeit einer das Schriftverständnis regulierenden zweiten Autorität. Man brachte weiter eine Reihe von Stellen aus der Schrift selbst auf, die das Vorhandensein und gute Recht einer solchen zweiten Autorität zu begründen schienen. Ich zitiere beispielsweise diejenigen, die der größte katholische Polemiker des 16. Jahrhunderts, der Kardinal Bellarmin für besonders beweiskräftig gehalten hat (nach Ranft S. 29) Joh. 16, 12: „Ich habe euch noch viel zu sagen; aber ihr könnt es jetzt nicht tragen"; Joh. 21, 25: „Es sind noch viele andere Dinge, die Jesus getan hat. Wenn eins nach dem anderen aufgeschrieben würde, so würde, meine ich, die Welt die geschriebenen Bücher nicht fassen können"; Act. 1,3: „Diesen zeigt er sich durch viele Erweisungen als lebendig"; 1. Kor. 11, 2: „Ich lobe euch aber, daß ihr in allen Dingen meiner gedenkt und die Überlieferungen, wie ich sie euch übergeben habe, festhaltet"; 1. Kor. 11, 23: „Ich habe vom Herrn her empfangen, was ich euch auch überliefert habe . . ."; 1. Kor. 11, 34: „Das Übrige werde ich anordnen, wenn ich komme"; 2. Thess. 2, 15: „So stehet nun, Brüder, und haltet die Überlieferungen fest, wie ihr gelehrt worden seid, sei es durch ein Wort, sei es durch einen Brief von uns"; 2. Tim. 1, 13: „Halte fest am Vorbild der gesunden Worte, die du von mir gehört hast"; 2. Tim. 2, 2: „Was du von mir gehört hast im Beisein vieler Zeugen, das vertraue treuen Menschen an, die tüchtig sein werden, auch Andere zu lehren." Und es wurde endlich und nicht zuletzt für das Recht der Überlieferung die Stimme der Überlieferung selbst, d. h. jene uns bekannten Zeugnisse der alten Kirche, ins Feld geführt.

Der reformatorische Protestantismus brauchte diesen Einwänden gegenüber nicht in Verlegenheit zu sein. Welche grundlegende Verwechslung zwischen der Offenbarung Gottes und ihrer Bezeugung und damit welche verhängnisvolle Unklarheit hinsichtlich der göttlichen Regierung der Kirche und dem menschlichen Dienst in ihr zeigt sich gleich in jenem Argument, daß Christus selbst wohl geredet aber nichts geschrieben habe! Natürlich gibt es eine Überlieferung, die älter ist als die heilige Schrift und auf die die heilige Schrift als solche sogar begründet ist: sie ist der Weg von der Offenbarung als solcher zu ihrer schriftlichen Bezeugung. Dieser Weg war der Weg, der durch ihre unmittelbare Begegnung mit Jesus Christus selbst ausgezeichneten Propheten und Apostel. Er war aber gerade nicht der Weg der auf ihr Zeugnis begründeten und sich begründenden Kirche. Er ist mit dem Zustandekommen der Schriftlichkeit ihres Zeugnisses der späteren Kirche gegenüber abgeschlossen und es beginnt mit diesem Zeugnis in seiner Schriftlichkeit der Weg dieser späteren Kirche, der insofern ein neuer Weg ist, als sie nur insofern Trägerin der Offenbarung sein kann, als sie Trägerin und Verkündigerin jenes Zeugnisses ist. Jenes Zeugnisses in dem Bestand, in welchem sie es konkret aufweisbar besitzt, nicht — das ist zu allen jenen neutestamentlichen Stellen zu bemerken — in einem Bestand, zu dessen Aufweis das Weiterleben der Propheten und Apostel, bzw. die Fortdauer der unmittelbaren Offenbarung erforderlich wäre! Nicht die Kirche hat jenes Zeugnis hervorgebracht, sondern jenes Zeugnis hat die Kirche hervorgebracht: gewiß vor seiner schriftlichen Niederlegung; aber in dieser ersten Form seiner Wirksamkeit, auf jenem ursprünglichen Wege bis zu seiner Schriftlichkeit ist es der Kirche unsichtbar. Sie kennt es nicht anders denn in dieser seiner Schriftlichkeit. Oder kraft welcher Einsicht und Vollmacht könnte sie etwa hinter seine Schriftlichkeit zurückgreifen? Hat sie seine Kanonizität als Gottes Wort erkannt und anerkannt, so ist diese doch in sich selbst bzw. in der ihr bezeugten Offenbarung, in der Erscheinung Jesu Christi und in der Einsetzung der Propheten und Apostel und nicht in dem diesen Tatbestand nachträglich anerkennenden Urteil der Kirche begründet. Hätte die Kirche dieses ihr eigenes Urteil ernst genommen, hätte sie die Schrift wirklich als kanonisch, als Gottes Wort anerkannt, wenn sie daraus das Recht ableiten würde, sich selbst auch abgesehen von ihrer Funktion im Dienste der Schrift als Trägerin eines besonderen Wortes Gottes auszugeben und aufzuspielen? Hat sie ihr Urteil aber ernst genommen oder vielmehr: hat sie das ernst genommen, was sie mit diesem Urteil anerkannt hat, dann kann keine noch so alte und allgemeine Überlieferung beweisen, daß es neben der Schrift auch noch eine im selben Sinn als Autorität zu hörende Überlieferung gibt. Die Gleichstellung dieser Autoritäten und die hinter dieser Gleichstellung verborgene Gleichsetzung der Kirche selber mit der Offenbarung ist dann eben schon im Munde des Irenäus und des Augustin eine Lüge und ein Irrtum gewesen. Gewiß hat auch die Kirche zu verkündigen, zu lehren, zu urteilen, zu entscheiden, und das mit Autorität, und das nicht nur in Wiederholung biblischer Texte, sondern in der ihr gebotenen Freiheit, d. h. in Auslegung und Anwendung dieser Texte und also notwendig: hinausgehend über deren Wortlaut. Aber daß die Verkündigung der Kirche mehr sein wollen darf als Auslegung und Anwendung der Schrift, daß sie, auf eine unmittelbare und unkontrollierbare apostolische Geheimüberlieferung sich berufend und begründend, selber und selbständig den Anspruch auf den Besitz von Offenbarung erhebt, daß sie der Zucht und Kritik der heiligen Schrift, der Möglichkeit von ihrer mittelbaren an diese unmittelbare Autorität zu appellieren, sich entziehen, daß sie sich eine andere Stellung als die eines sekundären Zeugendienstes zuschreiben darf — das ist unmöglich, wenn sie sich selbst in jenem ihrem Urteil über die Kanonizität der Schrift recht verstanden hat. Von da aus wird aber zu der so viel beklagten Schwierigkeit der Erklärung der Bibel und zu der Tatsache der Mannigfaltigkeit und des Widerspruchs der Erklärungen, die sie gefunden hat, zu sagen sein: Was die Geister in der Auslegung und Anwendung der heiligen Schrift tatsächlich zu allen Zeiten so weit auseinandergerissen hat, das war nicht eine zu große, sondern eine zu kleine Treue in der Erkenntnis, daß die Kirche in ihr und nur in ihr Gottes Wort zu hören hat. Gerade wo man, wie es der Katholizismus im Großen und in einer für alle Häresien geradezu klassischen und vorbildlichen Weise getan hat, bei der Auslegung und Anwendung der Schrift außer Christus und dem Heiligen Geist, wie sie in der heiligen Schrift selbst sich bezeugen, auch noch einen direkt erkennbaren Christus, einen direkt zu empfangenden und wirksamen Heiligen Geist für sich in Anspruch nehmen zu dürfen glaubt — er kann ja dann auch allerhand andere, profanere Namen tragen, er kann auch mit der eigenen Vernunft oder mit dem eigenen Lebensgefühl oder Natur- oder Geschichtsbewußtsein identisch sein — gerade da wird die an sich und von ihrem Gegenstand her helle Schrift dunkel, die gebotene Freiheit ihrer Auslegung und Anwendung zur Willkür, das Auseinandergehen der verschiedenen Auslegungen und Anwendungen unvermeidlich. Es gibt keinen gefährlicheren Subjektivimus als den, der in der Anmaßung einer falschen Objektivität begründet ist. Nicht daß die heilige Schrift als Wort Gottes dunkel und vieldeutig, sondern daß die heilige Schrift das Wort Gottes für die Kirche auf Erden ist und also der Lehrer für Schüler, die allesamt verlorene Sünder sind, das macht jene beklagte Zersplitterung ihres Verständnisses möglich, und wenn nicht das Wunder der Offenbarung und des Glaubens dazwischen tritt, sogar unvermeidlich. Diese Zersplitterung kann aber eben nur durch dieses Wunder und gerade nicht dadurch gut gemacht werden, daß dieses Wunder im voraus geleugnet wird, daß jene Schüler statt im Glauben zu der ihnen in der Schrift begegnenden Gnade nun vielmehr zu ihrer eigenen Sünde ja sagen und also das Schülerverhältnis, in welchem sie ihre ganze Hoffnung erkennen müßten, verlassen, um ein Jeder sich selbst zum Lehrer oder doch zum ebenbürtigen Gesprächspartner der Schrift gegenüber einsetzen. Und wenn sie sich dabei auf Christus und den Heiligen Geist beriefen, und wenn sich noch so Viele von ihnen der schönsten *consensio* untereinander erfreuen dürften — auf diesem Weg können sie die Zersplitterung nur vermehren und unheilbar machen.

Nicht zu wenig, sondern immer noch viel zu viel Traditionalismus, d.h. enthusiastischer Glaube an einen der Kirche gestatteten direkten Zugang zur Offenbarung, hat sich alsbald auch im Bereich des alten Protestantismus geltend gemacht. Man denke dabei an die Schwärmer, Spiritualisten und Mystiker des 16. Jahrhunderts, aus deren Aussaat dann die von der römischen Polemik so oft verhöhnte protestantische Sektiererei hervorgegangen ist! Man denke aber ja nicht nur an sie! Man hat auch auf seiten der beiden großen, offiziellen evangelischen Konfessionskirchen mit dem Schriftprinzip nicht zu viel, sondern zu wenig Ernst gemacht, zu viel angeblich unmittelbare Gewißheiten und Selbstverständlichkeiten teils aus dem Mittelalter übernommen, teils durch die Renaissance sich diktieren, teils auch neu und frei sich entfalten lassen und als unerschütterlichen Besitz der Kirche mit dem ausgesprochenen oder unausgesprochenen Charakter einer zweiten Offenbarungsquelle der heiligen Schrift gegenüber vorausgesetzt. Man denke nur etwa an das angebliche Naturrecht, an den trotz Luthers Protest alsbald in seine Rechte als „der" Philosoph wieder eingetretenen Aristoteles (an dessen Stelle und Funktion später mit gleichem Recht auch andere Philosophen gesetzt werden konnten), an die für die Stellung der Reformationskirchen in Staat und Gesellschaft so entscheidend wichtige Idee des *corpus christianum*, aber vor Allem auch an die alsbald nahezu oder ganz absolut gesetzte Wirklichkeit der Konfessionskirchen als solcher. Man denke an den Zauber und an die praktischen Auswirkungen des Zaubers, den der Name Luthers und teilweise auch der Calvins als solche weithin ausübten. Man denke an die fast magische Autorität, die das vor Kaiser und Reich abgelegte Augsburger Bekenntnis für das Luthertum gewonnen hat. Waren das nicht alles schriftfremde Instanzen so gut wie jene angeblich apostolischen Traditionen des Tridentinums? Mit welchem Grund und Recht wurden sie — sie alle schon im 16. Jahrhundert! — sichtlich ebenso ernst genommen wie die Schrift? Und sie waren es, die nun auch im Protestantismus jene Sprengwirkung ausübten. Nicht in der Schule der heiligen Schrift, in der er sich seinem Programm gemäß befinden sollte, sondern in der Schule dieser anderen Autoritäten, die man unbemerkt *pari pietatis affectu et reverentia* neben der heiligen Schrift und in gleicher Würde mit ihr gelten und zu Worte kommen ließ und also gar nicht in der Schule Luthers und Calvins, sondern heimlich gar sehr in der Schule des Vinzenz von Lerinum und im Geiste des vermeintlich bekämpften Tridentinums ist auch die protestantische Auslegung und Anwendung der Schrift so subjektiv und so widerspruchsvoll geworden. Man hatte darum im 16. und im 17. Jahrhundert ganz recht, wenn man sich dagegen verwahrte, daß mit dem billigen Hohn der Gegner über diesen Subjektivismus und Widerspruch auch nur das Geringste gegen die *perspicuitas scripturae sanctae* gesagt sei, wenn man sich grundsätzlich darüber einig war, daß der Ausweg aus dieser allerdings offenkundigen Verlegenheit nicht nach rückwärts, nicht zu Konzessionen gegenüber dem katholischen Traditionsprinzip, sondern nur nach vorwärts: zu einem energischeren Geltend- und Fruchtbarmachen des evangelischen Schriftprinzips führen könne. Hätte man ihn nur ernstlicher gesucht und wäre man ihn nur ernstlicher gegangen! Daß dies nicht mit ganz anderer Bestimmtheit geschehen ist, das ist die wirkliche Schwäche der altprotestantischen Position. Ihre Schwäche war hier wie anderwärts die, daß sie selber von Anfang an schon zu viel Neuprotestantismus in sich enthielt, um dem Katholizismus nicht nur mit Worten, sondern mit Taten wirksam gegenüberstehen zu können.

Diese Schwäche verriet sich darin, daß schon im 17. Jahrhundert nun doch auch Versuche gemacht wurden, den Ausweg nicht nur praktisch, sondern auch grundsätzlich im Widerspruch zu der reformatorischen Entscheidung und unter mehr oder weniger offenen Konzessionen an das Dogma von Trient und also nach rückwärts zu suchen.

Es waren nicht die ersten Besten, die in dieser Richtung vorgingen. Der große holländische Jurist und Geschichtsschreiber Hugo Grotius ist der Eine, dessen wir hier zu gedenken haben (vgl. Holtzmann S. 41 f.). Daß er Arminianer war, ist in diesem Zusammenhang ebenso charakteristisch, wie einst der Semipelagianismus des Vinzenz von Lerinum: es ist der Kampf gegen die Freiheit der Gnade, der ebenso die Wurzel des Neuprotestantismus wie die des römischen Katholizismus bildet! Tief beeindruckt von den uns bekannten Argumenten der katholischen Polemik hat Grotius grundsätzlich zugegeben: *stat omne verbum in duobus testibus, in scriptura et traditione, quae mutuo facem sibi allucent.* Gewiß war Grotius nicht der Meinung, mit diesem Satz dasselbe zu sagen wie das Tridentinum. Was er wollte, waren zwei wirklich gleich ernst zu nehmende, gegenseitig sich erklärende Quellen der Offenbarung. Und unter Tradition wollte er verstanden wissen den von den Scholastikern entstellten *antiquus et universalis consensus veteris ecclesiae,* wie er ihn in den wesentlichen und übereinstimmenden Zeugnissen der Kirchenväter und als Kern der offiziellen römischen Tradition zu erkennen meinte. Man wird fragen müssen: Wie läßt sich diese „alte" Kirche von der mittelalterlichen abgrenzen? Aber selbst wenn dies zu beantworten wäre, wie kommt nun gerade das Votum dieser alten Kirche dazu, in gleicher Würde neben das der heiligen Schrift zu treten? Und hat die Kirche, indem sie in ihrer eigenen Vergangenheit eine solche zweite Quelle neben der ersten zu sehen meint und erklärt, sich nicht *eo ipso* als Richter über beide und also auch über die heilige Schrift gestellt? Und mit welchem Rechte hat sie dies dann getan? Wenn Grotius sich gerade diese beiden letzten Fragen noch weniger gestellt hat, als es die Väter von Trient getan haben, so kann doch kein Zweifel sein, daß seine geschichtliche Zusammenschau von Bibel und ältester Überlieferung ebenso wie das den Begriff der Überlieferung bis auf die Gegenwart ausdehnende Dogma von Trient notwendig auf die Vorstellung eines der Kirche der Gegenwart verfügbaren Offenbarungsbesitzes hindrängte, eine Vorstellung, mit der dann die reformatorische Entscheidung offenkundig aufgehoben sein mußte.

Der Seitenmann des Grotius im lutherischen Deutschland war der viel umstrittene Georg Calixt in Helmstedt (vgl. Holtzmann S. 43 f.; W. Gaß, Geschichte der protestantischen Dogmatik, 2. Bd. 1857, S. 68–216). Er ist darum noch interessanter als Grotius, weil bei ihm einerseits die Hintergründe der ihm mit jenem gemeinsamen These noch deutlicher sichtbar werden und weil andererseits die ihm mit jenem gemeinsame These zugleich vorsichtiger und doch bestimmter als bei jenem herausgearbeitet ist. Calixt konnte insofern meinen, ein guter Lutheraner zu sein, als er die Lehre von der Rechtfertigung allein durch den Glauben als das besondere und überaus wichtige Erkenntnis- und Bekenntnisgut seiner Kirche zweifellos hochgeschätzt und auch leidlich korrekt im Sinn der Reformation vertreten hat. Er gehört aber zugleich zu den vom 17. Jahrhundert ab immer zahlreicher werdenden evangelischen Theologen, die insbesondere das Gewicht und den Gehalt des Begriffs des Glaubens in dieser Lehre nicht mehr recht ernst nahmen, sondern in einer merkwürdigen Unsicherheit zugaben, daß unter Glauben bedauerlicherweise auch ein bloß untätiges und unfruchtbares intellektuelles Fürwahrhalten verstanden werden könne und daß es darum zu einer vollständigen Darstellung des Weges, auf dem der Mensch des Heils teilhaftig wird, nötig sei, der Lehre von der Rechtfertigung, ohne sie in sich zu verändern, besondere Bestimmungen über die notwendige Werktätigkeit des Glaubens, über ein zur Seligkeit unentbehrliches Minimum von sittlicher Unbescholtenheit des Glaubenden hinzuzufügen. Es hing bestimmt zusammen mit diesem Auftauchen oder Wiederauftauchen der Vorstellung einer Ergänzungsbedürftigkeit der Gnade vom Menschen her, mit diesem Wiederauftauchen einer den Reformatoren fremden Selbständigkeit des moralischen Anliegens und Pathos, wenn die Bedeutung der Rechtfertigungslehre bei Calixt nun faktisch doch verblaßt neben der des gemeinsamen Dogmas der alten Kirche, auf dessen Hintergrund und in dessen Konsequenz er sie übrigens mit Recht verstehen will. Die Liebe des Calixt gilt entscheidend nun doch nicht der Rechtfertigungs-, sondern zunächst der allgemeinen Trinitäts- und Menschwerdungslehre und insofern nicht der lutherischen, sondern der alten christlich-katholischen Kirche, aus der die lutherische mit ihrer Rechtfertigungslehre hervorgegangen ist. Calixt konnte insofern auch meinen, ein guter Protestant zu sein, als er sich gegenüber dem neueren, d. h. dem mittelalterlichen und besonders gegenüber dem neuesten, dem jesuitisch-kurialen Katholizismus, wie er sich auf der Grundlage von Trient alsbald herauszubilden begann, aufs Schärfste abzugrenzen wußte. Er tat es aber wiederum zugunsten jenes alten, jenseits des Zwiespalts des 16. Jahrhunderts und auch jenseits der mittelalterlichen Verderbnis vermeintlich sichtbaren christlichen Katholizismus, von dem aus er nun doch auch die lutherische und die reformierte Kirche maß, kritisierte, verglich und auf ihre wahre Einheit hinzuweisen versuchte. Es gibt nach Calixt einen *consensus quinquesaecularis*, eine wesentliche Übereinstimmung der Lehrer, der Glaubensbekenntnisse und Konzilsbeschlüsse der ersten 5 Jahrhunderte unter sich und mit der selber als ein Bestandteil dieses ursprünglichen Überlieferungskorpus zu verstehenden heiligen Schrift. In dieser Zeit hat nämlich die Kirche die ihr unentbehrliche Lehrsubstanz aus dem Worte Gottes empfangen, aber eben indem sie sie wirklich empfangen hat, auch sich selber gegeben und angeeignet (Gaß, S. 110). Eben die heilige Schrift bezeugt die Rechtmäßigkeit und darum die Normativität der Übereinstimmung der Kirche dieser Zeit, ebenso wie umgekehrt die Kirche dieser Zeit in ihrer Übereinstimmung die Perspikuität und Suffizienz der heiligen Schrift bezeugte (Gaß, S. 126). Es ist darum und insofern die Kirche dieser Zeit das Kriterium für die Kirche und die Kirchen aller späteren Zeiten, in welchen durch das Auftauchen besonderer und fremder Lehren jene Übereinstimmung teilweise verloren ging, das Gericht über die neuere Papstkirche, aber auch die überlegene, richterliche und einigende Instanz gegenüber der Papstkirche einerseits und dem Protestantismus andererseits sowie gegenüber den innerprotestantischen Trennungen. Sie bildet sozusagen den gesunden natürlichen Stamm des ganzen historischen Christentums, den Wahrheitskern, der auch in allen seinen Auswüchsen und Wucherungen enthalten und auch zu erkennen ist und durch dessen Wiederentdeckung und allseitige Geltendmachung überall Gesundheit und damit auch die Einheit der Kirche wiederzugewinnen wäre. Man wird bei aller Anerkennung des Reichtums und der Geschlossenheit und auch der guten, d. h. human sehr einleuchtenden Absichten dieser Konzeption nicht verkennen können: hier ist gegenüber der reformatorischen Erkenntnis hinsichtlich der heiligen Schrift ein entscheidender und offener Rückschritt vollzogen. Wie bei Grotius, so wird man auch bei Calixt zunächst fragen müssen, ob jene Lehre vom *consensus quinquesaecularis* in seinem Gegensatz zu der späteren Kirche nicht auf einer großen Illusion beruhe? ob jene alte Kirche sich nicht tatsächlich schon unter sich in sehr entscheidender Weise widersprochen hat? ob sie nicht auch in manchen ihrer Übereinstimmungen der heiligen Schrift in entscheidender Weise gegenüberstand? ob es also römischen Katholizismus und allerlei andere, später als solche sichtbar gewordene Häresie nicht schon seit dem nachapostolischen Zeitalter und erst recht in den folgenden ersten Jahrhunderten gegeben hat? ob also die Kirche jener Zeit nicht ebenso wie die Kirche späterer Zeiten von der heiligen Schrift her gesehen reformationsbedürftig und also keineswegs mit jener zusammengehörig oder gar eins, sondern zu ihrer Beschämung und zu ihrem Heil ihr gegenübergestellt und untergeordnet war? Aber selbst wenn dem so wäre, wie Calixt es voraussetzte: läßt sich wirklich in einem Atemzug sagen, daß die Kirche das Wort Gottes aus der heiligen Schrift empfangen und daß sie es sich selbst gegeben und angeeignet habe, selbst wenn dies letztere in der vollkommensten Weise geschehen wäre? Müßte den Zeugen ersten Grades nicht das erste Wort, und zwar das grundsätzlich, überlegen erste Wort auch gegenüber den vollkommensten Zeugen zweiten Grades zugebilligt werden? Ginge es an, die Kirche in gleicher Weise an diese wie an jene zu binden? Und nun weiter: Hat die

Kirche sich wirklich einmal in jener Übereinstimmung mit der heiligen Schrift befunden und folgte daraus damals wirklich eine derartige Reziprozität ihres Verhältnisses zu jener, dann ist nicht einzusehen, daß ihr beides: die Übereinstimmung und ihre eigene daraus folgende Würde wieder grundsätzlich verlorengehen bzw. inwiefern etwa eine volle und offene Wiederherstellung beider grundsätzlich unmöglich sein sollte? Gerade dies: die latente Fortexistenz jenes gesunden Stammes auch in der späteren Kirche hat Calixt aber auch tatsächlich behauptet, und gerade eine allgemeine Reformation der Kirche in Herstellung bzw. in neuer Sichtbarmachung ihrer Kontinuität zu jener latent fortexistierenden normativen Urkirche hat er denn auch tatsächlich gefordert und geweissagt. Eben in dieser heimlich vorhandenen und wieder sichtbar und wirksam zu machenden normativen Urkirche stellt sich also die Kirche nicht unter die Schrift, sondern, indem sie das Wort Gottes ebenso von ihr empfängt, wie auch sich selber gibt, neben jene. Der historische Standpunkt, von dem aus Calixt die Normativität jener Urkirche bzw. jene Urkirche als Norm feststellt und proklamiert, ist faktisch der Standpunkt eines selbständigen kirchlichen Offenbarungsbesitzes. Daß Calixt einen unfehlbaren Papst als offiziellen Vertreter und Verwalter dieses Offenbarungsbesitzes auf das bestimmteste ablehnt, macht seinem Willen zum Protestantismus alle Ehre. Aber was ist es grundsätzlich Anderes, wenn an die Stelle eines Papstes zunächst der Kenner der alten Kirchengeschichte, der warmherzige Unionspolitiker tritt, wenn dieser solchen Urteils fähig ist? Irgendwo hinter den fehlbaren Professoren, Kirchenpolitikern und anderen Vertretern der Kirche der Gegenwart steht dann doch auch eine Unfehlbarkeit dieser Kirche als solcher. Irgendwo in dieser Kirche der Gegenwart weiß man, wenn der *consensus quinquesaecularis* wirklich kirchliche Norm und als solche erkennbar ist, in gleicher Weise *a priori* um die Offenbarung wie man sich durch die heilige Schrift darüber unterrichten läßt. Irgendwo befindet man sich mit der heiligen Schrift selbst in jenem ursprünglichen Konsensus, der dann jene Reziprozität des Empfangens und Gebens möglich macht. — Wir sind ausgegangen von der bei Calixt sichtbaren Unsicherheit hinsichtlich der Rechtfertigungslehre. Es konnte nicht anders sein: Wer sie für ergänzungsbedürftig hielt durch eine besondere Lehre von der zum Heil notwendigen Werktätigkeit des Glaubens, der hatte ihre Voraussetzungen und damit ihren Sinn, auch wenn er sie noch so korrekt vortrug, nicht verstanden. Calixt konnte bei seiner Behauptung der Einheit der lutherischen Kirche mit der des Mittelalters und Altertums nicht zum Wenigsten darum guten Glaubens und Mutes sein, weil er sich die Rechtfertigungslehre nur in dieser Ergänzungsbedürftigkeit und mit dieser Ergänzung zu eigen machte, weil er die reformatorische Lehre von der Erbsünde dahin richtigstellen zu dürfen glaubte, daß es sich bei der Folge der Erbsünde um eine bloße, wenn auch schwere Ohnmacht, nicht aber um eine positive Verderbnis der menschlichen Natur handle (Gaß, S. 133) und weil er das Handeln des wiedergeborenen Menschen als ein in der Einwohnung des Heiligen Geistes begründetes Zusammenwirken natürlicher und übernatürlicher Akte verstanden wissen wollte (Gaß, S. 101). Und es konnte auch nicht anders sein: eine vermittelnde Stellung hat Calixt auch in der Erkenntnisfrage, auch hinsichtlich des allerdings schon bei den Reformatoren nicht grundsätzlich geklärten Verhältnisses von Vernunft und Offenbarung eingenommen: „Die Offenbarung braucht sich nicht gewaltsam in ihre Rechte einzudrängen, es gibt im Bereich der gesamten Geistestätigkeit eine Stelle, die sie einzunehmen, Anknüpfungspunkte, die sie zu ergreifen hat, Kennzeichen, an denen das Bewußtsein ihrer Wahrheit erstarkt. ... Beide Arten intellektueller Aneignung (Vernunft und Offenbarung) bestehen nach göttlicher Anordnung nebeneinander" (Gaß, S. 88). Man wird angesichts aller dieser Stellungnahmen sagen müssen, daß die neuprotestantische Parallele zum katholischen Traditionsprinzip, die bei Calixt zuerst feste Form angenommen hat, nicht nur möglich, sondern innerlich notwendig war. Die Theologie des „und" wächst in allen ihren Trieben aus einer Wurzel. Wer „Glaube und Werke" „Natur und Gnade", „Vernunft und Offenbarung" sagt, der muß an seiner Stelle folgerichtig und notwendig auch „Schrift und Tradition" sagen. Das „und", durch das die Autorität der heiligen Schrift im römischen Katholizismus wie im Neuprotestantismus relativiert wird, ist nur der Ausdruck, ein Ausdruck dafür, daß zuvor die Hoheit Gottes in seiner Gemeinschaft mit dem Menschen relativiert worden ist. Und eben in dieser primären Relativierung stehen beide der reformatorischen Entscheidung gleich ferne.

Während der Protestantismus infolge seiner Schwäche in der Durchführung des Schriftprinzips in die große Krisis geriet, in deren Verlauf er sich wenigstens in seiner neuprotestantischen Gestalt zu einer dem Katholizismus nur zu ähnlichen Pseudokirche entwickelte, nämlich zu einer Kirche, die sich selbst in ihrer Geschichte und Gegenwart Offenbarung ist — eine Entwicklung, die durch die Erinnerung an die reformatorische Entscheidung doch dauernd gehemmt sein mußte — brauchte der Katholizismus sich nur immer entschiedener und deutlicher auszusprechen in der Richtung, die spätestens bei Vinzenz von Lerinum unzweideutig sichtbar geworden, die ihm aber wohl von seinen Anfängen an innewohnte und der er — im Unterschied zu der Unsicherheit des Protestantismus hinsichtlich seines Prinzips! — vorsichtig aber zäh durch alle Jahrhunderte hindurch treu geblieben war. Die Kinder der Welt waren wirklich auch hier klüger als die Kinder des Lichts! — Wir hörten, wie schon im Tridentinum außer der Nebeneinanderstellung von Schrift und Tradition die Unterordnung aller Bibelauslegung unter das Lehramt der Kirche dekretiert wurde. Aber war nicht, wie man es ja polemisch oft genug geltend machte, auch die Kanonisierung und Überlieferung der Bibel ein Werk der Kirche und ergab sich eine Überordnung der Kirche nicht auch von dieser Seite? In der Tat: schon vor dem Tridentinum hatte Johann Eck (Enchir. 1529 de eccl. resp. 3) geschrieben: *Scriptura non est authentica sine autoritate ecclesiae. Scriptores enim canonici sunt membra ecclesiae* und hatte dieses Argument den *Achilles pro catholicis* genannt, ja es hatte schon 1517 Sylvester Prierias den damals auch von Katholiken als gewagt empfundenen Satz zu Papier gebracht: *Quicumque non innititur doctrinae romanae ecclesiae ac romani pontificis tamquam regulae fidei infallibili, a qua etiam sacra scriptura robur trahit et auctoritatem, haereticus est* (*Dial.* 15). Dem entspricht es nur zu sehr, wenn in der *Professio fidei Tridentinae* (1564 Denz. Nr. 995) die Überlieferung — jetzt ausdrücklich als *apostolicae et ecclesiasticae traditiones* definiert — vor der heiligen Schrift erwähnt wird. Und so entwickelte jetzt, nach dem Tridentinum, der *Cat. Rom.* (1566 I c. 10 qu. 14) die Lehre, es bestehe die Apostolizität der Kirche darin, daß ihre Verkündigung wahr sei als die nicht gestern oder heute entstandene, sondern schon von den Aposteln vorgetragene. Der Lehre der Kirche sich widersetzen, heiße unmittelbar sich der Lehre der Apostel selbst widersetzen und also sich vom Glauben trennen, dem Heiligen Geist widerstehen. *Qui Spiritus primum quidem apostolis tributus est, deinde vero summa Dei benignitate semper in ecclesia mansit.* Es kann darum nicht verwundern, wenn im nächsten Jahrhundert (vgl. Holtzmann S. 55 f.) einerseits der Begriff der Überlieferung immer bestimmter auf die ganze kirchengeschichtliche Entwicklung (mit Einschluß der heiligen Schrift am Anfang, der jeweiligen expliziten und impliziten kirchlichen Entscheidungen der Gegenwart am Ende) erweitert wird, während andererseits immer bestimmter auf das im Papsttum zusammengefaßte kirchliche Lehramt der Gegenwart als auf den Mund dieser Überlieferung hingewiesen wird. Daß die Kirche im Dienst der apostolischen Tradition nicht nur eine konservierende (wie es im Tridentinum heißt), sondern (wie schon bei Vinzenz zu lesen steht) eine produzierende Funktion habe, das wird jetzt immer lauter ausgesprochen. Es wird (besonders in der jesuitischen Literatur) gelegentlich bereits unter Äußerungen der Geringschätzung auch von dem den Protestanten gegenüber so hoch gepriesenen kirchlichen Altertum als solchem gesprochen. Die jeweilige kirchliche Gewohnheit eines Jahrhunderts kann, so heißt es jetzt, auch direkt, d. h. auch ohne den Umweg über das kirchliche Altertum auf den Heiligen Geist zurückgeführt werden. Ja, es erlebt jetzt die der Zukunft zugewandte Seite des Tertullianischen Präskriptionsbeweises ihre Auferstehung in dem Ausspruch des Jesuiten Salmeron:

quo iuniores eo perspicaciores esse doctores. Man weiß jetzt auf einmal und sagt es auch offen heraus, daß es genug alte Konzilbeschlüsse und bischöfliche Konstitutionen, also feierliche Verlautbarungen jener alten Kirche gebe, die heute praktisch ohne alle Bedeutung und Autorität sind, ja noch mehr: daß die Kirchenväter sich nicht weniger Heterodoxien und Irrtümer schuldig gemacht haben. Man hat im Barockjesuitismus insbesondere von Augustin ganz ungescheut Abstand genommen. Gerade von der Dunkelheit dieses für die alte Kirche nun wirklich nicht unwichtigen Vaters wird jetzt ganz ähnlich geredet, wie die katholische Polemik sonst von der Dunkelheit der heiligen Schrift zu reden pflegte: seine eigentlichen Ansichten seien so abstrus und verworren, daß man annehmen müsse, er habe entweder nicht verstanden werden wollen oder es sei ihm die Sprache nicht hinlänglich zu Gebote gestanden; überdies sei er ein heftiger Mensch und zu Extremen geneigt gewesen, schwankend zwischen Ebbe und Flut wie der Ozean. Es konnte in den jansenistischen Streitigkeiten schließlich geradezu erklärt werden, das Ansehen des Augustin sei für die Kirche mehr schädlich als nützlich gewesen. Und es konnte sich Brisacier (ebenfalls im Kampf gegen den Jansenismus) sogar allgemein zu dem Satz versteigen: es seien die alten Väter und Konzilien tote Regeln, die für die jetzt brennenden Kirchenfragen alle Anwendbarkeit verloren hätten, die nur noch dazu dienten, mit dem Schein des Altertum zu imponieren; sie seien Stricke, an die man nicht die Menschen, sondern das Vieh anbinde! Solche Äußerungen sind nun gewiß Extravaganzen gewesen, deren sich die spätere katholische Theologie nicht mehr schuldig gemacht hat und die selbstverständlich auch nirgends offiziell ausgesprochene kirchliche Ansicht geworden sind. Es ist aber doch eine lehrreiche Sache, daß im selben Jahrhundert, in welchem wir auf protestantischer Seite einen Grotius und Calixt die Relativierung der Schriftautorität auf dem Wege einer allzu feierlichen Proklamation der Autorität der alten Kirche vollziehen sehen, die römischen Träger desselben Unternehmens, die berufensten Vertreter des modernen, vorwärtsdrängenden Katholizismus eben die Autorität dieser alten Kirche in dieser Weise in Frage gestellt haben. Zu Ehren eines angeblichen Offenbarungsbesitzes der gegenwärtigen Kirche konnte tatsächlich das Eine wie das Andere geschehen. Keine Extravaganz war es dagegen, sondern kirchlicher Stil ist es damals geworden und bis auf die katholischen Dogmatiken der Gegenwart geblieben, statt mit dem Wortlaut des Tridentinums von zwei, ausdrücklich von drei Quellen der christlichen Erkenntnis zu reden: Schrift, Tradition und Kirche. Es konnten aber — hier handelt es sich nun wieder um eine Extravaganz, aber sicher um eine charakeristische Extravaganz — auch geradezu zehn koordinierte Erkenntnisquellen genannt werden: Schrift, Tradition, Kirche, Konzilien, *sedes apostolica*, Väter, orthodoxe Theologen, Vernunft, Philosophie, Geschichte. Daß die katholische Dogmatik und Verkündigung tatsächlich bis auf diesen Tag *pari pietatis affectu* auf alle diese Instanzen hört, genau so wie in ihrer Weise die neuprotestantische, das ist ja nicht zu bezweifeln. Unter Tradition jener zweiten Quelle ist in Wahrheit das Ganze jener acht der Schrift gegenüber gestellten Instanzen zu verstehen, wobei die Hervorhebung gerade der Kirche, nämlich der jeweils gegenwärtigen Kirche, in jener üblich gewordenen Trias eben den Mund anzeigt, auf den man zu hören hat, um *in concreto* zu wissen, was Tradition in diesem umfassenden Sinn ist, auf den man aber ebenso zu hören hat, um *in concreto* zu wissen, was heilige Schrift und was der Sinn und Inhalt der heiligen Schrift ist. Es fehlte nun, damit der Kreis sich schließe, nur noch eine ausdrückliche Entscheidung darüber, wo denn dieser Mund der jeweils gegenwärtigen Kirche zu suchen und zu hören sei. Auch diese Entscheidung ist nicht ausgeblieben. —

Erwähnen wir schließlich als interessante Tatsache aus demselben Jahrhundert noch dies, daß nicht etwa ein Protestant, sondern der französische Oratorianer Richard Simon damals zum Bahnbrecher für eine historisch-kritische biblische Einleitungswissenschaft geworden ist, dem dann auf protestantischer Seite im 18. Jahrhundert ein Joh. Salomon Semler u. a. erst folgten. Die Sache stand für Simon selbst bewußt und ausgesprochen in unmittelbarem Zusammenhang mit dem tridentinischen Traditionsprinzip. „Die Katholiken, welche überzeugt sind, daß ihre Religion nicht einzig vom Texte der heiligen Schrift abhängt, sondern ebensosehr von der Tradition der Kirche, können keinen Anstoß daran nehmen, wenn sie sehen, daß die Ungunst der Zeiten und die Nachlässigkeit der Abschreiber die gleichen Veränderungen wie bei den profanen Schriften so auch bei den heiligen herbeigeführt hat. Nur befangene oder unwissende Protestanten können sich daran stoßen" (*Histoire critique du vieux test.* 1678 1, 1). Auch durch die bloße Überlieferung, auch ohne alle Schrift hätte nach Simon die christliche Religion sich erhalten können (1, 4). Die Freiheit der Forschung gegenüber der menschlichen Gestalt der Bibel, die Simon aus dieser echt katholischen Erkenntnis ableitete, schien damals doch sogar Katholiken wie Bossuet neu und gefährlich. Sehr zu Unrecht! Gefährlich hätte die historisch-kritische Bibelforschung dem katholischen System dann werden können, wenn sie ihren Weg angetreten hätte als freie Wahrheitsforschung und also als freies Fragen nach der ursprünglichen Gestalt des biblischen Offenbarungszeugnisses. Es wäre dann dieses gerade in seiner unbefangen dargestellten Menschlichkeit von selber in seiner Hoheit gegenüber der Kirche der Gegenwart und der ganzen Vergangenheit, gegenüber allen angeblichen anderen Offenbarungsquellen, gegenüber allem vermeintlichen Offenbarungsbesitz sichtbar geworden. Das war aber gerade nicht die Meinung Simons, wie es auch nicht die Meinung Semlers und der ihm folgenden neuprotestantischen Bibelkritik gewesen ist. Es war die Freiheit zur Bibelkritik, die Simon so bahnbrechend für sich in Anspruch nahm — Bossuet hätte wirklich nicht so eifrig für die Unterdrükkung seiner Bücher zu wirken brauchen — gerade nicht die in der Freiheit der Offenbarung begründete Freiheit des Glaubens. Gerade Simon hat „das letzte Wort aller jesuitischen Fortbildungen des Traditionsprinzips" (Holtzmann S. 60) offen und rückhaltlos ausgesprochen: *l'écriture, soit qu'elle ait été corrompue, ou qu'elle ne l'ait point été, peut être citée comme un acte authentique, lorsqu'elle est renfermée dans les bornes, que nous avons marquées ci-dessus; c'est à dire, lorsqu'elle se trouve conforme à la doctrine de l'église* (3, 22). Also nicht etwa die kritische Forschung, sondern die Lehre der Kirche hat schließlich über die Authentizität der Bibel zu entscheiden. Die kritische Forschung ist gerade gut genug, der Lehre der Kirche dadurch Raum zu schaffen, daß sie nachweist, inwiefern der Bibel keine selbständige Authentizität zukommen kann! Als kritische Forschung kann sie — weil sie ja doch nicht gebunden und damit nicht wirklich befreit ist durch die Frage nach der Offenbarung — immer auch anders. Die biblische Überlieferung kann „verdorben" sein oder auch nicht. Die Kritik wird sich gegebenenfalls, wenn sie mit der Lehre der Kirche in Konflikt kommt, auch löblich zu unterwerfen wissen. So stand es mit dem römisch-katholischen Ursprung der modernen Bibelkritik! Der Neuprotestantismus kennt keine *doctrine de l'église* und keine päpstliche Bibelkommission, die seine Bibelkritik sichtbar dirigierte und in Schranken hielte. Er kennt aber jenseits aller angeblichen kritischen Forschungsfreiheit um so besser die nicht minder mächtige Tradition des menschlichen Selbst- und Geschichtsbewußtseins, von dem aus nach ihm mit nicht geringerer Sicherheit als von einem sichtbaren Rom aus, darüber entschieden wird, in welchen Grenzen die Bibel Autorität ist und nicht ist, an dessen Spruch sich die Forschung als solche noch immer ebenso treu gehalten und dessen Urteil sie sich auch noch immer in derselben löblichen Weise unterworfen hat, wie die „freie" Forschung des äußerlich erkennbaren „Katholizismus". Die tiefe Gemeinsamkeit des Kampfes gegen die Autorität des Wortes, der in Wahrheit der Kampf gegen die Freiheit der Gnade ist, ist auch in dieser Beziehung wirklich mit Händen zu greifen.

Wir schließen unsere geschichtliche Übersicht mit einem Blick auf die beiden unser Problem einer letzten Zuspitzung entgegentreibenden Ereignisse der Geschichte des Katholizismus im 19. Jahrhundert.

Das erste dieser Ereignisse ist die nicht genug zu beachtende Existenz der katholischen sog. Tübinger Schule. Man kann die Bedeutung dieser Schule dahin zusammenfassen: die katholische Theologie wird jetzt aufmerksam auf die in Fortsetzung und Erneuerung der humanistischen, spiritualistischen und mystischen Seitenbewegungen des 16. Jahrhunderts schließlich herausgebildete idealistisch-romantische Philosophie und Theologie der Wende vom 18. zum 19. Jahrhundert, in welcher der Neuprotestantismus seinen Höhepunkt erreicht und wohl auch bereits überschritten hatte. Sie erkennt die innere Verwandtschaft des Katholizismus mit diesem akatholischen System und macht sich seine Errungenschaften zu eigen. Sie findet sich so bereichert in der Lage, die Ergebnisse der bisherigen innerkatholischen Entwicklung theoretisch zusammenzufassen und in einer dem modernen Menschen ganz neuen Leuchtkraft darzustellen. (Vgl. zum Folgenden Ranft, S. 46 f.) — Schon im Verlauf jener besonders von den Jesuiten geförderten Fortbildung des Traditionsprinzips im 17. Jahrhundert war gelegentlich der Ausdruck gefallen: *Traditio successione continua vivit in animis fidelium semper* (Holtzmann S. 89). Und nun war, nach einem Jahrhundert, in welchem sichtbare Fortschritte sich nicht ereignet haben, am Ausgang der Aufklärungszeit und im Zusammenhang mit deren wirklicher oder vermeintlicher Überwindung durch „Sturm und Drang", Idealismus und Romantik im Kreis des Joh. Mich. Sailer (den Clemens Brentano „den weisesten, treusten, frömmsten, geweihtesten Bayern" genannt hat) die Idee einer „lebendigen" Überlieferung aufs neue mächtig geworden. Gemeint war: die Überlieferung des Christentums in der Kontinuität der Innerlichkeit des gottvernehmenden Gemütes, in welchem jenes ja sein Wesen habe, während seine historische und kirchliche Objektivität, so gewiß sie in Ehren zu halten sei, eigentlich mehr als ein Zugeständnis an den Menschen, wie er nun einmal ist, zu verstehen sei. Diese Position mit ihrer deutlichen Affinität zu der Religionsphilosophie Lessings und Kants, konnte natürlich nur ein erster Versuch in dieser Richtung sein. Den Neuprotestantismus in dieser Form: in der der älteren Aufklärung, sich zu assimilieren, war für die katholische Theologie eine allzu harte Aufgabe. In noch offenerem Anschluß an den Neuprotestantismus, nun aber an den Neuprotestantismus Hegels und Schleiermachers, und nun auch fähig zugleich zu besserer Wahrung der spezifisch katholisch-kirchlichen Interessen hat dann der Tübinger Joh. Seb. Drey den Sailerschen Ansatz zu wiederholen und seine Schwäche zu überwinden versucht durch seine Anschauung von der Kirche bzw. der Offenbarung als eines lebendigen Organismus, der sich aus dem ihm innewohnenden Lebensprinzip unter Leitung des göttlichen Geistes entwickelt habe und weiter entwickele, so jedoch, daß in seinem Leben das statische Prinzip, d. h. das ursprünglich göttliche Gegebene durch das dynamisch lebendige Prinzip — und dieses ist eben die Tradition — bewegt und im Fortschritt erhalten werde. Drey verwahrt sich gegen eine Auffassung, nach welcher die Schrift selbst ein in sich unbewegtes System und nicht vielmehr selber schon ein in sich bewegtes, deutliche Fortschritte (z. B. von den Evangelien zu den Briefen) sichtbar machendes Stück Leben, nach welcher dann die Tradition eine bloße Ergänzung, ein Supplement oder Nachtrag zur Schrift aus mündlicher Überlieferung und nach welcher schließlich Christentum und Theologie der stereotype Abdruck des in Schriftzeichen unbeweglich ruhenden, bzw. mechanisch von einer Hand in die andere hinübergebotenen *corpus* jenes Ganzen von Schrift und Tradition wäre. Nein, Schrift, Tradition und Theologie sind vielmehr die lebendige Bewegung und Entfaltung des christlichen Geistes in der Kirche, die darum, weil eben in ihr diese Bewegung und Entfaltung stattfindet, zu hören, und zwar zuerst und entscheidend in dem jeweils letzten Stadium der Entfaltung jenes Geistes zu hören ist: in der Objektivität ihres in der Gegenwart lebendigen Glaubens und in der Subjektivität des begrifflichen Ausdrucks, den dieser sich in seiner jeweiligen zeitgeschichtlichen Antithetik geschaffen hat. Man kann auch in der Dreyschen Unterscheidung zwischen dem statischen und dem dynamischen Prinzip der Offenbarung einerseits und zwischen dem subjektiv-äußerlichen und dem objektiv-innerlichen Moment in der Theologie andererseits eine Nachwirkung der Aufklärung sehen, die von dem Gesetz katholischen

Denkens aus gesehen überbietungsbedürftig war und denn auch tatsächlich überboten worden ist. Aber hat der Katholizismus nicht auch diese aufklärerischen Unterscheidungen in sich? Konnten und mußten sie ihm nicht zu seinem Selbstverständnis und zu seiner Selbsterklärung ebenfalls dienlich sein? Die Tübinger Schule ist diese Unterscheidungen von ihrem Ursprung her nie ganz los geworden; indem sie es aber immer besser verstanden hat, das bei Sailer und auch noch bei Drey gestörte Gleichgewicht der beiden unterschiedenen Momente, die echte Dialektik zwischen dem Statischen und dem Dynamischen, dem Objektiven und dem Subjektiven wiederherzustellen und aufrechtzuerhalten, indem aber alle ihre Wege auch immer wieder bei jener bei Drey so betonten Feststellung endigten, daß die Kirche, und zwar die Kirche der Gegenwart zu hören sei, wenn man die Offenbarung hören wolle, wurde sie in ihrem Wesen eine echt katholische Schule, deren idealistische Interpretationen der Offenbarung (ähnlich wie in anderer Beziehung die von Richard Simon inaugurierte katholische Bibelkritik) trefflich dazu diente, die tridentinische Relativierung der Bibelautorität in einer dem modernen Bewußtsein einleuchtenden Weise zu wiederholen, ohne daß sie doch am entscheidenden Punkt — wie sollte sie schon? — anderswo endigen konnte und wollte als bei einer neuen Feststellung der heute Gehorsam fordernden Kirchenautorität. — Die klassische Gestalt dieser die schönsten Früchte des Neuprotestantismus in die katholischen Scheunen führenden Theologie wurde dann nach Drey der mit Recht als der Vater des neueren deutschen Katholizismus verehrte Joh. Adam Möhler (Die Einheit der Kirche 1825; Symbolik 1832). Auch Möhler, ein guter Kenner insbesondere Schleiermachers, ging aus von jener Unterscheidung zwischen Glauben und Lehre, Geist und Buchstabe, verborgener Wurzel und sichtbarem Auftrieb, zwischen frommem Selbstbewußtsein und äußerem Kirchentum im Leben der Kirche, bzw. der Offenbarung. Aber deutlicher als Drey und in bestimmter katholischer Verbesserung gerade Schleiermachers werden nun bei ihm diese beiden Momente als ursprünglich aufeinander hingeordnet gesehen und damit das katholische Endergebnis des Hörens auf die Kirche zum vornherein innerlich verständlicher gemacht. Es entspricht nach Möhlers erster großer Schrift der Einheit des Geistes der Kirche die Einheit ihres Körpers, der mystisch-geistigen und lehrhaften inneren Einheit, in der doch auch die Individualität des Gläubigen ihren Raum hat, ihre äußere, aufsteigend dargestellt im Bischof als der Einheit der Gemeinde, in der (in der Metropolitan-Synode und im universalen Konzil sich darstellenden) Einheit des Episkopats und schließlich in der Einheit des römischen Stuhles. Diese, die Gegensätze von Idee und Geschichte, Lehre und Tat, innerer und äußerer Wahrheit, inwendigem und auswendigem Zeugnis übergreifende und organisch zusammenfassende Entsprechung und höhere Einheit jener beiden Einheiten beruht aber darauf, daß, wie der menschliche Geist überall derselbe, so auch Christus nur einer und sein Werk eines ist (Symbolik[3] S. 342). Diese Einheit Christi kommt aber der Kirche darum zugute, weil sie die von ihm gestiftete Gemeinschaft ist, „in welcher die von ihm während seines irdischen Lebens ... entwickelten Tätigkeiten unter der Leitung seines Geistes bis zum Weltende vermittelst eines von ihm angeordneten, ununterbrochen währenden Apostolates fortgesetzt werden“ (S. 334). Ja noch mehr: Die Kirche ist „der unter den Menschen in menschlicher Form fortwährend erscheinende, stets sich erneuernde, ewig sich verjüngende Sohn Gottes, die andauernde Fleischwerdung desselben“ (S. 335), „ seine sichtbare Gestalt, seine bleibende, ewig sich verjüngende Menschheit, seine ewige Offenbarung“ (S. 360). Schon was zwischen Christus und den Aposteln geschah, ist ja folgendermaßen zu beschreiben: „Der Aktion des Heilandes in Verkündigung seines Wortes kam die der Apostel entgegen: das Wort wurde sofort in ihrem Munde zum Glauben, zum menschlichen Besitze und war nach seiner Himmelfahrt für die Welt in keiner anderen Weise mehr als in eben diesem Glauben der Jünger des Herrn vorhanden.“ Das göttliche Wort war menschlicher Glaube geworden und damit, ohne aufzuhören das göttliche Wort zu sein, übergegangen in den Bereich menschlichen Erfassens, Zergliederns, Bedenkens und Beurteilens (S. 374).

Dasselbe widerfährt ihm dann, indem es als das apostolische Wort zum Glauben der ersten nachapostolischen Generation wird: aus der Schriftlehre wird nun Kirchenlehre, wiederum ohne daß ihr dadurch ein Abbruch widerführe, im Gegenteil, indem sie dadurch, in fortschreitendem Maß verstanden, in der Auseinandersetzung mit den Irrtümern zu immer größerer Klarheit kommt (S. 375 f.). So lebt, wächst und wirkt es nun, immer dasselbe und doch immer neu weiter. Wie die Welt in ihrer einmal durch Gott gesetzten Wirklichkeit und kraft der in und mit der Schöpfung von Gott ihr mitgeteilten Lebenskraft in der Weise fort und fort erhalten, d. h. neu geschaffen wird, daß fort und fort eine Mitteilung von seiten des schon Lebenden an das künftig Lebende stattfindet — so ist die Tradition die fortgesetzte Selbstmitteilung der ursprünglichen mit der Stiftung der Kirche einmal gesetzten göttlich geistigen Lebenskraft (Einh. d. Kirche S. 11 f.). „Der wesentliche Inhalt der heiligen Schrift ist der Kirche ewig gegenwärtig, weil er ihr Herzblut, ihr Odem, ihre Seele, ihr Alles ist.“ (Symbolik[8] S. 383). Die Kirche ist also „die objektiv gewordene christliche Religion“. „Indem das von Christus gesprochene Wort ... mit seinem Geist in einen Kreis von Menschen einging und von demselben aufgenommen wurde, hat es Gestalt, hat es Fleisch und Blut angenommen, und diese Gestalt ist eben die Kirche.... Indem der Erlöser durch sein Wort und seinen Geist eine Gemeinschaft stiftete, in welcher er sein Wort lebendig werden ließ, vertraute er ihr dasselbe zur Bewahrung und Fortpflanzung an, er legte es in ihr nieder, auf daß es aus ihr als immer dasselbe und doch auch ewig neu und in immer frischer Kraft hervorgehe, wuchere und um sich greife. Sein Wort ist von der Kirche und seine Kirche vom Wort nimmermehr ablösbar“ (S. 336 f.). Die Offenbarung in Jesus Christus hätte ja ihren Zweck entweder gar nicht oder nur höchst unvollständig erreicht, wenn sie nur eine momentane Verkörperung der Wahrheit gewesen, „wenn die persönliche Erscheinung des Wortes nicht kräftig genug gewesen wäre, seinem Laute den höchsten Grad der intensivsten Bewegung zu geben und die denkbar vollkommenste Wirksamkeit zu verschaffen, d. h. ihm den Odem des Lebens einzuhauchen und einen Verein schöpferisch hervorzubringen, der die Wahrheit abermals lebendig darstellte und nachbildlich für alle Zeiten die zureichende Autorität bleibe, oder: Christus selbst repräsentierte“ (S. 343 f.). „Die Autorität der Kirche vermittelt Alles, was in der christlichen Religion auf Autorität beruht, und Autorität ist, d. h. die christliche Religion selbst, so daß uns Christus selbst nur insofern die Autorität bleibt, als uns die Kirche Autorität ist“ (S. 345). Eben daraus folgt: „Sie muß irrtumslos sein“ (S. 339). „Ist das Göttliche der lebendige Christus und sein Geist in ihr allerdings das Unfehlbare, das ewig Untrügliche, so ist doch auch das Menschliche unfehlbar und untrüglich, weil das Göttliche ohne das Menschliche gar nicht für uns existiert; das Menschliche ist es nicht an sich, aber wohl als das Organ und als die Erscheinung des Göttlichen“ (S. 336). „Der göttliche Geist, welchem die Leitung und Belebung der Kirche anvertraut ist, wird in seiner Vereinigung mit dem menschlichen ein eigentümlich christlicher Takt, ein tiefes, sicher führendes Gefühl, das, wie es in der Wahrheit steht, auch aller Wahrheit entgegenführt, ... ein tief innerlicher Sinn, der zum Vernehmen und Aufnehmen des geschriebenen Wortes einzig geeignet ist, weil er mit jenem, in dem die heiligen Schriften selbst verfaßt wurden, zusammenfällt“ (S. 359). „Was also ist die Tradition? Der eigentümliche, in der Kirche vorhandene und durch die kirchliche Erziehung sich fortpflanzende christliche Sinn, der jedoch nicht ohne seinen Inhalt zu denken ist, der sich vielmehr an seinem und durch seinen Inhalt gebildet hat, so daß er ein erfüllter Sinn zu nennen ist. Die Tradition ist das fortwährend in den Herzen der Gläubigen lebende Wort. Diesem Sinne als Gesamtsinne ist die Auslegung der heiligen Schrift anvertraut; die durch denselben ausgesprochene Erklärung ... ist das Urteil der Kirche und die Kirche darum Richterin in den Angelegenheiten des Glaubens“ (361 f.). Und: „Alle dogmatischen und moralischen Entwicklungen, die als Ergebnisse förmlicher Universaltätigkeiten (der Kirche) betrachtet werden können, sind als Aussprüche Christi selbst zu verehren“ (S. 364). „Die Kirche erklärt die heilige Schrift“ (S. 360).

So ist und bleibt ihr Leben tatsächlich eines: in der Vertikale des zeitlichen Nacheinanders sowohl wie in der Horizontale des jeweiligen zeitlichen Nebeneinanders, während die Häresien sich als solche verraten und richten, indem sie Neuerungen und Vereinzelungen abseits von dieser Einheit sind und aufrichten. — „Nichts Schöneres schwebt der Einbildungskraft des Katholiken vor und nichts spricht seine Gefühle wohltuender an, als die Vorstellung der harmonischen Ineinanderbewegung zahlloser Geister, welche zerstreut auf dem ganzen Erdboden, frei in sich ermächtigt, in jegliche Abweichung nach der rechten und linken Seite hin einzugehen, dennoch, und zwar mit Bewahrung ihrer verschiedenen Eigentümlichkeiten einen großen Bruderbund zu gegenseitiger Lebensförderung bilden, eine Idee darstellend, die der Versöhnung der Menschen mit Gott, welche eben deshalb auch unter sich versöhnt und eins geworden sind" (S. 339 f.). Möhler hat Gewicht darauf gelegt — und diese seine Ansicht ist in der Neuzeit in dem Buch von J. Ranft durch einen ausführlichen geschichtlichen Nachweis unterbaut worden — daß das von ihm dargestellte Gesetz der organischen Einheit von Offenbarung und Kirche, Schrift und Tradition identisch sei mit dem für alle Ordnungen des menschlichen Lebens gültigen Gesetz. So wie Christus in seiner Kirche lebt in der Geschichte jedes Volkes — solange dieses Volk selbst lebt, solange Pan nicht tot ist — sein Eigenes behauptend, das ihm Fremde ausstoßend, in den mannigfachsten Äußerungen sich selbst gleich bleibend: sein Nationalgeist, d. h. dieses Volkes besonderer, in sein tiefstes, geheimstes Dasein eingeprägter Charakter, welcher es von allen übrigen Völkern unterscheidet: so zeigt die Geschichte auch der heidnischen Religionen, wie eine ursprüngliche religiöse Grundanschauung sich in ihrer späteren Entwicklung zugleich folgerichtig durchsetzte und lebendig durchbildet und ausbildet. Es ist das Gesetz, dem auch die christlichen Häresien unterworfen sind: oder hat sich die Gemeinde, die der Reformator von Wittenberg bildete, hat sich das Luthertum etwa nicht ganz in seinem Geiste entwickelt? Hat es sich nicht als die untrügliche Auslegerin seines Wortes erwiesen? „Nach demselben Typus ist nun auch die Untrüglichkeit der Kirche in ihrer Auslegung des göttlichen Wortes gestaltet und von uns zu beurteilen" (S. 362 f.). — Eine katholische Zusammenfassung der Leistung Möhlers lautet folgendermaßen: „Das Wesen der Kirche in der Union ihrer ewigen göttlichen Grundlegung und zeitlichen menschlichen Entwicklung erfährt grundsätzliche Deutung. Die Berufung auf das Traditionsprinzip, die äußerlich hemmende, retrospektive Betrachtungsweise schien, war mit einem Male die Würdigung des immerfort lebendigen zeugenden Geheimnisses Christi selbst. In einem überaus wichtigen Punkt war es so Möhler gelungen, das verdunkelte Bild der kirchlichen Lehre aufzuhellen. Was das Tridentinum noch in schlichte Formeln gekleidet hatte, ... was die nachtridentinischen Theologen in hartem Kampf der Theologie gerettet, hat erst er unter Zuhilfenahme des idealistischen Verständnisses für geistige Bewegungen voll erfaßt" (R a n f t, S. 60). Wir können das mißvergnügte Urteil von D a v. F r. S t r a u ß unmittelbar danebenstellen: „So wußte Möhler die alleinseligmachende Papstkirche um kein Haar schlechter aus dem christlichen Bewußtsein abzuleiten als Schleiermacher seinen Erlöser, wußte dem katholischen Traditionsprinzip eine Gestalt zu geben, in welcher es dem modernen Prinzip des Fortschritts zum Verwechseln ähnlich sah" (Ges. Schriften II S. 222). Woher die Möglichkeit — so wird man doch fragen müssen — der katholischen Theologie gerade mit Hilfe von Hegel und Schleiermacher solche Dienste zu leisten bzw. (im Sinn von Strauß:) deren Errungenschaften zu diesem Dienste so schlimm zu mißbrauchen, wie Möhler es getan hat? Strauß hat darüber wohlweislich und gerade darum unweise keine Überlegungen angestellt. Wohl aber hat der katholische Autor das Geheimnis fröhlich und siegesgewiß ausgeplaudert: „Möhler war d e s w e g e n imstande, die besten Erkenntnisse der idealistischen Philosophie sich zunutze zu machen, weil sie irgendwie eine Deutung der vitalsten Erscheinung der christlichen Dogmengeschichte, des Fortschritts der christlichen Lehrentwicklung w a r e n" (R a n f t, S. 52). Es war wirklich verlorene Mühe, wenn die protestantischen Kritiker der Möhlerschen Konstruktion sich dabei aufhielten, ihm sein „Schleiermacherianisieren" vorzuhalten und ihm deshalb eine Umdeutung der wirklichen katholischen Lehre zur Last zu legen. Möhler selbst schon hat darauf geantwortet: Warum man nicht lieber von einem Katholisieren Schleiermachers reden wollte? (Ranft, S. 52). Das heißt, ob die Möglichkeit nicht zu erwägen sei, daß er, Möhler, der Schleiermacherschen Ideen und Formeln sich bedienend, sehr wohl die echte katholische Lehre vorgetragen und eben damit auch Schleiermacher im Tiefsten verstanden und also mit Recht in dieser Weise fruchtbar gemacht haben möchte? Ist ihm nicht einfach recht zu geben? Es geht die katholische und es geht die idealistische Interpretation der christlichen Geschichte tatsächlich auf dieselbe Konzeption zurück. Sie sind einig gerade in dem, was bei Möhler nun endgültig an den Tag gekommen und ausgesprochen worden ist: in der Gleichsetzung der Kirche, ihres Glaubens und ihres Wortes, mit der sie begründenden Offenbarung. Nur daß die katholische die ursprüngliche und eigentliche, die idealistische aber die abgeleitete und (in einem vorläufigen Selbstmißverständnis!) zu jener ersten in Widerspruch geratene Form dieser Konzeption ist. Die sich mit Christus identisch wissende katholische Kirche kann in der Tat letztlich, wenn überhaupt, dann nur idealistisch gedeutet werden. Und die besten Erkenntnisse der idealistischen Philosophie sind in der Tat nichts anderes als „irgendwie eine Deutung" des mit katholischen bzw. kryptokatholischen Augen gesehenen Phänomens der Bewegung der christlichen Geschichte. Daß Möhler als guter Katholik fähig war, in jener sekundären, der idealistischen Form jener Konzeption ihre primäre, die katholische, wiederzuerkennen und also jene, statt sie abzustoßen, in das katholische Denken aufzunehmen — und gleichzeitig als guter Idealist fähig, jenes idealistische Selbstmißverständnis aufzulösen, dem modernen Bewußtsein zur Erfüllung seiner tiefsten Intention, d. h. auf den Weg zur Heimkehr nach Rom zu verhelfen — das ist seine wahrlich beachtenswerte geschichtliche Leistung in dieser Sache gewesen. Er hat in dieser Personalunion, gerade indem er bei der Autorität der Kirche endigte als bei dem letzten Wort, das auch das erste gewesen war, die Sache beider Partner aufs beste vertreten. Und er hat darum wohl daran getan, sich auf diesem seinem Weg weder durch die Bedenken ängstlicher Katholiken noch erst recht durch den allzu wenig begründeten Spott seiner protestantischen Gegner irremachen zu lassen. — In der Richtung und in verschiedener Nuancierung der Gedanken von Drey und Möhler haben nach ihnen Joh. Kuhn und Franz Anton Staudenmaier in Tübingen gelehrt. Die entscheidenden Positionen dieser Schule sind gemeinsamer Besitz der katholischen Theologie geworden, obwohl diese in der zweiten Hälfte des 19. Jahrhunderts viel stärker als in der ersten in eine neue Beziehung zur „Theologie der Vorzeit" und das heißt vor allem: zu Thomas v. Aquino trat: eine Entwicklung, über der die aus dem deutschen Idealismus übernommenen Elemente als stilfremd äußerlich wieder mehr in den Hintergrund treten mußten. Es ließ und läßt sich aber das, was mit der Existenz jener Schule geschehen bzw. offenbar geworden war, nicht wieder rückgängig machen noch verbergen. Darf man sich nicht wundern, bei den späteren katholischen Dogmatikern zunächst wieder viel abstrakter und altmodischer, viel mehr in der Art der nachtridentinischen Theologie von Schrift und Tradition als von zwei getrennten Offenbarungsquellen und beiden gegenüber ganz anderswo von Christus und seiner Offenbarung reden zu hören, vermißt man auf den ersten Blick den kühnen Ansatz und Schwung, in welchem Möhler das Alles in Beziehung und letztlich in eins gesetzt hatte, so würde man sich doch sehr täuschen, wenn man darin einen sachlichen Rückschritt erblicken, wenn man übersehen wollte, daß jene Ineinssetzungen (die ja in der Sache auch wahrlich nicht Möhlers Erfindung waren!) inzwischen auf der ganzen Linie so sehr Gemeingut des katholisch theologischen Bewußtseins geworden waren, daß die idealistische Konstruktion, mit der die Tübinger sie neu begründet und gerechtfertigt hatten, nachdem sie ihren Zweck erfüllt, jetzt auch wieder abgebrochen bzw. ins Museum gestellt werden konnte. Nicht ohne daß sie übrigens von da zu apologetischen Zwecken bis in unsere Tage hinein (etwa von Karl Adam, aber auch von Erich Przywara) gelegentlich auch wieder ans Licht gezogen und direkt fruchtbar gemacht worden wären! Man konnte jetzt, nachdem die gerade für eine deutsche katholische Theologie unentbehrliche Synthese einmal vollzogen war, und diese Synthese im Rücken, auch wieder analytisch denken und vorgehen, den entscheidenden, vom Idealismus unabhängigen Gehalt der Möhlerschen Einsichten als Ausgangspunkt hinter sich und als Zielpunkt vor sich, ohne doch seine Identifizierungen auf Schritt und Tritt begrifflich sichtbar machen zu müssen. In diesem Sinn steht denn auch der zweite neuere deutsche katholische Theologe von großem Format: Matthias Joseph Scheeben, im übrigen charakteristisch für die nun einsetzende Repristination des Thomas und überhaupt einer katholischen Theologie alten und strengen Stiles, durchaus auf den Schultern von Möhler.

Er war, jedenfalls auf deutschem Sprachgebiet, der Theologe des Pontifikats Pius IX., der Theologe insbesondere der Zeit des Vatikanischen Konzils, auf welchem — und damit kommen wir zu dem zweiten für das uns beschäftigende Problem entscheidenden Ereignis — seitens des kirchlichen Lehramtes selber der Schlußstrich unter die ganze Entwicklung gesetzt wurde. — Wenn die katholische Theologie Schrift und Tradition als Offenbarungsquellen zusammenstellte, um sie dann mehr oder weniger deutlich als einen einzigen Überlieferungszusammenhang darzustellen, dann mündeten ihre Überlegungen und Behauptungen schon seit den Tagen des Irenäus fast immer in dem mehr oder weniger deutlichen Hinweis auf jene dritte, neben Schrift und Tradition oder vielmehr als der berufene Mund, als der authentische Ausleger dieser beiden zu hörende Instanz: bei der Kirche selber, nämlich der Kirche der jeweiligen Gegenwart, sichtbar und vertreten durch ihr autoritativ redendes Lehramt. So lag denn auch die eigentliche Wucht der Möhlerschen Gedankengänge nicht darin, daß er den Komplex Schrift und Tradition, endgültig als solchen zusammengefaßt, mit der Offenbarung, mit der Fleischwerdung des Wortes, mit Jesus Christus identifizierte, sondern darin, daß er die ganze diesem Komplex damit zugesprochene göttliche Würde und Vollmacht nun doch nur als ein Prädikat eben der Kirche, der Kirche der Gegenwart als der lebendigen Trägerin des Apostolates, als den Repräsentanten Jesu Christi selbst verstanden wissen wollte. Sie ist es, in deren Glauben das Wort Gottes eingegangen, in deren Glauben es faktisch aufgegangen ist. Sie hat es; sie legt es aus; sie ist *in concreto* die Offenbarung, keine neue zwar, sondern die eine alte, in sich abgeschlossene aber gerade so die volle und ganze Offenbarung. Sie ist der heute redende, regierende, handelnde, entscheidende Jesus Christus. Nochmals: diese Identifikation war alt, ja uralt. Eben in dieser Identifikation hatte sich schon im zweiten Jahrhundert die römisch-katholische Kirche als solche begründet und immer auf dieser Linie, die von da ab keine neue mehr sein konnte, bewegte sich aller römisch-katholische Fortschritt. Es hatte Möhler als Katholik wirklich nur systematisiert, was alle Wissenden und Vorwärtsdrängenden in dieser Sache immer gemeint und gesagt hatten. Und es hatte Möhler als Idealist wirklich nur den Zusammenhang zwischen diesem römisch-katholischen Fortschritt und dem Fortschritt im Sinn des der Reformation von der anderen Seite widerstehenden Neuprotestantismus offenbar gemacht. Es bedurfte nun nur noch einer letzten Klärung, die bei Möhler allerdings noch nicht explizit vollzogen ist, wie sie sich auch in der übrigen römisch-katholischen Entwicklung erst angebahnt und angekündigt — aber immerhin deutlich und konsequent genug angebahnt und angekündigt hatte. Man konnte ihren Vollzug, zu dem es nun kam, unmöglich, wie es auch innerhalb der katholischen Kirche zunächst teilweise geschehen ist, als eine Neuerung verstehen, und sie durfte auch vom Neuprotestantismus her nur auf Grund jenes immer noch andauernden Selbstmißverständnisses, nur weil er den Weg zur Heimkehr noch immer nicht gefunden hatte, mit jenem Entsetzen aufgenommen werden, das ihr, als sie erfolgte, zuteil geworden ist. Auch bei Möhler war noch nicht endgültig geklärt die Frage, wo denn nun die mit der Offenbarung identische Kirche bzw. wo denn nun ihr Offenbarung redender Mund, wo denn also die mit der Autorität des Wortes Gottes identische Autorität der

Kirche *in concreto* zu suchen und zu hören sei. Noch Möhler hatte auf diese Frage die überkommene, korrekte aber unvollständige Antwort gegeben: sie sei zu hören in der Stimme des gesamten, mit seiner päpstlichen Mitte vereinigten Episkopates als dem durch ununterbrochene Sukzession erwiesenen Rechtsnachfolger und Träger des Apostolates, als dem sichtbaren Stellvertreter Jesu Christi. Noch Möhler hatte also das in dieser Antwort enthaltene Problem offen gelassen; er hatte nebeneinander gestellt den Konziliarismus und den Curialismus, das Episkopal- und das Papalsystem, „von welchem dieses, ohne die göttliche Institution der Bischöfe zu verkennen, die Kraft der Mitte besonders hervorhebt, jenes aber, ohne die göttliche Einsetzung des Primates zu leugnen, die Kraft vorzüglich nach der Peripherie zu lenken sucht. Indem hiernach jedes das Wesen des anderen als göttlich anerkennt, bilden sie für das kirchliche Leben sehr wohltätige Gegensätze, so daß sie durch ihre Bestrebungen sowohl die eigentümliche freie Entwicklung der Teile bewahren als auch die Verbindung derselben zu einem unteilbaren und lebendigen Ganzen festgehalten wird“ (Symbolik[8] S. 399). Bei dieser dialektischen Fassung des Begriffs der Kirchenautorität wären nun viele treue Katholiken gerne stehen geblieben. Aber hatten diese treuen Katholiken den Sinn der bisherigen katholischen Entwicklung und damit deren Ansatz und Ursprung richtig verstanden? Hatte nicht Möhler selbst eine Seite vorher geschrieben: „Die ganze Anschauung, welche die katholische Kirche von sich selbst als einer sichtbaren, die Stelle Christi vertretenden Anstalt hat, verlöre sich, oder wäre vielmehr gar nicht entstanden ohne ein sichtbares Haupt. Mit einer sichtbaren Kirche ist ein sichtbares Haupt notwendig gegeben.“ Konnte, durfte die Beschreibung dieses notwendigen Hauptes, dieser konkreten Spitze der Kirchenautorität bei jenem dialektischen Nebeneinander von Konzil und Papst stehen bleiben? Daß das Konzil als Repräsentant der kirchlichen „Peripherie“ nicht ohne den Papst als den Repräsentanten der „Mitte“ heute als Stimme der Kirche und also als der lebendige Jesus Christus reden und entscheiden könne, das war bis tief in das erste Jahrtausend hinauf nicht nur der Anspruch der Päpste gewesen, sondern faktisch anerkannt und auch von der überwiegenden Mehrzahl der maßgebenden Theologen theoretisch vertreten worden. Eben in dieser einzigartigen Stellung eines obersten Lehrers und Richters war er, was nicht nur Möhler, sondern auch die Vertreter gewisser zentrifugaler Richtungen wie etwa die des Gallikanismus im 17. und 18. Jahrhundert ihm immer zugebilligt hatten: die „Mitte“ des kirchlichen Lebens gegenüber ihrer episkopalen „Peripherie“. Konnte und durfte da nun etwa auch das Umgekehrte gelten: daß der Papst nicht ohne die tatsächliche und ausdrückliche Mitwirkung, sondern nur unter der ausgesprochenen Zustimmung der Bischöfe autoritativ reden und entscheiden könne? Sollte dem Wort und der Entscheidung des Papstes jene der göttlichen Autorität der sichtbaren Kirche und also ihrem sichtbaren Haupte zukommende Unfehlbarkeit nur zukommen, wenn und insoweit er aus dem im Episkopat vertretenen Gesamtbewußtsein der Kirche heraus sprechen würde, d. h. aber unter Vorbehalt des Votums der im Konzil vereinigten Bischöfe? Konnte, durfte man es darauf ankommen lassen, daß jene nach Möhler „sehr wohltätigen Gegensätze“ sich faktisch nie anders denn eben als wohltätig auswirken würden? War bei Aufrechterhaltung jenes Gleichgewichts zwischen Papst und Konzil nicht immer noch mit der Möglichkeit einer Uneinigkeit innerhalb jenes „sichtbaren Hauptes“ gerechnet? Und war es dann ein Haupt? Hatte dann die Kirche einen Mund, durch den sie mit Autorität, und zwar mit unfehlbarer, unüberbietbarer, absoluter Autorität und also endgültig reden, in dessen Besitz sie also ihre Identität mit dem lebendigen Jesus Christus bewähren konnte? Ist das erste Wort: daß die sichtbare römisch-katholische Kirche darum an der Stelle Jesu Christi steht und redet, weil sie selber der fortlebende Jesus Christus ist — ist dieses erste Wort ein letztes, ist es wirklich und vernehmbar und glaubwürdig gesprochen, wenn es nicht vorbehaltlos auf das amtliche Stehen und Reden dessen übertragen und angewandt wird, der zugestandenermaßen ihre organisierende Mitte, nämlich die Mitte ihres Lehramtes, ihres Episkopates bildet? War die ganze Verwandlung der Schriftautorität in Kirchenautorität, die der Sinn der Entwicklung von Irenäus bis auf Möhler gewesen war, nicht umsonst, weil in ihrem Sinn immer noch vieldeutig und letztlich unanschaulich, solange nicht als letzte, nunmehr ganz konkrete Spitze der Fleischwerdung des Wortes ein Mensch als der lebendige Träger der mit der Offenbarung identischen Überlieferung und also selber als die heute zu hörende Offenbarung die Kirche, d. h. die in den Besitz der Offenbarung gelangte christliche Menschheit repräsentierte und ihre Selbstregierung faktisch vollzog? Durfte die längst zur Aussprache reif gewordene Erkenntnis länger unausgesprochen bleiben, daß dies eben das Wesen und die Funktion des römischen Papstes in Wahrheit sei? Durfte es unausgesprochen bleiben: das amtliche Votum des Papstes steht unter keinem Vorbehalt und es bedarf keiner Bestätigung; es ist als solches und für sich auch das Votum des gesamten Episkopates und also das Votum der unfehlbaren Kirche, das unfehlbare Votum der Schrift und der Tradition, die unfehlbare Erklärung der Offenbarung und also selbst die unfehlbare Offenbarung für die Gegenwart: der Papst wird kraft seiner Vollmacht und apostolischen Lehrgewalt der Verheißung des Herrn gemäß und von der göttlichen Vorsehung geleitet, nie anders als aus dem Gesamtbewußtsein der unfehlbaren Kirche, er wird also, in seinem Amte redend, nie etwas Anderes reden als die unfehlbare Offenbarung für die Gegenwart? Konnte, durfte dies länger verschwiegen bleiben, nachdem es von Anfang an wahr gewesen und schon so lange, wenn auch erst teilweise, als wahr erkannt worden war? Das war die Frage, vor die sich die katholische Kirche unter dem Pontifikat Pius IX. gestellt sah (es war derselbe Papst, der 1854 die unbefleckte Empfängnis der Maria und der auf demselben Konzil, auf dem über die Unfehlbarkeit entschieden wurde, die thomistische Lehre über Vernunft und Offenbarung zum Dogma erhoben hat!). Die Antwort, die die katholische Kirche, redend durch den Mund des vatikanischen Konzils, und dieses wiederum redend durch den Mund des Papstes selber, in der *Constitutio dogmatica* I *de eccl. Christi* vom 18. Juli 1870 gegeben hat, lautet an der entscheidenden Stelle cap. 4 am Ende; Denz. Nr. 1839) folgendermaßen: *Itaque Nos traditioni a fidei christianae exordio perceptae fideliter inhaerendo, ad Dei Salvatoris nostri gloriam, religionis catholicae exaltationem et christianorum populorum salutem, sacro approbante Concilio, docemus et divinitus revelatum dogma esse definimus: Romanum Pontificem, cum ex cathedra loquitur, id est, cum omnium Christianorum pastoris et doctoris munere fungens pro suprema sua Apostolica auctoritate doctrinam de fide vel moribus ab universa Ecclesia tenendam definit, per assistentiam divinam ipsi in beato Petro promissam, ea infallibilitate pollere, qua divinus Redemptor Ecclesiam suam in definienda doctrina de fide vel moribus instructam esse voluit; ideoque eiusmodi Romani Pontificis definitiones ex sese, non autem ex consensu Ecclesiae, irreformabiles esse. — Si quis autem huic Nostrae definitioni contradicere, quod Deus avertat, praesumpserit: anathema sit.* Man bemerke zum Verständnis: Nicht im Bewußtsein einer Neuerung, sondern im Bewußtsein der Treue gegen ihre bis auf den Anfang zurückgehende Überlieferung und Entwicklung gibt die Kirche diese Erklärung. Der Papst selbst ist es, der sie gibt: mit Zustimmung des Konzils, die er nach deren Inhalt nicht nötig hätte, die er aber, ohne seiner eigenen Autorität zu nahe zu treten, ja vielmehr als Bestätigung der Fülle seiner Autorität gerade in dieser Sache gerne zu Worte kommen läßt. Die Erklärung spricht eine kirchliche bzw. eine päpstliche Lehre aus und bezeichnet diese Lehre gleichzeitig als göttlich offenbartes Dogma, d. h. als Offenbarungsinterpretation mit der Autorität der Offenbarung selber. Sie nimmt also in ihrer Form schon voraus, was sie inhaltlich sagt. Sie spricht nämlich in der so beschaffenen Lehre den Satz aus, daß der römische Papst im Besitz derjenigen Unfehlbarkeit sei, mit der Christus die Lehrentscheidungen seiner Kirche ausgestattet habe. Nicht der zum Papst gewählte Mensch als solcher besitzt diese Unfehlbarkeit, wohl aber dieser Mensch sofern er in seinem Amt als Hirte und Lehrer der Kirche, und zwar als solcher Gebrauch machend von seiner apostolischen Autorität, nämlich in Sachen des Glaubens und der Sittlichkeit redet und entscheidet: es ist aber der

Papst selber, der letztinstanzlich über das Gegebensein dieser drei Bedingungen zu entscheiden hat. Nicht aus sich selber besitzt er Unfehlbarkeit, sondern auf Grund des göttlichen Beistandes, der ihm in der Person des Petrus verheißen wurde. Nicht nur der Papst besitzt sie, wohl aber ist sie ihm in seinem Amte im Besonderen, und zwar direkt und unabhängig dem übrigen Lehramt gegenüber, zu eigen. In diesen Grenzen, die alle keine Vorbehalte, sondern nur Erläuterungen bedeuten, besitzt er Unfehlbarkeit und sind also seine Entscheidungen als solche und nicht erst auf Grund der Zustimmung der Kirche autoritative und darum endgültige Entscheidungen. Verneinung dieser Lehre bedeutet Trennung von der Kirche. Diese Erklärung des Vatikanums hat eine besondere Vorgeschichte in der Geschichte der Lehre vom Primat des Petrus und vom Primat des römischen Stuhles. Ihre Vorgeschichte ist aber auch: die Geschichte der Lehre von Schrift und Tradition und eigentlich und entscheidend ist sie sogar nur von hier aus zu verstehen. Sie ist der Abschluß des Kreises, für dessen Eröffnung die im Tridentinum wiederkehrende dualistische Formel des Irenäus, für dessen Fortsetzung die Trias des Vinzenz von Lerinum, für dessen Kulminieren die Synthetik Möhlers charakteristisch ist. Seit dem Vatikanum kann man wissen, was man nach alledem noch nicht wußte: wo und wer *in concreto* die die Offenbarung lehrende Kirche ist. Daß es des Primates des Petrus und der Päpste bedarf, damit die mit der Offenbarung identische Kirche eine solche konkrete Spitze haben kann, ist interessant, aber interessanter ist das längst sichtbare und jetzt konstatierte Faktum: die mit der Offenbarung identische Kirche hat eine solche Spitze; es gibt bis auf diesen Tag in der Anschaulichkeit jedes anderen Ortes und jedes anderen Menschen einen solchen Ort und einen solchen Menschen, in welchem Himmel und Erde sich berühren, Gott und Mensch, von Christus vernommenes und im Glauben an ihn gesprochenes Wort direkt Eines sind, „eine lebendige Autorität auf göttlicher Einwirkung beruhend inmitten der Streitigkeiten der Welt" (Leopold v. Ranke, Die röm. Päpste, Meisterwerke Bd. 8 S. 299), wobei doch dieser eine Ort und dieser eine Mensch in ihrer Besonderheit nur die Herrlichkeit anschaulich machen, die tatsächlich der ganzen Kirche als solche mitgeteilt und zu eigen ist. Daß es einen solchen Menschen und einen solchen Ort, daß es eine solche lebendige Autorität gibt, daß sie Faktum ist, das hat das Vatikanum ausgesprochen — nicht in der unmöglichen Meinung, dem Papst oder der Kirche etwas zu geben, was sie vorher noch nicht gehabt hätten, sondern definierend und als heilsnotwendiges Dogma proklamierend, was sie in aller Fülle immer hatten, *quod ubique, quod semper, quod ab omnibus creditum est.* Es war immer und überall so, und zwar als offenbarte Wahrheit so, daß die Kirche, redend durch den Mund des Papstes, die Offenbarung der Wahrheit war. Eben in dieser Autorität, die die Kirche hat, bestätigt sie nun — das ist die ganz singuläre Bedeutung dieser vatikanischen Erklärung auch in formeller Hinsicht — sich und der Welt, daß sie diese Autorität hat: nämlich hat in der unüberbietbaren Konkretheit des Faktums des Amtes, das jetzt eben diese Erklärung über sie und damit über sich selber abgibt, des Amtes, das — in formal wirklich allerhöchster Ähnlichkeit zum Christus des Johannesevangeliums — zugleich das Subjekt und das Objekt dieser Erklärung ist. Jener Kreis ist nun tatsächlich geschlossen. Man kann nun wissen, wo und wer die mit der Autorität des Wortes Gottes identische Autorität der Kirche ist. — Die vatikanische Erklärung ist nicht ohne starken Widerspruch auch innerhalb der katholischen Kirche, ja auch innerhalb des zum Konzil vereinigten Episkopates selbst zustande gekommen. Eine Gruppe besonders von deutschen, aber auch von französischen und orientalischen Bischöfen machte sich am Konzil zur Trägerin dieses Widerspruchs. Seine Schwäche bestand doch zum vornherein darin, daß er nicht grundsätzlich war, d. h. daß seine Vertreter immer wieder erklären mußten, in der Sache, d. h. in der Anerkennung der offenbarungsmäßigen Wahrheit jener Erklärung mit dem Papst und mit der Mehrheit des Konzils einig zu sein, daß sie aber aus ernsten Gründen der sog. Opportunität ihrer Proklamation als Dogma nicht zustimmen könnten. Man führte an, diese sei nicht nötig, weil die entsprechende Überzeugung ohnehin allgemein und direkt und indirekt schon durch die Konzilien von Florenz und Trient ausgesprochen worden seien. Es könnte die Erklärung mißverständlich sein hinsichtlich der nach wie vor zu behauptenden Unfehlbarkeit auch des Gesamtepiskopats als solchen. Sie bedeute eine Erschwerung der Wiedervereinigung mit der Ostkirche und für die Rückkehr der Protestanten. Sie könne Uneinigkeit unter den Bischöfen und in der katholischen Welt überhaupt hervorrufen. Sie bedrohe die lokale Autorität der Bischöfe. Sie sei geeignet, das Leben der katholischen Kirche in ungesunder Weise zu zentralisieren. Unausgesprochen stand hinter diesen Argumenten auch die auf der Höhe des 19. Jahrhunderts wahrhaftig begründete Sorge — Warnungen in dieser Richtung erschollen aus ganz Europa und auch aus Amerika — es möchte diese Erklärung Wasser auf die Mühle aller Kirchengegner leiten, sie möchte die Kirche in neue Konflikte mit den Trägern der modernen Kultur und insbesondere mit den mehr oder weniger liberalen Staatsgewalten bringen. Kann man das alles menschlich verständlich finden, so kann man sich doch nicht wundern darüber, daß eine wirksame Opposition auf dieser Basis nicht möglich war. Die Anhänger des neuen Dogmas konnten mit dem vollen Schein kirchlicher Sachlichkeit und Sauberkeit antworten: die Erklärung muß erfolgen. eben weil ihr Inhalt zwar längst in Geltung steht und doch trotz dessen, was schon frühere Konzilien in dieser Richtung gesagt, immer noch da und dort bezweifelt und angefochten wird und werden kann nur darum, weil es noch nicht eindeutig als Dogma definiert und proklamiert worden ist. Die unbestreitbar nach wie vor zu behauptende Unfehlbarkeit auch des Episkopats kann durch die des Papstes nicht in Frage gestellt, sondern, da der Papst dessen Haupt ist, durch sie nur bestätigt werden. Die Vereinigung mit der Ostkirche und die Rückkehr der Protestanten kann nicht dadurch gefördert werden, daß man ihre Bedingungen wie bei einem Handelsgeschäft auf ein Minimum herabsetzt, sondern nur dadurch, daß man beiden so deutlich als möglich zu erkennen gibt, daß sie es in der römisch-katholischen wirklich mit der unfehlbaren Kirche zu tun haben. Aller Uneinigkeit unter den Bischöfen und unter den Katholiken überhaupt wird gerade durch diese Erklärung der Boden entzogen werden. „Wo die Kirche gesprochen hat, sind die Gläubigen der Verführung nicht zugänglich. Während die Kirche schweigt, toben die Geister des Irrtums" (Erzbischof M a n n i n g, in: Das Ökumenische Konzil 1869 f. Bd. 2, S. 37). Verschweigung einer geoffenbarten Wahrheit aus Furcht vor dem Ärgernis, das sie erregen könnte, wäre gleichbedeutend mit dem stillschweigenden Eingeständnis, daß sie geoffenbarte Wahrheit wohl gar nicht sei. Nicht vermindern, sondern vermehren wird diese Erklärung auch die Autorität der Bischöfe in ihren lokalen Bereichen, und es kann ihr Inhalt, da er sich nur auf die kirchliche Autorität höchsten und letzten Grades bezieht, auch jene störende zentralisierende Wirkung auf das kirchliche Leben nicht ausüben, wohl aber wird sie den Entscheidungen auch der episkopalen Instanzen überall Gewißheit und Festigkeit verleihen. Fügen wir hinzu, daß gegenüber jener stillen Sorge hinsichtlich der zu erwartenden Anfechtungen seitens der modernen Gesellschaft und Staatsgewalt Pius IX. und die Konzilsmehrheit vielmehr der Meinung waren, die Kirche gerade durch diese Erklärung mit ihrer neuen Sanktionierung der alten Voraussetzungen des Papsttums allen feindlichen und neutralen Gewalten äußerer und innerer Art gegenüber als Kirche ganz neu zu befestigen und gleichsam im Gegenangriff wirksam zu verteidigen, eine Haltung, in der auch L. v. R a n k e „etwas Großartiges" zu sehen nicht umhin konnte (a. a. O. S. 267 f.). „Was wahr ist", so argumentierten die Freunde des neuen Dogmas, „das muß in der Kirche auch als wahr definiert werden. Was Jesus Christus für der Offenbarung wert gehalten hat, das muß für uns auch der Erklärung wert sein." „In der Kirche Gottes und in der Wahrheit der Offenbarung ist es immer an der Zeit, das zu erklären, was Gott den Menschen kundgetan haben will" (M a n n i n g, S. 39), ganz besonders aber dann, wenn es geleugnet wird, wie es seit dem Tridentinischen Konzil mannigfach geschehen ist. Man kann sich auch als Protestant dem Eindruck nicht entziehen, daß die auf dem Konzil siegreich gewordene Richtung auch innerlich stärker war, sofern sie, indem sie — wie wir allerdings urteilen müssen — den Irrtum und die Lüge auf den Gipfel führte, die Folgerichtigkeit der ganzen katholischen Entwicklung für sich hatte, innerhalb derer — wollte man sie nicht von der reformatorischen Erkenntnis her in ihrer Wurzel und damit in ihrer Gesamtheit ablehnen — ein Aufhalten — und nun gar schon ein Aufhalten aus bloßen Opportunitätsgründen unmöglich war. Man wird vielmehr den Freunden des neuen Dogmas sogar das Zeugnis nicht versagen können, daß sie — immer innerhalb des einmal bezogenen antichristlichen Raumes — geistlicher zu denken und zu handeln gewußt haben als ihre Gegner. Man wird es vor Allem auch verstehen müssen, daß es keineswegs Mangel an Überzeugungstreue und Charakterstärke war, wenn die Bischöfe der unterlegenen Minderheit — unter ihnen besonders auch die deutschen — alsbald nach dem Konzil als Anhänger und Verteidiger von dessen Erklärung auf den Plan traten. Ihre Opportunitätsgründe konnten sie eben nicht und — nachdem die Kirche gesprochen hatte — durften sie sie nicht binden. Hat man die innere Notwendigkeit des vatikanischen Dogmas einmal verstanden, dann wird man sich auch über gewisse äußere Eigentümlichkeiten jenes Konzils nicht so maßlos verwundern, wie es damals innerhalb und außerhalb der katholischen Kirche manche getan haben. Das Konzil fand im Unterschied zu den meisten früheren ohne direkte Mitwirkung auch der katholischen Staatsregierungen statt, obwohl besonders das Frankreich Napoleons III. sich eine solche gerne verschafft hätte. Aber war jene frühere Mitwirkung der politischen Gewalt nicht auf die unterdessen längst in die Brüche gegangene Wirklichkeit oder Scheinwirklichkeit des *Corpus christianum* begründet gewesen? Hatten sich nicht alle modernen Staaten längst auf den Grundsatz der religiösen Neutralität festgelegt? War es also nicht auch von jenen her gesehen in Ordnung, wenn die Kirche ihre Angelegenheiten nun selber in die Hand nahm? Ferner: die Konvokation zu diesem Konzil ging einseitig vom Papst, nicht aber von dem bei früheren Konzilien neben ihm in die Erscheinung tretenden Kardinalskollegium aus. Ferner — eine Sache, die schon auf dem Tridentinum Anlaß zu Klagen gegeben hatte: die dem Konzil vom Papst gegebene Geschäftsordnung bestimmte, daß die Proposition der zur Verhandlung kommenden Gegenstände grundsätzlich allein Sache des Papstes sei, daß die Bischöfe ihre Vorschläge zuerst dem Papst bzw. einer päpstlichen Kongregation einzureichen hätten, in deren Vollmacht es dann liegen sollte, sie an das Konzil weiterzugeben oder nicht weiterzugeben. Es scheint dann weiter auch praktisch die Präsidialgewalt mit etwas problematischer Loyalität und jedenfalls nicht immer so gehandhabt worden zu sein, wie manche es sich wohl im Sinn einer parlamentarisch verstandenen Verhandlungs- und Redefreiheit des Konzils gewünscht hätten. Aber ein Konzil ist nun einmal kein Parlament. Man wird von jenen Anordnungen sagen müssen, daß sie schließlich nur das Resultat des Konzils vorweggenommen haben, indem sie diesem eine Form gaben, in welchem es selber zum Zeugnis wurde für das, was es nachher erklärte. War diese Erklärung ein Zirkel, darin bestehend, daß mit päpstlicher Autorität die päpstliche Autorität verkündigt wurde — wie konnte es anders sein, als daß das Konzil in sich selbst, indem es sich jenen Anordnungen unterzog, nur die päpstliche Autorität darstellen wollte? Wäre an sich außer dem Parlamentarismus, dem man schließlich in der Kirche mit Recht keinen Raum geben wollte, auch noch der Möglichkeit eines brüderlichen Gesprächs und gemeinsamen Entscheidens zu gedenken gewesen, zu dem es nach der „Geschäftsordnung" einer evangelischen Synode bei solchem Anlaß kommen mußte, so ist zu sagen, daß die ganze katholische Kirche, die auf dem Vatikanum angeblich „unterdrückte" Minderheit eingerechnet, auf diese Möglichkeit längst verzichtet hatte. Es wäre so oder so eine μετάβασις εἰς ἄλλο γένος gewesen, wenn das Konzil sich nicht auch formal gerade die Gestalt gegeben hätte, bzw. hätte geben lassen, die es tatsächlich hatte. Mit jeder anderen Gestalt würde es das, was es hinsichtlich der Unfehlbarkeit des Papstes sagen wollte und gesagt hat, im voraus desavouiert haben. Jener der Konzilsminorität angehörige Bischof hatte sachlich ganz recht, wenn er nachher schrieb: *Concilium Vaticanum apertissima principii petitione et circuli vitiosi errore illud tandem definivit, quod ab anni initio definitum stabilitumque praesupposuit. Pontifex semet personaliter infallibilem ab initio usque ad finem gessit, ut semet personaliter infallibilem tandem definiat* (nach PRE[3] 20, 472). Unrecht hatte der Mann nur darin, daß er sich als römisch-katholischer Bischof über den so beschriebenen Vorgang meinte beklagen zu dürfen!

Der innerkatholische Widerstand gegen das Vatikanum hat sich bekanntlich nachher, soweit er aufrechterhalten wurde, zu der sogenannten altkatholischen Bewegung und Kirchenbildung verdichtet. Sie konnte insofern von Anfang an keine große Hoffnung haben, als sie von etwas wesentlich Anderem als von jenen gegen die Erklärung vorgebrachten Opportunitätsgründen nicht lebte und auch nicht leben konnte, und auch dies nur, indem und sofern ihr dabei von seiten der außerhalb der Kirche stehenden und wirksamen Mächte Hilfsstellung geleistet wurde. Altkatholizismus als solcher bedeutet das Stehenbleiben bei dem noch bei Möhler offengelassenen Dualismus. Er bedeutet praktisch entweder die Rückkehr zu einem episkopal-konziliaren System, das in der bisherigen katholischen Entwicklung immer nur die Rolle einer ausgeschlossenen Grenzmöglichkeit hatte spielen können, das die Kirchenautorität der Schriftautorität grundsätzlich ebenso überordnet, wie dies im papalen System der Fall ist, nur daß es im Gegensatz zu diesem die Frage: wo und wer diese Kirchenautorität ist? nicht konkret zu beantworten weiß. Oder aber er bedeutet praktisch den Übergang zu dem Parlamentarismus der modernen Religionsgesellschaften, wie er auch in den protestantischen Kirchen weithin eingerissen ist, mit welchem nun wirklich dem Papstsystem gegenüber auch nichts grundsätzlich besser zu machen ist. Innere Kraft hat der Altkatholizismus in neuerer Zeit da gewonnen, wo er grundsätzlich den Anschluß an das evangelische Schriftprinzip gesucht und gefunden hat. Er ist aber gerade da schwer belastet dadurch, daß er dies nur grundsätzlich tun kann, praktisch aber einen ganzen, etwas willkürlich zusammengestellten Komplex von schriftfremder kirchlicher Tradition anerkennen und selber mitführen muß und gleichzeitig auf Grund jenes Anschlusses doch aufgehört hat, Katholizismus und also auch Altkatholizismus zu sein. Altkatholizismus heißt Unentschiedenheit in der Mitte zwischen zwei Entscheidungen, die beide nur in einem grundsätzlichen und praktischen Ja oder aber in einem grundsätzlichen und praktischen Nein vollzogen werden können.

Völlig unmöglich war und ist aber erst recht der Widerspruch der sich in der akatholischen modernen Bildungswelt mit Einschluß der neuprotestantischen Kirchlichkeit gegen das vatikanische Dogma erhoben hat. Echte Legitimation zum Protest gegen den nunmehr endgültig geschlossenen Kreis der römisch-katholischen Offenbarungslehre konnte im Jahr 1870 und nachher nur eine einzige Instanz haben, nämlich eine evangelische Kirche, die hinsichtlich ihrer eigenen Treue gegenüber dem reformatorischen Schriftprinzip ein gutes Gewissen hatte, eine Kirche, deren Autorität unter und nicht über dem Wort stand, deren Lehre und Verkündigung sich nicht nach dem Selbst- und Geschichtsbewußtsein des modernen Menschen, sondern nach wie vor nach dem Zeugnis der Propheten und Apostel und nur nach ihm richtete. Wir dürfen ruhig annehmen, daß damals und seither im Verborgenen auf vielen protestantischen Kanzeln im Namen dieser Kirche die rechte Antwort auf das Vatikanum gegeben worden ist, die dann sicher auch ein Bekenntnis der Buße im Namen des ganzen modernen Protestantismus sein mußte. Ein solche Stimmen zusammenfassendes Sprechorgan, das dem evangelischen Urteil über den vatikanischen Frevel im Verhältnis zu dessen Ausmaß Ausdruck und Gehör verschafft hätte, eine einmütig bekennende protestantische Kirche gab es damals nicht. Die Stimmen, die damals und in den Jahren des Kulturkampfes im protestantischen Bereich wirklich laut wurden, waren, so laut sie riefen, gebrochene Stimmen und ihren Trägern fehlte nun eben jene Legitimation, deren es bedurfte, um zum Vatikanum mit Vollmacht Nein zu sagen. Ohnehin traf der römische Schlag — Pius IX. hatte wirklich die richtige Stunde abgewartet — die moderne Bildungswelt in jenem Stadium völliger innerer Auflösung, in das sie, nachdem sie des klassischen Idealismus müde geworden, in der zweiten Hälfte des Jahrhunderts eingetreten war. Von woher wollte man diese sich mit der Offenbarung in eins setzende Papstkirche schon angreifen? Von der aus dem 18. Jahrhundert überkommenen Vorstellung einer in sich und zugleich mit der höchsten Wahrheit identischen allgemeinen Menschenvernunft her? Gerade der neuen oder vielmehr uralten päpstlich-kirchlichen Identitätslehre gegenüber mußte jene ohnehin längst blaß gewordene Idee, so sehr sie auch dem gesunden Menschenverstand immer noch einleuchten mochte, bestimmt der an Vitalität unterlegene, der schwächere Partner sein. Von dem ebenfalls noch umgehenden romantischen Individualismus her? Auch er war durch das vatikanische Dogma bzw. durch die alte katholische Idee von dem repräsentativen Individuum, das in der Fülle seiner Kompetenz und Autorität die Kirche verkörpert, an Tiefsinn und zugleich an Anschaulichkeit von vornherein überboten. Von dem inzwischen modern gewordenen positivistischen Wissenschaftsbegriff her? Gewiß, der Empirismus der neuzeitlichen Natur- und Geschichtswissenschaft schien wie geschaffen, dem Mysterium des neu verjüngten alten Kirchentums gegenüber eine eherne Mauer aufzurichten, und wer von den in diesem Sinn modern Gebildeten hätte damals nicht gewähnt, von Pius IX. und seinem Konzil durch wahre Abgründe prinzipiellen Gegensatzes getrennt zu sein? Aber ließ diese Wissenschaft nicht zu viel offen, um nicht trotz alles Agnostizismus, ja Atheismus und gerade in ihrem Agnostizismus und Atheismus das Mysterium widerwillig aber faktisch zu bejahen und arbeitete sie andererseits nicht hinsichtlich ihrer eigenen Prinzipien selbst viel zu offen mit einer Unfehlbarkeitslehre, die bei allem Widerspruch gegen Rom indirekt wie eine Bestätigung des päpstlichen Unfehlbarkeitsanspruchs wirken mußte? Oder vom Gedanken des modernen National-, Rechts- und Wohlfahrtsstaates aus? In der Tat, gerade von dieser Seite ist die Kirche im 19. Jahrhundert vor und nach 1870 in besonders schmerzlicher Weise angegriffen und in ihrer Autorität gekränkt worden. Was mußte sie sich von Napoleon I. und nachher von dem neuen Italien in den verschiedenen Stadien seines Werdens, schließlich vom Bismarck'schen Deutschland und doch auch von den radikalen schweizerischen Kantonsregierungen Alles gefallen lassen? Wenn nur die modernen Staaten nicht bei aller Eifersucht, mit der sie ihr Prestige gegenüber dem Vatikan zu wahren suchten, gleichzeitig ein so tiefes Bedürfnis gehabt hätten, ihre von ihrer revolutionären Herkunft her etwas schwankende Autorität gegenüber den Mächten des Umsturzes durch Anlehnung an die kirchliche Autorität zu stützen! Und wenn sie nur nicht heimlich in ihren nationalistischen ebenso wie in ihren sozialistischen Entwicklungstendenzen selber schon auf dem Wege zu einem politisch-kulturellen Totalitarismus gewesen wären, der, wenn er erst offen auf dem Plane war, dem Absolutismus des römischen Offenbarungsinstitutes allzu strukturverwandt gegenüberstehen mußte, als daß — alle zeitweiligen Mißverständnisse hin und her — von ihm her etwas Triftiges gegen jenes eingewendet werden konnte! Von der Freiheit des protestantischen Gewissens her schließlich? Nun, „Luther in Worms" ist in jener zweiten Hälfte des vorigen Jahrhunderts eine besonders beliebte Gestalt gewesen und das Motiv eines religiös gefärbten Trotzes gegenüber dem neuen hierarchischen Anspruch Roms ließ man sich als tiefste Note in dem allgemeinen Chor des Protestes auch außerhalb der protestantisch-kirchlichen Kreise gerne gefallen. Wobei man nur übersah, daß Luthers Freiheit und Trotz in einer Bindung an das konkrete Wort der Schrift beruht hatte, während das, was man selbst betätigte, eine Freiheit und ein Trotz an sich waren, das „Es ist mir so!" eines autonomen Gewissens, kraft dessen man sich dauernd ebenso eigenmächtig zum Herrn der Schrift machte, wie es der Katholizismus immer und jetzt eben wieder in abschließender und demonstrativer Klarheit getan hatte. Daß es auf den Schall der Posaunen etwa des „Evangelischen Bundes" zu einem Einsturz der Mauern von Jericho kommen würde, das hatten dessen Einwohner nicht zu befürchten. Auf den Gebrauch dieser Art von Gewissensfreiheit hatten sich die Jesuiten nun wirklich schon seit Jahrhunderten ungleich besser verstanden. Weiter als bis zu einem blinden Lärm konnte es die Opposition der akatholischen modernen Welt gegenüber dem nun geschlossenen Kreis des katholischen Systems tatsächlich nicht bringen. Das gleichzeitig mit dem Vatikanischen Konzil nach Neapel einberufene Freidenkerkonzil mußte nicht ohne Grund als eine klägliche Farce enden. Diese Welt war — anders als wenn das vatikanische Dogma etwa in der Zeit Kants und Goethes, Schleiermachers und Hegels auf den Plan getreten wäre — eine in sich höchst uneinige Welt, deren Argumente sich dauernd überkreuzen und gegenseitig aufheben mußten. Sie war aber auch in dem, worin sie von ihrem Ursprung in der Renaissance und von jener ihrer letzten hohen Zeit her im Letzten einig war, dem nunmehr endgültig konsolidierten Katholizismus viel zu artverwandt, als daß sie in der Lage gewesen wäre, ihr einen wirklich unbeugsamen und wirklich gefährlichen Widerstand entgegenzusetzen. Hatte Möhler nicht längst gezeigt, daß es durchaus und mit verhältnismäßig geringer Mühe möglich war, ihre intimsten Intentionen nicht nur nachträglich ins Katholische zu übersetzen, sondern sie in ihrem katholischen Kern lebendig und fruchtbar zu machen? So war es bestimmt nicht nur diplomatische Höflichkeit und auch nicht nur Hohn, wenn der deutsche Kulturkampf damit endigte, daß Bismarck, der einige Jahre lang jenen akatholischen modernen Widerspruch in sich zu verkörpern schien, zum Ritter des päpstlichen Christusordens erhoben wurde. Wenn Pius IX. auf einem der Höhepunkte des Vatikanischen Konzils einem Vertreter der Minderheit, der es wagte, die kirchliche Tradition gegen die Opportunität des neuen Dogmas geltend zu machen, das berühmt gewordene Wort zurief: „Die Tradition bin ich!", so war das doch nur eine Variante des ebenfalls berühmten Wortes Ludwigs XIV., laut dessen er, der König, der Staat gewesen wäre. So gewiß dieses letztere Wort ein echt „modernes", nur auf dem Hintergrund der Renaissance denkbares Wort ist, so gewiß ist es auch jene päpstliche Variante. Und so gewiß jenes Wort Ludwigs XIV. schon die ganze Französische Revolution in sich enthielt, so gewiß umgekehrt die liberalpolitische Parole, mit der ihr eigentümlichen Begünstigung des Individuums notorisch dem Umschlag in einen Absolutismus ausgesetzt ist, in welchem das Individuum nun doch wieder im Sinne Ludwigs XIV. der Staat sein darf — so gewiß enthielt das Diktum Pius IX. den ganzen theologisch-kirchlichen Liberalismus in sich — als Gegensatz, aber doch nur als dialektischen, als umschlagsfähigen Gegensatz — so gewiß kann umgekehrt vom theologischen Liberalismus aus eine Anerkennung der Zusammenfassung der christlichen Tradition und Autorität in einem einzigen repräsentativen Individuum jedenfalls nicht als grundsätzlich unmöglich verstanden werden. Wenn der Wiener Theologieprofessor E. Commer (in einer Rede zum 25. Jubiläum von Leo XIII., PRE.[3] 20, 474) doziert hat: *Affirmamus, ecclesiae esse unum caput in duabus personis distinctis, Christo scilicet et Petro. Sicut humanitas Christi est quasi instrumentum animatum coniunctumque divinitatis, quae propria filii est, simili quoque modo pontifex maximus dici potest primarium instrumentum humanum animatumque ipsius verbi incarnati ac divinitatis, quacum coniunctus est auctoritate vicarii universa. Recte igitur papa . . . alter Christus appellabatur*" — so lese man, bevor man sich über solche Blasphemie legitim entrüsten darf, nach, was etwa A. E. Biedermann (Chr. Dogm. 1869 § 792 f.) über das allgemeine Prinzip der Gotteskindschaft als den wahren Sinn der biblischen und kirchlichen Lehre von der Gottheit und Menschheit Christi herausgearbeitet hat. Erkennen wir in dem in seinem Amte handelnden römischen Papst den *alter Christus*, das menschliche Instrument der mit ihm verbundenen Gottheit, dann ist nicht abzusehen, wieso in den biblisch-kirchlichen Personalbestimmungen des Gottmenschen nicht auch allgemein die Bestimmungen des Verhältnisses zwischen Gott und Mensch, zwischen dem absoluten und endlichen Geist wiederzuerkennen sein sollten. Und wenn das letztere möglich ist, warum soll dann das erstere grundsätzlich unmöglich sein? Zwischen der mythologisch-singulären und der spekulativ-allgemeinen Identifikation des Menschen mit Gottes Offenbarung kann ein letzter und ernstlicher Widerspruch nicht stattfinden. Wenn die eine möglich ist, so ist es grundsätzlich auch die andere und wenn die eine falsch ist, so ist es grundsätzlich auch die andere. Wer die eine bejaht, kann also die andere nicht grundsätzlich verwerfen und es ist wiederum die Verwerfung der einen nur möglich, wenn sie mit der grundsätzlichen Verwerfung auch der anderen verbunden ist. Den Ort, von dem aus beide als falsch einzusehen und zu verwerfen wären, den Ort, von dem aus Jesus Christus in seiner unvergleichlichen Ehre als der Herr des Menschen zu sehen wäre — diesen Ort hatte die römisch-katholische Kirche ebenso verlassen wie die gegen ihr Dogma sich auflehnende akatholische moderne Welt und diese Welt ebenso wie die römisch-katholische Kirche. Wozu nur noch zu bemerken ist, daß in dem zwischen beiden bestehenden Familienzwist die römisch-katholische Kirche insofern immer in jenem relativen Vorsprung sich befinden wird, dessen sie sich schon in der dem Vatikanum folgenden Zeit des Kulturkampfes erfreuen durfte, als ihr Heidentum viel umfassender christlich *verkleidet* ist, als sie viel ausgesprochener *antichristlichen* Charakter trägt, viel bestimmter in einer Verkehrung der *Wahrheit* besteht, viel stärker also an der *Lebenskraft* des von ihr verfälschten Wortes Gottes Anteil hat, als dies bei ihrem familiären Widerpart der Fall ist, der sich neben einigen Fragmenten christlicher Erkenntnis in der Hauptsache von unverhülltem Heidentum nähren muß, dessen antichristlicher Charakter jedenfalls erst reif werden müßte, bevor er sich mit der römischen Kirche mit gleichen Waffen messen und überhaupt auf dem gleichen Niveau begegnen könnte. Aber wie es auch damit stehe: die eigentliche Entscheidung fällt nicht in diesem Familienzwist, sondern auf der Front, wo dem Katholizismus *und* der modernen Welt eine unter der heiligen Schrift stehende evangelische Kirche gegenübertritt — gegenübertreten wird.

Es bleibt uns nur noch übrig, das Wesen und den Sinn der evangelischen Entscheidung in dieser Sache, wie sie in der Reformation gefallen ist und wie sie, wo evangelische Kirche ist, was sie heißt, immer wieder fallen muß, positiv und negativ zu umschreiben.

Daß Gottes Wort in seiner in der heiligen Schrift bezeugten Offenbarung sich nicht auf seine Zeit, die Zeit Jesu Christi und seiner alt- und neutestamentlichen Zeugen beschränkt, sondern daß es im Raum der Kirche Jesu Christi allen Zeiten gegenwärtig ist und durch ihren Mund allen Zeiten gegenwärtig werden will und werden wird, eben das ist auch evangelisches Glaubensbekenntnis. In diesem Bekenntnis zu der Lebendigkeit und also zu der je und je wirklichen und immer wieder wirklich werdenden Gegenwart des Wortes Gottes ist also eingeschlossen ein *Bekenntnis der Kirche zu sich selbst*, das heißt zu ihrer Begründung und Erhaltung durch das Wort Gottes, zu der ihr übertragenen Vollmacht und zu der ihr aufgetragenen Sendung.

In diesem Bekenntnis ist erstens eingeschlossen das Bekenntnis zu der Wirklichkeit einer kirchlichen Gemeinschaft im Raum sowohl wie in der Zeit, d. h. zu einer durch das Wort begründeten Einheit, in der sich die Kirche da und dort, einst, heute und inskünftig mit sich selber befindet: einer Einheit im Glauben und in der Verkündigung, einer Einheit dessen, was sie empfängt in der sie konstituierenden Gabe und dessen, was sie tut in Erfüllung dessen, was ihr befohlen ist. In jenem Bekenntnis ist also auch eingeschlossen das Bekenntnis: wo Kirche ist, da gibt es auch Väter, da gibt es auch Brüder im Glauben und in der Verkündigung; da dürfen und müssen die gegenwärtigen Zeugen des Wortes Gottes zurückblicken auf die ihnen vorangegangenen und hinüberblicken zu den ihnen gleichzeitigen Zeugen desselben Wortes; da wird nicht geredet, ohne zuvor gehört zu haben; da ist alles Reden eine Verantwortung jenen Vätern und Brüdern gegenüber, da wird diesen Vätern und Brüdern also eine bestimmte Autorität, die Autorität von vorgeordneten und als solche zu respektierenden Zeugen des Wortes Gottes zuerkannt. So gewiß das evangelische Bekenntnis das Bekenntnis zu der Lebendigkeit und zu der je und je Ereignis werdenden Gegenwart des Wortes Gottes ist, so gewiß ist es Bekenntnis zur Gemeinschaft der Heiligen und also zu einer in bestimmtem Sinn autoritativen Überlieferung des Wortes Gottes, das heißt zu einer menschlichen Gestalt, in der es im Raum der Kirche und durch ihren Mund an jeden, den es zum Glauben und zum eigenen Zeugnis aufruft, herantritt — zu einer menschlichen Gestalt, die ihm im Zeugnis jener Väter und Brüder eigen ist, bevor er selbst zum Glauben gekommen und zum Zeugen geworden, die also insofern seinem Glauben und seinem Zeugen vorgeordnet ist — zu einer menschlichen Gestalt, mit der er sich auf alle Fälle auseinandersetzen, und zwar kraft jener Vorordnung in bestimmtem, in dem dem Zeugnis der Kirche als solchen angemessenem Respekt auseinanderzusetzen hat.

Und es ist in jenem Bekenntnis zweitens eingeschlossen das Bekenntnis, daß das Zeugnis der Kirche der Gegenwart selber, sofern es Zeugnis von dem lebendigen und gegenwärtigen Worte Gottes ist, sofern es also auch in jener Verantwortung gegenüber seiner Überlieferung und in Anerkennung ihrer bestimmten Autorität geschieht, selber eine bestimmte Autorität besitzt. Wo in der Kirche kirchlich d. h. im Vollzug jenes Zeugnisses gesprochen wird und wo insofern die Kirche selbst spricht, da geschieht es unter neuer Aufrichtung und Geltendmachung jener Vorordnung, da wird aufs neue jenes Hören und zwar jenes in bestimmtem Sinn respektvolle Hören vorausgesetzt und gefordert, da entsteht für die Hörenden aufs neue jene Verantwortlichkeit, ohne die die Kirche freilich selbst nicht reden könnte, die aber, indem sie selbst in Verantwortlichkeit redet, nun doch auch Sache der sie Hörenden wird. Wieder entsteht ja jetzt, indem die Kirche redet, eine menschliche Gestalt des Wortes Gottes, die als solche dem Glauben und dem eigenen Zeugnis der Hörenden auf alle Fälle vorangeht und mit der diese sich in der Weise auseinanderzusetzen haben, wie man sich in der Gemeinschaft der Heiligen im Glauben an die Lebendigkeit und Gegenwart des Wortes Gottes mit einem solchen vorangehenden väterlichen und brüderlichen Zeugnis auseinanderzusetzen hat. Wieder entsteht jetzt also eine in bestimmtem Sinn autoritative Überlieferung des Wortes Gottes.

In dieser doppelten Form ist also auch im evangelischen Bekenntnis zum Worte Gottes eingeschlossen das Bekenntnis zu einer Autorität der Kirche. Wir werden auf den Sinn und Inhalt dieses Bekenntnisses im zweiten Teil unseres Paragraphen zurückkommen. Es muß aber — und hier trennen sich nun die Wege, hier fällt nun unausweichlich und unaufgebbar die evangelische Entscheidung — bevor von dieser Autorität der Kirche auch nur ein Wort laut werden darf, feststehen, daß es eine Autorität in der Kirche gibt, die zugleich eine Autorität über der Kirche ist: eine Autorität, die alle Autorität der Kirche selbst erst begründet, von der her sie ihre bestimmte Würde und Geltung hat und ohne die sie sie nicht hätte, ohne die sie sie nie und nirgends wirklich ausgeübt hat und nie und nirgends wirklich ausüben wird — eine Autorität, die die Autorität der Kirche selbst aber auch begrenzt, d. h. nicht durchstreicht, wohl aber bestimmt, von der her sie, indem sie aufgerichtet wird, auch gerichtet wird, die, wenn und indem die Autorität der Kirche gehört wird, unter allen Umständen zuerst und zuletzt und als entscheidend immer mitzuhören ist. — Es gibt eine Autorität in der Kirche, die auf die Gefahr der völligen Zerstörung der Autorität der Kirche selber hin nicht in diese Autorität der Kirche selber umgedeutet und aufgelöst, die um keinen Preis mit dieser identifiziert werden darf. Wie kommt es denn zu einer Autorität der Kirche selber in jenem doppelten Sinn? Wie kommt es dazu, daß es in der Gemeinschaft der Heiligen eine auf Verantwortlichkeit beruhende und Verantwortlichkeit fordernde und erzeugende Überlieferung des Wortes Gottes gibt? Das dem Katholizismus und dem Neuprotestantismus entgegenzustellende evangelische Bekenntnis lautet: dazu kommt es, indem die Existenz der Kirche, die solche Autorität hat und ausübt, ein einziger Akt des Gehorsams, also selber ein Akt der Unterwerfung unter eine höhere Autorität ist. In diesem Akt des Gehorsams ist sie, was sie ist, Kirche, ἐκκλησία, *evocatio*. Sie ist es nicht außerhalb dieses Aktes; sie ist es also nicht, wenn und sofern sie sich diesem Gehorsam entzieht. Ihm entzieht sie sich aber, wenn ihr die Autorität, der sie sich unterwirft, nicht wirklich eine höhere, eine von ihrer eigenen Autorität unterschiedene und ihr überlegene Autorität ist. Sie entzieht sich ihm also, wenn sie sich einer nicht sowohl in ihr, sondern von ihr selbst aufgerichteten und also ihr immanenten Autorität — sie entzieht sich ihm, wenn sie sich ihrer eigenen Autorität unterwirft. Gehorsam gegen die eigene Autorität ist — und wenn diese die Fülle aller Autorität hätte und selbst wäre, ja je gefüllter diese eigene Autorität ist, um so mehr! — das Gegenteil von Gehorsam, nämlich Selbstregierung. Selbstregierung ist aber eine — ja sie ist geradezu die große Prärogative Gottes. Selbstregierung im geschöpflichen Raum kann nur Anmaßung dieser Prärogative Gottes und also ausgesprochenen Ungehorsam des Geschöpfs bedeuten. Solche Selbstregierung der Kirche ist aber das erklärte Wesen des Katholizismus ebenso wie des Neuprotestantismus, sofern dort das die Schrift und

die Tradition in sich zusammenfassende und mit unüberbietbarer Autorität auslegende, sich selbst mit der Offenbarung identifizierende kirchliche Lehramt und hier die weniger greifbare aber nicht minder unfehlbar sich gebende Instanz des menschlichen Selbst- und Geschichtsbewußtseins und so oder so die Kirche selbst das letzte Wort spricht, dem dieselbe Kirche dann zu gehorchen vorgibt. Indem sie das tut, indem sie von keiner höheren Autorität weiß als von ihrer eigenen, indem sie ihre eigene Autorität mit allen Merkmalen einer höheren, einer ihr selbst als Kirche transzendenten Autorität umgibt, um jeder ihr transzendenten Autorität, die nicht mit ihrer eigenen identisch wäre, um so sorgfältiger auszuweichen, indem sie schon die Möglichkeit des Gehorsams gegen eine solche mit ihrer eigenen nicht identischen, sondern ihr transzendenten Autorität mit ihrem Anathema, mit ihrer Verachtung belegt und als Trennung von der Kirche qualifiziert — eben indem sie das alles tut, verweigert sie den Gehorsam, stellt sie sich selbst Gott gleich und hört eben damit auf, Kirche zu sein, verliert sie auch, wie hoch sie sie immer schätzen und preisen, in welcher Fülle sie sie auch scheinbar besitzen möge, ihre eigene Autorität. Eine höhere Autorität, die in ihre eigene Autorität umgedeutet und aufgelöst, die in dieser auf- und untergegangen und verschwunden ist, ist eben keine höhere Autorität und es kann der Gehorsam gegen sie kein wirklicher Gehorsam sein — auch dann nicht und gerade dann nicht, wenn die Autorität der Kirche selbst, in der sie verschwunden ist, sich nun ihrerseits mit allen Prädikaten göttlicher Offenbartheit schmückt und auch dann nicht und gerade dann nicht, wenn der Gehorsam gegen die so geschmückte Autorität der Kirche alle Merkmale tiefster und ernstester Frömmigkeit trägt. Kirche ist nicht mehr Kirche, wo sie tatsächlich keine höhere Autorität kennt als ihre eigene und keinen anderen Gehorsam als einen solchen, der tatsächlich darin besteht, daß sie sich selbst regiert. Und es wird einer Kirche, die eine von ihrer eigenen Autorität verschiedene Autorität nicht hat, auch die Autorität, die sie hat, notwendig genommen werden. Im Ungehorsam stehend, kann sie die Empfängerin und das Subjekt einer autoritativen, d. h. einer auf Verantwortlichkeit beruhenden und Verantwortlichkeit fordernden und erzeugenden Überlieferung des Wortes Gottes nicht mehr sein. Sie kann nicht mehr Gemeinschaft der Heiligen sein. Selber an keine ihr vorgeordnete menschliche Gestalt des Wortes Gottes gebunden, wird sie auch ohnmächtig sein, selber eine vorgeordnete menschliche Gestalt des Wortes zu bleiben und also selber zu binden, wird sie auch nicht zu jenem respektvollen Hören auf ihr Zeugnis aufrufen können.

Die Entscheidung für eine Kirche des Gehorsams gegen eine Kirche der Selbstregierung wird nun aber faktisch dadurch gebieterisch und unausweichlich, daß die christliche Kirche sich auf ihr eigenstes Sein gar nicht besinnen, daß sie gar nicht aus ihrem eigensten Sein heraus leben kann, ohne sich mit ihrem Herrn konfrontiert zu sehen, der ihr gegenwärtig, aber als ihr wirklicher Herr in wirklicher und also in einer ihre eigene Autorität transzendierenden Autorität gegenwärtig ist. Ihr Herr ist Jesus Christus; er hat sie ins Leben gerufen und er erhält sie am Leben; an ihn glaubt sie, ihn verkündigt sie; ihn betet sie an. Zu ihm verhält sie sich wie die von ihm angenommene menschliche Natur sich zu seiner Gottheit verhält. Zu ihm blickt sie, indem er ihr gegenwärtig, indem sie seines Heiligen Geistes teilhaftig wird, empor als der irdische Leib zu seinem himmlischen Haupte. Er und er allein mit dem Vater und dem Heiligen Geist kann göttliche Herrlichkeit und Autorität in der Kirche haben. Er aber hat sie. Die Kirche wäre nicht ohne ihn, wie das Geschöpf nicht wäre ohne den Schöpfer. Es ist tatsächlich dieses Verhältnis zwischen Schöpfer und Geschöpf, das auch zwischen ihm und seiner Kirche besteht. In dieser seiner Unterschiedenheit von ihr ist er eins mit ihr und in dieser ihrer Unterschiedenheit von ihm ist sie eins mit ihm. Das Verhältnis zwischen Jesus Christus und seiner Kirche ist also ein unumkehrbares Verhältnis. Welches auch die Herrlichkeit und Autorität der Kirche selber sein möge, Jesu Christi Herrlichkeit und Autorität ist und bleibt ihr gegenüber die seine. Und so gewiß in der Herrlichkeit und Autorität Jesu Christi, wie sie in der Kirche aufgerichtet, wie sie geradezu das Sein der Kirche ist, eine Herrlichkeit und Autorität auch der Kirche selbst begründet ist, so gewiß wird diese durch jene begrenzt, kann also jene in dieser gerade nicht auf- und untergehen, muß vielmehr jene Begründung sich immer wieder vollziehen und bewähren in einer Entgegenstellung der Jünger mit dem Meister, des Leibes und seiner Glieder mit ihrem gemeinsamen Haupte. Es hebt die Begründung der Kirche, es hebt ihre Beauftragung und Bevollmächtigung, es hebt auch die persönliche Gegenwart Jesu Christi in seiner Kirche die Möglichkeit und Notwendigkeit solcher Entgegenstellung zwischen seiner und ihrer Autorität nicht auf. Sondern gerade in solcher Entgegenstellung und nur in ihr entsteht und besteht die Einheit Christi mit seiner Kirche und seiner Kirche mit ihm. Lebt sie als seine Kirche und hat sie als solche auch ihre eigene Autorität, so lebt sie im Gehorsam gegen ihn, in einem Gehorsam, der weder offen noch heimlich zur Selbstregierung werden kann.

Wir müssen aber allen diesen Feststellungen eine noch eindeutigere Form geben, wenn sie hinsichtlich der evangelischen Entscheidung in Sachen der Autorität des Wortes ein ganz klares Bild geben sollen. Wer weiß, ob nicht manche klügere und insofern bessere Vertreter katholischer und neuprotestantischer Theologie der Meinung sein könnten, uns unbeschadet ihrer ganz anderen These bis hierher immer noch folgen und zustimmen zu können? Gewiß, könnte man uns sagen, steht über der Autorität der Kirche als ihr Grund und ihre Grenze die unmittelbare, die inhaltliche, die absolute Autorität Gottes selbst, die Autorität Jesu Christi als des Herrn der Kirche, dem diese zu gehorchen hat. Gewiß ist dieses Verhältnis an sich nicht umkehrbar. Gewiß gibt es in diesem Verhältnis an sich einen unaufhebbaren Unterschied zwischen oben und unten, zwischen göttlicher und kirchlicher Herrlichkeit und Autorität. Gewiß bedarf diese immer wieder der Bewährung durch jene und also der Entgegenstellung mit ihr. Aber wie ist es, so könnte in Fortsetzung solcher Zustimmung gefragt werden, wenn es nun gerade in dieser Entgegenstellung zu solcher Bewährung kommt, wenn die Kirche nun wirklich gehorsam, wenn Gottes Wort nun wirklich lebendig und gegenwärtig ist in ihr? Darf man, muß man damit nicht auch rechnen? Sollte es zum vornherein unmöglich sein, daß das Lehramt der Kirche durch seinen päpstlichen Sprecher in Kraft der göttlichen Gnade, wie sie seiner Kirche verheißen ist — selbstverständlich in Unterordnung unter die Autorität Gottes, selbstverständlich im Dienste Jesu Christi — faktisch nun doch die reine, göttliche und unfehlbare Wahrheit redet? Und könnte dasselbe nicht auch der Fall sein, wenn im Neuprotestantismus das moderne Selbst- und Geschichtsbewußtsein das Wort ergreift? Darf und muß man aber mit dieser Möglichkeit rechnen, dann offenbar auch damit, daß faktisch in und mit der Herrlichkeit und Autorität der Kirche die Herrlichkeit und Autorität ihres Herrn Jesus Christus auf dem Plan und sichtbar ist, daß die Kirche, ohne an sich mehr als die Kirche zu sein, faktisch die Überlieferung des Wortes Gottes und also die gegenwärtige Offenbarung und also Jesus Christus selber ist? Ist aber mit dieser Möglichkeit zu rechnen — durch wen oder durch was sollte dann ihr Anspruch, das alles faktisch zu sein, zu widerlegen sein? Wir antworten sofort auf diese letzte Frage: die Widerlegung dieses Anspruchs liegt in der Tatsache, daß er erhoben wird. Gerade die Kirche, deren Autorität sich in der Entgegenstellung mit der göttlichen Autorität b e w ä h r t, gerade die Kirche, die ihrem Herrn g e h o r s a m, in der das Wort Gottes lebendig und gegenwärtig ist, wird jenen Anspruch bestimmt n i c h t erheben. Jawohl, sie wird sein: die Überlieferung des Wortes Gottes und also die gegenwärtige Offenbarung und also tatsächlich — als des himmlischen Hauptes irdischer Leib — Jesus Christus selber. Aber das wird wahr sein als Jesu Christi eigene Tat und Wahrheit in der Kraft und im Geheimnis des Heiligen Geistes. Es wird die Herrlichkeit und Autorität der Kirche dann ein Prädikat sein seiner göttlichen Herrlichkeit und Autorität, wie einst in der Fleischwerdung des Wortes die menschliche Natur ein Prädikat seiner ewigen Gottheit und darum die Gottheit nach Joh. 1, 14 im Fleische zu schauen war. Es wird aber dann die Herrlichkeit und Autorität Gottes kein Prädikat der Kirche werden — sie so wenig, wie einst das ewige Wort ein Prädikat des Fleisches wurde! — und es wird also gerade dazu, daß die Kirche den Anspruch erhebt, als solche die Überlieferung des Wortes, die Offenbarung, Jesus Christus selber, zu sein, es wird zu dieser Verwandlung der der Kirche zugewandten Gnade in einen der Kirche eigenen Besitz und Ruhm gerade nicht kommen können. Gerade wenn und wo der Kirche in jener Entgegenstellung die Gnade Gottes in ihrer Fülle zugewandt ist, gerade da wird sie unmöglich das von sich selber sagen können und wollen, was das katholische und das neuprotestantische Kirchentum von sich selber sagen zu müssen meint. Sie wird empfangen, was ihr an göttlicher Herrlichkeit und Autorität tatsächlich gegeben wird, sie wird dafür dankbar sein, sie wird es wahr sein und gelten und wirken lassen, sie wird leuchten in diesem ihr verliehenen Lichte. Sie wird es aber unterlassen, darauf zu pochen, als ob es ihr Besitz wäre; sie wird es unterlassen, sich zu schmücken und aufzuspielen, als ob sie einen Anspruch und Verfügung darüber hätte. Sie wird daraus, daß Jesus Christus sich faktisch zu ihr bekennt, keinen Eigenruhm, keine Selbstempfehlung, sie wird daraus gerade kein Dogma machen. Sie wird vielmehr eben in der Stellung verharren, sie wird immer wieder in die Stellung zurückkehren, in der sich ihr die Gnade Gottes zugewandt hat, d. h. aber in die Gehorsamsstellung, in die Entgegenstellung zwischen ihrer eigenen, der kirchlichen Autorität und der Jesu Christi selber. Nicht in Leugnung dessen, daß sie durch das lebendige und gegenwärtige Wort Gottes aufgenommen ist in die Einheit mit ihm selber, sondern gerade in Anerkennung dieser ihrer Erhebung und dankbar dafür wird sie in jener Stellung verharren, wird sie immer wieder in sie zurückkehren, wird sie nicht vorbrechen zu dem Anspruch, selber unmittelbare, inhaltliche, absolute Autorität zu haben und zu sein. Gerade in Erkenntnis des ewigen Jesus Christus und in der Gemeinschaft mit ihm wird sie sich bescheiden dabei, daß er in ihr und sie in ihm ist in dem unendlichen Unterschied des Schöpfers vom Geschöpf, des himmlischen Hauptes von seinem irdischen Leibe. Gerade in dieser Stellung gedenkt sie seines Segens und erwartet sie ihn. Diese gerade in der Fülle dessen, was sie empfängt und hat, immer wieder dem Ursprung und Gegenstand des Glaubens sich zuwendende Demut ist das Wesen der evangelischen im Unterschied zu der katholischen und zu der neuprotestantischen Entscheidung.

Aber nun fehlt unserer Beschreibung dieser evangelischen Entscheidung immer noch die letzte Spitze und Schärfe. Wo trennen sich eigentlich die Wege einer Kirche, die aus der Gegenwart und Gnade Jesu Christi einen Anspruch auf eine ihr selbst eigene unmittelbare, inhaltliche und absolute Autorität ableitet — und einer Kirche, die in der Entgegenstellung, in welcher ihr Jesus Christus gegenwärtig und gnädig ist, verharren, die eben in diese Entgegenstellung immer wieder zurückkehren möchte? Die Dialektik, kraft welcher sich dort der Umschlag vom dankbaren Empfangen zum eigenmächtigen Besitzenwollen, von der Anerkennung der göttlichen Autorität Gottes zur Beanspruchung eigener göttlicher Autorität, vom Gehorsam zur Selbstregierung vollzieht — diese Dialektik scheint immer noch so merkwürdig unaufhaltsam. Wie sollte es in einem Gegenüber zwischen Gott und Mensch, wenn es zugleich von Gott begründete Gemeinschaft, ja, wenn es geradezu die Selbsthingabe Gottes an den Menschen bedeutet, wenn Gottes Offenbarung an den Menschen nun eben wirklich wird — wie sollte es da nicht notwendig zur Aufhebung des Gegenüber, wie sollte es durch dieses Geben Gottes nicht zu einem Haben des Menschen kommen, auch wenn diesem die Fähigkeit zu einem solchen Haben von sich aus noch so radikal abginge? Wird sie ihm nicht eben durch jenes göttliche Geben wunderbar mitgeteilt? Wer weiß, es könnte im Zug dieser Dialektik der evangelischen Entscheidung vorgeworfen werden — es ist dies tatsächlich schon geschehen! — daß sie auf einem unkindlichen, undankbaren Trotz gegen die Gnade beruhe, auf einem eigenmächtigen Beharren im Abstand von Jesus Christus, in der menschlichen Gottesferne, die durch Jesus Christus doch gerade aufgehoben sei! Es könnte ihr entgegengehalten werden — und es wird ihr entgegengehalten — daß die wahre Demut des Glaubens gerade darin bestehe, daß die Kirche die ihr durch Jesus Christus verliehene göttliche Herrlichkeit und Autorität annehme und insofern tatsächlich beanspruche und ausübe. Also: was ist es nun eigentlich, was jenen Umschlag konkret aufhält und unmöglich macht? Was ist nun eigentlich die nach evangelischer Sicht der Kirche konkret auferlegte Notwendigkeit, in jener Entgegenstellung und also in der Unterscheidung zwischen ihrer Autorität und der Autorität Christi und also in der Unterordnung jener unter diese zu verharren und also das *Eritis sicut Deus* auch in dieser Form — auch wenn es im Gewand der Verheißung und der Gnade Jesu Christi selbst an sie herantritt — als eine Versuchung von sich zu weisen? Die Antwort kann nur ganz schlicht sein: Diese konkrete Notwendigkeit ist das Faktum der heiligen Schrift. Es ist nicht Eigenmächtigkeit, wenn die evangelische Kirche verharrt in jener Entgegenstellung, wenn sie Schule bleiben will, in der Jesus Christus der Meister, Herde, in deren Mitte er der Hirte, das Reich, dessen König er und er allein ist, wenn sie sich dagegen wehrt, diese Ordnung zu ihren eigenen Gunsten in ihr Gegenteil zu verkehren. Die Kirche ist nicht in der Lage, es so oder vielleicht auch anders zu halten. Sie kann nicht wählen zwischen dieser Möglichkeit und der anderen, in der sie auch noch selber Meister, Hirte und König wäre. Diese letztere Möglichkeit ist ihr tatsächlich verschlossen. Sie ist ihr dadurch verschlossen, daß Jesus Christus ihr gnädig und gegenwärtig ist in seinem Wort. Gewiß durch die Kraft und das Leben seines Heiligen Geistes. Aber eben dieser sein Geist ist kein anderer als der Geist seines Wortes. Und sein Wort, in welchem er selbst seiner Kirche gegenwärtig und gnädig ist — ist nicht zu verwechseln und nicht zu vermischen mit dem Wort, das die Kirche selbst hat und zu sagen hat — das Wort der biblischen Zeugen, das Wort, das er selbst seinen Propheten und Aposteln in den Mund gelegt hat. Sein Wort steht also dem menschlichen Wort der Kirche aller Zeiten selbst in der Gestalt eines menschlichen Wortes, nämlich des prophetisch-apostolischen Wortes, gegenüber. Sein Wort (und also seine Gegenwart und Gnade!) ist keine Idee, die, nachdem sie der Kirche einmal eingeleuchtet, nachdem die Kirche sie sich einmal angeeignet, nunmehr die Idee der Kirche selbst geworden wäre. Und es kann die Autorität seines Wortes von der Kirche nicht assimiliert werden, um dann auf einmal als die göttliche Autorität der Kirche selbst wieder sichtbar zu werden. Sein Wort — dasselbe Wort, durch welches er sich selbst der Kirche mitteilt, in welchem er selbst in der Kirche lebendig ist, in welchem er selbst seine Autorität in der Kirche aufrichtet — ist ihr vielmehr so gegeben, daß es ihrem Wort gegenüber sein Wort ist und bleibt: das Wort, das sie zu hören, zu verkündigen, dem sie zu dienen hat, von dem sie lebt, das aber eben dazu, damit dies Alles geschehen kann, geschützt ist und bleibt davor, im Wort der Kirche auf- und unterzugehen, das sich vielmehr ihr gegenüber behauptet als ein selbständiges, als ein der Kirche aller Zeiten immer wieder neues und von ihr neu entgegenzunehmendes Wort. Seine Gestalt als Propheten- und Apostelwort ist dieser Schutz seiner Selbständigkeit und Neuheit. Sie verkleidet es mit jener heilsamen Fremdheit, deren es bedarf, um der Kirche aller Zeiten gesagt zu sein als das Wort ihres Herrn. Sie schafft und erhält den heilsamen Abstand, dessen es für die Kirche aller Zeiten bedarf, damit sie es höre, bevor und indem sie selbst redet, damit sie ihm diene, bevor und indem sie es gebieterisch und verheißend in ihren eigenen Mund nimmt, damit sie von ihm lebe, bevor und indem sie ihr Leben lebt als ihr eigenes. Diese seine Gestalt als Propheten- und Apostelwort erzwingt jene Entgegenstellung, in welcher die Kirche aller Zeiten allein Offenbarung empfangen und selber die Trägerin von Offenbarung werden kann. Die Autorität Jesu Christi ist, indem er sein Wort seinen Propheten und Aposteln anvertraut und aufgetragen hat, indem er diese zu dem Felsen gemacht hat, auf den er seine Gemeinde baut: konkrete Autorität. Sie steht der Autorität der Kirche gegenüber und kann von ihr nicht angeeignet und assimiliert, sie kann weder allmählich noch plötzlich und weder mit der Gebärde des Hochmuts noch auch mit der der Demut in Kirchenautorität verwandelt werden. Sie steht immer wieder für sich, so gewiß die Männer des Alten und des Neuen Testamentes mit ihrem menschlichen Wort immer wieder für sich stehen gegenüber den sämtlichen Männern der Kirche, die ihr Zeugnis aufgenommen und weitergegeben, erklärt und verkündigt haben. Jenseits alles dessen, was die Kirche mit Recht und Unrecht, in Treue und Untreue selber gesagt hat und sagen kann, stehen jene Zeugen und sagen in allen Zeiten der Kirche das, was sie damals gesagt haben: keineswegs bloß als die ersten einer langen Reihe, denen also die, die später auch in dieser langen Reihe stehen, in gleicher Würde und mit gleichem Anspruch, an die Seite treten könnten, sondern, indem sie freilich diese lange Reihe eröffnen, als die von Jesus Christus selbst in der ganzen Einmaligkeit seiner eigenen Wirklichkeit Eingesetzten — als ein menschliches Zeichen freilich, aber als das Zeichen, das allen anderen Zeichen erst gerufen hat und nach welchem darum alle anderen Zeichen ausgerichtet sein und immer wieder ausgerichtet werden müssen, als die Ersten, mit denen die Reihe nicht nur im Ganzen einmal angefangen hat, sondern mit welchen sie in jedem einzelnen Glied, sofern es legitim zu dieser Reihe gehört, neu anfangen muß. Es ist ja wirklich das Wort Jesu Christi selbst, das sie als berufene und eingesetzte Zeugen der Kirche zu sagen haben. Sie haben es ihr also so zu sagen, wie die Kirche es sich selbst nie und nimmer sagen könnte. Sie kann es sich selbst und der Welt nur in der Wiederholung ihres Wortes sagen. Sie kann nach Eph. 2, 20; 3, 5 nur auf ihren Grund, den Grund der Apostel und Propheten erbaut werden, nicht neben diesem Grund. Es gibt also keinen unmittelbaren Anschluß der Kirche an Jesus Christus und kein unmittelbares Leben aus seinem Geist — oder vielmehr: dies eben ist der unmittelbare Anschluß der Kirche an Jesus Christus und dies eben ist das unmittelbare Leben aus seinem Geist: daß die Kirche sich auf dem Grund aufbaue, den er selbst durch die Einsetzung und Berufung seiner Zeugen gelegt hat, d. h. aber, daß sie sich halte an ihr Wort als an sein Wort. Sie und nur sie können in der Kirche unmittelbare, inhaltliche und absolute Autorität, die Autorität des mit der Offenbarung selbst gegebenen Zeichens haben. Sie brauchen sie auch nicht erst zu beanspruchen; ihnen braucht sie auch nicht zugesprochen zu werden. Sie haben sie. Denn ohne sie wäre die Kirche nicht. Ihr Sein ist die konkrete Gestalt des Seins Jesu Christi selber, in welchem die Kirche den Grund ihres Seins hat. Was in der Kirche Überlieferung des Wortes Gottes, Gehorsam gegen Jesus Christus, Unterwerfung unter seine Autorität heißt, das ist keine offene Frage, das ist vielmehr durch die Existenz der Apostel und Propheten im voraus und für alle Zeiten geordnet und geregelt. Es wird sich das Leben der Kirche unter allen Umständen in Form einer immer neuen Unterordnung unter das prophetisch-apostolische Wort, in Form einer immer neuen Ausrichtung nach jenem ersten grundlegenden Zeichen vollziehen müssen: einer Unterordnung und Ausrichtung, wie sie sonst gegenüber keiner Instanz in der Kirche in Betracht kommen kann, weil die Autorität aller anderen kirchlichen Instanzen selber dadurch bedingt ist, daß sie jenem Wort als der konkreten Gestalt des Wortes Christi untergeordnet und nur insofern kirchliche Instanzen sind.

Hier also trennen sich die Wege zwischen der evangelischen Kirche auf der einen und den katholischen und neuprotestantischen Kirchentümern auf der anderen Seite. Es ist im 16. Jahrhundert — nicht als eine Neuerung, aber in Wiederentdeckung und Wiederherstellung einer allerdings schon in ältester Zeit verschütteten Ordnung — die evangelische Entscheidung dahin gefallen, daß die Kirche das Wort und die Autorität Jesu Christi nicht anderswo zu suchen habe und finden könne als da, wo er selber sie aufgerichtet hat, daß sie also mit ihrem Wort und mit ihrer eigenen Autorität nur immer aufs neue von dem Wort und von der Autorität der biblischen Zeugen herkommen könne, daß ihr Wort und ihre Autorität mit denen dieser biblischen Zeugen für alle Zeit konfrontiert, an ihnen gemessen und von ihnen her zu beurteilen seien. Dies ist es, was die Reformation mit ihrem Satz, daß allein die heilige Schrift in der Kirche göttliche Autorität habe, sagen wollte und gesagt hat. Es war wirklich nicht das Buch als Buch und der Buchstabe als Buchstabe, den sie damit — wer weiß in welchem finsteren Gegensatz zu Geist, Kraft und Leben — eine gottgleiche Würde hätte zuschreiben wollen. Wohl aber wollte sie Jesus Christus erkannt und anerkannt wissen als den Herrn der Kirche, dessen Offenbarung nicht Offenbarung gewesen wäre, wenn sie nicht Apostel und Propheten geschaffen hätte und die auch in der Gegenwart der Kirche nicht anders Offenbarung sein kann als in diesem ihrem ersten Zeichen. Dieses erste Zeichen der Offenbarung, die Wirklichkeit der Apostel und Propheten, hat aber allerdings — und dessen wird man sich nun nicht im geringsten zu schämen haben, das streitet nicht gegen Geist, Kraft und Leben, das ist aber die enge Pforte, an der wir nicht vorbeikommen, wenn wir der Wirklichkeit des Geistes, der Kraft und des Lebens Gottes nicht ausweichen wollen — die Gestalt des Buches, die Gestalt des Buchstabens, in welcher die Apostel und Propheten für die Kirche weiterleben und in welcher mit dem Wort Jesu Christi selbst nun auch sie — zum Heil der Kirche! — davor geschützt sind, im Geist, in der Kraft und im Leben der Kirche auf- und unterzugehen, in welcher Gestalt sie ihr vielmehr als konkrete Autorität und gerade so als Quelle von deren eigener Autorität immer wieder entgegentreten können.

Daß das erste Zeichen der Offenbarung, die Existenz der Propheten und Apostel, für die Kirche Buch und Buchstaben ist, das nimmt ihm ja nicht die Kraft des Zeugnisses. Geht das Buch auf und reden die Buchstaben, wird das Buch gelesen und werden die Buchstaben verstanden, dann stehen ja eben damit die Propheten und Apostel und in ihnen der, von dem sie zeugen, auf, um der Kirche lebendig gegenüber zu treten. Nicht das Buch und die Buchstaben, sondern die Stimme der Menschen, die durch das Buch und die Buchstaben vernehmlich werden, und in der Stimme dieser Menschen die Stimme dessen, der sie einst reden hieß, ist die Autorität in der Kirche. Warum sollte sie eine tote Autorität sein deshalb, weil sie im Buch und in den Buchstaben steht? Als ob sie deshalb nicht reden, als ob sie deshalb ihre Autorität nicht in der lebendigsten, mannigfachsten und bewegtesten Weise bewähren und ausüben könnte und tatsächlich in allen Jahrhunderten bewährt und ausgeübt hätte! Es kann die Schriftlichkeit dieses ersten Zeichens wirklich nicht hindern, daß es in der Kirche aller Zeiten ein zeigendes, ein ebenso kräftig und bestimmt zeigendes Zeichen ist, wie einst die persönliche Existenz der lebenden Propheten und Apostel der werdenden Kirche ihrer Zeit. Es ist aber gerade seine Schriftlichkeit auch sein Schutz gegen die Willkür und den Zufall, denen es ohne sie ausgesetzt wäre. Es macht seine Schriftlichkeit dieses Zeichen zu einem solchen, das, so mannigfach es gesehen und verstanden und dann gewiß auch übersehen und mißverstanden werden mag, doch an sich auch allen seinen Verkennungen und falschen Interpretationen gegenüber unveränderlich da ist, unveränderlich eines und dasselbe bleibt, das immer wieder für sich selber sprechen, das aber zur Kontrolle und Korrektur aller seiner Interpretationen auch immer wieder in seiner eigenen Gestalt aufgesucht und befragt werden kann. Gerade seine Schriftlichkeit sichert ihm seine Freiheit gegenüber der Kirche und verschafft damit auch der Kirche Freiheit sich selbst gegenüber. Bleibt die Möglichkeit des Irrtums und des Mißverständnisses diesen Zeichen gegenüber, so bleibt doch kraft seiner Schriftlichkeit auch die Möglichkeit, sich von ihm selbst zur Wahrheit zurückrufen zu lassen, die Möglichkeit zur Reformation einer vielleicht in den Irrtum und das Mißverständnis hineingeratenen Kirche. Woher sollte diese kommen, welchen Weg sollte die Kirche einschlagen, um sich je und je aufs neue auf ihr Sein als Kirche zu besinnen und nach diesem auszurichten, wenn sie die Stimme der ersten Zeugen und in ihnen die Stimme Jesu Christi selber etwa nur durch das Medium einer ungeschriebenen Tradition hören, oder wenn sie das eben in seiner Schriftlichkeit eigene, selbständige Reden Christi durch seine Zeugen übertäuben würde durch eine ein für allemal festgelegte und an eine bestimmte Instanz gebundene Interpretation? Wäre sie dann nicht ohne Möglichkeit einer Reformation von ihrem Ursprung und Gegenstand her auf sich selbst angewiesen? Gibt es aber jenseits aller angeblichen oder wirklichen mündlichen Tradition, oberhalb aller kirchlichen Instanzen eine heilige Schrift und ist diese heilige Schrift als solche anerkannt als der Richter, von dem aus alle kirchliche Tradition zu beurteilen ist, auf den auch alle kirchlichen Richter selber immer wieder zu hören haben, dann bedeutet eben dies: daß die Kirche nicht auf sich selbst angewiesen ist, daß die Quelle ihrer Erneuerung offen ist und offen auch sie selber, sich von ihrem Ursprung und Gegenstand her erneuern, reformieren zu lassen. — Man kann es verstehen, daß man gerade im 16. Jahrhundert, wo man im Zeugnis der Propheten und Apostel diese Quelle der Erneuerung wieder entdeckte, wo die Kirche wieder offen dafür wurde, sich durch dieses Zeugnis erneuern zu lassen, in der Schriftlichkeit dieses Zeugnisses eine besonders dankbar aufzunehmende Gabe der über der Kirche waltenden Vorsehung erblickte und daß darum nicht das eigentlich Gemeinte: *De prophetarum et apostolorum testimonio* oder schließlich: *De verbo Domini*, sondern: *De sacra scriptura* das Thema und der Titel der grundsätzlichen Erklärungen wurde, in denen man die evangelische Entscheidung für die Autorität Jesu Christi gegen eine ihr gleichzustellende Autorität der Kirche ausgesprochen hat. Eben in der Schriftlichkeit des prophetisch-apostolischen Zeugnisses erschien ja die Hebelkraft, die dieses Zeugnis jetzt auf einmal wieder dem ganzen Gewicht der Kirche, ihrer Tradition und ihres Lehramtes gegenüber bewies. In seiner Schriftlichkeit konnte dieses Zeugnis neben allen seinen kirchlichen Interpretationen jedenfalls auch direkt auf dem Kampfplatz erscheinen und daselbst direkt als Zeuge und Richter angerufen werden. In seiner Schriftlichkeit war es, mochten immerhin seine Interpretationen unter sich streitig sein und aufs neue streitig werden, das Kriterium oberhalb der widereinander streitenden Meinungen. In seiner Schriftlichkeit tauchte es damals gegenüber der ganzen Kirche auf aus seiner Verborgenheit in der Masse der Tradition, in dem Chor der Stimmen der späteren und der gegenwärtigen Kirche. In seiner Schriftlichkeit behauptete es ihr gegenüber jene Neuheit, Fremdheit und Überlegenheit einer höheren Autorität.

Dieser Vorgang ist aber von exemplarischer Bedeutung. Es war nicht nur für das 16. Jahrhundert, sondern für die Kirche aller Zeiten die heilige Schrift als solche die letzte Spitze und Schärfe jener Tatsache, die die evangelische Entscheidung unausweichlich notwendig macht und es wird darum die evangelische Entscheidung in allen Zeiten der Kirche notwendig die Entscheidung für die heilige Schrift als solche sein müssen. Gewiß ist sie als solche nur Zeichen, und zwar selber nur Zeichen des Zeichens, nämlich des prophetisch-apostolischen Offenbarungszeugnisses als des ersten Zeichens Jesu Christi. Gewiß kann die Kirche die Schrift nur lesen, um die Propheten und Apostel zu hören, wie sie auch diese nur hören kann, um mit ihnen Jesus Christus zu sehen und in ihm — eigentlich, letztlich und entscheidend nur in ihm die ihr vorgeordnete unmittelbare, inhaltliche und absolute Autorität, von der ihre eigene Autorität abhängig, in der sie begründet, an der sie überall und allezeit gemessen ist. Sie kann aber wiederum zwischen dem Sehen Jesu Christi, dem Hören seiner Propheten und Apostel und dem Lesen ihrer Schriften wohl unterscheiden, sie kann das Alles aber nicht voneinander trennen, sie kann das eine nicht ohne das andere haben wollen. Sie kann nicht sehen, ohne zu hören und sie kann nicht hören, ohne zu lesen. Sie ist also, wenn sie Jesus Christus sehen will, an sein erstes Zeichen und damit auch an das Zeichen dieses Zeichens — sie ist also, wenn sie Jesus Christus sehen will, in der Tat an die heilige Schrift gewiesen und gebunden. In ihr bekommt und hat seine Autorität als die der Kirche gegenüber höhere diejenige Konkretheit, die jenem scheinbar unaufhaltsamen Umschlag vom Gehorsam zur Selbstregierung Einhalt gebietet. Man kann Gott im Allgemeinen, man kann auch Jesus und den Heiligen Geist im Allgemeinen, man kann aber sogar das prophetisch-apostolische Zeugnis im Allgemeinen sich zu eigen machen und nachher doch unter dem Namen und im Schmuck ihrer göttlichen Autorität faktisch die Autorität der Kirche auf den höchsten Thron erheben. In der Gestalt der heiligen Schrift aber widersteht Gott, widersteht Jesus Christus und der Heilige Geist, widerstehen die Propheten und Apostel solcher Verwandlung. Ihre göttliche Autorität in dieser Gestalt widersteht dem Zugriff, den die Kirche mit ihrer Autorität sich ihr gegenüber immer wieder erlauben möchte. Immer, wenn dieser Zugriff erfolgt und schon gelungen scheint, entzieht sie sich ihm wieder. Mag die Kirche mit Recht und Unrecht, in Treue und Untreue tausend Dinge sagen zur Auslegung und in Anwendung der Schrift, immer steht sie selbst, die Schrift, all dem Gesagten auch wieder selbständig und unabhängig gegenüber, immer wieder kann sie andere, neue, von ihr her gesehen: bessere Leser finden und bei diesen Lesern Gehorsam inmitten einer vielleicht auf weiteste Strecken zur Selbstregierung übergegangenen Kirche und durch diese Leser dann die Einbruchsstelle für eine Reformation der ganzen Kirche, für ihre Erneuerung, für ihre Zurücklenkung aus der Selbstregierung zum Gehorsam. Bedeutet die Reformation des 16. Jahrhunderts die Entscheidung für die heilige Schrift, so wird man auch umgekehrt sagen müssen, daß die Entscheidung für die heilige Schrift zu allen Zeiten der Kirche die Entscheidung für die Reformation der Kirche bedeutet: für ihre Reformation durch ihren Herrn selber durch das Mittel des von ihm selbst eingesetzten prophetisch-apostolischen Zeugnisses, dessen Hebelkraft gerade vermöge seiner Schriftlichkeit immer wieder sichtbar und wirksam werden kann. Die Kirche entferne sich nur von der heiligen Schrift als solcher! Sie setze nur an ihre Stelle ihre Traditionen, ihr eigenes indefinites Bewußtsein um ihren Ursprung und ihr Wesen, ihren eigenen vermeintlich unmittelbaren Glauben an Jesus Christus und den Heiligen Geist, ihre eigenen Auslegungen und Anwendungen des Propheten- und Apostelwortes! Sie wird im selben Maße, als sie dies tut, jene Einbruchstelle, auf der ihr ganzes Leben und Heil beruht, verstopfen, jener Hebelkraft des Wortes Gottes sich entziehen und also der Reformation sich grundsätzlich verweigern. „Leben" in allerlei Form, Evolutionen und Revolutionen, sind wohl auch dann in der Kirche möglich. Der konservative und der fortschrittliche Gedanke, sie mögen sich dann immerhin in ihrem Raume entfalten, in Aktion und Reaktion gegenseitig sich ablösen. Unverkennbare Spannungen, Parteikämpfe, wie die zwischen dem Katholizismus und dem Neuprotestantismus, oder wie die innerkatholischen zwischen Realisten und Nominalisten, zwischen Episkopalisten und Kurialisten, zwischen Benediktinern und Jesuiten oder wie die innerneuprotestantischen zwischen Orthodoxen und Pietisten, zwischen „Positiven" und „Liberalen" mögen dann immer noch vorkommen und in ihrer Bewegung den täuschenden Schein erwecken, als ob die Kirche lebe. Eben in der inneren Bewegung solcher Spannungen lebt sie aber keineswegs. Man wird in ihr vielmehr die Bewegung des Verwesungsprozesses erkennen müssen, der die Kirche alsbald automatisch verfällt, wenn sie aufgehört hat, vom Worte Gottes und das heißt von der heiligen Schrift zu leben. In diesen Spannungen, bei welchen es ja doch nur um den letztlich sehr säkularen Gegensatz verschiedener menschlicher Prinzipien geht, die sich ja alle auch so trefflich auf den Nenner dieser und jener philosophischen Dialektik bringen lassen, in denen sich letztlich nichts anderes spiegelt als die tiefe Uneinigkeit des Menschen mit sich selbst, befindet sich die Kirche offenkundig bloß im Gespräch mit sich selbst, ein Gespräch, in welchem genau besehen immer beide Partner recht und beide unrecht haben, in einem Gespräch, das je nach der Gunst oder Ungunst der geschichtlichen Stunde jetzt so und jetzt so auslaufen mag, in welchem aber niemand, auch nicht der jeweilige Sieger, dazu kommt, aus letzter Gewißheit und Verantwortlichkeit heraus Amen zu sagen, weil es ja doch weder hüben noch drüben um ein Bekenntnis, das heißt um eine Verantwortung vor einer in konkreter Autorität den Partnern gegenüberstehenden höheren Instanz geht noch gehen kann. Diese Gespräche in der Kirche werden in Abwesenheit des Herrn der Kirche geführt. Aber werden sie dann wirklich in der Kirche geführt? Hat sie nicht aufgehört, die Kirche zu sein, mit dem Augenblick, wo sie anfing, mit sich selbst allein sein zu wollen? Und will sie nicht mit sich selbst allein sein, wenn sie mit ihrer Autorität nicht unter dem Wort im konkreten Sinn des Begriffs und also unter der heiligen Schrift stehen will?

Eben hier stehen wir nun vor dem letzten positiven Sinn der evangelischen Entscheidung: sie fällt in der dankbaren Anerkennung, daß die Kirche nicht allein, nicht ihren Selbstgesprächen und überhaupt nicht sich selbst überlassen ist. Das wäre sie in dem Augenblick, wo jene Entgegenstellung zwischen ihrer eigenen und der göttlichen Autorität zunichte würde. Die Kirche müßte dann, mit göttlicher Würde bekleidet, wie Gott auf sich selber stehen und aus sich selber leben. Das bedeutet aber, wie groß und stattlich es sich in seiner Gottähnlichkeit scheinbar ausnehmen mag, für die von Gott unterschiedene Kreatur ganz einfach Elend, und zwar das Elend der Sünde und des Todes. Diesem Elend des Alleinseins der der Sünde und dem Tod verfallenen Kreatur ist die Kirche dadurch entrissen, daß Gott ihr in Jesus Christus gegenwärtig und gnädig ist in konkreter und das heißt in einer von der ihrigen verschiedenen, ihr überlegen gegenübertretenden Autorität. Es ist das Wort Gottes als heilige Schrift, das diesem Elend ein Ende macht. Weil die heilige Schrift die Autorität Jesu Christi in seiner Kirche ist, darum braucht die Kirche ihre Sorgen, Nöte und Fragen nie und nirgends mit sich selbst auszumachen, darum braucht sie sich nicht zu beladen mit der unmöglichen Aufgabe, sich selbst regieren zu wollen, darum darf sie gehorchen, ohne die Verantwortung für das Ziel und den Erfolg selber tragen zu müssen. Weil die heilige Schrift die in ihr aufgerichtete höhere Autorität ist, darum hat die Kirche eine höhere Aufgabe als die, um die es in jenen Parteikämpfen gehen kann, nämlich die Aufgabe des Bekenntnisses, das doch selber wieder nur die dankbare Bestätigung dessen sein kann, daß ihr Herr in seinem Zeugnis mitten unter ihr ist. Unter dem Wort und das heißt unter der heiligen Schrift darf und kann die Kirche leben, während sie über oder neben dem Wort nur sterben könnte. Diese ihre Errettung vom Tode ist es, was sie bezeugt, indem sie nicht die katholische und nicht die neuprotestantische, sondern die evangelische Entscheidung vollzieht.

2. DIE AUTORITÄT UNTER DEM WORT

Wir können Alles, was nun noch von der Autorität der Kirche selbst zu sagen ist, von dem Gebot Ex. 20, 12 her verstehen: „Du sollst deinen Vater und deine Mutter ehren!" Dieses Gebot kann offenbar nicht kollidieren mit dem ersten: „Ich bin der Herr dein Gott, der ich dich aus Ägyptenland dem Diensthaus geführt habe; du sollst keine anderen Götter neben mir haben!" Was es fordert, das hat in diesem ersten Gebot seine selbstverständliche Grenze. Es kann aber die eigene Würde dessen, was es fordert, durch die Forderung des ersten Gebotes auch nicht geschmälert und gemindert sein. Im Gegenteil: weil und indem das erste Gebot gilt, gilt in seinem Bereich auch dieses, Vater und Mutter zu ehren. Gerade in dem Volk, das neben dem Gott, der es aus Ägypten geführt, keine anderen Götter hat, werden Vater und Mutter von den Kindern geehrt als die sichtbaren Träger und Repräsentanten ihrer eigenen Zugehörigkeit zu diesem Volk. Der Zusammenhang dieses Gebots mit dem das Volk Israel als solches konstituierenden Grundgebot und zugleich der umfassende Sinn, in welchem jenes verstanden sein will, wird sichtbar in dem Wort Lev. 19, 32: „Vor einem grauen Haupt sollst du aufstehen und die Alten ehren; denn du sollst dich fürchten vor deinem Gott; denn Ich bin der Herr." Dieselbe Ordnung nehmen wir wahr in dem, was das Alte Testament über den Segen sagt, den die Väter ihren Kindern, den aber auch die Priester dem ganzen Volk spenden dürfen und sollen: daß hier Menschen segnen, das bedeutet nicht die Leugnung, sondern vielmehr die Bestätigung des eigentlichen: Jahve segnet und behütet, Jahve läßt sein Angesicht leuchten und ist gnädig, Jahve hebt sein Angesicht auf die Gesegneten und gibt ihnen Frieden (Num. 6, 22 f.); wiederum daß Jahve segnet, behütet und gnädig ist, das bedeutet nicht die Negation, sondern gerade die Einsetzung und Bestätigung auch des menschlichen, des in seinem Volk gespendeten väterlichen und priesterlichen Segens. Und man darf und muß hier wohl auch des prophetischen Wortes Jer. 6, 16 gedenken: „So spricht der Herr: Tretet auf die Wege und schauet und fraget nach den vorigen Wegen, welches der gute Weg sei und wandelt drinnen, so werdet ihr Ruhe finden für eure Seele." Aber auch das Wort Bildads Hiob 8, 8 zeigt in diese Richtung: „Frage doch die, die vor dir gewesen sind und achte auf das, was die Väter erforscht." Eben das neue, das fremde Wort des im Namen Jahves redenden Offenbarungszeugen wird hier zum Hinweis auf einen irdisch-geschichtlichen Weg, den das Volk dank der in seiner Mitte wirklichen Offenbarung von jeher geführt worden ist — „ich denke der alten Zeit, der vorigen Jahre" (Ps. 77, 6) — und der ihm als solcher etwas zu sagen, in welchem es den „guten Weg" wieder zu erkennen hat. Gewiß nicht als ein selbständiges Wort, gewiß nicht gelöst von Jahves gegenwärtiger Offenbarung, gewiß nicht als eine Instanz neben dem Prophetenwort ist dieser „vorige Weg" zu beachten. Es kann und soll aber auch die Offenbarung, auch das Prophetenwort nicht gesprochen und gehört werden ohne die Erinnerung an diesen vorigen Weg Jahves mit seinem Volke. — Wir werden von da aus einem Wort des Cyprian grundsätzlich und allgemein recht geben müssen: *disciplinam Dei in ecclesiasticis praeceptis observandam esse* (*Ad Quir.* III 66). Wir verstehen es dahin: es gibt eine Autorität der Kirche, die keinen Widerspruch und keine Anmaßung bedeutet gegenüber der Autoriät Jesu Christi, die die *disciplina Dei* nur bestätigen kann und die ihrerseits durch die Autorität Jesu Christi, durch die *disciplina Dei* nicht zunichte gemacht, sondern begründet, bestätigt, aber freilich auch bestimmt und begrenzt wird. *Ut sacrilega esset partitio, si fides vel in minimo articulo separatim ab homine penderet, sic ludibrio Deum palam habent, qui praeteritis ministris, per quos loquitur, illum se magistrum recipere simulant* (Calvin, Komm. zu Act. 15, 28, C. R. 48, 362). Es gibt echte kirchliche Autorität.

Gerade die Kirche unter dem Wort und also unter der heiligen Schrift hat und übt echte Autorität. Sie hat und übt sie, indem sie gehorsam, und zwar konkret gehorsam ist, indem sie also für sich keine unmittelbare, sondern nur mittelbare, keine inhaltliche, sondern nur formale, keine absolute, sondern nur relative Autorität in Anspruch nimmt. Sie hat und übt sie, indem sie es unterläßt, sich für die Geltung ihrer Worte, Haltungen und Entscheidungen direkt auf Jesus Christus und den Heiligen Geist zu berufen und also unfehlbar und unüberbietbar reden und dastehen zu wollen, sondern indem sie sich Jesus Christus und dem Heiligen Geist unterordnet in der Gestalt, in der ihr Jesus Christus und der Heilige Geist tatsächlich gegenwärtig und gnädig ist, das heißt aber in seiner Bezeugung durch die Propheten und Apostel, in der durch deren Schriftlichkeit bedingten Unterschiedenheit von ihrem eigenen Zeugnis. Sie hat und übt sie also in der konkreten Demut, die in der Anerkennung besteht, daß sie in der heiligen Schrift überall und allezeit und in jeder Hinsicht ihren Herrn und Richter über sich hat: in der damit gegebenen Unabgeschlossenheit ihres eigenen Erkennens, Handelns und Redens, in der Aufgeschlossenheit für ihre eigene Reformation durch das ihr in der heiligen Schrift immer neu entgegentretende Wort Gottes. Gerade so, gerade in dieser konkreten Unterordnung unter das Wort Gottes hat und übt sie echte Autorität. Gemeint ist: echte, menschliche Autorität, d. h. ein echtes Vermögen, mit ihren Worten, Haltungen und Entscheidungen, mit ihrer ganzen Existenz menschliche Vorordnungen zu vollziehen und geltend zu machen: nicht wie die Vorordnung zwischen Himmel und Erde, zwischen Ewigkeit und Zeit, zwischen Gott und Mensch, wohl aber wie die zwischen Eltern und Kindern auf Erden und diese nun doch nicht nur im Sinn und Kraft einer Naturordnung, sondern, wie es jenem alttestamentlichen Gebot entspricht, im Sinn des Zeichens, zu dem dort, im Raum des Volkes Gottes, die Naturordnung geweiht und erhoben wird. So also, daß die menschliche Vorordnung, die sie selber vollzieht und geltend macht, jene Vorordnung zwischen Himmel und Erde, zwischen Ewigkeit und Zeit, zwischen Gott und Mensch abbildet. So also, daß jene Vorordnung sich in der, die sie selber vollzieht und geltend macht, reflektiert wie das Licht der Sonne im Wasser. Wie könnte das Wasser behaupten wollen, selber die Sonne zu sein? Wie könnte es auch nur den Reflex der Sonne als eine ihm immanente Eigentümlichkeit ausgeben wollen? Und wann und wo wäre das Wasser ein reiner, ein unfehlbarer und unüberbietbarer Reflex der Sonne? Aber daß es, wenn die Sonne scheint, ihr Licht reflektiert, das ist darum doch nicht zu bestreiten. In diesem Sinne hat und übt die Kirche echte, menschliche Autorität. Echt also nicht nur darin, daß sie in derselben Weise da ist und Platz greift, wie sie unter Menschen auch sonst im Verhältnis von Eltern und Kindern, von Vorgesetzten und Untergebenen, da ist und Platz greift, sondern — und darin entzieht sie sich diesen geschöpflichen Analogien — echt darin, daß sie im Rahmen einer solchen geschöpflichen Unterordnung und insofern allerdings in jener Analogie — zugleich Zeichen (nur Zeichen, aber immerhin ausgewähltes und eingesetztes Zeichen) jener Unterordnung unter Gottes Wort ist, in der sie selbst lebt und die zu bezeugen sie gerade kraft dieser Ordnung ihres eigenen Lebens beauftragt und auch vermögend ist. Man wird hinsichtlich dieser echten menschlichen Autorität der Kirche sogar weitergehen und sagen müssen: weit entfernt davon, daß sie etwa nur ein etwas merkwürdiger und problematischer Spezialfall menschlicher Autorität überhaupt wäre, weit entfernt davon, daß es etwa zuerst menschliche Autorität überhaupt: in der Idee der Autorität oder in der Wirklichkeit dieser und jener natürlichen oder geschichtlichen Ordnungen gäbe — ist vielmehr gerade die kirchliche Autorität als Reflex der Autorität Gottes in seiner Offenbarung im Verhältnis zu allen anderen Autoritäten des menschlichen Bereiches, die eigentliche, die ursprüngliche, die ur- und vorbildliche Autorität. Dies so gewiß als es Vaterschaft nicht zuerst auf Erden, sondern zuerst im Himmel, nicht zuerst unter Menschen, sondern zuerst in Gott selbst gibt und so gewiß die Autorität der Kirche der Reflex dieser in Jesus Christus offenbarten himmlischen göttlichen Vaterschaft und nicht der Reflex irgendeiner geschöpflichen Vaterschaft ist. Weil es Offenbarung und Kirche gibt, darum gibt es Familie und Staat, nicht umgekehrt. Es kann also Familien- und Staatsordnung, will sie ihrerseits echte Autorität sein und haben, nur Nachahmung der Autorität der Kirche sein, nur davon leben, daß es zuerst kirchliche Autorität gibt. Problematisch ist nicht die kirchliche, problematisch ist alle diese anderweitige Autorität. Aber vergessen wir nicht: das Alles hängt daran, daß diese kirchliche Autorität echt ist. Und daß sie echt ist, hängt daran, daß die Kirche selbst gehorsam, und zwar konkret gehorsam ist und also ihrerseits nicht über oder neben, sondern unter dem Worte Gottes steht. Kirchliche Autorität müßte sofort in sich selbst zusammenbrechen und sofort aufhören, jene vor- und urbildliche Bedeutung gegenüber allen anderen Autoritäten zu haben, wenn die Kirche etwa jenen Gehorsam verlassen, wenn sie etwa doch statt zeichenhafter menschlicher Autorität wesenhafte göttliche Autorität sein und ausüben wollte.

„Das heißen allein geistliche Väter, die uns durch Gottes Wort regieren und fürstehen" (Luther Gr. Kat., Bek. Schr. d. ev.-luth. K. 1930, 601, 29). *Certe nemo erit in ecclesia idoneus doctor, qui non filii Dei ante fuerit discipulus ac rite institutus in eius schola: quando sola eius autoritas valere debet* (Calvin, Komm. zu 1. Joh. 1, 1 C. R. 55, 300).

Wir fragen uns zunächst, wie solche echte kirchliche Autorität, die Autorität der Kirche unter dem Wort, zustande kommt. Wir gehen zur Beantwortung dieser Frage davon aus, daß die Kirche als Kirche sich konstituiert in einem gemeinsamen Hören und Annehmen des Wortes Gottes. Die Gemeinsamkeit dieses Hörens und Annehmens ist zum Teil eine gleichzeitige: sie findet statt zwischen denen, die kirchliche Zeitgenossen, Genossen derselben kirchlichen Gegenwart sind. Sie ist aber zum viel größeren Teil auch eine ungleichzeitige: stattfindend zwischen denen, die früher und denen, die später in der Kirche waren, zwischen der jeweiligen kirchlichen Gegenwart und ihren kirchlichen Vorzeiten. Um ein gemeinsames Hören und Annehmen muß es sich nach beiden Seiten handeln, wo Kirche Kirche ist. Das Leben der Kirche ist das Leben der Glieder eines Leibes. Wo man aus der Gemeinsamkeit des Hörens und Annehmens, die notwendig eine Gemeinsamkeit in diesen beiden Richtungen sein muß, ausbrechen, wo man das Wort Gottes — und wäre es das Wort Gottes in Gestalt der heiligen Schrift — sozusagen auf eigene Faust hören und annehmen wollte, da wäre nicht mehr Kirche, da käme es auch nicht zum Hören und Annehmen des Wortes Gottes; denn das Wort Gottes ist nicht zu diesen und jenen, sondern zur Kirche Gottes und zu diesem und jenem nur in dieser Kirche gesagt. Das Wort Gottes fordert also selber jene Gemeinsamkeit des Hörens und Annehmens. Wer es wirklich hört und annimmt, der tut es in jener Gemeinsamkeit. Er würde es nicht hören und annehmen, wenn er sich jener Gemeinsamkeit entziehen wollte.

Eben diese Gemeinsamkeit wird aber konkret im kirchlichen Bekenntnis. Wir verstehen diesen Begriff zunächst in seinem allgemeinsten Sinn. Kirchliches Bekenntnis im allgemeinsten Sinn ist die Rechenschaft und Verantwortung, die in der Kirche einer dem anderen schuldig ist und die in der Kirche einer vom andern auch entgegenzunehmen schuldig ist hinsichtlich seines Hörens und Annehmens des Wortes Gottes. Indem ich bekenne, betätige ich jene Gemeinsamkeit. Ich bestätige damit, daß ich nicht allein und für mich gehört und angenommen, sondern daß ich das als Glied an dem einen Leib der Kirche getan habe. Indem ich bekenne, mache ich meinen Glauben, wie ich ihn durch das Wort und aus dem Wort Gottes empfangen habe, in der Kirche bekannt. Indem ich bekenne, erkläre ich, daß ich meinen Glauben nicht für mich behalten kann und will, als wäre er meine Privatsache; ich anerkenne vielmehr den allgemeinen, den öffentlichen Charakter meines Glaubens, indem ich ihn vor der Allgemeinheit, vor der Öffentlichkeit der Kirche ausbreite. Nicht etwa um ihn in meiner ihm notwendig anhaftenden Eigenart der Kirche aufzudrängen; nicht als ob ich mir anmaßte, mit dem Glauben, wie er nun gerade der meinige ist, in der Kirche herrschen zu wollen und zu können. Im Gegenteil: um ihn dem Urteil der Kirche zu unterbreiten, um über den gemeinsamen Glauben der Kirche mit der übrigen Kirche ins Gespräch zu kommen, in ein Gespräch, in welchem ich mich vielleicht zurechtweisen, vielleicht sogar widerlegen, sicher aber korrigieren lassen muß, in ein offenes Gespräch also, in welchem ich mein Wort des Glaubens gerade nicht dem Worte Gottes gleichsetzen, in welchem ich mein Wort vielmehr nur als eine der gemeinsamen Überlegung anheimgestellte Frage nach dem der Kirche gemeinsam geschenkten Wort Gottes verstehen darf. Ich darf aber deshalb, weil mein Bekennen unter diesem Vorbehalt steht, das Bekennen nicht etwa unterlassen, meine empfangenen Pfunde nicht etwa vergraben wollen. Ich bin — ganz gleichgültig, was dabei herauskomme, ganz gleichgültig, ob es sich nachher herausstellen möge, daß ich zehn Pfunde oder auch nur eines empfangen habe — der Kirche schuldig, ihr meinen Glauben, der ja nur in Gemeinsamkeit mit dem ihrigen der rechte Glaube sein kann, nicht vorzuenthalten. Wie es umgekehrt auch für die Kirche nicht zu gering sein kann, um sich des rechten Glaubens in seiner Gemeinsamkeit aufs neue zu versichern, um dem Worte Gottes gegenüber nur ja nichts zu versäumen, auch mein Glaubensbekenntnis entgegenzunehmen und auch mit mir ein auch ihrerseits offenes Gespräch zu führen.

Aber nun ist es doch offenbar so: bevor ich selber kirchlich bekennen kann, muß ich selber das kirchliche Bekenntnis, d. h. aber das Bekenntnis der übrigen Kirche gehört haben. Ich kann mich schon hinsichtlich meines eigenen Hörens und Annehmens des Wortes Gottes nicht trennen von der Kirche, zu der es gesprochen wird. Ich kann mich in das Gespräch über den rechten Glauben, das in der Kirche geführt wird, nicht einschalten, ohne zuvor zugehört zu haben. Gewiß nur unter der Voraussetzung, daß ich zugleich selber und direkt das Wort G o t t e s höre und annehme, aber nicht so, daß ich mich mit diesem d i r e k t e n Hören und Annehmen nun etwa beruhigen und zufrieden geben könnte. Höre ich nicht zugleich auch indirekt, habe ich nicht als Glied der Kirche auch das Bekenntnis ihres dem meinigen vorangehenden Glaubens gehört und angenommen — gehört und angenommen, wie es dem Zeugnis von Menschen zukommt, die nicht selber Jesus Christus, aber nun immerhin vor mir die anderen Glieder seines irdischen Leibes sind — wie wäre ich dann fähig zu einem Hören und Annehmen des Wortes Gottes? wie wäre ich dann legitimiert zum Bekenntnis und also legitimiert dazu, in jenem Gespräch mitzureden und gehört zu werden. Soll mein eigenes Bekennen kirchliches Gewicht haben, so muß es dadurch belastet sein, daß ich selber die Kirche gehört habe. Habe ich sie nicht gehört, dann werde ich auch nicht zu ihr reden können. Ich habe mich dann von der Gemeinsamkeit des kirchlichen Bekenntnisses, die ja das Ziel jenes in der Kirche geführten Gespräches ist, zum vornherein ausgeschlossen. Will ich gemeinsam mit der ganzen Kirche meinen Glauben bekennen dürfen und in solchem Bekenntnis gewiß sein, daß mein Glaube der rechte Glaube ist, dann muß ich mit der Gemeinsamkeit des Glaubens schon anfangen und also das Glaubensbekenntnis der Kirche, wie es mir von den anderen Glieder der Kirche her entgegentritt, zuvor zu mir selbst reden lassen. Eben damit anerkenne ich aber eine Autorität, eine Vorordnung in der Kirche: Das kirchliche Bekenntnis der Anderen derer, die vor mir in der Kirche waren und derer, die neben mir in der Kirche sind, ist meinem kirchlichen Bekenntnis, so gewiß dieses wirklich Rechenschaft und Verantwortung hinsichtlich meines Hörens und Annehmens des Wortes Gottes, so gewiß es mein Bekenntnis als das eines Gliedes am Leibe Christi ist, überlegen: nicht in unmittelbarer aber in mittelbarer, nicht in inhaltlicher, aber in formaler, nicht in absoluter, wohl aber in relativer Hoheit. Im Zeichen dieser Hoheit, in dem dem meinigen vorgeordneten kirchlichen Bekenntnis, derer, die vor mir und mit mir Glieder am Leibe des Herrn sind, erkenne ich den Reflex der Hoheit des Herrn selber. Nur den Reflex, aber den Reflex seiner Hoheit! Und indem ich in diesem Zeichen die Kirche ehre und liebe — ehre und liebe ich wieder zeichenhaft, aber darum nicht minder wirklich den Herrn der Kirche. Sein Werk und sein Reich ist ja die Kirche, in welcher ich meinen Glauben bekennen soll. Von seinem Wort hat sie gelebt und mit seinem Wort hat er sie regiert bis auf diesen Tag. Ich werde wohl zu bedenken haben, daß dieses sein Regiment in der Kirche ein Regiment unter Sündern war und bis heute ist. Ich werde also bei dem, was ich als Bekenntnis der Kirche zu hören bekomme, gewiß auch mit der Möglichkeit der Lüge und des Irrtums zu rechnen haben. Ich werde die Stimme der Kirche nicht gefahrlos hören können, ohne zugleich das untrügliche Wort Gottes selber zu hören. Aber es wird dieser Gedanke doch nur ein notwendig einzuschaltendes Korrektiv, nicht aber mein erster Gedanke über die Kirche und ihr Bekenntnis sein dürfen. Es darf und muß mein erster

Gedanke in dieser Hinsicht ein Gedanke des Vertrauens und der Ehrfurcht sein, die ich den in der Kirche vereinigten Menschen als solchen vielleicht nicht entgegenbringen könnte, die ich aber dem Wort Gottes, von dem sie gelebt und durch das Jesus Christus sie regiert hat, nicht verweigern kann. Wie könnte ich Jesus Christus als den Herrn erkennen, der mich selbst durch sein Wort berufen hat, wenn ich nicht auch hinsichtlich der übrigen Kirche von dem Gedanken ausgehen würde, daß er sie trotz und in aller Sünde der in ihr vereinigten Menschen durch dasselbe Wort ebenfalls berufen und bis heute regiert hat? Habe ich auf Grund dessen, daß mir meine Sünden vergeben sind, den Mut, zu glauben und meinen Glauben trotz meiner mir wohl bewußten Sünde zu bekennen als in mir geschaffen durch das Wort Christi, dann kann ich der übrigen Kirche und ihrem Bekenntnis gegenüber unmöglich mit dem Mißtrauen und mit der Auflehnung anfangen. Wie man auch seinen Eltern gegenüber, seien sie wer und wie sie wollen, jedenfalls nicht mit dem Mißtrauen und mit der Auflehnung anfängt und nicht einmal mit der Feststellung, daß man Gott mehr gehorchen muß als den Menschen, sondern mit dem Vertrauen und mit der Ehrfurcht und darum, in den ihnen als Menschen gesetzten Schranken, mit Gehorsam. Eben indem ich in und mit dem Bekenntnis der Kirche zugleich das untrügliche Wort Gottes höre, muß ich zuerst und vor allem mit der Herrschaft Jesu Christi in seiner Kirche und mit der in der Kirche mächtigen Vergebung der Sünden, nicht aber zuerst mit der Sünde und also mit der Möglichkeit der Lüge und des Irrtums der in ihr vereinigten Menschen rechnen. Das bedeutet dann aber, daß ich ihr Bekenntnis, wie es mir entgegentritt, als das Bekenntnis derer, die vor mir in der Kirche waren und mit mir in der Kirche sind, nicht vor allem kritisieren, sondern — zum Kritisieren wird sich die Zeit und der Anlaß immer noch finden — vor Allem als das Zeugnis meiner Väter und Brüder ehren und lieben werde. Und so, in seiner damit gesetzten Überlegenheit, werde ich es hören. Indem ich das tue, indem ich der Kirche vor mir und neben mir diese Vorordnung zuerkenne, wird sie mir zur Autorität. So also kommt kirchliche Autorität zustande. Sie kommt immer so zustande, daß es in der Gemeinsamkeit des Hörens und Annehmens des Wortes Gottes, das die Kirche konstituiert, solche Vorordnung des Bekenntnisses der Einen vor dem der Anderen gibt, solches Ehren und Lieben, solches Hören des Bekenntnisses der Einen durch die Anderen, bevor diese selber zum eigenen Bekennen übergehen. Vor beiden und damit über beiden ist der Herr der Kirche mit seinem Wort. Nur unter seinem Wort können die Einen bekennen und können die Anderen hören auf ihr Bekenntnis, bevor sie selbst bekennen. Aber eben unter seinem Wort entsteht nun auch die Vorordnung und Überlegenheit der Einen den Anderen gegenüber, entsteht die Notwendigkeit, daß in der Kirche von Mensch zu Mensch zu hören ist, bevor man selber zum Reden übergeht. Eben unter seinem Wort gibt es also echte, kirchliche Autorität.

Wir fragen nun weiter: in was besteht die so zustande gekommene kirchliche Autorität? Wir müssen diese Frage nach dem eben Ausgeführten offenbar folgendermaßen präzisieren: in was besteht, was ist das kirchliche Bekenntnis in dem nun erreichten engeren Sinn des Begriffs, das kirchliche Bekenntnis, das ich mit Vertrauen und Ehrfurcht aufzunehmen habe, das kirchliche Bekenntnis der Einen, das die Anderen zu hören haben, bevor sie selber bekennen? Man könnte darunter zunächst verstehen die Gesamtheit der Stimmen, die miteinander den Chor oder die Chöre der Einen: der Väter und Brüder bilden, die als solche den Anderen bezeugen, wie das Wort Gottes bisher und sonst in der Kirche gehört und aufgenommen wurde und wird. Es muß aber offenbar ein Chor oder es müssen Chöre vorhanden, es darf nicht ein Gewirr von so und so viel unabhängigen Einzelstimmen sein, wenn wir nicht ein kakophonisches Chaos, sondern jene Gesamtheit und in ihr das Bekenntnis der Kirche hören sollen. Aber auch in einer Einzelstimme, die uns als solche vielleicht zu erreichen und sich uns verständlich zu machen vermöchte, könnten wir das Bekenntnis der Kirche unmöglich hören. Können wir doch die Kirche nur da hören, wo aus einer Gemeinsamkeit des Hörens und Annehmens des Wortes Gottes heraus und also in Gemeinsamkeit zu uns geredet wird. Zwei oder drei werden es also nach dem Wort Jesu schon sein müssen, damit wir, mit ihnen unter sein Wort gebeugt, kirchliches Bekenntnis aus ihrem Munde hören können. Ein Einzelner als solcher in seiner Vereinzelung kann uns in der Kirche nicht Vater und Bruder sein. Ist es aber ein Chor oder sind es Chöre, die in dem vorgeordneten Bekenntnis der Kirche zu Worte kommen, so daß dieses Wort hörbar und in seiner Kirchlichkeit hörbar werde, dann wird unsere Frage offenbar noch genauer so zu lauten haben: wie es zur Bildung solcher Chöre, d. h. zu einem solchen gemeinsamen Reden aus der Gemeinsamkeit des Hörens und Annehmens des Wortes Gottes kommt? Wir haben nun das Leben der Kirche unter dem Wort bereits beschrieben unter dem Gesichtspunkt eines Gesprächs, das dadurch in Gang kommt, daß die Glieder der Kirche einander gegenseitig Rechenschaft, Verantwortung und Zeugnis von ihrem Glauben schuldig sind und ablegen, aber auch abnehmen. Wenn dieses Gespräch nicht ein müßiges Geschwätz ist, wenn es wirklich auf dem Grunde und auf Veranlassung des gemeinsam gehörten und angenommenen Wortes Gottes Ereignis wird, dann hat es auch ein gemeinsames Ziel. Und welches könnte dieses Ziel sein, wenn nicht die gemeinsame Verkündigung des gehörten und angenommenen Wortes Gottes, die mit dieser Gabe die Aufgabe der Kirche ist? Um dieser Aufgabe willen muß in der Kirche über den Glauben, über das Hören und

Annehmen des Wortes Gottes in Frage und Antwort gesprochen, muß immer wieder gemeinsam nach dem rechten Glauben und insofern nach dem recht gehörten und angenommenen Wort Gottes gesucht werden. Es ist diese Aufgabe der zwingende praktische Grund, der dem Glauben des Einzelnen seinen scheinbaren Charakter als Privatsache nimmt, der den Einzelnen mit seinem Glauben verantwortlich macht, der ihn in die kirchliche Öffentlichkeit nötigt, der ihn dazu führt, sich vor den Anderen auszubreiten, sich ihrem Urteil zu unterbreiten, um dann auch seinerseits in legitimer Weise aktiv an jenem gemeinsamen Suchen nach dem rechten Glauben teilzunehmen. Der Sinn und die Absicht des in der Kirche geführten Gesprächs ist aber selbstverständlich nicht das Gespräch als solches, die Begegnung und Berührung, der noch so anregende und lehrreiche Austausch über die Aufgabe der kirchlichen Verkündigung. Noch einmal würde es sonst zum Geschwätz oder mindestens auf die Stufe eines bloß vorbereitenden akademischen Gesprächs, wie es etwa in einem schlechten theologischen Seminar geführt wird, heruntersinken. Die Kirche ist aber kein schlechtes theologisches Seminar und sie ist noch weniger ein religiöser Debattierklub. Das in ihr geführte Gespräch steht unter einer verbindlichen Absicht und diese Absicht besteht in der Einigung oder doch in Einigungen hinsichtlich des rechten Glaubens. Schon ihr nächstes Ziel kann nicht sein ein Stehenbleiben im Nebeneinander, sondern muß sein ein Zusammentreten und Zusammenstehen im Blick auf das wirkliche Zusammengehen in der Verkündigung. Nächstes Ziel und notwendiger Ertrag eines in der Kirche geführten Gesprächs über den rechten Glauben ist das den Gesprächspartnern gemeinsame Bekenntnis ihres Glaubens.

Die bisherigen ökumenischen Kirchenkonferenzen, auch die des Sommers 1937, teilten mit den in allen protestantischen Kirchen üblichen Pfarrerkonferenzen die (hier durch die Solennität und Publizität des Anlasses immerhin hervorgehobene) Eigentümlichkeit, daß bei aller ehrlichen Beteuerung der Kirchlichkeit ihres Handelns eben dieses nächste Ziel und eben dieser notwendige Ertrag eines in der Kirche geführten Gesprächs der Mehrzahl ihrer Teilnehmer und doch wohl auch den leitenden Organen nicht eben deutlich vor Augen zu stehen schien. Was soll man von kirchlichen Gesprächs- und Einigungsversuchen halten, bei denen es auf ein kirchliches Bekenntnis nicht wenigstens abgesehen, bei denen dieses sogar grundsätzlich nicht beabsichtigt ist? (Vgl. dazu Eduard Thurneysen, Oxford 1937, Kirchenbl. f. d. ref. Schweiz 1937 Nr. 19.)

Als ein menschliches Werk wird dieses Bekenntnis freilich von mehr als einem Vorbehalt umgeben sein. Es wird die Einigung, auf der es beruht, immer nur eine teilweise Einigung, eine Einigung in bestimmten, in der Kirche der jeweiligen Zeit gerade wichtigen und kontroversen Punkten der Erkenntnis des Wortes Gottes sein können, bei der andere Punkte offen, bzw. der Einigung späterer oder anderer derartiger Gespräche vorbehalten bleiben müssen. Es wird eine solche Einigung grundsätzlich immer nur vorläufige Bedeutung beanspruchen können:

es kann der Kirche gerade in der Freude und Dankbarkeit über solche Einigungen nicht einfallen, sich gegen die Möglichkeit zu verschließen, daß diese in später notwendig werdenden Gesprächen durch das neugelesene und verstandene Wort Gottes auch wieder in Frage gestellt, überboten und korrigiert werden könnten; es wird sogar die Möglichkeit irriger Einigungen und die Notwendigkeit, solchen in späterer Zeit ihre Autorität abzusprechen, nicht grundsätzlich geleugnet werden können. Es wird eine solche Einigung darum nicht beanspruchen können, mehr zu sein, als eine im Glauben und unter Anrufung des Heiligen Geistes stattfindende teilweise und einstweilige, als eine menschliche Einigung im Blick auf das Wort Gottes; man wird auf Grund einer solchen Einigung ein gemeinsames Wort, aber ein gemeinsames menschliches Wort, nicht etwa gemeinsam das Wort Gottes, man wird also auch in solcher Einigung nicht vom Himmel herunter, man wird nicht Offenbarung sprechen können.

Es dürfte also bei solchen Einigungen in der Kirche besser sein, das prophetische: „So spricht der Herr" und das apostolische: „Es gefällt dem Heiligen Geist und uns" (Act. 15, 28) gerade nicht für sich selbst in Anspruch zu nehmen. So durften und mußten die Propheten und Apostel, so kann aber nicht die ihr Offenbarungszeugnis nur anwendende und auslegende Kirche reden!

Alle diese Vorbehalte ändern aber nichts daran, daß, wo immer solche Einigung Ereignis wird und also ein in der Kirche geführtes Gespräch über den rechten Glauben zu seinem Ziel und also ein kirchliches Bekenntnis zustande gekommen ist: menschlich, teilweise, vorläufig, aber kirchlich, hörbar, und also hörbar als der Ausdruck eines gemeinsamen Hörens und Annehmens des Wortes Gottes! – sie ändern nichts daran, daß solches Bekenntnis kirchliche Autorität hat, d. h. den Anspruch, von den Anderen, bevor sie selbst bekennen, gehört zu werden. Wo zwei oder drei, versammelt im Namen des Herrn, „nachdem sie sich lange gestritten" (Act. 15, 7), ihren Glauben im Chor bekennen, da habe ich als Glied der Kirche Anlaß, dies auf alle Fälle zu beachten, bevor ich mich selbst in das kirchliche Gespräch einschalte. Daß diese zwei oder drei wirklich im Namen des Herrn, d. h. wirklich in gemeinsamem Hören und Annehmen des Wortes Gottes versammelt waren, das werde ich ihnen aus den angegebenen Gründen — entscheidend weil ich an eine Vergebung der Sünden glaube und darum auch die Kirche unter der Vergebung der Sünden sehe und verstehe — jedenfalls nicht zum vornherein absprechen. Ob ich ihnen das Vorhandensein jener Grundvoraussetzung kirchlichen Bekennens bei näherem Zuhören vielleicht nicht oder nur teilweise zuerkennen, ob ich das Resultat ihrer Einigung für mehr oder weniger irrig und darum ihre Autorität ganz oder teilweise für nichtig erklären muß, das kann ich jedenfalls nicht im voraus wissen. Im voraus kann und darf und muß ich vielmehr annehmen — die Tatsache ihrer Einigung bestätigt jedenfalls dieses Vorurteil — daß jene

Voraussetzung erfüllt sei, daß sie also das, was sie nun gemeinsam sagen, mit kirchlicher Autorität sagen und daß ich also unter allen Umständen darauf zu hören habe. Wollte ich es anders halten, wollte ich ihnen diese Ehre und Liebe nicht entgegenbringen, wo bliebe dann die Ehre und Liebe, die ich ihrem und meinem Herrn schuldig bin, wie wäre es mir dann ernst mit der Pflicht, das Wort Gottes in der Kirche und also in der Gemeinsamkeit mit den anderen zu hören und anzunehmen und selber zu glauben und zu bekennen.

Wir fassen also zusammen: kirchliche Autorität ist das kirchliche Bekenntnis, in dem nun enger verstandenen Sinn des Begriffs, d. h. die in bestimmten Einigungen und gemeinsamen Erklärungen an mich herantretende und als solche meinem eigenen Glauben und seinem Bekenntnis vorangehende Stimme der Anderen in der Kirche. Kirchliche Autorität besteht immer im dokumentierten Vorhandensein solcher Einigungen. Liegen bestimmte Einschränkungen im Wesen solcher Einigungen und ihrer Ergebnisse, so hindert das nicht, daß sie in dieser Eingeschränktheit Autorität sind und haben, daß sie von den Anderen zu hören, und zwar zuerst zu hören sind: bevor diese Anderen selbst reden — also vor Allem auch bevor sie jene Einigungen, ihre Ergebnisse und ihre Autorität teilweise oder ganz in Frage stellen. Es genügt zunächst vollständig ihre grundsätzliche Infragestellung vom Worte Gottes her. Aber dieser Infragestellung unterliegen ja auch die Anderen, unterliegt die ganze Kirche. Innerhalb dieser gemeinsamen Infragestellung besteht jener — menschliche, teilweise, vorläufige, aber als Zeichen jener grundsätzlichen Infragestellung der ganzen Kirche innerhalb der Kirche aufgerichtete — Vorrang des kirchlichen Bekenntnisses vor dem Glauben und vor den Glaubensbekenntnissen der Anderen.

Wir kommen nun, und damit müssen wir uns dem konkreten geschichtlichen Leben der Kirche zuwenden, zu der Frage nach der Gestalt, in der die kirchliche Autorität diesen ihren Bestand hat. Davon kann nach dem Gesagten keine Rede sein, daß etwa die Gestalt des kirchlichen Lebens in Geschichte und Gegenwart als solche, in ihrer Totalität, als ungeordnet buntes Nebeneinander von vielen sich gegenseitig neutralisierenden verschiedenen Faktoren und Bildungen, Überlieferungen und Gewohnheiten, persönlichen oder auch gemeinsamen Aus- und Einwirkungen, von innerkirchlich oder außerkirchlich bedingten Bestimmtheiten, als solche kirchliches Bekenntnis und also kirchliche Autorität besäße. Die Geschichte als solche, auch die Kirchengeschichte als solche, hat keine göttliche, sie hat aber auch nicht einmal kirchliche Autorität. Die Gestalt eines kirchlichen Bekenntnisses und also die Gestalt kirchlicher Autorität ist immer die Gestalt einer Entscheidung. Der Fluß der kirchlichen Dinge als solcher, die Wirklichkeit christlichen Glaubens, sofern er noch keine Fragen und darum noch kein Bedürfnis nach Antworten und also auch kein Bedürfnis nach Einigungen kennt, aber auch das Auftreten von allerhand Fragen und Antworten und die Entstehung von Kontroversen, aber auch das unabgeschlossene kirchliche Gespräch als solches kann, so wichtig und bedeutsam es auch in anderer Richtung sein mag, noch nicht die Gestalt kirchlichen Lebens sein, in der dieses kirchliche Autorität wird. Hörbar und respektabel als kirchliches Bekenntnis kann das alles in seiner Unentschiedenheit noch nicht sein. Hörbar und respektabel als kirchliche Autorität wird die Kirchengeschichte vielmehr nur dann und nur da, wo es auf Grund gemeinsamen Hörens und Annehmens des Wortes Gottes zum Gespräch und in solchem Gespräch zu einer jener Einigungen und in Dokumentierung solcher Einigungen zum gemeinsamen Bekenntnis hinsichtlich des Glaubens kommt. Nur da also, wo auf dem dazu gewiesenen Weg der Rede und Gegenrede, der Einigung und der gemeinsamen Aussprache im Angesicht der heiligen Schrift Antworten auf die Frage nach dem rechten Glauben gegeben werden. Es ist keineswegs so, daß ein solches Ereignis sich von anderen nicht unterscheiden lassen und also doch wieder in der Reihe aller anderen verschwinden würde. Oder kann man etwa in jedem beliebigen Ereignis der Kirchengeschichte eine solche Antwort, Einigung und Entscheidung sehen? Nun, das kann man allerdings, wenn „man" nämlich entweder Gott selbst oder aber als Mensch ein unbeteiligter, d. h. ein am Glauben der Kirche unbeteiligter Zuschauer und Betrachter der Kirchengeschichte ist. Was der allwissende Gott in der Kirchengeschichte wahrnimmt, das ist allerdings überall und in jedem Augenblick — im Guten und im Bösen, zum Heil und zum Unheil — Antwort, Einigung und Entscheidung im Angesicht seines der Kirche in der heiligen Schrift anvertrauten Wortes. Weil und sofern er der Herr und Richter über Allen ist, gibt es für ihn keine kirchliche Autorität. Und so werden sich, wenn auch ganz anders, auch vor den Augen des unbeteiligten Zuschauers und Betrachters des kirchlichen Lebens dessen Unterschiede einebnen: er wird überall dasselbe sehen, überall Versuche, auf die Frage nach dem Wesen des Christentums Antwort zu geben, überall zwei oder drei, die dabei zu gewissen Einigungen kommen, überall vorläufige Entscheidungen. Alles wird ihm gleich wichtig, gerade darum wird ihm freilich auch alles gleich unwichtig erscheinen. Auch für ihn, den unparteiischen Kirchen- und Ketzerhistoriker in seiner großen Gottähnlichkeit wird es schließlich nur die Kirchengeschichte im Ganzen, wird es also keine kirchliche Autorität geben. Kirchliche Autorität gibt es nur für die Kirche, und Kirche ist nur da, wo im Sinn der Kirche, d. h. im Gehorsam gegen das Wort Gottes, geglaubt wird. Wo geglaubt wird, da steht man nicht wie Gott und wie in seiner Weise der unbeteiligte Historiker über — da steht man selber in der Kirchengeschichte.

Da wird die Kirchengeschichte gelebt. Da ist man für die Aufgabe des gemeinsamen Hörens und Annehmens des Wortes Gottes, für die Aufgabe seiner gemeinsamen Verkündigung und also für das Gespräch über den rechten Glauben konkret in Anspruch genommen, weil unter allen Umständen selber zum Bekennen aufgerufen. Da wird man also gegenüber den schon vorliegenden Einigungen und kirchlichen Bekenntnissen unter allen Umständen offen sein, ja geradezu nach solchen Umschau halten. Da werden sich aus der unabsehbaren Menge der kirchlichen Ereignisse bestimmte Ereignisse von selber herausheben, vermöge ihres Inhalts, das heißt vermöge dessen, was sie uns an unserem Ort in der Kirche, in unserer Bekenntnissituation, angesichts unserer eigenen Begegnung mit Gottes Wort und angesichts unserer eigenen daraus erwachsenden Aufgabe zu sagen haben. Wie es auch mit anderen, die sich an einem anderen Ort und in einer anderen Situation befinden, stehen möge — wir werden in diesem und diesem Ereignis und nicht in jenen vielen anderen auf kirchliches Bekenntnis und damit auf kirchliche Autorität stoßen. Mögen es Andere verantworten, an diesem Ereignis vorüberzugehen, ohne daß sie in ihm das Bekenntnis der Kirche hören, ohne die Autorität zu anerkennen, die wir daselbst wahrzunehmen meinen. Und mögen wir selbst es verantworten müssen, an Ereignissen vorüberzugehen, in denen nun eben Andere kirchliches Bekenntnis zu hören und kirchliche Autorität wahrzunehmen meinen. Wo wir an unserem Ort und in unserer Situation angesichts der heiligen Schrift Antwort, nämlich ebenfalls im Angesicht der heiligen Schrift gegebene Antwort auf die Frage unseres Glaubens vernehmen, da müssen wir das Bekenntnis der Kirche hören und seine Autorität bejahen, da, aber auch nur da können wir es auch. Entscheidung ist also nicht nur das kirchliche Bekenntnis als solches, wie es in der Kirche abgelegt wird, sondern auch seine Anerkennung in der übrigen Kirche und die ihm in solcher Anerkennung zuerkannte Gültigkeit als kirchliche Autorität. Entscheidung ist also die Aufrichtung und das Bestehen kirchlicher Autorität im ganzen Umfang dieses Geschehens: gemeinsame Entscheidung der Redenden — der vielleicht in längst vergangenen Jahrhunderten Redenden — und der heute Hörenden. In solchen gemeinsamen Entscheidungen, in denen hier ein Wort gesprochen, dort dieses selbe Wort als respektables Wort vernommen wird, im Entstehen solcher Einheiten leben wir die Kirchengeschichte und lebt dort und hier, einst und jetzt, in Jenen und in uns, die eine Kirche Jesu Christi: vielleicht irrend, krank und unter dem Gericht — wann wäre es anders gewesen? waren doch diese gemeinsamen Entscheidungen dort und hier, einst und jetzt als die Entscheidungen Jener und als unsere eigenen menschliche Entscheidungen, in denen die Sünde nie fehlte — aber hüben und drüben, heute und einst, im Angesicht der heiligen Schrift und darum in aller

Sünde nicht ohne Gnade, weil nicht ohne das Regiment des Herrn der Kirche, nicht ohne seinen Freispruch vollzogen. Glauben wir das — und wie sollten wir überhaupt glauben, wenn wir das nicht glaubten? — dann werden wir, in solchen gemeinsamen Entscheidungen begriffen, als hörende Kirche hier, gegenüber der lehrenden Kirche dort und mit ihr zusammen als bekennende Kirche in solchen Entscheidungen das Leben der Kirche Jesu Christi und in ihm sein eigenes Regiment, seine Rechtfertigung und Heiligung des sündigen Menschen erkennen, ehren und lieben und das heißt konkret: die Kirche dort uns als der Kirche hier Autorität sein lassen, ihr jenen Vorrang, jenes Recht zuerst gehört zu werden, zubilligen, unser eigenes Bekenntnis nicht anders als in Verantwortung gegenüber ihrem Bekenntnis vollziehen wollen.

Und es hat nun, in und kraft dieser gemeinsamen Entscheidung das der Kirche hier vorgeordnete Bekenntnis der Kirche dort eine bestimmte geschichtliche Gestalt: die Gestalt jenes Ereignisses, das der Kirche hier an ihrem Ort und in ihrer Situation Antwort auf ihre eigene Frage gibt. Es hat also dieses Bekenntnis geschichtlichen Sinn und Inhalt, es hat Konturen und Formen. Es existiert in Buchstaben, Worten und Sätzen. Es ist von so und so viel anderen Instanzen, die der Kirche hier an sich ebenfalls Autorität sein könnten, aber faktisch nicht sind, dadurch ausgezeichnet, daß nach dem Willen des Herrn der Kirche nun eben dieses Bekenntnis zu ihr geredet und daß sie nach dem Willen desselben Herrn nun eben dieses Bekenntnis gehört hat. Ist es und hat es Gott gegenüber an sich gewiß so wenig Autorität wie irgendeine andere im Raum seiner Kirche zustande gekommene menschliche Antwort, Einigung und Entscheidung, so ist es nun doch gerade von Gott als der die Kirche regierenden Macht, durch sein Wort, angesichts dessen es zustande gekommen und angesichts dessen es Anerkennung gefunden hat, in den ihm gesetzten Grenzen zur Autorität, zum vorgeordneten, zum respektablen Wort erhoben, eine Erhebung, die dann wohl auch der gottähnliche Historiker, in dessen Augen es eine solche Erhebung ja auch nicht geben dürfte, nachträglich kopfschüttelnd wenigstens als Faktum anerkennen muß. Würde er nicht abseits stehen, sondern seinen Ort in der Kirche beziehen und sich zu seiner Situation und Aufgabe in der Kirche bekennen, dann würde er das Faktum nicht nur als solches hinnehmen müssen, dann würde er wenigstens grundsätzlich und vielleicht dann auch praktisch seine Notwendigkeit erkennen: die Notwendigkeit, sich in der Kirche hier zum Bekenntnis der Kirche dort in seiner bestimmten geschichtlichen Gestalt zu bekennen, weil es als Auslegung und Anwendung der heiligen Schrift zu der Kirche hier so gesprochen hat, daß diese es unter allen Umständen hören und respektieren muß.

Wir fassen zusammen: Es ist die Gestalt kirchlicher Autorität auf beiden Seiten: auf seiten ihrer Träger wie auf seiten derer, die sie als solche an-

erkennen, durch eine Entscheidung bestimmt, kraft welcher dort im Angesicht der heiligen Schrift gesprochen, hier wieder im Angesicht der heiligen Schrift das dort Gesprochene gehört wird. Je dieses Gesprochene und Gehörte im Unterschied zu vielem Anderem, was, auch gesprochen und gehört, doch nicht in dieser Einheit von dort und hier gesprochen und gehört ist, bildet, bestimmt und bedingt die Gestalt kirchlicher Autorität.

Aus dem Allem folgt nun, daß es theologisch nicht etwa möglich ist, eine Bezeichnung und Aufzählung derjenigen Instanzen zu geben, die kirchliche Autorität in diesem Sinn sind und haben. Kirchliche Autorität ist geistliche Autorität: sie beruht in jeder ihrer Gestalten darauf, daß je dort und hier, einst und jetzt, zwei Entscheidungen im Gehorsam gegen Gottes Wort zusammentreffen und eine jener Einheiten gemeinsamen Bekennens bilden. Solche Einheiten können dann wohl geschichtlich festgestellt und morphologisch beschrieben werden. Sie können auf Grund von Gewohnheit, Verabredung und Beschluß Kirchenrecht werden. Es ist aber gerade wegen des geistlichen Charakters dieser Einheiten nicht möglich, diese und jene von ihnen, mag sie geschichtlich noch so deutlich feststehen, mag sie kirchenrechtlich noch so bestimmt festgelegt sein, nun auch theologisch als kirchliche Autorität zu fixieren, sie sozusagen als solche in einem Katalog kirchlicher Autoritäten aufzuführen. Gerade theologisch muß ja das Geheimnis der doppelten Entscheidung, das Geheimnis des Gehorsams gegen Gottes Wort, in welchem eine Instanz zur kirchlichen Autorität wird und in der sie als solche Bestand hat, als Entscheidung respektiert — gerade theologisch kann das Kontingente dieser Entscheidung: daß es sich gerade um diese und diese Instanz handelt, nicht zum Prinzip erhoben werden. Würde das letztere geschehen, dann würde ja diese Instanz der heiligen Schrift, bzw. dem Worte Gottes gleichgestellt und das ist es, was gerade nicht geschehen darf. Theologisch läßt sich streng genommen nur zeigen: 1. daß es überall, wo Kirche ist und lebt, kirchliche Autorität, und zwar kirchliche Autorität in bestimmter, geschichtlicher Gestalt gibt und geben muß und 2. daß und wie solche kirchliche Autorität, vorausgesetzt, daß sie in bestimmter geschichtlicher Gestalt existiert, als solche zu respektieren ist. Dieser zweiten Aufgabe haben wir uns nun noch zuzuwenden. Es geht dabei also darum, alles bisher Gesagte nun noch an Hand von einigen Beispielen durchzudenken.

1. Wir setzen voraus, daß zwischen der Kirche heute und hier und der Kirche von einst und anderwärts eine Einheit des Bekenntnisses bestehe hinsichtlich des Umfangs der heiligen Schrift, also hinsichtlich des sog. biblischen Kanons. Wir haben diese Frage bereits in einem früheren Zusammenhang berührt; sie muß aber hier nochmals aufgenommen werden, weil gerade die Feststellung des Kanons der grundlegende Akt kirch-

lichen Bekenntnisses und damit auch die grundlegende Aufrichtung kirchlicher Autorität bedeutet. Daß es einen Kanon heiliger Schrift, d. h. ein allem Verkündigen, Lehren und Entscheiden der ganzen Kirche prinzipiell vorgeordnetes prophetisch-apostolisches Zeugnis von Gottes Offenbarung in Jesus Christus gibt, das ist in und mit der Offenbarung selbst als wirklich gesetzt. Welches dieser Kanon ist, darüber ist freilich mit der Offenbarung selbst von Gott her und insofern: im Himmel auch entschieden, aber nun nicht so, daß es der Kirche auf Erden erspart wäre, sich ihrerseits zu entscheiden, d. h. selbst zu erkennen und entsprechend zu bekennen, welches *in concreto* der mit der Offenbarung selbst von Gott her gesetzte Umfang jenes Zeugnisses ist. Dieses Zeugnis wartet, sofern es auch ein menschliches Dokument ist, auf menschlichen Glauben an seinen Zeugnischarakter und auf das Gegenzeugnis dieses menschlichen Glaubens. Von Gott her und also in sich ausgezeichnet, wartet es darauf, in dieser seiner Auszeichnung begriffen und verstanden und so zum göttlich-menschlichen Grund und Gesetz der Kirche zu werden. Nur indem es das wird, nur in dieser Entscheidung kann es das sein. Nur indem seine Auszeichnung begriffen, verstanden und bezeugt, nur indem sie geglaubt, erkannt und bekannt wird, ist es für uns ausgezeichnet, übt es seine Funktion als erstes und beherrschendes Zeichen der göttlichen Offenbarung. Hat also der Kanon von Gott her und in sich göttliche Autorität, so ist doch seine Feststellung als Kanon, seine Bezeichnung und Abgrenzung als solche ein Akt der Kirche, ein Akt ihres Glaubens, ihrer Erkenntnis und ihres Bekenntnisses. Ist die göttliche Autorität des Kanons darum der menschlichen Willkür preisgegeben? Das wäre doch nur dann zu sagen, wenn wir dem prophetisch-apostolischen Zeugnis die Kraft, mit göttlicher Autorität für sich selber zu sprechen und also ein entsprechendes kirchliches Gegenzeugnis seiner Echtheit zu erwecken, nicht zutrauen, wenn wir die Kirche also trotz dessen, daß ihr jenes Zeugnis gegeben ist, hoffnungslos für einen Tummelplatz menschlicher Willkür, statt für das Herrschaftsgebiet Jesu Christi halten wollten. Halten wir den Herrn für mächtiger als die in der Kirche unleugbar herrschende Sünde, halten wir ihn für den Sieger über den unzweifelhaft auch und gerade in der Kirche sich breit machenden Streit gegen die Gnade, dann rechnen wir damit, daß echte Erkenntnis und echtes Bekenntnis hinsichtlich des Kanons und also Erkenntnis und Bekenntnis des echten Kanons in der Kirche jedenfalls nicht unmöglich ist. Nicht weil wir das den Menschen, wohl aber weil wir das, wenn wir selbst den Glauben nicht verlassen wollen, dem Wunder der Gnade zutrauen müssen. Rechnen wir aber damit, dann können wir in dem, was in der Kirche bisher hinsichtlich des Umfangs und Textes des Kanons geglaubt, erkannt und bekannt worden ist, jedenfalls nicht grundsätzlich und ausschließlich ein Werk menschlicher Willkür sehen.

Sind die in dieser Hinsicht gemachten Feststellungen der alten und älteren Kirche als solche nicht im Himmel, sondern auf Erden vollzogen, so werden sie uns doch, sofern wir ihnen nicht ein anderes Zeugnis kraft unseres eigenen Glaubens, Erkennens und Bekennens entgegenzustellen haben, sofern wir ihnen, indem wir Gottes Wort selber hören und annehmen, nicht widersprechen müssen — als auf Erden vollzogene Hinweise auf die im Himmel vollzogene Feststellung angehen, interessieren, Weisung geben; sie werden uns mit der Kraft kirchlicher Autorität binden. Es könnte auch unser Widerspruch, auch unser anderslautendes Zeugnis nur ein Späteres, nur eine Befreiung aus einer zunächst eingegangenen, dann als unrechtmäßig sich herausstellenden Bindung sein. Wir müßten auch dann zuerst gehört, die Kirche, d. h. die Anderen, die Älteren in der Kirche, gehört haben, um selber legitim reden zu können. Zunächst habe ich mir von der Kirche sagen zu lassen, welche Schrift heilige Schrift ist. Sie hat darüber vor Zeiten mehr als ein Gespräch geführt, sie ist sich darüber Schritt für Schritt einig geworden; sie hat diese Einigung später teils ausdrücklich, teils stillschweigend gegenüber gewissen Anzweifelungen wiederholt und bestätigt, sie legt tatsächlich gegenüber jeder neuen Generation, die in ihr getauft und unterrichtet wird, die ihre Predigt hört und die in ihr selber zum Predigtamt berufen wird, das Bekenntnis ab: dies und dies gehört und dies und dies gehört nicht zum Kanon heiliger Schrift. Nur mit menschlicher, nicht mit göttlicher Autorität kann dies der jüngeren von der älteren Kirche gesagt werden. Ebenfalls nur mit menschlicher, nicht mit göttlicher Autorität kann in dieser Sache seitens der evangelischen Kirche gegen die anderslautende römisch-katholische Angabe, gegen ihre Einbeziehung der sog. alttestamentlichen Apokryphen in den Kanon protestiert werden. Es ist aber dieses Bekenntnis und dieser Protest das Bekenntnis und der Protest der Kirche, in deren Gemeinschaft uns das Wort Gottes erreicht haben muß, wenn wir es selbst glauben und bekennen sollen. Kann die Kirche dem Worte Gottes nur dienen und ist dieser Dienst nur ein menschlicher und als solcher fehlbarer Dienst, so können wir uns doch diesem ihrem Dienst nicht entziehen, so hat doch das, was sie uns in diesem Dienste sagt, Autorität, so haben wir es doch als zunächst und bis auf Weiteres auch für uns maßgeblich anzunehmen und also bis auf bessere Belehrung an die uns von ihr vorgelegte heilige Schrift — an diese und an keine andere und an diese in ihrem ganzen uns vorgelegten Umfang, also ohne Zutat und ohne Abstrich — heranzutreten als an die Sammlung derjenigen Dokumente, in welchen auch wir das Zeugnis von Gottes Offenbarung zu suchen haben. Die Kirche mit ihrem bisherigen und bisherig bezeugten Glauben verheißt uns, daß wir jenes Zeugnis daselbst nicht umsonst suchen werden. Die Kirche kann es uns nicht — oder eben nur in dienender Funktion, nur in menschlicher Weise: durch ihre

Predigt und ihren Unterricht auf der Basis gerade dieses Kanons — verschaffen und garantieren, daß wir jenes Zeugnis gerade in diesem Kanon finden werden. Finden werden wir dieses Zeugnis nur kraft seines Selbstzeugnisses, also kraft der Autorität des Heiligen Geistes. Die Kirche kann uns auf die hinsichtlich des echten Kanons im Himmel gefallene Entscheidung nur auf Erden und irdisch hinweisen, das heißt nur vermöge und im Rahmen ihres Glaubens und ihrer Einsicht. Ihr Hinweis bzw. ihre Entscheidung bedarf also, damit wir sie (vermöge und im Rahmen unseres eigenen Glaubens und unserer eigenen Einsicht) bejahen und also wiederholen können, damit zwischen ihr und uns jene Einheit des Bekenntnisses entstehe, jener direkten Bestätigung durch das Selbstzeugnis des von ihr Bezeugten, die nur in unserer eigenen Begegnung mit Gottes Wort in der heiligen Schrift stattfinden kann. Aber eben diese direkte Bestätigung haben wir doch wenigstens teilweise bereits empfangen, indem wir als Glieder der Kirche zu glauben begannen. Wem anders als Gottes Wort in der von der Kirche als heilig bezeichneten Schrift haben wir dann schon Glauben geschenkt? Und eben um diese direkte Bestätigung weiter zu empfangen, werden wir uns zunächst an den uns durch die Kirche in ihrem Bekenntnis zu dieser und dieser Gestalt des Kanons gegebenen Hinweis halten müssen, wenn wir unsere eigene Gliedschaft am irdischen Leibe des himmlischen Herrn nicht gleich wieder verleugnen und preisgeben wollen. Wir würden auch mit unserem vielleicht anderslautenden Bekenntnis diesen Zusammenhang auf keinen Fall zerreißen, die Ehre und Liebe, die wir den Älteren und Anderen in der Kirche schuldig sind, auf keinen Fall verleugnen dürfen. Zunächst aber und bevor wir überhaupt zustimmend oder abweichend, unsererseits in der Kirche bekennen können, werden wir immer wieder in der Kirche und also auf der uns durch das Bekenntnis dieser Älteren und Anderen in der Kirche vorgeschlagenen Basis glauben müssen.

Der Verlauf der Dinge wird dann praktisch für uns als Einzelne, als die zur Kirche heute hinzukommenden Neulinge etwa folgender sein: Ausgehend von einer bestimmten Übereinstimmung mit dem uns von der älteren und übrigen Kirche gemachten Vorschlag, in welcher wir uns, indem wir an Gottes Wort in der heiligen Schrift glauben, zum vornherein befinden, werden wir den übrigen Inhalt dieses Vorschlags zunächst sicher nur teilweise, sehr teilweise brauchbar finden, d. h. wir werden das uns von der Kirche verheißene weitere Offenbarungszeugnis nur in bestimmten Teilen des uns bezeichneten Kanons tatsächlich finden, in anderen aber nicht finden. Es wird vielleicht, es wird sehr wahrscheinlich so sein, daß wir es in einem viel größeren Teil des uns bezeichneten Kanons zunächst nicht zu finden vermögen. Nehmen wir an, es stehe so, so wird es zunächst doch viel wichtiger sein, das Positive festzustellen: daß wir es in einem, sei es denn kleinen Teil jenes Vorschlags tatsächlich schon gefunden haben. Ist dies wirklich der Fall: meinen wir also eine direkte Bestätigung wenigstens hinsichtlich eines kleineren Teils jenes Vorschlags (sagen wir: hinsichtlich einiger Psalmen, einiger Evangelien und Briefe oder wenigstens hinsichtlich bestimmter Stellen in diesen Büchern) tatsächlich empfangen zu haben, so könnte das immerhin ein günstiges Vorurteil auch hinsichtlich des übrigen Inhalts jenes Vorschlags in uns erwecken. — Dieses

Vorurteil wird dann sofort praktische Bedeutung bekommen, wenn es sich dabei nicht bloß um unsere Meinung handelt, wenn wir in jenen paar Teilen des kirchlichen Kanons oder auch nur in jenen paar Stellen nicht etwa bloß das vermeintliche Echo unseres eigenen Empfindens und Gutdünkens, sondern objektiv wirklich das Zeugnis von Gottes Offenbarung und also das Wort Gottes als das Wort unseres Herrn und des Herrn seiner Kirche vernommen haben, wenn wir, indem wir sie hören, wirklich zum Gehorsam des Glaubens gekommen sind. In diesen Gehorsam gestellt und *ipso facto* in eine wenn auch nur teilweise Übereinstimmung mit dem Zeugnis der Kirche versetzt, werden wir bestimmt bereit sein, dieses Zeugnis hinsichtlich des Kanons weiterzuhören und also das Suchen nach dem Zeugnis von Gottes Wort auch in den uns bisher verschlossenen anderen Teilen des uns vorgeschlagenen Kanons nicht etwa einzustellen, sondern fortzusetzen. Wir werden dann, wir werden auf Grund jener noch so beschränkten aber wirklichen Zustimmung zum Bekenntnis der Kirche grundsätzlich bereit sein, damit zu rechnen, daß, wenn immer noch ein viel größerer Teil des uns vorgeschlagenen Kanons für uns stumm sein sollte, der Fehler nicht notwendig in diesem Vorschlag, sondern mindestens ebensoleicht in uns selbst liegen könnte. Gewiß kann er auch in diesem Vorschlag liegen, ist er doch ein menschlich fehlbarer Vorschlag. Aber warum sollte er nicht ebensogut in uns selbst liegen können? Und haben wir ihm auch nur an einer Stelle vermöge eigenen Glaubens und eigener Einsicht zustimmen müssen, hat sich der Herr der Kirche uns gegenüber auch nur an einer Stelle zu dem menschlich fehlbaren Dienst seiner Kirche bekannt, wie sollte es uns dann nicht mindestens näher liegen, den Fehler auch in Zukunft lieber bei uns selbst zu suchen und also dem Bekenntnis der Kirche gegenüber offenzubleiben und also auf dieses Bekenntnis und seine Autorität hin unsere Nachfrage nach dem Zeugnis von Gottes Offenbarung auch im übrigen Umfang des uns im Kanon gemachten Vorschlags fortzusetzen? Wieder wird es nun praktisch wohl so sein, daß kein Einzelner mit dieser Nachfrage so zu Ende kommen wird, daß sein Bekenntnis auf Grund seines eigenen Glaubens und seiner eigenen Einsicht sich mit dem Bekenntnis der Kirche eines Tages restlos decken würde. Wir werden vielmehr wohl Alle damit rechnen müssen, daß uns bestimmte und vielleicht immer noch sehr große Teile des kirchlichen Kanons in dem Sinn bis an unser Lebensende verschlossen bleiben, daß es uns schwer oder unmöglich bleibt, das uns auch hinsichtlich dieser Teile verheißene Offenbarungszeugnis vermöge unseres eigenen Glaubens und vermöge unserer eigenen Einsicht wirklich zu hören. Wir werden aber ebenso bestimmt damit rechnen können, daß uns die Lust, die Schuld an diesem gewiß abnormalen Zustand statt bei uns selbst bei dem uns gemachten Vorschlag zu suchen, bis dahin mindestens noch kleiner gemacht sein dürfte. Und nehmen wir nun sogar an, daß wir uns einer eigenen Schuld in dieser Sache bei aller Aufrichtigkeit nicht bewußt werden könnten — warum sollten wir uns schließlich nicht unsere negative Privatansicht hinsichtlich dieses und jenes uns in dieser Weise verschlossenen Teiles des Kanons bilden dürfen? Aber warum sollten wir in unserer negativen Einstellung dann mehr als eben unsere Privatansicht erblicken wollen? Sind wir ihrer Richtigkeit so sicher und ist sie uns so gewichtig, daß wir deshalb in einen Streit gegen das Bekenntnis der Kirche eintreten müßten? Können wir dieses nicht als solches stehen und gelten lassen, auch wenn wir selbst nicht in der Lage sind, ihm nun auch vermöge unseres eigenen Glaubens und Verstehens in allen Teilen unsere Zustimmung zu geben? Sind wir von der Richtigkeit und Wichtigkeit unserer teilweise negativen Einstellung — vorausgesetzt daß wir selbst sie wirklich nicht mehr zu ändern vermöchten — so überzeugt, daß wir auch hinsichtlich der übrigen, der späteren Kirche gewiß sind: hier, hinsichtlich dieser von uns beanstandeten Teile des kirchlichen Kanons ist eine Erfüllung jener Verheißung, wie sie uns selbst hinsichtlich einiger anderer seiner Bestandteile immerhin zuteil geworden ist, nun geradezu ausgeschlossen? Können wir es verantworten, mit unserer Ablehnung dieser Bestandteile im Namen der Kirche selber der Kirche bzw. ihrem bisherigen Bekenntnis entgegenzutreten? Sind wir dessen nicht gewiß, haben wir also im Grunde bloß Fragen an das kirchliche Bekenntnis zu stellen, von woher wollen wir ihm dann eigentlich seine kirchliche Autorität geradezu abstreiten? Ernsthaft würde unser Einspruch gegen den kirchlichen Kanon erst dann, wenn wir seiner inhaltlich so gewiß wären, daß wir uns getrauen müßten, ihn dem Urteil der Kirche zu unterbreiten, nicht nur als unsere Privatansicht, sondern in der verantwortlichen Absicht, das alte Bekenntnis der Kirche hinsichtlich des Kanons durch ein neues zu ersetzen, zu überbieten und zu korrigieren. Das ist keine ausgeschlossene Möglichkeit. Aber wie ernst und schwer sie ist, mag man immerhin daraus ersehen, daß Luther hinsichtlich seiner bekannten Einstellung zum Jakobusbrief, daß überhaupt jene Gegner der eusebianischen Antilegomena im 16. Jahrhundert keinen Gebrauch von ihr gemacht, sondern sich damit begnügt haben, ihre Bedenken nun eben als Privatansichten eine Zeitlang vorzutragen und geltend zu machen. Luther hat auch keinen Versuch gemacht, seine Meinung, daß die *Loci* des Melanchthon ein *libellum non solum immortalitate, sed canone quoque ecclesiastico dignum* sei (*De servo arb.* 1525 W. A. 18, 601, 5) zum kirchlichen Bekenntnis erheben zu lassen! Und es dürfte auch dies bemerkenswert sein, daß auch aus der im Rahmen von Privatansichten und Privatdiskussionen so radikalen modernen Bibelkritik der Wille zu einem neuen kirchlichen Bekenntnis hinsichtlich des Kanons jedenfalls nicht so hervorgegangen und an die Kirche herangetreten ist, daß diese sich auch nur ernstlich mit der Frage einer neuen Bestimmung des Kanons hätte beschäftigen müssen.

Ist die Frage nach dem echten Kanon durch die Existenz des kirchlichen Kanons nicht grundsätzlich abgeschlossen, kann sie tatsächlich von Einzelnen auch angesichts des kirchlichen Kanons mit gutem Recht aufgeworfen werden, wird es praktisch sogar die Regel sein, daß sie dem Einzelnen eine offene Frage ist, so ist mit dem Allem an der Existenz und Geltung dieses kirchlichen Kanons noch gar nichts geändert. Es bleibt, so lange er nicht aufgehoben und ersetzt ist, bei diesem Vorschlag, bei seiner kirchlichen Autorität, Würde und Geltung, bei der Notwendigkeit, ihn ernst zu nehmen. Vertrauen zu seiner Verheißung zu fassen, bzw. immer wieder auf ihn zurückzukommen. Künftige Belehrung vorbehalten! Es könnte ja tatsächlich der Fehler nicht bei uns, sondern bei jenem Vorschlag liegen. Es müßte aber diese künftige Belehrung wie die bisherige als eine Belehrung der Kirche durch die Kirche, nicht bloß als eine Privatbelehrung von Einzelnen sich zu erkennen geben. Es müßten diese Einzelnen, und wenn ihrer noch so viele wären, nicht nur wissen, was sie wollen, sondern auch wollen, was sie wissen, d. h. sie müßten die kirchliche Legitimität ihrer Absicht, die zunächst bloß den Charakter einer Privatabsicht auf Grund einer Privatansicht haben kann, damit unter Beweis zu stellen sich getrauen, daß sie mit der lauten und verantwortlichen Forderung eines neuen Bekenntnisses vor die Kirche treten würden: eines Bekenntnisses, das eine Verengerung oder Erweiterung des kirchlichen Kanons oder gar seinen Ersatz durch einen ganz anderen Kanon aussprechen würde. Sie müßten sich getrauen, den Heiligen Geist der Schrift als des Wortes Gottes zum Zeugen für die Notwendigkeit dieser ihrer Absicht anzurufen und sie müßten sich getrauen, zu erwarten, daß dieser Heilige Geist auch der übrigen Kirche im selben Sinn sein Zeugnis geben werde. Solange sie dazu den Mut nicht haben, solange sie diese Verantwortung nicht übernehmen wollen, solange sie vielleicht nicht einmal den ernstlichen Willen dazu haben, und solange sich ihr neues Bekenntnis dann nicht wirklich an Stelle des alten als das Bekenntnis der Kirche durchgesetzt hat, kann ihre Auflehnung gegen das alte Bekenntnis — wie bemerkenswert und nachdenkenswert sie übrigens sachlich sein mag — gemessen an der Autorität des alten Bekenntnisses doch keine andere Bedeutung als die eines Rumors haben. Dieser Rumor mag und muß dann die Kirche daran erinnern, daß ihre Autorität eine beschränkte und vorläufige, eine menschliche Autorität ist, der gegenüber neben allerlei Rumor auch ernster Einspruch immerhin möglich ist. Er mag und muß die Kirche vor die Frage stellen, ob ihr bisheriges Bekenntnis hinsichtlich des Kanons wirklich noch immer ihr Bekenntnis ist und auch künftig sein und bleiben kann und darf. Er mag und muß sie auffordern, sich im Blick auf ihr bisheriges Bekenntnis zu prüfen, um dann entweder in Forschung und Lehre, in Predigt und Unterricht faktisch aufs Neue zu bestätigen, daß eben dies ihr Bekenntnis noch heute ist, oder um dann neu und besser zu bekennen. Immer bleibt doch, solange der alte Vorschlag in Kraft, solange ein neuer Vorschlag nicht verantwortlich gemacht und verantwortlich angenommen und auf Grund neuen Gesprächs und neuer Einigung als neue kirchliche Entscheidung verkündigt ist, die Auflehnung gegen jenen ein bloßer Rumor, dessen Geräusch neben der unveränderten Stimme der Kirche nicht etwa mit gleichem, sondern nur mit höchst ungleichem Respekt zu hören ist. Immer behält diese und behält also der bisherige kirchliche Kanon den Vorrang, zuerst beachtet, zuerst nach seinem Gehalt befragt, zuerst in seinen Möglichkeiten erschöpft zu werden.

Man kann sich fragen, wie es in dieser Hinsicht mit dem biblischen Text bestellt ist. Können und müssen wir auch hier mit einer Einheit des Bekenntnisses rechnen und also mit einer im selbem Sinn wie der von der Kirche bezeichnete Kanon zu respektierenden kirchlich autoritativen Gestalt des Grundtextes und vielleicht auch der Übersetzungen der heiligen Schrift? Die römisch-katholische Kirche bejaht diese Frage, merkwürdiger- und bezeichnenderweise freilich nicht im Blick auf eine Normalgestalt des hebräischen und griechischen Grundtextes, sondern hinsichtlich einer lateinischen Normalübersetzung. Als solche bezeichnet das Tridentiner Konzil (*Sess.* IV, 1546 Denz. Nr. 785) die *vetus et vulgata editio, quae longo tot saeculorum usu in ipsa ecclesia probata est* und fordert im Blick auf sie: *ut . . . in publicis lectionibus, disputationibus, praedicationibus et expositionibus pro authentica habeatur et quod nemo illam reicere quovis praetextu audeat vel praesumat.* Man sieht in diesem Edikt noch einmal die ganze Selbstherrlichkeit, in der im Katholizismus die Kirche über das Zeugnis von Gottes Offenbarung verfügt und ihre eigene lateinische Stimme der Stimme dieses Zeugnisses übergeordnet hat. Der Vorgang ist nicht geeignet, zur Nachahmung einzuladen und es ist gut, daß er auf evangelischer Seite tatsächlich weder hinsichtlich einer Übersetzung noch auch hinsichtlich des Grundtextes Nachahmung gefunden hat, daß wir also mit einer Einheit des Bekenntnisses in dieser Sache nicht zu rechnen haben. Gewiß meint die Legende von der Entstehung der Septuaginta (Irenäus, *C. o. h.* III 21, 2) etwas, was damit, daß sie Legende ist, nicht erledigt ist: die legitime Frage nach dem einen und echten Text der heiligen Schrift. Und man wird auch gewiß nicht sagen können, daß diese Frage, sei es hinsichtlich des Grundtextes, sei es hinsichtlich seiner Übersetzungen eindeutig und ausschließlich eine historisch-philologische Frage sei. Die Entscheidung darüber wird vielmehr weithin — es gilt dies besonders hinsichtlich der Übersetzungen, es gilt aber gelegentlich auch hinsichtlich des Grundtextes — auch eine Frage des Glaubens bzw. der theologischen Einsicht sein. Es hat darum seinen guten und notwendigen Sinn, daß die Kirche sich für die Frage nach dem biblischen Text nach beiden Richtungen interessiert, daß sie sich in den bei neuen Bibelausgaben notwendigen Entscheidungen nicht etwa unbesehen dem Urteil irgendwelcher Quellen- und Sprachkundigen anvertraut und ausliefert, das ja vermöge seiner theologischen bzw. untheologischen Hintergründe ein höchst befangenes Urteil sein könnte. Es dürfte aber — ich entferne mich hier von dem Prolegomena 1927 S. 371 f. Vorgetragenen — der Sache entsprechen, wenn sich die Kirche durch das Problem der Textgestalt zwar zu einer immer neu einsetzenden Arbeit auffordern läßt, nicht aber in der Art der Fixierung des Kanons dazu übergeht, irgendwelche Ergebnisse dieser Arbeit bekenntnismäßig festzulegen. Gehört doch die gewisse Beweglichkeit schon des Grundtextes, die Tatsache, daß er uns nur in verschiedenen Überlieferungen, nicht aber in einer als solche unzweideutig festzustellenden Urgestalt bekannt ist, gehört doch die gewisse Offenheit der Frage nach dem echten Text geradezu zum menschlichen und damit auch zum göttlich autoritativen Wesen und Charakter der heiligen Schrift, zur Freiheit des Wortes Gottes gegenüber seinen Lesern und Auslegern, der wir mit einer bekenntnismäßigen Entscheidung offenbar zu nahetreten würden. Es gilt dies besonders hinsichtlich der Übersetzungen. Jede Übersetzung ist bekanntlich als solche schon eine Erklärung, und zwar ihrer Natur nach — anders als dies in der Regel bei einem Glaubensbekenntnis der Fall ist — eine Erklärung, für die jeweilen in der Hauptsache ein Einzelner die Verantwortung übernehmen muß. Kann nun eine solche Übersetzung, wie es etwa mit der Luthers geschehen ist, faktisch eine gewisse unausgesprochene Geltung in der Kirche erlangen, so wäre es doch nicht geraten, solche faktische Geltung durch eine förmliche kirchliche Entscheidung und Erklärung zu unterstreichen, die Kirche ausdrücklich auf eine solche Privatarbeit eines Einzelnen festzulegen und damit die Weiterarbeit an der Übersetzungsaufgabe lahmzulegen. Man wird vielmehr hinsichtlich der Übersetzungen nur wünschen können, daß deren möglichst viele in der Kirche entstehen und verbreitet werden möchten, um die der Sprache nicht Kundigen gerade in ihrem Nebeneinander gemeinsam und in gegenseitiger Ergänzung an der Aufgabe der Übersetzung zu beteiligen. Und man wird hinsichtlich des Grundtextes nur wünschen können, daß er der Kirche dauernd unter möglichst vollständiger Heranziehung der Varianten, d. h. des Angebotes der Überlieferung in ihrer Verschiedenheit bekannt gemacht werde, und daß die dadurch ermöglichte kritische Würdigung dieses Angebots — unter historisch philologischem und unter theologischem Gesichtspunkt! — dann auch wirklich stattfinden und in nicht zu vernachlässigender Übung bleiben möchte. Ein *textus receptus* ist uns nun einmal durch kein kirchliches Bekenntnis, durch keine Instanz, in der wir Autorität zu erblicken vermöchten, angeboten. Es hat seine Gründe, daß dem so ist. Und es ist — wenn wir nicht mit neuen, d. h. mit heute noch unbekannten Tatsachen, wenn wir nicht mit der künftigen Entdeckung einer als solchen überzeugenden und dann als normativ sich geradezu aufdrängenden Urgestalt des biblischen Textes rechnen wollen — nicht abzusehen, wie die Kirche der Gegenwart dazu kommen sollte, in dieser Sache ihrerseits zum Bekenntnis, d. h. zuhanden der zukünftigen Kirche zur Herstellung oder Proklamierung eines *textus receptus* überzugehen.

2. Wir setzen voraus, daß zwischen der Kirche heute und hier und der Kirche von einst und anderwärts eine Einheit des Bekenntnisses bestehe hinsichtlich der Geltung des Wortes bestimmter kirchlicher Lehrer,

d. h. bestimmter Ausleger und Verkündiger der Bibel, deren Wort rein faktisch aus der Menge der Worte anderer Ausleger und Verkündiger hervortretend, ebenso rein faktisch zu der Kirche ihrer eigenen Zeit und zu der späteren Kirche geredet hat und zur Kirche der Gegenwart noch redet, wie es andere Lehrer ihrer oder sonstiger Zeiten nun eben nicht getan haben noch tun. Indem die Kirche jener und der seitherigen Zeit gerade auf diese und diese Lehrer besonders gehört, gerade ihr Wort besonders aufmerksam und dankbar angenommen hat, hat sie ein Bekenntnis abgelegt, und wieder finden wir uns als Kirche der Gegenwart aufgefordert, diesem ihrem Bekenntnis hinsichtlich der besonderen Beachtlichkeit gerade dieser Lehrer auch unsere Zustimmung zu geben. Es ist eine Tatsache, deren Notwendigkeit nicht theologisch zu begründen, die also nicht zu postulieren, deren Wirklichkeit auch nicht theologisch zu beweisen, die aber in Voraussetzung ihrer Tatsächlichkeit theologisch zu erläutern ist: es gibt „Kirchenväter“ und es gibt eine bestimmte kirchliche Autorität dieser Kirchenväter.

Ecce quo te introduxi: conventus sanctorum istorum non est multitudo popularis; non solum filii sed et patres ecclesiae sunt. (Augustin, *C. Jul.* I 7, 31). *Talibus post apostolos sancta ecclesia plantatoribus, rigatoribus, aedificatoribus, pastoribus, nutritoribus crevit* (*ib.* II 10, 37). „Kirchenväter“ sind nach dieser Angabe eines, der selber einer war, solche Glieder der Kirche, die sich einmal in hervorgehobener, von dem Tun der ersten Besten so merkwürdig verschiedener Weise aktiv am Leben der Kirche beteiligt haben, daß sie als solche, also als ein besonderer „Konvent der Heiligen“ sichtbar und beachtlich sind. Spätere Zeiten haben dann noch genauer anzugeben gewußt, was einen „Kirchenvater“ als solchen auszeichnet. „Kirchenväter“ (*patres ecclesiastici*) sind nach römisch-katholischer Lehre „diejenigen Schriftsteller der kirchlichen Vergangenheit, die sich auszeichneten durch hohes Alter, Heiligkeit des Lebens, Reinheit der Lehre und kirchliche Anerkennung“ (B. Bartmann, Lehrb. d. Dogm.[7] 1928, Bd. 1, S. 30). Sie sind zu unterscheiden von den bloßen „Kirchenschriftstellern“ (*scriptores eccl.*), denen jene Prädikate nicht oder nur teilweise zukommen, zu denen etwa ein Origenes und Laktanz zu rechnen sind, und sie bilden in dieser Hervorgehobenheit eine von den Quellen der kirchlichen Tradition. Unter ihnen, aber auch unter den Theologen späterer Zeiten sind dann durch päpstliche Proklamation noch einmal hervorgehoben die „Kirchenlehrer“ (*doctores ecclesiae*), von denen man zu wissen meint, daß sie im Himmel zusammen mit den heiligen Märtyrern und Jungfrauen Träger einer Aureole sein werden. Als solche gelten: Ambrosius, Augustin, Hieronymus, Gregor der Große — Athanasius, Basilius, Gregor v. Nazianz, Chrysostomus, Anselm v. Canterbury (erst seit 1720), Thomas von Aquino (seit 1567), Bonaventura (seit 1588), Bernhard von Clairvaux (seit 1830) u. a.

Die Reformation hat diese theologische Hierarchie und ihre Bedeutung als eine zweite Offenbarungsquelle selbstverständlich nicht anerkannt. Von einer kritiklosen Unterwerfung auch unter den sog. *consensus patrum*, der nach katholischer Lehre das Kriterium eines vollgültigen Väterbeweises bildet, geschweige denn unter die Autorität eines Einzelnen auch von den älteren jener Lehrer, konnte auf dem Boden der evangelischen Kirche und ihres Schriftprinzips keine Rede mehr sein. Daß die Reformation dennoch mit bestimmten Vätern in der Kirche und mit einer ihnen zuzuerkennenden Maßgeblichkeit als *testes veritatis*: unter der Maßgeblichkeit der heiligen Schrift faktisch gerechnet hat, würde sich aus Luther wie aus Calvin (vor allem hinsichtlich ihres Verhältnisses zu Augustin) unschwer belegen lassen. Wo nun die heiligen vätter und allten leerer, die die geschrifft erclert und ussgeleyt, über disse richtschnur nit gehouwen haben, wollen wir sy nit allein für ussleger der gschrifft, sonder für usserwelte werckzüg, durch die gott geredt und gewürckt hat, erkennen und halten (*Conf. helv. prior.* von 1536, Art. 3). *Quia enim Ecclesia est Catholica, Deus semper excitavit in diversis locis aliquos, qui consentientem confessionem de sano verae doctrinae intellectu ad confirmationem posteritatis ediderunt. Et bonae mentes valde confirmantur, quando vident, eandem vocem doctrinae omnibus temporibus in Ecclesia sonuisse* (M. Chemnitz, *Loci* 1591 *Hypomn.* 6). Es entsprach denn auch nicht der Praxis der protestantischen Theologie im Zeitalter der Orthodoxie, wenn gelegentlich (etwa von G. Voetius, *Disput.* I 1648 S. 74 ff.) der Unterschied von Kirchenvätern und Kirchenschriftstellern theoretisch völlig verwischt und behauptet wurde, daß etwas Anderes als ein gleichmäßiges Anhören aller Stimmen des kirchlichen Altertums, daß eine besondere Autorität besonderer Väter im Raum der evangelischen Kirche und Theologie nicht in Betracht komme.

Diese theoretische Reinlichkeit war nur schon darum nicht am Platz, weil unterdessen gerade im Raum der evangelischen Kirche und Theologie längst das Bekenntnis zu eigenen neuen Vätern und „auserwählten Werkzeugen", nämlich zu den Reformatoren selbst faktisch Platz gegriffen hatte. Es wird nicht unnütz sein, sich gleich auch der Exzesse solchen Bekenntnisses, wie sie schon im Reformationsjahrhundert vorgekommen sind, zu erinnern. Man kann wohl staunen, wenn Nik. Amsdorf kaum 10 Jahre nach Luthers Tod anzeigt: *neminem tanta praeditum sapientia, fide, constantia post apostolos fuisse aut deinceps futurum esse, quantum in reverendo viro D. M. Luthero non sine ingenti admiratione donorum Dei conspeximus.* (Vorrede zu der Jenenser Ausgabe von Luthers Werken, E. A. *Op. lat.* v. a. I S. 12.) Oder wenn man Michael Neander (1567) nach W. Gaß, Gesch. d. prot. Dogm. 1. Bd., 1854, S. 228 f. deklamieren hört: *Non itaque fervet zelo pietatis, qui huius viri (sc. Lutheri) historiam, labores, pericula, certamina ac plane coelestia dona non saepe cogitat, admiratur ac pro hoc viro Deo agit saepius gratias et qui post Biblia sacra Lutheri libris non primum locum tribuit et magnificat ut coelestem divinum ac preciosum thesaurum ... Lutherus suam theologiam a priori habuit i. d. ex coelesti quadam revelatione.* Oder wenn Andreas Fabricius (1581, *ib.* S. 228) ihn rühmt als *theander, megalander*, φωσφόρος θεολόγων, φωστήρ τε καὶ μέγα θαῦμα οἰκουμένης, als Propheten und Elias von Deutschland, ebenso einzig wie Paulus und Johannes der Täufer, wenn Joh. Gerhard (Loci 1610 f. *L* XIV 32) allen Ernstes Apoc. 14, 6: die Weissagung von dem *angelus volens per medium coeli habens aeternum evangelium* in Luther erfüllt sieht, und wenn auf einem wittenbergischen Ofen der Spruch zu lesen war: „Gottes Wort und Luthers Lehr vergehen nie und nimmermehr." Es haben aber doch auch die Reformierten in dieser Sache gelegentlich mitgetan und etwa die *Institutio* Calvins besungen:

Praeter apostolicas, post Christi tempore, chartas
Huic peperere libro saecula nulla parem. (P. Thurius).

Nun, hinter allen diesen und derartigen Exzessen steht die ernste Tatsache, daß die Kirche jener Zeit in und mit ihrer Reformation durch das Wort Gottes und im Dienste dieser göttlichen Reformation zugleich das menschliche Wort Luthers und Calvins so gehört hatte, daß sie sich ihre irdisch-geschichtliche Existenz als Kirche fortan wie ohne das Wort Gottes so auch ohne dieses menschliche Wort, ohne die Belehrung und den Unterricht dieser Reformatoren nicht mehr denken konnte. Sie war, als durch Gottes Wort reformierte Kirche *eo ipso* Kirche in der Schule Luthers, Kirche in der Schule Calvins geworden. Beide Männer, und manche ihrer Genossen in ihrer Weise neben ihnen, haben schon zu ihren Lebzeiten rein faktisch (als „Doktoren der heiligen Schrift" und damit als geistliche — aber weil geistliche, nicht nur geistliche! — Führer ihrer Kirche) eine Autorität besessen und ausgeübt, die weit über die Autorität hinausging, die ihnen in ihren lokalen kirchlichen und akademischen Ämtern zukam. Eben diese kirchliche Autorität haben sie dann aber, jeder in seinem Bereich, bis zum Anfang des 18. Jahrhunderts ganz eindeutig besessen und ausgeübt. Hätte sie in ihrer Kirche je vergessen werden können, so hätte schon die Polemik der katholischen Gegner dafür gesorgt, daß sie ihnen immer wieder lebendig vor Augen trat. — In Abwehr dieser Polemik, insbesondere des Vorwurfs der Illegitimität der Reformation und der Reformationskirchen, hat die lutherische Orthodoxie einen richtigen Artikel *De vocatione beati Lutheri* in ihre Dogmatik eingeführt (vgl. Joh. Gerhard, *Loci* 1610 f. *L.* XXIII 118 f.; A. Calov, *Systema loc. theol.* 1677 VIII *art.* 3, *c.* 2, *qu.* 2; A. Quenstedt, *Theol. did. pol.* 1685 IV *c.* 12, *sect.* 2, *qu.* 3; D. Hollaz, *Ex. theol. acr.* 1707 IV *c.* 2, *qu.* 10), in welchem eingehend 1. die ordentliche Priesterweihe und Doktorierung Luthers, aber 2. auch die Tatsache seiner außerordentlichen Berufung bewiesen wird: man findet jetzt in der Schrift allerlei *vaticinia de opere reformationis, quae licet disertam et specialem nominis Lutheri mentionem non faciant, implicite tamen organi, per quod opus illud perficiendum erat, denotationem continent* (J. Gerhard, XXIII, 124). Man führt jetzt nicht rhetorisch, sondern argumentierend ins Feld: Luthers tiefe und gewaltige Schriftauslegung, seinen *animus heroicus et in periculis etiam maximis imperterritus*, seine in Erfüllung gegangenen Weissagungen, seine Haltung und seine Erfolge als Verkündiger des Worts im Kampf gegen den Antichrist. Das erste Subjekt der Lehre der lutherischen Kirche ist offenbar im Begriff, mit zu deren Objekt zu werden. Es ist nun gewiß kein Zufall, daß es in der reformierten Dogmatik derselben Zeit trotz äußerlich ähnlicher Lage zu einem Artikel *De ministerio Calvini* oder dgl. nicht gekommen ist, daß es einen Calvinismus oder gar eine calvinische Kirche in dem Sinn, wie es bis heute ein Luthertum und eine lutherische Kirche gibt, nicht geben konnte und — gerade wenn die Reformierten Calvin treu bleiben wollen — nie wird geben können. Es ist das bestimmt nicht etwa nur mit einer theologischen Abneigung gegen allen Menschenruhm zu erklären, sondern entscheidend nur damit, daß die Autorität Calvins — in seinem Bereich nicht minder mächtig als die Luthers in dem seinigen — insofern von Hause aus anders beschaffen war, als sie weniger als die Luthers auf den Eindruck seiner Person und seines Lebens, sondern viel ausgesprochener auf seinem kirchlichen Unterricht als solchem beruhte. Man wird ja nicht verkennen können, daß das lutherische Bekenntnis zu Luther der Proklamation einer prinzipiellen kirchlichen Autorität und damit einer göttlichen Autorität dieses Mannes und damit einer Bedrohung des Schriftprinzips damals und bis heute manchmal bedenklich nahe gekommen ist. Dasselbe Phänomen wird uns bei Erwägung des Problems der kirchlichen Konfession noch einmal begegnen. Calvin ist insofern in einem reineren Sinn Lehrer der Kirche gewesen, als es ihm mehr als Luther gegeben war, die Kirche durch seine Lehre trotz und in aller ihrer calvinischen Eigenart zur heiligen Schrift selbst zu führen, sie an die Sache und nur in der Bemühung um die Sache dann auch an sich selbst zu binden. In diesen Grenzen hat er aber zweifellos in der reformierten Kirche und Theologie sachlich dieselbe Funktion ausgeübt wie Luther in der nach seinem Namen genannten. Eine Stimme aus dem 17. Jahrhundert mag dafür, da sie auch inhaltlich lehrreich ist, an Stelle vieler anderer zeugen: die des Abraham Heidan, der in den Prolegomena seines *Corpus Theol. chr.* 1676 im Zusammenhang einer Übersicht über die wichtigste dogmatische Literatur, die er seinen Studenten empfehlen möchte, nach einer ehrenvollen Erwähnung des Melanchthon so fortfährt: *Sed sublimitatis characterem et verum* ὕψος *in Calvino miror, qui ita me quandoque attollit et sublimen rapit, ut non sim amplius apud me. Si ab ullo a Calvino me* θεολογεῖν *didicisse gloriari possum.... Hic aliquid dicam, iuvenes, quod velim vos memori mente recondere: non ab alio autore melius disci, quomodo et in explicationibus et in disputationibus utendum sit verbo Dei: hic solus concionari docet.*

Zusammen mit der Autorität des reformatorischen Bekenntnisses (und zusammen mit der Geltung des evangelischen Schriftprinzips, also zusammen mit der göttlichen Autorität des biblischen Offenbarungszeugnisses!) ist dann seit Beginn des 18. Jahrhunderts auch die kirchliche Autorität der Reformatoren in der evangelischen Kirche zunächst verblaßt und ins Schwinden gekommen. Eine von Luthers „Weissagungen" ist bestimmt in Erfüllung gegangen: *Tum enim multi volentes esse magistri surgent, qui praetextu pietatis perversa docebunt et brevi subvertent omnia, quae nos longo tempore et maximo labore aedificavimus. Manebit tamen Christus regnans usque ad finem mundi, sed mirabiliter, ut sub papatu* (Komm. zu Gal. 4, 9 W. A. 40 I 611, 17). Es wird ja die gewisse Volkstümlichkeit, die der Figur Luthers durch alle Entwicklungen auch der Neuzeit hindurch eigen geblieben ist, es wird insbesondere die Schätzung als Apostel der Gewissensfreiheit oder als religiöse Persönlichkeit oder als deutscher Mann, die ihm auch in diesen Jahrhunderten von allen möglichen und unmöglichen Seiten zuteil geworden ist, mit einer Anerkennung seiner kirchlichen Bedeutung als Reformator und Kirchenlehrer gerade nicht verwechselt werden dürfen. Dasselbe gilt natürlich auch von den verschiedenen Spielarten eines „historischen Calvinismus"! Kirchliche Autorität haben die Reformatoren immer nur dann und da gehabt und werden sie nur da wieder gewinnen können, wo es eine Autorität des reformatorischen Bekenntnisses gibt; diese selbst steht und fällt aber mit der Geltung des evangelischen Schriftprinzips oder sachlich: mit der göttlichen Autorität der heiligen Schrift. Wo diese anerkannt ist, da wird dann freilich für die Anerkennung der kirchlichen Autorität der Reformatoren als Ausleger und Verkündiger der heiligen Schrift und also für die Zustimmung zu dem alten Bekenntnis der Kirche auch in dieser Hinsicht von selbst gesorgt sein.

Das ist sicher, daß die Autorität der Reformatoren in der evangelischen Kirche zu der Autorität der „Kirchenväter" bzw. „Kirchenlehrer" im römischen Katholizismus in einer Analogie steht, die uns nicht erlaubt, weil diese Sache dort in dem falschen Zusammenhang der Lehre von der Tradition als einer zweiten Offenbarungsquelle steht, das auch uns tatsächlich gestellte Problem zu übersehen und so zu tun, als ob es für uns keine „auserwählten Werkzeuge", sondern nur eine gleichmäßig bedeutungsvolle oder bedeutungslose Menge von „Kirchenschriftstellern" gebe. Es gibt schon auch im Bereich der wahren, der evangelischen Erkenntnis des Wortes Gottes hervorgehobene Lehrer der heiligen Schrift, die dann als solche auch als hervorgehobene Lehrer der Kirche zu würdigen sind. Es fragt sich, wie und in welchen Grenzen sie als solche zu würdigen sind. Es wäre aber wohl zu überlegen, ob sie nicht gerade in diesen Grenzen in viel strengerem Sinne als das, was sie sind, verstanden werden als die Kirchenväter des Katholizismus!

Man wird sich, um hier das Grundsätzliche zu verstehen, vor allem folgendes klar machen müssen: Wie die heilige Schrift in ihrer göttlichen Autorität zu jeder Generation in der Kirche in der Gestalt des bestimmt umschriebenen Kanons und insofern auch mit menschlicher Autorität, mit der Autorität der vorangehenden Kirche redet, so redet sie auch zu keiner Generation und zu keinem Einzelnen in der Kirche allein, nie bloß als das nackte, geschriebene Wort von damals. Sie redet vielmehr zu uns als zu solchen, die der kirchlichen Gemeinschaft angehören und in ihrer Geschichte stehen. Sie redet ja wahrscheinlich schon äußerlich allermeist nicht als geschriebenes und gelesenes, sondern als verkündigtes Wort. Wir können aber auch als direkte Leser nicht abstrahieren von unserem besonderen Ort in der Kirche, die uns getauft und unterrichtet hat, nicht abstrahieren von ihrem Zeugnis hinsichtlich des Verständnisses dessen, was nun auch wir zu lesen und zu verstehen unternehmen. Ist die heilige Schrift allein der göttliche Lehrer in der Schule, in der wir uns befinden, wenn wir uns in der Kirche befinden, so können wir uns doch auch nicht in dieser Schule der Kirche befinden wollen ohne unsere Mitschüler, nicht ohne die Zusammenarbeit mit ihnen und besonders nicht ohne die Bereitschaft, uns von unseren älteren und erfahreneren Mitschülern belehren zu lassen: als von Mitschülern, aber belehren zu lassen. Der Inbegriff dieses älteren und erfahreneren Mitschülers ist eben der Begriff des Kirchenlehrers. Daß er älter und erfahrener in einem qualifizierten Sinn dieser Worte, daß er nicht nur irgendein Sohn, sondern ein Vater in der Kirche ist, daß wir uns also durch ihn belehren zu lassen haben, das kann nur Ereignis sein, das können wir also hier nur als Voraussetzung behandeln. Wir könnten also dem, der uns fragen sollte: wie wir dazu kämen, mit der Existenz solcher kirchlichen Lehrer zu rechnen? nur antworten mit der Gegenfrage: wie er wohl als Glied der Kirche und im Gehorsam gegen Gottes Wort dazu komme, dies nicht zu tun? Das ist sicher: die Kirche hört — und nur als ihre Glieder, nicht als raum- und zeitlose Monaden hören wir das Wort Gottes in der Schrift. Hören wir es aber als Glieder der Kirche, dann hören wir auch die Kirche und also gerade nicht nur und nicht zuerst das Echo des Wortes Gottes in unserer eigenen Stimme, sondern sein Echo in der Stimme der Anderen, der Früheren in der Kirche. Aller Anderen und Früheren? Nein, nicht aller, sondern derjenigen, die nach dem Bekenntnis der Kirche so geredet haben und noch reden, daß die Übrigen auf sie hören mußten und noch hören müssen, derjenigen Anderen und Früheren also, in deren Stimme wir laut des Bekenntnisses der übrigen Kirche deren eigene Stimme zu vernehmen, die wir also mit kirchlicher Autorität zu uns reden zu lassen haben. Kann man die Existenz solcher in diesem Sinn älterer und erfahrener Mitschüler und also die kirchliche Autorität bestimmter Lehrer grundsätzlich in Abrede stellen? Grundsätzlich sicher nicht! Es wird aber auch praktisch nicht außerhalb der Gefahr und des Verdachtes geschehen können, es könnte eine verborgene Emanzipation vom wirklichen Hören des Wortes Gottes an solcher Selbstherrlichkeit, deren wir uns dann, allein auf die heilige Schrift hörend, erfreuen dürften, mehr beteiligt sein als die vielleicht sehr ostentativ zur Schau getragene Bestätigung des evangelischen Schriftprinzips.

Es gibt als interessantes Randphänomen des Neuprotestantismus das eigentümliche Verfahren des sog. Biblizismus, für dessen Existenz und Wesen der in der Theologiegeschichte viel zu wenig beachtete Gottfried Menken (1768–1831) in Bremen vor Anderen bezeichnend ist. Man hat über diesen Mann schon in seiner Jugendzeit mit charakteristischem Ausdruck geklagt, daß er „sich entêtiere, sein Christentum nur aus der Bibel schöpfen zu wollen" (Gildemeister, Leben und Werke des Dr. G. Menken, 1861 II, 7). Das ist, deutlicher oder weniger deutlich ausgesprochen, das Programm dieses modernen Biblizismus. „Mein Lesen ist sehr eingeschränkt und doch sehr ausgedehnt; es fängt bei Moses an und hört bei Johannes auf. Die Bibel und die ganz allein lese ich, studiere ich" (*ib.* I, S. 21). Ihm geht es „weder um altes noch um neues, weder um Vertheidigung noch Anfeindung, nicht um Harmonie mit der Dogmatik irgendeiner Kirchenpartei, nicht um Orthodoxie noch Heterodoxie, sondern allein um echte reine Bibellehre" (Schriften 1858 f. VII, S. 256). Und die Kirche? Menken geht schon diesem Wort am liebsten aus dem Wege: um das „Christentum", um die „Sache", um die „Wahrheit", um das „Reich Gottes" geht es ihm und geht es allen modernen Biblizisten. Ist doch die Kirche nicht „die ewig keusche Inhaberin und Bewahrerin des Göttlichen". Hat doch ihre Lehre allzuoft „unter dem Einfluß einer Zeitphilosophie oder einer abergläubisch verehrten Kirchenvätertheologie gestanden" (Schriften VII, S. 264). „Überhaupt: Wo ist die Kirche? Ist sie im Morgen- oder im Abendlande? Sammelt sie sich unter dem Hirstenstabe des ökumenischen Patriarchen zu Konstantinopel oder um die dreifache Krone des Papstes zu Rom? Ist sie vor langen Jahrhunderten, in der Welt keine Ruhe und keine Stätte findend, mit den alten syrischen Christen entwichen in das Innere des südlichen Indiens oder mit den Waldensern in die Täler von Piemont? Hat sie in der Gemeinschaft des Heiligen Geistes untrüglich und für alle Zeiten entscheidend sich ausgesprochen auf dem Reichstage zu Augsburg oder auf dem Konzilium zu Trient oder auf der Nationalsynode zu Dortrecht? Oder hat zuletzt die *Idea fidei Fratrum* zuallererst die wahrhaftige und vollkommene Idee christlicher Wahrheit und Lehre gegeben? Diese wenigen Fragen deuten schon auf vieles hin und umfassen einen großen Teil der Christenheit; aber viele und mannigfaltige Begebenheiten, Verfassungen, Bekenntnisse und Millionen Christen liegen außer ihrem Bereich: Nestorianer, Monophysiten, Mennoniten, Arminianer, Jansenisten, Mystiker und Quäker und viele andere, die alle auf den Namen der christlichen Kirche Anspruch machen und das Kleinod christlicher Rechtgläubigkeit für sich in Anspruch nehmen. Diese wenigen Fragen reichen schon hin, zu zeigen, daß, wenn man nicht unwissend ist, oder in der zur anderen Natur gewordenen Gewöhnung an die Weise und Sprache des Sektenwesens bei dem Worte Kirche immer nur an die väterliche Konfession und die Gesamtheit der Genossen derselben für die einzige Christengesellschaft hält, bei der allein die wahre Lehre sich findet und der also auch eigentlich allein oder doch vor allen anderen der Name der Kirche zukomme, es nicht leicht ist, es auch nur zu wissen, was die Kirche glaubt und lehrt. Bei einem kundigen Blick aber auf so viele Zeiten, Länder, Sprachen, Verfassungen, Kleidertrachten und Gebräuche, auf das Gewirre und Getöne so mannigfaltig verschiedener, sich widersprechender und bekämpfender Sekten, auf die Menge dieser verschiedenen Symbole und Katechismen dünkt es einen schwer und fast unglaublich, daß man einen Standpunkt werde finden können, auf welchem man mit Einsicht und mit Wahrheit in der Sache selbst werde sagen dürfen: Ich glaube und lehre, was die Kirche glaubt und lehrt" (Schriften VII, S. 238). Wie könnte die Kirche unter diesen Umständen Autorität haben? „Was ihr mir als alt bietet, wird nur darum von euch als ein solches verehrt, weil es in einem pfälzischen oder sächsischen Katechismus des 16. Jahrhunderts steht oder weil im 11. Jahrhundert ein Erzbischof von Canterbury oder im 5. Jahrhundert ein Bischof von Hippon so gedacht und die Sache so gefaßt und bestimmt hat. Wenn ihr aber auch diesen menschlichen Autoritäten noch eine größere in den Aussprüchen eines Bischofs von Lyon im 2. Jahrhundert hinzufügen könntet, was ihr indes nicht könnet, so würde es in der Sache selbst nichts ändern. Denn mir ist es nicht darum zu tun, zu erfahren, wie Ursinus oder Luther oder Anselmus oder Augustinus oder Irenäus sich die Sache gedacht und dieselbe gefaßt und bestimmt haben — sie und ihre Bestimmungen sind zu neu; ich will das Alte, das Ursprüngliche, das allein Geltende — die heilige Schrift selbst" (Schriften VII, S. 263 f.). Wären uns solche Äußerungen und Argumentationen namenlos und dem Zusammenhang entnommen überliefert, so könnte man als ihren Urheber doch wohl ebensogut einen Aufklärer, wie den leidenschaftlichen Bekämpfer der Aufklärung vermuten, der Menken tatsächlich gewesen ist. Ein ähnliches Zusammentreffen mit dem neuprotestantischen Antikonfessionalismus kann man aber später auch bei J. T. Beck, aber teilweise auch bei dem Erlanger Hofmann und doch gelegentlich auch noch bei A. Schlatter feststellen. Was bedeutet dieses Zusammentreffen? Man muß offenbar fragen: ob hier nicht mit derselben Souveränität, mit der in der Neuzeit Andere die Vernunft, das Gefühl, die Erfahrung, die Geschichte zum Prinzip der Theologie erhoben haben, nun die mit höchst eigenen Augen gelesene und höchst selbstherrlich verstandene und ausgelegte Bibel eingesetzt wird? Ob in diesem Zusammenhang nicht auch die Ausnahmebehandlung gerade der Bibel — sofern man ihr gegenüber den Relativismus, mit dem man die Kirche betrachtet, nun auf einmal nicht mehr gelten läßt — etwas eigentümlich Selbstherrliches bekommt? ob wir es hier nicht mit einem frommen, aber in seiner Keckheit doch ebenfalls ausgesprochen modernen Sprung in die Unmittelbarkeit zu tun haben, mit einem Griff nach der Offenbarung, der, indem er mit einer solchen Abschüttelung der Väter verbunden ist, nun doch, obwohl und indem er sich als Griff nach der Bibel zu erkennen gibt, auch etwas sehr Anderes sein könnte als der Glaubensgehorsam, der dann Ereignis wird, wenn die Offenbarung durch das Wort der Bibel nach uns gegriffen hat? Ob solcher Bibelabsolutismus in seinem Wesen etwas Anderes ist als der sonstige Absolutismus, der das entscheidende Merkmal des Geistes und des Systems des in der Aufklärung gipfelnden 18. Jahrhunderts bildete und ob er in seinen Auswirkungen so ganz von diesem verschieden sein kann? Wird der, der die Bibel allein zum Meister haben will, als ob die Kirchengeschichte mit ihm noch einmal anfangen müßte, die Bibel nun wirklich ungemeistert lassen? Wird es in dem so geschaffenen leeren Raum eigenen Befindens vielleicht zu einem besseren Hören der Schrift kommen als im Raum der Kirche? Es hat tatsächlich doch noch keinen Biblizisten gegeben, der, indem er den Vätern und der kirchlichen Überlieferung gegenüber sehr großzügig direkt an die Schrift appellierte, sich nun auch dem Geist und der Philosophie seiner eigenen Zeit und vor Allem seinen eigenen religiösen Lieblingsideen gegenüber als so unabhängig erwiesen hätte, daß er in seiner Lehre vermöge oder trotz seines Antitraditionalismus nun etwa in zuverlässiger Weise die Bibel und nur die Bibel hätte zu Worte kommen lassen. Im Gegenteil: man wird an den in der Sache sehr neuprotestantischen Absonderlichkeiten, die sich gerade Menken, aber auch J. T. Beck an zentralsten Stellen geleistet haben, studieren können, daß es auch dem ernstesten Schriftforscher nicht zu raten ist, an jenem sächsischen und pfälzischen Katechismus des 16. Jahrhunderts und auch an jenem Bischof von Hippon des 5. Jahrhunderts so unbesorgt vorüberzugehen, sich der durch die Existenz von kirchlichen Vätern gegebenen Führung und Korrektur in der Weise zu entziehen, wie es nach dem Programm des Biblizismus zu geschehen hätte. Er könnte sich sonst leicht in allzu nahe Nachbarschaft mit allerlei anderen modernen Titanismen begeben. Der Biblizismus der Reformatoren befand sich im Unterschied zum Biblizismus der Neuzeit nicht in dieser Nachbarschaft, weil er sich nicht trotz, sondern in Anwendung des evangelischen Schriftprinzips von jenem Antitraditionalismus frei gehalten hat. Es hat aber auch ein J. A. Bengel, dessen Name ja oft auch in diesem Zusammenhang genannt wird, hier viel größere Weisheit an den Tag gelegt als seine neueren Nachfolger. Nun: die relative Opposition zum übrigen Neuprotestantismus, in der sich doch auch dieser moderne Biblizismus befand, die notwendige Erinnerung an das evangelische Schriftprinzip, die er mitten in der Neuzeit in seiner Weise kräftig geltend gemacht hat, die wichtigen und richtigen exegetischen Entdeckungen, die auf seinen Wegen tatsächlich auch gemacht worden sind, und die große persönliche Würde, die gerade seinen hervorragendsten Vertretern eigen war — das alles soll nicht verkannt, sondern gebührend gerühmt werden. Das kann aber wieder nicht hindern, daß wir sein Verfahren gerade hinsichtlich des Problems der „Väter" als ein im Grunde liberales Unternehmen ebenso bestimmt ablehnen müssen, wie die Unbesonnenheiten und Ehrfurchtslosigkeiten, deren sich der übrige Neuprotestantismus in dieser Hinsicht schuldig gemacht hat.

Kann man nun die Existenz der kirchlichen Autorität bestimmter Lehrer der Kirche weder grundsätzlich noch praktisch in Abrede stellen, so wird man zunächst auch die Tatsache, daß es in den evangelischen Kirchen gerade die Reformatoren waren, die den Charakter solcher Autorität gewonnen haben — die Tatsächlichkeit dieses Vorgangs vorausgesetzt — theologisch in sich verständlich finden müssen. Erkennen sich unsere Kirchen als durch Gottes Wort und nicht etwa als durch Luther und Calvin reformierte Kirchen, so geschah ihre Reformation nun doch durch das ihnen gegebene Zeugnis Luthers und Calvins. Es ist also dieses Zeugnis Luthers und Calvins für ihre Existenz als diese Kirche, als die so reformierten Kirchen, also für die ganze Kontingenz ihrer Existenz als Kirche Jesu Christi entscheidend und wesentlich geworden: wenn nicht als konstitutives, so doch als regulatives Prinzip. Von diesem Zeugnis sich emanzipierend, würden diese Kirchen nicht mehr diese, nicht mehr evangelische Kirchen und also auch nicht mehr kontingent Kirche Jesu Christi sein. Es wäre denn, daß sie durch ein neues kontingentes Faktum über jene Reformation hinausgeführt und insofern von der Autorität der Reformatoren gelöst worden wären und daß sie sich zu diesem Faktum ebenso bewußt und bestimmt bekannt hätten, wie sie sich bisher wie damals zur Reformation und also zu der Autorität der Reformatoren bekannt haben. Wie sollte eine solche Wendung an sich unmöglich sein?

Daß es so weit sei, ist im Lauf der letzten vierhundert Jahre bekanntlich mehr als einmal behauptet worden. Zuerst schon im 16. Jahrhundert selber und noch zu Lebzeiten der Reformatoren von den verschiedensten schwärmerischen Richtungen, die im Werk Luthers und Calvins eine bloße Vorbereitung und bereits überwundene Vorstufe des unterdessen laut ihrer eigenen Erkenntnisse angebrochenen dritten Reiches des Geistes erblicken wollten. Und dieser Vorgang: das Auftauchen der Überzeugung vom Anbruch eines Neuen, durch das die Reformation und die Autorität der Reformatoren antiquiert sei, wiederholte sich, als die englischen Independenten des 17. Jahrhunderts zu ihrem Werk der Radikalisierung des kirchlichen Lebens antraten, als der Pietismus am Anfang des 18. Jahrhunderts seine erste Blütezeit erlebte, als Schleiermacher den ganzen theologischen Ertrag jenes Jahrhunderts in der ihm eigenen genialen Weise zusammenfaßte und in Form brachte, als am Anfang des 19. Jahrhunderts die große Erweckung durch das evangelische Europa ging. Er wiederholte sich auch in gewissen religiös-kirchlichen Begleiterscheinungen der politischen Umwälzung im neuesten Deutschland. Das Merkwürdige ist nur, daß es in diesen Jahrhunderten in den evangelischen Kirchen zwar zu großen und tiefen Entfremdungen gegenüber ihrem reformatorischen Ursprung, daß es aber bis jetzt zu einem eigentlichen und entschiedenen Losreißen dieser Kirchen von der Autorität jenes ihres Ursprungs faktisch nicht gekommen ist. Diese hat sich vielmehr, wenn auch oft genug weniger verstanden als mißverstanden, immer wieder behauptet und durchgesetzt. Es war mehr als einmal — es war jedenfalls im Pietismus und in der Erweckung — so, daß gerade das Beste und Lebenskräftigste in diesen vermeintlichen Neuerungen ihrem ursprünglichen Ansatz entgegen in einer teilweisen Wiederentdeckung und Erneuerung des reformatorischen Erbes bestand. Kirchenbildende Kraft hat eigentlich nur eine von den im 16. Jahrhundert von Rom getrennten und nun doch auch von den Reformatoren sich distanzierenden Gemeinschaften bewiesen, nämlich die „Kirche von England", die nun freilich schon in ihrer Entstehung mehr eine unter Benützung lutherischer und calvinischer Anregungen vollzogene letzte Realisierung des großen spätmittelalterlichen Reformversuchs als eine evangelische Kirche dargestellt hatte. Alle anderen Bildungen auf Grund solcher Distanzierung standen früher oder später vor der Wahl: entweder sich etwa wie die Unitarier in Polen und Siebenbürgen zu einem kümmerlichen Sonderdasein zu verurteilen, oder aber jene Distanzierung, so gut es ging, rückgängig zu machen und also die Autorität der Reformatoren in irgendeinem Sinn und Umfang, vielleicht auch unter allerlei Umdeutungen und Abschwächungen, doch anzuerkennen. Gewiß bedeutet der reine Neuprotestantismus den Bruch mit der Reformation. Es hat aber in diesen vier Jahrhunderten nur sehr wenig reinen Neuprotestantismus gegeben. Hätte sich die evangelische Kirche und Theologie im 19. Jahrhundert wirklich auferbaut auf der Grundlage von Schleiermachers Reden über die Religion und seiner Glaubenslehre, dann wäre sie allerdings rein neuprotestantisch geworden, dann würden sie tatsächlich in Vollendung der Absichten der Humanisten und Schwärmer des 16. Jahrhunderts mit der Reformation gebrochen haben. Die Kirche hat sich aber wohlweislich, so tief die neuprotestantische Infektion immer gegangen ist, gerade nicht auf Schleiermacher begründet und also neu begründen lassen. Es war ein Literateneinfall, als um 1900 jemand es riskierte, mir nichts dir nichts eine Schrift über Schleiermacher als den „Kirchenvater des 19. Jahrhunderts" zu schreiben. Schleiermachers Theologie ist faktisch trotz der Größe seiner Leistung und trotz der Intensität seines Einflusses zwar zum Ursprung und Mittelpunkt einer esoterischen Geheimtradition in der evangelischen Kirche, sie ist aber nicht zu dem kontingenten Faktum geworden, daß die evangelischen Kirchen nun wirklich von ihrem reformatorischen Ursprung gelöst und auf eine neue Bahn gedrängt hätte. Schleiermacher hat gerade in seinen tiefsten Intentionen, wie er sie zuletzt — alle Täuschungen über seinen Zusammenhang mit der Reformation nun wirklich zerstörend — etwa in den Sendschreiben an Lücke verraten hat, unter den führenden Theologen des 19. Jahrhunderts keinen Nachfolger gefunden. Sondern es haben es sich gerade seine relativ getreusten persönlichen Schüler: August Twesten und Alexander Schweizer zur Lebensaufgabe gemacht, Schleiermachers Theologie, der eine im lutherischen, der andere im reformierten Sinn als die wahre Erfüllung und Fortsetzung des Werks der Reformatoren zu interpretieren. Daß ihnen dies nicht gelungen ist und auch nicht gelingen konnte, ist eine Sache für sich. Indem sie eben dies anstrebten, hatten sie jedenfalls zugestanden: Schleiermachers Theologie war ein die Kirche neu begründendes Faktum nicht gewesen, waren sie jedenfalls — unter wieviel Mißverständnissen immer — zur Anerkennung der überlegenen Autorität der Reformatoren zurückgekehrt. Hatte schließlich nicht schon Schleiermacher selbst mit seiner Beteiligung an den Reformationsfeiern von 1817 und 1830 — jenen seinen tiefsten Intentionen zum Trotz — diese Rückkehr angebahnt? Gerade in dieser Form hat sich dann die Anerkennung der Reformatoren im 19. Jahrhundert in steigendem Maße neu durchgesetzt. Ging man faktisch weithin ganze andere Wege als sie, so wollte man es doch durchaus nicht wahr haben, daß man nicht auch an diesen Wegen durch ihren Schatten gedeckt und gerechtfertigt sei. Mußte man sie zu diesem Zweck auf das Künstlichste umdeuten, wie es ganz besonders durch A. Ritschl und seine Schüler geschehen ist, so wollte doch je länger desto weniger jemand darauf verzichten, sich nun doch unter allen Umständen auf sie zu berufen, ja womöglich sich selbst als ihren allergetreusten Nachfolger auszugeben. Paul de Lagarde, den man neben Schleiermacher als einen der wenigen reinen Neuprotestanten ansprechen darf, war mit seiner grimmigen Abneigung gegen Luther ein sehr einsamer Mann. Und es haben sich auch seine Schüler, es hat sich die sog. religionsgeschichtliche Schule seinem Urteil nur in jener gedämpften Form angeschlossen, wie es etwa in der Geschichtskonstruktion von E. Troeltsch geschehen ist, im übrigen aber sich beeilt — nunmehr unter den Zeichen der Carlyleschen Heroenverehrung — in das allgemeine Lob der Reformatoren in ihrer Weise miteinzustimmen. Man kann das ganze Verhalten der neueren evangelischen Theologie den Reformatoren gegenüber sachlich sehr problematisch finden. Und dasselbe gilt von dem Verhalten der neueren evangelischen Kirchen: von der Rolle, die der Bezug und die Berufung auf die Reformatoren, die Erweckung und die Feier ihres Gedächtnisses, die Benützung ihrer Schriften und einzelner ihrer Gedanken in der modernen Verkündigung gespielt hat. Kein Zweifel, daß man sich dabei weithin entweder schwersten Illusionen hinsichtlich der eigenen Übereinstimmung mit jenen hingeben oder aber die Ehrung und Feier ihrer Personen mit Distanzierungen in der Sache jenen gegenüber verbinden mußte, die die Treue, die man ihnen durchaus halten wollte, in ein sehr seltsames Licht stellten. Kein Zweifel, daß die Konstruktion, mit der man sich dabei in der Regel zu helfen suchte: Bejahung der Reformatoren unter gleichzeitiger heftiger Verneinung der künstlich mit allen Eigenschaften eines Schreckgespenstes ausgestatteten „Orthodoxie des 17. Jahrhunderts" historisch und sachlich unmöglich war. Es bleibt doch die merkwürdige Tatsache, daß man sich zu dieser Treue gerade den Reformatoren gegenüber verpflichtet fühlte, daß man sich also zu dem mit dem 18. Jahrhundert offensichtlich gewordenen Riß zwischen ihnen und der eigenen Gegenwart, daß man sich zu einem wirklich neuen Protestantismus keineswegs zu bekennen wagte, daß vielmehr öfters gerade die ausgesprochensten Neuprotestanten in der Betonung ihres Luthertums, aber (z. B. zur Zeit des Calvinjubiläums von 1909) auch ihres Calvinismus die Eifrigsten waren. Wieviel leichter hätte man es sich doch machen können, wenn man sich von dieser historischen Belastung befreit und mit der Orthodoxie auch Luther und Calvin entschlossen hinter sich gelassen hätte! Aber gerade diesen Bruch nun wirklich zu vollziehen, war offenbar nicht so einfach und es wäre angesichts der Schwierigkeit, die hier im Wege stand, wirklich sinnlos, gegen alle diese Generationen nun etwa den Vorwurf der Unwahrhaftigkeit und Inkonsequenz zu erheben. Daß das Gesetz, nach dem die evangelische Kirche im 16. Jahrhundert angetreten war, faktisch stärker war als die sämtlichen Abirrungen, deren man sich in dieser Kirche in den neueren Jahrhunderten schuldig machte, daß ihr ein neues Gesetz, nach dem sie neu antreten mußte, in diesen neueren Jahrhunderten trotz alles Neuprotestantismus faktisch nicht offenbar geworden ist, daß sie, ob sie wollte oder nicht, immer noch die Kirche Luthers und Calvins war, das ist doch wohl das Geheimnis des seltsamen Bildes, das sie in dieser Zeit gerade in ihrem Verhältnis zu den Reformatoren geboten hat. Ist es nicht fast rührend, festzustellen, mit welcher Zähigkeit man auch noch in der neuesten Gestalt des Neuprotestantismus: in der Konzeption der sog. „Deutschen Christen" die Beziehung wenigstens zu Luther, aber teilweise auch zu Calvin meinte aufrechterhalten zu sollen und zu können, obwohl man doch hier mit einem Nachdruck wie nie zuvor auf inzwischen eingetroffene neue Offenbarungen sich glaubte berufen zu dürfen? Ob eine wirklich kommende „deutsche Nationalkirche" es wirklich wagen wird, sich von dem Anspruch, in dieser Kontinuität zu stehen, und von dem Anspruch, den das dann auch für sie bedeuten würde, wirklich frei zu sprechen? und ob sie in dieser endlich gewonnenen Freiheit mehr als eine neue Sekte zu werden vermögen wird? Die kirchliche Autorität der Reformatoren ist bis jetzt stärker gewesen als alle derartigen Befreiungsversuche. — Und nun übersehe man angesichts dieser ganzen seltsamen Entwicklung vor allem Eines nicht: die ganze merkwürdige Sorge des neueren Protestantismus um seinen Anschluß an die Reformatoren hatte die notwendige Begleiterscheinung, daß man sich mindestens historisch immer wieder mit diesen beschäftigen mußte. Dasselbe 19. Jahrhundert, das, belastet mit der Schleiermacherschen Geheimtradition, den Neuprotestantismus zur vollen Blüte brachte, war doch auch durch die Erinnerung an die Reformatoren immerhin so belastet, daß es sich durch umfassende Neuausgaben ihrer Schriften und durch eine nachhaltige geschichtliche Untersuchung ihres Lebens und ihres Werkes ganz ausgezeichnet um die Lebendigerhaltung, ja zum Teil erst um das Lebendigwerden ihrer ursprünglichen Gestalt verdient machen, daß es damit ungewollt gegen seine eigenen Deutungen und Mißdeutungen die Reformatoren selbst in einer Weise auf den Plan stellen mußte, wie es etwa im Zeitalter der Orthodoxie so lange nicht der Fall war. Es war und ist gerade durch die Arbeit dieser Generationen dafür gesorgt, daß die kirchliche Autorität der Reformatoren — konnten sie doch nun wieder ganz neu selbst das Wort ergreifen und gehört werden — kein bloßes Schemen einer fernen Vergangenheit bleiben mußte, daß sie wieder aktuellste Bedeutung gewinnen konnte. Lag das ganz gewiß nicht in der Absicht z. B. der Straßburger Herausgeber der Werke Calvins, so ist es nun eben ohne und gegen ihre Absicht doch so gekommen. Man hat nun besonders im Blick auf die letzten 15 Jahre von einer in den evangelischen Kirchen und in ihrer Theologie Ereignis gewordenen Lutherrenaissance und dann auch von einer entsprechenden Calvinrenaissance gesprochen. Beide Phänome sind bis auf diesen Tag zweideutig; wiederum kann man sie nicht leugnen, und wenn man sie in gebührendem Zusammenhang mit den vorangehenden Entwicklungen sieht und versteht, wird man jedenfalls auch in ihnen ein letztes Symptom dafür sehen können, daß es bis auf Weiteres auch heute noch nicht an dem ist, daß mit einer Wendung von der Autorität der Reformatoren weg zur Autorität eines neuen kirchenbegründenden Faktums heute ernsthaft gerechnet werden müßte.

Ist eine solche Wendung gewiß nicht grundsätzlich unmöglich, so werden wir uns doch durch den Blick auf die seitherige Geschichte darüber belehren lassen müssen, daß es sehr großer Dinge bedürfte, um sie Ereignis werden zu lassen. Der Neuprotestantismus war dessen bisher bestimmt nicht mächtig. Bloße Einfälle Dieses und Jenes in der Kirche, bloße kirchliche Bewegungen, die bloße Entstehung noch so starker Gegenströmungen können eine kirchenbegründende Tatsache wie das Zeugnis Luthers und Calvins nicht aus der Welt schaffen, können die Kirche zu einem neuen Bekenntnis noch nicht veranlassen. Ist aber ein solches Ereignis nicht eingetreten und das entsprechende neue Bekenntnis nicht sichtbar geworden, sieht sich faktisch niemand ermächtigt, auch nur die Forderung des Ersatzes der Autorität der Reformatoren durch eine andere ernsthaft zu erheben, geschweige denn, daß die Kirche als solche sich eines solchen Ersatzes bewußt geworden wäre und sich darüber ausgesprochen hätte, kehrt die Kirche und die Theologie vielmehr willig-widerwillig faktisch doch immer wieder zu dieser Autorität zurück, dann besteht — genau so, wie hinsichtlich des Problems des Kanons — Anlaß, das bisherige Bekenntnis der Kirche jedenfalls als Hypothese, das heißt als den Boden, auf den man sich zunächst zu stellen hat, anzuerkennen, m. a. W.: die Schule Luthers und Calvins jedenfalls zunächst und bis auf bessere Belehrung nicht zu versäumen, sondern in ihr zu lernen, was in ihr zu lernen ist. Um den Unterricht im Verständnis der heiligen Schrift handelt es sich ja, wenn und sofern die Reformatoren echte Lehrer der Kirche sind. Dieser Unterricht darf unter keinen Umständen versäumt werden auf Grund der Erwägung, daß es schließlich auch einmal andere geben könnte, die uns diesen Unterricht besser zu geben vermöchten. Solange diese anderen Lehrer nicht auf dem Plan sind, haben wir Anlaß, uns an die zu halten, die auf dem Plane sind. Unmöglich ist ja auch das nicht, daß eben diese Lehrer — bis jetzt durch keine anderen ersetzt — bestätigt durch die heilige Schrift selber auf dem Plane bleiben könnten, wie sie es bisher geblieben sind.

Wir werden uns nun aber fragen müssen, ob und in welchem Sinn neben der der Reformatoren auch noch die Autorität anderer Lehrer in der Kirche ernsthaft in Betracht kommen möchte: die Autorität späterer Lehrer innerhalb der evangelischen Kirche selber, aber vielleicht auch die Autorität gewisser vorreformatorischer Zeugen. Man wird beides nicht grundsätzlich in Abrede stellen können; man wird aber praktisch, d. h. bei der Beantwortung der Frage, wo und in wem die Kirche solche weitere Lehrer zu finden haben möchte, nicht vorsichtig genug sein können. Nicht jeder in irgendeiner Richtung und Zeit für irgendwelche Glieder der Kirche vorbildliche und anregende kirchliche Zeuge ist darum auch ein Vater, welchem sich die Kirche in dem Sinn anvertrauen darf und muß, daß die von ihm innegehaltene Linie Richtlinie für sie selber bedeutet. Solche wirkliche Führung der Kirche, wie Luther und Calvin sie ausgeübt haben, ist eine seltene Sache. Man sehe darum wohl zu, was man sich selbst und vor allem der Kirche zumutet, wenn man unter irgendeinem starken Eindruck da und dort eine solche väterliche Autorität entdeckt zu haben meint. Man kann als Einzelner von Vielen lernen, auch von unbedeutenden oder beschränkt bedeutenden, auch von schwankenden und irrenden Gestalten, ohne daß es darum wohl getan wäre, diejenigen, denen man dies und das zu verdanken hat, nun gleich auch als Lehrer der Kirche zu betrachten und womöglich der übrigen Kirche aufdrängen zu wollen. Man treibt Raubbau mit dem Vertrauen der Kirche und man richtet Verwirrungen an, wenn man in dieser Hinsicht zu Proklamationen schreitet, die ihrer Natur nach nur Sache der Erfahrung und des Bekenntnisses der ganzen Kirche, nicht aber Sache irgendwelcher individueller Liebhaberei sein können. Die Fragen, die in dieser Sache zu stellen sind, dürften die folgenden sein:

a. Ist der und der ein Ausleger der Schrift gewesen, der der Kirche, wie es die Reformatoren getan haben, dazu geholfen hat und weiter helfen kann, das Wort Gottes recht zu verstehen? Es gibt Manchen, von dem das bestimmt nicht zu sagen ist, obwohl seinem christlichen Denken, Reden und Schreiben Tiefe, Ernst und Kraft durchaus nicht abzusprechen ist, obwohl er vielleicht ein sehr gottesfürchtiges und liebevolles Leben geführt hat. Man bedenke, daß beide Phänomene: das intellektuelle und das religiös-moralische an sich zweideutig sind, beide sich auch bei notorischen Irreführern finden können. Ob einer die Schrift ausgelegt und das Wort Gottes verkündigt, und zwar recht ausgelegt und verkündigt hat, danach und danach allein ist — natürlich im Blick auf die Schrift selber — zu fragen. Nicht der Scharfsinn und Tiefsinn und auch nicht die Heiligkeit der Christen, sondern allein das Wort Gottes baut die Kirche, und so wird bei der Frage: ob und inwiefern jemand in der Kirche Autorität haben kann? die Frage: ob er dem Worte Gottes gedient hat? letztlich allein entscheidend sein dürfen.

b. Soll es dabei bleiben, daß wir zunächst in den Reformatoren — eben darum, weil sie das Wort Gottes recht ausgelegt haben — solche Autorität zu erkennen haben, dann wird eine zweite Frage, die an alle Lehrer vor und nach ihrer Zeit zu richten ist, die sein: wie sich ihre Lehre zum Bekenntnis der Reformation verhält? Die katholische

Kirche des Altertums und des Mittelalters, die zwar noch nicht die durch Gottes Wort reformierte Kirche war, die aber im Unterschied zu der nachtridentinischen Kirche die Reformation auch noch nicht verweigert hatte, ist für uns die eine Kirche Jesu Christi, deren Zeugnis also auch wir zu hören grundsätzlich bereit sein müssen. Wir werden uns aber auch nicht weigern können, zu glauben, daß es eine, wenn auch verborgene Gemeinschaft der Heiligen und also Kirche Jesu Christi auch im nachtridentinischen Katholizismus und auch in der neuprotestantischen Abirrung geben kann. Wir haben also keinen Anlaß, uns bei unserer Frage nach den Vätern der Kirche die Ohren nach irgendeiner Richtung zum vornherein zu verstopfen.

Ein Athanasius und Augustin sind für die Reformatoren selbst so offensichtlich Väter in jenem hervorgehobenen Sinn gewesen und die Kämpfe und Errungenschaften ihres Lebens waren so offenkundig die Voraussetzungen gerade des reformatorischen Bekenntnisses, daß es wohlgetan sein dürfte, wenn auch wir sie so hören, wie sie im 16. Jahrhundert und später auch in der evangelischen Kirche gehört worden sind. Man wird freilich bei ihnen wie bei all den Anderen bis hinauf zu den Ältesten hinzufügen müssen: sie sind auch nicht zu hören, sofern sie nämlich nicht sowohl Väter der Reformation als vielmehr nun doch des nachtridentinischen Katholizismus werden konnten und geworden sind. Die Reformation und die Autorität der Reformatoren bedeutet zweifellos auch nach rückwärts eine Auswahl und Entscheidung, und zwar eine solche, die uns wohl in keinem einzigen Fall erlaubt, vorbehaltlos mit der Autorität dieses und dieses jener älteren Väter zu rechnen.

Das römisch-katholische Kriterium vom *consensus patrum* muß bei uns sinngemäß dahin interpretiert werden, daß die Lehrer der alten Kirche für uns insofern Autorität sind, als ihre Lehre nicht selber reformationsbedürftig war, sondern als rechte Auslegung der heiligen Schrift im voraus die Reformation bezeugte. In diesen Schranken wird die evangelische Kirche und ihre Theologie, will sie selber die eine Kirche Jesu Christi wirklich sein, gar nicht genug auf das Zeugnis der alten und auch der mittelalterlichen Kirche hören können. Es gibt Momente in diesem Zeugnis, die überhaupt nur von der Reformation her richtig gesehen und gewürdigt werden können, die erst in der Reformation wirklich zur Geltung gekommen sind. Und es sind umgekehrt gewisse entscheidende Momente im Zeugnis der Reformatoren nur in dessen positivem Zusammenhang mit dem Zeugnis der alten und mittelalterlichen Kirche verständlich zu machen. Wenn das wirkliche oder vermeintliche Wissen um diesen Zusammenhang noch im 17. Jahrhundert so stark war, daß in Straßburg ein umfangreiches Werk unter dem Titel *Thomas Aquinas veritatis evangelicae confessor* erscheinen konnte, so mochte dabei Wichtigstes optimistisch übersehen sein, was den Thomas — den übrigens weder die Reformatoren noch ihre zeitgenössischen Gegner genauer gekannt haben — nun gerade in seiner Prinzipienlehre als den typischen Vater des nachtridentinischen Katholizismus erscheinen läßt. Es ist doch so, daß man auch bei Thomas bei aufmerksamer Lektüre auf Linien stößt, die, wenn nicht auf die Reformation, so doch sicher auch nicht auf das jesuitische Rom hinweisen, und daß man bei ihm schon als in einem wohlgesichteten Kompendium der ganzen vorangehenden Überlieferung auch als evangelischer Theologe genug zu lernen hat. Das gilt erst recht von einem Anselm von Canterbury oder in anderer

Weise von einem Bonaventura. Ein vorbehaltloses Anknüpfen bei solchen vorreformatorischen Autoritäten wird freilich, wenn man nicht rettungslos auf die römisch-katholische Bahn geraten will, nirgends in Frage kommen können.

Dieselbe Frage wird dann noch verschärft an die nachtridentinischen katholischen Theologen und an die des Neuprotestantismus zu richten sein. Auch neuzeitlich katholische, auch neuprotestantische Lehre kann gewollt oder ungewollt evangelische Wahrheit aussprechen und einschärfen. Tut sie uns diesen Dienst, warum soll das dann nicht dankbar anerkannt, warum soll dann nicht auch da die Stimme der Väter gehört werden? Es gibt eine rechte Auslegung der heiligen Schrift und damit eine Bezeugung des Bekenntnisses der Reformation auch inmitten der die Reformation verweigernden, auch inmitten der sie nachträglich wieder verleugnenden Kirche. Sofern sie dies ist, wird sie zu hören sein, woher sie auch komme. Man wird diese Frage aber auch innerhalb der die reformatorische Voraussetzung festhaltenden evangelischen Kirche nicht scharf genug stellen können.

In den in ihrer Weise zum Teil großen Männern des Zeitalters der Orthodoxie in einem besonderen Sinn kirchliche Väter zu erblicken, ist insofern berechtigt und sinnvoll, als die Theologie jener Generationen jedenfalls nach ihrem eigenen Bewußtsein und nach ihrer Absicht kirchliche Wissenschaft, umfassende Auslegung der heiligen Schrift und umfassende Entfaltung des reformatorischen Bekenntnisses sein wollte. Ohne Vorsicht ist freilich auch die Autorität dieser orthodoxen Theologen nicht zu würdigen, weil die Anfänge späterer Willkür sich tatsächlich schon in ihren Systemen bemerkbar machen. Bei den Späteren unter ihnen wird man, auch wenn es sich nicht um Neuprotestanten im engeren Sinn des Begriffs handelt, darauf zu achten haben, daß sie sich häufig genug in Oppositions- und Reaktionsstellungen befinden, die als solche geschichtlich notwendig und heilsam waren, die aber in der gewissen Zufälligkeit und Einseitigkeit ihrer Gegensätze, oft genug auch in ihren schon im Ansatz gemachten Konzessionen an den Gegner, auch ihre Schranken hatten. Man ehrt gerade diese Späteren sicher dann am besten, wenn man ihre Autorität genau insofern gelten läßt, als sie das Zeugnis der Reformatoren wiederholt und zeitgemäß erneuert haben.

c. Es wird ein wirklicher und ernstlich als solcher geltend zu machender Lehrer der Kirche bestimmt erkennbar sein an der Verantwortlichkeit gegenüber der Kirche, die seinem Zeugnis eigen ist. Es hat zu allen Zeiten eine rechte Schriftauslegung im Sinn der Reformatoren gegeben, der doch dieses Merkmal fehlte, sofern sie sozusagen auf eigene Faust und Gefahr geschah, sofern nämlich ihre Urheber weder als selber Hörende und Lernende noch als Redende und Lehrende die ganze Kirche, die Universalität ihrer Not und ihrer Hoffnung, ihrer Irrtümer und ihrer echten Erfahrungen, ihrer Erkenntnis und ihres Bekenntnisses, sondern von dem Allem nur einen bestimmten Ausschnitt, die Problematik gerade ihres eigenen Lebens und ihrer nächsten zeitlichen, örtlichen oder geistigen Umgebung vor Augen hatten. Das braucht nicht in jeder Hinsicht ein Mangel zu sein; das kann in bestimmter Hinsicht ein Vorteil sein. Solche Schriftauslegung und Lehre hat oft Wichtigstes zutage gefördert. Zum Lehrer der Kirche aber ist doch nur derjenige geeignet, der wesentlich gerade nicht Improvisator und gerade nicht Solist ist, sondern dem die Aufgabe vor Augen steht, gegenüber der ganzen ihm vorangehenden Kirche und auch gegenüber der ganzen ihm künftigen Kirche Rechenschaft und Zeugnis abzulegen, der also gerade nicht nur mit Gott und auch nicht nur mit der Bibel und auch nicht nur mit den Schriften der Reformatoren allein gewesen ist, sondern mit Gott, mit der Bibel und mit den Reformatoren zusammen der ganzen Kirche gegenüber gestanden hat und der nun auch nicht nur mit sich selbst oder zu einem zufälligen oder auserwählten Kreis, sondern verständlich, verantwortlich und bindend wiederum zur ganzen Kirche zu reden sich getraut und fähig ist.

Gerade diese Universalität nach rückwärts und vorwärts war ein besonders Merkmal des Zeugnisses der Reformatoren selber, aber auch noch des Zeugnisses der orthodoxen Väter, während es der neueren Theologie, die viel zu viel den Charakter bloßer Tagesliteratur hatte, weithin abging. Man wird aber sagen müssen, daß, an diesem Kriterium gemessen, Schleiermachers Glaubenslehre, aber auch noch die Werke mancher seiner nächsten Nachfolger, wie etwa das von A. Schweizer, J. A. Dorner, A. E. Biedermann, F. H. R. Frank und in seiner Weise das von H. Lüdemann und aus der Ritschlschen Schule die Dogmatik von Julius Kaftan wohl bestehen könnten und wenigstens teilweise so etwas wie kirchliche Autorität in ihren bestimmten Kreisen auch tatsächlich gewonnen haben. Wird das Genie häufig andere Wege bevorzugen, so ist zu bemerken, daß bloß kraft seines Genies noch niemand zum Lehrer der Kirche geworden ist, und wiederum: daß die Bevorzugung anderer Wege als solche noch niemanden als Genie ausgewiesen hat.

d. Es fragt sich, ob der und der als Ausleger der Schrift, in Übereinstimmung mit dem Zeugnis der Reformatoren und in Verantwortung gegenüber der Kirche ein Wort gesagt hat und noch zu sagen hat, das für die spätere Kirche aktuelle Entscheidung bedeutet. Es ist in alter und neuer Zeit Vieles richtig und wichtig und auch verantwortlich und universal gesagt worden, was später diese Bedeutung nicht mehr hatte, vielleicht auch gar nicht mehr haben konnte, vielleicht freilich eines Tages auch wieder gewinnen kann. Es gibt in der Kirche und für die Kirche gesprochene Worte, die uns erreichen, und andere, die uns aus diesen oder jenen Gründen faktisch nicht erreichen. Ein Lehrer der Kirche ist derjenige, der uns in Auslegung der heiligen Schrift heute etwas uns Angehendes zu sagen hat. Damit ist aber schon gesagt, daß wir mit der Existenz latenter Lehrer der Kirche rechnen müssen. Viele von denen, die wir heute nicht mehr hören, werden nie mehr zu hören sein. Es kann aber auch Andere geben, die, heute nicht gehört, sich wieder hören lassen werden. Was von ihrer Autorität übrig geblieben ist, ist zunächst nur eine Erinnerung: die neutrale Erinnerung an einen großen Namen, verbunden mit Tatsachen und Verhältnissen und mit seinen Stellungnahmen dazu, die für uns ebenfalls neutral geworden sind. Ihre Autorität ruht dann sozusagen. Sie künstlich geltend zu machen, könnte ein sehr eigenwilliges Unternehmen sein. Wird sie in Kraft der heiligen

Schrift, um deren Auslegung es ja geht, wieder lebendig werden, dann wird sie für ihre Autorität schon selber sorgen. Aber eben mit dieser Möglichkeit wird zu rechnen sein. Man wird also auch an solchen zunächst neutral gewordenen Erinnerungen an einstige Autorität nie ohne Aufmerksamkeit vorübergehen dürfen. Ihre Stunde könnte plötzlich wieder da sein. Die jetzt Schweigenden könnten auf einmal wieder reden, wie sie nach dem Bekenntnis der Kirche ihrer Zeit einst geredet haben. Es könnten sich die Tatsachen und Verhältnisse, in Beziehung zu denen ihre Namen, ihre Stellungnahme und ihr Wort einst Bedeutung hatte — so gewiß es nichts Neues gibt unter der Sonne — morgen schon wiederholen, die Entscheidung ihnen gegenüber aufs neue aktuell werden. Wir könnten etwas versäumt haben, wenn dies nicht längst geschehen ist. Die Reformatoren selbst sind ja in der Neuzeit lange genug in dieser Latenz Lehrer der Kirche gewesen. Und zum Heil der Kirche hat diese es doch auch in dieser Zeit nicht unterlassen, sie mit jener Aufmerksamkeit zu umgeben. Man sehe zu, daß man nach allen Seiten offen und bereit bleibe. Alte Kirchengeschichte ist oft schon an den unerwartetsten Stellen zur kirchlichen Tagesgeschichte geworden. Irgendein vermeintlich bloß Gestriges will vielleicht eben jetzt heutig werden. Und der Fehler liegt vielleicht wie beim Kanon an uns, wenn uns so viele, die uns Väter sein könnten und müßten, bloße Verstorbene sind und als solche nichts zu sagen haben.

Welches kann nun die praktische Tragweite und Bedeutung der Autorität eines solchen Lehrers der Kirche sein? Das ist sicher, daß seine Gestalt die Gestalten der Propheten und Apostel in keiner Weise verdecken, daß seine Schriften die ihrigen, sein Zeugnis ihr Zeugnis auch nicht von ferne verdrängen und ersetzen wollen kann. Aber auch darum kann es nicht gehen, daß die Kirche außer dem, daß sie an die heilige Schrift gewiesen und gebunden ist, nun auch noch verpflichtet wäre, der ἐξουσία „Luthertum" oder der ἐξουσία „Calvinismus" irgendeine besondere Verehrung und Treue entgegenzubringen. Hält eine Kirche es für richtig und wichtig, ihre Geschichte und ihre geschichtlich gewordene Form als solche und also das Gedächtnis ihrer Lehre als das der Helden und Gestalter dieser Geschichte zu pflegen, dann mag ihr das im weltlichen Raum unbenommen, dann mag sie dafür unter humanen Gesichtspunkten sogar belobt sein; aber mit der Anerkennung der kirchlichen Autorität ihrer Lehrer hat dies dann gerade nichts zu tun. Es ist „Luthertum" und es ist „Calvinismus" eine Hypostase, wie es deren in der Welt noch mehr gibt, und es steht der Eifer um sie, sowenig er an sich zu verdammen ist, wie noch mancher ähnliche Eifer in der Welt mindestens unter der Frage: ob er nicht längst so etwas wie jener Gal. 4, 8 f., Kol. 2, 8, 20 f. so dringend verpönte Engeldienst geworden sei, d. h. den Gottesdienst im Geist und in der Wahrheit, der die Kirche zur Kirche macht, nun doch verdrängt haben möchte. Es kann ja der Lehrer der Kirche, seine Persönlichkeit und sein bestimmender Einfluß, seine Konzeption von Christentum und von der kirchlichen Vergangenheit und Zukunft, es können seine positiven und negativen geschichtlichen Beziehungen, zu einem der menschlichen Vernunft nur zu greifbaren und als Ideal offenkundig auch realisierbaren Gesetz und als solches zu einer erstrangigen Erkenntnisquelle natürlicher Theologie werden. Ist dieses Gesetz einmal aufgerichtet, hat die Kirche es sich einmal vorgesetzt, außer dem, daß sie christliche, evangelische Kirche sein muß, auch noch lutherische oder calvinische Kirche sein zu wollen, dann ist damit zu rechnen, daß es gehen kann, wie es immer geht, wenn man der natürlichen Theologie auch nur den kleinen Finger gibt, sie greift den Arm, sie will das Ganze; die Kirche wird dann alsbald immer lutherischer, immer calvinischer und im selben Maß immer weniger christlich und evangelisch werden. Die entsprechende Abweichung droht aber überall, wo die Nachfolge eines Lehrers der Kirche auch nur von ferne den Charakter eines selbständigen Anliegens bekommt. Es kann die Autorität eines solchen Lehrers wirklich nur mittelbare, nur formale, nur relative Autorität sein, d. h. aber, sie kann nur sein, was der Begriff besagt: die Autorität eines menschlichen Doktors der heiligen Schrift, dessen Aufgabe es ist, seine Schüler nicht sowohl mit sich selbst als vielmehr mit dem ihn und sie gemeinsam beschäftigenden Gegenstand bekannt zu machen, sie also nicht sowohl an sich als an diesen Gegenstand zu weisen und zu binden. Geschieht nun zwischen einem kirchlichen Lehrer und seinen Schülern etwas Anderes als das, drängt sich der Lehrer — durch seine eigene Schuld oder durch die seiner Schüler — neben den durch ihn bekannt und bindend zu machenden Gegenstand, dann bedeutet das nicht nur einen Übergriff, dann bedeutet das vielmehr und vor Allem, daß das, was in diesem Verhältnis sinnvoll geschehen könnte und sollte, nicht geschieht. Erträgt doch dieser Gegenstand keinen zweiten neben sich; kann man doch nicht ein Schüler der heiligen Schrift und dann auch noch ein Schüler der Person und des Systems eines zweiten Meisters sein. Die Kirche und damit auch die Schule der Kirche ist dann gesprengt. Die Schüler haben nun nicht mehr von diesem Lehrer zu lernen; sie haben sich vielmehr gründlich vor ihm in acht zu nehmen. Da sind nicht die wirklichen Meister oder da ehren wir nicht die wirklichen Meister, wo es zu solchen Katastrophen kommt. Sondern da sind die wirklichen Meister, und da werden sie geehrt, wie es ihnen zukommt, wo durch ihre Person und ihr System der Schüler ganz und gar nur zum Schüler der heiligen Schrift erzogen und geformt wird. Das ist also die Ehre, die man diesen wirklichen Meistern schuldig ist, daß man sie diesen ihren Dienst ausrichten, daß man also sich selber in diesem Sinn erziehen und formen lasse, wogegen man ihnen Unehre antut, wenn man aus der Ehrung ihrer Person und ihres Systems ein selbständiges Anliegen werden läßt. Es ist dann aber weiter auch dies zu bedenken: wo es um die Autorität eines kirchlichen Lehrers geht, da geht es wie beim Kanon und wie bei der Konfession um das Bekenntnis der Kirche. Nicht für und nicht zu sich selbst hat ein wirklicher Lehrer der Kirche geredet, sondern für die Kirche und zu der Kirche seiner Zeit und so ist es nicht seine individuelle Stimme als solche, sondern in seiner individuellen Stimme die der Kirche seiner Zeit, die ihm auch für uns die Autorität eines Lehrers gibt. Mag es uns wiederum nicht verboten sein, ihn auch als Privatperson, seine Lehre auch als seine Privatlehre, also z. B. in Luther auch den Heros, den Gelehrten, den Dichter, das theologische Genie und dergleichen zu schätzen, so ist doch mit dieser Schätzung, wie groß und wie begründet sie immer sei, für seine Anerkennung als Lehrer der Kirche noch gar nichts geschehen. Wieder könnte solche Schätzung vielmehr geradezu ein Hindernis seiner Anerkennung als Lehrer der Kirche bedeuten. Verliebt in seine private Gestalt würden wir ihn dann nicht lieben in seiner Sendung und Funktion. Lieben wir ihn als Lehrer der Kirche, dann hören wir die Kirche, indem wir ihn hören. Wieder bedeutet das dann vor allem dies: daß wir uns — als einem Diener des Wortes Gottes gibt ihm ja die alte Kirche ihr Zeugnis — seinen Unterricht in der heiligen Schrift als solchen gefallen lassen. Es muß aber auch dies bedeuten: daß wir ihn wie an der von ihm ausgelegten Schrift, so auch an dem Bekenntnis der Kirche, dessen Stimme er ist und das heißt dann konkret: an der Konfession der ihm gleichzeitigen Kirche zu messen haben. Wir haben also im Zweifelsfall die Schrift und die Konfession nicht nach Maßgabe dieses und dieses Lehrers, sondern wir haben jeden Lehrer nach Maßgabe der Schrift und der Konfession zu verstehen und zu beurteilen; wir haben den Sokrates nicht über die Wahrheit, sondern wir haben die Wahrheit über den Sokrates zu stellen. Und das alles gerade, um Sokrates die ihm gebührende Ehre zu erweisen! Gerade der wirkliche Lehrer der Kirche kann und will unter keinen Umständen anders als so von uns aufgenommen und behandelt sein.

Es verhält sich also so, daß die Anerkennung der kirchlichen Autorität eines Lehrers eine kritische, vielleicht weitgehend kritische Stellungnahme ihm gegenüber nicht nur nicht ausschließt, sondern grundsätzlich geradezu fordert. Wenn wir ihn hören, so bedeutet das, daß wir auf die Linie seiner Auslegung achten und sie zu unserer eigenen Linie werden lassen. Aber eben indem wir das tun, werden wir sie keineswegs einfach so, wie er sie gezogen hat, wiederholen können, sondern wir werden sie unter eigener Verantwortung gegenüber der Schrift und gegenüber der Konfession, die durch ihn zu uns geredet haben, nachzeichnen und das heißt ausziehen und fortsetzen müssen. Und das wird dann weithin bedeuten müssen, daß wir ihn auch nicht hören dürfen: überall da nämlich, wo wir seine Stimme mit der Stimme der Schrift und mit der in der Konfession unabhängig von ihm redenden Stimme der Kirche, alles wohl überlegt, nicht vereinbar finden können. Sowenig wie um eine Repristination der Orthodoxie des 17. Jahrhunderts, sowenig kann es, wenn es heute zu einer Wiederentdeckung und Wiederanerkennung der Autorität der Reformatoren kommen sollte, um eine Repristination der Lehre Luthers oder Calvins gehen. Wir würden ihnen damit die ihnen gebührende Ehre nicht geben, sondern verweigern. Nicht die ihre Lehre am getreusten nachreden, sondern die ihr am getreusten nachdenken, um sie dann und daraufhin als ihre eigene Lehre vorzutragen, sind ihre getreusten Schüler. Ihrer Lehre nachdenken heißt aber: die in ihr vorgezeichnete Linie heute so ausziehen, wie sie nach erneuter Prüfung von Schrift und Konfession in Beantwortung der heute gestellten Fragen heute ausgezogen werden muß. Als durch das Bekenntnis der damaligen Kirche beglaubigte Zeugen für die heutige Kirche haben sie ja kirchliche Autorität. So muß die heutige Kirche mit all ihren inzwischen gewonnenen Erfahrungen und in der ganzen Verantwortung, in der sie selber steht, sie hören. Das kann dann Abweichung und Widerspruch gegenüber der historischen Gestalt ihrer Lehre bedeuten. Die heutige Kirche würde sie gar nicht annehmen, wenn sie sie einfach in ihrer historischen Gestalt annehmen bzw. reproduzieren würde. Sie würde sie ja dann nicht als die heutige, nicht als die auf der Linie der Reformation ihrer eigenen Berufung gehorsame Kirche, sondern als ein Institut für Altertumskunde annehmen — die schwerste Verunehrung, derer sie sich ihnen gegenüber bei aller wohlgemeinten Verehrung schuldig machen könnte.

Es besteht die positive Bedeutung der kirchlichen Autorität eines Lehrers also darin, daß die Kirche in seiner Existenz ein „Vorbild der Lehre“ hat, das freilich in seiner menschlichen Bedingtheit selber nur ein Zeichen und Abbild dessen sein kann, was Röm. 6, 17 so genannt wird, das nun aber doch als Zeichen und Abbild seine berechtigte und notwendige Funktion hat. Die Existenz von hervorgehobenen Lehrern der Kirche schafft eine konkrete Ungleichheit in der Kirche: Gibt es viele Lehrer in der Kirche, so ist darum doch nicht jeder zum Lehrer der Kirche berufen, sondern innerhalb desselben Amtes sind die Einen vor-, die Anderen nachgeordnet, haben die Einen die kirchliche Linie vor-, die Anderen aber sie nachzuzeichnen. Ist damit eine kirchlich-theologische Hierarchie begründet? Würde sich von da aus vielleicht auch so etwas wie ein besonderes Bischofsamt oder gar Papsttum rechtfertigen lassen? Doch wohl gerade nicht, wenn der Lehrer der Kirche in seinem Charakter als Abbild und Zeichen des uns gegebenen Vorbilds der Lehre, das nur Jesus Christus bzw. die heilige Schrift selber sein kann, richtig verstanden ist. Es kann dann jene mit seiner Existenz allerdings gesetzte kleine Ungleichheit in der Kirche die große Ungleichheit zwischen dem Haupt und den Gliedern in der Kirche — gerade nicht wie es die Meinung bei der Aufrichtung eines besonderen Bischofsamtes zu sein pflegt — verwirklichen, sondern eben nur bezeichnen. Sie wird sie aber — und das ist die besondere Dynamik der Existenz eines kirchlichen Lehrers — bezeichnen auf Grund eines im Leben der Kirche wirklich vorgefallenen Ereignisses und auf Grund des entsprechenden Bekenntnisses der Kirche selber. Was bedeutet daneben die Existenz eines mit noch so hohen Prärogativen ausgestatteten Bischofsamtes? In der Existenz eines wirklichen Lehrers der Kirche ist menschliche Führung der Kirche Tatsache geworden, während die Forderung eines besonderen Bischofsamtes immer auf das Postulat sich begründet und hinausläuft, daß solche Führung eine gute Sache sei und daß es sie darum eigentlich geben müßte, seine Existenz in ihrer Wirksamkeit aber immer gebunden ist an die charismatische Begabung seiner Träger. Eben als Ereignis und Tatsache gewordene und von der Kirche selbst anerkannte und bekannte Führung hat die Existenz eines Lehrers der Kirche, sofern sie selbst als eine Sendung und Beauftragung Jesu Christi verstanden wird, unabhängig von der einem Bischof gegenüber unvermeidlichen Frage nach der charismatischen Begabung, die Kraft, die eigentliche und letzten Grundes einzige Führung der Kirche durch Jesus Christus bzw. durch die heilige Schrift selbst zu bezeichnen, zu veranschaulichen und einzuschärfen. Solche Bezeichnung, Veranschaulichung und Einschärfung wird die Kirche aber auch immer wieder nötig haben. Es kann nicht gleichgültig sein, ob sich die Kirche und besonders die Träger des Lehramts in der Kirche in ihrer Denk- und Lehrweise dauernd auf das menschliche Vorbild der Haltung und Richtung Luthers und Calvins, aber auch der Väter der alten Kirche hingewiesen sehen oder ob sie, mit Gott und der Bibel allein gelassen, darauf angewiesen sind, irgendwelche individuellen Ideale von Prophetie, Priestertum und Pastorat sich selber zu bilden und zu verwirklichen oder vielleicht auch angewiesen sind auf das zufällige Vorbild, das ihnen durch die jeweiligen Träger eines vorgeordneten Bischofsamtes gerade geboten werden mag. Die Autorität eines Reformators kann offenbar weder durch die Autorität, die man sich auf Grund eigener Schriftforschung selber zu werden vermag, noch auch durch die Autorität der wechselnden Träger eines solchen Amtes ersetzt werden. Die Autorität eines kirchlichen Lehrers wird gerade als geistliche Autorität, gerade in ihrem eingeschränkten Charakter als Abbild und Zeichen des wirklichen „Vorbilds der Lehre“ menschlich wirkliche, effektive und nicht fiktive Autorität sein, fähig: mit dem Kanon und der Konfession der Kirche zusammen die konkrete Zucht insbesondere innerhalb der lehrenden Kirche auszuüben, um derentwillen es kirchliche Autorität überhaupt geben muß.

3. Wir setzen voraus, daß zwischen der Kirche heute und hier und der Kirche von einst und anderwärts eine Einheit des Bekenntnisses bestehe hinsichtlich bestimmter Erklärungen des gemeinsamen Glaubens, also hinsichtlich des Bekenntnisses nunmehr im engsten Sinn des Begriffs, oder: hinsichtlich der kirchlichen Konfession. Eine kirchliche Konfession ist eine auf Grund gemeinsamer Beratung und Entschließung zustande gekommene Formulierung und Proklamation der der Kirche in bestimmtem Umkreise gegebenen Einsicht in die von der Schrift bezeugte Offenbarung. Wir geben zunächst eine Erläuterung der entscheidenden Elemente dieser Definition.

a) Es geht in der kirchlichen Konfession um die Formulierung und Proklamation eines bestimmten kirchlichen Verständnisses der in der heiligen Schrift bezeugten Offenbarung. Die Konfession stellt sich also mit ihrer Autorität zum vornherein nicht über und auch nicht neben, sondern als kirchliche Konfession unter die heilige Schrift. Sie redet also einmal nicht auf Grund unmittelbarer Offenbarung, und ihre Aussage kann für die sie hörende Kirche nicht Offenbarungsquelle werden.

Es hat ein Konzil auch im Glauben an die Gegenwart und den Beistand des Heiligen Geistes „keine macht, neue Artickel des glaubens zu stellen" (Luther, von den Konziliis und Kirchen 1539, W. A. 50, 607, 7). „Denn die Artickel des glaubens müssen nicht auff erden durch die Konzilia als aus neuer heimlicher eingebung wachsen Sondern vom Himel durch den Heiligen Geist öffentlich gegeben und offenbart sein, Sonst sinds nicht Artickel des glaubens" (*ib.* 551, 28). Die Konzilien „sollen wider die neuen Artickel des glaubens den alten glauben bekennen und verteidigen" (*ib.* 618, 11). Es hat also z. B. das nicänische Konzil den Artikel von der Gottheit Christi „nicht auffs neu erfunden oder gestellet, als wäre er zuvor nicht gewest in der Kirchen" (*ib.* 551, 15). Es ist diese von Anfang an offenbarte Wahrheit vielmehr nur gemäß den Erfordernissen jener Zeit, nämlich gegenüber der Ketzerei des Arius durch das Konzil verteidigt, bestätigt und bekannt worden.

Es kann die kirchliche Konfession selbstverständlich auch nicht etwa auf Grund angeblicher anderer, mit der in der heiligen Schrift bezeugten, nicht identischen, mittelbaren Offenbarung reden. Sie bekennt weder Gott in der Geschichte noch Gott in der Natur, wie ihn diese und jene, und wären ihrer noch so viele, in der Kirche zu erkennen meinen. Sie bekennt auch nicht dieses oder jenes Element kirchlicher Tradition und Gewohnheit; sondern sie bekennt Jesus Christus und diesen in seiner prophetisch-apostolischen Bezeugung. Sie bekennt das eine Wort Gottes, neben dem es kein anderes gibt. Das schließt nicht aus, daß sie in bestimmter geschichtlicher Situation, daß sie also antwortend auf bestimmte Fragen, widersprechend und erklärend in bestimmtem Gegensatz bekennt. Das schließt aber aus, daß sie anderswoher als von der heiligen Schrift her und daß sie etwas Anderes als die in der heiligen Schrift bezeugte Wahrheit redet.

Non alibi quaeramus Deum quam in eius verbo, nihil de ipso cogitemus nisi cum eius verbo, de ipso nihil loquamur nisi per eius verbum. Diese allgemeine Regel ist mit besonderer Sorgfalt zu beachten, wenn es sich um eine *publica confessio* handelt. Man sehe zu, *ut nihil in ea deprehendatur, quam ipsissima scripturae veritas . . . ut non ex variis hominum placitis consarcinata, sed ad rectam scripturae normam diligenter exacta sit.* Daß sie eine *conceptae intus fidei testificatio* ist, darf wiederum nicht hindern, *ut solida sit et sincera* und darum muß sie *e puris scripturae fontibus* geschöpft werden (Calvin, *Adv. P. Caroli calumnias,* 1545 C. R. 7, 311 f.). *Si hodie suos consessus haberent sancti patres, uno ore clamarent, nihil sibi minus licuisse, vel etiam fuisse in animo, quam tradere quidquam, nisi Christo praeeunte, qui illis unicus, sicut et nobis, magister fuit* (Komm. zu Act. 15,2 C. R. 38, 341).

Die kirchliche Konfession erklärt die Schrift, sie legt sie aus, sie wendet sie an. Sie ist also Kommentar. Sie kann sich nicht etwa damit begnügen, bestimmte biblische Texte zu wiederholen. Sie kann auf solche hinweisen, um die Beziehung, in der sie die Schrift erklären will, deutlich zu machen. Sie muß aber grundsätzlich in eigenen Worten, in den Worten und also auch in der Sprache ihrer Zeit reden.

Neque vero confessionem duntaxat eam recipimus, quae ex solis scripturae verbis superstitiose contexta sit et consuta, sed iis verbis conscribendam esse contendimus, quae et sensum habeant intra scripturae veritatem limitatum et quam minimum habeant asperitatis (Calvin, C. R. 7, 312).

Sie kann aber gerade weil die Kirche selbst in ihr, hörend auf die Schrift und ihrer Wahrheit ihr eigenes Zeugnis gebend, das Wort führt, auch nicht mehr als Kommentar der Schrift sein, sie kann sich also jener nicht in der gleichen Würde an die Seite stellen wollen.

Die anderen Symbola aber und angezogenen Schriften sind nicht Richter wie die heilige Schrift, sondern allein Zeugnis und Erklärung des Glaubens, wie jederzeit die heilige Schrift in streitigen Artikuln in der Kirche Gottes von den damals Lebenden vorstanden und ausgelegt und derselben widerwärtige Lehren vorworfen und vordambt worden (Konk.-Formel, Epit., Von dem summar. Begriff . . 8). *Interpretationis autem humanae seu Ecclesiasticae autoritas est Ecclesiastica tantum, non divina et Canonica: quia non immediate ab ipso Deo dictata est, sed hominum deliberatione et consilio tradita, quorum alii plus, alii minus habent lucis, alii maiora, alii minora dona intelligendi et explicandi res divinas. Proinde interpretatio Scripturae Ecclesiastica atque ita et Ecclesiastica Confessio seu expositio fidei quaecunque, item et Catechesis et quaecunque piorum hominum scriptio seu tractatio . . . non est simpliciter probanda, admittenda atque acceptanda, sed cum hac exceptione et conditione, quatenus cum Scriptura Sacra, tanquam cum unico fonte veritatis caelestis et salvificae, fundamento immoto et regula fidei et bonorum operum nunquam fallente, consentit* (Polanus, *Synt. Theol. chr.* 1600, S. 711).

b. Es geht in der kirchlichen Konfession um die Aussprache einer der Kirche gegebenen Einsicht. Der Kirche ist ja die heilige Schrift gegeben als Quelle ihrer Erkenntnis von Gottes Offenbarung. Sie ist es und nicht irgendwelche Einzelne als solche oder irgendeine Anhäufung von Einzelnen, die, vertreten durch solche, die in ihrem Namen reden dürfen und müssen, in der kirchlichen Konfession sich selbst und der Welt von ihrem Glauben Rechenschaft gibt. Die kirchliche Konfession redet für die eine und allgemeine Kirche und sie redet zu ihr. Man kann und darf diese Kirchlichkeit der Konfession selbstverständlich in keinem einzigen Fall juristisch-statistisch, man kann und darf sie immer nur geistlich verstehen. Juristisch-statistisch betrachtet ist noch keine Konfession (auch nicht die der sog. „allgemeinen" Konzilien!) als die Konfession der ganzen für die ganze Kirche entstanden und proklamiert worden; juristisch-statistisch betrachtet war vielmehr noch jede nur eine Konfession in der Kirche, ausgehend von einem Teil, gerichtet an die anderen Teile der Kirche. Ihre Berufung, im Namen der einen allgemeinen zu der einen allgemeinen Kirche zu reden, gründet sich allein auf die der einen allgemeinen Kirche gegebene heilige Schrift als das Zeugnis von der einen, allen gegebenen

Offenbarung. So läßt sich denn auch kein letztlich entscheidender Rechtsgrund für die Zusammenberufung und für das Zusammentreten, für die besondere Legitimation gerade dieser und dieser Glieder der Kirche als der „Autoren" einer Konfession angeben als wiederum die heilige Schrift selber. Die zu gemeinsamer Abfassung und Ablegung einer Konfession sich zusammen Findenden werden es den Anderen gegenüber (mögen sie immer kraft ihres Amtes als Vertreter einer Anzahl von Gemeinden als „Synode" oder „Konzil" mehr oder weniger legitimiert sein) jeweils wagen müssen, als ihren Auftrag und als ihre Vollmacht nur dies angeben zu können, daß sie im Gehorsam gegen Gottes Wort zusammen gekommen seien und nun das und das zu bekennen hätten. Es ist ganz klar, daß sie sich damit auch selbst unter das Gericht des Wortes Gottes stellen, daß sie die Gefahr auf sich nehmen müssen, durch das Wort Gottes, auf das sie sich berufen, dem sie gehorsam zu sein meinen und erklären, angesichts der ganzen Kirche desavouiert und Lügen gestraft zu werden. Es gibt keine Konfession ohne dieses Wagnis und ohne diese Gefahr. Und es geht für die, die es wagen, mit einer Konfession in der Kirche hervorzutreten, darüber hinaus selbstverständlich auch nicht ab ohne die Gefahr, zwar das Zeugnis der heiligen Schrift für sich zu haben, bei der übrigen Kirche aber nun dennoch auf taube Ohren zu stoßen und also, alleingelassen mit Gottes Wort, in seiner Kirche als Ketzer oder als Sonderlinge, als unbefugte Neuerer oder auch als unbelehrbare Reaktionäre dastehen zu müssen. Das alles kann nun aber nicht hindern, daß sie es, wenn über den Anspruch ihrer Konfession als kirchliche Konfession gehört zu werden, auch nur diskutiert werden soll, wagen müssen, im Namen der ganzen Kirche zu der ganzen Kirche zu reden. Wie sollte es anders sein, wenn sie wirklich von der heiligen Schrift her reden, wirklich Gottes Wort bezeugen wollen? Der Mut, die damit verbundene Gefahr auf sich zu nehmen, wird wenigstens ein Kriterium der Echtheit ihres Vorhabens und Tuns sein. Eine Konfession, die bloß die Belange irgendeiner Gruppe in der Kirche vertreten, die bloß die Gleichberechtigung irgendwelcher partikularer Anliegen anmelden, die vielleicht nur irgendeine vermeintlich gottgewollte lokale oder nationale Eigenart eines Teiles der Kirche darstellen und zur Geltung bringen wollte, wäre also keine kirchliche Konfession. Wie beschränkt und verdrängt immer die Urheber einer Konfession in der Kirche existieren mögen: haben sie wirklich zu bekennen, d. h. Gottes Wort zu bekennen, dann können sie unmöglich nur von sich, von ihrem besonderen Winkel her und bloß zum Zweck der Anerkennung ihrer selbst und dieses ihres Winkels, dann müssen sie vielmehr — den unerhörten Anspruch, den das bedeutet, nicht scheuend — von der einen allgemeinen Kirche her und zu ihr hin zu reden sich getrauen. Sie müssen die Verantwortung auf sich nehmen, der Stimme der *una sancta catholica* Ausdruck zu geben. Sonst sollen sie eben schweigen oder ihr Reden mindestens nicht für kirchliches Bekenntnis halten. Konfession bedeutet innerkirchliche (und außerkirchliche!) Mission. Wer sich keiner solchen Mission bewußt ist, wer etwa nur mit irgendwelchen Besonderheiten auch da sein und gehört und geduldet werden möchte, der kann keine beachtliche, d. h. keine kirchliche Konfession ablegen.

Eben in dieser nicht juristisch-statistischen aber geistlichen Kirchlichkeit waren gewisse Konzilsbeschlüsse der alten Kirche echte Konfession, abgelegt in der letztlich einzig im Wagnis des Gehorsams gegen die Schrift zu erlangenden und sich bewährenden Sicherheit, aber eben in dieser Sicherheit nun auch abgelegt mit dem bestimmten Anspruch im Namen der ganzen Kirche zu der ganzen Kirche zu reden. Ebenso haben — obwohl es äußerlich zunächst deutlich im Namen eines Bruchstücks der damaligen Kirche geschehen konnte — auch die reformatorischen Bekenntnisse geredet. Darum der in ihnen sorgfältig geführte Nachweis ihres Zusammenhangs und ihrer Übereinstimmung mit dem Bekenntnis der alten Kirche. Ihre Meinung war wirklich nicht die, einen Glauben darzustellen, der erst 1517 entstanden wäre und der nun nur der Glaube der Angehörigen dieser und dieser Territorien oder dieser und dieser geistigen Gemeinschaft wäre. Was sie neu bekennen wollten, war der eine alte Glaube d e r Kirche und eben darum muteten sie mit ihrem neuen Bekenntnis der g a n z e n Kirche zu, diesen Glauben nicht nur zu dulden, sondern ihn, hörend auf ihr neues Bekenntnis, sich neu zu eigen zu machen. Und wir können hier aus unseren Tagen hinzufügen: Es konnte das für die Gegenwart notwendig gewordene Bekenntnis der evangelischen Kirche in Deutschland trotz höchster Fragwürdigkeit des juristisch-statistischen Fundamentes sich keineswegs begnügen, mit dem Charakter einer Partei- oder Richtungserklärung, einer theologischen Rechtfertigung des Standpunktes derer, die auch heute bei einem biblisch-reformatorischen Christentum bleiben wollten. Es mußte vielmehr ohne Rücksicht auf die äußere und innere Gefahr dieses Wagnisses sofort im Namen d e r deutschen evangelischen Kirche und „vor der Öffentlichkeit aller evangelischen Kirchen Deutschlands", also im Bewußtsein einer Mission und also im Angriff geredet werden. Es schließt darum die Barmer Erklärung vom Mai 1934 mit den Worten: „Die Bekenntnissynode der deutschen evangelischen Kirche erklärt, daß sie in der Anerkennung dieser Wahrheiten und in der Verwerfung dieser Irrtümer die unumgängliche theologische Grundlage der deutschen evangelischen Kirche .. sieht... Sie bittet alle, die es angeht, in die Einheit des Glaubens, der Liebe und der Hoffnung zurückzukehren. *Verbum Dei manet in aeternum*." Erklärungen, die unter dieser Linie bleiben würden, könnten bei aller sonstigen Bedeutung die Bedeutung einer kirchlichen Konfession und den Anspruch, als solche gehört zu werden, nicht haben. — *Confessio fidei traditur in symbolo quasi ex persona totius ecclesiae, quae per fidem unitur* (T h o m a s v o n A q u i n o, *S. theol.* II² *qu.* 1 *art.* 9, *ad.* 3).

c. Es geht in der kirchlichen Konfession um eine der Kirche g e g e b e n e, geschenkte Einsicht. Auch das hängt damit zusammen, daß sie ihren Inhalt nicht erfunden, sondern in der heiligen Schrift und in ihr allein und also als Gabe des Heiligen Geistes gefunden hat. Aber eben dieses Finden ist nun noch einmal abzugrenzen gegenüber einem solchen Finden, wie es allenfalls jederzeit auch das Ergebnis des immer gebotenen Suchens in der heiligen Schrift sein könnte. Eine Konfession unterscheidet sich dadurch von einer Zusammenstellung der Resultate irgendwelcher theologischer Arbeit, daß ihre Urheber nicht etwa danach ausgegangen sind, die Bibel zu kommentieren oder das Wesen des Christentums zu verstehen oder auch praktisch wieder einmal zu predigen, nur daß die Predigt sich diesmal an alle wendete! Das alles kann und soll jederzeit geschehen. Es ist aber nicht jede Zeit, in der das Alles geschehen kann und soll, auch die Zeit kirchlicher Konfession.

Das Alles hat man in der Neuzeit bis in die letzte Vergangenheit reichlich und gewiß auch nicht einfach ohne die Gabe des Heiligen Geistes getan, ohne daß es deshalb zu einem neuen Bekenntnis kommen mußte und konnte. Man hat dies Letztere als einen Mangel empfunden; man hat ihn wohl auch versuchsweise zu beheben versucht. Eben solche Versuche konnten und können aber bloß auf jenem Hintergrund nicht gelingen. Bekennen kann man nicht, weil man bekennen möchte in der Meinung, daß Bekennen eine gute Sache wäre. Bekennen kann man nur, wenn man bekennen muß. Theologische Arbeit theoretischer oder praktischer Art ist noch nicht die Gewähr solchen Müssens. Theologische Arbeit als solche ist sogar völlig unfähig, eine kirchliche Konfession hervorzubringen, so gewiß sie, wenn eine solche entsteht, zu ihrer Gestaltung unentbehrlich ist und so gewiß ihr Ziel, so sie ernsthaft getan wird, letztlich immer die kirchliche Konfession sein muß.

Kirchliche Konfession ist ein kirchliches Ereignis, sie ist das Ergebnis einer Begegnung der Kirche mit der heiligen Schrift, die in ihrer Kontingenz durch keine noch so ernste theologische Arbeit herbeigeführt werden kann. Wenn die heilige Schrift in einer besonderen Lage der Kirche zu Kirche redet: wenn nämlich angesichts bestimmter drängender Fragen gar nichts übrig bleibt als das, was die Schrift dazu zu sagen hat, wenn man auf der Flucht vor bestimmten Irrtümern nur noch zu der ihnen entgegenstehenden Wahrheit der Schrift fliehen kann, wenn man sich also in der Kirche die Wahrheit der Schrift gar nicht mehr nehmen, sondern nur noch geben lassen kann, wenn also nicht die Kirche diese Wahrheit, sondern diese Wahrheit die Kirche gefunden hat — dann und nur dann kann es zur kirchlichen Konfession kommen. Aus einer Not der Kirche, aus einem der Kirche in dieser Not durch Gottes Wort auferlegten Zwang und aus der diesem Zwang sich fügenden Glaubenserkenntnis wird das echte Credo geboren. Credo im Sinn der kirchlichen Konfession sagt die Kirche erst, wenn alle ihre anderen Möglichkeiten erschöpft sind, wenn man, auf den Mund geschlagen, nichts anderes mehr sagen kann als eben Credo. Eben dann wird sie es nun aber auch gewiß und gewichtig sagen dürfen und müssen. Geht es in der kirchlichen Konfession um eine der Kirche gegebene Einsicht, dann kann die Konfession sich nicht verstehen und nicht rechtmäßig verstehen lassen als eine Darstellung beliebiger menschlicher Meinungen, Überzeugungen und sog. Glaubensgedanken. Wird sie gewiß auf Exegese beruhen, so wird sie doch mehr sein als biblische Forschung. Wird sie gewiß nicht ohne dogmatische Besinnung zustande kommen, so wird sie doch mehr als bloße Theologumena vortragen. Wird sie gewiß Verkündigung sein, so wird sie ihre Kraft doch keineswegs in ihrer Erbaulichkeit haben. Und wenn das gläubige Gemüt ihrer Urheber gewiß in ihr hörbar sein wird, so wird es doch nicht etwa diese subjektive Gläubigkeit sein, um deretwillen sie den Anspruch erheben kann, gehört zu werden. Weil und sofern sie auf einer der Kirche gegebenen Einsicht beruht, darf und muß eine echte kirchliche Konfession verbindlich reden, kann sie also ihre Aussagen nicht bloß bekanntgeben, nicht bloß zur Diskussion und frcien Auswahl stellen. Was die Konfession formuliert und proklamiert, das erhebt den Anspruch, kirchliches Dogma zu sein. Credo hat sie ja gesagt und eben damit ihre Aussagen als solche charakterisiert, deren Inhalt sie zwar niemandem aufdrängen kann noch will, mit denen sie aber auch jedermann zur Stellungnahme, zur Entscheidung auffordert: zu der Entscheidung nämlich, ob er sie als mit dem Worte Gottes nicht übereinstimmend ablehnen könne oder aber als mit dem Worte Gottes übereinstimmend sich selber zu eigen machen müsse. Wieder taucht hier also: als Grund der Gewißheit der Konfession und als der ihr übergeordnete Richter die heilige Schrift auf. Sie ist es — und sie ist es in diesem doppelten Sinn — die hinter dem Dogma steht.

Würde ihr Richteramt vergessen oder geleugnet, dann würde die Konfession insofern unecht und unverbindlich, als sie dann, wie es das römisch-katholische Dogma tut, selber die Offenbarung zu sein in Anspruch nehmen würde. Sie ist es — und sie ist es in diesem doppelten Sinn — die der Konfession Echtheit verleiht und die sie damit verbindlich macht. Würde die in ihr begründete Gewißheit geleugnet, dann würde die Konfession insofern unecht und unverbindlich, als sie dann — wie es in dem überspitzt anthropozentrischen Bekenntnisbegriff des alten und neuen Kongregationalismus der Fall ist, zu einer belanglosen Darstellung menschlicher Konzeptionen heruntersinken würde.

d. Es kann in der kirchlichen Konfession immer nur um die Festlegung und Aussprache der der Kirche in bestimmtem Umkreis gegebenen Einsicht gehen. Diese Einschränkung widerspricht weder der intendierten kirchlichen Universalität des Bekenntnisses noch der ihm eigenen Gewißheit als kirchliches Dogma. Im Gegenteil: Gerade in dieser Einschränkung hat es kirchliche Universalität, ist es kirchliches Dogma, hat es also kirchliche Autorität. Die Würde und Geltung kirchlicher Konfession kann ja mit der Würde und Geltung der göttlichen Autorität nicht konkurrieren; sie würde vielmehr zerstört, wenn sie mit jener konkurrieren wollte; sie ist geradezu darin begründet, daß sie durch jene eingeschränkt ist. Ist doch das, was sie letztlich und entscheidend legitimiert, die heilige Schrift, auf deren Zeugnis die Kirche in der Konfession mit ihrem eigenen Zeugnis antwortet. Von diesem ihrem Ursprung und Gegenstand eingeschränkt zu werden, kann keine Minderung, kann vielmehr nur die Aufrichtung und Bestätigung ihrer Autorität als einer kirchlichen Autorität bedeuten. Der Antrieb und der Mut, Bekenntnis abzulegen, die Zuversicht, die Verantwortlichkeit für den damit erhobenen Anspruch auf sich zu nehmen und mit diesem Anspruch durchzuhalten, die Fähigkeit zu einer strengen, keine Konsequenzen scheuenden theologischen Haltung, die Freudigkeit, die das Geheimnis der Kraft einer kirchlichen Konfession ist — das alles wurzelt geradezu darin, daß sie die Festlegung und Aussprache der der Kirche in bestimmtem Umkreis gegebenen Einsicht. Nicht mehr als dies, aber — gerade in dieser Negation aller doch nur eingebildeten und darum ohnmächtigen Unendlichkeit — im endlichen Raum der Kirche um so konkreter und wirklicher nun eben dies! Daß wir es in der Konfession immer mit einem bestimmten Umkreis von Einsicht zu tun haben, das wird zunächst sichtbar in ihrer bereits erwähnten juristisch-statistischen Ungesichertheit: es ist offenkundig immer nur ein Teil der Kirche, der hinter einer kirchlichen Konfession steht. Ein Teil der Kirche hat in bestimmter Not und in bestimmtem Glauben in dieser Not etwas Bestimmtes als Zeugnis der heiligen Schrift vernommen und gibt darauf mit seinem Zeugnis angesichts der anderen Teile der Kirche eine bestimmte Antwort. Mit dem Allem ist, weil und sofern die heilige Schrift in dem allem das Bestimmende ist, eine Einschränkung, aber eben damit auch eine Aufrichtung und Bestätigung der Autorität der kirchlichen Konfession gegeben.

Der so bestimmte Umkreis kirchlicher Konfession wird wunderlicherweise zunächst auch mit einem geographischen Umkreis zusammenfallen.

In den schließlich im sog. Apostolikum zusammengefaßten und präzisierten Urformen eines allgemeinen christlichen Glaubensbekenntnisses redet zweifellos zunächst der um die Kirche von Rom versammelte, vom Osten her freilich dauernd mitbestimmte europäische Westen. In den nicaenischen und nicaeno-konstantinopolitanischen Bekenntnissen des trinitarischen Gottesglaubens und in den auf diesen Bekenntnissen aufgebauten christologischen Definitionen von Ephesus und Chalcedon haben wir es dann umgekehrt in der Hauptsache mit dem — wenn auch nicht ohne kräftige Mitwirkung des Westens zustande gekommenen — Votum des Ostens zu tun, während wiederum das wichtige *Arausicanum* II (529), auf dem die Kirche sich mit den Anregungen Augustins auseinandersetzte, eine charakteristisch westliche Konfession darstellt. Es können und müssen die reformatorischen Bekenntnisse jedenfalls auch als eine Kundgebung des — übrigens in sich wieder landschaftlich gegliederten, bzw. verschiedenen — Glaubens des europäischen Nordens und es kann und muß dann das Tridentinum (und noch das Vatikanum mit seiner wesentlich italienischen Mehrheit) jedenfalls auch als die entsprechende Antwort des europäischen Südens verstanden werden. Und es ist endlich, seit es afrikanische und asiatische Missionskirchen mit einem immer mehr erwachenden Selbständigkeitsbewußtsein gibt, und seit andererseits das amerikanische Christentum und Kirchentum trotz aller Zusammenhänge mit der europäischen Mutterkirche sich immer mehr zu einer Größe *sui generis* zu entwickeln beginnt, das ganze in der alten Kirche und in der Reformation entstandene Konfessionsgut automatisch auch *in globo* eine europäische Angelegenheit geworden bzw. jenseits der Meere als solche empfunden worden. Es wäre unnütz, zu leugnen, daß die Bestimmtheit dieser je und je sich zeigenden Umkreise der Konfessionen mit politisch-kulturell-wirtschaftlichen Verhältnissen und Bewegungen in allerlei Wechselbeziehungen steht. Ein erschöpfendes Verständnis dieser Umkreise ist von da aus und überhaupt unter geographischem Gesichtspunkt selbstverständlich nicht zu gewinnen. Es besteht aber kein Zweifel, daß das Problem auch unter diesem Gesichtspunkt gesehen werden muß. Es kann die Autorität einer Konfession eigentümlich verstärken, aber auch abschwächen, daß sie nun eben die Konfession derer dort oder derer hier ist.

Der bestimmte Umkreis kirchlicher Konfession kann dann weiter auch zeitlichen Charakter haben.

Wir reden von alten und neuen Bekenntnissen und beides kann ebenso Unterstreichung wie Problematisierung ihrer Autorität bedeuten. Die zeitliche Bestimmtheit der kirchlichen Konfession ist sehr richtig und klar ausgesprochen im lateinischen Text der schon zitierten Stelle aus der Konkordienformel: *explicant et ostendunt, quomodo singulis temporibus sacrae literae in articulis controversis in ecclesia Dei a doctoribus, qui tum vixerunt, intellectae et explicatae fuerint.* Gerade in dieser ihrer zeitlichen Bestimmtheit sind sie aber wieder nach der Konkordienformel echte *testes veritatis*, kann z. B. (nach der Vorrede zum Konkordienbuch, Bekenntnisschr. d. ev.-luth. Kirche 1930, 761, 16) von der Augsburger Konfession gesagt werden: *ne latum quidem unguem vel a rebus ipsis vel a phrasibus quae in illa habentur, discedere, sed iuvante nos Domini spiritu summa concordia constanter in pio hoc consensu perseveraturos esse decrevimus.* Ist aus der Gegenwart einer solchen Konfession Vergangenheit geworden, so kann nämlich gerade das Alter, das sie damit bekommt, für ihre Würde sprechen; die Kirche späterer Zeit kann dann besonderes Gewicht darauf legen, sich dieser Konfession gerade darum anzuschließen, weil sie sich damit zu dem einen unveränderlichen Glauben aller Zeiten bekennt. Sie kann es dann geradezu mit Entrüstung ablehnen, mit ihrem dem alten vielleicht an die Seite gestellten eigenen Bekenntnis ein „sunderliche oder neue Bekenntnus unseres Glaubens machen oder annehmen zu wollen" (Konk.-Formel *ib.* 833, 25). Es wollte aber ursprünglich, wie aus der gleichzeitigen Korrespondenz Melanchthons, Luthers u. A. hervorgeht, schon die *Confessio Augustana* gar keine *confessio*, sondern nur eine *apologia* sein; *symbolum* gar wird sie erst in der Vorrede zu Konkordienformel (Bekenntnisschr. d. ev. luth. K. 1930, 741, 13) genannt. Aus derselben Empfindung heraus hat man es noch in der deutschen Kirche der Gegenwart bei allem formellen und ausdrücklichen Bekennen vermieden, die Bezeichnung „Bekenntnis" auf die neu formulierten und proklamierten Sätze etwa jenes Votums von Barmen anzuwenden, sondern sich damit begnügt, die Sache eine „Theologische Erklärung" oder wie auf der ersten freien reformierten Synode vom Januar 1934 eine „Erklärung über das rechte Verständnis des reformatorischen Verständnisses in der deutschen evangelischen Kirche der Gegenwart" zu nennen. Obwohl doch kein Zweifel daran bestehen kann, daß sowohl die *Augustana* als auch die Konkordienformel als auch diese modernen Dokumente an sich mindestens viele Merkmale von Bekenntnissen und also im Verhältnis zu jenen früheren von neuen Bekenntnissen tragen. Neues Bekenntnis wollte ja auch die *Augustana* und die anderen reformatorischen Bekenntnisse selber nicht sein, sofern sie keinen neuen Glauben zu bekennen hatten — und waren es doch, sofern sie den alten Glauben faktisch neu bekannten. Die Notwendigkeit und das Recht neuer Festlegung und Aussprache des alten Glaubens, das unter Umständen nicht abzuweisende Bedürfnis, im Blick auf neu auftretende Fragen und im Blick auf die Vieldeutigkeit des alten Bekenntnisses hinsichtlich dieser neuen Situation neue Entscheidungen zu treffen, das Recht und die Pflicht, heute eindeutig zu sagen, in welchem Sinn man mit dem alten Bekenntnis zum Worte Gottes sich zu bekennen genötigt sehe — das ist die besondere Würde eines neuen Bekenntnisses, ganz gleichgültig, ob es sich selbst diesen Namen gebe oder nicht. So ist neben das Apostolikum das Nicaenum, neben dieses das Nicaeno-Konstantinopolitanum, neben diese das Ephesinum und Chalcedonense getreten; so haben die Reformationskirchen bekannt im Rückblick auf das Bekenntnis der alten Kirche und indem sie dieses ausdrücklich wiederholten; so ist in unseren Tagen bekannt worden im Rückblick auf die reformatorischen Bekenntnisse und unter Erklärung und Bestätigung derselben. Immer bedurfte es neuen Bekenntnisses, das doch kein neues, sondern nur die neue Präzisierung des alten sein konnte, immer galt das alte Bekenntnis, das doch nicht mehr anders wirklich gelten konnte, denn in neuer Präzisierung und also ergänzt durch neues Bekenntnis. Deutlicher als die geographischen zeigen also die zeitlichen Bestimmtheiten der kirchlichen Konfessionen ihre gegenseitige Bedingtheit, können und müssen altes und neues Bekenntnis einander ihre Autorität gegenseitig verschaffen und bestätigen. Aber daß es sich auch hier um bestimmte Umkreise der Einsicht handelt, daß die alte durch die neue, die neue durch die alte Konfession eingeschränkt wird — die alte durch die neue, sofern sie interpretiert werden muß, die neue durch die alte, sofern sie nur deren Interpretation sein kann — das ist offenkundig und auch hier nicht zu leugnen.

Die Bestimmtheit des Umkreises kirchlicher Konfession wird aber weiter und vor allem immer auch sachlichen Charakter haben. Eine Konfession entsteht ja nicht in der Absicht einer freien und umfassenden Darstellung des Glaubens der christlichen Kirche, so daß die verschiedenen Konfessionen sich als verschiedene Darstellungen einer und derselben Thematik gegenüberstehen würden.

Wenn eine Kirche oder kirchliche Gemeinschaft ihren Glauben als solchen, etwa an der Spitze ihrer Verfassung zur Verständigung über ihr Wesen gegenüber der Umwelt darstellen will, so mag das geschehen, obwohl sie dann eigentlich nur den Namen Jesus Christus als den Gegenstand ihres Glaubens und die heilige Schrift als die Quelle ihrer Erkenntnis nennen und sich auf eine wirkliche Konfession beziehen dürfte. Eine kirchliche Konfession mit kirchlicher Autorität wird auf Grund von solch harmloser Absicht niemals entstehen.

Kirchliche Konfession mit kirchlicher Autorität ist noch immer in einem bestimmten Gegensatz und Kampf entstanden. Sie hat immer eine Vorgeschichte, die gar nicht in der Erörterung des akademischen oder gar bloß des kirchenpolitischen Wunsches, wieder einmal den gemeinsamen Glauben zu bekennen, bzw. in der Erörterung der Ausführung dieses Wunsches besteht, sondern vielmehr in Auseinandersetzungen, in denen das bisherige Bekenntnis des gemeinsamen Glaubens und also die bisherige Auslegung und Anwendung der heiligen Schrift dadurch in Frage gestellt ist, daß die Einheit des Glaubens verschieden aufgefaßt, daß auf dem Boden bisheriger Einheit verschieden, so verschieden gelehrt wird, daß die Einheit als solche verdunkelt und also erst wieder zu entdecken ist. Ihr bisher gültiger Ausdruck, der einst wirklich der Ausdruck von Einheit war, genügt jetzt gerade als solcher nicht mehr. Will die Kirche ihre Einheit wahren, dann muß sie ihr jetzt einen genaueren Ausdruck geben: einen solchen Ausdruck, in welchem in Sachen jener Lehrverschiedenheit ein Urteil gefällt und eine Entscheidung vollzogen wird, ein Ausdruck, der die eine oder die andere oder vielleicht auch eine dritte, die Gegensätze vermittelnde Lehre als die Lehre der Kirche anerkennt und also von der Kirche bestätigt und bekannt wird. Auf Grund solcher Vorgeschichte bekommt und hat jede Konfession ihr besonderes Gesicht. Es ist gerade nicht das Gesicht einer abgekürzten *summa theo-*

logiae. Es ist auch nicht — nicht einmal, wenn sie die Form eines Katechismus hat — das Gesicht einer populären biblischen Theologie oder Dogmatik. Es ist vielmehr das Gesicht der Kirche in ihrer Selbstdarstellung im Akt jener bestimmten Entscheidung, deren Notwendigkeit die Konfession nötig machte. Wenn die Kirche bekennt oder wenn in der Kirche bekannt wird, dann steht die Kirche oder es stehen die in der Kirche Bekennenden einer bestimmten, vielleicht neu aufgetauchten, vielleicht schon seit längerer Zeit die Kirche beunruhigenden angeblichen Schriftauslegung oder einer angeblich aus der Schrift sich ergebenden oder doch angeblich mit ihr vereinbarten Lehre gegenüber. Diese Gegenlehre bildet den Anlaß des Bekenntnisses, sofern diese ihrerseits den Anspruch erhebt, der Ausdruck oder doch ein möglicher und neben anderen gleichberechtigter Ausdruck der bisherigen kirchlichen Glaubenseinheit zu sein.

Man muß sich klar machen, daß z. B. der Arianismus und Semiarianismus, der in dieser Weise den Anlaß der Bekenntnisse des 4. Jahrhunderts bildete, nicht nur mit dem Anspruch auf Duldung, sondern mit dem Anspruch, der alleinberechtigte Ausdruck der bisherigen Glaubenseinheit zu sein, auf den Plan trat. Ebenso hat es das reformatorische Bekenntnis mit einem seine Lehre exklusiv verstehenden und vertretenden Gesprächspartner zu tun. Ebenso wollte das Dogma der „Deutschen Christen" wenigstens zu Anfang durchaus nicht das Dogma einer Richtung in der Kirche neben anderen, sondern das neue Dogma der deutschen evangelischen Kirche sein. Etwas anders verhielt es sich auf den ersten Blick mit dem Liberalismus des 18. und des 19. Jahrhunderts, dessen Anspruch jedenfalls explizit und vorläufig nur auf Gleichberechtigung lautete, der sogar in der Regel so weit ging, die Existenz einer ihm widersprechenden konservativen Gegenrichtung als dialektisches Komplement seiner eigenen Existenz förmlich zu postulieren, eine Sache, die z. B. in der Schweiz in Form der Lehre von der Notwendigkeit und Heilsamkeit der zwei bzw. drei „kirchlichen Richtungen" teilweise selber geradezu die Dignität eines Dogmas gewonnen hat. Gegenüber einer Bestreitung dieser — natürlich selbst höchst liberalen — Ansicht pflegt dann freilich auch die liberale Toleranz schleunigst in eine ziemlich nervöse Intoleranz umzuschlagen. Wie sollte es auch anders sein, als daß hinter der Anmeldung der Gleichberechtigung einer Lehre irgendwo immer auch die Anmeldung ihrer Alleinberechtigung steht? Wie sollte es anders sein, als daß auch die Haeresie und wäre es nur in der abgeblaßten Form einer allgemeinen Toleranzlehre, nicht nur irgendeine Meinung, sondern Lehre der Wahrheit, Ausdruck der kirchlichen Einheit sein möchte und also intolerant werden muß, ob sie es will oder nicht? Es ist also auch da, wo es sich scheinbar nur um den Anspruch auf Duldung handelt, damit zu rechnen, daß eine solche Gegenlehre die bisherige Glaubenseinheit nicht nur zu erweitern, sondern aufzuheben und durch eine andere zu ersetzen versucht, daß der Kampf des Bekenntnisses also wirklich als ein Kampf für die Substanz, als ein Kampf um Leben und Tod der Kirche geführt werden muß.

Einer solchen Gegenlehre gegenüber rekurriert nun das Bekenntnis von dem vieldeutig gewordenen Ausdruck der bisherigen Glaubenseinheit, wie er etwa in einem älteren Bekenntnis vorliegen mag, auf die heilige Schrift als auf den Richter der entstandenen Kontroverse. Vielmehr: es sehen sich die Urheber des Bekenntnisses durch die heilige Schrift in einer anderen Weise und Richtung gebunden als ihre Gesprächspartner; sie müssen also auch den bisherigen, durch das Auftreten der

Gegenlehre zweideutig gewordenen Ausdruck der Glaubenseinheit anders verstehen als jene; sie können aber nicht hindern, daß auch jene sich auf diesen bisherigen Ausdruck der Glaubenseinheit berufen. In Form einer Entscheidung muß jetzt also ein neuer Ausdruck der alten Glaubenseinheit gesucht und gefunden werden: ein solcher Ausdruck, der die andere Weise und Richtung, in der man sich (im Unterschied zu den Vertretern der Gegenlehre) durch die heilige Schrift gebunden findet, sichtbar macht, ein solcher Ausdruck, der das Urteil der heiligen Schrift in der vorliegenden Kontroverse, so wie die Bekenner es gehört zu haben meinen, zur Darstellung bringt.

Auf das Apostolikum beriefen sich im 4. Jahrhundert die Arianer ebenso wie die Athanasianer, auf das Nicaeno-Konstantinopolitanum im 5. Jahrhundert die Antiochener ebenso wie die Alexandriner, auf alle großen Konzilien des Altertums im 16. Jahrhundert die Katholiken ebenso wie die Evangelischen, und wiederum auf die reformatorischen Bekenntnisschriften 1933 die Deutschen Christen ebenso wie ihre Gegner. Das Bekenntnis bedeutete dann jedesmal den Versuch der Klärung der so entstandenen unklaren Lage. — Die Anfangsworte der Konkordienformel: *Credimus, confitemur, docemus* sind kennzeichnend für den Ernst und für die Verantwortlichkeit eines solchen Klärungsversuches. *Credimus:* der durch die heilige Schrift aufgerufene christliche Glaube, die Einheit der Kirche steht auf dem Spiel und wird aufs neue geltend gemacht; es denke also niemand, daß der Streit und seine Entscheidung eine beiläufige, eine vielleicht auch anders, auch weniger gewichtig zu erledigende Angelegenheit sei. *Confitemur:* es geht nicht um einen vielleicht auch *in abstracto* möglichen und wirklichen freien Herzensglauben Einzelner, sondern um den Glauben der Kirche, der als solcher in der Kirche und durch die Kirche der Welt bezeugt und bekanntgegeben werden muß, wenn sie mit dem Gehorsam gegen ihren Herrn nicht sich selbst preisgeben will. *Docemus:* es geht nicht um die Entscheidung einer akademischen Frage; es geht auch nicht um eine einmalige Entscheidung; sondern vor und hinter dem Bekenntnis steht das wirkliche Leben der Kirche; entsprechend dem Bekenntnis wird gepredigt und unterrichtet; es ist also ein ganzes Stück des sich schon ereignenden und wieder ereignenden kirchlichen Gottesdienstes und Gemeindelebens, das sich in dem Bekenntnis zu Worte meldet.

Es ist nun aber der Sinn und die Meinung einer in dieser Weise zum Inhalt der kirchlichen Konfession gewordenen Lehrentscheidung dies, daß mit dem in ihr gesprochenen Ja, d. h. mit der in ihr positiv vorgetragenen Schriftauslegung und Lehre zugleich ein bestimmtes Nein hinsichtlich der sie veranlassenden Gegenlehre ausgesprochen, daß diese also als Ausdruck der kirchlichen Einheit abgelehnt und als unkirchlich verworfen wird. Wollte sie dies nicht tun, was wollte sie dann überhaupt? Ohne dieses Nein würde offenbar auch ihr Ja kein Ja, sondern ein Ja und Nein oder ein: vielleicht Ja, vielleicht Nein, jedenfalls nicht das Ja eines *credere, confiteri, docere,* nicht das Ja einer durch die heilige Schrift gebundenen, vor Gott, der Kirche und der Welt abgelegten Verantwortung sein. Es ist offenbar gerade das Nein, durch das, indem es die vollzogene Entscheidung durch Nennung und Ablehnung der Gegenentscheidung als Entscheidung charakterisiert, in besonderer Weise die Klärung der unklar gewordenen Situation, wie sie durch die Konfession herbeigeführt werden soll.

Dieser Klärung dient das in der römisch-katholischen Symbolsprache üblich gewordene: *Si quis dixerit ... anathema sit. Anathema sit* heißt nicht (oder jedenfalls nicht mit dem Akzent unseres modernen Sprachgebrauchs): der sei verflucht! sondern: der befinde sich der Wirklichkeit entsprechend in den Augen der ganzen Kirche mit dieser seiner Gegenlehre außerhalb der kirchlichen Einheit! der erhebe nicht weiterhin den Anspruch, mit dieser seiner Lehre die Lehre des christlichen Glaubens vorzutragen! der sei sich klar darüber, daß er diese seine Gegenlehre nur als eine dem christlichen Glauben fremde Lehre vertreten kann! Eben dies besagen auch die in den reformatorischen Bekenntnissen vorkommenden Formeln: *Reprobamus, reiicimus, exsecramus, damnamus ... secus docentes.* Die Erklärung der Ersten Freien Reformierten Synode von 1934 sagte an derselben Stelle: „Damit (mit dem zuvor positiv Gesagten) ist abgelehnt die Ansicht ..." und die Barmer Erklärung 1934: „Wir verwerfen die falsche Lehre. ..." Daß solche Formeln für die Vertreter der durch sie betroffenen Sätze nicht angenehm zu hören sind, ist natürlich. Daß sie nicht mutwillig in Anwendung zu bringen sind, ist wohl zu bedenken. Und daß der Neuprotestantismus sie grundsätzlich für hierarchisch, lieblos und verabscheuungswürdig hält, ist geschichtlich verständlich. Man mache sich aber gegenüber allen auf dieser Linie möglichen Anwandlungen klar, daß das Bekenntnis etwas Bestimmtes sagen muß, daß es das aber nicht tun kann, ohne deutlich zu machen, welches andere Bestimmte es damit nicht sagen will. Der Andere und mit ihm die ganze Kirche soll im Bekenntnis nicht nur dieses Nein, er und die ganze Kirche sollen aber allerdings auch dieses Nein zu hören bekommen. Und nun ist es nicht so, daß dieses Nein eine vorhandene Einheit aufheben und zerstören wollte und könnte und also als eine Sünde gegen die Liebe zu verurteilen wäre. Es ist vielmehr so, daß dieses Nein die verdunkelte kirchliche Einheit wieder sichtbar machen, die bedrohte Einheit wieder herstellen will und kann, daß es also vielmehr als ein ausgezeichnetes Werk gerade der Liebe zu würdigen ist. Es ist ja selbstverständlich, daß die Konfession mit ihrer Darlegung der der Schrift gemäßen Lehre wie der ganzen Kirche gegenüber den Ruf zu erneuter Sammlung, so insbesondere dem Vertreter der Gegenlehre gegenüber die Einladung bedeutet, zu der nun erneut und präziser zum Ausdruck gebrachten Glaubenseinheit zurückzukehren. Eben um dieser Einladung willen muß ihm aber auch deutlich gesagt werden, daß er ihrer bedarf, weil er sich nämlich zunächst außerhalb dieser Einheit befindet, weil er in Vertretung seiner Gegenlehre *anathema* ist. Damit der Kranke sich der Behandlung des Arztes unterziehe, wird er wohl darum wissen und es für wahr annehmen müssen, daß er krank ist. Diesen Dienst tut ihm die Konfession, insbesondere mit ihrem *anathema* oder *damnamus.* Das ist nun freilich nicht zu bezweifeln, daß das ganze Wagnis einer Konfession gerade in diesem *damnamus* sichtbar wird. Es kann nur gut sein, wenn man sich diese Sache überall da, wo man meint, zum Bekenntnis schreiten zu sollen und zu können, sehr unerbittlich zum Prüfstein nimmt: Getraut man sich nicht (oder getraut man sich doch nicht ausdrücklich) *damnamus* zu sagen, dann möge man das *credimus, confitemur, docemus* fürs erste nur fein unterlassen und statt dessen fernerhin Theologie studieren, wie man es zuvor getan hatte. Die Sache ist dann gewiß nicht bekenntnisreif! Die Angst vor dem *damnamus* ist dann nämlich das sichere Zeichen: man ist dessen gar nicht sicher, daß die zu bekennende Lehre wirklich schriftgemäß und Ausdruck der kirchlichen Einheit ist, den man als solchen gegenüber seinem Gegensatz mit dem Ernst und der Verantwortlichkeit des *credimus, confitemur, docemus* zu behaupten und zu verteidigen sich getrauen würde, weil man es müßte. Man wollte dann doch wohl nur einer Meinung und Überzeugung oder gar einem bloßen Gefühl Ausdruck geben, gegen deren Widersprecher gleich mit dem *damnamus* vorzugehen in der Tat im höchsten Grade unbillig und unbesonnen wäre. Die Gefahr besteht — und wie sollte sie nicht als Schwert über jeder Konfession hängen? — daß man entweder in einem bloßen Streit von Meinungen und Gefühlen mit dem *damnamus* nun doch an einer bestehenden Glaubenseinheit sich versündigen, oder aber, auf bloße Meinungen und Gefühle sich gründend, mit dem *damnamus* sich selber von der wirklichen Glaubenseinheit trennen könnte, deren Vertreter in Wirklichkeit gerade der mit dem *anathema* belegte Gegner gewesen wäre. Es kann die Tatsächlichkeit dieser Gefahr gerade des *damnamus* — mit dem man sich leicht so oder so selber das Urteil sprechen könnte — nicht genug den Ernst und die Verantwortlichkeit einschärfen, in welcher allein das *credimus, confitemur, docemus* legitim gesagt werden kann. Wiederum kann aber diese Gefahr kein Anlaß sein, jenes mit dem im Gehorsam gegen Gottes Wort ausgesprochenen Bekenntnis so untrennbar verbundene Nein nun etwa zu verschweigen. Ernst, verantwortlich und gefährlich ist eben schon die Lehrentscheidung und ihre Aussprache als solche und in ihrem positiven Gehalt. Als anmaßlich, lieblos und unerträglich werden die Vertreter des entgegenstehenden Satzes schon das *credimus, confitemur, docemus* als solches empfinden: Man wiederhole z. B. ganz harmlos, rein positiv die Klauseln aus dem Apostolikum: *conceptus de Spiritu sancto, natus ex Maria virgine . . . tertia die resurrexit a mortuis* und sehe zu, wie sich die Leugner dieser Klauseln allenthalben angegriffen und beleidigt fühlen, auch wenn von *anathema* gar nicht geredet wird. In dem Maß, als der Widerpart das bekennende Ja versteht, wird er den dahinter stehenden Anspruch, wird er mit dem Ja auch das im Ja noch so verborgene Nein zu seiner Gegenlehre hören. Würde er das Nein nicht hören, dann hätte er eben auch das Ja noch nicht verstanden. Enthielte das Ja das Nein etwa gar nicht, dann wäre es gar nicht das Ja eines Bekenntnisses. Und wollte man es etwa — wie listige Bekenner, die in Wirklichkeit keine Bekenner waren, es gelegentlich versuchten — darauf absehen, das Ja so auszusprechen, daß das in ihm verborgene Nein nur möglichst Vielen verborgen bleibe, daß möglichst Viele sich um die Fahne eines möglichst allgemeinen Ja versammeln möchten, so könnte auch das nur auf Kosten des Ja im Sinn des notwendigen Bekenntnisses geschehen. Wollte man sich der Liebe rühmen, die in solchem Tun liege, so würde man vergessen haben, daß man doch, indem man bekennen wollte, um der Wahrheit willen präzisieren und gerade nicht verallgemeinern wollte und daß der nun eingetretene Verzicht auf die Wahrheit ganz gewiß nicht im Dienste der Liebe stattgefunden haben kann.

Eben das Nein und also die Abgrenzung gegenüber anderer vermeintlicher Einsicht gibt dem Gesicht der Konfession seine bestimmten Züge, zeigt diese Konfession in ihrem sachlichen Unterschied und in ihrem sachlichen Gegensatz zu anderen Konfessionen. In ihrem sachlichen Unterschied zu solchen Konfessionen, die ihr vorangegangen sind und die nun durch sie erklärt und präzisiert werden oder die ihr nachfolgen als ihre eigenen Erklärungen und Präzisierungen. In ihrem sachlichen Gegensatz zu solchen anderen Konfessionen, gegen deren Inhalt sie selbst Protest erhebt oder in denen umgekehrt gegen ihren eigenen Inhalt Protest erhoben wird. Eben dieses jeder Konfession im Unterschied und Gegensatz zu allen anderen eigene Gesicht besagt nun aber auch, daß wir es in ihr nur mit einem bestimmten Umkreis der der Kirche gegebenen Einsicht zu tun haben. Noch deutlicher als die örtliche und zeitliche zeigt die sachliche Bestimmtheit der kirchlichen Konfessionen diese in einem Nebeneinander und Widereinander, das schon als solches jede einzelne hinsichtlich des Umfangs der in ihr zu Worte kommenden Einsicht in Frage stellt. Dieses Nebeneinander und Widereinander ist ja weithin das einer gegenseitig geltend gemachten Ausschließlichkeit: es zeigen die Konfessionen mit ihren so ganz entgegengesetzten Bestimmungen der Glaubenseinheit, mit ihrer so verschiedenen Schriftauslegung, mit ihrem gegenseitigen *damnamus* die ganze Zerrissenheit der Kirche selber. Fehlt es nirgends an der Beziehung zu Jesus Christus und an dem Appell an die heilige Schrift und auch an gewisse Dokumente früher vorhandener Glaubenseinheit, so ist doch diese Beziehung und dieser Appell dadurch weithin kraftlos geworden, daß man in den seither nötig gewordenen Entscheidungen gerade im Glauben an Jesus Christus, gerade in der Auslegung der heiligen Schrift und gerade im Verständnis jener Dokumente früherer Glaubenseinheit nicht einig geht, so wenig einig, daß man je von der Gegenseite her das eine Bekenntnis des christlichen Glaubens wohl in der Tatsache jener Berufung und jenes Appells, in der Tatsache der Verkündigung des Namens Jesus Christus, im Gebrauch seiner Sakramente und vielleicht in den Bekenntnissen einzelner Christen oder in einzelnen kirchlichen Lebensäußerungen, aber gerade nicht in der drüben abgelegten Konfession wiederzuerkennen vermag. Und nun gibt es keinen überkonfessionellen und angeblich ökumenischen Standpunkt, von dem aus die Dialektik dieser kirchlichen Auseinandersetzung zu überblicken, womöglich als die organische Entwicklung eines Ganzen in seinen einzelnen Teilen zu verstehen und also die Gegensätze der Konfessionen aufzuheben wären. Man müßte seinen Ort schon außerhalb der Kirche nehmen und also sich der Notwendigkeit, zu dem Inhalt der in der Kirche so oder so gefallenen Entscheidungen Stellung zu nehmen, entziehen, man müßte schon konfessionslos werden, um überkonfessionell zu denken und urteilen zu können und würde bei solchem Denken und Urteilen sofort alle Konfessionen gegen sich haben, die (mit Einschluß des Neuprotestantismus!) ihr Ja und ihr Nein durchaus nicht als ein in einer höheren Einheit aufzuhebendes dialektisches Zwischenglied, sondern als den rechten, und zwar allein rechten Ausdruck der kirchlichen Einheit verstanden wissen wollen.

Es ändert nichts an diesem — den Ernst und die Verantwortlichkeit wirklichen Bekenntnisses vorausgesetzt, unvermeidlichen — Selbstzeugnis aller Konfessionen, wenn eine im Luthertum des 19. Jahrhunderts sehr beliebte Theorie das lutherische Bekenntnis als die organische Mitte zwischen den relativen Abirrungen der römisch-katholischen und der reformierten Kirche darstellte oder wenn die Kirche von England wiederum sich selbst als die organische Mitte zwischen Katholizismus und Protestantismus ausgibt. Von einer Überwindung der konfessionellen Gegensätze, von einer Annäherung an einen ökumenischen Standpunkt dürfte nur da geredet werden — da dürfte und müßte dann freilich davon geredet werden — wo der Gegensatz früherer Konfessionen zweier Kirchen durch die Tatsache neuen gemeinsamen Bekennens als Gegensatz antiquiert und zu einem bloßen Unterschied der theologischen Schule geworden, wo also das frühere *damnamus* hinsichtlich des gegenwärtigen gegenseitigen Verständnisses zweier Konfessionen faktisch zurückgenommen wäre. Wo und solange solche neuen Tatsachen nicht entstehen, wird man der anderen Tatsache ins Gesicht sehen müssen, daß die Konfessionen einander weithin gegenseitig überschneiden und begrenzen.

Ist man sich des Ernstes und der Verantwortung der eigenen Schriftauslegung und Lehre und also Konfession bewußt, darf man im Glauben gewiß sein, mit seinem Ja und mit seinem Nein im Gehorsam gegen Gottes Wort zu stehen, dann wird man diese Tatsache in ihrer ungeschwächten Gewalt als solche hinnehmen müssen und auch willig hinnehmen. Wie sollte das freilich auf irgendeiner Seite geschehen, ohne daß die eigene Konfession sehr ernsthaft als eine Einladung an alle vorhandenen Gegenseiten verstanden und gehandhabt wurde? Wo stünde man dann aber nicht vor der weiteren Tatsache der großen Machtlosigkeit solcher Einladung? Wo wäre also kein Anlaß zu dem Gebet, daß der Herr der Kirche selbst die Einigkeit in seiner Kirche herstelle, die wir ohne Untreue gegen ihn herzustellen unvermögend sind? Wo stünde man also nicht vor der weiteren Tatsache des Unvermögens, der offenkundigen Beschränktheit der in der eigenen Konfession ausgesprochenen Einsicht? Oder sollte, was offenkundig nur so beschränkt Gehör und Zustimmung sich zu verschaffen vermag, nicht mindestens auch an der Beschränktheit der darin ausgesprochenen Erkenntnis zu leiden haben, so aufrichtig die Bekenner dabei im Gehorsam gegen Gottes Wort zu stehen meinen und so wenig sie um der Treue willen — da ihnen ein anderes als ihr Schriftverständnis nun eben nicht gegeben ist — in der Lage sein mögen, dessen Beschränktheit von sich aus zu durchbrechen? Eben diese Beschränktheit jeder Konfession wird ja auch nicht nur an ihrem sachlichen Neben- und Widereinander sichtbar. Ist es nicht bei aller Notwendigkeit auch eine belastende Sache, daß jede Konfession zwar ihren Grund in der heiligen Schrift hat oder doch zu haben behauptet, ihren Anlaß aber immer im Auftauchen eines Irrtums, bzw. einer in der Kirche entstandenen Verwirrung des Glaubens und der Erkenntnis? Damit ist doch gesagt, daß jede Konfession nicht etwa, wie sie es als Darstellung einer wahrhaft umfassenden christlichen Einsicht tun müßte, überlegen und siegreich dem Irrtum und der Verwirrung vorangeht, um sie gar nicht erst aufkommen und sich entfalten zu lassen, sondern um sie im Keim zu ersticken. Nein, die Konfession kommt leider regelmäßig zu spät. Sie ist immer nur ein Versuch, den Brunnen zuzudecken, nachdem mindestens einige Kinder schon ertrunken sind, nachdem große Verwüstung der Kirche bereits stattgefunden hat.

Wie breit haben sich die meisten großen Irrlehren in der Kirche entfalten dürfen, wie lange hat man den Widerspruch gegen sie zunächst fast immer Einzelnen überlassen, ohne in deren einsamer Stimme die Stimme der Kirche zu erkennen, ohne die Einseitigkeit, in der diese ihren Widerspruch vielleicht erhoben, zurechtzurücken durch das gemeinsame Zeugnis der Gemeinschaft der Heiligen — bis es dann endlich so weit war, daß diese Vorläufer zu ihrem Recht kamen, daß allgemeine Verständigungen und Entschlüsse möglich wurden, daß ein Wort der Kirche oder doch ein deutlich im Namen der Kirche gesprochenes Wort in der Kirche als Konfession dem Irrtum und der Verwirrung entgegentrat!

Gewiß: besser zu spät als gar nicht! Es charakterisiert aber dieses „zu spät" die Konfession doch deutlich als ein Dokument menschlicher und also beschränkter Einsicht. Dazu kommt dann noch das Weitere: weil und indem die Konfession durch den Irrtum und die Verwirrung in der Kirche veranlaßt ist, ist sie inhaltlich Antwort auf diese, ist sie also neben ihrem Grund in der heiligen Schrift schon hinsichtlich der Auswahl ihrer Themata mindestens auch bestimmt durch die ihr von zugestandenermaßen sehr inkompetenter Seite gestellte Frage. Aber doch nicht nur hinsichtlich der Themata: Bekennen heißt Reagieren; wo aber reagiert wird, da besteht nicht nur die Gefahr, da ist es ganz unvermeidlich, daß man sich in seiner These an der abzuweisenden Gegenthese orientiert, daß man mit seinem Ja und Nein auch sie — wenngleich nur im Spiegelbild — am Leben erhält. In der eigenen These der Konfession steckt dann noch irgendwo — und wäre es nur in Gestalt der Fragestellung, auf die sie sich einlassen muß — die abgelehnte Gegenthese. Wie sollte das nicht eine Schranke der in ihr ausgesprochenen Einsicht bedeuten? Nicht zu reden von der menschlichen Irrtumsfähigkeit ihrer Urheber, von der Zeitgebundenheit ihrer exegetischen und dialektischen Methoden, von den Schranken der Ausdrucksfähigkeit ihrer Sprache! — Hält man nun alles zusammen: die räumliche, die zeitliche, die sachliche Begrenzung jeder Konfession, so möchte man sich wohl fragen, wie es unter diesen Umständen eine Autorität irgendeiner Konfession geben soll?

Wir haben aber umgekehrt behauptet, daß die Autorität einer Konfession gerade entscheidend in ihrer Begrenzung beruht. Dies ist es, was wir jetzt noch zu erklären haben. Es ist wahr: die aufgezeigte Begrenzung einer jeden Konfession ist das unverkennbare Merkmal ihrer Menschlichkeit. Aber nun haben wir bisher doch erst von der Erscheinung, von der sichtbaren Gestalt dieser Begrenzung gesprochen. Wir mußten von ihr sprechen, denn wenn wir sie überhaupt sehen wollen, dann müssen wir sie in dieser ihrer sichtbaren Gestalt sehen. Eine ganz andere Frage ist aber die: ob sie von dieser ihrer sichtbaren Gestalt als solcher her zu verstehen ist, will sagen: ob die Tatsache, daß es immer wieder Konfession gegeben hat und noch gibt — Konfession mit all den Gefahren, mit denen dies Unternehmen verbunden ist, Konfesssion unter der ganzen Last der Verantwortlichkeit, die dieses Unternehmen bedeutet und nun doch Konfession mit dem Mut, diese Verantwortung zu übernehmen und jenen Gefahren zu trotzen, obwohl doch die Menschen in der Kirche, die solche Konfession ablegten, nie im Unklaren sein konnten weder über die räumliche noch über die zeitliche noch auch über die sachliche Bedingtheit ihres Tuns — ob diese Tatsache damit zu erklären ist, daß diese Menschen die Bedingtheit ihres Tuns nun eben merkwürdigerweise doch in einer Art von Rausch übersehen und vergessen haben sollten, so daß als das Reale, das nach Abzug aller Illusionen und Phantasien übrig bliebe, doch nur etwas Geographie und Politik, einige alte und neue Zeitbedingtheiten und schließlich eine Reihe von dialektischen Situationen im Entwicklungsprozeß des durch seine Umwelt bestimmten christlichen Denkens und Sprechens übrig bleiben würde? Das würde etwa heißen: die Begrenzung der Konfession von ihrer sichtbaren Gestalt als solcher her verstehen. Das ist klar: daß die Konfession, deren Begrenzung damit erschöpfend verstanden wäre, zwar u. U. immer noch interessant und historisch ehrwürdig, daß sie aber nicht kirchliche Autorität in einem ernsthaften theologischen Sinn sein könnte. Aber eben das fragt sich: ob nicht die zu leugnende, sondern hervorzuhebende Begrenzung der kirchlichen Konfession so und nur so, ob sie in dieser Richtung erschöpfend verstanden ist? Als Merkmal der allgemeinen Menschlichkeit der Konfession haben wir diese Begrenzung dann gewiß verstanden und es ist wichtig, daß sie auch als das verstanden wird. Als Merkmal der besonderen Menschlichkeit der kirchlichen Konfession ist ihre Begrenzung damit doch noch nicht verstanden. Die besondere Menschlichkeit der kirchlichen Konfession besteht in der Parrhesie, in der Verantwortungsfreudigkeit, in der Gewißheit und in der Liebe, in der sie trotz aller den Bekennern gesetzten Schranken immer wieder Ereignis geworden ist. Ist nun diese ihre besondere Menschlichkeit damit erklärt, daß man sie als ein Vergessen dieser Schranken, als eine enthusiastische Begleiterscheinung deutet, die zur Feststellung des Realen, um das es da geht, nicht weiter zu berücksichtigen wäre? Eben diese ihre besondere Menschlichkeit kann doch offenbar auch einen ganz anderen Sinn haben, der nun freilich nicht wieder vom Allgemeinen her: daß sie Menschen des Westens oder Ostens, Menschen dieser und dieser Zeit, Menschen in dieser oder dieser Auseinandersetzung waren, aber auch nicht als ein enthusiastisches Übersehen und Überspringen dieses Allgemeinen verstanden werden kann. Sie können ja auch in einem besonderen Gehorsam bekannt haben, was und wie sie bekannten und es kann ja die menschliche Beschränktheit dieses ihres Bekennens auch die konkrete Form dieses ihres Gehorsams gewesen sein. Nicht nur von ihrer örtlichen, zeitlichen und sachlichen Beschränktheit her wäre dann also die Konfession zu erklären — von da aus ist sie freilich auch zu erklären; es handelt sich nicht darum, jene „historische" Deutung auszuschalten! auch jener Enthusiasmus hat sicher in jeder Konfession seine bestimmte Rolle gespielt — sondern auch das Umgekehrte kann gelten: von der Konfession her ist die örtliche, zeitliche und sachliche Beschränktheit zu erklären, sofern nämlich die Konfession selbst (mit oder ohne ein bißchen Enthusiasmus) Gehorsam gegen Gottes Wort war, sofern sie gerade in dieser und dieser bestimmten Gestalt dem Willen Gottes entsprach. Was kann man eigentlich gegen die Möglichkeit dieser zweiten Deutung einwenden, wenn man das Wort und den Willen Gottes als die die Kirche regierende Macht und mit ihr die Möglichkeit eines Gehorsams gegen sie nicht aus der Reihe sinnvoller Erwägungen streichen will, wenn man vielmehr darin einig ist, daß Gottes Wort und Wille das eigentliche Subjekt des kirchengeschichtlichen Geschehens ist? Ist man darin einig, dann wird man zwar die Tatsache der vielfachen Begrenzung aller kirchlichen Konfessionen nicht leugnen, man wird dann aber auch damit rechnen, daß sie nicht nur einen Sinn von unten, sondern auch einen Sinn von oben haben kann: darin, daß Gottes Wort und Wille und nicht irgendwelche geschöpflichen Mächte und Gewalten den Konfessionen diese ihre vielfachen Grenzen gezogen haben. Weil und indem die heilige Schrift, die zu der Kirche redete, da und dort, damals und später, diesen und jenen je ihr bestimmtes Maß des Geistes und des Glaubens mitteilte, begnadigte aber auch richtete, Licht aber auch Finsternis verbreitete nach dem freien, gerechten und guten Willen Gottes, darum mußte in der Kirche immer wieder bekannt, darum freilich auch so verschieden und so gegensätzlich bekannt werden, darum und von daher gibt es einen kirchlichen Osten und einen kirchlichen Westen, gibt es ein kirchliches Altertum und eine kirchliche Neuzeit in ihrer gegenseitigen Bestätigung, darum und von daher auch Bekenntnis in schmerzlicher sachlicher Auseinandersetzung mit anderem Bekenntnis. Alles, was von unten, von der sichtbaren Gestalt als solcher her zu sagen ist, mag und muß gesagt werden. Es ist aber dieses von oben: von der Verfügungsgewalt des Wortes und Willens Gottes her zu Sagende das Letzte und Entscheidende, was hier zu sagen ist. Es ist also in der sichtbaren Gestalt gerade nur ihr geschöpfliches Material, und es ist in diesem geschöpflichen Material die formende Hand des so und so beschließenden und verfügenden Herrn der Kirche zu erkennen. Rechnet man auch mit dieser zweiten Deutung — es ist klar, daß man an das Wort und den Willen Gottes, daß man an den Herrn der Kirche glaubt, wenn man auch mit dieser zweiten Deutung rechnet — dann ist es jedenfalls nicht mehr unbegreiflich, daß die kirchliche Konfession kirchliche Autorität haben kann und daß sie unter allen Umständen gerade in dem, was sie in Frage zu stellen scheint, nämlich in ihrer ihre Menschlichkeit verratenden Begrenzung Autorität hat. Eben in dieser Begrenzung und also Menschlichkeit ist ja die einmal abgelegte kirchliche Konfession jedenfalls ein greifbares und authentisches geschichtliches Dokument, das der übrigen und der späteren Kirche als konkreter Gesprächspartner gegenübertreten und gegenüberstehen kann als Fleisch von deren eigenem Fleische. Wird, wenn es zu diesem Gespräch kommt, die örtliche, zeitliche und sachliche Bestimmtheit der Konfession für oder gegen deren Autorität sprechen? Es kann doch offenbar beides geschehen: es können ihr Ursprung da oder dort, ihr Alter oder ihre Neuheit, es kann ihre konkrete sachliche Stellungnahme sowohl für wie gegen ihre Würde und Geltung ins Gewicht fallen. Eine endgültige Entscheidung wird im Blick auf ihre Begrenzung als solche nicht herbeizuführen sein. Wohl aber kommt es zu dieser Entscheidung, wenn und indem als der Grund dieser Begrenzung die Wege und Gerichte Gottes erkannt werden, m. a. W. wenn die Konfessionen im Lichte der über und in der Kirche wirksamen Herrschaft des Wortes Gottes durch das Instrument der heiligen Schrift gesehen und wenn sie in diesem Licht gehört und geprüft werden. In diesem Lichte gesehen und geprüft, bekommt die kirchliche Konfession einen Charakter, der ihr nicht kraft ihrer Begrenzung, wohl aber gerade in ihrer Begrenzung eigen ist. Vielleicht den Charakter eines Dokumentes von Gottes Zorn, Gericht und Verstockung und also den Charakter einer negativen Autorität, eines Dokumentes, das der Kirche als Kodifizierung des Irrtums und der Lüge zur Warnung und Abschreckung dienen muß. Vielleicht aber doch vielmehr den Charakter eines Dokumentes, in dessen menschlicher Beschränktheit wir zwar auch, aber doch nicht nur die Spuren von Gottes Zorn, Gericht und Verstockung, nicht nur den allgemeinen menschlichen Ungehorsam gegen sein Wort, die allgemeine Blindheit alles menschlichen Denkens über ihn, das allgemeine Unvermögen, recht von ihm zu reden, sondern darüber hinaus seine sündenvergebende Gnade, die die Kirche sammelnde und neu begründende Kraft seines Wortes und also mitten im Bereich menschlichen Irrens und Lügens eine bestimmte Erkenntnis der Wahrheit wahrnehmen. Diesen Charakter tragend, bekommt und wird die kirchliche Konfession kirchliche Autorität gerade in ihrer Begrenzung, gerade als dieses, wie wir wohl wissen und uns keineswegs verbergen, östliche oder westliche, alte oder neue, dieser und dieser kirchlich theologischen Situation entsprechende, nur zu sehr entsprechende Dokument gerade mit den Spuren der raum-zeitlichen Geschöpflichkeit, gerade mit den Wunden des geschichtlichen Kampfes, die es an sich trägt. Und wenn auch in diesem Lichte gesehen das, was man den mit der Entstehung jeder Konfession verbundenen Enthusiasmus nennen kann, wenn das ganze so gefährdete menschliche Wagnis des in der Konfession gesprochenen Ja und Nein als solches auch in diesem Lichte keineswegs unsichtbar wird, so kommt jetzt doch auch diese ihre besondere Menschlichkeit unter ein anderes Vorzeichen zu stehen. Begleiterscheinung ist sie auch in diesem Licht gesehen. Wichtig und Autorität begründend ist die Parrhesie der Bekenner ebensowenig wie ihre in ihrer Beschränktheit sichtbare allgemeine Menschlichkeit. Trägt aber ihre Konfession, von der Prüfung an der heiligen Schrift und also vom Wort und Willen Gottes her geurteilt, jenen Charakter des Gehorsams oder vielmehr der sündenvergebenden Gnade und also der das menschliche Irren und Lügen durchbrechenden Erkenntnis der Wahrheit, dann wird auch ihr Enthusiasmus verständlich als Außenaspekt der Tatsache, daß sie unter dem Druck einer Notwendigkeit entstanden ist, die als solche zugleich eine Erlaubnis bedeutete, daß die Grenze ihrer Einsicht zugleich die ihr durch Gottes Wort gesteckte Grenze und also nicht nur die Demütigung der Bekenner, sondern zugleich ihre Festigung und Ermutigung hinsichtlich des menschlichen Wagnisses ihres *credimus*, *confitemur*, *docemus*, aber auch ihres *damnamus* bedeutet. Geschah dieses Wagnis der Konfession in der so begründeten Freudigkeit des Gehorsams, wie sollte es dann eine Minderung ihrer Autorität bedeuten? Wie sollte es dann nicht vielmehr zu ihrer Bestätigung dienen?

e. Wir haben die kirchliche Konfession als eine ,,auf Grund gemeinsamer Beratung und Entschließung zustande gekommene Formulierung und Proklamation" bezeichnet und damit den Modus ihrer Entstehung und ihres Bestandes angegeben.

Den Modus ihrer Entstehung zunächst. Subjekt eines kirchlichen Bekenntnisses ist die Kirche, müssen also unter allen Umständen Mehrere sein. Es ist nicht nötig, daß sie gemeinsam die Verfasser des Bekenntnisses seien. Es ist auch nicht nötig, daß sie sozusagen parlamentarisch beraten und beschlossen haben. Man wird den Begriff der Synode oder des ,,Konzils" und den Begriff vom normalen Funktionieren einer solchen Versammlung zwar hinsichtlich des entstehenden Bekenntnisses nicht leicht streng genug, man wird ihn aber hinsichtlich des einmal entstandenen Bekenntnisses sehr weitherzig interpretieren müssen. Immerhin wäre da nicht kirchliches Bekenntnis, wo nicht eine Mehrzahl von Gliedern der Kirche verantwortlich dafür einständen und an der Beratung und Beschlußfassung über seinen Inhalt mindestens ideell — kraft der Tatsache ihres schon vorher offenkundigen Glaubens- und Bekenntnisstandes oder in Form nachträglicher ausdrücklicher Zustimmung — mitgewirkt hätten. Wie wäre es anders möglich, als daß die ersten Anreger und Urheber eines kirchlichen Bekenntnisses alle Anstrengungen machten, die Kirchlichkeit ihres Unternehmens nicht etwa nur zu beweisen, sondern nach Menschenmöglichkeit real zu sichern dadurch, daß sie die Beratung und Beschlußfassung darüber auf einen möglichst breiten Boden zu stellen versuchen, also nach möglichst vielen bewußten und erklärten Mitbekennern sich umsehen und dem ganzen Geschehen die höchst mögliche Ordentlichkeit und Kontrollierbarkeit zu verschaffen suchen werden? Es ist, auch wenn faktisch nur ein Einzelner der Verfasser des Bekenntnisses sein sollte, nötig, daß er ebenso faktisch gerade nicht etwa allein ist und nur für seine eigene Person redet, daß vielmehr Mehrere, daß möglichst Viele mitverantwortlich hinter und neben ihm stehen. Im Namen der Kirche und zur Kirche soll ja im Bekenntnis geredet werden. Zwei oder drei müssen also — und das in irgendeiner Form ordentlich, freiwillig und übersichtlich — versammelt sein, wo bekenntnismäßig geredet werden soll.

In Voraussetzung und Feststellung dieses Sachverhaltes beginnt darum die Augsburger Konfession mit den Worten: *Ecclesiae magno consensu apud nos docent*.... Man darf diesen Ausdruck nicht pressen: die sächsischen Gemeinden und die überwiegende Mehrzahl der dortigen Prediger sind selbstverständlich bei dem, was Melanchthon und einige andere Theologen unter Fernmitwirkung Luthers damals in Augsburg erarbeiteten, nicht direkt beteiligt gewesen. Dennoch konnte, durfte und mußte in ihrem Namen mit vollem Gewicht so geredet werden: *Ecclesiae ... docent*. Nicht viel anders ist es etwa bei der Entstehung der Basler Konfession von 1534 zugegangen. Verfaßt von Oswald Mykonius trägt sie doch die Überschrift: „Bekanthnuß unsers heiligen Christenlichen gloubens, wie es die kylch von Basel haldt". Sie ist (wie zwei Jahre später die von Farel und Calvin verfaßte von Genf) von der versammelten Basler Bürgerschaft öffentlich beschworen worden und es wurde die Vorstellung, daß die ganze Gemeinde ihr Subjekt sei, noch bis 1821 dadurch lebendig erhalten, daß sie alljährlich einmal in der Karwoche solenn im Gottesdienste verlesen wurde. Die *Conf. helv. post.* von 1561 war ursprünglich eine reine Privatarbeit von Heinrich Bullinger; sie erschien dann zunächst als Bekenntnis der Prediger von Zürich, Bern, Schaffhausen, St. Gallen, Chur, Mülhausen, Biel und Genf, fand in der Folgezeit die ausdrückliche Zustimmung fast aller damaligen reformierten Kirchen, um schließlich neben dem Heidelberger Katechismus geradezu die reformierte Bekenntnisschrift zu werden und besonders in Osteuropa bis auf diesen Tag zu bleiben. So hat selbstverständlich auch die *Conf. Gallic.* von 1559 nicht etwa als Arbeit Calvins, sondern als *Confession de foi des églises reformées du royaume de France*, so hat der Heidelb. Kat. von 1563 nicht als Werk des Ursinus und Olevianus, sondern als „Christlicher underricht, wie der in Kirchen und Schulen der Churfürstlichen Pfaltz getrieben wirdt" und nachher und noch mehr auf Grund der freudigen Zustimmung der anderen reformierten Kirchen den Charakter einer kirchlichen Konfession gewonnen. Bestimmt nicht dieser Charakter ist dagegen Schriften wie dem sog. Staffortschen Buch des Markgrafen Ernst Friedrich von Baden-Durlach von 1599 oder wie der sog. *Confessio Sigismundi* von 1614 zuzuschreiben. Wenn es zu Beginn der letzteren heißt, daß „S. churf. Gn. sich gnedigst unnd Christlich erinnert, was der H. Geist ... aufzeichnen lassen", so war das, was dabei herauskommen konnte, trotz der wohlgemeinten Absicht: „daß seine Churf. Gn. dem Könige der ehren die Toren in ihrem lande weit und breit eröfnen" wollte, nun eben doch eine kurfürstliche Privatsache, bzw. eine landesherrliche Willenserklärung, aber nimmermehr eine Bekenntnisschrift der reformierten Kirche und hätte darum auch nie als solche aufgeführt werden sollen. Fehlt der *consensus ecclesiae*, dann fehlt auch die *ecclesia* selbst, dann handelt es sich auch nicht um eine *confessio ecclesiastica*. Die brandenburgisch-preußische Kirche hatte bis auf unsere Tage nur zu sehr darunter zu leiden, daß man dem König der Ehren die Tore damals in dieser Weise zu eröffnen gedachte.

Irgendwie problematisch und anfechtbar war nun freilich sowohl die theologische Vorbereitung als auch das Zustandekommen des Beschlusses so ziemlich aller kirchlichen Konfessionen.

Am meisten vielleicht gerade da, wo, wie etwa auf dem Konzil von Trient oder auf der Synode von Dordrecht, die Zusammensetzung der beratenden und beschließenden Körperschaften, wo deren Geschäftsordnung, wo die Förmlichkeit und Ausführlichkeit der theologischen Aussprache die kontrollierbarste und feierlichste war. Wie es in Nicaea zuging, ist oft genug dargestellt und bejammert worden und auch sonst war es wohl nie so, daß die bei solchen Beratungen und Beschlußfassungen anwesende oder auch abwesende Gegenpartei nicht Grund gehabt hätte, sich über die Zusammensetzung des betr. Gremiums oder über mangelhafte theologische Vorbereitung oder auch über allerlei geschäftsordnungsmäßige Willkür und Vergewaltigung zu beklagen und die formale Gültigkeit der gefaßten Beschlüsse unter irgendeinem nur teilweise widerlegbaren Gesichtspunkt anzufechten.

Maßgebend für die Autorität einer Konfession ist aber weder das Niveau und der Gehalt der ihrer Proklamation unmittelbar vorangehenden theologischen Debatten — auch sie befanden sich häufig genug notorisch nicht auf der Höhe, die man ihnen hätte wünschen mögen — noch die juristische Korrektheit, noch auch nur die menschliche „Anständigkeit", die bei der Beschlußfassung zur Anwendung oder auch nicht zur Anwendung kamen, so sehr man es bedauern wird, wenn das Letztere gelegentlich nicht der Fall war. Maßgebend für ihre Autorität ist letztlich ganz allein ihr Inhalt als Auslegung der Schrift, der wiederum von der Schrift her seine Bestätigung oder auch sein Gericht empfangen muß. Dieser Inhalt kann auch einer formal fragwürdigen Konfession etwas von seiner eigenen Würde und Bedeutung mitteilen. Eine Konfession, die sich in jener Krisis bewährt, hat Autorität und wenn sie mitten im unordentlichsten Tumult zustande gekommen wäre. Wogegen eine in jeder Hinsicht aufs Sauberste zustande gekommene Konfession keine oder nur jene negative Autorität einer göttlichen Warnung und Abschreckung haben kann, wenn sie sich in dieser Krisis nicht bewährt. Gibt es keine Konfession, deren Autorität im Licht ihrer Entstehungsgeschichte nicht gefährdet erscheinen könnte, so gibt es auch keine, deren Autorität nicht trotz ihrer Entstehungsgeschichte das Zeugnis des Heiligen Geistes für sich haben könnte. Das bedeutet keine Entschuldigung der bei ihrer Beratung und bei ihrem Beschluß vorgekommenen Fehler: war man in der Sorge um die Kirchlichkeit schon der Entstehung einer Konfession nachlässig, dann hat sich das in ihrer Geschichte trotz des sündenvergebenden Zeugnisses des Heiligen Geistes bestimmt noch immer gerächt; wieviel Kraftlosigkeit manches an sich guten Bekenntnisses mag auf solche bekannten und unbekannten Sünden seiner Entstehungsgeschichte zurückzuführen sein. Nochmals: wo eine Konfession im Entstehen ist, da wird man auf höchstmögliche Allgemeinheit, Ordentlichkeit und Billigkeit des ganzen Vorgehens nicht genug bedacht sein können. Im Namen der ganzen Kirche zur ganzen Kirche redend, ist man dies — nicht etwa irgendwelcher moralischen Ängstlichkeit, sondern der Sache ganz einfach schuldig. Man wird aber, wenn man Alles getan hat, was man um der Sache willen zu tun schuldig war, sicher immer noch bekennen müssen, daß man ein unnützer Knecht ist. Es wird der Erfolg der dahin gehenden Bemühungen immer seine offenkundigen und heimlichen Grenzen haben. Wenn aber diese Begrenztheit sicher nicht ungestraft bleiben wird, so haben doch die, an die die entstandene Konfession nun tatsächlich ergeht, die also durch sie, nämlich durch ihren Inhalt zur Entscheidung aufgerufen sind, kein Recht, auf diese Begrenztheit hinzuweisen, um sich der Entscheidung zu entziehen, statt nach dem zu fragen, worauf es allein ankommen kann, nämlich danach, ob die in dieser Begrenztheit — und wäre diese noch so bedauerlich — entstandene Konfession das Urteil der heiligen Schrift und das heißt: das Zeugnis des Heiligen Geistes für sich oder gegen sich hat. — Und nun ist zum Modus des Bestandes einer kirchlichen Konfession noch folgendes zu sagen: Ein Bekenntnis ablegen, *confiteri*, heißt: den Inhalt proklamieren, veröffentlichen, bekannt-, und zwar möglichst allgemein bekanntmachen. Das Bekenntnis verlangt Publizität. Das ergibt sich aus seinem Wesen als Wort der ganzen Kirche an die ganze Kirche. Das ergibt sich aus seiner Absicht, Antwort zu geben auf die in der Kirche durch das öffentliche Auftreten der Gegenlehre aufgeworfene Frage. Das ergibt sich aber vor Allem aus seinem Grund und Gegenstand: dem an die Kirche und durch die Kirche an die Welt gerichteten göttlichen Offenbarungszeugnis. Was das Bekenntnis zu sagen hat, das läßt sich weder ganz noch teilweise verschweigen. Ein Bekenntnis kann nicht halblaut, es kann nicht bloß zu Einigen gesagt werden. Ein Bekenntnis ist vor Allem etwas ganz anderes als ein Programm oder Richtlinien, mittelst derer sich die Angehörigen einer Gruppe über ihr eigenes Wollen verständigen würden, ohne damit den außerhalb dieser Gruppe Stehenden zunahe treten zu wollen, die sie vor jenen womöglich mehr oder weniger geheim halten könnten. Ein Bekenntnis kann nur laut und in der Absicht, von Allen gehört zu werden, gesprochen werden. Ist der Anspruch, der darin liegt, bedingt durch die rechte Erkenntnis des Wortes Gottes, dann ist er keine Anmaßung, dann bewährt sich vielmehr die tiefste, die wirkliche Demut darin, daß dieser Anspruch ungescheut erhoben wird. In dem Öffentlichkeitswillen des Bekenntnisses, der sich ja nur auf den sichtbaren Raum der menschlichen Gemeinschaft beziehen kann, wird bildhaft sichtbar sein Bewußtsein, vor Gott und seinen heiligen Engeln, aber auch vor den Augen und Ohren des Teufels und aller Dämonen abgelegt zu sein, dort dankend, lobend und anbetend, hier Trotz bietend und triumphierend. Eben darum stehen wir gerade hier noch einmal vor dem ganzen verantwortlichen Ernst des Unternehmens, Bekenntnis abzulegen. Ob man es habe hinauszuführen, oder ob es nicht besser wäre, zuvor Frieden zu schließen und umzukehren? diese Frage stellt sich hier nochmals mit ihrem ganzen Gewicht. Aber wo das Bekenntnis Gehorsam ist, da ist die in dieser Frage eingeschlossene Sorge aufgehoben, da ist die Publizität des Bekenntnisses selbstverständlich.

In diesem Sinn sind gerade die reformatorischen Bekenntnisschriften in ihrer Mehrzahl weniger als theologische Kirchenordnungen denn als Heroldsrufe zu verstehen, die man ausgehen ließ, um die durch dieselbe Erkenntnis Gebundenen allenthalben in der Kirche aufs Neue zu sammeln und zugleich dem Widerpart gegenüber aufs Neue Rechenschaft abzulegen, aufs Neue jene missionarische Einladung auch an ihn ergehen zu lassen. — Eine Sonderstellung kommt hier der Augsburger Konfession zu. Die Dignität dieses Bekenntnisses hat nicht nur in der Phantasie, sondern sehr real auch in der kirchlichen und konfessionellen Politik des alten, neueren und neuesten Luthertums eine Rolle gespielt, die mit dem Gewicht bzw. mit der Schriftgemäßheit seines Inhalts allein unmöglich zu erklären ist. Theologisch konnte es ja den Bedürfnissen schon des Luthertums des 16. Jahrhunderts notorisch sehr bald nicht mehr genügen. Es mußte aber trotz aller Mühe, die man mit ihm hatte, darum das lutherische Bekenntnis sein und bleiben — es konnte insbesondere als „*Invariata*" jenen Duft heiliger Unberührbarkeit und Unüberbietbarkeit bekommen, den es sich teilweise bis heute erhalten hat — weil man es unter das Wort Ps. 119, 46 stellen konnte: *Et loquebar de testimoniis tuis in conspectu regum et non confundebar*, weil es nämlich, wie die Vorreden zum Konkordienbuch und zur Konkordienformel hervorzuheben nicht müde wurden, auf dem Reichstag zu Augsburg im Jahr 1530 dem Kaiser Karl V. und den Reichsständen vorgelegt und übergeben worden war. Warum ist das so wichtig? Die Antwort kann nicht eindeutig sein, und die modernen Lutheraner würden wohl gut tun, dies zu bedenken: indem man sich zur Augsburger Konfession bekannte, stellte man sich in den Schutz und Schatten des den Protestanten augsburgischer Konfession 1555 zugesagten Religionsfriedens. Von da aus gesehen ist die *Augustana* also sehr einfach und nüchtern das Wahrzeichen des den Lutheranern durch Kaiser und Reich garantierten äußerlichen Daseinsrechtes, aber leider — wohlverstanden — auch das Wahrzeichen ihres Verzichtes auf die Evangelisierung des übrigen Reiches und damit auf den missionarischen Charakter ihres Bekenntnisses. Aber es wäre doch unrecht, nicht auch die andere Seite des Sache zu sehen, an der auch das Luthertum der Konkordienformel wenigstens ideell ausdrücklich festgehalten hat. Die in der Vorlage und Übergabe an Kaiser und Reich begründete besondere Dignität der *Augustana* besteht nämlich nach den Aussagen der Vorrede zur Konkordienformel (Bekenntnisschriften der ev.-luth. Kirche 1930, 741, 8) darin, daß gerade dieses Bekenntnis bei diesem Anlaß *publice ad omnes homines Christianam doctrinam profitentes adeoque in totum terrarum orbem sparsa ubique percrebuit et in ore et sermone omnium esse coepit*. Man muß zum Verständnis hinzunehmen, daß die Verfasser der Konkordienformel einmal nicht nur die Reformation als solche, sondern auch im besonderen die Augsburger Konfession als ein direktes Werk Gottes selbst verstanden (*ib.* 740, 5, 14), und sodann, daß sie mit Luther selbst die Reformation als den letzten Gnadenerweis Gottes unmittelbar vor dem bevorstehenden Weltuntergang (*postremis temporibus et in hac mundi senecta, ib.* 740, 6) aufgefaßt haben. So haben sie — man wird diese Stelle in ihrer Bedeutung für die Geschichte des Missionsgedankens würdigen müssen — in der Kaiser und Reich übergebenen und damit einer qualifizierten Öffentlichkeit teilhaftig gewordenen *Augustana* den von Gott selbst bewirkten Akt des letzten, notwendigen Rufes an alle als schon geschehen verstanden. In der kurzen Zwischenzeit von da bis zum Weltende erfreut man sich der Vorteile des ebenfalls durch die Augsburger Konfession gesicherten Religionsfriedens! Das ist nun gewiß eine merkwürdige und in ihrem etwas bequemen Gleichgewicht von Eschatologie und Kirchenpolitik etwas bedenkliche Konzeption. Immerhin: sie hat auch diese eschatologische Seite und von hier aus gesehen ist nach lutherischer Ansicht das vollzogene Bekenntnis geradezu identisch mit der schon vollzogenen Weltmission. In diesem wahrhaft überschwenglichen Sinn einer Art letzter oder doch vorletzter Posaune — mächtig genug, alle weitere Mission überflüssig zu machen und darüber hinaus den Bekennern noch eine letzte irdische Sicherung zu verschaffen — hat also auch das Lutherthum seine Konfession verstanden wissen wollen.

Aus der notwendigen Publizität des Bekenntnisses ergeben sich zweifellos auch gewisse Kriterien hinsichtlich seiner Form und seines Inhalts. Was zum Inhalt eines Heroldsrufes bestimmt ist, das muß nicht nur richtig, sondern auch wichtig sein: es muß sich verantworten lassen und es muß sich lohnen, damit vor die Öffentlichkeit der ganzen Kirche und Welt zu gehen und also das Gehör und die Aufmerksamkeit aller zu beanspruchen. Es gibt richtige und nötige Entscheidungen, die die Kirche oder die man in der Kirche in aller Stille fällen muß, ohne sie darum *urbi et orbi* bekannt geben zu müssen. Was in diesem Sinn wichtig und unwichtig ist, das wird sich freilich nicht allgemein angeben lassen; scheinbar Unwichtiges kann in *statu confessionis* plötzlich wichtig und also notwendiger Gegenstand öffentlicher Aussprache werden; scheinbar Wichtiges kann in bestimmter Situation unwichtig und seine feierliche Aussprache eine Flucht vor der wirklich nötigen Entscheidung sein. Alle müssen im Bekenntnis das hören, was Alle in die Entscheidung ruft. Es können darum im Bekenntnis keine bloß lokal oder regional bestimmten und einleuchtenden Sätze, es können in ihm keine den Glauben gar nicht erkennbar berührenden Entscheidungen, es können in ihm auch nicht die Theoreme einer individuellen Theologie zur Aussprache kommen — es wäre denn (was ja im Blick auf Athanasius, Augustin und Luther auch nicht auszuschließen ist) daß die Kirche als solche derartige besondere Elemente als ihr eigenes Zeugnis auf ihre eigene Verantwortung übernehmen könnte und müßte. Wiederum hat ein Bekenntnis seine Sätze zwar so vorzutragen, daß ihre Begründung und ihr innerer Zusammenhang sichtbar wird, kann es also kein Bekenntnis ohne den Hintergrund solider theologischer Arbeit geben; es kann sich aber das Bekenntnis um seiner Publizität willen nicht etwa zu einer kurz gefaßten Dogmatik entwickeln; es muß lapidar und in Thesenform und es muß auch in der Sprache so reden, daß es ohne Kenntnis der speziell theologischen Technik grundsätzlich Allen in der Kirche verständlich ist.

Man kann sich besonders angesichts mancher reformierter Bekenntnisschriften — allerdings mehr solcher zweiten und zweifelhaften Ranges — fragen, ob diese mit der Publizität des Bekenntnisses zusammenhängenden Regeln bei ihrer Entstehung genügend beobachtet worden sind. Man findet etwa in den Konfessionen ungarischer Herkunft wunderliche Abgrenzungen gegenüber allerlei Aberglauben und Landesbrauch, in den deutsch-reformierten Konfessionen unheimlich spezielle theologische und kultische Abgrenzungen gegenüber dem Luthertum und gerade hier auch ein erstaunliches Sich-vor-Drängen der theologischen Schulsprache, in der helvetischen Konsensformel von 1675 Distinktionen, von denen man meinen möchte, sie könnten bestimmt nur die verschiedener Schulen, nicht aber Sache des Glaubens oder Irrglaubens der Kirche gewesen sein. Aber man wird gut tun, solche Urteile mit Zurückhaltung zu fällen. Lange genug hat man bekanntlich auch gewisse Bestimmungen der altkirchlichen Symbole, bei denen es nicht nur damals, sondern bis auf diesen Tag um Leben und Tod der Kirche ging, als unnötigen Ballast angesehen. Muß man damit rechnen, daß Fehler in dieser Hinsicht tatsächlich vorgekommen sind, so muß man doch auch damit rechnen, daß sehr spezielle Entscheidungen in einer vielleicht sehr technischen Sprache ausgedrückt einst doch einen Ruf an Alle bedeutet haben, und daß sie in dieser Eigenschaft, auch wenn diese uns jetzt nicht einsichtig ist, eines Tages wieder aufleben könnten.

Wiederum mit der Publizität hängt nun auch dies zusammen: jedes Bekenntnis bedeutet die Ausübung eines Drucks auf die übrige Kirche und durch diese auch auf die Welt, jedes Bekenntnis wird also mit einer von der Kirche oder von der Welt oder von beiden her erfolgenden

Reaktion zu rechnen haben. Ist es echtes Bekenntnis, dann ruft es ja zur Entscheidung auf, das heißt: es fordert die Anderen auf, sein Zeugnis von einem bestimmten Schriftverständnis zu hören und damit auch ihr eigenes Schriftverständnis auf seine Rechtmäßigkeit zu prüfen, bzw. neu zu prüfen, vielleicht erst wieder sich darüber klar zu werden, daß Lehre und Leben der Kirche an der Schrift geprüft werden muß, ja daß es überhaupt eine heilige Schrift gibt, deren Zeugnis das Gericht über das Denken, Reden und Leben der ganzen Welt bedeutet. Das Bekenntnis erläßt diese Aufforderung in Form eines lauten Ja und Nein, mit dem es das Ja und Nein der Anderen in Frage stellt, und zwar nicht nur beiläufig, sondern in der bestimmtesten Weise, nicht nur *disputandi causa*, sondern indem es ihr Ja und Nein beurteilt hinsichtlich ihrer Kirchlichkeit, also hinsichtlich der Rechtmäßigkeit seiner Berufung auf Gottes Offenbarung. Solche Infragestellung bedeutet Druck. Und solcher Druck erzeugt Gegendruck. Das müßte ein allzu billiges und bedeutungsloses Bekenntnis sein oder da müßten die Bekenner eines wirklich gewichtigen Bekenntnisses sich selbst und den Menschen überhaupt allzuschlecht kennen, wo etwa die Erwartung bestehen sollte, daß das Bekenntnis eitel freudigen Beifall finden werde. Gerade dies: daß das Bekenntnis „nur" Entscheidung fordert, daß es die Anderen „nur" vor den Richterstuhl der heiligen Schrift fordert — vor diesen aber unerbittlich — gerade dies macht das Bekenntnis notwendig drückend. Der Mensch, auch der Mensch in der Kirche, möchte die Frage, wie er vor diesem Richterstuhl bestehen soll, lieber offen lassen, seine Rechenschaft vor diesem Richterstuhl lieber auf eine unbestimmte Zukunft verschieben. Kommt eine neue Lehre oder Bewegung in der Kirche auf oder regiert in ihr eine bereits alt gewordene, dann möchten deren Vertreter und Anhänger nicht gestört sein in der Voraussetzung, daß sie durch die heilige Schrift bestätigt und geschützt oder doch nicht angegriffen seien. Und es möchte dann wohl auch die weniger beteiligte Allgemeinheit in und außerhalb der Kirche lieber die Ruhe einer offenen Frage als die Unruhe einer Wahl zwischen Wahrheit und Unwahrheit haben. Ihnen Allen erscheint die Gefahr, vielleicht auf einem Boden und in einer Luft zu leben, wo man nur scheinbar lebt, in Wirklichkeit aber dem Tode verfallen ist, viel geringer als die andere Gefahr, die dann droht, wenn man vielleicht zu einer völligen Boden- und Luftveränderung genötigt würde. Und gerade mit dieser Gefahr wird die Kirche und wird die Welt durch das Bekenntnis bedroht. Es droht ihnen damit, daß über den Boden und die Luft, wo man leben kann, durch den, der dazu als Herr über Leben und Tod das Wissen und die Macht hat, ganz anders entschieden sein könnte, als es ihren Voraussetzungen entspricht. Das Bekenntnis verlangt also von ihnen, daß sie auf diese Voraussetzungen zurückkommen, nach ihrer Rechtmäßigkeit noch einmal fragen, noch einmal wählen müßten, wo sie längst richtig und befriedigend gewählt zu haben glauben. Darum ist das Bekenntnis bedrückend und darum erzeugt es Gegendruck: einen dem Gewicht des Druckes entsprechenden Gegendruck. Wäre das Bekenntnis eine bloße Meinungsäußerung, dann könnte es wohl auch von den Vertretern anderer Meinungen mit freundlichem Interesse aufgenommen, vielleicht sogar als willkommene Bereicherung der Reihe der vielen anderen offenen Möglichkeiten angesehen werden. Nun sagt es aber Ja und Nein — nicht so wie Gott selbst Ja und Nein sagt, sondern im menschlichen Raum und Gegenüber, aber hier immerhin unter Berufung auf Gott selbst, hier also immerhin unter bestimmter Behauptung und Verneinung der kirchlichen Einheit, hier immerhin unter der bestimmten Anzeige, in welchem Sinn und Rahmen es Gemeinschaft in Gott gibt und nicht gibt. Kann und will es damit dem Urteil Gottes nicht vorgreifen, so sagt es damit doch in unüberhörbarer Weise, daß es ein Urteil Gottes gibt, so fordert es doch ganz unabweisbar dazu auf, sich diesem Urteil Gottes zu unterwerfen. Nicht weil es menschlichen Sätzen andere menschliche Sätze entgegenstellt, sondern weil es, indem es das tut, diese Forderung stellt, muß das Bekenntnis zur Herausforderung, zur Beunruhigung, zur Beleidigung der Umwelt werden, muß in dieser der Wunsch und die Absicht entstehen, seine Stimme so oder so zum Schweigen zu bringen. Und es muß darum das Bekenntnis dieser Bekenner um seiner Publizität willen dies bedeuten, daß sie durch die Umwelt in die Anfechtung, in den Kampf, ins Leiden und damit in Versuchung geführt werden. Es kann nicht nur, sondern es muß so sein. Die Menschen in der Kirche und in der Welt können sich zwar, indem sie der durch das Bekenntnis geforderten Entscheidung ausweichen wollen, so stellen, als ob sie seine Gefährlichkeit nicht bemerkten. In Wirklichkeit zeigen sie gerade damit, daß sie sie sehr wohl bemerkt haben. Wie es auch im Einzelnen stehe, grundsätzlich und allgemein ist sie immer bemerkt. In irgendeinem Sinn wird das Bekenntnis die Bekenner tatsächlich — solange die Kirche nicht vollendet, Himmel und Erde nicht neu geworden, die in Jesus Christus begründete Neuordnung des Verhältnisses von Gott und Mensch nicht von ihm in eigener Person durchgeführt ist — immer unter Gegendruck stellen und damit in Versuchung führen.

Wir stehen hier vor dem altkirchlichen Zusammenhang der Begriffe *confiteri*, *confessio*, *confessor* mit dem leidvollen, gefährlichen, versuchlichen und doch so verheißungsvollen Streit der Kirche mit der sie verfolgenden, mit der sie unterdrückenwollenden heidnischen Weltmacht, die dann in der Reformationszeit identisch wurde mit der Macht einer die wahre Kirche ausstoßenden, weil von der wahren Kirche abgefallenen Weltkirche. Dieser Streit ist dann in demselben Maß, als das Bekenntnis aufhörte, von seiner Publizität Gebrauch zu machen, zunächst latent geworden und lange Zeit nur in gewissen Randerscheinungen und etwa auf den Missionsfeldern sichtbar gewesen. Es sieht so aus, als ob heute, indem das Bekenntnis wieder auflebt, auch dieser Streit wieder aufleben wolle. *Confiteri* heißt jedenfalls in diesen Streit eintreten, seine Not, aber auch seine Verheißung auf sich nehmen. Es gibt viele Formen dieses Streites. Er wird nicht etwa erst dann ernsthaft, wenn es der Gegenseite darum geht, das Bekenntnis mit physischer Gewalt zum Schweigen zu bringen, d. h. den Bekennern irgendwie ans Leben oder doch an die äußere Freiheit zu gehen. Dann wird er freilich dramatisch. Die Publizität des Bekenntnisses fordert, daß es auch mit dieser Form des Gegendrucks rechne, daß es auch davor nicht zurückweiche, sich gegebenenfalls auch in dieser Dramatik zu bewähren. Man kann aber mit Bestimmtheit damit rechnen, daß der Streit gegen das Bekenntnis sich entweder noch in einem unreifen und ohnmächtigen Stadium befindet, auf das Schlimmeres erst folgen wird, oder aber schon seinem Ende, und zwar seinem Ende in der Niederlage seiner Feinde entgegengeht, wenn diese zu der *prima* oder *ultima ratio* der Gewalt meinen greifen zu müssen. Vom Bekenntnis selbst her gesehen gibt es größere und intensivere Gefahren als die, daß die Feinde den Leib töten könnten. Ist es an dem, dann haben sie zu dem Schlimmen, was sie dem Bekenntnis und den Bekennern antun könnten, noch nicht oder schon nicht mehr die Fähigkeit. Man wird dann vom Bekenntnis her immer noch auf der Hut sein müssen oder schon wieder getrost sein dürfen. Die schlimmsten Versuche, das Bekenntnis zum Schweigen zu bringen, bestehen darin, es auf seinem eigenen, nämlich auf geistigem und geistlichem Boden unmöglich zu machen. Ihm kann mit vollem, mit vielleicht viel größerem Pathos, mit überlegener theologischer Technik, mit viel größerem Anschein von juristischer Rechtmäßigkeit ein anderes und auf Grund aller dieser Auszeichnungen viel eindrucksvolleres Bekenntnis gegenübergestellt werden. Ihm kann es widerfahren, daß es in den Raum einer Weltanschauung und eines Lebensgefühls hinein ertönen muß, in welchem es in seinen ganzen Voraussetzungen und dann auch Folgerungen gar nicht verstanden werden kann, in welchem es dem Gegner nur zu leicht fällt, es als eine willkürliche Neuerung oder auch als starre Reaktion, als Exponenten eines unfriedlichen Geistes, als Angriff auf irgendwelche allgemein anerkannten heiligsten Güter zu diffamieren und lächerlich zu machen. Ihm kann es auch widerfahren, daß jene ganze juristisch-statistische Unsicherheit, in der es ja auftreten muß, bemerkt und ausgenützt, daß es also von allen Seiten triumphierend „durchschaut" wird, und preisgegeben werden kann in der Nichtigkeit seines Anspruchs, im Namen der ganzen Kirche zur ganzen Kirche reden zu wollen, in der Anmaßlichkeit seiner Berufung auf Gottes Wort, in dem hierarchischen Hochmut seines Wagnisses, die Alleinberechtigung dieser und dieser Erkenntnis behaupten und aussprechen zu wollen, in der lieblosen Härte seines Nein, seines *anathema* und *damnamus*. Ihm kann es widerfahren, daß die Umgebung, gegen Bekenntnisse jeder Art längst abgestumpft und gleichgültig, gar keine Ohren hat für sein Ja und Nein, daß die Wahrheitsfrage in seiner Umgebung tot oder doch scheintot ist, daß die praktischen Scheineffekte irgendeiner billig arbeitenden Religionsunternehmung das Interesse an der von ihr geforderten Entscheidung mühelos zu ersticken vermögen. Ihm kann es aber auch widerfahren, daß es seines Charakters als Ruf und Herausforderung dadurch entkleidet wird, daß ihm freundliche Anerkennung und Duldung zuteil wird: daß es als das Manifest der Entscheidung einer als solche anerkannten Gruppe, Richtung oder Partei in der Kirche oder als die Prinzipienerklärung einer selbst nur als Gruppe, Richtung oder Partei verstandenen und als solche anerkannten Kirche

durch irgendeinen Religionsfrieden, durch irgendein Konkordat gesichert, aber auch eingeschränkt und damit im Grunde erledigt wird. Und ihm kann das Allerschlimmste widerfahren: irgend Jemand oder Irgendwelche haben den Instinkt, daß es besser wäre, sich ihm nicht offen und überhaupt nicht direkt zu widersetzen, es auch nicht nur in irgendeinem Winkel sich selbst und seinen Bekennern zu überlassen; es wird jetzt also aufgenommen und bejaht; die Großen und vielleicht auch die Massen in der Kirche (vielleicht sogar in der Welt!) erkennen jetzt irgendeinen Vorteil darin, es sich zu eigen oder wenigstens offiziell zu eigen zu machen, und nun kommt es auf einmal in einen Zusammenhang zu stehen, nun wird es von seiten der übrigen Kirche und vielleicht auch von seiten der übrigen Welt in einer Weise eingerahmt, von Voraussetzungen umgeben und überboten, durch die es zwar nicht „angetastet" wird, die ihm vielleicht vielmehr einen ganz neuen kirchlichen und weltlichen Glanz geben, nur daß es freilich — und das ist dann des Teufels größte List — gerade so, gerade dadurch, daß Staat und Gesellschaft, Schule und Universität jetzt auf einmal auch sagen, was es sagt, als Anrede, auf die man antworten muß, zum vornherein steril gemacht worden ist. Was sind alle Waffen der Gewalt neben dieser geistig-geistlichen Umklammerung und Unterdrückung, die dem Bekenntnis von der Kirche und von der Welt her widerfahren kann?

Und nun wird für den Bestand des Bekenntnisses Alles darauf ankommen, daß die durch diesen Gegendruck (indirekt also durch seinen eigenen Druck!) erzeugte Versuchung als solche erkannt und überwunden wird. Die Versuchung besteht natürlich in der Möglichkeit, vom Bekenntnis zu weichen. Und die Grundform dieses Weichens wird immer die sein: man verleugnet vor den Anderen und vor sich selbst jenen Charakter des Bekenntnisses als Anruf, Frage und Angriff der Umgebung gegenüber; man verzichtet auf seine Proklamation; man zieht sich zurück auf seinen Charakter als Theorie und Satzgefüge. Mit der Treue, die man ihm in diesem seinem immanenten Charakter nach wie vor und jetzt vielleicht erst recht erweisen möchte, mit dem Eifer um die Integrität der Theorie und des Satzgefüges als solcher, verbindet sich jetzt auf einmal der andere Eifer, der Umgebung die auf dem transzendenten Charakter des Bekenntnisses beruhende Kollision mit ihm zu ersparen. Und dieser zweite Eifer ist es, der nun — während das Bekenntnis „unangetastet" bleibt — die praktische Haltung in Wort und Handlung, in der eigenen Initiative und in dem Verhalten zu der Initiative der Umwelt bestimmt. In dieser ihrer praktischen Haltung stehen die Bekenner auf einmal nicht mehr dort, wo sie stehen müßten, wenn es ihr Bekenntnis wirklich wäre: nämlich in dem Wagnis und in der Verantwortung seines transzendenten Charakters. Seine Publizität ist ihnen jetzt auf einmal (nachdem sie erfahren, was es bedeutet, daß sein Druck Gegendruck erzeugt) unerwünscht geworden. Ohne diese Publizität möchten sie es ihr Bekenntnis sein lassen. Das alles bedeutet nun aber ganz schlicht, daß die Bekenner sich faktisch selbst auf den Standpunkt der Feinde des Bekenntnisses begeben haben. Bekenntnis ohne Öffentlichkeitswillen, Bekenntnis ohne die ihm entsprechende praktische Haltung ist selber schon Bestreitung des Bekenntnisses, wie unangetastet dieses als Theorie und Satzgefüge auch immer noch dastehen, wie groß der Eifer um die Erhaltung dieses seines immanenten Charakters immer noch sein möge. Was meint und was will denn die Feindschaft und der Streit gegen das Bekenntnis? Als Theorie und Satzgefüge würde es, welches auch sein Inhalt sei und wie bestimmt es auch als solches dastehen und bejaht werden möge, sicher keine Anfechtung zu erleiden haben. Als Theorie übt es keinen Druck aus; als Theorie ist es harmlos, ja geradezu beruhigend für die, die ihm nicht zustimmen. Hinter den Unterdrückungsabsichten seiner Gegner steht entscheidend keineswegs ihr Unwille über die ihren eigenen Sätzen entgegenstehenden Sätze des Bekenntnisses als solche, steht vielmehr schließlich nur eben dieser Wunsch: es möchte das Bekenntnis eine bloße Theorie sein, es möchte nicht die Frage nach der Rechtmäßigkeit ihrer eigenen Voraussetzungen aufwerfen, es möchte sie nicht vor den Richterstuhl der heiligen Schrift und Gottes selbst ziehen und damit in die Entscheidung stellen. Eben dies geschieht ja vermöge seiner Publizität. Seine Publizität wird aber darin Ereignis, daß es mitten in der Kirche und in der Welt Bekenner gibt, die das Wagnis und die Verantwortung seines transzendenten Charakters als Anruf, Frage und Angriff in ihrer Person und also in ihrer praktischen Haltung verkörpern, die in ihrer Existenz das darstellen, was das Bekenntnis in Worten sagt, und eben damit seine Proklamation vollziehen. Geschieht das nicht oder nicht mehr, dann übt auch das beste Bekenntnis keinen Druck mehr aus. Der Wille seiner Feinde ist dann erfüllt. Seine Bekenner haben dann keinen Gegendruck mehr zu erleiden. Aber das Bekenntnis selber ist dann zum bloßen Papier geworden. Eben daß es das nicht ist, ist der Grund aller Feindschaft gegen das Bekenntnis, und eben daß es dazu werde, ist der Sinn alles Streites dagegen. Diesem Streit dient man also, an ihm beteiligt man sich in der aktivsten Weise, wo man sich jenen Rückzug erlauben zu dürfen meint. Das Nicht-Ereignis des Einsatzes für das Bekenntnis ist als solches schon das Ereignis des Einsatzes — der Bekenner! — gegen das Bekenntnis. Um den Verrat und nur um den Verrat am Bekenntnis geht es, wenn man jeweilen wieder einmal mit jener Unterscheidung seines immanenten und seines transzendenten Charakters beschäftigt ist. Es wäre dann immer schon viel gewonnen, wenn diese Unterscheidung in diesem ihrem Wesen als Verrat: also als Weichen nicht nur, sondern als Übereinkunft und Zusammenwirkung mit dem Feinde nüchtern erkannt wäre, wenn man sich zu ihrer Rechtfertigung also nicht mehr auf die Demut vor den Geheimnissen Gottes, denen doch kein Bekenntnis zu genügen vermöge, nicht mehr auf die Liebe, mit der man die Schwachen schonen und tragen müsse, nicht mehr auf die notwendige Erhaltung der Kirche in ihrem bisherigen Bestand, sondern — etwas Anderes bleibt ja dann nicht übrig — offen und ehrlich nur noch auf die Furcht vor dem erwarteten oder schon erfolgten Gegendruck berufen würde. Diese Furcht ist in Wahrheit die mit der Publizität des Bekenntnisses unvermeidlich verbundene Versuchung, und deren Überwindung kann nur erfolgen in der Auseinandersetzung zwischen dieser Furcht und der anderen Furcht, ob Gottes Wort — dasselbe, an das die Bekenner mit ihrem Bekenntnis ja appelliert haben — ihnen jetzt gebieten oder erlauben möchte, um jener ersten Furcht willen selber zu Feinden des Bekenntnisses zu werden. Wo die Furcht vor Gott größer ist als die Furcht vor den Menschen, da ist die Versuchung schon überwunden. Daß das Bekenntnis eine Zumutung vor allem an die Bekenner selbst ist, ist dann schon wieder anerkannt, und ihr wird nun notwendig auch wieder Rechenschaft getragen, d. h. es wird dem erwarteten oder schon erfolgten Gegendruck nun nicht mehr nachgegeben, sondern — denn das ist die an die Bekenner gerichtete Zumutung — widerstanden werden. Dieser Widerstand ist recht eigentlich der Bestand des Bekenntnisses! Das Weichen vom Bekenntnis auf dem eben beschriebenen Weg des Verzichtes auf die das Bekenntnis betätigende praktische Haltung hat noch immer die Folge gehabt, daß das Bekenntnis früher oder später auch als Theorie und Satzgefüge unglaubwürdig wurde, in sich zusammenbrach und obsolet wurde. Das waren und das sind die großen Niederlagen der Kirche: wenn sie ihr Bekenntnis zwar theoretisch aber nicht praktisch in Ehren halten wollte und wenn sie es dann naturgemäß eines Tages auch theoretisch nicht mehr in Ehren halten konnte, wenn zuerst die lebendige Form zur Mumie und dann die Mumie zum lästigen Gerümpel und so eine Gabe Gottes zuschanden wurde, wenn die Kirche, bekenntnislos geworden, allen möglichen Mächten ausgeliefert, Gottes Wort nicht mehr hörte und dann auch von Gottes Wort nichts mehr zu sagen hatte. Das ist die Gefahr des unvermeidlichen Streites gegen das Bekenntnis der Kirche: es kann ihr, wenn sie der Versuchung erliegt, wenn sie also weicht, genommen werden. Aber dieser Streit hat auch und er hat eine noch größere Verheißung. Auch der geringfügigste, bescheidendste Widerstand, in welchem dem Gegendruck einer dem Bekenntnis feindseligen Kirche und Welt nicht nachgegeben, sondern mit neuem Druck oder vielmehr: mit dem alten Druck des alten Bekenntnisses begegnet wird — jeder solche Widerstand bedeutet den Bestand des Bekenntnisses und hat die Verheißung, daß ein Sieg des Bekenntnisses und damit neues Leben der Kirche durch ihn Ereignis werden wird.

Das Bekenntnis des Glaubens ist immer stärker als das rechtmäßigste, tiefsinnigste und frömmste Bekenntnis des Irrglaubens. Das Bekenntnis des Glaubens wird früher oder später im Raume jeder Weltanschauung und jedes Lebensgefühls trotz aller ihm begegnenden Mißverständnisse und Verdächtigungen in seiner Überlegenheit sehr wohl vernommen werden. Das Bekenntnis des Glaubens erträgt es durchaus, von den neunmal Weisen in der Nichtigkeit seines Anspruchs „durchschaut" und von den zehnmal Gerechten wegen seiner Anmaßlichkeit, Lieblosigkeit usw. verklagt zu werden. Das Bekenntnis des Glaubens hat die Macht, die tote oder scheintote Wahrheitsfrage wieder ins Leben zu rufen und die billigen Lösungen, die ihm zur Seite und entgegengestellt werden, als solche zu entlarven. Das Bekenntnis des Glaubens kann sich auch dulden lassen; seine Stimme kann sich auch im Rahmen eines Konkordats oder Religionsfriedens sehr wohl vernehmbar machen. Das Bekenntnis des Glaubens kann schließlich auch da durchbrechen und sich in der Kraft bewähren, die nur ihm eigen ist und keiner seiner Nachahmungen, wo Kirche und Welt es damit gefangen nehmen und unterdrücken wollen, daß sie es scheinbar annehmen und sich selbst zu eigen machen. Und erst recht hat das Bekenntnis des Glaubens gerade da auf die Dauer noch immer gesiegt, wo man ihm gegenüber zur Gewalt meinte greifen zu müssen. Wenn es nur wirklich das Bekenntnis des Glaubens — nicht notwendig eines heroischen und begeisterten, aber schlicht eines in praktischen Entscheidungen gelebten und sichtbaren

Glaubens war. Es bedarf dieser Glaube keiner besonderen Werke und Leistungen und keiner besonderen inneren Qualitäten. Es bedarf nur dessen, daß er das Bekenntnis nicht nur formuliert habe, sondern auch immer wieder proklamiere. Es bedarf nur dessen, daß er sich nicht abdrängen lasse in den Bereich einer bloß theoretischen Zustimmung zum Bekenntnis. Es bedarf nur dessen, daß die Furcht vor Gott immer gerade noch um ein Weniges größer sei als die Furcht vor den Menschen. In diesem Wenigen dauert der Druck des Bekenntnisses an auch unter dem überwältigendsten Gegendruck. Und das ist's, was geschehen muß. In diesem andauernd ausgeübten Druck lebt dann die Kirche in der Kirche: auch in einer zerstörten und abgefallenen Kirche — und die Kirche in der Welt: auch in einer mit allen Mitteln widerstrebenden Welt.

Von der unter den genannten Bedingungen existierenden kirchlichen Konfession wird nun zu sagen sein: sie hat kirchliche Autorität, d. h. sie darf und sie muß in der Kirche als die in ausgezeichneter Weise laut gewordene Stimme der Väter und Brüder im Glauben in ausgezeichneter Weise gehört werden. Wir formulieren damit nicht ein Postulat, sondern wir beschreiben damit eine Wirklichkeit: wo Kirche wirklich lebt, da wird wirkliche kirchliche Konfession in dieser ausgezeichneten Weise gehört. Oder negativ ausgedrückt: die Kirche lebt da nicht wirklich, wo wirkliche kirchliche Konfession nicht in dieser ausgezeichneten Weise gehört wird. Es ist nicht möglich, daß man, wo kirchliche Konfession einmal Ereignis geworden ist, an diesem Ereignis achtlos, nämlich achtlos gegenüber seinem bindenden, verpflichtenden maßgeblichen Charakter vorübergehe. Es wäre denn, daß die Kontinuität zwischen der Kirche einst und jetzt, der Zusammenhang zwischen der Kirche dort und hier verdunkelt und zerbrochen wäre. Das wird nun allerdings in der Wirklichkeit häufig genug der Fall sein. Nicht jede irgendwo irgendeinmal zustande gekommene kirchliche Konfession hat überall und immer jenen Charakter. Was über die örtliche, zeitliche und sachliche Beschränktheit jeder Konfession gesagt wurde, das wirkt sich aus in der tatsächlichen Beschränktheit auch der Autorität jeder Konfession. Aber es gibt neben aller gegenseitigen Fremdheit und neben aller Zerspaltung in der Kirche, wo immer wirkliche Kirche ist, auch ununterbrochene Kontinuität zwischen der Kirche einst und jetzt und ununterbrochenen Zusammenhang zwischen der Kirche dort und hier. Da wäre bestimmt nicht Kirche, wo die Gemeinschaft auch nur in einer von diesen beiden Dimensionen ganz fehlte, wo man in einem kirchlichen Gebilde wirklich gar keine Väter hinter sich oder gar keine Brüder neben sich hätte. Indem man aber beides hat, hört man in beiden Richtungen sicher auch die Stimme einer kirchlichen Konfession, nimmt man in bestimmten Schranken und auf einem bestimmten Wege teil an der Geschichte der Auslegung und Anwendung der heiligen Schrift, befindet man sich also bestimmten in der Kirche früher und anderswo gefällten Entscheidungen gegenüber in einer bestimmten Verantwortung. Diese Verantwortung kann kirchenrechtlich bestätigt und fixiert werden. Sie entsteht aber nicht durch die Aufrichtung einer entsprechenden kirchenrechtlichen Bestimmung und sie kann durch deren Fehlen oder durch deren Beseitigung nicht aufgehoben, ja nicht einmal geschwächt werden. Die Autorität einer kirchlichen Konfession ist eine geistliche, d. h. eine in ihrem Charakter als rechte Auslegung der Schrift begründete und als solche sich selbst bezeugende Autorität, zu der kirchenrechtlich nichts hinzugetan, von der kirchenrechtlich aber auch nichts weggenommen werden kann.

Es lebte also das altkirchliche Trinitätsdogma keineswegs von der Autorität, die ihm durch das dem *Codex Justiniani* einverleibte Edikt der Kaiser Gratian, Valentinian und Theodosius von 380 für die römische Staatskirche verliehen wurde. Es lebte die Augsburger Konfession doch wohl nicht nur von der ihm durch den Religionsfrieden von 1555 für die lutherischen Territorien zugeschriebenen Autorität. Es lebte das Bekenntnis aber auch da, wo seine kirchenrechtliche Fixierung unabhängig von politischen Gewalten allein durch die freie Entschließung der Kirche selbst zustande kam, nicht von der ihm durch solche Fixierung verschafften Autorität. Umgekehrt kann die Autorität der Bekenntnisse, mit deren Formulierung und Proklamation im 16. Jahrhundert die schweizerischen Kirchen neu gegründet wurden, dadurch weder aufgehoben noch abgeschwächt sein, daß der liberale Staat des 19. Jahrhunderts ihre kirchenrechtliche Geltung beseitigte, daß diese Kirchen damals die innere Kraft nicht hatten, sie etwa von sich aus wieder zur Geltung zu bringen und daß sie darum heute kirchenrechtlich unsichtbar geworden sind. Was einmal und irgendwo so erkannt und bekannt worden ist wie der trinitarische Gottesglaube in der Kirche des 4. Jahrhunderts oder wie das Schriftprinzip und die Rechtfertigungslehre der Reformation, das kann nachträglich und anderswo wohl zu leiden haben unter allerlei ungeistlicher Empfindungslosigkeit und Widersetzlichkeit, das kann also in weiten räumlichen und zeitlichen Bereichen der Kirche verkannt und mißdeutet oder auch überhört und vergessen werden — seinen Anspruch, Autorität zu sein und die Kraft, ihn geltend zu machen, hat es darum doch nicht von seiner allfälligen kirchenrechtlichen Fixierung her und verliert es auch nicht, indem diese hinfällig wird. Sondern wo immer Kirche und also jene Kontinuität und jener Zusammenhang kirchlichen Lebens ist, da redet echte Erkenntnis durch das echte Bekenntnis, da wird es mit oder ohne Kirchenrecht auch immer wieder als Autorität gehört werden. Keine kirchenrechtliche Ungesichertheit hat es verhindern können, daß sowohl das trinitarische Bekenntnis der alten Kirche als auch die reformatorischen Bekenntnisse in unseren Tagen wieder geredet haben und auch gehört worden sind, mächtiger vielleicht, als wenn sie die alten kirchenrechtlichen Sicherungen noch besitzen würden. Es konnte und es kann die jedenfalls innerhalb Deutschlands nicht zu leugnende faktische Bedeutsamkeit des eigentümlichen Zeugnisses der sog. renitenten Kirche in Hessen in Sachen des rechten Verhältnisses von Kirche und Staat nicht abschwächen, daß es das Zeugnis einer äußerlich kaum zu beachtenden kleinen Freikirche ist. Und es wäre wiederum wenig wohlgetan, wenn man heute außerhalb Deutschlands das faktische Gewicht der dort seit 1934 gefallenen bekenntnismäßigen Entscheidungen deshalb ignorieren wollte, weil sie formell nur die Entscheidungen der deutschen evangelischen Kirche, bzw. eines kleinen Bruchteils dieser Kirche sind. Über die Autorität eines Bekenntnisses und also über die notwendige Verantwortung ihm gegenüber entscheidet es selbst: nicht auf Grund irgendeiner äußeren Legitimation, sondern innerhalb der faktischen Kontinuität und des faktischen Zusammenhangs zwischen Kirche und Kirche vermöge seines eigenen Gewichtes, vermöge der Erkenntnis, die in ihm zum Bekenntnis wurde.

Wo Kirche ist, da steht sie faktisch in solcher Verantwortung, da ist sie insofern konfessionelle, d. h. durch ihre Verantwortung gegenüber kirchlicher Konfession bestimmte Kirche. „Konfessionslos" wäre sie nur dann, wenn sie jede solche Verantwortung abzulehnen und auch faktisch zu verleugnen vermöchte. Wo dies nicht der Fall ist, da wird man nur zwischen so oder so und zwischen mehr oder weniger konfessionellen Kirchen unterscheiden können. Und nun dürfte es so sein, daß mit dem Begriff der Verantwortung bereits auch das umschrieben und bezeichnet ist, was wir den bindenden, verpflichtenden und maßgeblichen Charakter der kirchlichen Konfession genannt haben. Wir sahen: das Bekenntnis kann in keinem Sinn neben die heilige Schrift treten und also deren göttliche Autorität, deren Charakter als Quelle und Norm der kirchlichen Verkündigung für sich in Anspruch nehmen. Keine ausdrückliche oder stillschweigende Verpflichtung auf das Bekenntnis kann sachlich etwas Anderes bedeuten als eine Verpflichtung auf die heilige Schrift. Eben diese Verpflichtung auf die heilige Schrift wird aber überall, wo wirklich Kirche ist, eine durch die besondere Führung und Geschichte dieser Kirche (durch ihre Kontinuität zu früherer, durch ihren Zusammenhang mit anderweitiger Kirche) bestimmte Form haben. In der Verantwortung gegenüber den Vätern und Brüdern geschieht die Verantwortung vor Gott. Um die Verantwortung vor Gott und nur um sie geht es: aber wie sollte es gerade um sie gehen können, wo man sich der Verantwortung vor den Vätern und Brüdern entziehen wollte? Kann man sie hören, wie man Gott selbst hört in den Zeugnissen seiner Offenbarung: also in allen ihren Worten und Sätzen mit der Bereitschaft zu unbedingter Unterwerfung? Sicher nicht. Man kann sie aber offenbar auch nicht in der Unvoreingenommenheit und Neutralität hören, in der man irgendwelche anderen menschlichen Stimmen hört. *Tertium datur.* Dieses Dritte — nicht als ein Mittleres zwischen Gotteswort und Menschenwort, wohl aber als ein anderen Menschenworten gleichnishaft vorgeordnetes Menschenwort — ist die Konfession oder das Dogma der Kirche.

Kirchliche Konfession ist in dem Bereich, in welchem sie Geltung hat, eine Instanz, die man unter allen Umständen und vor allem kennen muß. Ihre Autorität besteht zunächst (und im Grunde entscheidend) darin, daß sie für die verantwortlichen Träger des kirchlichen Lebens nicht zu den vielen alten und neuen Texten gehören will, die man gelesen oder auch nicht gelesen, gründlich oder auch flüchtig, öfters oder auch nur einmal und dann nicht wieder gelesen haben kann, sondern die gelesen, und zwar ernstlich und immer wieder gelesen sein will.

Man sieht: um ein *sacrificium intellectus* geht es gerade in dieser Grundform der Anerkennung ihrer Autorität — Entsprechendes ließe sich ja auch hinsichtlich der Autorität des kirchlichen Kanons und der kirchlichen Väter sagen — keineswegs. Man kann die hier geforderte Disziplin als verbindlich annehmen und befolgen, ohne sich damit irgendeiner Vernachlässigung der Verantwortlichkeit eigenen Denkens und Entscheidens schuldig zu machen. Wie sollte dieser Verantwortlichkeit damit zu nahe getreten sein, daß gerade diese Texte zu besonders eingehender und anhaltender Kenntnisnahme empfohlen werden?

Aber wozu diese besondere Kenntnisnahme? Die kirchliche Konfession will — und das ist die zweite Form, in welcher ihre Autorität zu respektieren ist, als e r s t e r K o m m e n t a r zur heiligen Schrift gelesen sein. Wir sagen hier nochmals: als Kommentar. Sie kann also nicht an die Stelle der heiligen Schrift selber, sie kann aber auch nicht an die Stelle unserer eigenen Auslegung und Anwendung der heiligen Schrift treten; sie kann auch unmöglich der einzige Kommentar sein, den wir — weil wir sie in der Kirche zu lesen haben — zwischen uns und die heilige Schrift hineintreten lassen müssen. Wohl aber will und kann sie als die Stimme unserer Väter und Brüder unter allen Kommentaren zuerst gehört werden, will und kann sie in deren Reihe sozusagen Chorführer oder Kronzeuge sein.

Man wird auch dagegen kaum als gegen eine Vergewaltigung der heiligen Schrift oder des eigenen Gewissens Einspruch erheben können. Nur mit seinen eigenen Augen hat noch niemand die Bibel gelesen und soll sie auch niemand lesen. Die Frage kann nur die sein, welche Mittelglieder und in welcher Rangordnung wir diese zu Worte kommen lassen. Daß etwa die Systematik einer sog. historisch-kritischen Theologie als solche eine größere Affinität zur heiligen Schrift selbst habe und also gewissenhafter Weise vor dem Apostolikum oder vor dem Heidelberger Katechismus mit dem Vorurteil größerer Glaubwürdigkeit hinsichtlich ihrer Darstellung des biblischen Zeugnisses zu hören sei, ist reiner Aberglaube. Um den Kommentar irgendeiner Theologie, wenn nicht gar Mythologie geht es auch dort. Nur daß diesem Kommentar die kirchliche Beglaubigung fehlt, nur daß diese Theologie oder Mythologie wohlweislich bis jetzt noch nicht den Anspruch auf den Charakter einer wirklichen Entscheidung zu erheben gewagt hat. Die Wahl zwischen dem biblischen Text und der kirchlichen Konfession steht uns zwar nicht offen: selbstverständlich sind wir entscheidend an den Text und nicht an den Kommentar gewiesen und gebunden. Nicht offen steht uns ferner die Wahl zwischen der Möglichkeit, zum Verständnis des Textes alle uns erreichbaren Kommentare und also bestimmt auch den der historisch-kritischen Theologie — oder aber nach Bequemlichkeit nur einige und darunter dann wohl auch die kirchliche Konfession heranzuziehen. Wohl aber steht uns weit offen die Möglichkeit, unter den zu hörenden Stimmen der Stimme der kirchlichen Konfession d i e e r s t e S t e l l e zu geben, d. h. sie zunächst mit dem Vorurteil anzuhören, daß sie uns als der solenn gesammelte Ertrag wichtiger bisheriger Erfahrung der Kirche mit der heiligen Schrift Besonderes zu sagen habe. Für Berichtigungen ihres Votums durch andere Stimmen oder durch unsere eigene Einsicht werden wir uns dann immer noch bereit halten müssen. Es ist aber nicht abzusehen, warum ihr Votum nicht mit der gerade ihr gebührenden Aufmerksamkeit gehört werden dürfte, ohne daß durch die Objektivität unser Verhältnis zur heiligen Schrift als solches gestört oder gar zerstört werden müßte.

Nach dieser sozusagen privilegierten Anhörung der kirchlichen Konfession werden wir unseren Weg im Verständnis, in der Auslegung und Anwendung der heiligen Schrift nun freilich als unseren eigenen Weg antreten und gehen müssen. Die Konfession kann und will uns die eigene Verantwortlichkeit gegenüber der Schrift nicht abnehmen. Wir werden jenen Weg nun „konfessionell bestimmt" antreten. Aber das kann grundsätzlich nur dies bedeuten: daß wir uns mit der Konfession als mit einer Instanz ersten Ranges auseinandergesetzt und daß wir die uns durch sie gewiesene Richtung eingeschlagen haben.

Wenn das Letztere für uns gar nicht in Frage käme, wenn wir die uns von der Konfession gewiesene Richtung als schriftwidrig ablehnen müßten, dann würden wir eben vor das schwere Problem eines Konfessionswechsels, d. h. einer Veränderung unseres ganzen kirchlichen Ortes stehen. So kann die Auseinandersetzung mit der Konfession allerdings endigen. Nur angesichts der heiligen Schrift kann sie legitim so endigen. Sie kann aber auch damit endigen, daß wir uns in aller Freiheit tatsächlich in der von ihr gewiesenen Richtung weiter bewegen dürfen und müssen.

Das bedeutet keineswegs, daß wir sie uns in allen ihren Bestandteilen, daß wir uns ihre besondere Theologie und die Einzelheit ihrer Bibelauslegung zu eigen zu machen hätten. Man kann ihrer Richtung treu sein und dabei doch denken, daß man sie im Einzelnen und sogar im Ganzen, damit sie auch unser Bekenntnis sei, gerne recht anders gestellt sähe. Man kann auch von einzelnen und vielleicht gar nicht von ganz unwichtigen jener Sätze sehr bestimmt Abstand nehmen zu müssen glauben. Auch die positive Stellung zur Konfession kann also sehr wohl eine recht kritische sein. Und das Weitergehen in ihrer Richtung und also die positive Stellung zu ihr bedeutet noch weniger, daß wir uns etwa den Inhalt der Konfession zum Inhalt unserer eigenen Verkündigung zu machen hätten. Nochmals: die Konfession darf das uns in der Schrift bezeugte Wort Gottes, das als solches allein Inhalt unserer Verkündigung sein will und kann, in keiner Weise verdrängen.

Es entspräche ja auch eine in diesem Sinn konfessionelle Verkündigung gar nicht dem Sinn der Konfession selber, von der wir hörten, daß sie gerade keine Darstellung des christlichen Glaubens *in abstracto*, sondern ein einzelne konkrete Entscheidungen vollziehendes Kampfinstrument des dem Irrglauben gegenübertretenden Glaubens ist. Es kann nun gewiß nicht etwa verboten sein, im Sinn und in der Absicht einer besonderen Unterrichtung der Gemeinde gerade über die Gegensätze von Glauben und Irrglauben, beiläufig auch die Konfession als solche zum direkten Leitfaden der Schriftauslegung zu machen, wie es bekanntlich mit dem Heidelberger Katechismus, der durch seine Einteilung in 52 Sonntage sogar selber dazu die Hand bietet, Jahrhunderte lang geschehen ist und zum Teil noch heute geschieht. Die Konfession hat aber auf keinen Fall die Prätention, das Thema der kirchlichen Verkündigung werden zu wollen, das sich diese vielmehr grundsätzlich allein durch die heilige Schrift geben zu lassen hat.

Und nun muß der Weg des Bibelverständnisses als unser eigener Weg weitergegangen werden: ohne daß wir uns dieses Verständnis einfach durch die Konfession vorschreiben, ja ohne daß wir uns durch die Konfession wie durch ein Gesetz binden lassen dürfen. Ist ihre Autorität und deren Respektierung damit zu Ende? Doch nicht — man könnte vielmehr wohl sagen, daß sie an dieser Stelle eigentlich erst anfängt. Hier nämlich nimmt sie nun eine dritte, ihre eigentlich geistliche Form an: nun wird sie einfach zu dem uns unter allen Umständen gesetzten Gegenüber, zum Horizont unseres eigenen Denkens und Redens. Wohlverstanden: um unser eigenes, freies, von uns selbst zu verantwortendes, um unser durch kein anderes Gesetz als das seines Gegenstandes, also nur durch die heilige Schrift gebundenes Denken und Reden geht es diesseits, geht es innerhalb jenes Horizontes. Die Kenntnisnahme von der Konfession, ihre Anhörung als Chorführer und Kronzeuge unter den Kommentaren liegt hinter uns. Wir müssen nun selber das Wort nehmen — aber im Raume der Kirche, und dieser Raum ist uns nach wie vor durch die in unserem Bereich gültige Konfession bezeichnet. Noch ist er — und immer wieder ist er (wenn keine neuen Ereignisse eingetreten sein sollten) der durch das trinitarische Zeugnis der alten Kirche und durch das reformatorische Zeugnis von Gottes Herrschaft in seinem Wort und von Gottes freier Gnade bestimmte Raum. Noch reden in diesem Raum nicht nur wir selbst, sondern auch die Väter und Brüder. Noch sind wir also in diesem Raum nicht souverän in dem Sinn, daß wir allein wären, daß wir nicht ein Gegenüber, einen Horizont hätten. Noch werden wir also nicht etwa in Abwesenheit, sondern nur in Anwesenheit der kirchlichen Konfession denken und reden können.

Man kann sich das sinnenfällig klar machen an der äußerlichen Tatsache, daß sich der christliche Gottesdienst, in welchem unsere eigene Auslegung und Anwendung der heiligen Schrift verantwortlich zur solennen Darstellung kommen soll, nun einmal in der Regel nicht im Freien oder in irgendeinem neutralen, sondern in einem solchen Lokal abspielt, das als „Kirche" die in ihr Versammelten: die Gemeinde mit Einschluß ihres das Wort führenden Gliedes schon in seiner Architektur und Ausstattung mehr oder weniger direkt und getreu an ihren „Konfessionsstand" erinnert. Es konfrontiert uns schon die „Kirche" — auch dann, wenn sie hauptsächlich ein Zeugnis der Hilflosigkeiten des 19. Jahrhunderts sein sollte — mit der Kirchengeschichte, und was in diesem Lokal geschieht, das geschieht nicht nur in der Gegenwart Gottes und seiner Engel und auch nicht nur in der Gegenwart irgendwelcher abgeschiedener Geister der Vergangenheit, das geschieht vielmehr — in welcher eigenen Freiheit und Verantwortlichkeit es immer geschehe — augenfällig auch in Gegenwart der Konfession, durch die unsere „Kirche" in Kraft oder Schwachheit, in Treue oder Abfall, nun eben zu dieser „Kirche" geworden ist. Im selben Sinn sind wir aber gerade im Gottesdienst auch durch das in aller Hände befindliche gute oder schlechte Gesangbuch mit der Kirchengeschichte konfrontiert. Neben dem Bibeltext und neben unserer eigenen Auslegung und Anwendung steht als dritter trigonometrischer Punkt das Wort des kirchlichen Liedes und hinter ihm in irgendeiner Nähe oder Ferne sicher wieder die kirchliche Konfession. Und dieselbe Rolle wird schließlich, wieder mehr oder weniger bestimmt, auch die Agende spielen können.

Vor der Tatsache der — bemerkten oder unbemerkten — Anwesenheit der kirchlichen Konfession in aller Gegenwart kirchlichen Lebens gibt es kein Ausweichen. Man halte sich für noch so ungebunden oder für noch so verpflichtet, nach Anhörung der Konfession unabhängig von ihr seinen eigenen Weg zu gehen, so hört doch die Konfession nicht auf, direkt oder indirekt — und nun doch nicht nur als irgendeine, sondern als die unserer Kirche von deren Entstehung her eigentümliche, sie in ihrem Sosein bis auf diesen Tag charakterisierende Stimme — weiterzureden, unser Wort stillschweigend auch ihr Wort gegenüberzustellen. Was kann der extremste Freisinn oder auch das tollste Katholisieren, die man sich in der Kirche erlauben mag, an der Tatsache ändern, daß der Raum, in dem sie sich ausbreiten möchten, immer noch und immer wieder der geistige Raum der evangelischen, der lutherischen oder der reformierten Kirche ist, der allen Extravaganzen, ob man es gerne habe oder nicht, faktisch das evangelische Bekenntnis entgegenhält. Gerade in diesem unaufhebbaren, wenn auch so ganz unverbindlichen Gegenüber, in einer Konfrontierung, in der sie sozusagen zum stummen Gesprächspartner geworden ist, redet die kirchliche Konfession vielleicht am allernachdrücklichsten, und wäre es nur in Form einer immanenten aber gerade so höchst unwiderlegbaren Kritik derer, die sich vor ihr die Ohren verstopfen möchten. Eben in diesem Gegenüber wird ihre eigentliche, ihre geistliche Autorität zu erkennen und zu respektieren sein. Wie wir selbst ihr hier in pflichtschuldiger Freiheit gegenüberstehen, so nimmt sie sich hier nun auch ihre eigene volle Freiheit zurück. Meinten wir ihr gegenüber mit Recht oder Unrecht diese und jene Vorbehalte und Abstriche vornehmen zu müssen, interpretierten wir sie kritisch nach Anleitung derselben heiligen Schrift, auf die sie uns ja nachdrücklich genug hinwies — so hat sie sich neben der Gestalt, in der wir sie uns, so oder so verarbeitet, zu eigen machten, nun doch auch ihre eigene, ursprüngliche Gestalt, die Integrität ihrer Sätze, die Eigenart ihrer Theologie und Sprache, die geschichtliche Bedingtheit aber immerhin auch die eigentümliche Größe ihres Ursprungs, ihre eigene unmittelbare Berufung auf die heilige Schrift erhalten — und ebenso frei wie wir ihr, steht sie uns gegenüber, redend und Gehör verlangend, nach wie vor in *ihrem* Bestand und *ihrer* Art mit Einschluß alles dessen, wovon wir uns ihr gegenüber mit Recht oder Unrecht frei gemacht, was wir so oder so zurechtgerückt oder auch abgestrichen hatten. Das ist die geistliche Autorität, die sie ausübt, daß sie in ihrer eigenen Gestalt immer wieder da ist und uns, wie wir uns immer im Ganzen und Einzelnen zu ihr stellen mögen, weil sie nach wie vor die Stimme der Väter und der Brüder in der Kirche ist, nicht erlaubt mit ihr fertig zu sein. Und das ist die geistliche Respektierung ihrer Autorität, daß wir uns dieses Gegenübers bewußt sind und es uns gefallen lassen, unsere eigene Freiheit nur in diesem Gegenüber, nur innerhalb dieses Horizontes zu verwirklichen: daß die Verwirklichung unsrer Freiheit dauernd eine Rechenschaftsablage oder eben: eine Verantwortung auch ihr gegenüber sei. Sie sei denn eine kritische, eine vielleicht sehr weitgehend kritische Verantwortung; sie bleibe aber *Verantwortung!*

Es stehe uns auch und gerade dann, wenn wir etwas einem Satz der Konfession scheinbar oder wirklich Widersprechendes meinen vertreten zu sollen, dieser Satz selbst in seinem ganzen Gewicht als das Bekenntnis der Väter und Brüder und in seiner ganzen uns noch so ärgerlichen Bestimmtheit vor Augen! Er gerate nicht etwa in Vergessenheit, obwohl und indem wir ihn zur Zeit nicht gutheißen und nachsprechen können; er bleibe uns als seinerseits gegen uns erhobener Widerspruch ehrwürdig, auch wenn wir diesem Widerspruch nicht recht geben können; er höre nicht auf, uns zu beschäftigen! Es bleibe dabei, daß wir nicht fertig sind mit ihm, weil er als Satz der kirchlichen Konfession bestimmt auch mit uns nicht fertig ist!

Das und wirklich nur das ist die verpflichtende, verbindliche und maßgebliche Autorität einer kirchlichen Konfession. Mehr als das: eine Erhebung des Dogmas zur Offenbarung und also zum Lehrgesetz oder Inhalt der kirchlichen Verkündigung würde uns unweigerlich zu der römisch-katholischen Immanenztheologie der Gleichsetzung von Kirche und Offenbarung zurückführen, würde der göttlichen Autorität der heiligen Schrift zu nahe treten und würde damit die Kirche in jene Einsamkeit mit sich selbst zurückführen, in welcher es letztlich wie überhaupt kein kirchliches Leben, so auch keine echte kirchliche Autorität geben kann. Echte kirchliche Autorität hat das Dogma gerade als solches streng geistlich autoritatives und geistlich zu respektierendes Väter- und Brüderwort. Man müßte ja der Macht des Heiligen Geistes mißtrauen, wenn man diese Autorität und diesen Respekt für ungenügend halten wollte. Tritt die Konfession, tritt das Dogma als solch geistlich autoritatives und zu respektierendes Väter- und Brüderwort keinem berechtigten Freiheitsanspruch entgegen, kann sein Anspruch, als solches gehört zu werden, in keiner berechtigten Freiheit abgelehnt werden, so gibt es auch seinerseits keinen berechtigten Anspruch auf Beachtung, Gehör, Zustimmung und Gehorsam, den es nicht als solches anzumelden und auch durchzusetzen vermöchte in dem Maß, als es selber echtes Zeugnis: echtes kirchliches Gegenzeugnis von Gottes Offenbarung und insofern ein wahrhaft geistliches Wort ist. Ist es das — wir können auch einfach sagen: ist es wirkliches Glaubensbekenntnis — dann hat es bestimmt die Macht, auch in großer Ferne von seinem eigenen geographischen, zeitlichen und geschichtlichen Ort in der Kirche weiter zu reden, sich trotz und in der ganzen eigenartigen Bestimmtheit seiner Sätze, seiner Positionen und Negationen, in seiner Richtung dem Glauben auch der Kirche eines ganz anderen Ortes unmittelbar verständlich und einleuchtend zu machen oder auch den toten Glauben in der Kirche eines solchen ganz anderen Ortes zu neuem Leben zu erwecken. Es ist offenbar nicht die Macht eines nach allen Seiten so begrenzten und fehlbaren menschlichen Wortes als solchen, es ist auch nicht die kirchenrechtliche Auszeichnung, die ihm vielleicht zu eigen ist, es ist aber auch nicht dies, daß es göttliche Offenbarung wäre, was in solchem Geschehen wirksam ist. Was sollte hier anderes wirksam sein als dies: daß es ein Dokument des Gehorsams gegen den Heiligen Geist des Wortes Gottes ist und deshalb ein Instrument seiner Macht und seiner Regierung? Wie sollte es als solches nicht Autorität haben und sein und wie sollte es anders als so dazu kommen, Autorität zu haben und zu sein? Eben damit es in diesem Sinn Autorität habe und sei und also seinen verpflichtenden, bindenden und maßgeblichen Charakter bestätige, braucht es tatsächlich nur — dies aber sehr ernstlich als das stumm anwesende Gegenüber des kirchlichen Lebens der Gegenwart, als der Horizont, innerhalb dessen dieses — immer unter der Oberherrschaft des Wortes Gottes — sich abspielt, gesehen und verstanden zu werden. Eben in solchem freien Gegenüber redet der Glaube zum Glauben und weckt der Glaube neuen Glauben, handelt und wirkt im Zeugnis, das Menschen anderen Menschen geben, der Heilige Geist selber.

Man wird zur rechten Würdigung der Autorität der kirchlichen Konfession das, was wir ihre Richtung nannten, und ihre einzelnen Sätze als solche sowohl auseinanderhalten als auch zusammensehen müssen. Es kann wohl so sein, daß die Sätze des Irrglaubens, gegen den sich die Konfession dort und damals richtete, der Kirche jetzt und hier in ihrer ursprünglichen Gestalt nicht mehr oder noch nicht bekannt oder doch nicht mehr oder noch nicht in ihrer aktuellen Bedeutung bekannt sind.

Was bedeuten uns die Sätze des Arius oder des Nestorius, auf die das christologische Dogma der alten Kirche antwortete? Was bedeuten uns die Sätze der spätmittelalterlichen Bußlehre, der die Reformatoren mit ihrer Lehre von der Rechtfertigung allein durch den Glauben begegneten? Wiederum könnte man heute fragen: Was bedeuten uns in der Schweiz, was bedeuten in Holland und England die von da aus gesehen höchst partikularen, höchst fremdartigen Sätze der Deutschen Christen, denen in Deutschland die bekennende Kirche mit ihren Sätzen entgegengetreten ist? Wiederum könnte in den Missionskirchen Indiens und Chinas gefragt werden: was sie zu tun hätten mit all den Häresien, auf die das Dogma der europäischen Kirchen in seiner Gesamtheit geantwortet hat?

Dementsprechend kann es dann gewiß so sein, daß auch die in der Konfession niedergelegten antwortenden Sätze des Glaubens der Kirche von damals und dort der Kirche heute und hier nicht ohne weiteres als notwendiger Ausdruck auch ihres eigenen Glaubens einleuchten. Daß es nun nur dabei bleibe: die Konfession von damals und dort bildet auch so das aufmerksam anzuhörende Gegenüber und den wohl zu beachtenden Horizont unseres kirchlichen Lebens. Man warte doch ruhig ab, was sich in dieser Konfrontierung ereignen wird! Es gibt nämlich notorisch einen Zusammenhang, ja eine Einheit des Irrglaubens aller Zeiten und Gegenden.

Die Behauptung, daß die Gnosis des zweiten Jahrhunderts, daß Arius und Nestorius, daß der Okkamismus uns nichts angingen, könnte ja, obwohl ihre Sätze für uns nicht den geringsten Klang haben mögen, obwohl wir vielleicht tatsächlich mit ganz anderen Gegensätzen beschäftigt sind, darum eine sehr kurzsichtige Behauptung sein, weil der Irrglaube vielleicht unterdessen wohl seine Gestalt aber gar nicht seinen Gehalt verändert hat und es wäre dann ebenso voreilig, das jener fremdartigen Gestalt des Irrglaubens begegnende Dogma der Kirche von damals und dort darum für bedeutungslos zu halten, weil es in seiner Gestalt jenem uns zunächst nicht mehr oder noch nicht bewegenden Gegensatz entspricht.

Es könnte sich bei der Behauptung von der gegenwärtigen Bedeutungslosigkeit der im Dogma vorausgesetzten und ausgesprochenen Sätze und Gegensätze auch um eine sehr fatale Einflüsterung handeln, um den von Seiten des gegenwärtigen Irrglaubens unternommenen Versuch, der Kirche ihre ihm in seiner früheren und anderweitigen Gestalt gegenüber bereits gewonnenen Erfahrung und gefallenen Entscheidung zu verheimlichen und vorzuenthalten, um sich ihr in neuer und eigener Gestalt um so sicherer aufdrängen zu können.

Die Theologie der vernünftigen Orthodoxie um 1700 wußte wohl, was sie tat, wenn sie der Kirche ihrer Zeit die reformatorische Prädestinations- und Rechtfertigungslehre zunächst als überflüssig gewordenes Relikt der Scholastik eines vergangenen Zeitalters verdächtig machte und darum die Bekenntnisschriften als den Horizont auch der kirchlichen Gegenwart nicht mehr gerne gelten lassen wollte. Kampf gegen die Scholastik sagte man, Einführung eines halb stoischen, halb pietistischen Semipelagianismus meinte man: man wußte wirklich wohl, warum man Luther und Calvin lieber nicht mehr zum Zeugen dessen haben wollte, was man selber, wenn auch gewiß nicht in den Formeln und Worten des spätmittelalterlichen Nominalismus, zu sagen im Schilde führte. Und so konnte es zunächst nicht übel klingen, wenn im 19. Jahrhundert die Schule Ritschls, die dem altkirchlichen Dogma eigenen Hintergründe griechisch-philosophischen Denkens als solche zu durchschauen und enthüllen zu können vorgab, wenn damals eine ganze Zeit anbrach, in der man sich nicht genug über das Jota von Nicaea und über die Spinosität und Starrheit der Formel von Chalcedon wundern, nicht genug den Abstand unserer eigenen „Frömmigkeit", Sittlichkeit und Denkweise von der jener fernen kirchlichen Zeiten und Streitigkeiten betonen und darum die Bedeutung des trinitarisch-christologischen Dogmas nicht genug relativieren konnte. Historisch war dabei gewiß vieles ganz richtig gesehen. Aber kann man sich heute darüber täuschen, daß das objektiv gesehen alles nur ein Vorwand war, um einem Denken und Lehren über Gott, Christus und den Heiligen Geist freie Bahn zu schaffen, das nicht in den Worten und Sätzen, aber um so mehr in der Sache mit dem der altkirchlichen Irrlehrer nur zu genau zusammentraf und gegen das eben die immer noch nicht aufgehobene Anwesenheit des altkirchlichen Dogmas einen sehr unerwünschten Wall bildete? Weil Jesus Christus nach Ritschl ein auf Grund unseres Werturteils als Gottes Sohn erfundener großer Mensch gewesen sein sollte, darum mußte das alte Dogma nach Harnack eine Selbstdarstellung des griechischen Geistes auf dem Boden des Evangeliums heißen. Und nun sehe man wohl zu, was gespielt wird, wenn uns heute wieder versichert wird, das Bekenntnis der Reformation habe seine Zeit gehabt im Gegensatz zu dem Sakramentalismus und der Mönchsmoral des damaligen Katholizismus, wir aber: die Kirche der Gegenwart, hätten es mit ganz anderen Fragen und Aufgaben zu tun! Uns interessiere nicht die Frage nach dem gnädigen Gott, sondern die Frage: ob es überhaupt einen Gott gebe? wie man vor 30 Jahren gerne sagte. Wichtiger als das Schriftprinzip und die Rechtfertigungslehre sei uns die christliche Beantwortung der sozialen und der nationalen Frage, der Kriegsfrage, der Frauenfrage usw., so sagte man später. Und nun heute: nicht die Werkgerechtigkeit sei der Feind des Evangeliums, sondern die Indifferenz und der Säkularismus der nur dem Namen nach christlichen Massen. Warum sollte an solchen Feststellungen an sich nicht allerhand Richtiges sein? Man sehe aber, wenn sie sich direkt oder indirekt gegen das Bekenntnis richten, wenn ihre Absicht die ist, das Bekenntnis als Horizont der kirchlichen Gegenwart unsichtbar und unwirksam zu machen — man sehe dann wohl zu, ob das alles nicht einfach wiederum die Kulisse ist, hinter der eben der alte Feind, gegen den die Reformation ihr Bekenntnis ablegte, in neuer Gestalt um so triumphierender seinen Wiedereinzug in die Kirche halten will. Im gleichen Sinn könnte es ja eine sehr fatale Bedeutung haben, wenn man in den jungen asiatischen Missionskirchen etwa der Meinung werden sollte, das Apostolikum darum hinter sich lassen zu können, weil es ja doch nur das Dokument des Kampfes der Kirche gegen eine selbst in Europa längst nur noch historisch bekannte Gnosis sei, dessen Ergebnisse für die japanischen und chinesischen Christen von heute kein Interesse haben könnte. Lauert etwa die Gnosis nicht gerade da überall, wo das Evangelium sich in seiner Neuheit zum erstenmal von dem Hintergrund eines von Jahrtausenden her überlieferten Heidentums abzuzeichnen beginnt? Wird es nicht gerade da immer und überall angebracht sein, ihm die Tore zu verschließen mit der Formel: *Credo in Deum patrem, omnipotentem creatorem coeli et terrae, et in Jesum Christum, filium eius unicum, Dominum nostrum?* Wäre es nicht ein bedenklicher Vorgang, wenn man dort diese Tore unter dem Vorwand, daß sie allzu westlich seien, nun etwa schleifen wollte?

Es ist ja in der Tat, jedenfalls zunächst und entscheidend, nicht der Wortlaut der kirchlichen Konfession, nicht ihre orts- und zeit- und geschichtsgebundene Gestalt, sondern es ist ihre (freilich nur in ihren Sätzen, nur in dieser ihrer Gestalt wirkliche und erkennbare) Richtung, in deren Darstellung sie den notwendigen Horizont kirchlicher Gegenwart bilden und als solcher kirchliche Autorität haben und sein kann. Indem die Konfession der Kirche von damals und dort der Kirche von heute und hier mit ihren Sätzen gegenübertritt, fragt sie sie nach ihrem Glauben, nach dem Gehorsamscharakter ihrer Auslegung und Anwendung der Schrift. Wie es einen Zusammenhang, ja eine Einheit alles Irrglaubens gibt, so gibt es ja auch einen Zusammenhang und eine Einheit des Glaubens. Auf diese Einheit des Glaubens redet uns die Konfession an. Was sie von uns will, das ist dies, daß wir uns mit ihr in der Einheit des Glaubens befinden sollen. Ihre Sätze geben uns die Richtung an, in der sie selbst, die Kirche von damals und dort, diese Einheit des Glaubens gesucht und gefunden hat. Nicht indem wir ihren Sätzen zustimmen und sie uns zu eigen machen, sondern indem wir uns durch diese Sätze diese Richtung weisen lassen, respektieren wir die Autorität der Konfession. Eben darum kann es wohl sein, daß wir, indem wir uns von ihr diese Richtung weisen lassen, einzelnen oder auch vielen ihrer Sätze kritisch gegenübertreten müssen.

Diese Kritik wird dann den Sinn haben, daß wir, in der gewiesenen Richtung gehend und also die Autorität der Konfession respektierend, andere Sätze als bessere Verwirklichung derselben Richtung den Sätzen der Konfession selbst vorziehen zu müssen meinen. Eine gewisse positive Kritik an der Konfession wird gar nicht zu vermeiden sein, wo man ihre Autorität respektiert, wo man also in der von ihr gewiesenen Richtung selber und also im Blick auf die Kirche jetzt und hier in eigener Verantwortung weitergeht. Ihre Sätze müssen dann, auch wenn ihnen direkt zu widersprechen kein Anlaß vorliegt, auf Schritt und Tritt extensiv interpretiert, sie müssen mit Unterstreichungen und Betonungen und Zuspitzungen gelesen werden, die sie dort und damals, die sie also „historisch" gesehen nicht hatten, die sie aber notwendig bekommen, indem sie das Gegenüber und der Horizont der kirchlichen Gegenwart werden. Es kann die Notwendigkeit solcher positiven Kritik an der Konfession sogar zur Entstehung einer neuen, d. h. einer die alte Konfession entsprechend der neuen Erkenntnis der Kirche der Gegenwart wiederholenden Konfession führen. Das alles ist mit der Autorität der Konfession nicht nur vereinbar, sondern kann durch die recht verstandene Autorität der Konfession so oder so geradezu gefordert sein, so gewiß diese uns nicht auf sich selber, sondern auf die heilige Schrift verpflichtet, so gewiß sie uns nicht zuerst zur Zustimmung zu ihren Sätzen, sondern zum Verbleiben in der Einheit des Glaubens und nur deshalb und in diesem Sinn dann auch zur Zustimmung zu ihren Sätzen aufruft.

Man vergesse nur nicht, daß sie eben dies nun doch nicht formlos, sondern in der sehr bestimmten Form ihrer Sätze tut. Ihre Sätze bilden den Horizont, innerhalb dessen wir uns in der Kirche befinden. Sie geben uns die Richtung auf die Einheit des Glaubens an. Sie mit ihrem Ja und Nein bilden die konkrete Gestalt, die uns nach unserem Glauben fragt. So ist es also nicht etwa, daß wir die Konfession als Bezeugung irgendeines Glaubens und damit eines Glaubens im Allgemeinen andächtig hören könnten, um uns dann unsererseits eines Glaubens im Allgemeinen und also irgendeines Glaubens erfreuen zu dürfen und der Meinung zu sein, damit ihrem Ruf in der Richtung auf die Einheit des Glaubens Genüge zu tun. Nein, dieser ihr Ruf erfolgt in Form von Sätzen. Und eben in dieser Form ist er Gegenstand unserer Auseinandersetzung mit ihm oder er ist es gar nicht. Wer der Konfession widersprechen zu müssen meint, der widerspreche ihren Sätzen. Wer sie extensiv interpretieren zu sollen meint, der interpretiere ihre Sätze. Er tue es im Gehorsam gegen die Schrift, auf die sie selber uns hinweist. Er tue es, indem er in der Richtung weitergeht, für die sie uns in Anspruch nehmen will. Er sehe also zu, daß seine Kritik oder Interpretation ihn nicht vielleicht in eine ganz andere Richtung und damit vielleicht aus seiner Kirche herausführe, oder ob sie nicht vielleicht ganz anders als im Gehorsam gegen die Schrift begründet sei und erfolge. Alle Kritik und alle Interpretation des Dogmas ist nach diesen beiden Seiten hin gefährlich, so unvermeidlich sie ist. Rechenschaft fordernd steht das Dogma, nachdem wir uns so oder so mit ihm auseinandergesetzt haben, aufs neue vor uns. Sehen wir zu, wie wir ihm Rechenschaft geben! Und doch wäre auch der schlimmste Mißgriff, der uns in dieser Hinsicht unterlaufen könnte, wenigstens sachgemäßer als ein solches Verhältnis zum Dogma, in welchem seine Sätze als solche nicht mehr gehört würden, nicht mehr ihr konkretes Wort sagen könnten, nicht mehr so oder so eingriffen in die Sätze unseres eigenen Denkens und Redens. Daß es ein Dogma gibt als Zeugnis des anderen kirchlichen Glaubens der Väter und Brüder, das wird damit und erst damit bedeutungsvoll, daß dieser andere kirchliche Glaube im Dogma redet. Das tut er aber in den Sätzen des Dogmas. Würden uns seine Sätze als solche fremd bleiben oder werden, wie sollten wir dann in der Richtung uns befinden, in die es uns weisen will. Befinden wir uns in dieser Richtung, dann befinden wir uns notwendig auch in einer bestimmten, trotz und in aller Kritik und Interpretation sich bewährenden Übereinstimmung mit seinen Sätzen. Wir sind dann in der Lage, diese Sätze als Sätze des Glaubens zu verstehen und sie als solche in aller Freiheit nachzusprechen. In aller Freiheit: das heißt als unsere eigenen Sätze, in demjenigen Sinn und Verständnis, in welchem sie sich uns heute als wahr aufgedrängt haben, unter den Vorbehalten gegenüber früheren Deutungen (vielleicht sogar gegenüber seinem ursprünglichen Verständnis), die sich aus unserem eigenen Verhältnis zur heiligen Schrift als notwendig ergeben haben, aber eben so als das Bekenntnis nun auch unseres eigenen Glaubens. Wir haben dann in den Fragen, auf die es damals und dort antwortete, die uns selbst beschäftigenden Fragen aber auch in seinen Antworten das wiedererkannt, was wir heute und hier im Gehorsam gegen die Schrift zu sagen haben. Vielleicht könnten wir es anders sagen, als es dort gesagt wurde. Wir müssen es aber nicht anders sagen. Und wir könnten es vielleicht nicht besser sagen. Was dort und damals gesagt wurde, ist vielleicht tatsächlich in seiner eigenen und unveränderten Gestalt zugleich das Bestimmteste und Klarste, was auch heute und hier, ja was nach unserer Einsicht überhaupt gesagt werden kann. Und schon um unsererseits auf die Einheit des Glaubens hinzuweisen, werden wir es, wenn keine entscheidenden Gründe dagegen vorliegen, gerne genau so sagen, wie es damals und dort gesagt wurde, werden wir uns also das Dogma nicht nur in seinem Inhalt, sondern auch in seiner Form, werden wir uns also nicht nur die von ihm angegebene Richtung, sondern mit der Richtung auch seine Sätze zu eigen machen, werden wir uns also nicht nur auf den Glauben im allgemeinen, sondern auf den besonderen, in seinem Wortlaut bestimmten Glauben des Dogmas behaften lassen. Nur so bleiben wir ja auch wirklich im Gespräch mit ihm, behält es seine kritische Macht uns gegenüber, bleibt die Möglichkeit offen, daß der Sinn und das Verständnis, in denen wir es bejaht haben, von ihm selbst her korrigiert werden können: daß der andere Glaube der Väter und Brüder unserem eigenen Glauben noch mehr als bisher zu sagen hat.

Wir kommen damit zum letzten Punkt unserer Überlegungen: Auch die Autorität der Konfession ist als kirchliche Autorität keine absolute, sondern eine relative und so kann auch ihre Respektierung nicht absolut, sondern nur relativ sein. Die unfehlbare und also unüberbietbare und unveränderliche Konfession ist der Lobpreis, den die Kirche als der mit seinem Haupte auf ewig vereinigte Leib ihrem Herrn in dieser ihrer eigenen ewigen Vollendung darbringen wird; sie ist also ein eschatologischer Begriff, dem jetzt und hier keine Verwirklichung entspricht, dem alle Wirklichkeit kirchlicher Konfession, dem Alles, was wir jetzt als altes oder neues Dogma kennen, nur entgegeneilen kann. Was wir als Dogma kennen, das ist grundsätzlich fehlbar und also überbietbar und veränderlich.

Die Wege der römisch-katholischen und der evangelischen Lehre vom Dogma gehen hier selbstverständlich noch einmal auseinander. Dogma im römisch-katholischen Sinn ist Offenbarungszeugnis wie die heilige Schrift selber. Dogma im evangelischen Sinn ist kirchliches Gegenzeugnis zu diesem Offenbarungszeugnis. Damit ist gesagt, daß es kein letztes, sondern nur ein bis auf weiteres verpflichtendes, bindendes und maßgebendes Wort sein kann. Indem die Kirche bekennt und auch indem sie sich früheres oder anderweitiges Bekenntnis zu eigen macht, hält sie sich offen für die Möglichkeit, dereinst durch Gottes Wort besser belehrt, besser zu erkennen und dann auch besser zu bekennen. Gerade weil ihr bei ihrem Bekennen jenes Eschaton des Lobpreises Gottes in der Vollendung vor Augen steht, muß sie sich auf Erden und also in Erkenntnis ihrer

Unvollendetheit für solche bessere Belehrung durch Gottes Wort offen halten. Es waren im 16. Jahrhundert besonders die reformierten Kirchen, die sich über diese Vorläufigkeit ihrer Konfessionen und aller Konfession sehr deutlich ausgesprochen haben. Man bekennt sich zu den altkirchlichen Symbolen nur unter dem Vorbehalt: *pource qu'ilz sont conformes à la Parole de Dieu* (*Conf. Gallic.* 1559 *Art.* 5). In der obrigkeitlichen Einleitung zum Berner Synodus von 1532 heißt es dann auch vom reformatorischen Bekenntnis selber: „Wo aber etwas uns vorgebracht würde von unseren Pfarrern oder anderen, das uns näher zu Christo führt, und laut Gottes Wort gemeiner Freundschaft und christlicher Liebe zuträglicher als die jetzt verzeichnete Meinung, dasselbige wollen wir gerne annehmen und dem Heiligen Geist seinen Lauf nicht sperren, der nicht zurück auf das Fleisch, sondern allewege vordringt auf das Ebenbild Christi Jesu unseres Herrn." Und in der Einleitung zur *Conf. Scotica* 1560: *protestantes, quod si quis in hac nostra confessione articulum vel sententiam repugnantem sancta Dei verbo notaverit . . . promittimus Dei gratia ex Dei ore id est ex sacris scripturis nos illi satisfacturos aut correcturos si quis quid erroris inesse probaverit.* Daß auch Konzilien irren können und daß Gott dann seine Wahrheit auch gegen den Irrtum eines Konzils behaupten muß und wird (Calvin, *Instit.* IV 9, 13), das war die aus der Erkenntnis der alleinigen göttlichen Autorität der Schrift folgende Voraussetzung der Lehre aller Reformationskirchen. Nicht immer und überall, besonders nicht im lutherischen Bereich hat man sich dann freilich ebenso bestimmt die Relativität auch der eigenen kirchlichen Entscheidungen der Gegenwart und also auch der reformatorischen Bekenntnisschriften so klar gemacht, wie es in Bern und in Edinburgh geschehen ist oder wie es wieder Calvin in seiner Schrift gegen Pighius (C. R. 6, 250) im Blick auf Luther, Melanchthon und sich selbst getan hat. Man kann wenigstens den deutschen Text jener schon zitierten Stelle aus der Vorrede zur Konkordienformel über die *Augustana* kaum anders als dahin verstehen: es habe Gott der Allmächtige selber in diesen letzten Zeiten (nachdem er die Reformation hat Ereignis werden lassen) „aus göttlicher, prophetischer und apostolischer Schrift" jenes Bekenntnis „zusammengefasset", das dann 1530 Kaiser und Reich vorgelegt wurde. Und es finden sich jedenfalls in der späteren lutherischen Dogmatik (vgl. z. B. Hollaz, *Ex. theol. acroam.* 1707 *Prol.* II *qu.* 27) Äußerungen über den *specialis concursus Dei*, unter dem die symbolischen Bücher der lutherischen Kirche zustande gekommen seien, über die Göttlichkeit ihres Inhalts usw., die nahe an die Behauptung ihrer Inspiration und Kanonizität heranzukommen scheinen. Aber bei näherem Zusehen wird man gerechterweise doch von mehr als von einem Schein, von mehr als einer besonderen Emphase der Unterstreichung der kirchlichen Autorität dieser Bücher auch im Luthertum nicht reden können. Der zugespitzteste Satz des Hollaz lautet an dieser Stelle: *periculosum est, sine adiecta declaratione libros symbolicos humana scripta appellare.* Man wird doch auch diesen Satz in *meliorem partem* interpretieren dürfen: es ist in der Tat bedenklich, das Dogma der Kirche ein bloßes Menschenwort zu nennen ohne den Zusatz, daß es als Wort der uns von Gott vorgeordneten Väter und Brüder in der Kirche als verpflichtendes, verbindliches und maßgebliches Zeugnis vom Worte Gottes gehört und aufgenommen werden will. Die Reformation hätte ja grundsätzlich preisgegeben werden müssen, wenn man hier die Linie zwischen Gotteswort und Menschenwort wirklich hätte verwischen oder aufheben wollen. Die Frage, die man in diesem Zusammenhang an das Luthertum richten kann, kann nur die sein, ob es nicht, ohne sich theoretisch etwas zu vergeben, schon indem es so sakral von „symbolischen Büchern" redete, in jenen seltsamen Phantasien besonders über die *Augustana* und überhaupt in der merkwürdigen Verherrlichung seiner eigenen geschichtlichen Gestalt in jener Emphase zu weit gegangen ist? ob es sich nicht bei aller ungeschwächten theoretischen Vertretung des Schriftprinzips, die man ihm nicht absprechen kann, erlaubt hat, praktisch sich selbst in seinem Ursprung und in der Normgestalt seines Bestandes zu einer zweiten Offenbarungsquelle zu erheben und dann (neben der Person Luthers) insbesondere auch seine Konfession als solche zu behandeln? Soweit das geschehen sein sollte, wäre allerdings zu sagen, daß es damit die Reformation praktisch preisgegeben und sich selber mit einer gewissen Unbeweglichkeit und Verschlossenheit gegenüber neuen Erkenntnissen, wie sie sich aus solcher Praxis unvermeidlich ergeben mußte, gestraft hätte. Man muß dann freilich bedenken, daß es sich dabei nur um eine der spezifisch lutherischen Formen dessen handelte, was in anderen Formen die Schuld und das Schicksal des ganzen Protestantismus gewesen ist.

Kommt nun göttliche Unfehlbarkeit tatsächlich keiner kirchlichen Konfession zu, dann muß praktisch anerkannt werden: jede kirchliche Konfession kann nur als eine Etappe auf einem Weg verstanden werden, die als solche durch eine weitere Etappe in Gestalt einer veränderten Konfession relativiert und überboten werden kann. Es muß sich also auch die Respektierung ihrer Autorität notwendig verbinden mit der grundsätzlichen Bereitschaft, einer solchen möglichen Veränderung entgegenzusehen.

Indirekt hat das auch die römisch-katholische Kirche anerkannt, indem sie zwar keine Perfektibilität des Dogmas, wohl aber eine Perfektibilität der kirchlichen Proklamation des Dogmas zugibt und durch ihre Geschichte und Praxis bestätigt, in der es faktisch sehr wohl auch überholte, veraltete, deutlich korrigierte und andererseits neue, offenkundig klarere und bestimmtere Dogmen gibt.

Es gilt aber von einer solchen Veränderung der Konfession dasselbe, wie von einer Veränderung des kirchlichen Urteils hinsichtlich des Kanonsumfangs und hinsichtlich der Feststellung, wer die „Väter" der Kirche sind: Man stelle sich den Vorgang jedenfalls nicht als leichter und nicht als weniger verantwortlich vor als den der Entstehung einer Konfession. Es müßte dabei nicht auf Grund irgendeines abstrakten Gutfindens, sondern in Erkenntnis des Wortes Gottes in der heiligen Schrift so geredet werden, wie man nun — und nun also anders als die Väter und Brüder — reden möchte. Es müßte ein Anlaß vorliegen, der gewichtig genug wäre, um das Unternehmen, nunmehr anders zu reden als jene, als Notwendigkeit rechtfertigen würde. Es müßte das, was man bei diesem Anlaß zu sagen hat, so neu und verschieden sein gegenüber dem von jenen Gesagten, daß es sich ohne Störung der Einheit des Glaubens lohnen würde, nunmehr wirklich anders als sie zu reden. Es müßte in irgendeiner erkennbaren und sich aufdrängenden Weise — entscheidend vermöge des inneren Gewichtes des Ausgesagten, laut seiner Übereinstimmung mit der Schrift — die Kirche sein, die es unternähme, nunmehr anders zu reden. Es müßten, bevor zum Werk geschritten wird, neben der heiligen Schrift auch die Stimmen der bisher in Kraft stehenden Konfession noch einmal allen Ernstes angehört werden, damit nur ja nichts verlorengehe von dem, was sie uns vielleicht trotz und in unserer neuen Lage und Aufgabe zu sagen haben. Es müßte sich dann unser eigenes Unternehmen in seiner Echtheit bewähren durch den Mut, es der übrigen Kirche vorzutragen, wie man eine Entscheidung vorträgt, die man selber für in einer göttlichen Entscheidung begründet hält und also wiederum mit dem Anspruch, daß man sich ihr gegenüber entscheiden müsse und also ohne Furcht vor einem bestimmten Ja und einem bestimmten Nein. Und dann müßte eine entsprechende praktische Haltung die neue, die veränderte Konfession von ihrem Ursprung her begleiten, als das unentbehrlichste Mittel ihrer Proklamtion.

Sie müßte in letzter menschlicher Gewißheit und aus letzter menschlicher Notwendigkeit daherkommen und es müßte also von ihr geredet werden können wie Luther es im Blick auf die Schmalkaldischen Artikel getan hat: „Dies sind die Artikel, darauf ich stehen muß und stehen will bis in meinen Tod, ob Gott will und weiß darinne nichts zu ändern noch nachzugeben. Will aber imand etwas nachgeben, das tu er auf sein Gewissen" und speziell im Blick auf die Lehre von der Rechtfertigung (am Anfang des 2. Teiles): „Von diesem Artikel kann man nichts weichen noch nachgeben, es falle Himmel und Erde oder was nicht bleiben will: denn es ist kein ander Name, dadurch wir konnen selig werden, spricht S. Petrus Act. 4. Und durch seine Wunden sind wir geheilet. Und auf diesem Artikel stehet alles, das wir wider den Bapst, Teufel und Welt lehren und leben. Darum müssen wir des gar gewiß sein und nicht zweifeln. Sonst ists alles verloren und behält Bapst und Teufel und Alles wider uns den Sieg und das Recht."

Billiger als zu diesen Bedingungen — von denen keine einzige fehlen darf — ist eine neue Konfession nicht zu haben. Sind diese Bedingungen gegeben, dann darf nicht nur, dann muß eine neue Konfession gewagt werden. Man kann aber alle diese Bedingungen auch verstehen als die Voraussetzungen, unter denen eine neue Konfession gewagt werden muß, unter welchen also das Problem des Dürfens kein Problem mehr ist. Dann, unter diesen Vorausetzungen gewagt, wird sie sich bestimmt auch Autorität und Respekt verschaffen.

Wir können nun nur schließen mit der Feststellung, daß eine neue Konfession im Bereich des Protestantismus (wenn wir die letzten Ereignisse, deren Tragweite noch abzuwarten ist, zunächst einklammern wollen) seit der Reformation und der ihr unmittelbar folgenden Zeit nicht auf den Plan getreten ist, obwohl es doch an umwälzenden Entwicklungen in diesem Bereich nicht gefehlt hat. Der Neuprotestantismus insbesondere, dem doch genug Selbstbewußtsein gegenüber der ganzen vorangehenden Entwicklung bis hinauf zur Bibel selber eigen war, hat eine neue Konfession nicht hervorgebracht. Nicht einmal ein Bekenntnis zu der von ihm gelehrten und geforderten Akonfessionalität, nicht einmal eine Entscheidung zugunsten der doch angeblich allein selig machenden Entscheidungslosigkeit hat er der Kirche ernstlich und konsequent vorzulegen und abzufordern sich getraut! Weiter als bis zur theologischen Verdunkelung und teilweise zur kirchenrechtlichen „Abschaffung" der alten Konfession hat er es notorisch nicht gebracht. Die unitarische Kirche in Ungarn, Siebenbürgen und Polen ist eine — ehrenvoll zu erwähnende — Ausnahme geblieben. Noch die Frage von Julius Kaftan: „Brauchen wir ein neues Dogma?" (1890) verhallte ungehört oder doch unwirksam. Es blieb trotz viel Seufzen und Geschrei durch alle theologischen Entwicklungen hindurch beim alten Dogma, wie es trotz aller Kanonskritik beim alten Kanon blieb, und es blieb auch für den Neuprotestantismus beim Kompromiß mit dem alten Dogma. Warum wohl? Vermutlich einfach darum, weil der Neuprotestantismus die Bedingungen eines neuen Dogmas allerdings nicht zu erfüllen, weil er für seine Dogmen kirchliche Autorität wirklich nicht in Anspruch zu nehmen vermochte, und darum in richtiger Einsicht auch nicht in Anspruch zu nehmen wagte.

§ 21

DIE FREIHEIT IN DER KIRCHE

Unmittelbare, absolute und inhaltliche Freiheit nimmt ein Glied der Kirche nicht für sich, sondern allein für die heilige Schrift als Gottes Wort in Anspruch. Eben der Gehorsam gegen das freie Wort Gottes in der heiligen Schrift ist aber auch subjektiv bestimmt dadurch, daß jeder Einzelne, der das Zeugnis der Schrift anzunehmen bekennt, die Verantwortung für dessen Auslegung und Anwendung selber mit zu übernehmen willig und bereit sein wird. Die Freiheit in der Kirche ist durch die Freiheit der heiligen Schrift, in der sie begründet ist, begrenzt als mittelbare, relative und formale Freiheit.

1. DIE FREIHEIT DES WORTES

Wir können nicht nur an die Autorität, wir müssen auch an die Freiheit der Kirche denken, wenn wir verstehen wollen, was das bedeutet, daß es ein Wort Gottes für die Kirche gibt. Die durch das Wort Gottes berufene und begründete Kirche ist *communio sanctorum* nicht nur in dem Sinn, daß hier Menschen zur *communio* versammelt, als solche regiert und bestimmt werden durch die *sancta*, d. h. durch das in ihrer Mitte aufgerichtete Heiligtum des Evangeliums und des Glaubens, sondern — weil in diesem Sinn! — darum auch in dem anderen Sinn: daß hier Menschen an diesem Heiligtum Anteil bekommen, daß es also in ihre Hände gelegt, ihnen anvertraut wird, daß sie selbst jetzt kraft der in dieser *communio* stattfindenden *communicatio* der *sancta* zur *communio* der *sancti* werden, aufgerufen nicht nur Hörer, sondern auch Täter des Wortes zu sein. — Autorität und Respektierung von Autorität ist nur die objektive Bestimmung des von Gottes Wort in der Kirche geforderten, geschaffenen und eingepflanzten Gehorsams. Nur von Autorität redend, hätten wir noch zweideutig geredet von der Herrschaft des Gottes Abrahams, Isaaks und Jakobs, der kein Gott der Toten, sondern der Lebendigen ist. Seine Autorität ist gerade darin göttlich majestätische Autorität, daß sie nichts gemein hat mit Tyrannei, daß ihr Bild nicht die Gewalt einer die menschliche Gegenseite vernichtenden Naturkatastrophe, sondern vielmehr die Gewalt eines die menschliche Gegenseite nicht nur anerkennenden, sondern als solche konstituierenden Zurufs, Befehls und Segens ist. Ihr gehorchen heißt nicht: von ihr überrannt, in seiner Eigenständigkeit als Mensch unterdrückt und aufgehoben werden. Gehorsam gegen Gott ist gerade darin echter Gehorsam, daß er ebenso spontan wie rezeptiv, daß er nicht nur unbedingter Gehorsam, sondern eben als solcher Gehorsam von Herzen ist. Gottes Autorität wird nur respektiert in der Sphäre der Freiheit: nur da, wo es ein Gewissen gibt, ein Mitwissen um ihre Hoheit und Rechtmäßigkeit und eine Zustimmung zu ihrer Stimme — nur da, wo jemand sich durch ihre Stimme beugen und aufrichten, trösten und mahnen lassen will. Ganz dasselbe gilt aber auch von den verschiedenen Gestalten kirchlicher Autorität und ihrer Respektierung. Will man die ebenso notwendige subjektive Bestimmung des Gehorsams als Freiheit nicht sehen, oder nur beiläufig sehen, entzieht man sich der Aufgabe, dieser Seite des Problems ebenso gerecht zu werden wie der anderen, dann sehe man wohl zu, ob man sich nicht bereits im Bereich einer weltanschaulich-politischen Versteifung einer an sich richtigen theologischen Teilerkenntnis befindet, die doch als Teilerkenntnis nicht für sich bleiben und gerade nicht, als wäre sie das Ganze, systematisiert werden dürfte. Sie verliert sonst nicht nur ihren Charakter und ihre Kraft als theologische Wahrheit, sie stört und hindert dann, wird sie nun wirklich als das Ganze christlicher Erkenntnis vertreten und vorgetragen, die Anerkennung und den Sieg der Wahrheit durch ihre nicht im Geheimnis Gottes, sondern nur im Geheimnis menschlicher Willkür begründete Einseitigkeit. Sie ruft dann Reaktionen hervor, von denen sie in ihrer weltanschaulich-politischen Versteifung ganz mit Recht betroffen wird, die dann aber gleichzeitig auch die in ihr verkürzte und mißbrauchte Wahrheit selbst zu treffen pflegen. Der bloß beherrschte und bezwungene Mensch wäre gar nicht der durch Gottes Wort erreichte und wiedergeborene Mensch; er wäre nicht so beherrscht und gezwungen, wie das Wort Gottes beherrscht und bezwingt. Bloß beherrscht und bezwungen wird er auch von ganz anderen Mächten bis und mit der des Todes, ohne daß es unter allen diesen Mächten auch nur eine einzige gäbe, die ihn so in ihre Gewalt brächte, daß ihm die Rebellion des vom Fatum überwältigten Stoikers: *si fractus illabatur orbis, impavidum ferient ruinae* nun wirklich abgeschnitten, daß er ihnen also wirklich gehorsam würde. In der Kirche unter dem Worte Gottes geht es anders zu als so. Die über ihr stehende göttliche Autorität sowohl wie die in ihr geltende kirchliche Autorität ist keine von jenen bloß beherrschenden und bezwingenden Mächten. Immer nur im menschlichen Mißverständnis und Mißbrauch könnten sie das werden. Eben darum sind in der Kirche dann auch jene Reaktionen überflüssig, weil gegenstandslos. Der hier beherrschte und bezwungene Mensch ist ja gerade der von Gott geliebte und also auf seine eigenen Füße gestellte, der verantwortlich gemachte Mensch. Autorität anerkennen und respektieren als ein Glied der Kirche, das bedeutet: Gott wieder lieben und also willig und bereit sein, Verantwortung — Mitverantwortung, aber eben so wirkliche Verantwortung übernehmen. Der Christ ist kein geschobener Stein und keine ins Rollen gebrachte Kugel. Der Christ ist der durch das Wort und die Liebe Gottes lebendig gemachte wirkliche, Gott wieder liebende Mensch, sich aufrichtend gerade indem er gebeugt wurde, sich beugend gerade indem er aufgerichtet wurde. Eben darum, weil es in der Kirche kein bloßes Beherrschen und Bezwingen gibt, gibt es in ihr ein wirkliches Beherrschen und Bezwingen, und gerade weil es in der Kirche Autorität gibt, gibt es in ihr auch Freiheit. Diese Seite des Problems will auch gesehen und sie will nicht nur beiläufig, sondern ernstlich gesehen sein.

Es besteht Anlaß, dies heute besonders nachdrücklich zu sagen. Die evangelische Kirche und Theologie steht heute in allen Ländern, wo sie sich ihres Lebens und ihrer Aufgabe überhaupt wieder bewußt zu werden beginnt, in der Auseinandersetzung mit dem Neuprotestantismus als der Zwischenform, in die sie bald nach der Reformation zunächst eingegangen, der sie dann ziemlich vollständig verfallen ist, deren letzte Entwicklungsstadien, wenn nicht alles täuscht, heute hinter uns liegen und die dem Sein und Sollen dieser Kirche und Theologie jedenfalls (von der Schrift und von der Reformation selbst her gesehen) heute nicht mehr zu genügen vermag. In dieser Auseinandersetzung spielt nun die Wiederentdeckung der Wirklichkeit und des Begriffs der göttlichen sowohl wie der kirchlichen Autorität auf der ganzen Linie eine wichtige Rolle. Daß Gott im Himmel und der Mensch auf Erden ist, daß Gott regiert und der Mensch zu gehorchen hat, daß das Wort Gottes einen Totalanspruch an den Menschen bedeutet, an diese einfachen Wahrheiten haben wir uns wieder ganz neu gewöhnen lernen müssen: unter dem Widerspruch eines theologischen Liberalismus, der eben diese einfachen Wahrheiten nicht wahrhaben wollte. Eben bei diesem Hinweis auf die Autorität Gottes ging und geht es nun aber auch nicht ab ohne den Hinweis vor Allem auf deren Konkretheit in ihrer Gestalt als Autorität des kirchlichen Kanons, auf die Autorität der Reformation, als des die Kirche neu begründenden Faktums, auf die Autorität der Konfession als des Dokumentes dieser Neubegründung; und es konnte das Alles nun erst recht nicht gesagt, bzw. neu gesagt werden, ohne denselben theologischen Liberalismus, gegen den es in der Tat gesagt werden mußte, nun erst recht zu leidenschaftlichem Widerspruch zu reizen. Aber eben diese theologische Auseinandersetzung war von Anfang an und ist heute erst recht schwer belastet und kompromittiert durch die Tatsache, daß wir ja gleichzeitig auch in einer weltanschaulich-politischen Auseinandersetzung stehen, in welcher es ebenfalls um Autorität und Freiheit geht oder doch zu gehen scheint. Weit weg von der Frage nach göttlicher und kirchlicher Autorität ist gleichzeitig in der Welt der große Versuch unternommen worden, dem Absolutismus einer angeblich autonomen Vernunft und damit dem Absolutismus des Einzelnen und der Masse den Absolutismus einer den Menschen und die Menschen nach Leib und Seele regierenden Staatsgewalt entgegenzusetzen, deren neue Begründung und Legitimation man besonders eindrucksvoll in der Idee des Volkstums gefunden zu haben meint. „Autorität" ist also auf einmal ein weltliches Lieblingslosungswort und „Liberalismus" ist auf einmal ein weltliches Schimpfwort geworden. Eine schlimmere Störung jener kirchlich-theologischen Auseinandersetzung und Arbeit als gerade diese hätte sich gar nicht denken lassen. Oder wie könnte das Leben der Kirche etwa schlimmer gestört werden als dadurch, daß es — man könnte auch hier an die Geschichte von den Zauberern des Pharao denken — einen solchen Doppelgänger bekommt, der in einer bis in die Einzelheiten gehenden Parallelität eben das, was sie tut, auch zu tun scheint. So mußte einst schon die Reformation sich stören lassen durch die Tatsache, daß es neben ihr gleichzeitig im Kampf gegen die Kultur des Mittelalters auch einen Renaissancehumanismus gab, gleichzeitig auch ein mächtiges Selbständigkeitsbestreben der nationalen Königstümer, Fürsten und Reichsstädte gegenüber der Kaisermacht, gleichzeitig auch eine Erhebung der Bauernschaft gegen die Feudalherren, gleichzeitig auch ein allgemeines Greifen nach dem kirchlichen Großgrundbesitz. Wie Viele mögen damals gelebt haben, die die Reformation nicht vor Allem von irgendeiner dieser Gleichzeitigkeiten aus verstanden haben? Wie nahe lag es, sie von irgendeiner dieser säkularen Bewegungen her zu bejahen und zu unterstützen und damit sicher fremdes Feuer auf ihren Altar zu bringen! Und wie nahe

lag es umgekehrt da, wo man zu einer dieser säkularen Bewegungen im Gegensatz stand, die Reformation in der Zusammenschau mit diesen abzulehnen und zu bekämpfen! So muß man heute damit rechnen, daß die theologisch-kirchliche Erneuerung mit der nationalistisch-autoritären Zeitbewegung zusammengesehen, in ihren Motiven aus jener abgeleitet oder auch umgekehrt als deren religiöser Ursprung angesehen oder auch auf irgendeine gemeinsame Wurzel mit jener zurückgeführt wird. Und es ist dann offenbar auch für sie gleich fatal, ob sie in dieser Zusammenschau bejaht und unterstützt oder verneint und bekämpft wird. Jedes Wort, das in Kirche und Theologie für die rechte Autorität und gegen den Mißbrauch der Freiheit gesagt werden kann und gesagt werden muß, kann offenbar sofort grundfalsch gemeint sein und grundfalsch verstanden werden, wenn es mit den gleichlautenden Schlagworten der Zeitbewegung auch nur in die fernste Beziehung gebracht wird. Natürlich beruhen solche Gleichzeitigkeiten zwischen Kirchengeschichte und Weltgeschichte nie auf Zufall. Kirche und Welt gehören nahe genug zusammen: Kein Wunder, wenn das Geschehen in der Kirche wohl heimlich oder offen immer begleitet ist von solchen Schattenbildern weltgeschichtlichen Geschehens. Es ist aber Gottes Weisheit und Macht, in deren Walten Kirche und Welt zusammengehören und die uns durch das Sichtbarwerden solcher Gleichzeitigkeiten an diese Zusammengehörigkeit und damit an sich selber erinnert. Glauben wir an Gottes Vorsehung, so kann das gerade nicht bedeuten, daß wir uns selbst auf einen Standpunkt stellen, von dem aus wir diese Zusammengehörigkeit und dann auch solche Gleichzeitigkeiten systematisch zu durchschauen und meistern zu können meinen würden. Glauben wir an Gottes Vorsehung, dann werden wir also den Weg, den die Kirche im Gehorsam gegen ihren Auftrag und im Achten auf das Wort Gottes gehen muß, gerade nicht rechtfertigen und begründen von den Wegen her, die wir die Welt gehen sehen. Und wiederum werden wir dann die Wege der Welt, über deren Sinn und Ziel wir ja doch bestenfalls nur Vermutungen haben können, nicht von den Wegen der Kirche her rechtfertigen und begründen wollen. Eben die so oder so naheliegende Systematik, eben die so oder so naheliegende Verbindung zwischen dem oft scheinbar so gleichartigen Geschehen und Handeln dort und hier ist die Störung, die immer wieder als solche erkannt und abgewehrt werden muß. Wird sie nicht erkannt und abgewehrt, dann wird die Kirche hineingerissen in Bestrebungen, Gegensätze und Schicksale, denen sie, gerade weil sie eine Botschaft an die ganze Welt hat, überlegen gegenüberstehen müßte; dann verliert sie ihre Glaubwürdigkeit; denn eben damit, daß sie diese Störung nicht als solche erkannte, und abwehrte, daß sie den Allotria nachging, statt sich an ihren Auftrag und an das Wort Gottes zu halten, hat sie dann gezeigt, daß sie nicht im Gehorsam stand, der doch nichts als Treue auf ihrem eigenen Weg von ihr gefordert hätte. In solcher Treue gegen den eigenen Weg der Kirche war, wenn nicht alles täuscht, Luthers Haltung im Bauernkrieg begründet. In anderen Punkten hat doch wohl auch er, haben auch die anderen Reformatoren die drohende Störung nicht immer und nicht deutlich genug als solche erkannt und abgewehrt. Und wo und in welcher Hinsicht dies nicht geschah, ist es der Kirche der Reformation prompt genug zum Fluch geworden. So haben wir allen Grund, heute unerbittlich festzustellen: Welches immer im göttlichen Ratschluß der Zusammenhang sein mag zwischen der Auseinandersetzung über Autorität und Freiheit, die heute in der Kirche und in der Theologie, und der anderen, die heute eindrucksvoll genug auch auf den Gebieten der Politik und der Weltanschauung stattfindet — wir können und dürfen weder jene durch diese noch diese durch jene interpretieren. Und das bedeutet nun praktisch in unserem Zusammenhang: Wir haben, wenn es uns um ein neues Geltendmachen der Autorität Gottes und auch der Autorität der Kirche geht, mit der heute im Gang befindlichen Proklamation eines säkulären Autoritarismus nichts zu schaffen. Wir erwarten von ihr so wenig, wie wir von einer neuen Proklamation eines säkularen Liberalismus erwarten würden. Wir danken auf das Bestimmteste für jeden Beifall und für jede Hilfeleistung, die uns etwa von daher zuteil werden könnten. Wir machen keinen Gebrauch von den Argumenten und von dem Pathos, die uns von daher geliehen werden könnten. Wir haben aber auch unsererseits keinen Anlaß, uns von der Kirche her für jene Bestrebungen einzusetzen, kirchliche Argumente und kirchliches Pathos zu Waffen in jenem Streit herzugeben. Wenn die heute ausschlaggebende Staatsphilosophie der Meinung ist, in dem Geist von 1789 und 1848 und im Marxismus den Feind des Menschengeschlechts bekämpfen zu müssen, so mag sie damit recht oder unrecht haben: der Gegensatz, in dem sich das Evangelium zu einer falschen Freiheitslehre befindet, ist auf keinen Fall dieser Gegensatz. — Es kann vielmehr keine Frage sein, daß von dem Widerspruch des Evangeliums auch diese moderne Staatsphilosophie betroffen wird, daß auch sie mit ihrem ganzen Autoritarismus zu der durch das Evangelium bestrittenen Freiheitslehre gehört, genau so, wie sich auch der Idealismus von gestern eben dessen schuldig machte, was vom Evangelium her als Tyrannei zu bestreiten ist. Es wird vielmehr so sein, daß die Kirche in ihrem Verhalten und Reden der Welt gegenüber sich heute des im Raum der Welt unterdrückten und verfolgten Freiheitsgedankens anzunehmen, die relative Berechtigung seines Anliegens zu schützen hat: nicht um seiner selbst willen, nicht weil das Evangelium mit einer Metapyhsik der Freiheit zu verwechseln wäre, wohl aber damit es — in der kompromittierenden Nachbarschaft, in der es sich heute befindet — nicht mit einer Metaphysik der Autorität verwechselt werde. Ist die Kirche im Zeitalter des Liberalismus mit Recht nicht einfach liberal geworden, sondern blieb sie — wenn auch mit genug bedauerlichen Konzessionen an den Zeitgeist und weithin gegen ihren eigenen Willen — unter beständiger Anfechtung seitens der damals liberalen Welt faktisch der Hort des Autoritätsgedankens, so gehe sie nun auch heute nur ja nicht mit dem Zeitgeist, so versäume sie auch heute nur ja nicht, die Freistätte der heute in der Welt zu kurz kommenden Wahrheit — und das ist eben: der Wahrheit des Freiheitsgedankens — zu sein. Die Kraft und Glaubwürdigkeit ihres Kampfes gegen den falschen Freiheitsgedanken hängt ganz und gar daran, daß sie sich an der säkularen Hetze gegen den säkularen Liberalismus gerade nicht beteiligt, daß sie durch das, was von seiten dieses Liberalismus gegen den ihm gegenüberstehenden säkularen Autoritarismus mit relativem Recht einzuwenden ist, nicht etwa mitbetroffen wird, daß von ihr aus, sofern sie zu der in ihre Parteikämpfe verstrickten Welt zu reden hat, vielmehr auch heute das Gegengewicht in die Waagschale geworfen und also Ausgleich zugunsten der Freiheit und damit Gerechtigkeit geschaffen werde. Ihr eigener Kampf ist zu ernst und zu schwer, als daß sie ihn anders denn legitim, mit freiem Rücken und gutem Gewissen kämpfen könnte. Die Legitimität, der freie Rücken und das gute Gewissen sind aber dadurch bedingt, daß sie sich bei aller Aufgeschlossenheit und Aufmerksamkeit für das, was in der Welt geschieht, „von der Welt unbefleckt" hält, d. h. daß sie nicht zur Parteigängerin wird, daß sie dem Evangelium seine Überlegenheit gegenüber den säkularen Gegensätzen erhält. Eben darum kann und darf nun aber ihr eigener Kampf, der Kampf gegen den Neuprotestantismus auf keinen Fall innerhalb irgendeiner allgemeinen Front „für die Autorität" geführt werden. Er darf also, damit er legitim sei, überhaupt nicht einseitig als Kampf „für die Autorität" geführt werden. Die Reformation war überall da geistlich umsonst und verloren, sie wurde überall da zur milden oder zur wilden Schwärmerei, wo sie sich den allgemeinen Gegensatz: gegen Papsttum, Scholastik und Mittelalter zu eigen und zunutze machte, wo sie sich selbst einseitig in diesem Gegensatz verstand und darstellte. Genau so würden wir uns heute geistlich sofort entmächtigen, wenn wir uns auch nur auf Fingersbreite auf die Linie des zeitgenössischen Autoritarismus begeben oder aber uns selber nur auf der Linie bewegen würden, auf der wir uns mit ihm scheinbar in Parallele befinden. — Eben darum ist es so entscheidend wichtig, auch die andere Seite unseres Problems zu sehen: auch dies, daß es in der Kirche wie Autorität so auch Freiheit gibt. Würden wir dies nicht sehen, wie hätten wir dann die gewaltige Störung erkannt und abgewehrt, die uns heute durch jene Nachbarschaft bereitet ist? wie wären wir dann frei von dem Verdacht, dem neuen Zeitgeist mehr als dem Heiligen Geist zu dienen? Wie könnten wir dann glaubwürdig sein? Wohlverstanden: nicht um glaubwürdig zu werden, müssen wir auch diese andere Seite des Problems sehen. Gefordert ist dies von unserem Gegenstand her. Gefordert ist dies entscheidend dadurch, daß Gottes Offenbarung seine Offenbarung im Wort aber auch seine Offenbarung durch den Geist ist. „Im Wort": das bedeutet bestimmt, daß Kirche und Theologie sich keinem System des Subjektivismus verschreiben können; „im Wort": das bedeutet allerdings Autorität in der Kirche. Es bedeutet aber „durch den Geist" ebenso bestimmt die Unmöglichkeit eines Systems nun auch des Objektivismus. Auch das Andere ist zu sehen: die Freiheit in der Kirche. Von Gottes Wort und also von Gottes Offenbarung her denkend befinden wir uns tatsächlich jenseits dieser Gegensätze, können wir die Freiheit nicht mehr gegen die Autorität, können wir aber auch die Autorität nicht mehr gegen die Freiheit ausspielen, darf es uns weder um das eine noch um das andere dieser beiden Prinzipien als solches gehen, sondern hier wie dort nur um den Willen Gottes — müssen wir also gewiß beständig bereit sein, jedem menschlichen Freiheitsbegriff die göttliche Autorität entgegengestellt, ebenso bereit dann aber auch dazu, jeden menschlichen Autoritätsbegriff durch die Freiheit Gottes in seine Schranken gewiesen zu sehen. Es zwingt uns also eine sachliche und nicht nur eine taktische Notwendigkeit, nun auch diese zweite Feststellung zu machen. Es kann uns aber eben dies eine nützliche Erinnerung sein: daß es in der heutigen Lage (um der Glaubwürdigkeit der Kirche und ihrer Botschaft willen) auch taktisch geboten ist, sachlich zu sein und also wirklich auch diese zweite Feststellung zu machen.

Daß es in der Kirche auch Freiheit gibt, das will darum ernstlich gesehen sein, weil es auch hier, auch auf dieser Seite, schlechterdings ums Ganze geht. Wenn wir auf die Frage: wie Gottes Wort in der heiligen Schrift zu uns Menschen kommt und wie es regiert in der Kirche Jesu Christi? diese zweite Antwort geben: daß dies Ereignis wird in einem freien Gehorsam, so haben wir auch mit dieser zweiten Antwort vollständig gesagt, was zu jener Frage zu sagen ist. Wie Gott in seiner Offenbarung nicht weniger der Heilige Geist als der Sohn ist, so ist Gottes Wort in der Schrift nicht weniger Geist als es Wort ist. Und nicht weniger würden wir uns irren, wenn wir es in seiner Freiheit nicht verstehen wollten, als wenn uns seine Autorität verborgen bleiben sollte. Vielmehr verhält es sich so, daß hier, wie der Sohn nur durch den Geist und wie im Geist nur der Sohn offenbar werden kann, Autorität notwendig durch Freiheit, Freiheit notwendig durch Autorität interpretiert werden muß. In der Kirche kann weder die Autorität noch die Freiheit beanspruchen, ein Prinzip von letzter Gültigkeit und Gewalt zu sein. In der Kirche können beide nur als Prädikate des Wortes Gottes und also in der Beleuchtung von diesem ihrem Subjekt her und eben darum nur in gegenseitiger Beleuchtung verstanden und behandelt werden.

Man wird sich dies besonders im polemischen Gebrauch dieser Begriffe wohl vor Augen halten müssen. — Es liegt nahe, aber es liegt allzu nahe, zu sagen, daß wir im Blick auf die Freiheit auf die spezifisch protestantische, in besonderem Gegensatz zum Katholizismus zu gebende Antwort auf jene Frage zu reden kommen. Man kann vor dieser Auffassung nur warnen. Es stünde schlimm um die protestantische Kirche, wenn es protestantischer wäre, von der Freiheit als von der Autorität zu reden, wenn also das demagogische Gerede recht hätte, laut dessen die Sorge der Reformatoren im letzten Grunde die gewesen wäre, das Gewissen und die Vernunft des Individuums gegenüber dem Ansehen und Urteil der Kirche ins Recht und auf den Thron zu setzen, laut dessen sie also die Vorläufer des Pietismus, der Aufklärung und des Idealismus gewesen wären. Es ist wahr, daß sie gegenüber einer Autorität, die gar keine wirkliche, keine göttliche und keine echte kirchliche Autorität mehr war, die Freiheit des Christenmenschen verkündigt haben, der ein freier Herr aller Dinge ist und niemand untertan. Aber wie kann man übersehen, daß sie eben mit dieser Verkündigung faktisch auch in der genau umgekehrten Front kämpften? Als ob Luther in dem Enthusiasmus seiner Zeit, auf den alle jene späteren Liberalismen zurückgehen, nicht denselben Feind gesehen hätte wie im Papsttum! Wie kann man überhören, daß derselbe Christenmensch nach Luther ein Knecht aller Dinge ist und jedermann untertan? Als ob Calvin für die Erkenntnis der Autorität Gottes und der Kirche nicht mehr getan hätte, als alle mittelalterlichen Päpste und Scholastiker miteinander! Die Kirche der Reformation hat es wirklich, wenn sie sich nur nicht durch jene demagogische Apologetik das Heft verwirren läßt, nicht nötig, sich erst durch die römisch-katholische Polemik daran erinnern zu lassen, daß sie durch unbesonnene Bejahung des Freiheitsprinzips der Häresie verfallen und zur Sekte werden müßte. Sie befand sich in ihrem Ursprung und sie befindet sich in ihrem Wesen keineswegs in der Sackgasse, in welcher auf einmal das freie menschliche Individuum das Maß aller Dinge sein soll. Wie würde sich dieser Optimismus schon mit der reformatorischen Erkenntnis vom Elend des Menschen, von seinem Unvermögen Gott zu erkennen und das Gute zu tun, vereinigen lassen? Man hat diese Erkenntnis später wohlweislich streichen müssen, um die Reformatoren als die Väter jener modernen Freiheitsbestrebungen hinstellen und feiern zu können. Es ist aber noch viel grundsätzlicher schon durch die evangelische Anschauung von der alleinigen Herrlichkeit und Heilsamkeit des göttlichen Wortes ganz ausgeschlossen, den Protestantismus auch nur auf die Intention und Vorbereitung jener Freiheitsbestrebungen festzulegen. Man lasse also immerhin den Katholizismus in seinem Gegensatz zu allerlei anderen Häresien für die Autorität gegen die Freiheit kämpfen. Man nehme sich aber ihm gegenüber nun gerade nicht in erster Linie der Freiheit, sondern in erster Linie der Autorität an und dann erst und von da aus auch der Freiheit. Daß er mit seiner Lehre von der Einheit von Kirche und Offenbarung (im Zusammenhang mit seiner Lehre von Natur und Gnade) dem Menschen eine Freiheit, eine Mächtigkeit neben Gott und über Gott zugeschrieben und damit alle jene anderen Häresien, wie feindselig er ihnen immer gegenüberstehen mag, recht eigentlich erzeugt, als Gegenspieler auf seiner eigenen Ebene notwendig gemacht, daß er die Anschauung von der Autorität Gottes und damit — trotz alles Klerikalismus — auch die von einer echten kirchlichen Autorität zerstört hat, das ists, was wir ihm entscheidend vorzuhalten haben. Daß er mit dieser Zerstörung der Autorität auch die Freiheit des Geistes und des Gewissens, die notwendige und gebotene Freiheit des einzelnen Gliedes der Kirche zerstört hat, das ist auch wahr. Aber wie soll das anders verstanden und ernstlich gesagt werden können, wenn nicht zuerst dies gesehen und gesagt wird: römischer Katholizismus ist Rebellion gegen die Autorität des Wortes Gottes, Rebellion gegen die kanonische Schrift, Rebellion auch gegen die Väter und gegen alles echte Bekenntnis. Als das Wort Gottes in der Reformation seine Herrschaft wieder aufrichtete in der zerstörten Kirche, da verweigerte ihm der „Katholizismus" den Gehorsam, da fuhr er fort, die Kirche zu zerstören: nicht indem er zuviel, sondern indem er zuwenig von Autorität wußte, indem er der menschlichen Willkür neuen Raum und neue Formen schuf, mit dem Worte Gottes umzugehen, wie es ihr paßte. Und darum stelle sich die evangelische Kirche nur ja nicht dorthin, wo sie nach der römisch-katholischen Theorie stehen müßte! Auch und gerade dann nicht, wenn sie ihr gegenüber tatsächlich die evangelische Freiheit zu vertreten hat! Sie beschreibe diese *libertas christiana* dann also nur ja nicht als jene innere Unabhängigkeit der unmittelbar und ausschließlich an Gott gebundenen Seele, als wüßte sie nicht, wie kurz der Weg ist von diesem Independentismus zu seinem Gegenstück in Gestalt einer päpstlichen Unfehlbarkeit, sondern sie beschreibe sie, wie es der Wahrheit entspricht, als die wirkliche Gebundenheit des Menschen an den Gott, der mittelbar zu uns geredet und an uns gehandelt hat; sie beschreibe sie als die Treue, in der der Mensch den göttlichen Zeugnissen nachgehen darf und soll; sie beschreibe sie als das Hängen an der kanonischen Schrift, an den Vätern, an der Konfession, als das Hängen an der kirchlichen Autorität also! Sie beschreibe sie als die unvergleichliche trotzige Selbständigkeit, die gerade als wirkliche Unterwerfung unter wirkliche Autorität jedem einzelnen Glied der Kirche zugemutet — nein, durch den Heiligen Geist des Wortes Gottes gegeben ist. So und nur so: also in völliger Umkehrung der Front, in der der Katholizismus uns gerne stehen sähe und in die uns auch die modernen Häresien immer wieder drängen möchten, kann die Gegensätzlichkeit zwischen ihm und uns rein und streng, so wie es nötig und so wie es dann auch hoffnungsvoll ist, sichtbar gemacht werden. Es muß wiederum um der Sache willen so sein. Es ist aber auch gar nicht zu verkennen, daß der römische Katholizismus erst von dem Augenblick an auf uns zu hören vermag, daß es zwischen ihm und uns erst von dem Augenblick an wieder zu einem Gespräch und damit wenigstens zu einem gemeinsamen Ausblick auf die *una sancta catholica* kommen kann, wo er sieht, daß er unsererseits hinsichtlich der Erkenntnis und Geltendmachung der Autorität wirklich nicht unterboten, sondern überboten wird, daß wir mit der Verkündigung der evangelischen Freiheit wirklich nicht auf einen schlechteren, sondern auf einen besseren Gehorsam zielen.

Es liegt nun aber auch umgekehrt auf der anderen Front, nämlich gegenüber dem Neuprotestantismus, allzu nahe, sich unsererseits auf den Begriff und die Wirklichkeit der Autorität festzulegen. Eine Warnung ist auch hier am Platz. Es ist wiederum wahr und wurde bereits gesagt, daß es nach dieser Seite in der Tat um die Autorität geht: um die Gottesautorität, um die Bibelautorität, um die Autorität des Bekenntnisses. So war es schon in dem Kampf der Reformatoren gegen die Schwärmer und Humanisten, die die Väter des Neuprotestantismus waren. Aber nun darf man auch auf dieser Seite nicht übersehen, wie nahe für die Reformatoren dieser Feind zur Linken mit dem zur Rechten, d. h. aber gerade mit dem Papsttum zusammenstand. Gerade Gesetzlichkeit, Möncherei, Gewissensknechtung haben sie, aller Berufung auf den Geist, auf das Gewissen, auf unmittelbare Offenbarung zum Trotz, jenem nicht weniger als diesem vorgeworfen. Sie taten recht daran. Und sie taten recht daran, seiner Freiheitsbotschaft, die von ihm verworfene Autorität in der Gestalt der wahren, von ihm erst recht verworfenen Freiheitsbotschaft entgegenzuhalten. Was wußte denn ein Erasmus oder Karlstadt oder später ein Servet oder ein Sebastian Franck von der wirklichen Freiheit eines Christenmenschen? Was hat die Tragik, mit der wir alle diese Gestalten — sich selber ernst nehmen sehen, was hat die Feierlichkeit mit der nachher im ganzen Neuprotestantismus der Mensch die Tiefe seines Wesens und Erlebens als Letztwirklichkeit und höchstes Gesetz ernst genommen wird — was hat sie mit der evangelischen, mit der wirklichen Freiheit der Kinder Gottes zu tun? Hat derselbe Calvin mit seiner unerbittlichen Autoritätsverkündigung nicht etwa doch auch für die Sache der Freiheit mehr getan als die sämtlichen damaligen Vorläufer der modernen Freiheitslehren? Wieder braucht sich die Kirche der Reformation, wenn sie sich selber recht versteht, wirklich nicht erst durch den Neuprotestantismus daran erinnern zu lassen, daß es auch eine unbesonnene Bejahung des Autoritätsprinzips geben könnte, durch die die Kirche ebenfalls der Häresie verfallen und zur Sekte werden müßte. Auch in der Sackgasse, wo der Mensch nun auf einmal des Menschen Herr und Gesetz werden möchte, war sie in ihrem Ursprung und ist sie in ihrem Wesen keineswegs zu finden. Geht ein absolut gesetztes Autoritätsprinzip nicht etwa mit einem absolut gesetzten Freiheitsprinzip auf dieselbe Wurzel zurück, nämlich auf einen Optimismus, der da unmöglich ist, wo das Dichten und Trachten des menschlichen Herzens erkannt ist als böse von Jugend an, unmöglich da, wo des göttlichen Wortes Regierungsgewalt erkannt und anerkannt ist? Eben ein solches absolut gesetztes und also falsches Autoritätsprinzip haben die Reformatoren nicht nur dem Feind zur Rechten, sondern auch und gerade dem Feind zur Linken, also den Vätern des Neuprotestantismus schuld gegeben! Man lasse also wiederum diesen Gegner zur Linken immerhin für die Freiheit gegen die Autorität streiten! Man lasse sich aber auch durch ihn nicht die eigene Stellung vorzeichnen. Es ist auch ihm gegenüber sicherer und hoffnungsvoller, sich gerade des Anliegens anzunehmen, für dessen Vertreter er sich selber hält. Es ist nämlich — wie laut und heftig er immer für die Sache der Freiheit einzutreten scheint — nicht so, daß dieses Anliegen bei ihm nun etwa gut aufgehoben wäre. Oder gibt es eine schlimmere Bedrohung gerade der Freiheit als jene Einsetzung des Menschen zu seinem eigenen Herrn und Gesetzgeber? Wer kann uns etwa schlimmer tyrannisieren als der Gott in unserer eigenen Brust? Und welche weiteren Tyranneien zieht diese erste und entscheidende nicht nach sich? Wie sollte es anders sein, als daß der angeblich unmittelbar mit Gott verbundene, der aller konkreten Autorität ledige Mensch um so sicherer ausgeliefert wird an die Mächte des Natur- und Geschichtslaufes, an die Zeitgeister und Zeitbewegungen, an die Dämonen seiner Situation und Umgebung? Wenn man den Menschen gefangen sehen will, dann befreie man ihn nur auf der Linie, auf der ihn einst Erasmus und Karlstadt frei sehen wollten! Und wenn man eine wilde Sehnsucht nach einem wenigstens scheinbaren Ausgleich, nach einer wenigstens scheinbaren Autorität in ihm erwecken, wenn man ihn zum Konvertiten reif machen will, dann erziehe man ihn zu der Freiheit, wie sie im Neuprotestantismus uns gepredigt wird! Die katholische Autorität ist das unvermeidliche Komplement zu dieser Freiheit. Und das eben ist die Anklage, die nach dieser Seite zu erheben ist: wir befinden uns auch hier auf der Ebene, auf der es wie keine echte Autorität so auch keine echte Freiheit gibt, sondern nur ein Agieren und Reagieren hin und her zwischen einem eigenmächtigen Hochmut und einer ebenso eigenmächtigen Verzweiflung; wir haben es auch hier mit dem Ungehorsam zu tun, der sich der Reformation der Kirche durch das Wort Gottes entziehen wollte und entzieht, um desto sicherer der Knechtschaft zu verfallen, die so oder so außerhalb der Herrschaft des Wortes Gottes unvermeidlich ist. Und darum stellen wir nun auch dem Neuprotestantismus gerade das entgegen, was er zu haben meint, und was ihm in Wirklichkeit fehlt: d. h. aber gerade die Freiheit in der Kirche. Also gewiß die Autorität in der Kirche, also gewiß Gott und die Bibel und das Bekenntnis - man sehe aber zu, daß man das Alles nicht etwa geltend macht als eine von den Inventionen des Menschengeistes, die der Neuprotestantismus aus seinem eigenen Bereich nur zu gut kennt und denen er nur mit Verstocktheit begegnen wird, sondern das Alles als die Macht, die den Menschen im Gegensatz zu dem, was er über sich selbst vermag, nicht von einer Tyrannei in die andere führt, sondern endlich auf seine eigenen Füße stellt, endlich ihn in eine Luft hebt, in der er atmen kann. Man darf auch dem Neuprotestantismus nicht den Gefallen tun, sich dahin zu stellen, wohin seine Schlagworte zielen. Gerade ihm gegenüber ist — auch hier in völliger Verkehrung der Front — die Botschaft von der von ihm so wunderlich mißverstandenen Freiheit eines Christenmenschen die siegreiche Wahrheit. Auch hier muß es nicht um irgendeiner Taktik, sondern um der Sache willen so sein. Aber auch hier ist damit zu rechnen, daß Gehör und Gespräch und Aussicht auf Verständigung dann und erst dann möglich werden, wenn es klar ist, daß ihm nicht ein Zuviel, sondern ein Zuwenig an Freiheit vorgeworfen wird, daß er in der Vertretung seines eigenen Anliegens nicht unterboten, sondern überboten wird.

Von der Freiheit in der Kirche haben wir zu handeln, d. h. aber primär und eigentlich von der Freiheit des Wortes Gottes. Wohlverstanden: gerade darum, weil zu zeigen ist, daß es nicht nur eine Autorität, sondern auch eine Freiheit gibt in der Kirche und also wie eine Autorität so auch eine Freiheit unter dem Wort: eine echte, den Menschen in der Kirche zukommende, eine ihnen nicht nur gelassene, sondern geschenkte, nicht nur erlaubte, sondern gebotene, eine ihnen nicht nur zufällige, sondern notwendige Freiheit — gerade darum müssen wir die Freiheit primär und eigentlich konkret verstehen: als Freiheit des Wortes Gottes. Als solche und nur als solche ist sie ernstlich, ist sie unmittelbare, absolute und inhaltliche Freiheit. Durch sie wird die Freiheit, die uns Menschen in der Kirche zukommt, begründet: als menschliche Freiheit gerade in der Weise echt, daß sie durch jene auch begrenzt wird als mittelbare, relative und formale Freiheit. Menschliche Freiheit wäre nichts, wie menschliche Autorität auch nichts wäre, wenn nicht zuerst und grundlegend das Wort Gottes wäre und Autorität wie Freiheit in sich selber hätte und durch sich selber ausübte. Weil das Wort Gottes in sich selber auch Freiheit hat und durch sich selber auch Freiheit ausübt, darum und daraufhin gibt es dann, wo es gehört wird, und also in der Kirche, indem Gleiches Gleiches hervorruft, auch eine menschliche Freiheit. So hervorgerufen wird diese menschliche Freiheit sich der Freiheit des Wortes nicht entziehen, sie wird nicht Freiheit abseits vom Wort, ohne das Wort oder gegen das Wort, sondern nur Freiheit unter dem Wort sein können und nochmals: gerade als solche und nur als solche wird sie echte menschliche Freiheit sein.

Wenn wir von Freiheit in der Kirche reden, so sagen wir damit zunächst allgemein, daß es in der Kirche — unbeschadet dessen, daß es da Autorität, d. h. Vorordnung, Maßgeblichkeit, Leitung und Führung gibt — jedenfalls auch gibt: eigene Wahl und Entscheidung, eigenes Beschließen und Bestimmen. Indem die Kirche aus Menschen besteht, gibt es Freiheit in der Kirche. Wo nicht Wahl und Entscheidung, wo kein Beschließen und Bestimmen stattfände, da wären auch keine Menschen. Auch indem wir sofort voraussetzen, daß diese Freiheit primär und eigentlich nur die Freiheit des Wortes Gottes sein kann, müssen wir doch auch bei diesem primären und eigentlichen Sinn des Begriffs zunächst allgemein an die Menschen in der Kirche denken. In ihnen und für sie hat das Wort Gottes seine Freiheit, obwohl ihre menschliche Freiheit von dieser Freiheit des Wortes Gottes selbst dann noch einmal bestimmt zu unterscheiden sein wird. Nicht von dem ewigen Logos als solchem, sondern konkret von dem fleischgewordenen und von Menschen geglaubten und bezeugten Wort Gottes reden wir ja. Wo das Wort Gottes von Menschen geglaubt und bezeugt wird, da sind diese ihm nicht nur unterworfen und gehorsam, da nehmen sie, indem sie ihm unterworfen und gehorsam sind, auch teil an seiner Freiheit.

Wir denken, wenn wir an diese Menschen in der Kirche denken, auch hier zunächst an die Propheten und Apostel selber. Gehören sie doch — und das sogar als die Ältesten und Ersten — in die Reihe der Menschen, die das Wort Gottes geglaubt und bezeugt haben und also, indem sie sich ihm unterwarfen und gehorsam wurden, an dessen Freiheit Anteil bekamen. Sie stehen als Propheten und Apostel nicht nur in einer Reihe mit all den anderen Menschen, von denen allgemein dasselbe zu sagen ist. Sie stehen dieser Reihe als Propheten und Apostel mit ihrem Wort, dem Wort der heiligen Schrift auch gegenüber. Sie sind insofern auch Träger des Wortes Gottes selbst mit der unmittelbaren, absoluten und inhaltlichen Freiheit, die diesem als solchem eigen ist. Aber wie könnten sie uns als solche einsichtig werden, wenn sie nicht zugleich und als solche auch in der Reihe stehen würden, in der wir Anderen als Glieder der auf ihr Wort, auf die heilige Schrift gegründeten Kirche mit ihnen stehen dürfen? Eben in der mittelbaren, relativen und formalen Freiheit, die ihrem Glauben und Zeugnis auch eigen ist, muß uns einsichtig werden, daß ihrem Wort, daß der heiligen Schrift nicht nur diese Freiheit eigen ist, muß uns die unmittelbare, die absolute, die inhaltliche Freiheit des Wortes Gottes einsichtig werden. Sonst wird sie uns gar nicht einsichtig. Wir stellen also zunächst fest: es hat das Verhältnis der Propheten und Apostel zu Jesus Christus, indem es den Charakter eines Gehorsamsverhältnisses hat, auch den Charakter einer Wahl und Entscheidung. Keiner solchen Wahl und Entscheidung, in welcher diese Menschen über das, was sie wählten und wofür sie sich entschieden, mächtig gewesen wären oder durch die sie darüber mächtig geworden wären. Das ist dadurch ausgeschlossen, daß Jesus Christus, der Herr, ihr Gegenüber war und ihr Verhältnis zu ihm ein Gehorsamsverhältnis, in welchem es keine Umkehrung geben konnte. Aber wenn es in diesem Verhältnis auch keine Umkehrung gab, so war es darum doch ein Verhältnis, in welchem auch Jesus Christus in diesen Menschen ein reales Gegenüber hatte, in welchem sich diese Menschen ihm gegenüber verantworteten, in welchem er, indem sie ihm ihren Glauben schenkten und ihr Zeugnis gaben, von ihnen gewählt wurde, in welchem sie sich für ihn entschieden. Eben Gehorsam ist ja Wahl und Entscheidung, wenn sie auch wesensmäßig gerade die Wahl und Entscheidung ist, in welcher sich der Gehorchende seiner eigenen Macht dem gegenüber begibt, dem er gehorcht. Eben Gehorsam ist also Freiheit. In diesem Sinn steht ebensosehr die Freiheit wie der Gehorsam der Propheten und Apostel am Anfang der Kirche: die Freiheit, die nur in der Bindung des Gehorsams, die also nur auf Grund der überlegenen Freiheit Jesu Christi Ereignis wurde — aber die Freiheit! Kirche Jesu Christi könnte da nicht sein, wo es nicht auch zu einer Wiederholung dieser Freiheit käme. Die Existenz Jesu Christi steht und fällt damit, daß Jesus Christus sich immer wieder in solchen Menschen ein reales Gegenüber schafft: Menschen, die sich ihm gegenüber verantworten indem sie ihn wählen, wie er sie gewählt hat, die sich für ihn entscheiden, wie er sich für sie entschieden hat — Jünger, die ihm nachfolgen, daraufhin, daß sie von ihm gerufen sind.

Aber nun müssen wir weiter feststellen: Auch als Freiheit verstanden ist das Verhältnis zwischen den Propheten und Aposteln und ihrem Herrn ein einmaliges Verhältnis — so einmalig wie die Offenbarung selbst in der Mitte der Zeiten — und es bedeutet die Existenz der Kirche, obwohl sie ohne Wiederholung jener Freiheit nicht möglich ist, nicht die Existenz weiterer und immer neuer Propheten und Apostel. In der Direktheit ihrer Begegnung mit Jesus Christus ist jene Freiheit, ist die Nachfolge von Jüngern Jesu eben nicht wiederholbar. Wieder hängt nun Alles davon ab, ob die einmalige Offenbarung Gottes in Jesus Christus und die prophetisch-apostolische Begegnung mit ihm in ihrer Einmaligkeit umsonst geschehen ist oder ob die Verheißung: Ihr sollt meine Zeugen sein! und: Siehe, ich bin bei euch alle Tage! wahr und erfüllt ist. Ist sie wahr und erfüllt, dann sind die Propheten und Apostel in der Freiheit ihres Glaubens und Zeugnisses, indem sie abbildlich die Freiheit Jesu Christi selbst bezeugen, zugleich urbildlich die Zeugen für alle Freiheit menschlichen Glaubens und menschlichen Zeugnisses in der durch ihr Wort begründeten Kirche. Eben in ihrer Freiheit hat die Kirche dann die Freiheit ihres Herrn zu erkennen und zu ehren, in der die Freiheit ihrer Glieder — als der Glieder an seinem Leibe — begründet ist. Die Kirche kann nun auch nach dieser Seite nicht an der Schrift vorbeisehen. Die Schrift kann ihr nun wirklich nicht Autorität sein, ohne daß sie, indem sie ihr Autorität ist, teilnähme an ihrer Freiheit, d. h. an jenem Wählen und Entscheiden, in welchem die Propheten und Apostel auf Grund der über sie selbst gefallenen Wahl und Entscheidung Propheten und Apostel wurden und waren. Die Schrift wird der Kirche und denen, die in der Kirche sind, nun zur Gebieterin, indem sie — die Kirche und die, die in der Kirche sind — selbst die Bewegung mitmachen, in welcher die Schrift entstand und kraft welcher die Schrift noch heute nicht bloß Schrift, sondern in ihrer Schriftlichkeit Geist und Leben ist: zunächst in dem engeren Sinn dieser Begriffe, in welchem sie eben die Bewegung des Glaubens und des Zeugnisses bezeichnen, in welcher das biblische Wort unter der Leitung des Heiligen Geistes möglich wurde, zustandekam und ausgesprochen wurde — nicht nur in Bindung, sondern in der Bindung auch in Freiheit. Die Schrift ist nicht nur das Dokument des Gehorsams an sich, sondern des in dieser Bewegung vollzogenen Gehorsams der Propheten und Apostel. Und in diesem Dokument ist, wenn jene Verheißung wahr und erfüllt ist, die Bewegung unterdessen nicht etwa eingeschlafen und erstarrt, sondern eben in jener im Gehorsam vollzogenen Bewegung existiert dieses Dokument als Zeugnis der Offenbarung. In wirklicher Beugung unter seine Autorität wird also die Kirche die durch die Schrift bezeugte Offenbarung nicht über sich ergehen lassen können wie ein Felsblock einen Wasserfall. Sie muß sich vielmehr, gerade weil Gottes Offenbarung durch die Schrift bezeugt ist, und weil die Schrift auch das Dokument dieser Bewegung ist, und als solches selber nur in dieser Bewegung existiert, ihrerseits durch die Schrift in Bewegung setzen lassen.

Luther hat die Schrift „Meister" und „Richter" genannt. „Die heilige Schrift und Gottes Wort soll Kaiserin seyn, der man stracks folgen und gehorchen soll, was sie sagt" (W. A. Ti. 1, 186, 20), „... die do wahrlich Christus geystlicher leyb ist" (Grund und Ursach aller Artikel 1521, W. A. 7, 315, 24). Es gehört bestimmt nicht bloß zur Bildhaftigkeit, sondern zum sachlichen Sinn dieser Wendungen, wenn sie der Schrift offenbar ein eigentümliches selbständiges ja persönliches Leben in der Ausübung ihrer Funktion der Kirche gegenüber zuschreiben.

Es kann sich, wenn wir nicht nur von der Autorität, sondern auch von der Freiheit in der Kirche reden müssen, nicht etwa darum handeln, nun doch ein zweites Prinzip neben die heilige Schrift zu stellen, für eine zweite Stimme neben der ihrigen auch noch Gehör zu verlangen. Sondern darum geht es, die eine heilige Schrift, die in der Kirche allein zu hören ist, als das Prinzip und die Stimme wie der Autorität so auch der Freiheit zu hören, weil sie tatsächlich ungetrennt und untrennbar beides hat: Autorität als Gottes Wort, Freiheit als menschliches Zeugnis von Gottes Wort, wobei doch auch die Freiheit nicht etwa von unten, aus der Menschlichkeit der biblischen Zeugen herstammt, sondern wie die Autorität von oben, aus Gottes Wort, durch das diese Menschen zum Glauben und zum Zeugnis erweckt wurden. Weil sie Gottes Wort bezeugen sollten, darum wurden sie mit Autorität, weil sie das als Menschen tun sollten, darum wurden sie mit Freiheit beschenkt und ausgerüstet. Und so begegnet uns ihr Zeugnis in der heiligen Schrift wohl — weil es Zeugnis von Gottes Wort ist — mit dem Anspruch, als authentisch gehört und aufgenommen zu werden; es ist aber diese Authentie nicht etwa die einer starren, sozusagen in einer steinernen Tafel eingeschriebenen Vorschrift, die die Kirche und die Menschen in der Kirche mechanisch abzulesen und in ihr eigenes Denken und Sprechen zu übertragen hätten, sondern sie ist eine lebendige Authentie; es ist die Schrift selbst tatsächlich ein lebendiges, ein handelndes Wesen, ein redendes Subjekt, das von der Kirche und in der Kirche nur als solches wirklich gehört und aufgenommen werden kann. Daß uns in der Schrift die Bewegung sichtbar werde, in der die Propheten und Apostel geglaubt und ihr Zeugnis abgelegt haben, daß wir diese Bewegung verstehen als das Leben und Handeln des Wortes Gottes selber, daß wir dieser in der Schrift stattfindenden Bewegung des Wortes Gottes nachgeben und folgen, daß wir mithin selber bewegt werden und uns bewegen in eigenem Glauben und eigenem Zeugnis — das ist das Problem, das neben dem der Autorität der Schrift — nicht als ein zweites, sondern als das Problem des konkreten Verständnisses ihrer Autorität gesehen sein will. Es geht also wirklich um die Freiheit des Wortes und dann erst und von da aus und allein um des Wortes willen um die ihr entsprechende, durch sie geforderte ja geschaffene und geschenkte menschliche Freiheit in der Kirche, die Freiheit unter dem Wort. Die Freiheit des Wortes kann keine Einschränkung der Autorität des Wortes bedeuten, ganz im Gegenteil: wir hätten offenbar

seine Autorität und also seine Hoheit, seine Würde, seine Geltung, seine Vollmacht nicht verstanden, wir würden sie nicht ehren, wie sie geehrt sein will, wenn wir sie nicht als eine von der Schrift als dem nach jener wahren und erfüllten Verheißung lebendig gegenwärtigen Wort Gottes ausgeübte Aktion, d. h. als ein in der Kirche in der Tat stattfindendes Beschließen, Wollen, Führen, Regieren, Bestimmen, dessen konkretes Subjekt eben die Schrift ist, verstehen und ehren würden. Es ist also die Überlegenheit der heiligen Schrift gegenüber der Kirche nicht die götzenhafte Ruhe eines oberhalb eines blühenden Tales unbeweglich thronenden Eisgebirges. Es kann das Argument des Lebens gerade nicht gegen die Autorität der Schrift ausgespielt werden; es kann diese gerade nicht unter den Titel des Kampfes für den Geist gegen den Buchstaben bezweifelt und angefochten werden. Das Alles eben darum nicht, weil sie selber Geist und Leben ist — nun auch in dem umfassenden und tieferen Sinn dieser Begriffe: Geist und Leben des wirkenden Gottes selber, der uns in ihrem Glauben und in ihren Zeugnissen nahe ist, der nicht etwa darauf zu warten braucht, daß dem Dokument seiner Offenbarung nachträglich Geist und Leben eingehaucht werde kraft der Aufnahme die ihm in der Kirche bereitet wird, kraft des Verständnisses, der Nachfühlung, der Kongenialität, die ihm von den Bibellesern entgegengebracht wird, sondern der in diesen Dokumenten dem Eigenen aller Bibelleser allezeit vorangeht mit seinem Geist und Leben, der in diesem Dokument faktisch und praktisch das Kirchenregiment ausübt, dem alles menschliche Kirchenregiment nur folgen kann als Auslegung und Anwendung seines Wortes, als Anerkennung der von ihm geschaffenen Tatsachen, als Verkündigung der von ihm proklamierten Wahrheit, als Dienst gegenüber seinem offenbarten Willen. In dieser Nachfolge gegenüber dem in der heiligen Schrift Allen allezeit vorangehenden Gott, in dem Anschluß an seine durch die Schrift ausgeübte Aktion besteht dann die echte menschliche Freiheit in der Kirche, die Freiheit unter dem Wort. — Die Freiheit des Wortes selbst und als solche haben wir uns zunächst anschaulich und verständlich zu machen.

1. Die Freiheit des Wortes Gottes und also der heiligen Schrift besteht zunächst schlicht darin, daß diese allen anderen Faktoren und Elementen im Leben der Kirche, aber auch im Leben der Welt gegenüber als direktes Zeugnis von der Offenbarung Gottes in Jesus Christus ein Thema von nicht aufzuhebender Eigenheit und Einzigartigkeit hat. Dieses ihr Thema konstituiert die Schrift — weil und indem es ihr als dieses Thema von Gott selbst aufgegeben ist, weil und indem ihre Zeugnisse also Gottes eigene Zeugnisse sind — als Subjekt, das sich von anderen Subjekten unterscheidet, ihnen gegenüber Stellung nimmt und handelt.

Man wird hier sofort an Matth. 16, 16–19 denken dürfen und müssen: Petrus — in der nicht einzuebnenden und doch repräsentativen Singularität seiner Existenz als dieser Mensch Petrus — hat das Messiasbekenntnis (und damit das A und O alles biblischen Zeugnisses) ausgesprochen. Wie kam er dazu? Er kam gar nicht dazu — Fleisch und Blut haben ihm den Inhalt dieses Bekenntnisses nicht offenbart — sondern er ist selig zu preisen deshalb, weil ihm die Erkenntnis, die er bekennt, durch unmittelbare Offenbarung, durch Jesu Vater im Himmel zuteil geworden ist. Eben als der deshalb selig Gepriesene, empfängt er nun auch sofort die Verheißung: „Auf diesen Felsen werde ich meine Kirche bauen," wird er also — wohlverstanden: in jener Singularität als dieser Mensch Petrus, die gerade als solche repräsentativ ist für die Stellung und Funktion aller direkten Offenbarungszeugen — ein einerseits von Jesus Christus, andererseits auch von dessen Kirche verschiedenes, zwischen beiden vermittelndes Subjekt, bekommt er Selbständigkeit und eine eigene Funktion, offenbar eben die Funktion, in der er sich in seinem Bekenntnis bereits (den Inhalt der Verheißung sozusagen vorwegnehmend) betätigt hatte. Man bemerke, wie hier, in eigentümlicher Umkehrung auftretend, alle wichtigen Elemente sichtbar werden: Gottes Offenbarung, ein konkreter Mensch, dessen Einsetzung zum Dienst der Offenbarung, seine Funktion in diesem Dienst und wie streng hier die beiden letzten Elemente: die Einsetzung und Funktion des Menschen auf das erste: auf Gottes Offenbarung bezogen und von diesem abhängig ist. Ganz analog verhält es sich aber auch bei Paulus: nicht von Menschen dazu eingesetzt (Gal. 1, 1) aber auch in sich nicht geeignet dazu, einen Apostel zu heißen — man kann ja auch bei Petrus nicht sagen, daß er geeignet war, jener Felsen zu sein! — ist er durch Gottes Gnade, was er ist (1. Kor. 15, 10) Jesus Christus selbst hat ihn dazu gemacht: Gott, der Jesus Christus von den Toten auferweckte (Gal. 1, 1) derselbe, der ihn, Paulus, vom Mutterleibe ausgesondert, indem es ihm gefiel, ihm seinen Sohn zu offenbaren, damit er ihn verkündige unter den Heiden (Gal. 1, 15–16). Diese Gnade muß ihm genügen (2. Kor. 12, 9). Diese Gnade ist aber auch nicht umsonst auf ihn gekommen (1. Kor. 15, 10). Christus ist der, der in ihm lebt (Gal. 2, 20), der in ihm kräftig ist (Phil. 4, 13): eben die Gnade, eben der Christus, die nun auch der Inhalt seines Apostolats sind. Gerade Paulus kann nach allen seinen Briefen gar nicht Apostel sein und sein Apostolat gar nicht ausüben, ohne dauernd dessen zu gedenken, wie er dazu gekommen: vielmehr wie der Apostolat von Jesus Christus her, als die „ihm gegebene Gnade" (1. Kor. 3, 10) zu ihm gekommen ist. So, durch sein Thema, wird der Apostel — und so, durch ihr Thema, wird alle heilige Schrift konstituiert als eigentümliches, von anderen verschiedenes, anderen entgegengestelltes Subjekt. Man versteht, daß es in diesem Zusammenhang keinen Sinn hätte, darauf Gewicht zu legen, daß es innerhalb der heiligen Schrift natürlich viele menschliche Subjekte gibt. Das ist richtig, aber wichtiger ist dies, daß kraft der Einheit ihres Themas die vielen menschlichen Subjekte der Schrift unter sich und nach außen — aus seiner Fülle haben wir alle empfangen (Joh. 1, 16) — wie ein einziges Subjekt sichtbar werden und wirken.

Die Freiheit des Wortes Gottes erkennen, heißt also vor Allem: dieses durch Gottes Offenbarung geschaffene Subjekt erkennen, den biblischen Zeugen, der uns in mannigfachster Gestalt als ein einziges und einheitliches Wesen, in einer einzigen und einheitlichen Richtung und Weise Gehör verlangend, gegenübertritt, ein menschliches Wesen — *in concreto* ist es ja auch immer je ein einzelner Mensch, ein Petrus oder Paulus — aber nun eben als menschliches Wesen ganz durch das Eine bestimmt und charakterisiert, was ihm gesagt ist und was es zu sagen hat. Die Freiheit des Wortes Gottes ist zunächst darin zu respektieren, daß uns dieses Subjekt als solches unverwischbar und unvergeßlich vor Augen tritt und vor Augen bleibt.

2. Die nächste und eigentlich entscheidende Einsicht ist umfassend zu bezeichnen als die Einsicht in die eigentümliche Macht dieses Subjektes in seiner Entgegenstellung und Auseinandersetzung mit allen anderen Subjekten. Freiheit heißt ja Können, Möglichkeit, Macht: Macht in ihrer Uneingeschränktheit oder doch Ebenbürtigkeit gegenüber anderen Mächten. Solche Macht hat nun auch das Subjekt, das wir in der heiligen Schrift durch deren Thema, durch die Offenbarung Gottes in Jesus Christus, konstituiert finden. Es hat, weil es das durch dieses Thema konstituierte Subjekt ist, die Macht des Wortes Gottes.

Erläutern wir sofort, daß unter dieser Macht nicht zu verstehen ist die Macht der religiösen, der kultischen, der moralischen, der ästhetischen, der theologischen Dämonie, die den einzelnen biblischen Subjekten und die dem biblischen Subjekt als ganzem natürlich, d. h. in seiner Menschlichkeit und zwar in der besonderen, durch sein Thema bestimmten Menschlichkeit, zweifellos auch zu eigen ist. Es gibt im Alten und im Neuen Testament einen Zauber des biblischen Denkens und der biblischen Sprache, der biblischen Anschaulichkeit und Argumentation, für den man keineswegs unempfindlich sein soll, den man vielmehr durchaus auf sich wirken lassen darf und muß. Es gibt als notwendiges Requisit einer nicht im Grammatikalisch-Historischen stecken bleibenden biblischen Exegese eine Intuition, ein Erspüren gerade dieser Dämonie, dieses Zaubers der Bibel. Aber man vergesse nicht: dies ist noch nicht die Macht, noch nicht die Freiheit des Wortes Gottes, so gewiß es von ihm in seiner menschlichen Gestalt nicht zu trennen, so gewiß es also nicht zu übersehen ist. Matth. 11, 9 wird hier zu bedenken sein: „Was seid ihr hinausgegangen zu sehen? Wolltet ihr einen Propheten sehen? Ja, ich sage euch: Einen, der mehr ist als ein Prophet“. Dazu die ebenfalls Johannes den Täufer betreffende Warnung Joh. 5, 35: „Er war ein brennendes und scheinendes Licht; ihr aber wolltet euch eine kleine Weile ergötzen an seinem Licht“. Dazu die Warnung des Paulus im Blick auf sich selbst 1. Kor. 2, 1: οὐ καθ' ὑπεροχὴν λόγου ἢ σοφίας sei er zu ihnen gekommen, um ihnen das Zeugnis Gottes zu verkündigen. Dämonie und Zauber als solche sind eine Macht, die der heiligen Schrift allerdings eigen ist, die sie nun aber doch mit anderen Schriften grundsätzlich gemein hat, die also dieses Subjekt gerade nicht grundsätzlich vor anderen auszeichnet. Dieser Macht erliegen, heißt noch nicht die Freiheit des Wortes Gottes erkennen. Sondern da erst wird diese Freiheit erkannt — da erst werden übrigens auch die Dämonie und der Zauber der heiligen Schrift richtig gewürdigt — wo in diesen Symptomen ihrer menschlichen und insofern nicht einzigartigen Macht (übrigens ohne alle Askese und Borniertheit in dieser Hinsicht!) wiederum die Macht des Themas, also die Macht der Offenbarung Gottes in Jesus Christus erkannt wird. Ist die ganze Mächtigkeit, die den biblischen Zeugen von ihrem Thema her eigen ist, nicht zu übersehen, ist da wahrlich anregende und aufregende Kraft, Würde und Tiefe, ist da wahrlich „Geist“ auch im humanen Sinn aller dieser Begriffe, so steht doch diese ganze Mächtigkeit unter dem Gesetz: „Ohne mich könnt ihr nichts tun“ (Joh. 15, 5) und unter dem Selbstbekenntnis des Paulus: „Nicht daß wir von uns selbst aus geeignet wären, etwas zu denken als von uns selbst aus, sondern unsere Eignung ist aus Gott, der uns geeignet gemacht hat (ἱκάνωσεν) zu Dienern des neuen Bundes.“ (2. Kor. 3, 5 f.). Auf die Erkenntnis dieses ἱκανοῦν wird alles ankommen, während eine Auslegung, Anpreisung und Verteidigung der Bibel unter dem Gesichtspunkt jener ihr immanenten, jener humanen Mächtigkeit, sobald diese *in abstracto* ins Auge gefaßt werden sollte, notwendig noch einmal stecken bleiben müßte auf einer Ebene, auf der die eigentümliche Macht dieses Subjektes nicht unzweideutig sichtbar werden kann, auf der sie von anderen ähnlichen Mächtigkeiten konkurrenziert, wenn nicht überboten werden kann.

Um die Macht des Wortes Gottes geht es. Aber nun freilich: um die Macht des fleischgewordenen und von Menschen geglaubten und bezeugten Wortes Gottes. Also nicht — auch das nicht *in abstracto* — um die Macht, die das Wort Gottes in sich selber, in seiner Herrlichkeit als der ewige Logos des Vaters hat, wo es keine Mächte neben ihm gibt, wo es vor allen und jenseits aller Mächte der Herr schlechthin ist. Nein, es geht um das Wort Gottes in der Erniedrigung seiner Majestät, um das Wort Gottes in der Welt, und also da, wo es Mächte neben sich und gegen sich hat, wo es bis zum Ende der Zeit in der Auseinandersetzung, im Streit liegt mit diesen anderen Mächten. Viele andere himmlische und irdische Hebel werden dauernd wirksam bewegt im Raum unserer menschlichen Welt und Existenz. Viel Macht und viel Freiheit scheint es da zu geben. Erkenntnis der Freiheit des Wortes Gottes wird zunächst schlicht in der gar nicht selbstverständlichen Erkenntnis bestehen, daß inmitten all der anderen Subjekte tatsächlich auch dieses, die heilige Schrift, reale und also jedenfalls konkret begrenzende, konkret mitkonkurrierende Macht hat. Eben dies, daß das Wort Gottes sich nicht mit seiner ewigen und in Ewigkeit unangefochtenen und unanfechtbaren Macht über Alles begnügte, sondern hineingetreten ist in die furchtbare Dialektik dieses „Alles", eben dies, daß es ein Subjekt unter anderen geworden ist, bedeutet ja jedenfalls auch, daß diese anderen Subjekte nun nicht sich selbst überlassen sind, daß sie sich nicht nur unter sich, sondern nun auch mit diesem neuen Subjekt, mit der ihnen real konfrontierten heiligen Schrift auseinanderzusetzen haben.

An Jer. 23, 28 f. ist hier zu erinnern, wo den Propheten, die Träume haben und zu erzählen haben, das Wort Jahves gegenübergestellt wird, das wie ein Feuer ist und wie ein Hammer, der Felsen zertrümmert. Und an Hebr. 4, 12 f., wo es vom Wort Gottes heißt, daß es lebendig und kräftig sei, schärfer als ein zweischneidiges Schwert, kritisch hindurchgehend durch die ganze, auch durch die verborgenste Existenz des Menschen, „und nichts, was geschaffen ist, kann sich vor ihm verbergen, sondern alles ist bloß und festgehalten vor seinen Augen". „Mit ihm haben wir es zu tun" fügt der Verfasser ausdrücklich hinzu. Der Gegensatz zu diesem Wort wäre offenbar ein geträumtes, wenn auch noch so wach und wahr geträumtes, aber als bloßer Traum der wirklichen Welt und Existenz des Menschen jenseitig bleibendes Wort Gottes, das die anderen Subjekte im Raum unserer Welt und Existenz unbehelligt, aber auch unerhellt und ungetröstet in der Tiefe ihres geschöpflichen Wesens unter sich lassen würde. Nun aber ist Gott Mensch und also selber geschöpfliches Wesen geworden in seinem Sohn und nun lebt dieser sein Sohn im Raum dieser unserer wirklichen Welt und Existenz weiter in der Gestalt seiner Zeugen und ihres Zeugnisses. Nun ist also seine Macht in diesem Zeugnis auch konkrete, tröstende und heilende, aber auch richtende und angreifende Macht mitten in diesem Raum. Nun ist also jenes geträumte, jenes jenseitig bleibende Wort Gottes, wie wach und wahr wir es auch träumen wollten, als solches nicht das wirkliche Wort Gottes. Nun haben wir das wirkliche Wort Gottes unter allen Umständen als eines von den Subjekten zu verstehen, die so Freiheit und Macht haben, wie es in diesem Raum Freiheit und Macht auch sonst gibt.

Das neue Subjekt, das in der heiligen Schrift den anderen Subjekten gegenübertritt, bedeutet aber — so müssen wir seine Macht sofort umschreiben — die grundsätzliche Problematisierung der Macht aller anderen Subjekte. Mehr können wir nicht sagen. Sie bedeutet also nicht ihre Aufhebung im Sinn von Vernichtung. Es ist nicht an dem, daß der Macht der heiligen Schrift nicht dauernd und nicht immer aufs Neue auch andere Mächte real gegenüberstünden. Es ist nicht an dem, daß da nicht immer noch und immer wieder Auseinandersetzung und Kampf stattfinden müßte. In Gottes Offenbarung als solcher, im Tode und in der Auferstehung Jesu Christi ist jene Aufhebung und Vernichtung allerdings vollzogen und das ein für allemal. Unsere Zeit ist aber nicht selbst die Zeit dieser Offenbarung, sondern die Zeit, die von ihrem Anfang und von ihrem Ende, d. h. von der Himmelfahrt und von der Wiederkunft Jesu Christi her, von der Zeit dieser Offenbarung und also von dem abgeschlossenen Sieg des Wortes Gottes und also von dem Erledigtsein aller anderen Mächte umgeben ist. Unsere Welt und Existenz steht im Lichte dieses Sieges, weil wir dessen Zeugnis haben, ohne daß sie doch in sich selbst Träger dieses Lichtes wäre. Träger dieses Lichtes ist vielmehr Jesus Christus selbst und er ganz allein. Die Macht des Zeugnisses von diesem Sieg und also von Gottes Offenbarung steht in der Auseinandersetzung und im Kampf mit der Macht der anderen Subjekte unseres Welt- und Existenzraumes, die ihnen jetzt und hier noch gelassen ist, wenn sie auch durch die Offenbarung bereits mit ihrer Aufhebung und Vernichtung bedroht ist. Es würde wieder den Rückfall in einen bequemen Quietismus bedeuten, wenn wir es anders sehen, wenn wir etwa im Blick auf den Tod und die Auferstehung Jesu Christi so tun wollten, als stünden der Herrschaft des Wortes Gottes keine anderen Herrschaften und also keine Versuchungen, keine Hindernisse, keine Feindschaften und keine Gefahren gegenüber.

Man kann gerade den Absolutismus nicht verstehen, mit dem das Neue Testament den in Jesus Christus schon offenbarten und künftig zu offenbarenden Sieg der Macht Gottes über alle anderen Mächte proklamiert, wenn man nicht unmittelbar daneben hält, daß eben diese Botschaft aufs Nachdrücklichste inmitten der Relativität dieser Welt, im ständigen Bewußtsein der aktuellen Gegenwart ihrer Mächte, im vollen Bewußtsein ihrer Gefährlichkeit ausgerichtet wird. Gerade durch jenen Sieg sind denen, die seine Boten sind, auch die Augen geöffnet für die Vorläufigkeit, für die Angefochtenheit und Bedrohtheit des Wortes Gottes in ihrer eigenen menschlichen Zeit und Situation, für die Wirklichkeit des Kampfes, in welchem es jetzt und hier steht. Vollendet hinsichtlich seines Inhalts, der göttlichen Offenbarung, ist es ebenso sicher unvollendet hinsichtlich seiner Macht als der eines in der Zeit von Menschen an andere Menschen gerichteten Wortes. Gerade vermöge des absoluten Inhalts dieses Zeugnisses kann es im Bereich der heiligen Schrift keinen Quietismus geben. Ist doch dieser Inhalt identisch mit der Zeit, der Tat und der Person Jesu Christi, die sich als solche von allen anderen Zeiten, Taten und Personen abhebt, sodaß es nicht anders sein kann, als daß das Zeugnis, das diesen Inhalt hat, ein inmitten aller anderen Zeiten, Taten und Personen beunruhigtes und beunruhigendes, ein leidendes und kämpfendes Zeugnis ist. Nur von einer nicht mit Jesus Christus identischen und also nicht in ihm und durch ihn und zwar allein in ihm und durch ihn verwirklichten sondern etwa auf einem der Wege der Mystik erschlichenen Absolutheit aus könnte die Existenz des Wortes Gottes — oder dessen, was man dann wohl „Wort Gottes" nennen würde — in der Welt quietistisch verstanden werden, könnte es zu einem Rückfall in die Anschauung kommen, nach der es eine der Dialektik der Wirklichkeit jenseitige und also entzogene Instanz, nach der es im Sinne jenes Prophetenwortes kein Feuer und kein Hammer sondern die Erzählung eines Traumes wäre.

Gehört es also zur Erkenntnis der Freiheit des Wortes Gottes, daß wir es in seiner Angefochtenheit sehen, daß wir die Schrift verstehen als das Zeichen, dem widersprochen werden kann und widersprochen wird, so gehört es doch noch viel mehr zu dieser Erkenntnis zu sehen, daß die Anfechtung, die es seinerseits bereitet, größer (und zwar qualitativ unendlich viel größer) ist, als die Anfechtung, die ihm bereitet wird und die es zu erdulden hat. Ist es wahr, daß es im Raum unserer Welt und Existenz faktisch problematisiert wird, so ist es noch viel wahrer, daß es selbst die grundsätzliche Problematisierung der in diesem Raum auf dem Plan befindlichen Subjekte und Mächte ist, d. h. daß, indem es ihnen gegenübertritt, manches vorletzte Wort jenen gegenüber zwar noch nicht, das letzte Wort aber bereits gesprochen ist, so daß Alles, was noch gesprochen werden kann und muß, so ernst und schwer das angesichts des erhobenen Widerspruchs immer sein mag, doch nur sozusagen im Rückblick, doch nur rekapitulierend gesprochen werden kann. Selbstverständlich ist es wieder der Inhalt der Schrift, vermöge dessen sie als das Zeichen, dem widersprochen wird, doch zugleich auch das Zeichen ist, dem wirksam und kräftig gerade nicht widersprochen werden kann, das in seiner ganzen Niedrigkeit und Angefochtenheit allen anderen Zeichen in entscheidender, weil qualitativer Überlegenheit gegenübertritt. Die Freiheit des Wortes Gottes besteht in dieser seiner heimlichen aber entschiedenen Überlegenheit gegenüber den sämtlichen Weltprinzipien und es besteht die Erkenntnis seiner Freiheit in dem ruhigen und beharrlichen Wissen um diese Überlegenheit. Der Außenaspekt des Verhältnisses zwischen der Macht der heiligen Schrift und den anderen Mächten wird ja diese Überlegenheit nie verraten.

Es wird die heilige Schrift im Großen wie im Kleinen immer und überall nur zu sehr jenem Sauerteig gleichen, der in der Masse der drei Scheffel Mehl wirklich verborgen wird (Luk. 13, 21). Man bemerke wohl: verborgen wird; es ist nicht ein schmerzliches und womöglich „tragisches" Schicksal, das dem Worte Gottes damit widerfährt, daß es in der Welt immer und überall, gegenüber seinen Feinden und vielleicht noch viel mehr bei seinen eigenen Freunden, den Kürzeren ziehen, als das schwächere Prinzip sich in den Winkel drängen, sich verstoßen, verleugnen, entstellen und verwerfen lassen muß. Sondern hier ist, wie in dem Leiden und Sterben Jesu Christi selbst, göttlicher Plan und Wille: Jesus selber hat es so angeordnet, daß seine Jünger kein Gold und Silber zu verteilen haben (Act. 3, 6, vgl. Matth. 10, 9). „Siehe, ich sende euch wie die Schafe mitten unter die Wölfe" (Matth. 10, 16). „Der Jünger ist nicht über seinen Meister noch der Knecht über den Herrn" (Matth. 10, 24). „Und wer nicht sein Kreuz auf sich nimmt und folgt mir nach, der ist mein nicht wert" (Matth. 10, 38). Es wird also keinen Sinn haben, der Welt zu grollen, es ihr sozusagen zum Vorwurf zu machen, daß sie der heiligen Schrift gegenüber die größere, die siegreiche Macht zu besitzen und auszuüben scheint.

Aber jener Außenaspekt zeigt doch noch nicht die ganze Wahrheit. Die ganze Wahrheit ist, daß die heilige Schrift in ihrer ganzen Unscheinbarkeit mehr Macht hat als die ganze übrige Welt zusammen. Die ganze Wahrheit ist, daß die sämtlichen Weltprinzipien in der heiligen Schrift schon durchschaut und eingeklammert, in ihrer vermeintlich letzten und absoluten Gültigkeit schon widerlegt, in ihrer Kraft schon überboten, in ihren Triumphen schon überholt sind.

Die ganze Wahrheit — die heimliche Wahrheit, aber die ganze Wahrheit! — ist immer wieder die Geschichte (1. Sam. 17, 23 f.) des jungen David, der gerade nicht im Helm und Panzer des Saul, sondern mit seiner Hirtenschleuder des Goliath mächtig wird, indem er ihm — menschlich gesehen ganz aussichtslos — im Namen des Jahve Zebaoth gegenübertritt. „Denn die göttliche Torheit ist weiser als die Menschen sind und die göttliche Schwachheit ist stärker als die Menschen sind" (1. Kor. 1, 25 f.). Und darum: „Wer sich unter euch für weise hält, der werde ein Narr in dieser Welt, damit er weise sei" (1. Kor. 3, 18 f.). Die ganze Wahrheit ist das, was jene „lauten Stimmen" im Himmel sprechen bei der Posaune des siebenten Engels: „Die Reiche der Welt sind unseres Herrn und seines Christus geworden und er wird regieren von Ewigkeit zu Ewigkeit" (Apoc. 11, 15).

Die Erkenntnis dieser ganzen, der heimlichen Wahrheit ist die Erkenntnis der Freiheit des Wortes Gottes. Es dürfte ohne weiteres einleuchten, daß sie nicht anders vollziehbar ist als im Glauben an die Auferstehung Jesu Christi. Es dürfte auch einleuchten, daß man nicht an die Auferstehung Jesu Christi glauben kann, ohne die Erkenntnis zu vollziehen, daß angesichts und trotz aller widersprechenden Außenaspekte nicht die Welt über die Schrift, sondern die Schrift über die Welt mächtig ist. In diesem Glauben und in dieser Erkenntnis lebt die Kirche. Sie kann das aber nur tun unter dem Gesetz der Offenbarung: daß der auferstandene Jesus Christus der ist, der zuvor *sub Pontio Pilato* in dieser unserer Welt gelitten hat, gekreuzigt, gestorben und begraben ist. Die Kirche wird gerade dann in diesem Glauben und in dieser Erkenntnis wirklich leben, wenn sie weiß, daß es um die Freiheit und also Überlegenheit des Wortes Gottes geht, wenn sie also die Wahrheit jenes verborgenen Reiches nicht etwa sucht und nicht etwa zu finden meint in der Wirklichkeit ihres eigenen Daseins als Kirche.

Es war eine tiefe Schau und ein gewaltiger Entwurf, die in jener augustinischen Gegenüberstellung von *civitas terrena* und *civitas Dei* vollzogen und dann für viele Jahrhunderte christlicher Geschichtsauffassung vorbildlich und maßgebend wurde. Wäre sie nur freier gewesen von dem klerikalen und säkularen Beigeschmack, den sie dadurch bekommen hat, daß die siegreiche *civitas Dei* nun eben doch mit der leidenden, kämpfenden und siegreichen katholischen Kirche in eins gesetzt und daß damit aus der Überlegenheit des Wortes Gottes ein Element und Argument einer bestimmten Weltanschauung und Politik, die angebliche Herrlichkeit der Sache einer menschlichen Partei gegenüber der einer anderen gemacht wurde. Der Trost, die Ermunterung, die Hoffnung, die die Kirche daraus schöpfen darf und soll, daß das Wort Gottes bleibt in Ewigkeit, — das Alles ist dahin, wenn sie der Meinung wird und wenn sie die Absicht hat, dieses Bleiben sozusagen in sich selbst verwirklichen und darstellen zu wollen, wenn sie es im Blick auf sich selbst behauptet, statt im Blick auf das Wort Gottes schlicht daran zu glauben. Das Kreuz Jesu Christi fehlt in der augustinischen Konzeption und eben darum fehlt ihr die wirkliche, die göttliche Glaubwürdigkeit. Die wirkliche, die unüberwindliche und darum auch glaubwürdig zu verkündigende *civitas Dei* auf Erden ist nicht das Regiment der Kirche, sondern das Regiment dessen, der in dieser Welt ans Kreuz geschlagen werden mußte, und in seiner Verlängerung: das Regiment der Schrift und der Glaube, in welchem dieses Regiment Gehorsam findet. Gehorsam gegen dieses Regiment wird aber nicht in einem Triumphieren bestehen können an der Stelle, wo die Propheten und Apostel unterlagen und getötet wurden, wo Jesus Christus am Kreuze starb. Jener Glaube wird also gerade nicht auf seine Werke sich stützen, nicht auf seine Werke und also auch nicht auf den menschlichen Bau der Kirche verweisen, als ob dieser als solcher das Reich Gottes gegenüber den Weltreichen und im Unterschied zu diesen unüberwindlich und also die Erscheinung der Überlegenheit des Wortes Gottes wäre. Der Glaube wird vielmehr damit rechnen, daß dieser Bau jederzeit gefährdet ist, jederzeit abgebrochen werden kann und zuletzt sogar bestimmt abgebrochen werden muß wie der Tempel Israels, so gewiß der Leib Christi, um zu seiner Herrlichkeit einzugehen, sterben und begraben werden mußte. Die Kirche muß wirklich dabei bleiben, die heimliche Wahrheit der Freiheit und Überlegenheit des Wortes Gottes zu erkennen, sie in der Sichtbarkeit zu glauben in ihrer Unsichtbarkeit. Als solche und nicht anders ist sie der Trost der Kirche und die unerschöpfliche Quelle ihres Lebens.

Wiederum darf nun aber diese Heimlichkeit, in der das Wort Gottes frei und überlegen ist, nicht etwa doch wieder quietistisch gedeutet werden. Dürfen wir nicht erwarten, seinen Sieg in eindeutig in diesem Sinn erkennbaren Ereignissen, Gestalten und Ordnungen zu sehen, wird der Sauerteig wirklich verborgen, muß das Weizenkorn wirklich sterben, wird alles, was menschlich sichtbar wird, immer ein Bild dieses Sterbens sein und nicht das Bild eines triumphierenden göttlichen Weltprinzips und wird insofern wirklich unser Glaube allein der Sieg sein, der die Welt überwunden hat (1. Joh. 5, 4) — so darf nun doch nicht vergessen werden, daß wir mit diesem unserem Glauben mitten in der Welt stehen, daß auch die Schrift in der Welt ist, daß also zwischen dem Wort Gottes und den Mächten dieser Welt konkrete Verhältnisse und Beziehungen bestehen, konkrete Berührungen und Auseinandersetzungen stattfinden, in denen sich die Freiheit des Wortes Gottes, die wir im Glauben erkennen, als solche bewährt und geltend macht. Entspricht es der Ordnung der Offenbarung und wird dafür gesorgt sein, daß der Kampf, der der Welt durch das Zeugnis von Jesus Christus angekündigt ist, in der Sichtbarkeit immer wieder in Form von menschlichen Niederlagen, von menschlichem Sündigen und Versagen, von menschlichem Leiden und Sterben verlauten wird, so ist dieses Zeugnis darum doch eine Kampfansage und nicht eine Traumerzählung, deren Pointe die wäre, daß in der wirklichen Welt Alles beim Alten bleiben könne und wohl gar müsse.

Ist der Jünger nicht über seinen Meister, dürfen wir nicht erwarten, kraft der Überlegenheit des Wortes in dieser Welt einen anderen Weg geführt zu werden als den, der uns in dem Wege Jesu Christi vom Kreuz zur Auferstehung endgültig vorgeschrieben ist, hatten die Propheten und Apostel und haben erst recht wir als ihre Schüler nichts weniger zu erwarten als etwa dies: wir könnten als begnadete und entschlossene Bürger einer sichtbaren *civitas Dei* dazu bestimmt sein, die Mächte dieser Welt plötzlich oder auch allmählich aufzurollen, zu überwinden und zu erledigen — so bleibt es jenseits aller chiliastischen Irrtümer doch dabei, daß — offenbar nicht im Widerspruch zu jener Ordnung — auch das Andere gesagt ist und gilt: „Ihr sollt nicht meinen, daß ich gekommen sei, den Frieden zu senden auf die Erde. Ich bin nicht gekommen, Frieden zu senden, sondern das Schwert" (Matth. 10, 34). Und: „Ich bin gekommen, ein Feuer anzuzünden auf der Erde und was wollte ich lieber, als es brennte schon" (Luk. 12, 49 f.). Gerade hier lautet ja die Fortsetzung: „Ich muß aber mit einer Taufe getauft werden und wie bin ich bedrängt, bis sie vollendet ist." Diese Fortsetzung zeigt, daß die große Schranke des Kreuzes bei dem Worte vom Feuer auf Erden nicht vergessen, sondern bedacht und einbezogen ist. Indem sie die Fortsetzung gerade dieses Wortes ist, zeigt sie aber auch, daß die Schranke des Kreuzes nicht zum Vorwand des Quietismus werden kann.

Die wirkliche Welt ist angegriffen durch Jesus Christus und durch das Zeugnis von ihm. Sie ist also überlegen angegriffen. Wir können auch positiv sagen: sie ist unter eine Verheißung gestellt, die nicht trügen kann; sie ist dunkel in sich selber und darum der Schauplatz der Kreuzigung Christi; sie ist aber auch in das Licht seiner Auferstehung gestellt. Sie ist dieselbe und nicht mehr dieselbe Welt. Dieselbe in sich, nicht dieselbe, sofern sie im Wort Gottes ein überlegenes Gegenüber bekommen hat. Dieselbe, sofern ihre Mächte ihrer Natur gemäß der Macht des Wortes widerstehen müssen, sofern das Wort in ihr leiden muß. Nicht dieselbe, sofern das Wort ihren Mächten seinerseits Widerstand entgegensetzt, ihren Charakter als göttliche Mächte in Frage stellt und bestreitet, ihr Ende ankündigt und vorbereitet, einen neuen Himmel und eine neue Erde als die letzte Wahrheit real geltend macht. Indem die Schrift der Welt gegenübertritt im Glauben an Gottes Offenbarung in Jesus Christus, kann sie die Welt nicht bloß behandeln, als ob sie immer und überall dieselbe wäre. Damit, mit diesem Außenaspekt, rechnet sie allerdings aufs Nüchternste. Und die Ereignisse werden es gewiß immer aufs neue bestätigen, daß sie daran recht tut, daß die Welt die Welt ist und bleibt. Es wird also der Weg der Schrift durch die Welt zweifellos und unter allen Umständen der Weg sein, auf dem die Jünger in der Nachfolge des Meisters das Kreuz zu tragen haben. Sie werden aber darüber hinaus wissen, daß Gott Gott ist und also die Welt wohl dieselbe und nun, im Licht der Auferstehung Jesu Christi, doch auch gar nicht dieselbe ist. Sie werden wissen, daß dem Widerspruch der Welt widersprochen, daß ihre angemaßte Göttlichkeit bestritten, daß ihr Ende nahe ist. Es wird also der Glaube an die Auferstehung Jesu Christi durchaus kein gegenstandsloser, kein illusionärer sein, er wird gerade als eschatologischer, d. h. als der in Jesus Christus den Anfang und das Ende unserer Zeit und ihrer Inhalte sehende Glaube ganz konkrete Gehalte haben, die sich gerade hinsichtlich der heiligen Schrift als des Zeugnisses von diesem Anfang und Ende sehr wohl konkret angeben und beschreiben lassen.

Das Wort Gottes erweist sich inmitten der Welt als frei und überlegen einmal darin: daß es die Kraft hat, sich selbst gegenüber den offenen und heimlichen, den direkten und indirekten Angriffen, denen es in der Welt ausgesetzt ist, zu behaupten.

Die Menschen mit ihren verschiedenen (und von Natur doch einhelligen, nämlich einhellig feindseligen) Stellungnahmen und Haltungen ihm gegenüber kommen und gehen; ihre politischen und geistigen Reiche (die als solche in irgendeinem Maß alle antichristlichen Charakter tragen) stehen und fallen, die Kirche selbst (in der irgendwo immer auch die Kreuzigung Jesu Christi wiederholt wird) ist heute treu und morgen untreu, heute stark und morgen schwach. Die Schrift aber, verworfen von ihren Feinden, verleugnet und verraten von ihren Freunden, hört durch das Alles hindurch nicht auf, sich selbst gleich zu bleiben, nach allen Seiten und in allen Situationen dasselbe zu sagen: immer wieder die Botschaft auszurichten, daß Gott die Welt in der Weise geliebt hat, daß er seinen eingeborenen Sohn dahingab. Wird sie heute übertönt, so wird sie morgen wieder laut sein. Wird sie hier mißverstanden und entstellt, so wird sie dort aufs Neue ihren eigenen Sinn bezeugen. Verliert sie in diesem örtlichen oder zeitlichen Bereich der Geschichte scheinbar allen Boden, alle Menschen, alle Gestalt, so schafft sie sich das Alles neu in ganz anderen Bereichen. Die Verheißung ist wahr und erfüllt in der Existenz der biblischen Propheten und Apostel vermöge dessen, was ihnen gesagt ist und was sie zu sagen haben: „Oh Jerusalem, ich will Wächter auf deine Mauern bestellen, die den ganzen Tag und die ganze Nacht nimmer stille schweigen sollen und die des Herrn gedenken sollen, auf daß bei euch kein Schweigen sei und ihr von ihm nicht schweigt, bis daß Jerusalem zugerichtet und gesetzt werde zum Lobe auf Erden" (Jes. 62, 6 f.). Die Behauptung des Wortes Gottes gegenüber den Angriffen, denen es ausgesetzt ist und also auch die Sorge darum kann nicht unsere Sache sein. Die Wächter sind bestellt und sie warten ihres Amtes. Die Behauptung des Wortes Gottes vollzieht sich als seine Selbstbehauptung, die wir nur immer wieder zu unserem Trost und zu unserer Beunruhigung als solche anerkennen können. Man kann um das Christentum und um die Christen, man kann um die Zukunft aller Kirche und Theologie, man kann um die Geltung der christlichen Weltanschauung und Moral in ernstester Sorge sein. Es gibt aber nichts, um dessen Konsistenz man weniger in Sorge zu sein brauchte, als um die Zeugnisse Gottes in der heiligen Schrift — einfach darum, weil eine Macht, die diese Zeugnisse aufheben könnte, gar nicht denkbar ist. „Wo diese schweigen werden, so werden die Steine schreien!" (Luk. 19, 40).

Weiter: das Wort Gottes erweist sich als frei und überlegen darin, daß es die Kraft besitzt, die sich ihm von der Welt her aufdrängenden und anhängenden Fremdelemente immer wieder fernzuhalten und auszuscheiden.

Die Geschichte des Wortes Gottes in der Welt ist nicht nur die Geschichte der ihm widerfahrenden Angriffe, sondern vor allem auch die Geschichte der ihm widerfahrenden Versuchungen. In seiner Menschlichkeit als Propheten- und Apostelwort ist es ja — wie die Propheten und Apostel selbst vor dem Irrtum nicht mechanisch gesichert waren — nicht unversuchlich, d. h. nicht absolut gesichert gegen die Gefahr, die schlimmer ist als Bekämpfung und Verwerfung: die Gefahr der Umdeutung und damit der Verfälschung durch die Macht menschlicher und also ihm fremder Ideen. Daß es auch in diesem Sinn im Kampf liegt, solange es das Wort Gottes in dieser Welt und an diese Welt ist, ist nicht zu bestreiten. Jede neue Sprache, in die es übersetzt wird, jede neue Denkweise und Methode, in deren Rahmen und nach deren Weise es bejaht und aufgenommen wird, der neue Geist jeder neuen Zeit, der es nach seiner Art zu vernehmen versucht und zu verkündigen unternimmt, jedes neue Individuum, das sich seiner so oder so bemächtigt — das alles sind Phasen und Probleme dieses gefährlichen Kampfes, in welchem es um seine Reinheit und damit um seine Kraft und damit um das Heil der Menschen geht, in welchem es sich der Überfremdung von seiten des Menschen zu erwehren hat, dem es sich zu eigen gibt und demgegenüber es nun doch — soll es ihm zu seinem Heil zu eigen werden — sich selbst gleich und treu bleiben muß. Die Kirchengeschichte ist die Geschichte der Auslegung und damit der immer neu drohenden Vergewaltigung des Wortes Gottes. Sie ist aber auch und noch viel mehr die Geschichte der Kritik, mit der es selbst seinen sämtlichen Auslegern immer wieder gegenübergetreten ist und immer wieder gegenübertreten wird. Die heilige Schrift hat, wie die protestantischen Orthodoxen gerne sagten: die *facultas semetipsam interpretandi*, die jedenfalls auch darin besteht, jeden ihr unterlegten fremden Sinn früher oder später aus eigener Kraft von sich abzustreifen, ihn als ihr fremd zu charakterisieren und bloßzustellen, sich ihm gegenüber in ihrem eigenen Sinn darzustellen. Wenn dies tatsächlich Sache einer Geschichte, eines Kampfes ist, in welchem der Sieg immer wieder Ereignis werden muß, so besteht doch kein Anlaß zu jenem Skeptizismus, nach welchem aus der Bibel Alles und Jedes zu machen und zu beweisen wäre, etwa nach dem Epigramm des S. Werenfels:

Hic liber est, in quo sua quaerit dogmata quisque
Invenit et pariter dogmata quisque sua.

Ist damit ganz richtig angegeben, was man das Naturgesetz aller, auch der ehrlichsten und besten Bibelauslegung nennen könnte, so wird man doch noch viel mehr beachten müssen, wie merkwürdig selbständig dieses Buch durch die ganze Geschichte seiner besseren und schlechteren Auslegung immer wieder hindurchgeht, wie sehr dafür gesorgt ist, daß seine großen Mißdeutungen sich gegenseitig begrenzen und problematisieren müssen, wie auch beiläufige Willkürlichkeiten und Einseitigkeiten seiner Auslegung gewöhnlich kurze Beine haben, wie rasch und gründlich diese Texte sich auch aus den übelsten Gefangenschaften, in die man sie werfen möchte, in der Regel zu befreien wissen. Man wird also wohl Anlaß haben, sich zu fragen, ob es nicht neben und über jenem fatalen Naturgesetz auch ein ganz anderes, ein Geistesgesetz der Bibelauslegung geben möchte, diktiert von der Bibel selber und durch die Bibel selber in Kraft gesetzt und in Kraft erhalten, dem schließlich alle gute und auch alle schlechte Bibelauslegung unterworfen ist, dem man sich als guter oder schlechter Ausleger doch noch viel weniger entziehen kann als jenem Naturgesetz, das ja doch nur das Gesetz der menschlichen Trägheit und des menschlichen Hochmuts nicht aber das Lebensgesetz der Bibel selber sein dürfte. Die Schrift ist dem Verständnis und Mißverständnis der Welt ausgesetzt, aber darum nicht ausgeliefert. Die Schrift ist in der Hand, sie ist aber nicht in der Macht der Kirche. Sie redet, indem sie übersetzt, ausgelegt, angewendet wird; aber sie redet in und auch immer wieder trotz aller dieser menschlichen Bemühungen.

Weiter: das Wort Gottes erweist sich als frei und überlegen darin, daß es über die Kraft des Widerstandes und der Kritik hinaus die Kraft hat, sich die ihm begegnenden Fremdelemente zu assimilieren und dienstbar zu machen.

Fremdelemente und also entweder offene Feinde oder heimliche Versucher sind zunächst und als solche alle geschichtlichen Elemente, mit denen sich die heilige Schrift als das Zeugnis von Gottes einmaliger Offenbarung inmitten einer sündigen Welt auseinanderzusetzen hat: die Völker und ihre Sprachen, die politischen und geistigen Systeme, die kommenden und gehenden Zeitbewegungen, die so oder so geschaffenen Situationen, die menschlichen Individuen mit ihren Geheimnissen samt und sonders. Aber wie es in diesem Kosmos nichts gibt, was nicht an sich feindlich und versucherisch wäre, so auch nichts, das an sich die Kraft hätte, sich der Verfügung, die von der Schrift aus darüber ergehen kann, zu entziehen. Der Schrift ist nichts Menschliches fremd. Sie kann in jeder Sprache original reden. Sie kann sich auch in der Sprache der verschiedensten politischen und geistigen Systeme ausdrücken und zu Gehör bringen. Sie kann die verschiedensten Situationen und Bewegungen fruchtbar und brauchbar und sie kann sich die verschiedensten Volkstümer und menschlichen Individuen zu eigen machen. Man bemerke wohl: es handelt sich nicht darum, daß diese Weltelemente, die sich das Wort Gottes im Lauf seiner Geschichte assimiliert und dienstbar macht, etwa als solche, d. h. in ihrer natürlichen Art eine heimliche Affinität und Eignung zu diesem Zweck hätten, so daß das Wort Gottes sich ihrer bedienen würde wie schon bereitliegender Instrumente. Es handelt sich vielmehr darum, daß ihnen allen ihr ursprünglicher Charakter als Fremdelemente erst genommen werden muß, daß sie eine neue Natur bekommen, daß sie sozusagen zu diesem Dienst erst erweckt, ja neu geschaffen werden müssen. Es handelt sich also nicht um das ihnen eigene Wesen sondern um die ihnen widerfahrende Erwählung, um die ihnen begegnende Gnade, die aus ihnen macht, was sie aus sich selbst nicht sein können. Aber eben dies ist die Geschichte des Wortes Gottes in der Welt auch: nicht nur eine Geschichte des Kampfes sondern auch eine Geschichte der Erwählung und der Gnade, eine Geschichte merkwürdiger Wandlungen, vermöge deren es mitten in der feindseligen und versucherischen Welt — und gewiß nie ohne deren fatale Spuren! — doch auch echte Übersetzung, echte Auslegung und Anwendung der Schrift gibt, bei der die Behauptung und Entfaltung des Eigen-Sinnes der Schrift sich gerade in der Weise vollzieht, daß menschliche Sprache, Verfassung und Individualität, zwar nicht kraft ihrer Eigenart, aber auch weit entfernt davon, in ihrer Eigenart verwischt und unterdrückt, sozusagen in eine Uniform gesteckt zu werden, man möchte sagen: jetzt erst, gerade in diesem Gebrauch und Dienst — zu ihrer Geltung kommen. Es ist keine Vergottung, die diesen Weltelementen dabei widerfährt, — eine solche kommt ja auch bei dem Menschenwort der Bibel, sie kommt ja auch bei der menschlichen Natur Jesu Christi selbst nicht in Frage! — wohl aber eine Mitteilung der Zeichenhaftigkeit des biblischen Menschenwortes und der menschlichen Natur Jesu Christi, eine Einbeziehung in deren eigentümliche Funktion und damit eine Erweiterung, Differenzierung und Bereicherung, eine Ausdehnung der Wirksamkeit der geschichtlichen Gestalt des Wortes Gottes. Es ist aber umgekehrt auch keine Bindung, die dem Worte Gottes in diesem Prozeß widerfährt. Es bleibt gesorgt dafür, daß dieses mit keinem seiner Zeichen identisch, daß es nicht selbst in ein Weltelement verwandelt wird. Es gibt keine Zwangsläufigkeit, auf Grund derer es in irgendeiner erkennbaren Allgemeinheit gerade diese und diese Wandlungen vollziehen, gerade diese und diese Verbindungen eingehen müßte. Es haben jene Wandlungen und Verbindungen auch da, wo sie stattfinden, immer den Charakter besonderer Ereignisse und nicht allgemeiner Verhältnisse. Sie haben immer nur lokal und temporär begrenzte Bedeutung. Zeichenhaftigkeit, die einem bestimmten Weltelement hier eignet, kann ihm dort fehlen und die ihm heute eignet, kann ihm morgen wieder entzogen werden. Es gibt Dissimilation wie es Assimilation, Entlassung aus dem Dienst wie es Indienststellung, Gerichte über die verschiedenen Häuser Gottes, wie es Segnung und Weihe solcher Häuser gibt. Es bleibt aber dabei, daß die Freiheit des Wortes Gottes — die ja nicht Freiheit wäre, wenn sie nicht auch diese negative Bedeutung hätte — jedenfalls auch diese positive Bedeutung hat, daß sie nicht nur Freiheit abzustoßen, sondern auch Freiheit anzuziehen und anzunehmen ist, daß der beunruhigende Kontakt des Wortes Gottes mit der Welt nicht nur kritischen, sondern auch verheißungsvollen und versöhnenden Charakter trägt: indem er so oder so auf den Anfang und auf das Ende der Welt hinweist, deren Zeugnis in der heiligen Schrift mitten in dieser Welt aufgerichtet ist.

Endlich und vor allem: Das Wort Gottes erweist sich als frei und überlegen darin, daß es seine eigene Gestalt und damit seine Wirkung auf die Welt wandeln kann.

Man würde die heilige Schrift falsch, man würde sie nicht als heilige Schrift verstehen, wenn man sie als eine in sich selbst abgeschlossene, erstarrte und unbewegliche Größe verstehen würde. So gewiß der Gott lebt: von Ewigkeit zu Ewigkeit und darum auch als der Herr unserer zeitlichen Welt, der sich den Propheten und Aposteln einst offenbart, der ihnen einst seine Zeugnisse in den Mund gelegt, so gewiß ist er nicht sozusagen begraben in diesem „Einst" und also in den Schriften dieser Menschen wie in einem steinernen Mausoleum, in welchem er nun (solange dieses nicht etwa zerfallen und vom Erdboden verschwunden ist, wie es solchen steinernen Häusern schließlich zu gehen pflegt) durch die Geschichtsverständigen zu erkennen und von den übrigen Menschen nach Anleitung der Geschichtsverständigen zu verehren wäre. Ist es wahr, daß die heilige Schrift Alten und Neuen Testamentes nur als Wort Gottes und das heißt nur als vorwärts und rückwärts blickendes Zeugnis von Jesus Christus zu verstehen ist, und ist es andererseits wahr, daß Jesus Christus der lebendige Herr der Kirche und der Welt ist, dann ist die Gestalt des Wortes Gottes im Menschenwort der Propheten und Apostel nicht sein Grab, sondern das von der lebendigen Hand seines Geistes bewegte und insofern selber *lebendige Organ seiner Regierung*. Wir haben dann also nicht nur damit zu rechnen, daß durch tiefere und genauere, ernstere und gläubigere Erforschung der Schrift unsererseits noch mancher uns jetzt verborgene Sinn und Zusammenhang dieser Dokumente ans Licht gefördert werden möchte: so wie etwa auf Grund von Ausgrabungen noch manche wichtige und interessante Aufschlüsse über das Leben derer, die in der Nähe oder in der Ferne vor uns waren, zu erwarten sind — eine Erwartung, die doch überall ihre natürliche Grenze darin hat, daß mehr als das, was einmal gewesen ist, beim besten Bemühen auch nicht ausgegraben werden kann! Die Erforschung der Bibel hat mit dieser natürlichen Grenze darum nicht zu rechnen, weil die Bibel ein lebendiges und zwar auf ihren Inhalt gesehen: ein ewig lebendiges Wesen ist, bei dessen Erforschung wir immer auch damit zu rechnen haben, daß uns neue, d. h. gestern und vorgestern auch der gewissenhaftesten Forschung noch nicht zugängliche, weil von diesem Wesen selbst noch nicht ans Licht gestellte Elemente begegnen möchten. Was vom Inhalt der Schrift gilt: daß er ein für allemal gewesen ist, das gilt auch von ihrer Form: es kann ihre Einmaligkeit als das Propheten- und Apostelwort von damals kein Hindernis bedeuten, daß sie nicht, sich selber gleichbleibend, ihre Gestalt und damit auch ihre Tragweite und Wirkung *ändere* und *erneuere*, den verschiedenen Zeiten und Menschen je und je von ganz neuen Seiten, in ganz neuen Dimensionen, mit einem ganz neuen Gesicht sich selbst darstelle. Was wir Erforschung der heiligen Schrift und was wir deren Ergebnisse nennen, das sind im Grunde gerade nicht unsere Bemühungen und deren Früchte, an die wir dabei zunächst zu denken pflegen, sondern das sind die *eigenen Bewegungen des Wortes Gottes selber*. Wenn die alte Kirche in Abwehr der Gnosis sich durchrang zur gleichzeitigen Erkenntnis der Einheit Gottes und der Gottheit Christi und des Heiligen Geistes, wenn in der Reformation die Erkenntnis des Menschen als des allein durch Gnade geretteten Sünders erkämpft wurde, wenn wir in der Gegenwart die Kontingenz der göttlichen Offenbarung und das heißt *in concreto:* den Offenbarungscharakter des Alten Testamentes einerseits und die Selbständigkeit der Kirche und ihrer Botschaft andererseits gegen die Barbaren zu verteidigen und zugleich und vor Allem selber neu zu erkennen haben — so sind das alles Vorgänge, zu denen die jeweilige kirchliche und außerkirchliche Geistesgeschichte in ihrer immanenten Entwicklung die Begleitmusik machte, die aber unerklärlich bleiben müßten ohne die Initiative, die von der Bibel selbst ausging und immer wieder ausgeht. Man wird das auch von den Zeiten und Situationen sagen müssen, in denen man mehr von einem Leiden als von einem Wirken des Wortes Gottes: nämlich von seiner Vernachlässigung und Zurückstellung, Verkennung und Verfälschung reden möchte. Die Sünde und der Irrtum des Menschen sind in solchen Zeiten und Situationen gewiß ebenso auf dem Plan wie in jenen anderen ihr Glaube und ihr Aufgeschlossenheit für die Wahrheit. Es wird aber auch dann angebracht sein, die eigentlich bewegende Macht im Worte

Gottes selbst, nämlich in den in solchen Zeiten und Situationen von ihm vollzogenen Gerichten und nicht in der es umgebenden Welt zu suchen. Das Wort Gottes selbst verbirgt und entzieht sich der Kirche, wenn diese neben ihm und über ihm sich selbst und ihre Tradition oder die Natur oder das Wesen und die Geschichte des Menschentums als Quelle ihrer Erkenntnis Gottes zu betrachten und zu behandeln sich erlaubt. Das Wort Gottes selbst schweigt — und redet nun durch sein Schweigen — wenn die Kirche nur noch das Menschenwort der Propheten und Apostel als solches und also die Stimme einer fernen, sie in Wahrheit nicht angehenden und zu nichts verpflichtenden historischen Instanz hören will. Das Wort Gottes selbst verhüllt sich in Dunkelheit, wo die Bibel gewaltsam, einseitig, willkürlich interpretiert wird nach den Eingebungen irgendwelcher Geister an Stelle der Führung ihres eigenen, des Heiligen Geistes. Man würdigt beide: das Licht, das die Kirche aus der Bibel empfängt, und die Finsternis, die ihr in ihr entgegentritt, erst dann richtig, wenn man in beiden — jenseits alles dessen, was als menschliche Bemühung und menschliches Versagen auch zu sehen ist — die regierende, jetzt erhöhende, jetzt stürzende Gewalt des Wortes Gottes selbst erkennt. Erst dann weiß man ja, daß man die heilige Schrift wirklich nicht ohne Gebet, d. h. ohne Anrufung der Gnade Gottes lesen und verstehen kann. Und erst unter der Voraussetzung des Gebets wird ja dann auch alle menschliche Bemühung in dieser Sache und die Buße angesichts des menschlichen Versagens in dieser Bemühung ernsthaft und fruchtbar werden. Indem das Wort Gottes sein menschliches Gesicht wandeln kann, indem es in verschiedenen Zeiten und Situationen dasselbe und doch nicht dasselbe ist, dieselbe Wirkung in immer neuen Formen ausübt, wird die Begegnung und der Verkehr mit ihm zu einer Geschichte, die wirklich nicht die Geschichte des einsam auf sich selbst stehenden Menschen, die auch nicht die Geschichte einer auf sich selbst beruhenden und auf sich selbst angewiesenen Kirche ist, sondern eine Geschichte, die auf seiten der Kirche und der einzelnen Menschen in der Kirche den Charakter einer Verantwortung trägt, in welcher aber als der zuerst und eigentlich Handelnde immer das Wort Gottes selber den Vortritt hat. Es sind keine bildlichen Redensarten, wenn wir sagen: das Wort Gottes redet, handelt, regiert, sondern eben damit bezeichnen wir das Eigentliche und Wesentliche des ganzen Geschehens, das wir Kirchengeschichte nennen, das Eigentliche und Wesentliche, auf das dann das Leben, die Taten und die Meinungen der in Kraft oder Schwachheit in der Kirche versammelten Menschen, aber auch der in Wohlwollen oder Haß oder Gleichgültigkeit um die Kirche versammelten Welt, ihre Erkenntnisse und Irrtümer, ihre Wege und Abwege sich nur beziehen, nur antworten können. Das Wort Gottes in der Gestalt der heiligen Schrift ist also wohl auch das Objekt des Handelns, Denkens und Redens der Kirche und der Welt — aber doch immer nur, nachdem es und sofern es jenen Vortritt hatte, nachdem es und sofern es das eigentliche Subjekt dieses Handelns, Denkens und Redens gewesen ist. Man versteht wohl auch alles zuvor Gesagte: die Kraft der Selbstbehauptung, die kritische Kraft, die Assimilationskraft des Wortes Gottes konkret erst von hier aus, wenn man versteht, daß es immer zuerst Subjekt und dann erst Objekt der Geschichte ist.

Wir erinnern uns: das alles sind Gehalte des Glaubens an die Auferstehung Jesu Christi als an das Offenbarwerden des beherrschenden Anfangs und Endes der Kirche und der Welt. Als Aussage einer Philosophie der Kirchengeschichte und Weltgeschichte könnten alle diese Dinge gesagt oder auch nicht gesagt, behauptet oder auch bestritten werden. Wir hätten dann nicht mehr gesagt als was man phänomenologisch auch von der Geschichte der Ilias oder der platonischen Dialoge sagen könnte. Wir haben aber keine phänomenologische Feststellungen gemacht, sondern wir haben die Verheißung bejaht und entwickelt:

Ihr sollt meine Zeugen sein! Und: Siehe, ich bin bei euch alle Tage! Wir haben gesagt, was wahr ist, weil Jesus Christus auferstanden und also diese Verheißung wahr ist. Von da aus ist das alles über die Freiheit und Überlegenheit des Wortes Gottes zu sagen und zu hören. Aber von da aus ist es zu sagen und zu hören.

3. Wir hörten, wie die Schrift kraft ihres Themas zu einem Subjekt wird. Und wir hörten von ihrer Macht als solches. Diese seine Macht hat aber einen besonderen Raum und Bereich ihres Wirkens: die Kirche. Das bedeutet nicht eine Beschränkung ihrer Macht, wohl aber ihre Charakterisierung als freie Macht im Unterschied zu einer blind und allgemein und notwendig wirkenden Naturgewalt. Ihre Wirkung ereignet sich auf Grund von Wahl, nicht auf Grund von Notwendigkeit und also in Form eines unterscheidenden und nicht in Form eines allgemeinen Geschehens. Solange Gott nicht Alles in Allem ist — und das ist das negative Kennzeichen dieser unserer Welt, daß Gott noch nicht Alles in Allem ist — solange wäre es gerade kein Kennzeichen der Göttlichkeit der heiligen Schrift, wenn ihre Macht die einer allgemein wirksamen Notwendigkeit, wenn also der Raum und Bereich ihres Wirkens unendlich bzw. mit dem Raum und Bereich dieser Welt identisch wäre. Kennzeichen ihrer Göttlichkeit ist es vielmehr, daß ihre Macht innerhalb dieser Welt ihren besonderen Raum und Bereich hat: nicht einen ihr schöpfungsmäßig zugewiesenen oder überlassenen, nicht einen ihr von der Welt sozusagen konzedierten, sondern den von ihr selbst gewählten, bezeichneten, in Anspruch genommenen und eroberten Raum und Bereich der Kirche — neben dem es immer auch den der Nichtkirche gibt. Die Unterscheidung ist vorläufig in einem doppelten Sinn: nicht nur kraft der Vorläufigkeit des ganzen jetzigen Zustandes der Welt, in welchem diese mit dem Reich Gottes noch nicht identisch, sondern durch das nahe herbeigekommene Reich Gottes erst begrenzt und relativiert ist — sondern auch innerhalb dieses Weltzustandes kraft der Vorläufigkeit der jeweils bestehenden, bzw. sichtbaren Abgrenzung zwischen Kirche und Nichtkirche. Nicht um ihrer selbst willen, sondern um Gottes und (im Dienste Gottes) um der Welt willen wählt, bezeichnet, beansprucht und erobert das Wort Gottes die Kirche als diesen besonderen Bereich seiner Macht. Und nicht mit absoluter, nicht mit starrer, sondern mit beweglicher Grenze grenzt es sich ab von der Nichtkirche. Redet Gott in seinem Wort zur Kirche und in der Kirche, so tut er es, um durch die Kirche — in dem konkreten Gegenüber, das dadurch entsteht, daß er zunächst zur Kirche und in der Kirche redet — zur Welt zu reden und seine Kirche in der Welt wachsen zu lassen. Und Gott ist auch nicht gebunden an den durch sein Wort jeweils geschaffenen Raum, sondern dieser Raum ist an ihn und sein Wort gebunden: es können seine Gren-

zen hier zurückgehen, so daß wieder nicht Kirche ist, wo zuvor Kirche war; und sie können sich erweitern, so daß jetzt Kirche ist, wo zuvor nicht Kirche war. Das konkrete Gegenüber von Kirche und Nichtkirche als solches aber ist, solange diese Welt währt, so wenig aufhebbar wie, trotz aller Bewegtheit des Verhältnisses, das Verhältnis von Israel zu den anderen Völkern. In diesem Gegenüber zweier Völker redet Gott mit der Welt. Er redet so mit ihr, daß sein Wort zuerst Kirche schafft, um dann, durch den Dienst der Kirche, Wort an die Welt zu werden.

Es besteht also kein Anlaß zu jener Ungeduld, die die Kirche verachten und sozusagen überspringen möchte um des Reiches Gottes willen, oder die von der Kirche verlangen möchte, was man nur vom Reich Gottes verlangen könnte, wenn Menschen vom Reiche Gottes überhaupt etwas zu verlangen hätten. Wohl kann und soll sich die Kirche jener Relativität ihrer Grenzen und damit ihrer ganzen Existenz in ihrem Gegenüber zur Nichtkirche bewußt sein und immer wieder bewußt werden. Wohl kann und soll sie sich bewußt sein und immer neu bewußt werden, daß sie innerhalb ihrer Grenzen und in ihrer Sonderexistenz dazu berufen ist, nicht sich selbst, sondern Gott und im Dienste Gottes der Welt zu dienen. Wohl kann die Kirche das Alles nicht tun, ohne innerhalb ihrer Grenzen und in ihrer Sonderexistenz auf das Reich Gottes und seine Erfüllungen zu hoffen und eben darum ihren Dienst in der Welt wirklich und selbstlos auszurichten. Sie kann aber die Grenzen, die sie von der Nichtkirche trennen, ihre Grenzen gegenüber Staat und Gesellschaft z. B. oder ihre Grenzen gegenüber allem alten und neuen Heidentum nicht kraft eigener Einsicht und Vollmacht verändern oder gar aufheben wollen. Ist sie doch auch nicht kraft ihrer eigenen Einsicht und Vollmacht als Kirche erwählt, bezeichnet, in Anspruch genommen und erobert worden, sondern durch das freie Wort Gottes, das sie aus dem Nichts ins Dasein (und zwar in dieses bestimmte Dasein als Kirche) rief nach seinem eigenen Wohlgefallen. Diesem Wort, dem sie ihre Existenz verdankt und dem sie nur dienen kann, muß sie es nun auch überlassen, die Grenzen zwischen Kirche und Nichtkirche jetzt enger oder weiter zu stecken und dereinst, wenn Gott alles in allem sein wird, ganz aufzuheben. Das Reich Gottes ist wirklich das Reich Gottes und es ist seine Aufrichtung darum nicht in die Macht und Verfügung der Menschen gegeben. Es kann auch der stürmischste Missionswille und es kann auch die tiefste Aufgeschlossenheit für die Not und Sehnsucht der Welt nichts ändern an der Grenze zwischen Glaube und Unglaube, Gehorsam und Ungehorsam, die in dieser Welt den Herrschaftsbereich Gottes von der noch nicht mit ihm versöhnten Welt trennt — nichts ändern auch daran, daß diese Grenze für unsere menschlichen Augen bezeichnet ist durch den Unterschied zwischen Dienst und Verachtung des Evangeliums, zwischen reiner und verkehrter Ausrichtung, zwischen einem willigen und einem verstockten Hören seiner Botschaft, die also für unsere menschlichen Augen allerdings durch die Grenzen der Kirche bezeichnet ist. Wollten wir diese Grenze für nichtig erklären, wollten wir die Welt in anderer Weise mit der Kirche zusammenschließen, als indem wir selber das Evangelium nicht verachten, sondern ihm dienen, besorgt darum, seine Botschaft selber willig zu hören und rein auszurichten, wollten wir also um des Reiches Gottes, um unseres Missionswillens und um unseres Verständnisses der Not und Sehnsucht der Welt willen etwas Anderes wollen als eben dies: daß Kirche sei und daß wir selber Kirche seien — wie könnte das anders als in Eigenmächtigkeit geschehen: unter heimlicher oder offener Bestreitung der Freiheit des Wortes Gottes? und wie könnte mit solcher Eigenmächtigkeit und Bestreitung nun gerade dem Reiche Gottes wirklich gedient sein? Die Freiheit des Wortes Gottes, der wir uns (gerade wenn wir wirklich auf das Reich warten, in welchem Gott Alles in Allem sein wird!) unterwerfen werden, ist nun einmal nicht eine allgemeine oder eine von uns zu erwählende Möglichkeit: der Inbegriff dessen oder ein Ausschnitt aus dem, was wir für möglich halten, sondern die Freiheit, die Gott in seiner Offenbarung sich tatsächlich genommen und hinsichtlich derer er uns auch Bescheid gesagt hat, daß er sie sich tatsächlich genommen hat. Von einer anderen Grenze zwischen Glauben und Unglauben, zwischen Gehorsam und Ungehorsam und also zwischen Gottesreich und Weltreich als der, die er selbst durch seine Offenbarung in Jesus Christus und durch deren apostolische Bezeugung gezogen hat, wissen wir nun einmal nicht, können wir nur zu wissen meinen auf Grund von allerhand eigenmächtigen Einfällen. Wissen wir aber um keine andere, dann haben wir uns an diese auch für unsere menschlichen Augen deutlich bezeichnete Grenze zu halten, wissend um ihre Veränderlichkeit, wissend auch um ihre endliche Aufhebung, aber auch wissend um ihre vorläufige Gültigkeit, wissend, daß wir diesseits ihrer endlichen Aufhebung und auch vor allen ihren möglichen Veränderungen im Einzelnen innerhalb und an dieser Grenze Gott zu dienen haben, wenn wir ihm überhaupt dienen dürfen und wollen.

Die Freiheit des Wortes Gottes ist seine Freiheit, sich selbst eine Kirche zu gründen. Das heißt: Menschen aller Zeiten und Weltgegenden, Menschen von allerlei Art, Schicksal und Führung, Menschen von allerlei natürlich-geistiger Richtung und in dem Allem: Menschen von allerlei Sündigkeit und Todverfallenheit darin und so mit sich selbst und unter sich zu vereinigen, daß es sich selbst bei ihnen Gehör verschafft, das Gehör des Gehorsams, d. h. das Gehör, durch das sie auf Gedeih und Verderb, auf Gnade und Ungnade, für Leben und Tod, an Jesus Christus gebunden werden in der Weise, daß sie in ihrer ganzen und unter sich so verschiedenen Sündigkeit und Todverfallenheit in ihm ihren Herrn erkennen müssen. Dieses Gehör des Gehorsams ist der christliche Glaube, und der Raum und Bereich dieses christlichen Glaubens ist der Raum und Bereich, in welchem das Wort Gottes seine Macht ausübt. Auch wenn dieser sich nach außen, nach der Welt hin, verändert, verengt oder erweitert, wird er unter allen Umständen immer der Raum und Bereich dieses christlichen Glaubens sein. Auch seine Aufhebung als gesonderter Raum und Bereich wird nur das bedeuten können, daß es dann einen anderen Raum und Bereich als eben den des nun zum Schauen erhobenen christlichen Glaubens nicht mehr geben wird. Wir wissen von keiner anderen Freiheit des Wortes Gottes als von der, uns zum christlichen Glauben aufzurufen: Es gehört sogar zum Inhalt dieses Wortes Gottes, daß es sich tatsächlich diese und nur diese Freiheit genommen hat: die Freiheit, sich selber das Gehör des Gehorsams zu verschaffen. Frei ist die Betätigung des Wortes Gottes in dieser seiner Begründung der Kirche in dem doppelten Sinn: Es ist frei d. h. es ist mächtig gegenüber der Sündigkeit und Todverfallenheit des Menschen, die ihm das Gehör des Gehorsams und also den christlichen Glauben an sich unmöglich machen. Und es ist frei, d. h. es ist mächtig gegenüber der natürlichen und durch Sünde und Tod verderblich gewordenen Verschiedenheit der Menschen, die es ihnen an sich unmöglich macht, im Glauben mit Gott und unter sich eins zu werden. Das Wort Gottes ist frei — und in der Begründung der Kirche betätigt es diese Freiheit — die doppelte Schranke dieser Unmöglichkeit aufzuheben und uns die Möglichkeit des Glaubens mitzuteilen.

„Der Geist weht, wo er will" (Joh. 3, 8). „Der Sohn macht lebendig, welche er will" (Joh. 5, 21). „Vater, ich will, daß dort, wo ich bin, auch die seien mit mir, die du mir gegeben hast" (Joh. 17, 24). Auf diesem die vorhandenen Hindernisse nicht beachtenden Willen beruht die Kirche, in ihm haben wir zunächst die Freiheit des Wortes Gottes zu erkennen. Sie wäre näher zu beschreiben, als seine Freiheit, sich und das heißt den biblischen Zeugen Aufmerksamkeit, Glaubwürdigkeit, Zutrauen und damit Schüler und Nachfolger unter den Menschen zu erwecken. Kirche entsteht, indem dieses Zeugnis auf- und angenommen wird: seiner Fremdheit zum Trotz, die zugleich die Fremdheit seines jedem Menschen widerstrebenden Inhalts und die Fremdheit gerade dieser alle Menschen in Anspruch nehmenden Form seines Inhalts ist. Es versteht sich nicht von selbst, daß die Menschen den Propheten und Aposteln glauben werden und es versteht sich nicht von selbst, daß sie gerade ihnen glauben werden. Die Wirklichkeit und die Einheit des Glaubens, den dieses Zeugnis fordert, die Kraft der Erleuchtung zum Glauben und die Kraft der Sammlung im Glauben — das ist das erste Geheimnis der Freiheit des Wortes Gottes.

Aber diese Freiheit geht weiter: es ist nicht so, daß, nachdem das Wort Gottes in den biblischen Zeugnissen der Kirche einmal übermittelt und dann überlassen ist, die Kirche wie die Erbin eines Verstorbenen mit dessen hinterlassenem Vermögen allein gelassen würde.

Mit aus dieser falschen Vorstellung, wonach die biblische Offenbarung ein der Kirche anvertrautes und zur Verfügung überlassenes „Depositum" wäre, dürfte der römisch-katholische Irrtum hinsichtlich der sich selbst aus sich selbst heraus regierenden Kirche entstanden sein. Es ist klar, daß man bei jener Auffassung sowohl die Möglichkeit wie das Bedürfnis haben konnte, der Schrift in der Tradition zunächst ein zweites angebliches Depositum an die Seite zu stellen. Und es ist klar, daß es dann unvermeidlich wurde, der Kirche als der Verwalterin dieser Deposita in ihrem Lehramt und dessen Spitze einen möglichst vollmächtig redenden Mund zu geben. Dabei ist offenbar übersehen die ganze Außerordentlichkeit der Auszeichnung, Ausrüstung und Bevollmächtigung, in der die am Anfang der Kirche stehen, von denen gesagt ist: „Einige von denen, die hier stehen, werden den Tod nicht schmecken, bis daß sie sehen des Menschen Sohn kommen in seinem Reich" (Matth. 16, 28) und „Dieses Geschlecht wird nicht vergehen, bis daß dies alles geschehe. Himmel und Erde werden vergehen, meine Worte aber werden nicht vergehen" (Matth. 24, 34 f.). Sie haben offenbar eine Funktion, die nicht einfach übergeht in die der Kirche, indem diese durch ihr Zeugnis geschaffen, indem ihr Zeugnis von dieser auf- und angenommen wird, sondern die allen Funktionen der Kirche gegenüber eine eigene selbständige Funktion bleibt. Ihr Zeugnis wird nicht „Depositum", sondern es geht als Ereignis weiter und in und mit diesem Ereignis betätigt das Wort Gottes seine Freiheit.

Das Wort Gottes wirkt tatsächlich nicht nur die Begründung, sondern in jedem Augenblick auch die Erhaltung der Kirche. Die Freiheit der Schrift erweist sich auch darin als göttliche Freiheit, als die Souveränität des Schöpfers: daß durch sie und nur durch sie die Kirche ist, was sie ist, während sie ohne die Schrift sofort in nichts zergehen, an jener Unmöglichkeit der Wirklichkeit und Einheit des Glaubens sterben müßte. Die Kirche lebt wie die geschaffene Welt überhaupt durch göttliche *creatio continua,* nur daß unter dieser im Blick auf die Kirche nicht die Geduld zu verstehen ist, in der das Wort Gottes die geschaffene Welt als solche im Dasein erhält, in das es sie gerufen hat, sondern die Gnade des mitten in der geschaffenen Welt gesprochenen Wortes der Wiedergeburt und Neuschöpfung, bzw. die Wirksamkeit dieses Wortes, in dessen fortgehender Bezeugung aus dem Glauben der Propheten und Apostel zum Glauben der Kirche. Ohne dieses Wort bzw. ohne seine fortgehende Bezeugung können wohl die menschlichen Religionen, Weltanschauungen, Systeme und die auf sie gegründeten menschlichen Institutionen und Gemeinschaften leben, wie sie es ja auch tatsächlich tun: auf Grund der allgemeinen göttlichen Erhaltung alles Geschaffenen, wenn auch im Schatten des Todes, dem alles Geschaffene als solches entgegeneilt. Auf demselben Grund kann auch ein verirrtes und entartetes, d. h. der Art jener menschlichen Bildungen sich annäherndes Christentum ohne das Wort leben: in dem Maß sogar um so mehr, als es, in jener Annäherung begriffen, verirrt und entartet ist. Gerade die wahre Kirche als der Raum und Bereich der Offenbarung und des Glaubens an diese Offenbarung entbehrt als solche dieser natürlichen Vitalität. Durch das Wort der Wiedergeburt und Neuschöpfung ins Dasein gerufen, kann sie anders als durch dieses Wort auch nicht im Dasein erhalten bleiben. Was hülfe ihr aller natürliche Wille und alle natürliche Kraft zum Dasein, was hülfe es ihr, wenn diese so groß wären, daß sie mittelst ihrer die ganze Welt gewönne? Als eines von jenen dem Tod entgegeneilenden menschlichen Gebilden vermöchte sie sich damit wohl am Leben zu erhalten. Als Kirche der Wahrheit und des ewigen Lebens wäre sie doch mitten in der blühendsten Entwicklung, die sie auf dieser Ebene haben könnte, schon tot, wenn das Wort der Wahrheit sich von ihr zurückziehen würde.

Es sollte kaum gesagt werden müssen und es gehört doch zum Nötigsten, was gesagt werden muß, daß von daher gesehen das Gebet um die Erhaltung der Kirche eigentlich nie abreißen dürfte. Die Kirche steht und geht tatsächlich allein auf dem Grunde, der ihr durch das lebendige Wort fort und fort dargereicht werden muß. Abseits von diesem Grunde würde sie wohl in der Weise jener anderen Gebilde, würde sie aber gerade als Kirche der Wahrheit unmöglich leben können. Und eben die Sorge um das Erhaltenwerden auf diesem einzigen Grunde und also um dessen immer neue Darreichung wird immer auch der Maßstab alles kirchlichen Handelns, alles Aufbauens und Verteidigens der Kirche, aller apologetischen und kirchenpolitischen Maßnahmen bilden müssen. Es gibt keine Sorge um die Kirche, die dieser Sorge übergeordnet werden dürfte, die nicht zurückgestellt werden müßte, wenn sie etwa bedeuten sollte, daß die Kirche sich damit dem lebendigen Wort entziehen würde. Und es gibt keine Sorge um die Kirche, die man dieser Sorge nicht getrost unterordnen, die man nicht getrost in dieser Sorge aufgehen lassen dürfte. Vertraut sich die Kirche ganz dem Wort der Wahrheit an, dann — nur dann, aber dann bestimmt und legitim! — darf sie darauf vertrauen, daß die allgemeine Gnade und Geduld Gottes gegenüber seiner Schöpfung so oder so auch ihr zugute kommen werde.

Die Erhaltung der Kirche durch das Wort Gottes vollzieht sich aber einfach darin, daß dieses in ihr in der schon beschriebenen Weise seine eigene *Freiheit* betätigt: also indem es in der Kraft der Auferstehung Jesu Christi mächtig ist, sich selbst in dieser Welt zu behaupten, mächtig, sich von der Welt unbefleckt zu erhalten, aber auch mächtig, sich die Welt zu eigen zu machen, mächtig schließlich, sich selbst neu darzustellen und zu geben. Dieses innere Leben des Wortes selbst wirkt das Leben der Kirche. Die Kirche lebt, indem sie der Schauplatz dieses Lebens des Wortes ist, indem sie an den Bewegungen dieses Lebens selbst Anteil bekommt, indem sie im Glauben zu diesen Bewegungen Ja sagt, d. h. ihr eigenes Heil darin und nur darin sucht, daß diese Bewegungen geschehen und ihnen insofern folgt, als ihr Gottesdienst und ihr Gemeinschaftsleben, ihre Predigt und ihr Bekenntnis in der Nachfolge dieser Bewegungen Ereignis werden. Indem dies geschieht, kann die Kirche so wenig untergehen wie das Wort Gottes selber: sie nimmt in dieser Nachfolge inmitten der vergänglichen Welt teil an dessen eigenem ewigem „Bleiben".

Es hängt also die Erhaltung der Kirche menschlich gesehen an der selbstlosen Aufmerksamkeit, in der die Kirche den eigenen Lauf des Wortes Gottes zu begleiten hat. Es kann nicht ihre Sache sein, sich selbst als Kirche behaupten zu wollen. Sie behaupte sich, indem sie der Selbstbehauptung des Wortes assistiere! Sie erlaube sich keine Kritik der Welt auf Grund eigener polemischer Einsicht und sie erlaube sich keine Assimilationen weltlicher Elemente auf Grund eigener synthetischer Weisheit, sie glaube und verkündige aber die durch das Wort Gottes selbst vollzogenen Kriegserklärungen und Friedensschlüsse! Sie erlaube sich nicht, sich an irgendein Altes zu klammern und sie erlaube sich keine Neuerungen, es wäre denn, daß sie vermöge des Gestaltwandels des ihr vorangehenden Wortes Gottes zu jenem oder zu diesem aufgefordert und genötigt sei! Jeder Schritt seitwärts von diesem Weg wäre der Schritt in den Abgrund des Todes. Nicht daß er sich sofort als solcher zeigen und rächen würde. Es wird vielmehr oft genug so aussehen, daß es nur eines kleinen Schrittes seitwärts von diesem Wege, nur einer kleinen kirchlichen Eigenmächtigkeit bedürfe, damit es der Kirche — nach langer schwerer Bedrängnis vielleicht — wunderbar wohlgehe, damit ihre Erhaltung in der Welt zur Ehre Gottes und zum Heil der Menschen nun wirklich garantiert sei. Links und rechts von ihr existieren ja in offenkundiger Gesundheit und Fülle alle die anderen menschlichen Gebilde, denen jene selbstlose Aufmerksamkeit nicht zugemutet scheint, deren Leben nicht auf der Gnade der Wiedergeburt und der neuen Schöpfung beruht, deren Leben also menschlich gesehen um billigere Preise als um den des Glaubens allein zu haben ist. Für die Kirche der Wahrheit allein ist eben das, was für die ganze Welt Leben heißt, der Abgrund des Todes. Wird sie das sehen, obwohl es doch nicht zu sehen ist? Wird sie den Tod in dem erkennen, was für die ganze Welt Leben heißt? Wird sie das Leben wählen, das der ganzen Welt unvermeidlich als Tod erscheinen muß? Schlechterdings Alles wird jetzt darauf ankommen, ob die Kirche ist, was sie ist: der Raum und Bereich, in welchem der Mensch Zutrauen hat zum Wort allein und also zum Glauben allein und in diesem Zutrauen die Fähigkeit jener selbstlosen Aufmerksamkeit, die die ganze Welt mit ihrem Lebenswillen, mit ihrer Kampflust und Weisheit, mit ihrem Konservativismus und Radikalismus nicht hat. Aber eben dies: daß die Kirche ist, was sie ist, hängt an ihrer Erhaltung durch das Wort selber, hängt daran, daß das Wort in ihrer Mitte kraft seiner eigenen Macht weiterlebe, hängt also an der Wirklichkeit der *Freiheit* des Wortes, um die die Kirche nur bitten, für die sie nur danken kann.

Die Erhaltung der Kirche durch die Betätigung der Freiheit des Wortes Gottes ist aber konkret ihre dauernde Inanspruchnahme durch die Schrift, die Geschichte des fortgehenden Zeugnisses, das ihr durch diese gegeben wird, das sie aus dieser zu empfangen hat. An die Stelle des erhaltenden Wortes Gottes könnte, wenn es nicht identisch wäre mit der Schrift oder wenn die Schrift ein bloßes „Depositum" und nicht ein fortgehendes Zeugnis wäre, allzu leicht das treten, was die Kirche sich selber und der Welt zu sagen hat: die christliche Idee, Weltanschauung und Moral, das „Christentum" oder das „Evangelium" in irgendeiner komplizierten oder auch vereinfachten Gestalt, in der man es sich wieder einmal zurecht gedacht und zurecht gemacht hat. Der Inhalt einer guten oder schlechten Dogmatik und Ethik vielleicht! Es ist klar, daß dieses sog. „Wort Gottes" nicht frei, sondern eben an die betreffenden kirchlichen und also menschlichen Konzeptionen gebunden wäre. Ihm würde diejenige bewegende, begeisternde, erbauliche Kraft eignen, die solchen Konzeptionen wenigstens zu bestimmten Zeiten und in bestimmten Situationen eigen sein kann und tatsächlich eigen ist. Ihm würde aber gerade die Kraft, die Kirche zu erhalten: nämlich durch den Wechsel der Zeiten und Situationen, durch die in diesem Wechsel unvermeidlichen Desillusionierungen und Enttäuschungen hindurch zu erhalten, nicht eignen. Ihm würde ja die Verheißung, die der Schrift und so nur der Schrift gegeben ist, abgehen. Es wäre nicht das Wort der Wahrheit, das allein die Kirche der Wahrheit vor dem Tode zu bewahren vermag. Die Kirche lebt — sie lebt auch mit dem, was sie selber zu sagen hat — von dem ihr Gesagten, von dem ihr immer neu von außen entgegentretenden Wort, das sie in der Schrift hört. Indem das Wort Gottes die Schrift ist, übt es jene konkrete Führung, Regierung und Erziehung der Kirche aus, kraft welcher diese nicht sich selbst überlassen, sondern immer wieder von der heilsamen Wahrheit angerührt und lebendig gemacht wird.

Es hängt also die Erhaltung der Kirche menschlich gesehen daran, daß in der Kirche die Schrift gelesen, verstanden, ausgelegt und angewendet wird, daß das ohne Ermüden immer wieder geschieht, daß der ganze Weg der Kirche der Weg ihrer Bemühung um das Hören dieses konkreten Zeugnisses sei. Der Schritt seitwärts, der den Schritt in den Abgrund des Todes bedeutet, der tödliche Mangel an jener selbstlosen Aufmerksamkeit wird sich in der Regel schwerlich so bald als solcher verraten. Er wird in der Regel vielmehr gewiß in großer Treue (nämlich gegenüber dem, was die Kirche gesagt hat) und in großem Eifer (nämlich für das, was die Kirche selber sagen zu müssen meint) geschehen und so scheinbar das Siegel göttlicher Berechtigung und Notwendigkeit tragen. Wenn jeweils wieder einmal das Leben mit dem Tod und der Tod mit dem Leben verwechselt wird in der Kirche, dann pflegt immer solche Treue und solcher Eifer am Werk zu sein: viel guter Wille, viel ernste Frömmigkeit, große Visionen, tiefe Bewegungen und in dem allem die ehrliche Meinung, keineswegs eigenmächtig, sondern dem Worte Gottes gehorsam zu sein. Nur daß nicht bemerkt ist: dieses sog. „Wort Gottes" ist nur eine Konzeption vom Wort Gottes, vielleicht frei gebildet, wahrscheinlich und häufiger: gebildet in Form einer nicht mehr neu geprüften alten oder in Form einer noch nicht ernstlich geprüften neuen Interpretation der Schrift selber, so oder so: nicht das Wort Gottes, wie es sich in der heiligen Schrift selbst wirklich zu hören gibt. Konzeptionen vom Worte Gottes als solche, auch wenn sie gut sind, also z. B. auch anerkannte Dogmen und Konfessionen, lichtvolle und hilfreiche theologische Systeme, tiefe, kühne und anregende Einsichten biblischer Wahrheiten — sie alle sind aber nicht das Wort Gottes, sie alle können also auch die Kirche nicht erhalten. Und es können Konservativismus und Radikalismus, sofern sie das vorspiegeln und für ihre Konzeptionen in Anspruch nehmen möchten, die Kirche nur gleich sehr betrügen und gefährden. Das Kriterium in der Frage, ob sie dem Worte Gottes in jener selbstlosen Aufmerksamkeit folgt, liegt darin, ob sie fähig und willens ist, durch Alles das hindurch, was sie selber sagt, was sie aus der Schrift schon vernommen zu haben oder eben jetzt aus der Schrift erheben zu können meint, die Schrift selbst zu hören als die Instanz, die ihr über den wahren Tod und das wahre Leben Bescheid sagt. Es hängt also die Erhaltung der Kirche daran, daß die Schrift vor ihren Augen offen bleibt, daß alle, auch die besten Konzeptionen von ihrem Inhalt durchsichtig bleiben, damit sie selbst diese bestätigen und legitimieren oder auch korrigieren oder auch gänzlich beseitigen kann. Anders als in dieser Freiheit kann sie das Leben der Kirche nicht sein. Ist die Kirche, was sie ist, dann wird sie der Schrift diese Freiheit lassen, sie wird von der Schrift ausgehend, immer aufs neue zur Schrift zurückkehren müssen. Wir müssen aber wieder schließen: eben dies, daß die Kirche ist, was sie ist, hängt daran, daß die Schrift sich selbst diese Freiheit verschafft und erhält in ihrer Mitte, daß die Schrift selbst die Kirche nötigt, immer wieder zur Schrift zurückzukehren. Wie sollten wir ihr diese Freiheit geben können auch bei der größten Schrifttreue? Wieder stehen wir hier vor der Wirklichkeit, für deren Gegebensein wir nur danken können, um deren Gegebenwerden wir immer wieder bitten müssen.

Wir betrachten dieselbe Sache noch einmal von einer anderen Seite, indem wir zum Schluß feststellen: die Freiheit des Wortes Gottes ist seine Freiheit, die Kirche zu regieren. Nicht umsonst ist diese ja begründet, nicht umsonst wird sie erhalten. Beides geschieht, damit sie diene, und zwar der göttlichen Offenbarung und also der Ehre Gottes und dem Heil der Menschen diene. Die Kirche als die Versammlung und Einheit der durch das Wort Aufgerufenen und dem Wort Glauben Schenkenden ist in der Zeit zwischen Himmelfahrt und Wiederkunft das Zeichen der göttlichen Offenbarung, das Zeichen der geschehenen Menschwerdung des Sohnes Gottes und zugleich das Zeichen der im kommenden Reiche Gottes durch den Sohn Gottes erlösten neuen Menschheit. Als solches Zeichen hat die Kirche zu dienen. Sie hat inmitten dieser Welt ihrer eigenen Glieder und aller Menschen auf die geschehene Versöhnung und auf die kommende Erlösung hinzuweisen durch die Bezeugung Jesu Christi als ihres Herrn, der auch der Herr über alles ist. Eben dies darf und kann sie aber nicht in eigener Vollmacht tun. Es ist nicht an dem, daß die Zeit zwischen Himmelfahrt und Wiederkunft gewissermaßen das Reich des glaubenden, des in seinem Glauben und kraft seines Glaubens autonomen Menschen wäre.

Man wird sagen müssen, daß dies die irrige Vorstellung besonders des Neuprotestantismus ist, sofern er den Menschen auf einer Ebene sieht, die des Horizontes der geschehenen Versöhnung und der kommenden Erlösung entbehrt, wo aus der ersten eine ferne historische Erinnerung und aus der zweiten das ebenso ferne Ziel eines allmählichen Fortschritts im Sinn jener Erinnerung geworden ist: beide ohne aktuelle Bedeutung für den in der Mitte existierenden Menschen, dem wohl sein Glaube, aber eben nur sein Glaube bleibt, ein Glaube, der ohne diese doppelte Beziehung auf den Herrn als auf seinen Gegenstand, allein gelassen ohne die Kraft des „Allein Gott in der Höh sei Ehr", nun doch nur eine besondere Gestalt menschlichen Vermögens, Wollens und Wirkens und also, gemessen am christlichen Glauben nur ein falscher Glaube sein kann. Glaube kann jetzt nur noch als Religion verstanden werden: als die Religionsform, in welcher der Mensch zwar von jener historischen Erinnerung und von jener bestimmt gefärbten Fortschrittserwartung beeinflußt, aber eben doch nur beeinflußt, im Zentrum und Grunde aber, jenes Horizontes entbehrend, wie in aller Religion sein eigener Herr, Herr auch seiner tiefsten Gemütsbewegung ist und in welcher Religionsform auch die Gemeinschaft der Religiösen, das, was dann Kirche heißt, nur ein Zweckverband, ein Klub sein kann, zu welchem sich die einzelnen glaubenden Herren unter möglichster gegenseitiger Schonung der Wünsche und Ansprüche jedes Einzelnen zu gewissen Übereinkünften und gemeinsamen Bestrebungen zusammenschließen. Der Irrtum in dieser Vorstellung ist ein doppelter: er besteht in der optischen Täuschung, als ob die Ebene, auf der der glaubende Mensch existiert, eine unbegrenzte, eine Ebene ohne Horizont wäre; nicht gesehen ist hier die unmittelbare Nähe der Berge hinter ihm und vor ihm, von denen ihm Hilfe kommt. Und er besteht in der akustischen Täuschung, als ob das Wort „Glaube" noch immer den christlichen Glauben bezeichnete, wenn das damit gemeinte Trauen, Wagen und Hoffen des menschlichen Herzens seine Richtung auf diese Berge verloren hat, statt gerade in dieser Richtung ein verheißungsvolles Trauen, Wagen und Hoffen zu sein. — Der hier vorliegende Irrtum dürfte in der Sache derselbe sein wie der der Irrlehrer des zweiten Petrusbriefs, der ja auch entscheidend darin bestanden zu haben scheint, daß sie nicht mehr verstanden, daß ein Tag vor dem Herrn ist wie tausend Jahre und tausend Jahre wie ein Tag (2. Petr. 3, 8), um daraufhin frech und eigensinnig, respektlos gegenüber den Herrlichkeiten Gottes, über die Engel sich erhebend, „die Herrschaft zu verachten" (κυριότητος καταφρονοῦντες 2, 10 f.). Die Instanz, die diesen Irrlehrern entgegengehalten wird, sind: „die zuvor von den heiligen Propheten gesprochenen Worte und das Gebot der Apostel des Herrn und Heilandes" (3, 2).

Der glaubende Mensch in der Zeit zwischen Himmelfahrt und Wiederkunft ist wohl verantwortlich aber nicht autonom. Er ist als glaubender Mensch ein Glied am Leibe Christi. Und der Leib Christi, die Kirche, hat ihr Haupt im Himmel, ist also auch auf Erden nicht der Einsicht und Willkür der in ihr versammelten Menschen überlassen. Die Kirche ist, obwohl ganz und gar aus Menschen bestehend, kein menschliches Reich, weder ein monarchisches, noch ein aristokratisches, noch ein demokratisches, in welchem die Ausführung der ihr aufgetragenen Bezeugung Jesu Christi dem Gutfinden dieser Menschen anheimgestellt wäre. Sondern die Kirche wird regiert. Und sie wird, wie sie durch das Wort Gottes geschaffen ist und erhalten wird, so auch durch das Wort Gottes regiert: durch das Wort Gottes in der Gestalt der in der Schrift niedergelegten Bezeugung der Offenbarung Gottes in Jesus Christus. Wir sagen dasselbe, wenn wir sagen: Jesus Christus regiert die Kirche — wie wenn wir sagen: die heilige Schrift regiert die Kirche. Eines erklärt das Andere, eines kann nur durch das Andere verstanden werden. Wie der Sohn Gottes in seiner menschlichen Natur und also als der uns offenbare Gott dieses sein Offenbaren, sein eigenes prophetisches Amt fortgehen läßt im prophetisch-apostolischen Zeugnis von seiner Herrschaft, so widerfährt seine Herrschaft und also die Herrschaft Gottes selbst der Kirche in diesem und durch dieses Zeugnis. Auch der Heilige Geist ist ja eben der Geist dieses Zeugnisses, der Geist, der dieses Zeugnis als wahr bezeugt, der Geist, durch den dieses Zeugnis die Herzen gewinnt. Welche andere Regierung der Kirche als die durch dieses Zeugnis sollte denn in Betracht kommen? Jede andere Regierung könnte die Kirche nur zur Nicht-Kirche machen. Jede andere Regierung der Kirche könnte sie ja nur zu der Herrschaft des kraft seines falschen Glaubens autonomen Menschen zurückführen, könnte nur in einer Verleugnung der Bestimmung unserer Zeit als der Zwischenzeit zwischen Himmelfahrt und Wiederkunft bestehen. Wir haben aber keine andere Zeit als diese: es wäre denn die mit dem Anbruch dieser Zeit überwundene Zeit der Sünde und des Todes. Wollen wir nicht wiederum in dieser Zeit leben, soll das Salz der Kirche, das das Salz der Erde ist, nicht dumm werden, dann darf der Charakter ihrer Zeit als jener Zwischenzeit nicht verleugnet werden. Die Zwischenzeit ist aber die durch das Wort Gottes im prophetisch-apostolischen Zeugnis bestimmte Zeit und es muß als die Regierung der Kirche in dieser Zeit Sache dieses Wortes sein.

Jede Bestimmung des Kirchenregiments ist also falsch, in welcher entweder das Regiment Jesu Christi selbst nur die Rolle einer schmückenden Floskel spielt, während in Wahrheit der falsche, nämlich der horizontlose Glaube der in der Kirche vereinigten Menschen im Regimente sitzt, oder in welchem das Regiment Jesu Christi zwar formell ernstlich anerkannt, aber in Gestalt einer unmittelbaren Geistesleitung vorstellig gemacht wird, wobei es eine Frage zweiter Ordnung ist, ob als die Stelle, wo diese Geistesleitung die Kirche berührt und erfaßt, ein unfehlbarer Papst oder ein unfehlbares Konzil oder das Amt eines autoritären Bischofs oder das Amt eines hypostasierten Pastors oder irgendein freies Führertum oder einzelne Inspirierte in der Gemeinde oder schließlich die ganze Gemeinde als solche angegeben wird. Falsch an allen diesen Bestimmungen des Kirchenregiments ist die Zweideutigkeit, in der dabei — und geschähe es noch so ernstlich — das Regiment Jesu Christi geltend gemacht wird, das Vorübereilen an der Schrift, als wäre nicht sie die für die Zwischenzeit maßgebende Gestalt dieses Regiments. Wer nur von der Herrschaft Jesu Christi im Himmel und dann von einer jener irdischen Einbruchsstellen seiner Herrschaft redet, der redet faktisch enthusiastisch, der redet letztlich doch von der Autonomie des menschlichen Glaubens und darum nicht von der Kirche Jesu Christi.

Der Horizont, innerhalb dessen die Kirche Jesu Christi existiert, ist erst dann gesehen und bedacht — von der Kirche Jesu Christi ist also erst dann die Rede — wenn als konkreter Träger des Kirchenregiments die heilige Schrift gesehen und bedacht ist. Weit entfernt davon, daß damit die Unmittelbarkeit der Beziehung zwischen dem Herrn und seiner Kirche in Frage gestellt würde, ist vielmehr gerade diese Mittelbarkeit weil sie durch ihn selbst eingesetzt und durch seine Auferstehung in Kraft gesetzt ist, die wahre Unmittelbarkeit dieser Beziehung. Und weit entfernt davon, daß aus dieser ihrer Mittelbarkeit irgendeine gesetzliche Verhärtung dieser Beziehung folgen würde, ist vielmehr gerade sie die

Garantie dafür, daß in dieser Beziehung Freiheit und also Bewegung walten wird.

Wo die Schrift das Kirchenregiment übte, da könnte es nicht nur erlaubter sondern gebotener, nicht nur gefahrloser sondern heilsamer Weise je und je Alles das geben, oder auch nicht geben, was man unter dem Kirchenregiment des autonomen Glaubens hier mit gesetzlichem Eifer für wesentlich und unentbehrlich erklärt, dort mit ebenso gesetzlicher Ängstlichkeit vermeiden und verbieten will: Päpste und Konzilien, Bischöfe und Pastoren, Hoheit der Synode und Hoheit der Gemeinde, Führer und Inspirierte, Dienst der Theologen und Dienst der Anderen in der Gemeinde, Dienst der Männer und Dienst der Frauen. Warum durchaus gerade das oder jenes? Und warum gerade das oder jenes durchaus nicht? Nur bei Unterdrückung der Freiheit des Wortes Gottes, gerade nur unter Voraussetzung jener enthusiastischen Beseitigung der Schrift könnte man hier gesetzlich gebieten und verbieten wollen.

Die Schrift als die eigentliche Trägerin des Kirchenregiments wird die Unmittelbarkeit der Beziehung zwischen der Kirche und ihrem Herrn nicht zerstören und sie wird der Kirche auch nicht das Gesetz auferlegen — dann nämlich, wenn jene Unterscheidung zwischen der Schrift selbst und allen menschlichen Konzeptionen von der Schrift immer wieder offen wird, immer neu vollzogen wird, wenn man die Schrift in fortdauerndem Hören auf sie, in der ununterbrochenen Schule ihrer Lesung und Auslegung immer wieder allen menschlichen Konzeptionen vorangehen läßt, um ihr nachzufolgen, wenn man also mit ihrer Regierung und mit dem Sichregierenlassen durch sie in der Kirche wirklich ernst macht.

Verabsolutierte und starr gewordene Konzeptionen vom Worte Gottes müßten allerdings sowohl die Unmittelbarkeit jenes Verhältnisses in Frage stellen, als auch die Kirche positiv oder negativ mit irgendeiner Gesetzlichkeit bedrohen. In der Verabsolutierung und im Erstarrenlassen solcher Konzeptionen würde die Kirche aber auch gerade nicht gehorsam sondern sehr ungehorsam handeln.

Nicht als ob solche Konzeptionen nicht sein und keine Würde und Geltung haben dürften. Wir sahen im vorangehenden Paragraphen, daß es solche Konzeptionen gibt, denen man in dem Raume unter dem Wort höchste Notwendigkeit und größte Würde nicht absprechen kann. Ihre Existenz wird aber der Freiheit des Wortes Gottes nicht zu nahe treten, sie wird jene grundsätzliche Offenheit der Kirche für ihre Führung durch die Schrift nicht zerstören dürfen, sie wird ihr vielmehr dienen müssen. Dies ist die Freiheit des Wortes Gottes in der Regierung der Kirche: daß die Kirche sich unter allen Umständen auf dem Wege und zwar auf dem ihr von der Schrift gestern angewiesenen, heute zu begehenden und morgen wieder von der Schrift anzuweisenden Wege befindet, auf einem Wege also, auf welchem sie gerade in dem Gehorsam, den sie gestern bewährte, heute neue Weisungen entgegenzunehmen willig und bereit sein wird. Eben darum kann und darf die Exegese in der Kirche nicht abbrechen. Ihre Aufgabe besteht dann an jedem neuen Tag darin, der besonderen Freiheit nachzuspüren, die das Wort Gottes sich heute im Zug seiner Regierung der Kirche nehmen will. Wir schließen aber noch einmal und auch hier mit der Erinnerung, daß gerade in diesem Mittelpunkt kirchlichen Handelns das Gebet: der Dank für die Wirklichkeit dieser Regierung und die Bitte darum, daß sie nie aufhöre, Wirklichkeit zu sein, das entscheidende Tun ist, das, der Exegese noch vorangehend, unter keinen Umständen abbrechen darf.

2. DIE FREIHEIT UNTER DEM WORT

Wir hören Phil. 1, 9f., daß Paulus darum betet, daß die Liebe seiner Leser mehr und mehr wachse ἐν ἐπιγνώσει καὶ πάσῃ αἰσθήσει εἰς τὸ δοκιμάζειν τὰ διαφέροντα: damit sie lauter und unanstößig seien auf den Tag Jesu Christi, erfüllt mit Frucht der in Jesus Christus begründeten Gerechtigkeit zur Ehre und zum Lobe Gottes. Ganz ähnlich schreibt er Kol. 1, 9f. (vgl. 1, 28; 2, 2): er bete ohne Aufhören darum ἵνα πληρωθῆτε τὴν ἐπίγνωσιν τοῦ θελήματος αὐτοῦ ἐν πάσῃ σοφίᾳ καὶ συνέσει πνευματικῇ, damit sie würdig des Herrn wandeln möchten. Von demselben Erfülltwerden mit γνῶσις ist auch Röm. 15, 14 die Rede, dort in ausdrücklicher Verbindung mit dem Hinweis auf die offenbar in solcher γνῶσις begründeten Fähigkeit, sich gegenseitig zu belehren. Und Eph. 3, 18f. wird dieselbe Gabe wiederum sehr feierlich als letzte Zusammenfassung dessen, wofür Paulus im Gedanken an seine Gemeinde betet, dargestellt als „die Kraft, mit allen Heiligen zu begreifen (καταλαβέσθαι), was es ist um die Breite und die Länge, die Tiefe und die Höhe, zu erkennen die die Erkenntnis übersteigende Liebe des Christus." Man halte daneben das bedauernde Wort 2. Tim. 3, 7 über die γυναικάρια, die beständig am Lernen und nie imstande sind, zur Erkenntnis der Wahrheit zu kommen. Wir entnehmen diesen und ähnlichen Stellen: es gibt, unterschieden von den in Christus selbst verborgenen Schätzen der Weisheit und Erkenntnis (Kol. 2, 3) — so unterschieden, wie seine Liebe zu uns von unserer Liebe zu ihm unterschieden ist — unterschieden auch von dem Erkennen und Lehren der Apostel selbst ein vollmächtiges Aufnehmen und Verstehen der von ihnen bezeugten Offenbarung durch ihre Schüler und Gemeinden, in welchem diese „weise" werden, d. h. in welchem diese selbst sich als urteilsfähig erweisen und zugleich urteilsfähig werden. Zeigt die Häufigkeit und Dringlichkeit, in der davon geredet wird, die zentrale Bedeutung, die diese die menschlichen Glieder der Kirche angehende Sache für die Apostel als die Begründer der Kirche hat, so zeigt der Umstand, daß diese Sache nach allen diesen Stellen Gegenstand der apostolischen Fürbitte ist, einerseits dies: daß sie Sache einer pneumatisch-charismatischen Begabung des Menschen und nicht etwa Sache eines menschlichen Vermögens oder Zugriffs ist. Und andererseits: daß deren Mitteilung an die Menschen in der Kirche nicht etwa ohne sondern durch die Vermittlung der Apostel als der ursprünglichen Träger des Zeugnisses von Christus, indem ihr Zeugnis an die Gemeinde zugleich eine Fürbitte für diese ist, vor sich geht. An diese durch den Dienst der ersten Zeugen den Gliedern der Kirche vermittelte Gottesgabe der Erkenntnis und Weisheit werden wir zu denken haben, wenn wir nun auf die der Freiheit des Wortes entsprechende Freiheit unter dem Worte zu reden kommen.

Die Kirche als der Raum und Bereich der Freiheit des Wortes Gottes ist eine Versammlung von Menschen: nicht von Menschen, die sich selbst versammelt haben, sondern von Menschen, die versammelt wurden und werden, aber immerhin: von Menschen, wobei ja auch das sie versammelnde Wort Gottes zugleich ein Wort von Menschen ist. Eignet nun diesem sie versammelnden Gottes- und Menschenwort jene Freiheit in der Kirche, ist es wahr, daß dieses Wort die Macht hat, sich in der Welt selbst zu behaupten und rein zu erhalten, sich selbst durchzusetzen und fort und fort neu zu setzen und so die Kirche zu begründen, zu erhalten und zu regieren, dann kann es nicht anders sein: wo diese Mächtigkeit als solche anerkannt und erfahren wird, wo sie nicht nur als Gericht erlitten, sondern zugleich als Gnade geglaubt wird und Gehorsam findet, wo also das Zeugnis der Schrift aufgenommen wird, da entsteht und besteht, relativ, mittelbar und formal, ganz und gar abhängig von jenem Aufgenommenen und ganz und gar bezogen darauf, aber in diesen Schranken auch ganz real: eine der Mächtigkeit und also Freiheit des Wortes Gottes entsprechende menschliche Mächtigkeit und Freiheit. Die in diesem Raum und Bereich versammelten Menschen können sich ja dann dem, was kraft der Freiheit des Wortes Gottes in ihrer Mitte geschieht, nicht entziehen. Es kann nicht sein, daß es sie nicht bestimmt. Es geht sie an. Es teilt sich ihnen mit. Sie dürfen und müssen ihrerseits dazu Ja sagen. Es wird und ist dann — in dem ganzen Abstand und in der ganzen Abhängigkeit des Menschen von Gott — nicht nur Gottes, sondern als die Sache Gottes auch ihre eigene Sache geworden. Wir sahen im vorangehenden Paragraphen: das Zeugnis der Schrift kann nicht aufgenommen werden, ohne daß die in der Kirche versammelten Menschen willig und bereit sind, bei dessen Auslegung und Anwendung auch gegenseitig aufeinander zu hören. Dementsprechend ist jetzt zu sagen: dieses Zeugnis kann nicht aufgenommen werden, ohne daß die es aufnehmen, willig und bereit sind, für seine Auslegung und Anwendung selber die Verantwortung zu übernehmen. Diese Bereitschaft und Willigkeit zur eigenen Verantwortung für das Verständnis des Wortes Gottes ist die Freiheit unter dem Wort.

Es wäre nicht unerlaubt, diese Freiheit in Gegenüberstellung zu der im vorigen Paragraphen an dieser Stelle umschriebenen Autorität der Kirche, sachlich als die Freiheit des Gewissens zu bezeichnen. Das Königtum Jesu Christi bedeutet nach Calvin (*Cat. Genev.* 1545, bei E. F. K. Müller 120, 35): *quod eius beneficio . . . vindicati in libertatem conscientiarum, spiritualiousque eius divitiis instructi, potentia quoque armamur* . . . Unter „Gewissen": συνείδησις, *conscientia*, dem Mit-Wissen um das, was Gott weiß, muß aber hier streng das von Gott selbst zu diesem Mit-Wissen befreite und erhobene Gewissen und nicht eine in diesem Sinn allgemeine und ohnehin wirksame menschliche Anlage und Fähigkeit verstanden werden. „Gewissensfreiheit" ist dann also nicht im Sinn des 18. und 19. Jahrhunderts die irgend jemand zustehende Erlaubnis, zu denken, was irgend jemand für fein und lustig hält, sondern die von Gott in seiner Offenbarung denen, die sie annehmen, mitgeteilte Möglichkeit, das zu denken, was in seinem Gericht das Rechte und also wahr und weise ist. Wie wir aber (im Unterschied zu den Prolegomena von 1927) um das katholische Mißverständnis zu vermeiden, die Autorität der Kirche nur unter dem Titel „Die Autorität unter dem Wort" geltend gemacht haben, so stellen wir jetzt die Freiheit des Gewissens zur Vermeidung des Mißverständnisses des 18. und 19. Jahrhunderts unter den Titel „Die Freiheit unter dem Wort".

Heben wir zunächst hervor, was als grundlegende Voraussetzung für alles Weitere zu hören und in allem weiter zu Sagenden immer mit zu hören sein wird: Wie die Autorität unter dem Wort, die Autorität der Kirche keine letzte Instanz ist, nicht absolut gesetzt, der Autorität des Wortes nicht in eigener Würde und Geltung gegenübergestellt, sondern überhaupt nur in ihrer Unterordnung unter die Autorität des Wortes, im Dienst von deren Verkündigung und Aufrichtung existiert und gesehen werden kann, so ist auch die Freiheit unter dem Wort, die Freiheit des Gewissens der einzelnen Glieder der Kirche keine letzte, keine in sich selbst gegründete und also schrankenlose Freiheit. Daß sie problematisiert ist, ergibt sich ja schon daraus, daß es ihr gegenüber auch eine Autorität unter dem Wort gibt, d. h. eine durch das empfangene Zeugnis der Schrift den Gliedern der Kirche notwendig gemachte Willigkeit und Bereitschaft, bei aller eigenen und besonderen Verantwortung gegenseitig aufeinander zu hören. Aber dieses konkrete Gegenüber von menschlicher Autorität und Freiheit weist ja über sich selbst hinaus und zurück auf den gemeinsamen Ursprung, ohne den es weder Autorität noch Freiheit gäbe in der Kirche, weil es ohne ihn überhaupt keine Kirche gäbe. Die ursprüngliche Begründung, Begrenzung und Bestimmung der menschlichen Freiheit in der Kirche ist die Freiheit des Wortes Gottes. Diese menschliche Freiheit ist also weder eine dem Menschen ohnehin schon eigene, noch eine vom Menschen an sich genommene Freiheit dem Worte Gottes gegenüber. Sie wird vielmehr Ereignis, indem das Wort Gottes in der Freiheit Gottes selbst sich die Freiheit nimmt, die Kirche zu begründen, zu erhalten und zu regieren. Indem das geschieht und also inmitten einer menschlichen Versammlung und also an Menschen geschieht, kommt es zu einer Befreiung dieser Menschen, zu ihrer Begabung mit einer Möglichkeit, die sie zuvor nicht hatten und die sie aus sich selbst nicht haben könnten. Haben wir schon bei der Erörterung der Freiheit des Wortes Gottes als solcher immer wieder auf das Gebet hinweisen müssen, weil diese Freiheit des Wortes Gottes konkret eben dies bedeutet, daß die Kirche dem Geschehen jenes Ereignisses, durch welches sie geschaffen, erhalten und regiert wird, immer nur dankend und bittend beiwohnen kann, so müssen wir nun erst recht sagen: es kann die im Zug dieses Ereignisses stattfindende Befreiung des Menschen, es kann unsere eigene Anteilnahme an der Freiheit des Wortes, es kann unsere Willigkeit und Bereitschaft zu seinem verantwortlichen Verständnis nur der Gegenstand unseres Dankens und Bittens sein. Sie ist als Freiheit unter dem Wort kein Besitz und kein Ruhm, sondern ein immer nur und immer neu als solches entgegenzunehmendes Geschenk göttlicher Barmherzigkeit. Wir sind nicht verantwortlich in dieser Sache, sondern wir werden verantwortlich gemacht. Sofern das wirklich eine Gabe ist, eine Herrlichkeit, deren der Mensch als Mensch gewürdigt wird, haben

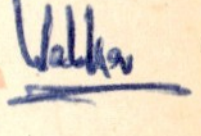

wir sie anzunehmen als eine Ausstattung, die wir nicht verdient, auf die wir keinen Anspruch haben. Und sofern das zugleich eine Aufgabe bedeutet, eine dem Menschen als Menschen auferlegte Sorge und Mühe, haben wir sie anzunehmen als eine Bestimmung, bei deren Vollstreckung wir nicht unsere eigenen Herren, sondern Beauftragte sind. Ihre Freude und ihr Ernst, die Würde, die wir mit ihr empfangen und die Arbeit, die uns mit ihr auferlegt wird, die ganze Selbständigkeit menschlichen Seins und Wirkens, die uns mit ihr zugesprochen und zugeteilt wird, können doch aus dem Rahmen des Gebetes keinen Augenblick herausfallen, so gewiß die Selbstbestimmung, die wir in der Vollstreckung dieses menschlichen Seins und Wirkens als solchen vollziehen, aus dem Rahmen der göttlichen Vorherbestimmung keinen Augenblick herausfallen kann.

Es war darum keine fromme Floskel, sondern die nüchterne Feststellung eines objektiven Sachverhaltes, wenn Joh. Wolleb (*Theol. Chr. comp.* 1626, *Praecogn.* 19) an die Spitze der *media verum Scripturae sensum investigandi* die *frequens oratio* gestellt hat. Beten ist offenbar ein freier Akt des Menschen. Daß der Heilige Geist mit seinem unaussprechlichen Seufzen dabei für uns eintritt, weil wir nicht wissen, wie wir recht beten sollen (Röm. 8, 26 f.), das ändert nichts daran: Nicht „es" betet, sondern wir beten, wenn wir beten. Solche freien Akte des Menschen sind dann auch die anderen *media* der Schriftauslegung: Sprachenstudium, Quellenforschung usf., die Wolleb im selben Zusammenhang angibt. Es ist aber Beten gerade der freie Akt des Menschen, in welchem er der Freiheit Gottes gegenüber seiner eigenen Freiheit den Vortritt zugesteht, aber auch in seiner eigenen Freiheit nachfolgt, in welchem er sich daraufhin zu Gott in Beziehung setzt, daß er weiß, daß er das von sich aus nicht kann, daß er aber von Gott selbst aus dazu befugt und befähigt ist, in welchem er es darum — und eben das geschieht, indem das Gebet Dank und Bitte ist — der Freiheit Gottes anbefiehlt, ihn den Menschen in seiner eigenen Freiheit in seine Nachfolge aufzunehmen und also, indem er ihm vorangeht, auf seinem Weg mitzunehmen. Beten wir, so wenden wir uns an Gott mit dem Zugeständnis, daß wir dessen nicht mächtig sind, weil wir Gottes nicht mächtig sind, aber auch in dem Vertrauen, daß wir eben dazu nun doch eingeladen und fähig gemacht sind. Insofern ist das Gebet geradezu die Urform aller menschlichen Freiheitsakte in der Kirche, die Urform, die sich als solche in allen anderen Freiheitsakten wiederholen muß. Was immer geschehen muß und mag in jener den Gliedern der Kirche auferlegten eigenen Verantwortung für das Verständnis der Schrift: es wird in Allem jedenfalls auch das geschehen müssen, was im Gebet geschieht: jenes Zugeständnis und jenes Vertrauen, jenes ehrfürchtige Zurücktreten und jenes getroste Zugreifen, wobei doch auch das Vertrauen und Zugreifen nur Gehorsam gegen die immer vorangehende Gnade ist, die nur als solche auch immer wieder jenes Zugeständnis und Zurücktreten nahelegen wird. Und es braucht darum kaum gesagt zu werden, daß dann auf der ganzen Linie eben auch dies gilt, daß das Urteil darüber, ob das Alles recht geschieht, nicht uns zusteht, daß unsere Freiheit nur dann die rechte Freiheit ist, wenn der Heilige Geist für uns eintritt, um gut zu machen, was wir von uns aus bestimmt nicht gut machen.

Es braucht also nicht erst nachträglich unter Warnung gestellt und ausgeschlossen zu werden, sondern es ist von Anfang an und durch das Wesen der Sache ausgeschlossen, daß die „Freiheit in der Kirche" gefährlich werden, d. h. sich zur Freiheit gegenüber dem Wort, zu einem Freisein vom Wort entwickeln könnte. Die Freiheit unter dem Wort entbehrt der Möglichkeit, sich zur Emanzipation, zur Willkür, zur Eigenmächtigkeit zu entwickeln, von Hause aus. Man braucht sie also nicht zu fürchten. Man braucht nicht zu argwöhnen, als ob mit ihr nun doch dem Menschen eine Stelle eingeräumt werden könnte, die ihm Gott gegenüber nicht zukommt. Was in seinem Wesen Anerkennung der Freiheit des Wortes Gottes ist, was sich seinem Wesen nach nur im Rahmen des Gebets, nur im Rahmen des Wissens um die göttliche Vorherbestimmung entwickeln kann, das kann nicht in Empörung umschlagen, obwohl es mehr ist als Unterwerfung und Gehorsam, obwohl es in der Unterwerfung und im Gehorsam zugleich Freiheit, menschliche Spontaneität und Aktivität, menschliche Würde und menschliche Arbeit ist. Was so Freiheit ist, das kann auch mit der Autorität der Kirche nicht in Konflikt kommen, obwohl es innerhalb des kirchlichen Lebens, innerhalb des Vollzuges der Schriftauslegung, gerade deren Gegenpol ist. Wie sollten die, die wirklich durch das Zeugnis der Schrift zu deren verantwortlichem Verständnis aufgerufen sind, nicht auch gegenseitig aufeinander zu hören berufen sein? Wie sollten sie dort gehorchen, wenn sie es hier nicht täten? Wie sollten sie in der Freiheit stehen, wenn sie nicht auch unter der Autorität stünden? Es wird aber ihr Stehen in der Freiheit und ihr Stehen unter der Autorität dadurch begrenzt sein, daß sie zuerst und zuletzt unter dem Worte Gottes selbst stehen. Wir haben dieser Grenze gedacht, als wir von der Autorität sprachen; wir haben ihrer auch jetzt zu gedenken, da wir von der Freiheit sprechen, und das auch hier in dem doppelten Sinn, daß auch die menschliche Freiheit in der Kirche im Worte Gottes als ihrer Grenze sowohl ihren Grund als auch ihre Krisis hat.

Wir gehen jetzt aber davon aus, daß sie in ihm jedenfalls auch ihren Grund hat. Gottes Wort kommt als Menschenwort zu Menschen. Das ist der Vorgang, in welchem es seine Freiheit ausübt, in welchem es die Kirche begründet, erhält und regiert. Es ist der Sinn dieses Vorgangs der: Menschen zu erwecken, damit sie Glaubende und Zeugen werden, Glaubende an Gottes Wort und Zeugen von Gottes Wort. Aber eben diesen seinen Sinn kann dieser Vorgang nicht anders erfüllen als in dieser seiner Form: daß Gottes Wort als Menschenwort zu Menschen kommt. Eben in dieser Form ist er das fortgehende Zeugnis von Gottes Offenbarung, d. h. von dem Ereignis, daß Gottes ewiges Wort Fleisch wurde für uns Menschen. Weil Gottes ewiges Wort Fleisch wurde, darum gibt es Propheten und Apostel, gibt es eine heilige Schrift, kommt es zu uns in der Gestalt dieses Menschenwortes. Weil es Fleisch wurde für uns Menschen, darum kommt es in dieser Gestalt zu uns als zu Menschen. Seine Kondeszendenz, seine Selbstpreisgabe, seine Herablassung — anhebend in seinem Einswerden mit der menschlichen Natur in Jesus Christus, fortgehend in der Berufung seiner ersten Zeugen, vollendet sich darin, daß es durch das Wort der ersten Zeugen auch zu uns kommt, um uns zu Glaubenden und zu Zeugen zu erwecken. Man kann dieses sein Kommen zu uns als einen Anspruch, als ein uns begegnendes Gebot, als ein uns auferlegtes Gesetz verstehen: von uns, die wir von uns selbst aus Gottes Wort nicht kennen, noch kennen können, ist jetzt verlangt, daß wir es zur Kenntnis nehmen daraufhin, daß es sich uns zu erkennen gibt. Oder konkret: von uns in unserem, von dem der biblischen Propheten und Apostel so ganz verschiedenen Lebenskreis ist jetzt verlangt, daß wir ihr Wort vernehmen, in unseren eigenen Lebenskreis hineinnehmen: daraufhin, daß es in der uns vorliegenden heiligen Schrift tatsächlich in unseren Lebenskreis hineingetreten ist. Man kann aber denselben Vorgang auch als ein uns gemachtes Geschenk, als eine uns faktisch eröffnete Möglichkeit verstehen: Gottes Wort ist aus dem uns unerreichbaren Geheimnis seines Fürsichseins herausgetreten in den Bezirk dessen, was wir kennen können. Oder wieder konkret: die biblischen Propheten und Apostel haben nicht nur für sich gelebt, sie haben nicht nur vor sich hin, sondern sie haben zu uns geredet; indem ihr scheinbar so anderer und ferner Lebenskreis den unsrigen faktisch schneidet, dürfen wir sie hören. Wir müssen endlich, über beide Anschauungen hinaus, diesen ganzen Vorgang — wenn er nämlich, seinen Sinn erfüllend, zu seinem Ziele kommt, wenn wir nun wirklich zu Glaubenden und zu Zeugen erweckt werden — als ein uns widerfahrendes Wunder verstehen. Es versteht sich ja so gar nicht von selbst, daß Gottes Wort als jener Anspruch oder als jenes Geschenk für uns da ist, daß wir neben allem, was wir zu unserem Heil und Unheil sonst haben, auch die heilige Schrift haben. Und es versteht sich wieder nicht von selbst, daß wir jenem Anspruch gehorsam werden und jenes Geschenk annehmen, sondern wenn das alles geschieht, dann kraft dessen, daß Jesus Christus für uns eintritt, an unserer Stelle vor seinem Vater und kraft des an uns geschehenden erleuchtenden und reinigenden Werks des Heiligen Geistes. Es vollzieht sich dann gegenüber Allem, was wir als möglich verstehen können, objektiv und subjektiv eine Neuerung ohnegleichen. Es bleibt aber dabei, daß jener Anspruch, jenes Geschenk und auch dieses Wunder, dessen Geschehen als solches uns so ganz unverfügbar und unübersichtlich ist und bleibt, materiell darin besteht, daß wir selbst zu Glaubenden und zu Zeugen erweckt werden, d. h. jedenfalls: daß das Wort Gottes in seiner Gestalt als Menschenwort sich uns in unserer Menschlichkeit zu eigen gibt, so daß es jetzt nicht nur Gottes Wort und auch nicht nur Propheten- und Apostelwort ist, sondern, uns zugeeignet und von uns auf- und angenommen, unser eigenes Wort wird. Als das uns gesagte Wort sagen wir es nun auch zu uns selbst und zu Anderen. Wie wäre es zu uns gekommen, wie wäre jene Kondeszendenz des Wortes vollendet, wenn es uns zuletzt doch fremd, wenn es außer uns bliebe, wenn wir ihm nicht — wohlverstanden: als dem uns zugeeigneten, als dem fremd und von außen zu uns kommenden! — unser Ja geben würden? Wie wäre es zu uns gekommen, wenn das nicht bedeuten würde: wir entscheiden uns, ihm unser Gehör und mit unserem Gehör uns selbst zu schenken? Wie würden wir glauben, wenn wir, passiv bleibend, was uns gesagt ist, nicht auch selber zu uns sagen würden? Und wie würden wir Zeugen sein, wenn wir, noch einmal, passiv bleibend, was uns gesagt ist, nicht auch Anderen sagen würden? Mögen und müssen wir, daß dies geschieht, ganz als einen unerhörten Anspruch oder als ein unerhörtes Geschenk verstehen, mögen und müssen wir uns vor Augen halten, daß wir uns selbst dabei *nicht* verstehen, daß jenes objektive und subjektive *Wunder* Ereignis wird, wenn dieser Anspruch erfüllt, wenn dieses Geschenk angenommen wird — so können wir doch nicht nicht damit rechnen, daß eben dies *geschieht*: wir selber in unserer Menschlichkeit sind jetzt einbezogen in den Vorgang, in welchem das Wort Gottes seine Freiheit ausübt, in welchem es als Propheten- und Apostelwort seinen Lauf durch die Welt nimmt. Wir können jederzeit zweifeln und — menschlich geredet — auch verzweifeln daran, ob wir denn Glaubende und Zeugen seien. Wir müssen uns vor Augen halten, daß dies *die* Wirklichkeit ist, für die wir immer nur *danken*, um die wir immer nur *bitten* können. Wir müßten aber diese Wirklichkeit als solche leugnen und damit den ganzen Vorgang, daß Gottes Wort als Menschenwort zu Menschen kommt und damit das Werk des Sohnes und des Heiligen Geistes und damit Gott in seiner Offenbarung und damit Gott selbst leugnen — wenn wir uns dem entziehen wollten: am vorläufigen Ziel und Ende jenes Vorgangs stehen wir selbst in unserer Menschlichkeit, nicht draußen gelassen, sondern hereingekommen, nicht als Fremde, sondern als Kinder des Hauses, nicht als Zuschauer, sondern als Mitverantwortliche und Mitarbeiter, nicht passiv, sondern aktiv, nicht als Unwissende, sondern als Mitwissende, *conscientes*.

Stehen wir *selbst* in unserer *Menschlichkeit* am Ziel und Ende jenes Vorgangs, so kann das nämlich nicht nur bedeuten, daß uns irgend etwas widerfahren ist, daß wir in irgendeine Rezeptivität versetzt, daß irgend etwas über uns beschlossen und verhängt ist. Sondern wenn und indem das Alles geschieht, muß es, weil es uns in unserer Menschlichkeit geschieht, zugleich und als Erstes dies bedeuten, daß unsere *Selbstbestimmung*, unsere Spontaneität, unsere Aktivität in den Dienst des Wortes Gottes gestellt wird. Sie, wie beschränkt immer in ihrer Geschöpflichkeit und wie verkehrt immer in ihrer Sündigkeit, ist ja das Wesen und Merkmal nun gerade der Menschlichkeit, in der wir uns von den bloßen Naturwesen (wenigstens soweit wir diese kennen oder zu kennen meinen) unterscheiden. Nicht als ob wir in dieser unserer Menschlichkeit sozusagen eine Disposition zum Dienste des Wortes Gottes hätten und also uns selbst als Gottes Gegenüber erkennen könnten. Gerade indem unsere Menschlichkeit in den Dienst des Wortes Gottes gestellt wird, erkennen wir vielmehr ihr Unvermögen zu diesem Dienst, werden wir das, daß wir in ihr dem Worte Gottes dienen sollen und dürfen, nur als Anspruch, Geschenk und Wunder verstehen können. Wie würden wir der Gnade dienen, wenn wir in der Lage wären, unserer menschlichen Natur als solcher eine Mächtigkeit zu diesem Dienst zuzuschreiben? Hätten wir sie dann nicht schon verleugnet, noch bevor wir diesen Dienst angetreten? Aber wiederum: wie könnten und würden wir diesen Dienst antreten und ausüben, wenn wir dem Wort Gottes etwa gerade unsere Menschlichkeit verweigern und entziehen wollten? Doch nicht etwa unter Berufung auf deren Ohnmacht, auf ihr geschöpfliches Ungenügen, auf ihre sündige Verkehrtheit? Als ob wir nach unserer Disposition zu diesem Dienste gefragt wären! Als ob seine Verwirklichung durch unsere Disposition dazu bedingt wäre! Als ob die Vollendung der göttlichen Kondeszendenz in der Indisposition unserer Menschlichkeit ihre Schranke hätte! Als ob das Wort Gottes nicht gerade zu uns als den nicht für seinen Dienst Disponierten gekommen wäre! Wiederum — und jetzt von der anderen Seite würde es offenbar eine Rebellion gegen die Gnade bedeuten, wenn wir ihr unsere Menschlichkeit darum, weil sie so offenkundig unerlöste Natur ist, darum weil es uns unbegreiflich ist und bleibt, daß und inwiefern wir in ihr der Gnade dienen können, vorenthalten wollten. Ganz und wirklich unbegreiflich ist uns das ja doch erst dann, wenn wir darum wissen, daß das Wort Gottes allein durch das Wunderwerk des Sohnes und des Heiligen Geistes zu uns kommt. Wissen wir nicht darum, dann werden wir ihm unsere Menschlichkeit verweigern in der Berufung auf unser Unvermögen und es wird dann diese Berufung ebenso sehr eine Eigenmächtigkeit sein, wie die andere, in der wir uns auf unser Vermögen berufen, um uns auf Grund dessen zu Gottes Gegenspielern zu erheben. Der Erkenntnis der uns widerfahrenden Gnade ist das Eine so fremd wie das Andere. Wissen wir darum, daß es göttlicher Anspruch und göttliches Geschenk, daß es das Wunderwerk des Sohnes und des Heiligen Geistes ist, wenn Gottes Wort zu uns kommt, dann ist uns die pessimistische Eigenmächtigkeit ebenso unmöglich gemacht wie die optimistische, d. h. aber: dann können wir unsere Menschlichkeit in ihrer ganzen Indisposition für diese Sache dem Dienst der Gnade so wenig vorenthalten, wie wir sie Gott zu unserem Eigenruhm entgegenhalten können. Also: eben unsere Selbstbestimmung, unsere Spontaneität, unsere Aktivität, was auch über ihre an sich unüberwindlichen Schranken zu sagen sei, ist dann in den Dienst des Wortes Gottes gestellt. Uns geht das Wort Gottes an, uns meint es, uns trifft es, uns gibt es sich zu eigen, uns will es sich zu eigen machen — uns als sündige Kreaturen, uns als die zu seinem Dienst Unfähigen, uns, die von sich aus wirklich weder Glaubende noch Zeugen sind noch werden können, uns, die wir uns gerade in dem Licht, das damit auf uns fällt, daß es uns in seinen Dienst nimmt, immer wieder nicht nur als Untaugliche, sondern als unentschuldbar Widerstrebende entdecken und bekennen müssen — aber in dem allem uns und also, weil wir Menschen sind: unsere Entscheidung, unser Ja. Wir sind nicht danach gefragt, ob wir in der Lage seien, dieser unserer Entscheidung den Charakter des Gehorsams, den Charakter einer klaren, sauberen, ehrlichen, totalen, gar wohl absoluten Entscheidung zu geben oder zuzuschreiben. Uns ist vielmehr eben durch das Wort, für das wir uns hier zu entscheiden haben, gesagt, daß wir dazu nicht in der Lage sind und nie in der Lage sein werden. Uns ist gesagt, daß die Wahrheit und Güte unserer Entscheidung nur darin besteht und daß wir sie auch nur darin suchen können, daß sie Ereignis wird vermöge des Eintretens Jesu Christi für uns, an das wir glauben und das wir bezeugen dürfen und vermöge der Gabe des Heiligen Geistes, durch den wir zu Glaubenden und Zeugen werden. Wir sind aber eben unter dieser Voraussetzung nach unserer Entscheidung gefragt: „Nach unserer Entscheidung gefragt" heißt: nach uns selbst gefragt. Das heißt ja Menschsein schon nach der Paradiesesgeschichte: in der Entscheidung existieren. Und nun ist die uns durch das Wort gestellte Frage nach uns selbst oder nach der Entscheidung nicht die Frage nach unserer Güte oder Schlechtigkeit, sondern die nach der Übereinstimmung unserer eigenen Entscheidung mit der Entscheidung, die in dem uns gesagten Wort über uns gefallen ist. Können wir dieser Übereinstimmung ausweichen? Haben wir die Möglichkeit, unsere eigene Entscheidung der Übereinstimmung mit der im Worte Gottes über uns gefallenen Entscheidung zu entziehen und damit die in der Paradiesesgeschichte erzählte Entfremdung fortzusetzen? Können wir in der Sünde beharren? Oder müssen wir unsere eigene Entscheidung, müssen wir uns selbst in unserer Güte oder Schlechtigkeit hergeben, hineingeben in jene Übereinstimmung, um nun — unsere eigene Güte und Schlechtigkeit hin und her! — in dieser Übereinstimmung und also unter dem Wort zu sein, was wir sind? Das und das allein ist es, wonach wir gefragt sind. In diesem und nur in diesem Sinn sind wir gefragt nach unserer Selbstbestimmung, nach unserer Spontaneität, nach unserer Aktivität. Aber in diesem Sinn sind wir gefragt und auf die in diesem Sinn gestellte Frage werden wir so oder so antworten müssen.

Wir fügen als weitere Bestimmung hinzu: der Mensch, der hier, am Ziel und Ende des Vorgangs, in welchem Gottes Wort im Menschenwort zu Menschen kommt, als Mensch ist, was er ist und also sich entscheidet in der Übereinstimmung mit der im Worte Gottes über ihn gefallenen Entscheidung, dieser Mensch ist der einzelne Mensch. Nicht der Einzelne ohne die Kirche, nicht der Einzelne abseits von der ihm durch sein Sein in der Kirche gesetzten Beziehung zum Nächsten, also nicht der Einzelne, der nicht auch die Anderen in der Kirche, die anderen

Menschen gehört hätte, der das Wort Gottes in irgendeinem abstrakten Verkehr zwischen Gott und der Seele, der Seele und ihrem Gott zu hören gemeint hätte. Vielmehr: der Einzelne als Glied am Leibe Christi und also als Glied der Kirche. Aber eben die Glieder der Kirche als solche sind keine Masse von auswechselbaren Exemplaren, sondern in ihrem ganzen Zusammenhang und Verkehr untereinander je einzelne Menschen. Ist ihnen das Wort Gottes gemeinsam gegeben und können sie es auch nur gemeinsam empfangen, so vollzieht sich doch dieses Geben und dieses Empfangen nicht in einer mechanischen, sondern — der Einzelheit auch des Menschen Jesus und auch der Einzelheit aller seiner Zeugen entsprechend — in einer geistlichen Gemeinschaft, d. h. in einer durch die alles umfassende Einheit Jesu Christi und des Heiligen Geistes, durch die Einheit des Wortes Gottes, der Kirche und der Taufe begründeten Einheit Vieler, die je als Einzelne zum Glauben und zum Zeugnis erweckt werden. Es muß also die Entscheidung, die am Ziel und Ende jenes Vorgangs steht, konkret, ja *concretissime* als unsere eigene, als deine und meine Entscheidung verstanden werden. Ich würde einen Mythus erzählen, redete ich von einem Kommen des Wortes Gottes zu Menschen und redete dabei von etwas Anderem als von dem zu mir kommenden Wort Gottes. Nur als das zu mir kommende werde ich es ja als zur Kirche und also auch zu Anderen kommende hören können.

Es könnte selbstverständlich klingen und es ist doch gar nicht selbstverständlich, wenn wir sagen: Man kann alles in diesem Zusammenhang Ausgeführte, man kann das Kommen des Wortes Gottes als Anspruch, Geschenk und Wunder, man kann auch die Überwindung der falschen Dialektik jener beiden Eigenmächtigkeiten, man kann insbesondere den Begriff jener Entscheidung, in welcher das Kommen des Wortes Gottes zum Menschen vorläufig zu seinem Ziele kommt, nur dann sachgemäß durchdenken, wenn dabei ein Jeder auf Schritt und Tritt an sich selber denkt. Wer hier nicht um sich selber weiß, weiß hier überhaupt nichts. Das durch das Wort Gottes befreite Gewissen ist das persönliche Gewissen jedes Einzelnen und es ist jeder Einzelne, der sowohl der Würde wie auch der Sorge dieser Freiheit unter dem Wort teilhaftig ist. Anderswo als in der Freiheit jedes Einzelnen würde man diese Freiheit vergeblich suchen.

Auch hier ist nun freilich ein kritischer Vorbehalt am Platz: Wie es nicht an dem ist, daß unsere Menschlichkeit als solche, d. h. unsere uns als Menschen eigentümliche Existenz in der Entscheidung als solche ein Gutes wäre, das wir dem Worte Gottes sozusagen entgegenzutragen hätten, um nun im Zusammenwirken mit diesem, als Gottes, durch unsere Humanität als solche qualifizierte Gegenspieler den Lauf seines Wortes in der Welt mit zu vollenden — und wie umgekehrt keine Disqualifizierung unserer Humanität uns den Anlaß und das Recht geben kann, uns diesem Lauf des Wortes Gottes zu entziehen und zu widersetzen: genau so verhält es sich auch mit der zweiten Bestimmung, daß je dieser und dieser Einzelne gemeint und getroffen ist, wenn das Wort Gottes den Menschen in die Übereinstimmung mit der in ihm über diesen gefallenen Entscheidung ruft. Je dieser und dieser Einzelne in der Kirche ist gemeint, haben wir ja gesagt. Es ist also nicht etwa an dem, daß wir zwar nicht kraft unserer Menschlichkeit im Allgemeinen, wohl aber kraft unserer besonderen Menschlichkeit als dieser und dieser Mensch eine Fähigkeit zur Gemeinschaft mit dem Worte Gottes und insofern einen Anspruch auf diese Gemeinschaft hätten. Es ist nicht an dem, daß jetzt etwa das Geheimnis des Individuums oder — „höchstes Glück der Erdenkinder" — die Persönlichkeit namhaft zu machen wäre als die köstliche Mitgift, die wir dem Worte Gottes von uns aus entgegenzubringen hätten. Und es ist wiederum nicht an dem, daß wir etwa im Blick auf die Nichtigkeit und Verlorenheit unserer Individualität, im Zweifel oder in der Verzweiflung gerade an unserem streng persönlichen Sein das Recht und die Befugnis hätten, uns der Gemeinschaft mit dem Worte Gottes zu entziehen.

Man bemerke, daß gerade wie im Alten so auch im Neuen Testament, wo man zu Zeiten schon eifrig danach gesucht hat, ein Begriff des Einzelnen, laut dessen etwa in der menschlichen Einzelheit als solcher seine Unmittelbarkeit zu Gott zu suchen wäre, überhaupt nicht vorkommt. Die Bibel nimmt kein selbständiges Interesse an der sozusagen von unten oder von innen her bestimmten Einzelheit des Menschen. Was die Glieder am Leibe Christi, die Glieder der Kirche als solche und also als Einzelne konstituiert, das ist nicht das Besondere, was dieser und jener unter seinem persönlichen Namen und als seine persönliche Eigenart und Richtung in die Nachfolge Jesu und in die Kirche mitbringt. Das Alte und das Neue Testament wissen nichts von jenen „biblischen Charakterbildern" die man ihnen, besonders in der christlichen Neuzeit durchaus entnehmen wollte. Das Material, das man ihnen selbst hinsichtlich der wichtigsten und „größten" Persönlichkeiten zum Entwurf solcher Bilder entnehmen wollte, ist offenkundig dürftig und zu diesem Zweck ungenügend. Die Leben-Jesu-Forschung ist mit daran gescheitert, daß man das so lange nicht wahr haben wollte! Sondern wie die Humanität im Allgemeinen, d. h. die menschliche Entscheidung in der Bibel nur interessant ist als Gegenstand der Frage nach ihrer Übereinstimmung mit der über den Menschen fallenden Entscheidung des Wortes Gottes, so ist dort auch die besondere Humanität des einzelnen Menschen nur interessant als Gegenstand der Frage danach, ob dieser Einzelne die auf ihn fallende göttliche Gabe annehme und als solche gebrauchen werde. Ganz allein in seinem Verhalten als Verwalter der ihm anvertrauten Talente und nicht in seinem vorangehenden So oder Sosein entscheidet es sich, welcher Art jeder Einzelne von jenen Knechten in dem Gleichnis Matth. 25, 14 f. sein wird. Und ganz allein in der Feststellung der verschiedenen und doch unter sich zusammengehörigen Charismen wird in den Paulusbriefen (etwa Röm. 12, 3 f., 1. Kor. 12, 4 f., Eph. 4, 7 f.) das, was wir das Problem der Individualität nennen würden, diskutiert.

Das eben ist die Gnade des Wortes Gottes, daß es je in einer ganz besonderen, konkreten, bestimmt fordernden und schenkenden Gestalt — es ist ja das freie Wort Gottes! — nicht nur zur Kirche als ganzer, sondern auch in der Kirche nun gerade zu Diesem und Jenem kommt, damit er in der Kirche gerade Dieser und Dieser, dieses bestimmte Glied der Kirche sei. Dieser Gnade des Wortes gegenüber kann weder mein berechtigtes

Selbstbewußtsein noch meine wohl mindestens ebenso berechtigte Verzweiflung an mir selbst von irgendwelchem Interesse sein. Wieder bin ich so oder so nicht danach gefragt, wer und was nun gerade ich von unten oder von innen her, wer oder was ich in meiner natürlichen Individualität sein möchte. Sondern gefragt bin ich einzig und allein nach meinem Verhältnis zu der Besonderheit des meinen Hochmut vernichtenden und meine Sünde bedeckenden, von oben oder von außen zu mir kommenden Wortes Gottes. Angeredet bin ich auf den Namen, den ich in meiner *Taufe* empfangen habe und gerade nicht auf den Namen, der mir als Kennzeichen meiner Persönlichkeit allenfalls auch sonst gegeben sein könnte. Daß ich — allerdings sehr bestimmt gerade *ich* — in diesem Verhältnis und also in dem Vorgang jener Vernichtung und Bedeckung sei, was ich bin, daß ich mich — allerdings sehr bestimmt gerade *mich!* — in meiner durch diese meine neue Geburt aus dem *Worte Gottes* geschaffenen besonderen Existenz ernst nehme, daß ich als dieser aus dem Worte Gottes *neu* geborene Mensch existiere und nicht anders, daß ich meine Besonderheit von unten oder von innen hergebe und hineingebe in die Besonderheit der gerade mir zugewendeten Gnadengabe, darum geht es. Und danach und nur danach bin ich gefragt: nicht nach der Hoheit oder Jämmerlichkeit meiner Persönlichkeit, sondern nach der Möglichkeit oder Unmöglichkeit mich der Existenz als dieser neue Mensch zu verweigern und zu entziehen.

Wir haben aber noch einer dritten Bestimmung zu gedenken: Der Mensch, der an diesem Ziel und Ende des Vorgangs, in welchem Gottes Wort als Menschenwort zu Menschen kommt, als Mensch ist, was er ist und also sich entscheidet in jener Übereinstimmung mit der im Worte Gottes über ihn gefallenen Entscheidung und der nun also kraft der Besonderheit der gerade über ihn gefallenen göttlichen Entscheidung gerade dieser Mensch ist — dieser Mensch als solcher wird sich selber offenbar je in der einzelnen Entscheidung, in der jene seine besondere Übereinstimmung mit dem Worte Gottes *Ereignis* wird. Wir können nicht sagen, daß er nur in diesem Ereignis existiert; wir müssen aber sagen, daß er sich selbst nur in diesem Ereignis offenbar wird. Wie die Begründung, Erhaltung und Regierung der Kirche als ganzer eine Geschichte ist, so ist auch das Leben ihrer Glieder je eine Geschichte. Der Zusammenhang ihrer Geschichte, die Wahrheit dessen, daß sie zu allen Zeiten und an allen Orten durch Gottes Wort begründet, erhalten und regiert wird, ist aber der Kirche verborgen. Sie kann sie nicht sehen, sie kann sie nicht aufweisen und nachkonstruieren, sie kann sie nur als Wahrheit glauben und wie sollte das anders geschehen, als je und je in dem Ereignis ihrer wirklichen Begründung, Erhaltung und Regierung? Daß sie auch dann *nur* daran glauben kann (aber allerdings daran auch glauben darf und soll) als an die ihr von Gott offenbarte Wahrheit, das wird sich darin zeigen, daß sie eben, indem dieses Ereignis stattfindet, für sein Geschehen danken und gleichzeitig darum bitten wird. Genau so steht es mit der dem einzelnen Menschen widerfahrenden Berufung und Erweckung zum Glauben und zum Zeugnis. Es geht dann zweifellos um seine ganze Existenz, also um die ganze Länge seines Lebens vom Mutterleibe bis zum Tode und um dessen ganze Breite, d. h. um seine seelisch-leibliche Existenz in ihren sämtlichen Voraussetzungen, Auswirkungen und Beziehungen. Nur in dieser Totalität sind wir ja wirklich wir selbst: fehlte auch nur eine Sekunde meines zeitlichen Daseins und fehlte auch nur ein Haar auf meinem Haupt, so wäre ich ja nicht ich, nicht Mensch, nicht dieser Mensch. In dieser Totalität bin ich gemeint und getroffen vom Worte Gottes oder ich bin es gar nicht. Über mich in dieser Totalität ist die Entscheidung des Wortes Gottes gefallen und in dieser Totalität bin ich wiedergeboren durch das Wort oder es ist gar nicht geschehen. In dieser Totalität, „mit Leib und Seele, beide im Leben und im Sterben" bin ich „meines getreuen Heilandes Jesu Christi eigen" und ein lebendiges Glied an seinem Leibe, oder es ist gar nicht wahr, daß ich das bin. Man wird das nicht stark genug unterstreichen können. Jeder Vorbehalt würde hier die Wahrheit der Sache selbst in Frage stellen. Aber eben in dieser Totalität darf und muß ich diese Wahrheit zwar glauben — anders als in dieser Totalität glaube ich sie überhaupt nicht — kann ich sie aber auch nur glauben! Im Glauben und nur im Glauben ist sie mir offenbar, weil und sofern mein Glaube Glaube an Gottes Wort und also an Jesus Christus ist. In Jesus Christus bin ich mir selbst offenbar als der in der Totalität seiner Existenz von ihm Auf- und Angenommene. Ich werde dann diese Offenbarung annehmen, wie man Offenbarung im Glauben annimmt; ich werde sie also mit Dank und Bitte annehmen. Abgesehen vom Glauben aber und also abgesehen von Jesus Christus ist und bleibt mir diese Wahrheit in ihrer Totalität (ohne die sie nicht diese Wahrheit wäre!) verborgen. Der Glaube aber ist Sache eines je einzelnen Ereignisses, je der einzelnen Entscheidung, in der ich mich in Übereinstimmung mit der Entscheidung des Wortes Gottes entscheide. Dürfen wir in diesem Ereignis anknüpfen daran, daß wir vielleicht schon früher glauben durften, und empfangen wir in diesem Ereignis die Verheißung, daß wir in Zukunft wieder glauben dürfen, gibt es auch gewiß so etwas wie eine Vergangenheit, Gegenwart und Zukunft übergreifende Gläubigkeit, so ist der Glaube darum doch nicht identisch mit dieser Gläubigkeit, ist er im Unterschied zu dieser nie ein schon Vorhandenes, sondern immer ein je und je wieder zu ergreifendes Geschenk, das wir mitsamt dem uns dann gegebenen Rückblick und Ausblick (und auch mitsamt der Wahrheit dessen, was wir christliche Gläubigkeit nennen können) nur haben können, indem es uns als Geschenk gegeben wird und indem wir es als Geschenk ergreifen.

Aber noch einmal eröffnet sich hier jene falsche Dialektik mit ihrer Verkehrtheit zur Rechten und zur Linken. Wieder meldet sich die *optimistische Eigenmächtigkeit* und meint, einzelne Ereignisse im eigenen Leben oder auch in dem Anderer zu kennen und nennen und beschreiben zu können, die Aktualität, deren Inhalt nun eben jenes Geschenk und jenes Ergreifen des Glaubens gewesen wäre. Diese Ereignisse (als besondere Erlebnisse, Erfahrungen, Erleuchtungen, innere und äußere Veränderungen zu beschreiben) wären zwar an sich als sehr *außerordentliche* Vorkommnisse im Zusammenhang des übrigen Lebens, als Insel mitten im Strom sozusagen, aber eben doch und in dieser Isolierung als *feststellbare* Vorkommnisse zu verstehen, auf deren Faktizität man sich sehr bestimmt berufen und beziehen könnte. Merkwürdigerweise pflegt sich nun aber ihre Isolierung *nicht* zu halten, bleibt es gerade unter dieser Voraussetzung durchaus *nicht* dabei, daß das übrige Leben des Menschen, daß die Totalität unserer Existenz in ihrer Bestimmtheit durch Gottes Wort als eine uns verborgene Wahrheit respektiert bliebe.

Einmal in ihrer vermeintlichen Zuverlässigkeit anerkannt und zugelassen, mehren sich die angeblichen Einsichten in das Stattfinden solcher außerordentlicher Ereignisse und die entsprechenden Angaben darüber reihen sie aneinander zu Linien, Figuren und Bildern. Es entsteht die angeblich „selbst erlebte Wundergeschichte". Es entsteht der uns selbst und Anderen vermeintlich so erbauliche „Bericht". Es entsteht neben der Konfession der Kirche, in der diese die Schrift auslegt, die Konfession des einzelnen Christen, deren Gegenstand er selber — nämlich er selber wie er sich zu kennen meint — ist. Es entsteht in ihren Grundzügen die christliche Biographie, die, wenn sie vollendet ist, jene Verborgenheit auf der ganzen Linie aufheben, das ganze Leben eines Menschen als eine mehr oder weniger ununterbrochene Folge von solchen Ereignissen darstellen wird.

Und wieder meldet sich jetzt die komplementäre, die *pessimistische Eigenmächtigkeit*, in welcher der Mensch von solchen Ereignissen, deren Inhalt das Geschenk und das Ergreifen des Glaubens gewesen wäre, nun gerade gar nichts wissen will. Trotzig bestreitet er nun, daß so etwas überhaupt Wirklichkeit sei; höhnisch interpretiert er nun Alles, was er von anderen in dieser Hinsicht hört, als Illusion und Schwärmerei; zufrieden findet er sich nun damit ab, daß in seinem Leben dergleichen nie vorgekommen sei und nie vorkommen werde. Es ist offenbar nicht ausgeschlossen, daß dasselbe, was in den Augen der Einen Feuer vom Himmel ist, in denen der Anderen als Trivialität und Nichtigkeit erscheint. Es ereignet sich sogar manchmal im Leben eines und desselben Menschen zuerst die eine, dann die andere Schau dieser Dinge.

Die schlimmsten Pessimisten in dieser Hinsicht sind immer die gewesenen Optimisten. Es hat aber auch schon oft genug die schlimmste Skepsis und Indifferenz doch nur die Vorstufe oder den Anlauf zu einem um so kräftigeren Behaupten solcher selbst erlebter Ereignisse und schließlich zu einem um so kräftigeren Aufheben aller und jeder Verborgenheit des Lebens mit Gott bilden müssen. So nahe sind diese beiden Eigenmächtigkeiten beieinander; so wenig sind sie geschützt davor, je in ihr Gegenteil umzuschlagen!

× Glaube ergreift Menschen
– Mensch hat keine Spurenelemente in seiner Biographie von sich aus
die zum Glauben führten ?

Was soll man Anderes dazu sagen, als wiederum nach beiden Seiten dies: Wir sind nicht gefragt nach dem, auf das man sich hier auf beiden Seiten so stürmisch meint beziehen zu können. Wir sind nämlich nicht nach den in unserem Leben sichtbaren — aber offenbar in größter Zweideutigkeit sichtbaren Glaubensvorkommnissen als solchen, wir sind nicht nach irgendeiner menschlich feststellbaren Aktualität als solcher gefragt. Wir sind allerdings nach uns selbst gefragt durch das Wort Gottes. Es ist allerdings ein jeder Einzelne für sich nach sich selbst gefragt. Und dies bedeutet allerdings, daß wir je nach einzelnen bestimmten Ereignissen unseres Lebens gefragt sind, in welchen die verborgene Totalität unseres Lebens mit Gott im Glauben offenbar wird. Wir sahen aber, wie die Menschlichkeit der Entscheidung, nach der wir gefragt sind, aber auch deren besondere Menschlichkeit als unsere persönliche Entscheidung schlechterdings nicht von uns, nicht von innen oder von unten, sondern nur vom Worte Gottes her einzusehen, weil nur von ihm her als wirklich gesetzt ist. Und ebenso steht es nun auch mit der Besonderheit des Ereignisses des Glaubens. Es wäre schlimm um uns bestellt, wenn wir sie nach der gemeinsamen Voraussetzung jener beiden Eigenmächtigkeiten als Probe auf ihre Wirklichkeit von uns, von innen und von unten her, als solche einsehen und feststellen müßten. Es wäre schlimm um uns bestellt, wenn wir hier — gerade hier, wo es um die Gewißheit hinsichtlich unserer ganzen Existenz geht — auf Tatsachen angewiesen wären, deren wir selbst uns rühmen, an denen wir selbst aber offenbar auch verzweifeln können. Es wäre ganz schlimm um uns bestellt, wenn auch nur der Verdacht bestehen könnte, daß die Tatsachen, um die es hier geht, vielleicht auch von uns selbst geschaffene, vielleicht auch nur von uns selbst geträumte Tatsachen sein könnten. Aber so ist es eben nicht um uns bestellt, so gewiß der Glaube, der der Inhalt jener besonderen Ereignisse ist, ob wir ihn nun als göttliches Geschenk oder als unser eigenes Ergreifen dieses Geschenks verstehen, primär und wesentlich der Glaube an Jesus Christus ist. Auch er und also auch jene besonderen Ereignisse des Glaubens als solche sind also primär und wesentlich nur von oben, von Jesus Christus her, einzusehen, weil und indem sie ja nur von oben, nur von Jesus Christus her, wirklich sind. Wieder ist es so, daß sowohl der, der sich hier des menschlich Feststellbaren rühmen, wie der, der daran verzweifeln möchte, an der Sache selbst vorbeisehen würde. Warum sollte es freilich nicht so sein, daß hier tatsächlich — in der schwankenden Gewißheit, die hier allein möglich ist, aber immerhin tatsächlich — Einiges festzustellen ist? Es ist nicht zu leugnen, sondern es ist zu behaupten, daß man sich tatsächlich in bestimmten, menschlich feststellbaren Augenblicken und Situationen in besonderer Weise nicht nur in der Erinnerung und nicht nur in der Erwartung, sondern in konkreter Gegenwart seines Glaubens — nicht nur seiner Gläubigkeit, sondern wirklich seines Glaubens und damit der Totalität seines Lebens als eines Lebens mit Gott dankbar und demütig bewußt wird und in diesem Sinn auch später gerne daran denkt als an ein gewiß bedeutsames Geschehen. Noch ist freilich damit nicht gesagt, daß man nun etwa daran zu glauben habe, daß dies geschehen sei. Noch ist nicht gesagt, daß man das Recht und den Auftrag habe, wenn es um die Bezeugung des Glaubens geht, nun etwa davon zu reden. Denn wie sollte es anders sein, als daß man sich umgekehrt in anderen Augenblicken — vielleicht doch schon im selben Augenblick — der Relativität, der Zweideutigkeit eines solchen Ereignisses gerade in seiner menschlichen Feststellbarkeit ebenso bestimmt bewußt werden muß, daß es also aus seiner Ausnahmestellung gewissermaßen zurücksinkt in die Reihe der übrigen, der gewöhnlichen Ereignisse unseres Lebens, in den Strom jener Totalität unseres Lebens, das uns als unser Leben mit Gott verborgen und gerade nicht offenbar ist und also auch nicht Gegenstand unseres Glaubens und unseres Zeugnisses werden kann. In ihrer menschlichen Feststellbarkeit sind jene besonderen Ereignisse offenkundig einem Wechsel des Lichtes und der Finsternis unterworfen, der ebensowohl dem Optimisten sein absolutistisches Ja wie dem Pessimisten sein absolutistisches Nein verleiden und verbieten müßte. Die wirklich besonderen Ereignisse unseres Lebens, von denen und in denen unser Glaube lebt und in denen uns im Glauben unser ganzes Leben als Leben mit Gott offenbar wird, sind nicht die, die wir in dieser menschlichen Feststellbarkeit behaupten können und dann auch wieder bezweifeln müssen; sie sind diesem Wechsel entzogen; von ihnen kann und muß darum außerhalb jener falschen Dialektik geredet werden. Diese wirklich besonderen Ereignisse unseres Lebens sind nämlich schlechterdings identisch mit unserer Teilnahme an den großen Taten Gottes in seiner Offenbarung. Daß Gottes Offenbarung nach dem Zeugnis der heiligen Schrift wohl eine einzige ist und nun doch in lauter einzelnen bestimmten Ereignissen sich vollzieht, das begründet die wirkliche Hervorgehobenheit der Ereignisse des Glaubens an sie und zugleich deren Bedeutung für unsere ganze Existenz. Noch mehr, wir werden geradezu sagen müssen: eben die einzelnen, bestimmten Ereignisse, in denen sich Gottes Offenbarung nach dem Zeugnis der heiligen Schrift vollzieht, sind, indem sie geschehen sind und indem wir jetzt und hier an ihnen teilnehmen dürfen, die Wirklichkeit der Glaubensereignisse unseres eigenen Lebens. Mögen uns gewisse menschlich feststellbare Geschehnisse dieses unseres Lebens an diese Wirklichkeit erinnern oder mögen sie das nicht tun, so bricht doch durch diese wechselnden Möglichkeiten immer wieder hindurch die Wirklichkeit selbst, in der diese einzelnen Ereignisse der Offenbarung für uns und an uns geschehen sind, so geschehen sind, daß wir heute und hier zur Teilnahme an ihnen berufen werden. Unter allen Umständen in ihrer und nur in ihrer Einzelheit haben die feststellbaren und doch nur so unsicher feststellbaren Ereignisse dieses unseres Lebens ihre Wahrheit. Ob wir uns der Teilnahme an jenen biblischen Ereignissen zu entziehen die Möglichkeit haben oder nicht haben, danach sind wir durch Gottes Wort gefragt und das sowohl dann, wenn wir uns erhobener und erhebender Ereignisse unseres Lebens als auch dann, wenn wir uns vielmehr der Relativität doch auch dieser Ereignisse bewußt sind. Über die Wahrheit dieser Ereignisse entscheidet der Inhalt unseres in diesen Ereignissen betätigten Glaubens ganz allein, nicht die Bedeutung, die wir ihnen in ihrer schwankenden Feststellbarkeit als den Akten unseres Glaubens jetzt eigenmächtig zuschreiben, jetzt ebenso eigenmächtig abstreiten möchten.

H. F. Kohlbrügge soll einmal auf die Frage: wann er sich bekehrt habe? lakonisch geantwortet haben: auf Golgatha. Diese Antwort war in ihrem grundsätzlichen Gehalt nicht etwa die geistreiche Verlegenheitsantwort eines Unbekehrten, sondern die allein mögliche und sehr schlichte Antwort eines wirklich Bekehrten. Die Ereignisse des Glaubens in unserem eigenen Leben können in der Tat keine anderen sein als: die Geburt, das Leiden und Sterben, die Himmelfahrt und die Auferstehung Jesu Christi, der Glaube Abrahams, Isaaks und Jakobs, der Auszug Israels aus Ägypten, sein Zug durch die Wüste, sein Einzug ins Land Kanaan, die Ausgießung des Heiligen Geistes zu Pfingsten und der Weg der Apostel zu den Heiden. Jeder Vers in der Bibel ist virtuell ein konkretes Glaubensereignis meines eigenen Lebens. Ob dem aktuell so sei, ob ich mit meinem eigenen Leben je bei diesem und diesem Ereignis, das mir hier bezeugt wird, dabei sei, danach und nur danach bin ich durch das Wort Gottes, das mir von dem Allem und das mir in dem Allem, das mir mit jedem einzelnen Vers Zeugnis von Gottes Offenbarung gibt, gefragt. Was besagen daneben die verschiedenen mehr oder weniger zuverlässigen Einsichten, die ich abgesehen von diesen Einzelheiten hinsichtlich meiner selbst haben kann. Gibt es eine von mir zu erzählende Wundergeschichte, die nicht, gerade wenn sie echt sein sollte, in dieser, der göttlichen Wundergeschichte, restlos aufginge und darum besonders und *in abstracto* erzählt zu werden, gar nicht der Mühe wert ist? Habe ich etwas von mir zu berichten, was ich nicht unendlich viel besser berichten werde, wenn ich mir den schlichtesten Bestandteil des alt- oder neutestamentlichen Zeugnisses zu eigen mache? Habe ich etwa Wichtigeres, Einschneidenderes, Ernsthafteres, Aktuelleres erlebt als dies, daß ich beim Durchzug Israels durch das rote Meer, aber auch bei der Anbetung des goldenen Kalbes, bei der Taufe Jesu am Jordan, aber auch bei der Verleugnung des Petrus und beim Verrat des Judas höchst persönlich zugegen und beteiligt gewesen bin, daß das alles heute und hier mit mir selber geschehen ist? Glaube ich, dann muß es doch eben damit seine Richtigkeit haben. Hat es aber damit seine Richtigkeit, nach welchen anderen Glaubensereignissen in meinem Leben sollte und könnte ich mich dann noch umsehen wollen? Was wird dann aus dem kühnen Behaupten, mit dem ich zuerst diese und jene Wende- und Höhepunkte und dann nach und nach mein ganzes Leben als eine Art zweiter Heilsgeschichte in Anspruch nehme? Und was wird dann aus dem trotzigen und verzagten Zweifeln und Verzweifeln an allen erhobenen und erhebenden Momenten und schließlich an meiner ganzen Existenz? Mögen die Wellen der Lebensereignisse, wie sie von uns aus, von innen und von unten her sichtbar sind, noch so hoch steigen oder noch so tief fallen, für die wirkliche Bewegung meines Lebens, für die Lebensereignisse, in denen mir offenbar wird, daß ich in der ganzen Ausdehnung meiner Existenz Gott gehöre, ist in den Flut- wie in den Ebbezeiten von der anderen Seite, nämlich durch das Wort Gottes selber, gesorgt. Und darauf, nur darauf werden wir antworten müssen: ob wir uns, nachdem das Wort Gottes dafür gesorgt hat, uns diese Bewegung zu verschaffen, dieser Bewegung nicht etwa entzogen haben?

Dies Alles also ist die durch die Freiheit des Wortes Gottes begründete menschliche Freiheit unter dem Wort. Wir sehen: Es handelt sich schon um echte menschliche Freiheit, um uns selbst in unserer Entscheidung, je persönlich um jeden Einzelnen und das je in besonderen Ereignissen unserer Existenz, in denen es uns dann offenbar wird, daß es um deren Ganzheit geht. Wir sehen aber auch: diese echte menschliche Freiheit ist auf der ganzen Linie in der Freiheit des Wortes Gottes begründet, in der übergreifenden Entscheidung, die durch das Wort über den Menschen gefällt ist, in der besonderen Gnade, in der es sich gerade diesen und diesen Menschen zuwendet, in der Einzelheit der Ereignisse, die seinen Inhalt bilden. Es kann also die menschliche Freiheit der göttlichen nicht zu nahe treten: geht doch diese jener allezeit und in jeder Hinsicht voran. Es kann aber auch die göttliche Freiheit die menschliche nicht etwa zerstören und aufheben: ist es doch vielmehr gerade jene, die diese allezeit und in jeder Hinsicht nach sich und mit sich zieht. In dieser echten menschlichen Freiheit unter dem Wort stehen wir selbst, bittend und dankend und so diese Wirklichkeit anerkennend, wie sie erkannt sein will — aber wir selbst in unserer Menschlichkeit — am vorläufigen Ziel und Ende des Vorgangs, daß Gottes Wort als Menschenwort zu Menschen kommt: nicht als Unwissende sondern als Mitwissende, *conscientes*.

Eben den grundsätzlichen Umfang dieses Mitwissens und insofern unserer Freiheit unter dem Wort haben wir uns nun noch klar zu machen. Inwiefern wird und ist das wirklich, daß Gottes Wort nicht nur Gottes Wort und auch nicht nur Apostel- und Prophetenwort bleibt, sondern sich der Kirche zu eigen gibt und also von den Gliedern der Kirche auf- und angenommen und insofern deren eigenes Wort wird? Wie kommt es in dieser Freiheit unter dem Wort zur Auslegung und Anwendung des Wortes Gottes? Nur auf die grundsätzliche Frage — und also selber grundsätzlich — haben wir hier zu antworten. Wir setzen voraus, daß solche Auslegung und Anwendung des Wortes in der menschlichen Freiheit unter dem Wort tatsächlich stattfindet — wie wir früher voraussetzten, daß es unter dem Wort Gottes tatsächlich eine menschliche Autorität, die Autorität der Kirche, gibt. Aber wie wir uns dort im Blick auf die unauflösliche Gebundenheit der echten menschlichen Autorität an die Autorität des Wortes nicht anmaßen durften, ein System der kirchlichen Autorität, die kirchliche Autorität in ihrer Wirklichkeit darzustellen, als ob diese Darstellung nicht Sache des autoritären Wortes Gottes selbst im Akt seiner tatsächlichen Herrschaft über die Kirche wäre — so dürfen wir uns jetzt nicht herausnehmen, die Freiheit unter dem Worte, d. h. die echte, im Worte Gottes begründete und daran gebundene Auslegung und Anwendung in ihrer Wirklichkeit auf den Plan zu führen und systematisch darstellen zu wollen, als ob das Hinstellen dieser Wirklichkeit und also deren Darstellung nicht Sache des uns immer wieder unverfügbaren und auch undurchsichtigen Aktes des freien Wortes Gottes selbst wäre. Wir können nur — und dies ist es, was uns nun obliegt — unter der Voraussetzung dieses Aktes und also unter der Voraussetzung, daß echte Auslegung und Anwendung des Wortes Gottes tatsächlich Ereignis ist, einige von den menschlichen Möglichkeiten nennen und diskutieren, in denen es sichtbar wird, daß und in welchem Sinn menschliche Freiheit bei diesem Geschehen in der Tat beteiligt ist.

1. Wir haben die Freiheit unter dem Wort, die menschliche Freiheit in der Kirche, bereits bezeichnet als Übernahme einer Verantwortung für die Auslegung und Anwendung der heiligen Schrift. Versuchen wir es zunächst im Allgemeinen zu erfassen, was das bedeutet. Haben die Glieder der Kirche der Schrift gegenüber eine Verantwortung, dann bedeutet das offenbar: die Begründung, Erhaltung und Regierung der Kirche durch die Schrift geschieht nicht in der Weise, daß die Glieder der Kirche nur Zuschauer oder auch nur Gegenstände dieses Geschehens wären; es geschieht vielmehr in der Weise, daß sie an ihrem bestimmten Ort und in ihrer bestimmten Funktion auch zu Subjekten dieses Geschehens werden. Ein Glied der Kirche sein heißt im Verhältnis zu der die Kirche begründenden, erhaltenden und regierenden Schrift nicht nur dies: das Wort Gottes hören, annehmen und glauben und damit in seinem eigenen Leben ein durch das Wort Gottes bestimmter, geheiligter Mensch werden, sondern, indem es freilich das Alles heißt: dem Lauf des Wortes Gottes, d. h. den Fortgang seines Lautwerdens und Gehörtwerdens, den Fortgang seiner Verkündigung und seines Fruchtbarwerdens als seine eigene Sache verstehen und ernst nehmen. Das Wort Gottes will ja in der Kirche wieder und weiter gehört werden und jenseits der Kirche ist immer auch die Welt und durch die Kirche will das Wort Gottes immer auch in der Welt gehört werden. Diesem Wollen des Wortes kann ein Glied der Kirche vermöge seiner eben in diesem Wort begründeten Freiheit nicht teilnahmslos, nicht passiv, nicht abwartend gegenüberstehen, als ob zu seiner Zeit ohnehin geschehen werde, was geschehen muß. Das wird allerdings geschehen, aber nicht ohne uns. Wir sahen ja: am vorläufigen Ziel und Ende des Weges des Wortes Gottes zum Menschen stehen wir selbst. Wir selbst sind nun also dabei, wenn der Weg des Wortes Gottes in der Kirche und in der Welt weitergeht. Durch die Kirche in die Kirche berufen, werden wir selbst zur Kirche, in der es Berufung gibt, können wir nicht bloß konstatieren, daß berufende Kirche ist und abwarten, ob und inwiefern berufende Kirche fernerhin sein wird, sind wir vielmehr in Person Kirche geworden und als solche für ihr künftiges Sein als solche haftbar gemacht. Und das bedeutet dann konkret: wir sind an dem großen Vorgang des Lebens und Waltens der heiligen Schrift in der Kirche und in der Welt mitverantwortlich beteiligt.

Nicht im Allgemeinen zu irgendwelchen Menschen, sondern zu seinen Jüngern als seinen Zeugen hat Jesus Matth. 5, 13 f. gesagt: Ihr seid das Salz der Erde! Ihr seid das Licht der Welt! Aber wie könnte es anders sein: Wo das ursprüngliche Zeugnis der Offenbarung diesen seinen Auftrag ausrichtet, da salzt und befruchtet es nicht nur zum privaten Genuß und Gebrauch derer, denen es widerfährt, von ihm berufen und erleuchtet zu werden, da entsteht vielmehr bei diesen anderen prinzipiell derselbe Auftrag, von dem Auftrag der Propheten und Apostel nur darin verschieden, daß nun Jesus der ihnen von den Propheten und Aposteln Bezeugte ist, daß ihr Auftrag also dieses Zeugnis zu seinem konkreten Inhalt hat. Die Bitte Act. 4, 29: „Gib deinen Knechten daß sie mit ganzer Offenheit (μετὰ παρρησίας πάσης) dein Wort reden!“ ist als Fürbitte für die Apostel zugleich ihre eigene Bitte. Und so redet Paulus sicher nicht nur moralisch vom Reden der Christen im Allgemeinen und Privaten, sondern (vielleicht nicht ohne Anspielung auf Matth. 5, 13) von ihrem kirchlichen Auftrag, wenn er Kol. 4, 6 schreibt: „Euer Reden geschehe überall in der Gnade; es sei mit Salz gewürzt, im Wissen um das, was einem Jeden geantwortet werden muß!“ Oder wenn er Eph. 4, 29 verlangt, daß das Reden der Christen „heilsam sei zu dem nötigen Aufbau (ἀγαθὸς πρὸς οἰκοδομὴν τῆς χρείας), damit es Gnade darbiete, denen, die es hören“. Ganz deutlich ist der Zusammenhang 1. Petr. 3, 15, wo den in der Verfolgung stehenden Christen gesagt wird, sie müßten, indem sie den Herrn Christus heiligten in ihrem Herzen, bereit sein zur Verantwortung (πρὸς ἀπολογίαν) gegenüber Jedem, der von ihnen im Hinblick auf ihre Hoffnung Rechenschaft fordere. In diesem und nicht bloß in einem allgemein moralischen Zusammenhang wird man aber auch verstehen müssen, was an der berühmten Stelle Jak. 3, 1 f. gesagt ist über das Gericht, unter dem die stehen, die ihre Zunge in den Dienst der Lehre gestellt haben.

Man wird sich zunächst immer wieder vor Augen halten müssen, wie wenig selbstverständlich es ist, daß es eine menschliche Mitverantwortlichkeit in dieser Sache überhaupt geben kann. Wir haben wohl Anlaß, hier noch einmal des ganzen Geheimnisses und Wunders der Inkarnation, der Existenz des Menschen Jesus und seines abschließenden Prophetenamtes und weiter des ganzen Rätsels der Existenz seiner bevollmächtigten Zeugen zu gedenken. Daß wir selbst mit unserem Wort in diesen Kreis eingeschlossen sind, das ist wohl wahr, aber welche unbegreifliche Herablassung Gottes, welche unbegreifliche Erhöhung des Menschen haben wir nun gerade in dieser Wahrheit anzuschauen. In dieser Unbegreiflichkeit haben wir sie anzuschauen und hinzunehmen. Wir sind aber nicht gefragt, ob wir sie von uns aus für möglich halten oder gar selbst möglich machen können, sondern wir haben sie in ihrer Wirklichkeit anzuschauen und hinzunehmen, und daraufhin ihre Möglichkeit zu erproben in der Betätigung der Freiheit, die uns in ihr tatsächlich zugesprochen ist. Daß uns die uns auferlegte Verantwortung zu hoch und zu wunderbar ist, das ist die eine wohl zu bedenkende Seite, die hier zu lesen ist. Wir sind aber — und das steht auf der nächsten Seite zu lesen — gefragt, ob wir uns etwa dieser uns auferlegten Verantwortung entziehen können. Nehmen wir an, wir könnten das nicht, so werden wir jetzt zu überlegen haben, in was sie bestehen möchte. Die heilige Schrift will, um in der Kirche und in der Welt wieder und wieder laut und gehört zu werden, erklärt sein. Als Wort Gottes bedarf sie freilich keiner Erklärung, weil sie als solches in sich selbst klar ist. Der Heilige Geist weiß wohl, was er zu den Propheten und Aposteln gesagt hat und was er durch sie auch zu uns sagen will. Diese Klarheit, die die Schrift als Gottes Wort in sich selber hat, diese ihre objektive *perspicuitas* fällt unter keine menschliche Verantwortung und Mühewaltung. Ihr darf unter keiner Berufung auf menschliche Verantwortung vorgegriffen werden. Sie ist vielmehr die Voraussetzung aller menschlichen Verantwortung in dieser Sache. Alle Erklärung der Schrift, für die wir verantwortlich sind, kann nur daraufhin unternommen werden, daß die Schrift als Gottes Wort in sich selber klar ist; sie würde ohne das sofort in sich selbst zusammenbrechen. Und es kann alle Schrifterklärung, für die wir verantwortlich sind, nur an die Schwelle heranführen, jenseits derer die Schrift als Gottes Wort in sich selber klar ist. Aber nun trägt das Wort Gottes in der Schrift die Gestalt eines *menschlichen Wortes*. Menschliche Worte aber bedürfen der Erklärung, weil sie als solche, wenn auch in der Regel nicht in der Absicht dessen, der sie spricht, wohl aber immer für den, der sie hört, vieldeutig sind. Ihr Sinn will unter den verschiedenen in Betracht kommenden Möglichkeiten als der vom Sprechenden beabsichtigte Sinn ermittelt und er will als der Sinn, den sie für den Sprechenden haben, in das Denken des Hörenden übertragen werden, so daß sie nun auch für ihn Sinn und zwar denselben, den vom Sprechenden beabsichtigten Sinn haben. Vielleicht daß diese doppelte Erklärung — wir können sie unterscheiden als *Auslegung* und *Anwendung* — ohne weiteres durch den Hörenden selbst zu vollziehen ist; vielleicht daß der Sprechende selbst in der Lage ist, zu seinen Worten gleich auch diese doppelte Erklärung oder, wenn nicht ihre Anwendung, so doch wenigstens ihre Auslegung zu bieten; vielleicht daß aber ein Dritter dazwischentreten und dem Sprechenden und dem Hörenden diesen Dienst der Erklärung leisten muß. Einer von diesen Erklärungen sind ausnahmslos alle menschlichen Worte bedürftig. Indem nun Gottes Wort in der Schrift die Gestalt menschlichen Wortes angenommen hat, hat es sich selbst in diese *Erklärungsbedürftigkeit* hineinbegeben. Auf diese Erklärungsbedürftigkeit, also auf die Schrift in ihrem Charakter als menschliches Wort, bezieht sich unsere menschliche Verantwortung ihr gegenüber. Sie kann, wenn wir den ganzen Umfang dessen, was unter „Erklärung" zu verstehen ist, in Betracht ziehen, nur eine *teilweise* Verantwortung sein. Wie sollten die Propheten und Apostel nicht auch immer wieder direkt in der Erklärung gehört werden, die die Hörenden sich selbst zu geben vermögend sind? Und wie sollten sie nicht auch immer wieder in der Lage sein, sich selbst zu erklären? Es ist also nicht an dem, daß Gottes Wort damit, daß es die Gestalt der Schrift und also die Gestalt menschlichen Wortes angenommen hat, sozusagen wehrlos der Erklärung bedürftig und überliefert wäre, für die wir als Glieder der Kirche verantwortlich gemacht sind. Es ist gut, daß im Leben der Kirche auch jene beiden ersten Erklärungsmöglichkeiten in ihrer gegenseitigen Bezogenheit immer wieder ihre Rolle spielen. Es ist gut, daß es neben der Klarheit, die das Wort Gottes in sich selber hat, auch noch eine Selbsterklärung auch ihres menschlichen Wortes gibt.

Auch sie bildet eine Voraussetzung der Schrifterklärung im engeren Sinn des Begriffs, die uns verantwortlich auferlegt ist, ohne welche diese gar nicht Ereignis werden könnte. Aber allerdings: jene beiden ersten Erklärungsmöglichkeiten haben ihre Grenzen. Nicht Jeder kann und niemand kann jederzeit und unter allen Umständen sein eigener Schrifterklärer sein und also von sich aus den Sinn des biblischen Wortes feststellen und so feststellen, daß sie auch für ihn Sinn, und zwar ihren ursprünglichen Sinn haben. Wir werden auch sagen müssen: nicht immer und nicht Jedem gegenüber sind die in ihrem eigenen Lebenskreis und uns gegenüber doch nur in einem kleinen Ausschnitt ihrer Lebensäußerungen redenden biblischen Schriftsteller in der Lage, den Sinn ihrer Worte in sich klar zu machen und zugleich in das Denken ihrer heutigen Leser zu übertragen. Wir denken an den Mann Act. 8, 26 f., der in seinem Wagen Jes. 53 las — nicht einmal ganz unvorbereitet, war er doch nach Jerusalem gegangen, um dort anzubeten — und der nun doch auf die Frage: „Verstehst du auch, was du liesest?“ antworten muß: „Wie sollte ich es können, wenn mich nicht jemand anleitet?“ (ἐὰν μή τις ὁδηγήσει με).

Hier beginnt die im engeren Sinn so zu nennende Erklärungsbedürftigkeit der Schrift und hier setzt nun auch die den Gliedern der Kirche auferlegte Verantwortung ein. Ein Glied der Kirche ist als solches dazu berufen, jener Dritte zu sein, der zwischen den Sprechenden und den Hörenden, also zwischen das Menschenwort der Schrift und die anderen Glieder der Kirche, aber auch zwischen das Schriftwort und die Menschen in der Welt hineintritt, nach beiden Seiten zu helfen: nach der Seite des Schriftworts durch den Versuch, seinen Sinn zu erhellen, nach der Seite des hörenden oder lesenden Menschen durch den Versuch, ihm zu sagen, daß und inwiefern das Schriftwort auch für ihn Sinn hat, wobei man gewiß das Erste auch als einen Dienst am Menschen und das Zweite auch als einen Dienst am Schriftwort zu verstehen hat.

Wir können hier einen Blick werfen auf die gute Definition, die Polanus von der Bibelinterpretation gegeben hat: *Interpretatio sacrae Scripturae est explicatio veri sensus et usus illius, verbis perspicuis instituta ad gloriam Dei et aedificationem ecclesiae (Synt. Theol. chr. 1609, Sp. 635 f.).* Wir sehen: Es geht 1. um den *verus sensus*, 2. um den *verus usus* der Schrift. Beide stehen offenbar an sich und in sich fest. Beide können wohl auch für sich selbst sprechen. Beide tun es wohl auch. Dennoch bedürfen beide der *explicatio*, bedarf es also der Auslegung und der Anwendung. Problematisch ist nämlich das zwischen beiden liegende Gebiet der *verba*. Hier besteht ein Bedürfnis und hier entsteht eine Verantwortung. Gefragt ist nach den *verba perspicua* sowohl hinsichtlich des *sensus* wie hinsichtlich des *usus* der Schrift. Daß das hier nötige Werk der Vermittlung getan werde: *ad gloriam Dei et aedificationem ecclesisae*, das ist die Aufgabe der *interpretatio* und also in dieser Hinsicht die Sache der den Gliedern der Kirche auferlegten Verantwortung.

Es wird gut sein, stärker als man es im 16. und 17. Jahrhundert getan hat, zu betonen, daß diese Verantwortung grundsätzlich allen Gliedern der Kirche und nicht etwa nur einem besonderen Schriftgelehrtenstand auferlegt ist. Das Bedürfnis nach dem vermittelnden Dritten ist kein vereinzeltes, kein beiläufiges Bedürfnis. Gibt es auch jene beiden ersten Erklärungsmöglichkeiten, auf Grund derer das Wort Gottes, ganz abgesehen von der Klarheit, die es in sich selber hat, auch als Menschenwort immer auch sozusagen auf eigenen Füßen seinen Weg gehen, auf Grund welcher es auch immer eine direkte Beziehung und Verständigung zwischen den biblischen Schriftstellern und ihren heutigen Lesern geben kann, so beruht doch das Leben der Schrift in der Kirche und in der Welt nirgends allein auf diesen beiden ersten Möglichkeiten, so hat sich das Wort Gottes insofern doch völlig in die Bedürftigkeit hineingegeben, als nie und nirgends nicht auch die Vermittlung notwendig wäre. Da ist niemand, der als Hörer des Wortes nicht jedenfalls auch und unentbehrlicher Weise von dem Dienst solcher — vielleicht ihm sehr ferner, vielleicht nicht als solcher bewußter, aber faktisch wirksamer — Dritter lebte, die zwischen das Schriftwort und ihn selbst hineingetreten sind und ihm den Dienst der Auslegung und Anwendung geleistet haben. Man kann geradezu sagen, *daß die ganze Kirche die Organisation eben dieses Vermittlungsdienstes* ist. Eben darum kann ihm aber auch niemand in der Kirche unbeteiligt, passiv, abwartend, gegenüberstehen. Ist die Schrift nicht einem besonderen Amt, sondern der ganzen Kirche gegeben, so kann keiner in der Kirche bloß zusehen, was nun etwa durch dieses Amt in diesem Dienst geleistet oder nicht geleistet werden wird. Erst wenn jeder in der Kirche weiß, daß die Verantwortung dafür auch ihm auferlegt ist, kann es auch eine sinnvolle Kritik dessen geben, was in jenem Amt geleistet oder nicht geleistet wird! Würde ein Teil — und dann wohl der viel größere Teil — der Kirche auf seine Mitverantwortung dieser Aufgabe gegenüber wirklich verzichten, so würde das ja nicht mehr und nicht weniger als dies bedeuten: daß dieser Teil der Kirche auf die ihm zukommende Freiheit unter dem Wort verzichtete und also nur noch von der Autorität in der Kirche leben wollte. Wie schnell wird es sich da zeigen, daß es für diesen Teil der Kirche bestimmt auch keine kirchliche Autorität gibt! Die dem Schriftgelehrtenstand gegenüber unmündige, die in Sachen der Schrifterklärung passive Gemeinde ist heimlich immer schon die rebellierende, die von Kanon und Bekenntnis und damit vom Worte Gottes und vom Glauben emanzipierte Gemeinde und also überhaupt keine Gemeinde Jesu Christi mehr. Wer diese heimliche und eines Tages sicher offene Rebellion nicht will, wer die kirchliche Autorität will um der Autorität des Wortes Gottes willen, der muß die Freiheit unter dem Wort als die Freiheit aller Christenmenschen bejahen, der muß die an der Schrifterklärung in grundsätzlicher Verantwortlichkeit mitbeteiligte Gemeinde wollen.

2. Die notwendige grundsätzliche Form aller in diesem Sinne verantwortlich zu übernehmenden und auszuübenden Schrifterklärung wird unter allen Umständen bestehen müssen: in dem frei vollzogenen Akt der Unterordnung aller menschlichen Vorstellungen, Gedanken und Überzeugungen unter das in der Schrift vorliegende Offenbarungszeugnis. Unterordnung steht nicht im Gegensatz zu Freiheit! Freiheit heißt: eigene, spontane Betätigung einem Gegenstand gegenüber, wie sie eben für das Verhalten des Menschen, wie sie für die menschliche Entscheidung charakteristisch ist, im Gegensatz zu einem bloß rezeptiven, von außen bewegten oder einem notwendigen Ablauf unterworfenen Verhalten. Freiheit bedeutet aber weder notwendig die göttliche Souveränität über den Gegenstand, noch auch als menschliche Freiheit notwendig ein Verhältnis der Wechselwirkung zwischen dem Gegenstand und dem sich dem Gegenstand gegenüber spontan betätigenden Menschen. Warum soll, wenn es einen Gegenstand gibt, demgegenüber eine andere Betätigung ausgeschlossen ist, ihm gegenüber die menschliche Betätigung nicht darin bestehen, daß der Mensch sich ihm unterordnet, ohne sich ihm gleichzeitig überzuordnen? Man kann die Frage stellen, ob es einen solchen Gegenstand gibt; man kann und man muß, selbst wenn es einen solchen Gegenstand gibt, die Frage stellen, ob es faktisch je zu einer solchen Unterordnung des Menschen ihm gegenüber kommen wird, daß alle Momente von Überordnung nun faktisch ausgeschlossen sein werden. Es wird sogar sehr leicht sein, nachzuweisen, daß der Mensch auch diesem Gegenstand gegenüber faktisch immer wieder in das Verhältnis der Wechselwirkung und darüber hinaus in die Anmaßung göttlicher Souveränität über ihn zurückfällt, daß also in aller, auch der willigsten Unterordnung die Überordnung sich doch wieder breit macht. Aber das Alles ändert nichts daran: Wenn es einen Gegenstand gibt, der unsere Betätigung ihm gegenüber fordert und der uns zugleich eine andere Betätigung ihm gegenüber gar nicht erlaubt als die der Unterordnung, dann besteht die dem Menschen zugewiesene Freiheit — ohne daß sie damit aufhörte, Freiheit zu sein, ohne daß sie deshalb weniger Freiheit wäre als in seiner Betätigung gegenüber Gegenständen, denen gegenüber zunächst das Verhältnis der Wechselwirkung in Betracht kommt — im Vollzug dieser Unterordnung. Er wird sich nun eben in dieser Freiheit ernst zu nehmen, er wird seine Freiheit — ohne übrigens nach dem Erfolg zu fragen, nach welchem ja in der Entscheidung überhaupt nicht zu fragen ist! — in diesem Sinn betätigen, oder: in diesem Sinn zu betätigen die Aufgabe haben. Indem uns Gottes Wort in der heiligen Schrift gegeben ist, ist uns ein Gegenstand gegeben, der unsere Betätigung, aber nun eben diese Betätigung in der Unterordnung, fordert.

Um ein in der Gestalt menschlicher Worte uns gegenübertretendes Wort Gottes handelt es sich in der heiligen Schrift und es handelt sich bei der durch dieses Wort von uns geforderten Betätigung ihm gegenüber um die Erklärung dieses Wortes, sofern es in seiner menschlichen Gestalt dessen bedürftig ist. Daß die Grundform seiner Erklärung die Unterordnung sein muß, das ist nun freilich darin begründet, daß es in dieser menschlichen Gestalt Gottes Wort ist. Was das Wort Gottes, das uns in dieser Gestalt begegnet, dunkel und also erklärungsbedürftig macht, das sind die Vorstellungen, Gedanken und Überzeugungen, die der Mensch allezeit und überall von sich aus an dieses Wort heranbringt. Wir sind, indem uns das Wort Gottes begegnet, geladen mit den Bildern, Ideen und Gewißheiten, die wir uns selbst über Gott, die Welt und uns selbst gebildet haben. Immer im Nebel dieser unserer geistigen Welt wird das in sich klare Wort Gottes unklar. Klar für uns kann es nur werden, indem eben dieser Nebel sich zerteilt und weicht. Das ist gemeint mit der Unterordnung unserer Vorstellungen, Gedanken und Überzeugungen. Wir können ihnen, wenn uns das Wort Gottes klar werden soll, nicht die gleiche Würde zuschreiben wie diesem, wir können dieses nicht an jenen messen wollen, wir können jene diesem gegenüber nicht durchaus festhalten wollen. Die Bewegung, die wir — wohlverstanden: in aller Freiheit! — ihm gegenüber zu vollziehen haben, kann nur die Bewegung des Nachgebens, des Zurückweichens, des Raumgebens sein.

Jes. 40, 12f. enthält bestimmt auch eine erkenntnistheoretische Weisung: „Wer mißt mit hohler Hand das Weltmeer und schätzt mit der Spanne den Himmel und faßt im Hohlmaß den Staub der Erde und wägt mit der Setzwage die Berge und die Hügel mit Wagschalen? Wer legt das Maß an Jahves Geist und wer ist sein Ratgeber, der ihn unterwiese? Mit wem berät er sich, daß der ihn unterrichtete und ihm den rechten Weg zeigte, den Weg der Einsicht ihn wiese?" Und ebenso Jes. 55, 7f.: „Es verlasse der Gottlose seinen Weg und der Mann des Unheils seine Gedanken und kehre zurück zu Jahve, daß er sich sein erbarme und zu unserem Gott, denn er ist groß im Vergeben. Denn meine Gedanken sind nicht eure Gedanken und nicht eure Wege sind meine Wege, ist der Spruch Jahves. Vielmehr, soviel der Himmel höher ist als die Erde, sind meine Wege höher als eure Wege und meine Gedanken als eure Gedanken."

Die Sache scheint nun freilich dadurch kompliziert, daß uns Gottes Gedanken in seinem Wort nicht *in abstracto* sondern *in concreto* in der Gestalt des menschlichen Wortes der Propheten und Apostel entgegentreten, die als solche nicht nur der Ausdruck der Gedanken Gottes, sondern jedenfalls auch der Ausdruck ihrer eigenen Gedanken sind. Es verhält sich also so, daß Gottes Wort selbst uns gerade inmitten jenes Nebels unserer eigenen Geisteswelt, gleicher Art geworden unseren eigenen Vorstellungen, Gedanken und Überzeugungen, begegnet, „ein Licht, das an einem finsteren Ort scheint" (2. Petr. 1, 19). Aber eben diese scheinbare Komplikation macht die Sache in Wahrheit übersichtlich und einfach. Es bedürfte das reine Wort Gottes als solches allerdings keiner Erklärung, weil es, wie das Sonnenlicht oberhalb unserer Atmosphäre klar ist in sich selber. Als solches wäre es aber auch nicht zu uns gekommen, könnten wir nichts mit ihm zu tun haben. Indem es, ohne aufzuhören in sich selber klar zu sein — klar immer vermöge der Klarheit, die es in sich selber hat — im Zeugnis der Propheten und Apostel zu uns gekommen ist, ist es zwar der Erklärung bedürftig geworden, sofern es die Art unserer Geisteswelt angenommen hat und also der Möglichkeit ausgesetzt ist, unsererseits nach der Art unserer Geisteswelt: in dem Verhältnis der Wechselwirkung, in welchem wir uns sonst im Verständnis menschlicher Worte zu betätigen pflegen, verstanden und damit sicher nicht verstanden zu werden. Eben indem es sich in dieser Weise kompromittierte, ist es aber der Erklärung auch fähig geworden: sowohl der grundlegenden Selbsterklärung auf Grund der Klarheit, die es in sich selber hat, als auch der Erklärung, die seine menschlichen Zeugnisse sich wenigstens teilweise selbst zu geben vermögen, als auch der Erklärung, die die menschlichen Hörer und Leser dieser Zeugnisse sich — wieder wenigstens teilweise — ihrerseits selbst zu geben in der Lage sind, als auch schließlich der Erklärung im engsten Sinn des Begriffs, in welcher die Glieder der Kirche als solche dem Worte Gottes und ein Jeder seinem Bruder dienstbar sind. Dieses Ganze wird daraufhin möglich, daß das Wort Gottes uns nicht *in abstracto* gegeben, daß es nicht nur in der uns unzugänglichen Stratosphäre seines Beisichselbstseins, sondern vermöge der Auferstehung Jesu Christi von den Toten im Zeugnis der Propheten und Apostel wirklich auch in der Atmosphäre unserer Geisteswelt Licht ist. Das bedeutet, daß jene Unterordnung unter das Wort, die die Grundform seiner Erklärung ist, sofern diese unter unsere Verantwortung fällt, keine bloße Idee, kein leeres Postulat ist, dem gegenüber die Wirklichkeit nur darin bestehen könnte, daß wir uns faktisch auch dem Worte Gottes doch auch überordnen und letztlich wahrscheinlich sogar absolut überordnen, wie wir es anderen Gegenständen gegenüber zu tun pflegen.

So verhielte es sich, wenn wir es mit dem ewigen Logos Gottes als solchem, bzw. mit der Welt als seiner Erscheinungsform, zu tun hätten. Unterordnung unter ihn gäbe es dann, wie alles Heidentum, wie alle von der Offenbarung Gottes in Jesus Christus auch nur relativ sich lösende Philosophie zeigt, nur in Form der Reziprozität von Unterordnung und Überordnung, hinter der sich dann mit Notwendigkeit der Griff nach der göttlichen Souveränität über den Gegenstand als das eigentlich Gemeinte zeigen wird. So verhält es sich aber nicht, da der ewige Logos Gottes Fleisch angenommen hat, im Fleische auferstanden ist und im Fleisch ein Zeugnis seiner selbst begründet hat.

Eben weil wir es mit Gottes Wort in der Gestalt bestimmter menschlicher Worte zu tun haben, wird der Vollzug jener Unterordnung zu einer konkreten Aufgabe, über deren wirkliche Lösung wir zwar nicht zu befinden haben, die aber als uns gestellte Aufgabe konkret gesehen und verstanden werden kann. Gottes Wort erklären muß jetzt und kann jetzt heißen: die heilige Schrift erklären. Und weil Erklärung des Wortes Gottes nur stattfinden kann in Unterordnung des Menschen, bekommt diese Unterordnung jetzt den konkreten Sinn: wir haben uns dem Wort der Propheten und Apostel zu unterordnen. Nicht so wie man sich Gott unterordnet, aber allerdings so, wie man sich um Gottes Willen und in der Liebe und Furcht Gottes den von ihm selbst eingesetzten und bevollmächtigten Zeugen und Boten Gottes unterzuordnen hat. In dem konkreten Gegenüber zwischen den Vorstellungen, Gedanken und Überzeugungen, die uns in der Art von unserer Art in den Worten der biblischen Zeugen gegenübertreten mit unseren eigenen Vorstellungen, Gedanken und Überzeugungen kann und darf jetzt jene Unterordnung geübt werden, in der das Klarwerden des Wortes Gottes für uns auf alle Fälle allein Ereignis werden kann. Verdankt es diese Klarheit letztlich ganz allein sich selber, besteht auch alle Schrifterklärung wesentlich in der Erklärung, die das Wort Gottes sich selber gibt, geht alle Klarheit, die auch die Propheten- und Apostelworte durch sich selbst und wiederum für uns selbst ohne besondere Erklärung haben können und ebenso alle Klarheit, die wir dem Wort und den Brüdern durch jenes Erklären im engsten Sinn des Begriffs verschaffen können, zurück auf die Klarheit, die das Wort Gottes in sich selber hat, so geschieht eben diese Selbsterklärung doch nicht ohne uns, so endigt sie doch in jener Freiheit, zu der wir selbst als Glieder der Kirche berufen sind und also in einer menschlichen Tätigkeit im Dienste des Wortes Gottes. Diese Tätigkeit wird notwendig und möglich, sie ist uns geboten und erlaubt dadurch, daß wir das Wort Gottes in der Gestalt seiner menschlichen Zeugnisse haben. Eben ihnen gegenüber muß nun also jene Unterordnung als Grundform menschlichen Erklärens Platz greifen. Nicht dem Wort Gottes im Allgemeinen sondern ihnen gegenüber! Sonst geschieht es nämlich gar nicht. In was soll sie aber ihnen gegenüber bestehen? Darum kann es nicht gehen, daß wir unsere Vorstellungen, Gedanken und Überzeugungen einfach aufzugeben und zu vergessen hätten. Das können wir gar nicht, so wenig, wie wir unseren eigenen Schatten loswerden können. Das sollen wir aber auch nicht, denn das wäre vielmehr Übermut als Unterordnung. Unterordnung heißt ja nicht Beseitigung und Vernichtung. Unterordnung setzt voraus, daß ein Untergeordnetes als solches da ist und da bleibt. Unterordnung heißt aber: Hintanstellung, Nachfolge, Fügsamkeit des Untergeordneten gegenüber dem Übergeordneten. Darum geht es in der Unterordnung unserer Vorstellungen, Gedanken und Überzeugungen gegenüber dem in der Schrift vorliegenden Zeugnis. Es kann die Meinung dabei nicht die sein, daß wir unsere Vorstellungen, Gedanken und Überzeugungen durch die der Propheten und Apostel sozusagen verdrängen zu lassen hätten, daß wir also statt unserer eigenen Sprache die Sprache Kanaans zu reden beginnen müßten. Damit hätten wir uns ihnen noch gar nicht untergeordnet, sondern uns höchstens mit ihren Federn geschmückt. Damit wäre ja auch zur Erklärung ihrer Worte noch gar nichts geschehen, weil wir sie damit ja erst wiederholt hätten. Die Unterordnung muß, wenn sie ernst sein soll, gelten der in den Vorstellungen, Gedanken und Überzeugungen der Propheten und Apostel angezeigten und gewiesenen Richtung, dem Zeugnis, das sie, in und mit dem, was sie als Menschen wie wir selbst sagen, ausrichten wollen. Diesem Zeugnis ihrer Worte haben wir uns — und dies ist die Grundform aller Schrifterklärung — mit dem, was wir unsererseits meinen, denken, für wahr, schön und gut halten, hintan zu stellen. Diesem Zeugnis haben wir mit dem ganzen Bestand unserer Vernunft und Erfahrung Folge zu leisten, fügsam zu werden. Daß dabei dies und das aus diesem Bestand als überflüssig und störend zurückbleiben, Anderes eine ganz neue Gestalt bekommen, wieder Anderes ganz neu zu diesem Bestand hinzukommen wird, das ist eine Sache für sich. Entscheidend ist dies: bei der Schrifterklärung muß die Schrift selbst als Offenbarungszeugnis vor allen Zeugnissen unseres eigenen Seins und Werdens, Dichtens und Trachtens, Hoffens und Leidens, vor allen Zeugnissen unseres Geistes ebenso wie unserer Sinnlichkeit, vor allen Axiomen und Theoremen, von denen wir herkommen und die wir als solche mit uns führen können, den unbedingten *Vorrang* haben.

Schrifterklärung beruht auf der Voraussetzung, daß das, was uns die Schrift auch in den scheinbar fragwürdigsten und geringfügigsten ihrer Bestandteile zu sagen hat, unter allen Umständen richtiger und wichtiger ist als das Beste und Notwendigste, was wir uns selbst gesagt haben oder noch sagen können. Indem sie das von Gott eingesetzte und bevollmächtigte Offenbarungszeugnis ist, hat sie den Anspruch darauf, in diesem Verhältnis erklärt zu werden und bleibt sie, wenn dieser Anspruch etwa nicht beachtet wird, prinzipiell unerklärlich. Die Bibel ist nach außen sozusagen nur unter einem bestimmten Winkel nach unten geöffnet. Da unten hat man sich also hinzustellen, um in dem entsprechenden Winkel nach oben zu blicken: Wir werden hier an Jak. 1, 25 denken dürfen: ὁ δὲ παρακύψας εἰς νόμον τέλειον τὸν τῆς ἐλευθερίας καὶ παραμείνας . . . Natürlich, menschlich geredet kann zu diesem παρακύπτειν gewiß niemand verpflichtet sein noch gezwungen werden: es handelt sich eben wirklich um einen menschlichen Freiheitsakt. Aber wenn man sich dazu nicht entschließen kann, dann gewahrt man wohl von der eigenen, in sich unerschütterten Geisteswelt aus die Umrisse der scheinbar in sich ebenso unerschütterten Geisteswelt der Bibel als solche; es mag dann wohl auch zu dem relativen Verstehen kommen, wie es zwischen Vertretern verschiedener Geisteswelten als solchen möglich ist. Es mag dann auch wohl zu dem entsprechenden Erklären der Bibel kommen. Als Offenbarungszeugnis erklärt sie sich dann nicht und kann sie auch von den sie in diesem Sinn noch so gut Verstehenden nicht erklärt werden. Als Offenbarungszeugnis erklärt sie sich nur in eine in ihrer inneren Sicherheit erschütterte, ihr gegenüber nachgiebig und beweglich gewordene menschliche Geisteswelt hinein, wobei es dann so ist, daß ihre eigene, die biblische Geisteswelt sich sofort als eine ebenfalls nicht unerschütterte Größe, sondern als ein bewegtes, in einem ganz bestimmten Dienst befindliches und funktionierendes, lebendiges Organ erweist. Damit sie uns diesen *Dienst* leiste und nur darum müssen wir ihr jene Unterordnung entgegenbringen. Indem sie uns diesen *Dienst* leistet, redet sie in allen ihren Bestandteilen richtiger und wichtiger, als wir selbst mit uns selbst reden können. Diesen Dienst können wir uns nicht selbst leisten, sondern nur durch sie leisten lassen. Dieser Dienst besteht aber eben in der Übermittlung des Offenbarungszeugnisses, das uns und unserer Geisteswelt nicht eigen ist, wohl aber der Bibel und ihrer Geisteswelt. Das ist der tiefe Sinn der nur scheinbar tautologischen Interpretationsregel der altprotestantischen Orthodoxie, wonach eine Erklärung der Schrift daran als richtig oder falsch zu erkennen ist, daß sie, wenn sie richtig ist, mit der Schrift übereinstimmt, sofern diese das Wort Gottes ist: *Norma interpretandi scripturam et iudicandi de interpretatione scripturae sacrae verane sit an falsa, est ipsamet scriptura sacra, quae vox Dei est. Quaecunque enim interpretatio consentit cum scriptura, illa est vera et ex Deo; quaecunque ab ea dissentit, est falsa et non est ex Deo.* Wozu Jes. 8, 20 zitiert wurde: „Haltet euch zum Gesetz und zur Offenbarung! Wenn sie (die Menschen) nicht also sprechen, so gibt es für sie keine Morgenröte!" Und Luk. 16, 29: „Sie haben Mose und die Propheten, die sollen sie hören!" Und 1. Joh. 4, 6: „Wir sind aus Gott; wer Gott kennt, hört uns; wer nicht aus Gott ist, der hört uns nicht. Daran erkennen wir den Geist der Wahrheit und den Geist des Irrtums" (Polanus, *ib.* Sp. 683).

Die entscheidende Begründung dieser prinzipiellen Regel aller Schrifterklärung wird sich freilich nur vom Inhalt der Schrift her geben lassen und wird auch nur von daher wirklich einsichtig werden können. Warum haben wir das Zeugnis unseres eigenen Geistes dem Zeugnis des Geistes der Schrift zu unterordnen? Warum hier diese sonderliche, aus aller allgemeinen Hermeneutik so offenkundig herausfallende Zumutung? Warum ist Erklärung nicht auch hier ein Gespräch *inter pares*, sondern ein Gespräch *inter impares*, obwohl doch auch hier Mensch gegen Mensch und eine menschliche Geisteswelt gegen eine andere steht? Wir lassen jetzt beiseite, was wir bei einer früheren Gelegenheit festgestellt haben: daß vielleicht die allgemeine Hermeneutik, sofern sie über jenes Gespräch *inter pares* nicht hinauszukommen scheint, allen Anlaß hätte, bei der besonderen biblischen, als bei der letzten Grundes vielleicht überhaupt allein möglichen Hermeneutik in die Schule zu gehen. Es wird seine Gründe haben, daß sie das faktisch nicht tun will noch kann. Sicher ist dies, daß die biblische Hermeneutik unter dieser besonderen prinzipiellen Regel stehen muß, weil diese sich zwingend aus dem Inhalt der Bibel ergibt. Der Inhalt der Bibel, der Gegenstand ihres Zeugnisses ist Jesus Christus als der Name des mit dem sündigen Menschen gnädig handelnden Gottes. Ihr Zeugnis hören und also verstehen heißt: zur Kenntnis nehmen, daß es zwischen Gott und dem Menschen so steht, daß Gott dem Menschen gnädig ist: dem Menschen, der dessen bedürftig, der als Sünder ganz und gar auf Gottes Gnade angewiesen ist, der sich Gottes Gnade aber nicht erwerben kann, für den sie also ganz an das gnädige Handeln Gottes mit ihm gebunden, für den sie also in dem Namen Jesus Christus als dem Namen des gnädig an ihm handelnden Gottes beschlossen ist. Dies hören heißt die Bibel hören: als Ganzes und in jedem einzelnen ihrer Teile und Teilchen. Und dies nicht hören heißt *eo ipso* die Bibel nicht hören, im Ganzen nicht und dann auch nicht in ihren Teilen. Die Bibel sagt wohl vielerlei; sie sagt aber in allem Vielerlei nur Eines, eben dieses Eine: den Namen Jesus Christus, verhüllt unter dem Namen Israel im Alten, enthüllt als sein eigener Name im Neuen Testament, das darum nur als Kommentar zum Alten Testament so verstanden werden kann, wie es sich selbst verstanden hat. Die Bibel wird da klar, wo es klar wird, daß sie dieses Eine sagt: daß sie den Namen Jesus Christus verkündigt und damit Gott in seinem Reichtum und seiner Milde, den Menschen aber in seiner Bedürftigkeit und Hilflosigkeit, lebend von dem, was Gottes Milde ihm geschenkt hat und schenken will. Die Bibel bleibt uns da dunkel, wo wir jenen beherrschenden Namen in ihr nicht hören, wo wir also Gott und den Menschen in einem anderen Verhältnis als in dem in diesem Namen ein für allemal geordneten wahrzunehmen meinen. Erklären — im Dienst der Klarheit, die die Bibel als Gottes Wort sich selbst verschafft — können wir sie also grundsätzlich im Ganzen wie im Einzelnen nur, indem wir sehen und aufzeigen, wie das, was sie sagt, von jenem verhüllten und enthüllten Namen Jesus Christus her gesagt und also in Bezeugung der Gnade gesagt ist, deren wir als Menschen bedürftig, von uns als Menschen aus unvermögend, von Gott her aber teilhaftig sind. Daraus, daß dem so ist, ergibt sich jene Grundregel der Unterordnung unserer Vorstellungen Gedanken und Überzeugungen unter das Zeugnis der Schrift von selber. Unsere Vorstellungen, Gedanken und Überzeugungen als solche, d. h. als die unsrigen, laufen bestimmt nicht in der Richtung des Zeugnisses, das diesen Inhalt hat. Das ist, vom Inhalt des biblischen Zeugnisses her gesehen, das Nebelhafte, das Finstere der menschlichen Geisteswelt als solcher, daß sie, indem sie als unsere Welt ersteht und besteht, immer wieder unsere Natur, die Natur des sündigen Menschen ohne den Namen Jesus Christus und also ohne den gnädig an uns handelnden Gott offenbar macht. Die Natur dieses Menschen ist aber das Streben nach einer durch ihn selbst zu vollziehenden Rechtfertigung seiner selbst vor einem Gott, dessen Bild er sich in seinem eigenen Herzen zurecht gemacht hat, das Streben, sich selbst möglichst groß und darum Gott gleichzeitig möglichst klein zu machen. Was kann der diese Natur des Menschen offenbarenden Geisteswelt — wenn es an dem sein sollte, daß das Wort Gottes in ihren Bereich getreten ist, wenn das Wort Gottes in ihrem Bereich klar werden möchte — Anderes widerfahren als eben dies, daß sie (da wir sie ja nicht einfach loswerden können und nicht einmal sollen, da die Befreiung von ihr identisch wäre mit der Auferstehung des Fleisches!) jedenfalls weichen, flüssig werden, ihre Absolutheit verlieren, sich unterordnen, dem Worte Gottes wie ein gezähmtes Raubtier seinem Herrn nachfolgen muß. Beides wollen, beides nebeneinander und *pari passu* gelten lassen wollen: das Zeugnis der Bibel, das nun einmal diesen Inhalt hat und die Autonomie unseres Geisteslebens — das ist ein unmögliches hermeneutisches Programm. An der Aufgabe der Schrifterklärung scheitert seine Durchführung. Den Dualismus dieses Programms aufrecht erhalten, würde den Verzicht auf jene Aufgabe bedeuten. Können wir jener Aufgabe nicht ausweichen, dann müssen wir vielmehr auf den Dualismus dieses Programms verzichten. Die Lösung dieser Aufgabe muß dann grundsätzlich darin bestehen, daß wir jene Autonomie preisgeben, daß wir uns in und mit dem ganzen Bestand unserer Vernunft und Erfahrung durch das Wort Gottes und also durch die Schrift, d. h. durch ihr Zeugnis von Jesus Christus, dessen Organ die biblischen Schriftsteller in ihrer Menschlichkeit sind, führen, belehren, zurechtweisen lassen, daß wir der Schrift also den beschriebenen Vorrang und Vortritt tatsächlich zugestehen.

Wir können hier noch einmal Polanus zu Worte kommen lassen, der in unmittelbarer Fortsetzung der vorhin angeführten Stelle gerade über den Zusammenhang zwischen dem Grundsatz: daß die Schrift durch die Schrift zu erklären sei, auf der einen — und dem besonderen Inhalt der Schrift auf der anderen Seite sehr erleuchtend geredet hat: *Doctrina prophetarum et apostolorum est certus sermo Dei, quem universis totius mundi suffragiis secure opponere necesse est et inde veritatem a mendacio distinguere. Sermo autem ille absque ulla dubitatione est in sacra scriptura.* (Also: die in der Schrift in Gestalt der prophetisch-apostolischen Lehre stattfindende Rede Gottes ist als solche zuverlässig von allen anderen Stimmen zu unterscheiden. Diese Unterscheidung muß vollzogen und es muß die Rede Gottes als das Kriterium zur Erkenntnis des Wahren und Falschen anerkannt werden.) Und nun die Anwendung auf die Frage der Schrifterklärung: *Quaecunque igitur interpretatio loci alicuius scripturae consentit cum sacra scriptura, illa est vera: quae dissentit a sacra scriptura est falsa et repudianda.* (Es dürfte aus dem Vorgehenden deutlich sein, daß bei der Forderung, daß eine rechte Erklärung der Schrift mit der Schrift selber übereinstimmen müsse, nicht etwa nur der für alle Hermeneutik geltende Grundsatz gemeint ist: daß man jede Stelle mit Hilfe ihrer Parallelen, dunkle Stellen durch helle usw. zu verstehen und zu erklären habe. Sondern eine so nur für die biblische Hermeneutik gültige Grundregel ist offenbar gemeint: mit der Schrift in der Schrift, d. h. offenbar mit jenem in der *doctrina prophetarum et apostolorum* konkret vorliegenden *sermo Dei* in der Schrift muß eine Erklärung übereinstimmen, wenn sie wahr sein soll und falsch ist sie, wenn sie von dieser Schrift in der Schrift, d. h. von diesem *sermo Dei* abweicht.) Gibt es eine materiale Beschreibung dieses *consentire* oder *dissentire* und also des *sermo Dei*, an welchem alle Schrifterklärung zu messen ist? Polanus meint eine solche zu kennen und eben hier kommt er nun ebenfalls auf den besonderen Inhalt der Bibel als auf das sehr greifbare Kriterium ihrer Erklärung zu reden: *Illa autem (interpretatio) consentit cum sacra scriptura, quae omnem laudem salutis nostrae aeternae in solidum Deo tribuit et homini prorsus adimit: illa vero non consentit cum sacra scriptura, quaecunque vel minimam partem gloriae salutis aeternae homini adscribit.* — Wozu Joh. 7, 18 zitiert wird: „Wer von sich selbst redet, der sucht seine eigene Ehre. Wer aber die Ehre dessen sucht, der ihn sandte, der ist wahrhaftig und Ungerechtigkeit ist nicht in ihm." Man bemerke, wie Polan hier die letzte Konsequenz zieht: weil das der Inhalt des in der Schrift uns gesagten Wortes Gottes ist, daß in Sachen unseres ewigen Heils die Ehre ganz und gar Gott allein und darum ganz und gar nicht den Menschen gebührt, darum ist das der Kanon auch für alle Erklärung der Schrift. Sie ist rechte oder falsche Erklärung, je nachdem sie das klar macht oder nicht. — Ich sehe keine Möglichkeit, zu widersprechen. Wir werden uns freilich klar machen müssen, daß uns damit kein bequem zu allen Türen passender Schlüssel in die Hand gelegt ist, sondern eben dies: zu erkennen, wie in jedem Vers Gott ganz die Ehre gegeben wird, wird jedem einzelnen Text gegenüber eine ernste besondere Aufgabe sein. Als Grundregel verstanden, ist diese Angabe Polans unübertrefflich.

3. Wir kommen von der Feststellung dieser Grundregel zu den einzelnen praktischen Momenten des Vorgangs der Schrifterklärung. Das erste, deutlich unterscheidbare Moment dieses Vorgangs ist der Akt der Beobachtung. Erklärung ist in diesem Moment noch ganz dem *sensus* des Schriftwortes als solchem zugewandt, noch ganz *explicatio*, Auslegung, d. h. wie die Worte sagen: Auseinanderlegung, Entwicklung des sozusagen in zusammengerollter Gestalt vorliegenden und insofern seinen Sinn, d. h. das, was es sagen will, verbergenden Schriftwortes. Wir erinnern uns, daß dieses Verbergen nur insofern auch objektiv ein Sichverbergen des Wortes Gottes ist, als dieses sich in der Gestalt des Schriftwortes in unsere menschliche Geisteswelt hineinbegeben hat, um sich daselbst, in sich selber klar (auch in der Gestalt des Schriftworts klar bleibend!) der Verdunkelung im Prisma unseres menschlichen Verstehens auszusetzen. Eben in dieser Verdunkelung ist und bleibt es aber doch mächtig, sich selber zu erklären und das heißt zunächst eben: sich selbst darzustellen. Und indem es das tut, entsteht die entsprechende menschliche Aufgabe: die Aufgabe, seiner Selbstdarstellung nachzugehen, sie zu wiederholen und sozusagen nachzuzeichnen. Erklärung als Darstellung ist der Versuch einer Anleitung, den Schriftworten nachzudenken. Wird sich die Erklärung nicht in der Darstellung erschöpfen können — wie sich ja auch die Selbsterklärung des Wortes Gottes nicht erschöpft in seiner Selbstdarstellung — so wird sie doch unter allen Umständen mit diesem Versuch beginnen müssen. Sollen wir selbst und sollen Andere in die Lage kommen, die Schriftworte nachzudenken, so müssen sie uns deutlich, d. h. zunächst als in sich sinnvoll, im Unterschied zu bloßen Klängen, vorgesagt werden. Dieses uns im Schriftwort in sich sinnvoll Vorgesagte als solches ist das Problem der Schrifterklärung als Darstellung. Ihre Voraussetzung und ihr wichtigstes Instrument ist offenbar die literarisch-historische Beobachtung. In derselben Freiheit, in der ich die Worte anderer Menschen, die zu mir reden oder die für mich geschrieben haben, zunächst als sinnvolle Worte zu hören versuche, muß ich die Worte der Propheten und Apostel zu hören versuchen. Das heißt aber: ich muß sie als Dokumente ihrer konkreten geschichtlichen Situation zu hören versuchen. In ihr reden sie; in ihr muß ich sie sehen, wenn ich sie sinnvoll reden hören soll. Sie muß mir zu einer sprechenden Situation werden. Wir befinden uns jedenfalls im Ansatz zu diesem Versuch noch ganz auf dem Boden der allgemeinen Hermeneutik. — Die Aufgabe der Beobachtung wird dann aber offenbar eine doppelte sein müssen. Was uns zunächst vorliegt, das sind die Dokumente in ihrer konkreten geschichtlichen Situation als solche: der Text, von dem darum das durch ihn Gesagte zu unterscheiden sein wird. Die Apostel und Propheten selbst als Redende sind es, die wir hier zu sehen haben.

Diese, die spezifisch literarisch-historische Seite des Vorgangs wird im Einzelnen so zu beschreiben sein: Ich versuche es, die Worte und Wortgruppen, aus denen sich ein bestimmter biblischer Text zusammensetzt, nach den Regeln der Quellenkunde und Lexikographie, der Grammatik, der Syntax und der Stilkunde in den wahrscheinlichsten inneren Zusammenhang zu bringen, um so zu ermitteln, worüber oder in Beziehung worauf der Schriftsteller in diesem Text redet. Ich vergleiche das so gewonnene Bild seiner Äußerung mit Anderem, was derselbe Schriftsteller zur selben Sache und mit dem, was er sonst gesagt hat. Ich vergleiche, um für mein Ansichtigwerden dessen, was er in diesem Text sagen will, weitere Maßstäbe zu gewinnen, das, was andere, ihm gleichzeitig oder sonstwie positiv oder negativ nahestehende Schriftsteller in derselben Sache gesagt haben. Auf Grund der so gewonnenen Einsicht in die Beziehung des im Text Gesagten zu dem vom selben Schriftsteller oder von Anderen sonst Gesagten werde ich, wo der Text sachlich eine Lücke zu bieten scheint — es wäre denn, daß der Text selbst mir das verbieten sollte! — seine Darbietung zu ergänzen und abzurunden suchen. Ich werde endlich festzustellen suchen, inwiefern der Schriftsteller in dem, was er sagt, von Anderen oder mit ihnen gemeinsam von Dritten abhängig sein möchte und inwiefern dies wiederum bei Anderen ihm gegenüber der Fall sein möchte, um mir so klar zu werden darüber, inwiefern ich es in dem von ihm Gesagten mit seinem Eigenen und vielleicht Eigensten, inwiefern ich es mit einem Allgemeinen zu tun habe. Will ich den Sinn des in einem bestimmten Text Gesagten vernehmen, dann werde ich grundsätzlich keinen von den damit angedeuteten Versuchen, ihn zunächst als Text zu entfalten, unterlassen dürfen.

Aber nun wäre die Beobachtung offenbar auch im Sinn der allgemeinen Hermeneutik noch nicht vollständig, ja noch gar nicht zu ihrem entscheidenden Schritt vorgestoßen, wenn sie es dabei bewenden ließe. Zu der konkreten geschichtlichen Situation, in der ich, um ihre Worte als sinnvoll zu hören, die Propheten und Apostel sehen muß, gehört offenbar nicht nur ihr Reden als solches, sondern auch und zwar als dessen entscheidende Bestimmung, das von ihnen Geredete. Es spiegelt das Bild ihrer Worte das Bild eines Gegenstandes. Wieder werde ich es also versuchen, genau so wie ich es mit den Worten anderer Menschen halte, das im Bild der prophetisch-apostolischen Worte sich spiegelnde und sie beherrschende Gegenstandsbild — ihm gelten ja ihre Worte! — zu wiederholen und nachzuzeichnen.

Wir kommen damit zu der spezifisch literarisch-historischen Seite des Vorgangs: Ich versuche es jetzt, mir von dem im Text Gesagten als solchem, d. h. aber: von dem Geschehen der äußeren oder inneren Geschichte, die er berichtet oder auf die er sich bezieht, eine Vorstellung zu machen. Das bedeutet: Ich versuche es, mir mit Hilfe dessen, was ich mir vorstellen oder vorstellig machen kann, ein Bild zu formen von dem, was dort, an der Stelle, auf die die Worte des Schriftstellers hinzielen, geschehen ist und was den Schriftsteller gerade zu diesen Worten seines Textes veranlaßt hat. Ein Bild formen von diesem Geschehen heißt aber: dieses Geschehen, so wie es mir im Spiegel dieser Worte auf Grund jener literarischen Beobachtung entgegentritt, einordnen in die Reihe der übrigen Bilder, die mir von der objektiven geschichtlichen Situation des Schriftstellers, von dem, was er gesehen hat, zur Verfügung stehen: von seiner Zeit also, von ihren Ereignissen und Gestalten, von ihren Verhältnissen und Bestrebungen, von ihrer natürlichen und geistigen Verfassung, von ihren objektiven und subjektiven Voraussetzungen und Problemen, aber auch von den seiner Zeit vorausgehenden und ihr nachfolgenden Zeiten, in deren Folge das Geschehen, von dem er redet, seinen Ort hat und innerhalb dessen es ein nach vorwärts und rückwärts angeschlossenes Glied bildet. Nicht zu vergessen — und hier wird die Sache kritisch: ich habe ja sicher auch ein mehr oder weniger bestimmtes Bild vom wirklichen Geschehen überhaupt und als solchem, von der ganzen Zeit, die den Rahmen der mir überblickbaren Geschichtsfolge bildet, in der das im Text bezeichnete Geschehen seinen besonderen Ort hat. Sicher von diesem allgemeinen Bild her ist auch mein Bild von der Zeit, in die das im Text bezeichnete Geschehen fällt, mein Bild von den ihr vorangehenden und nachfolgenden Zeiten, von jener Geschichtsfolge also bestimmt. Und sicher gilt das dann unvermeidlich auch von dem besonderen Bild, das ich mir nun im engsten jener verschiedenen Kreise gerade von diesem Geschehen mache. Oder wird umgekehrt dieses mein besonderes Bild — nicht vermöge dessen, daß es mein Bild, wohl aber vermöge dessen, daß es das Gegenstandsbild des zu mir Gesagten ist — so kräftig sein, daß es zunächst mein bisheriges Bild von jener Zeit, vielleicht dann auch mein Bild von der ganzen Geschichtsfolge und endlich vielleicht sogar mein Bild vom wirklichen Geschehen überhaupt und als solchem bestimmen und korrigieren, vielleicht sogar sprengen und umgestalten wird? Immer noch im Rahmen der allgemeinen Hermeneutik werde ich offenbar mit beiden Eventualitäten rechnen müssen. Beginne ich bei dem Versuch, mir ein mir Gesagtes bzw. das mir in diesem Gesagten gezeigte Bild vorzustellen, ordnungsmäßig damit, mich dessen zu bedienen, was ich mir bisher vorstellen konnte, so werde ich mich darum doch nicht weigern dürfen, meinen Vorstellungskreis durch das mir Gesagte u. U. erweitern, vielleicht sogar in sehr ungeahnter Weise erweitern zu lassen. Kann und darf ich es nicht unterlassen, zur Formung jenes Bildes zunächst alle mir zur Verfügung stehenden Möglichkeiten zu erschöpfen, so werde ich mich doch nicht grundsätzlich dagegen verschließen dürfen, daß das Gesagte, d. h. der mir durch die zu erklärenden Worte zur Nachbildung aufgegebene Gegenstand mir andere Möglichkeiten als die mir bisher bekannten einfach zuschieben könnte, ohne daß ich mich, will ich die Aufgabe der Erklärung nicht im Stich lassen, dagegen verwahren dürfte.

Sofort wird sich schon jetzt, schon bei dem darstellenden Moment im Vorgang der Schrifterklärung, Alles daran entscheiden, ob es bei der der Darstellung zugrunde liegenden literarisch-historischen Beobachtung zu jenem Wiederholen und Nachzeichnen des im prophetisch-apostolischen Wort sich spiegelnden Gegenstandsbildes wirklich kommt, d. h. ob wir als Erklärer in der Lage sind, den Text zu uns reden zu lassen, dem uns Gesagten und seinem Inhalt standzuhalten in der vollen Bereitschaft: zunächst alle uns zur Verfügung stehenden, also alle uns bekannten historischen, universal-historischen und geschichtsphilosophischen Möglichkeiten zur Formung jenes Bildes als eines Bildes wirklichen Geschehens mobil zu machen und zur Anwendung zu bringen — dann aber auch zu der vollen Bereitschaft: den Kreis dieser Möglichkeiten gegebenfalles neu bestimmen, erweitern und eventuell sprengen und erneuern zu lassen, der Aufgabe des Wiederholens und Nachzeichnens zuliebe unter Umständen Möglichkeiten in Erwägung zu ziehen und zur Anwendung zu bringen, die wir bisher und sonst für Unmöglichkeiten hielten.

Ob sich die Wege der allgemeinen von denen der biblischen Hermeneutik an dieser Stelle notwendig scheiden müssen? Wir können das nicht zugeben. Daß sie sich hier faktisch scheiden, ist freilich offenkundig. Die allgemeine Hermeneutik pflegt damit, daß das in einem Text Gesagte, d. h. der uns durch den Text zur Nachbildung aufgegebene Gegenstand, dem Erklärer andere als die ihm bisher bekannten Möglichkeiten des Bildens zuschieben könnte, nur innerhalb bestimmter Grenzen ernst zu machen. Sie weiß zwar, daß das bisher bekannte Bild einer bestimmten Zeit und auch das Bild der Geschichtsfolge im Ganzen durch das, was ein Text sagt, im Einzelnen und vielleicht sogar sehr radikal verändert werden kann. Sie hält aber um so bestimmter fest an einem bestimmten mitgebrachten Bild vom wirklichen Geschehen überhaupt. Sie meint grundsätzlich zu wissen, was als wirklich allgemein möglich ist, was allgemein geschehen sein kann und sie beurteilt von diesem Wissen aus das Gesagte, das im Textbild sich spiegelnde Gegenstandsbild als Bild eines wirklichen oder nicht-wirklichen oder doch als nicht-wirklich verdächtigen Geschehens. Es dürfte deutlich sein, daß hier ein fremder Faktor störend in die Beobachtung hineinwirkt. Strenge Beobachtung würde offenbar verlangen, daß die Kraft eines uns in einem Text entgegentretenden Gegenstandsbildes seiner tatsächlichen Kräftigkeit entsprechend, sich auswirken, daß es in Sachen der ihm zuzusprechenden Wirklichkeit selber entscheiden kann, daß darüber keine, wirklich keine Vorentscheidung gefallen sein, daß über das, was geschehen sein kann, in keinem Vorurteil schon beschlossen sein darf. Wenn die allgemeine Hermeneutik es hier tatsächlich anders hält und mit einem Begriff oder doch mit einer Vorstellung des allgemein Möglichen als der selbstverständlich vorauszusetzenden Grenze des wirklich Geschehenen rechnet, so ist doch zu sagen: Es müßte nicht durchaus so sein, es entspringt und es entspricht nicht dem Wesen der Hermeneutik, daß sie es so hält. Die biblische Hermeneutik macht sich keiner willkürlichen Ausnahme schuldig, wenn sie es hier anders hält. Sie ist es vielmehr, die den Weg strenger Beobachtung zu Ende geht. Gewiß tut sie dies ihrerseits auf Grund einer bestimmten Voraussetzung. Es ist aber zu bemerken, daß diese ihre Voraussetzung ihr ermöglicht, als Hermeneutik konsequent zu sein, was man von jener Voraussetzung der allgemeinen Hermeneutik gerade nicht sagen kann.

Die Darstellung, mit der die Schrifterklärung anheben muß, hat dem in den Worten der Propheten und Apostel sich spiegelnden Gegenstandsbild unter allen Umständen Treue zu halten. Eben die Treue nämlich, die es selbst fordert. Es fordert alle die Treue auch, die wir dem Gegenstand jedes menschlichen Wortes, soll dieses erklärt werden, schuldig sind. Es geht also bei dieser Treue nicht etwa um eine Suspendierung der Notwendigkeit geschichtlicher Orientierung und Kritik; sofern solche zu seiner Beobachtung und zu seiner Nachformung nötig ist, muß sie zur Anwendung kommen, und zwar ohne daß man ihr zum vornherein und im allgemeinen irgendwelche Grenzen ziehen könnte. Wie sollte die konkrete geschichtliche Situation der Propheten und Apostel, sei es hinsichtlich ihres Redens, sei es hinsichtlich des von ihnen Geredeten zu sehen sein ohne freie Übersicht über ihre geschichtliche Existenz als Redende und über die Existenz des von ihnen Geredeten? Wie sollte sie ohne kritisches Fragen und Antworten nach beiden Seiten zu sehen sein? Beobachten heißt zweifellos: feststellen und also Wirkliches vom Unwirklichen, Sicheres vom Unsicheren unterscheiden, und es ist in der Ordnung, wenn wir an diese Aufgabe zunächst unter Voraussetzung alles dessen herantreten, was wir sonst als wirklich kennen und als möglich zu kennen meinen. Aber nun muß diesem Gegenstandsbild wie jedem anderen, mit dem wir es sonst zu tun haben könnten, die Freiheit gelassen werden, sich diesen unseren Voraussetzungen gegenüber in dem Maß zu behaupten und durchzusetzen und unter Umständen auch neue Voraussetzungen aufzuzwingen, als es das tatsächlich kann. Unser Nachformen muß sich nach seiner Form, nicht nach den von uns mitgebrachten Formgesetzen richten. Und nun rechnet die biblische Hermeneutik tatsächlich mit einem in ihren Texten vorliegenden Gegenstandsbild, das solche Freiheit in Anspruch nimmt, demgegenüber unsere mitgebrachten Voraussetzungen nicht genügen werden, dem gegenüber wir, wollen wir es nachformen, hinsichtlich der von uns mitgebrachten Formgesetze beweglich sein werden müssen. Wird es die Notwendigkeit geschichtlicher Orientierung und Kritik nicht außer Kraft setzen, sondern diese vielmehr qualifiziert notwendig machen, so wird es doch nicht zu vermeiden sein, daß es dieser unserer Tätigkeit sein e i g e n e s Gesetz auferlegt, und daß wir bereit sein werden müssen, wenn wir auf die Aufgabe der Beobachtung und Darstellung nicht etwa verzichten wollen, uns diesem seinem eigenen Gesetze zu fügen. Wie sollte die Freiheit der Orientierung und die Freiheit der Kritik irgendwie beschränkt werden können? Aber wie sollte sie sich anders betätigen, denn als Freiheit zur Treue gegenüber diesem Gegenstandsbild? Wie sollte sie zur Freiheit von diesem Gegenstandsbild, vom Text und von dessen Inhalt umschlagen können? In der Freiheit der Treue also hat die Beobachtung der biblischen Texte wie diesen selbst, so auch deren Gegenstandsbild gerecht zu werden, zu welchen Feststellungen und Unterscheidungen sie sich dann immer genötigt sehen möge! Sie wird sich von da aus unter Umständen auch nach der literarischen Seite korrigieren und zurecht setzen lassen müssen, weil sich unter Voraussetzung der Treue gegenüber dem Gegenstandsbild unter Umständen auch hier alle Probleme noch einmal neu stellen könnten. Und nur indem sie den ihr vorliegenden Texten in diesem ganzen Umfange gerecht wird, wird sie einer Darstellung dessen, was sie sagen wollen, also einer Entfaltung ihres Sinnes, wirklich fähig sein. Die auf solche Beobachtung gegründete Darstellung wird die Texte genau so zu Worte kommen lassen, wie sie lauten. Sie wird ihnen nichts nehmen von der konkreten geschichtlichen Kontingenz ihrer Entstehung und ihrer Beziehung zu ihrem Gegenstand. Sie wird nichts unterdrücken, nichts verschweigen oder verbiegen, was diese Kontingenz als solche zu beleuchten geeignet sein kann. Sie wird ja auch die Beobachtungsweise der allgemeinen Hermeneutik i n s i c h und also ausnahmslos alle Fragen, die von daher zu stellen sind, h i n t e r s i c h und bei dem Formen ihres Gesamtbildes des Textes berücksichtigt haben. Sie wird sich also vor keiner Rückfrage hinsichtlich der geschichtlichen Orientierung und Kritik zu scheuen haben. Sie wird nun aber allerdings auch nach der anderen Seite keine Hemmungen haben: sie wird den Text auch in der Hinsicht zu Worte kommen lassen, wie er dasteht, daß sie dem ihn beherrschenden Gegenstandsbild volle Rechnung tragen, seine Bestimmtheit von daher nicht etwa einem allgemeinen Begriff des Möglichen zuliebe eskamotieren, den Text also nicht etwa in der Richtung einer Verdunkelung, Nivellierung und Verharmlosung seines Gegenstandsbildes umdeuten wird. Sie wird ihn sagen lassen, was er, beherrscht von diesem seinem Gegenstandsbild, in seiner geschichtlichen Kontingenz tatsächlich sagt, und sie wird ihn damit und insofern — soweit das in Ausführung der hier gestellten menschlichen Aufgabe geschehen kann — auslegen, entrollen, sagen, welches sein wirklicher, geschichtlicher Sinn ist, sie wird damit die Möglichkeit schaffen, ihm, wirklich ihm, dem, was nun gerade er sagt, nachzudenken.

Wir betonen zum Schluß nochmals ausdrücklich: es ist nicht an dem, daß die biblische, die theologische Hermeneutik, indem sie dies tut, ein geheimnisvolles Sonderrecht für sich in Anspruch nimmt. Daß das Gegenstandsbild der biblischen Texte nun einmal der Name Jesus Christus ist und daß diese Texte nur verstanden werden können, wenn sie in ihrer Bestimmtheit durch dieses Gegenstandsbild verstanden werden — diese Einsicht ist nicht ein Privileg der Theologen. Sie könnte auch eine Einsicht des Hermeneutikers als solche sein und biblische Hermeneutik könnte insofern wirklich nur ein Spezialfall der allgemeinen Hermeneutik sein, innerhalb derer sie dann auch hinsichtlich der Auslegung ganz anderer Texte eine lehrreiche Bedeutung gewinnen könnte. Daß jene Einsicht faktisch nicht die Einsicht der Hermeneutiker als solcher ist, das darf aber wiederum nicht hindern, daß die Aufgabe der biblischen Hermeneutik da, wo jene Einsicht vorhanden ist, in Angriff genommen und ohne Rücksicht auf den Einspruch einer in dieser Hinsicht noch nicht besser belehrten allgemeinen Hermeneutik durchzuführen versucht wird.

4. Das zweite deutlich unterscheidbare Moment des Vorgangs der Schrifterklärung ist der Akt des Nachdenkens des uns in der Schrift Vorgesagten. Selbstverständlich nicht ein dem ersten zeitlich folgender, überhaupt nicht ein ihm gegenüber selbständig sich ereignender zweiter Akt ist gemeint, sondern der eine Akt der Schrifterklärung nunmehr in dem Moment des Übergangs des in der Schrift Vorgesagten in das Denken des Schriftlesers oder Schrifthörers. Wir befinden uns jetzt genau in der Mitte zwischen *sensus* und *usus*, zwischen *explicatio* und *applicatio*. Auch in dem Moment dieses Übergangs ist die Schrifterklärung — in dem die Schrift primär sich selbst erklärt — ein Akt unserer menschlichen Freiheit und als solcher zu würdigen. Es ist, wie wir schon sahen, unvermeidlich, daß die Art und Weise dieses Übergangs schon unsere Beobachtung und Darstellung der Schrift begrenzen und beeinflussen wird. Kein Erklärer ist schon bei seinem Beobachten und Darstellen wirklich nur Beobachter und Darsteller. Keiner ist in der Lage, objektiv und abstrakt nur das zu beobachten und darzustellen, was dasteht. Wie sollte er denn beobachten und darstellen, ohne gleichzeitig nachzudenken und mitzudenken, was dasteht? Keiner zeichnet nach, ohne eben damit schon jenen Übergang zu vollziehen. Indem wir feststellen und darstellen, was geschrieben steht und was, laut dessen, was geschrieben steht, ist, begleiten wir dieses Geschriebene und laut des Geschriebenen Seiende mit unserem eigenen Denken.

Es ist eine Selbstverständlichkeit und A. Ritschl hat sie formuliert (Rechtf. u. Vers.[4] III, S. 25), aber sie muß hier ausgesprochen werden: „Wie wir nur mit den eigenen Ohren hören und mit den eigenen Augen sehen, so können wir nur mit dem eigenen, nicht mit fremdem Verstand erkennen". In der Tat: Würden wir es nicht so tun, so würden wir es gar nicht tun.

Über dem beobachteten erhebt sich unvermeidlich — darauf bezogen, davon abhängig, aber doch davon zu unterscheiden wie der zweite Regenbogen vom ersten — das nachgedachte Bild des Textes, in welchem sich der Leser oder Hörer jenes sozusagen zu assimilieren versucht. Gerade hier zeigt es sich, daß wir wirklich nicht in der Lage sind, unseren eigenen Schatten los zu werden, d. h. das sog. *sacrificium intellectus* zu bringen. Wie könnten wir den Text objektiv verstehen, ohne subjektiv, d. h. aber mit unserem Denken, dabei zu sein? Wie könnten wir ihn zu uns reden lassen, ohne mindestens die Lippen bewegend (wie es ja die Leser der Antike auch äußerlich sichtbar und hörbar taten), selber auch mitzureden. Der Erklärer kann gar nicht anders: schon in dem, was er als Beobachter und Darsteller sagt, wird er auf Schrift und Tritt verraten, daß er — bewußt oder unbewußt, in ausgebildeter oder in primitiver, in konsequenter oder in unkonsequenter Weise — von einer bestimmten Erkenntnistheorie, Logik und Ethik, von bestimmten Vorstellungen und Idealen hinsichtlich des Verhältnisses von Gott, Welt und Mensch her an den Text herangekommen ist und daß er diese auch als Leser und Erklärer des Textes nicht einfach verleugnen kann. Irgendeine Philosophie d. h. irgendeine selbstgeformte Konzeption hinsichtlich dessen, wie Alles im Grunde sei und sich verhalten möchte — und wäre es auch eine sehr populäre, aphoristische, krause und eklektisch schwankende Philosophie — hat jeder, auch der einfachste Bibelleser (und dieser vielleicht gerade mit besonderer Sicherheit und Zähigkeit), hat aber bestimmt auch der scheinbar und seinem Programm nach völlig der Beobachtung hingegebene gelehrte Bibelleser.

Eine Philosophie war auch der Schematismus des gesunden Menschenverstandes, mit dem einst die Rationalisten des 18. Jahrhunderts und dann, nach Kant verbessert, die aller Spekulation und Metaphysik angeblich so abholde Schule A. Ritschls die Bibel genau zu lesen und verstehen zu können meinte. Keinesfalls hat jemand, der zwar dem Platonismus der griechischen Kirchenväter entsagt, dafür um so hemmungsloser etwa dem Positivismus und Agnostizismus des 19. Jahrhunderts sich in die Arme geworfen hat, das Recht, nach dem Splitter im Auge jener Alten zu suchen, als sei dort lauter hellenische Überfremdung des Evangeliums, hier aber, auf seiner Seite, lauter ehrlicher exegetischer Tatsachensinn. Noch gar kein Schrifterklärer hat jemals ganz und gar nur die Schrift reden lassen. Das hat auch ein Biblizist wie J. T. Beck notorisch nicht getan, sondern, wenn und indem er die Schrift reden ließ, redete, was er von den Philosophen F. Chr. Oetinger, Schelling und Baader in sich aufgenommen, sehr kräftig und z. T. auch sehr verhängnisvoll mit: es war überhaupt der berühmte „biblische Realismus" der älteren und jüngeren schwäbischen Schulen notorisch nicht nur ein biblischer, sondern auch ein, geheimnisvoll mit der Beschaffenheit des dortigen Bodens zusammenhängender, philosophischer bzw. theosophischer Realismus. Haben sich die Scholastiker des Mittelalters und dann auch die protestantischen Orthodoxen seit 1600 aufs unverhohlenste die sonnenklare Begrifflichkeit des Aristoteles zu eigen gemacht, so waren vor ihnen Luther und Calvin, philosophisch betrachtet, ebenso unverkennbar Platoniker gewesen: Luther wohl mehr Neuplatoniker, Calvin mehr Altplatoniker. Und es wäre Zwingli, in dieser Hinsicht moderner als beide, ohne den Renaissancepantheismus etwa des Picus von Mirandola auch nicht Zwingli gewesen, weshalb er denn auch nicht mit Unrecht der besondere Liebling W. Diltheys werden konnte. Hat die wichtigste historisch-exegetische Schule des 19. Jahrhunderts: die Tübinger Schule Ferd. Chr. Baurs das Licht der Hegelschen Philosophie nicht weniger gewaltig auf den Leuchter gestellt als einst die Scholastik das der aristotelischen, so werden doch auch hinter der formgeschichtlichen Exegese von heute die Voraussetzungen der Phänomenologie Husserls und Schelers nicht zu verkennen sein. Wiederum wird man sich, wenn man nun etwa den Antihegelianismus Kierkegaards zum Prinzip erhebt, wenn man in der Sorge um die Begrenzung der menschlichen Existenz durch ihre Todverfallenheit oder in ihrer in den sog. Ordnungen stabilisierten Beziehung auf das Du den Schlüssel zum Geheimnis des alten und des neuen Bundes gefunden zu haben meint, bewußt bleiben müssen, daß man sich schlecht und recht auch in der Reihe der Leute befindet, die die Bibel „deuten", d. h. durch die Brille einer bestimmten Begrifflichkeit lesen, die als solche dann doch auch den Charakter einer „Weltanschauung" hat, und daß sich das, wenn man die Bibel liest und erklärt, so oder so bemerkbar machen wird. Will man es perhorreszieren, so vergesse man nur nicht, daß wir die Bibel ohne solches Deuten, ohne eine solche Brille, überhaupt nicht lesen könnten. Es ist darum ein groteskes Schauspiel, an dem man sich besser nicht beteiligen sollte — wenn immer wieder je einer glaubt, mit ausgestrecktem Finger auf alle Übrigen in Vergangenheit und Gegenwart zeigen zu dürfen mit dem Vorwurf, daß sie dieser und dieser Philosophie verfallen seien, während er sich, ganz und gar in der Wirklichkeit lebend, auf seine gesunden zwei Augen verlasse. Niemand tut das, denn niemand kann das. Bei niemandem ist es wahr, daß er das Evangelium nicht mit einer Philosophie vermenge, so wenig es bei irgend Jemandem wahr ist, daß er schon jetzt und hier anders als im Glauben von allen Sünden rein sei.

Indem wir die Bibel lesen, gebrauchen wir — wie bei allem anderen Lesen und Hören — irgendeinen Schlüssel, irgendeinen Denkschematismus als „Vehikel", um „mitzukommen". Wir unterlegen dem, was dasteht, also dem durch die Beobachtung entstandenen Bild (wir unterlegen diesem schon in seinem Entstehen im Beobachtungsakt!) versuchsweise irgendeine von den uns sonst (nämlich eben aus unserer Philosophie!) bekannten Deutungsmöglichkeiten. Wir denken uns etwas dabei (nämlich etwas von dem, was man sich nach Maßgabe seiner Philosophie allenfalls denken kann!) ungeachtet dessen, daß diese Bedeutung, dieses Etwas doch als solches nicht im Text steht, als solches nicht Gegenstand unserer Beobachtung, sondern eben richtig hinzugedacht ist, wenn es uns auch an Anknüpfungsmöglichkeiten in dem Beobachteten selbst — wir selbst haben ja beobachtet! — dabei nicht ganz fehlen wird. Dieser Vorgang ist nun gewiß mit großer Vorsicht und Umsicht zu umgeben. Er darf aber nicht als solcher perhorresziert werden. Es hätte keinen Sinn, ihn etwa unter Verbot stellen zu wollen. Er ist als solcher nicht nur unvermeidlich, sondern legitim, so gewiß es nicht nur unvermeidlich, sondern legitim war, wenn der verlorene Sohn, so wie er ging und stand, in seiner Armut und also in seinen Lumpen, sich aufmachte, um zu seinem Vater zu gehen.

Es ist also keine sinnvolle theologische Kritik, die etwa nur in der Feststellung beruhen würde, daß die theologische Äußerung, die ihren Gegenstand bildet, mehr oder weniger dichte Spuren der philosophischen Bildung ihres Urhebers verrät, daß in ihr von irgendeiner philosophischen Begrifflichkeit Gebrauch gemacht ist. Wird das den Leser oder Hörer dieser Äußerung zum Aufmerken und zur Behutsamkeit aufrufen, so wird er sich doch sofort gestehen müssen, daß er selbst bestimmt ebenfalls irgendeiner solchen Begrifflichkeit verpflichtet ist und als Einwohner dieses Glashauses bestimmt keinen Anlaß hat, mit Steinen zu werfen. Er wird sich, wenn er den Anderen kritisieren will, prüfen müssen, ob er dabei vielleicht nicht bloß in dem Kampf einer Philosophie gegen eine andere begriffen ist, einem Kampf, der mit der Erklärung der Schrift dann allerdings gar nichts zu tun hätte. Er wird vielmehr zunächst hören müssen, was denn der Andere, Gebrauch machend von jener Begrifflichkeit, zur Sache, d. h. als Erklärer der Schrift, zu sagen hat, und er wird dann erst, wenn wirklich von dieser Sache her Einwände zu erheben sind, zur Kritik übergehen dürfen. Er wird also, soll seine Kritik ein positiver Beitrag zur Schrifterklärung sein, auch in dem philosophierenden Theologen nicht den Philosophen, sondern den Theologen zu kritisieren haben.

Bei dem Versuch, das uns im Bibeltext Vorgesagte nachzudenken, müssen wir zunächst von den von uns mitgebrachten Denkmöglichkeiten, müssen wir also von irgendeiner Philosophie Gebrauch machen. Die Legitimität dieses Müssens grundsätzlich in Frage stellen, hieße: in Frage stellen, daß der sündige Mensch als solcher und also mitsamt den ihm gegebenen Denkmöglichkeiten zum Verständnis und zur Erklärung des uns im Schriftwort begegnenden Wortes Gottes aufgerufen ist. Kann und darf man das nicht bestreiten, wenn man nicht die Gnade und letztlich die Inkarnation des Wortes Gottes bestreiten will, dann darf man auch den Gebrauch der Philosophie in der Schrifterklärung nicht grundsätzlich bestreiten. Die Frage der Legitimität erhebt sich erst bei dem Wie? dieses Gebrauchs. Hier werden nun allerdings folgende Gesichtspunkte geltend zu machen sein:

Zum Ersten: Es muß sich der Erklärer bei der Anwendung des von ihm mitgebrachten Denkschematismus zum Erfassen und also zum Deuten des im Schriftwort uns Vorgesagten, dessen, was er tut, grundsätzlich bewußt sein. Wir müssen uns klar sein darüber, daß jeder von uns mitgebrachte Denkschematismus grundsätzlich ein anderer ist als der des von uns zu erklärenden Schriftwortes, so gewiß dessen Gegenstand Gottes Offenbarung in Jesus Christus, so gewiß es das durch den Heiligen Geist geschaffene Zeugnis von dieser Offenbarung ist, so gewiß es auch uns nur durch denselben Heiligen Geist einleuchtend werden kann. Unsere Philosophie steht als solche — als die Philosophie von solchen, die nicht selbst Propheten und Apostel sind — der Philosophie des Schriftworts auf alle Fälle unterschieden gegenüber. Welcher Art unser Denken immer sein mag, von der Art des biblischen Denkens ist es als unser Denken von sich aus und in sich bestimmt nicht. Sondern nur darum kann es sich handeln, daß es, indem wir mit ihm dem uns im Schriftwort Vorgesagten nachzufolgen versuchen, an seiner Art Anteil bekomme. Wir werden also von keinem von uns mitgebrachten Denkschematismus anzunehmen haben, daß er zum Erfassen und Deuten des Schriftworts an sich geeignet und wohl gar besonders geeignet sei. Wir haben vielmehr zum vornherein anzunehmen, daß er dazu an sich nicht geeignet sei, daß ihm diese Eignung bestenfalles in der Begegnung mit dem Schriftwort, in dessen Nachfolge, zugeeignet werden könne. Es wird uns nie selbstverständlich sein können, daß wir nun gerade diesen und diesen Denkschematismus zum Erfassen und Denken des Schriftworts in Anwendung bringen. Wir werden uns also zwar, der Berufung gehorchend, nicht weigern dürfen, das zu tun. Wir werden uns aber klar bleiben müssen darüber, daß wir das nur im Wagnis des Gehorsams, nicht aber auf Grund der Würdigkeit, wohl gar der besonderen Würdigkeit unseres Denkschematismus, tun können. Wir werden uns also dauernd der wesentlichen Distanz zwischen dem uns vorangehenden Denken der Schrift und unserem eigenen, durch unsere Philosophie bestimmten nachfolgenden Denken bewußt bleiben müssen. Es darf diese Nachfolge nicht aufhören, den Charakter des Gehorsams, und zwar des Wagnisses des allein an die Gnade des Wortes sich haltenden Gehorsams zu tragen.

Zum Anderen: Es kann der Gebrauch der von uns mitgebrachten Denkweise zum Nachdenken des uns im Schriftwort Vorgesagten grundsätzlich nur den Charakter eines Versuchs, es kann also unsere Philosophie in diesem Gebrauch grundsätzlich nur den Charakter einer Hypothese haben. Unter der Voraussetzung, daß gerade ich mit meiner Denkweise — nicht wegen und vermöge dieser Denkweise, aber trotz und mit ihr — ein Glied der Kirche und als solches zu der Aufgabe der Schrifterklärung angefordert bin, darf und soll ich der Schrift gegenüber diese meine Denkweise probeweise, experimentierend, bis auf Weiteres zur Anwendung bringen. Es wäre falsche Askese, wenn ich das nicht tun, wenn ich also meine Denkweise unterdrücken und verleugnen wollte. Was könnte das Anderes bedeuten, als daß ich entweder eine andere menschliche Denkweise wählen müßte oder: daß ich mich der mir gewordenen Aufgabe entziehen würde? Aber indem ich mich dieser Aufgabe zuwende, unter dem Wort also wird es sich entscheiden, was dabei aus dieser meiner Denkweise wird, ob und inwiefern sie mir in dieser Tätigkeit, ob und inwiefern sie also der Schrifterklärung dienlich sein wird. Wird sie dienlich werden, dann eben im Dienst und unter der Herrschaft des sich selbst erklärenden Wortes, dann vermöge des von diesem Gegenstand meines Denkens her, von oben her, in dieses mein Denken hereinfallenden Lichtes. Warum sollte durch die Gnade des Wortes Gottes nicht auch meine Denkweise — ohne an sich und als solche dienlich zu sein — in seinem Dienste dienlich werden können? In sich selber und als solche aber ist sie eine Hypothese: die Hypothese, die ich im Gehorsam wagen muß, weil ich nur die Wahl habe, entweder irgendeine andere Hypothese zu wagen oder aber überhaupt nicht zu gehorchen. Sie ist aber eine Hypothese, keine an sich und als solche adäquate Form der Erfassung und Deutung des Schriftwortes. Und es ist also mein Unternehmen, das Schriftwort mit Hilfe dieser meiner Denkweise zu erfassen und zu deuten, an sich und als solches immer der Versuch, jenes notwendige Nachdenken zu vollziehen und nicht etwa der schon gelungene und abgeschlossene Vollzug dieses Nachdenkens. Ich werde der Verschiedenheit meiner Denkweise gegenüber der des Schriftwortes, ich werde der Untauglichkeit dieses von mir angewendeten Mittels zu gedenken haben. Ich werde zu bedenken haben, daß es Gnade bedeutet, wenn mein Tun und also meine Denkweise in dieser Sache dienlich sein kann. Ich werde also nach jedem Versuch zu neuen Versuchen anzutreten willig und bereit sein müssen. Und ich werde mich der Möglichkeit nicht verschließen können, daß derselbe Versuch auch unter Anwendung von ganz anderen Philosophien als der meinigen gewagt werden kann und muß; ich werde also anderen Philosophien als der meinigen den Charakter von nützlichen Hypothesen im Dienst derselben Sache nicht grundsätzlich absprechen, ich werde mich durch die Existenz meiner besonderen Hypothese nicht grundsätzlich abhalten lassen dürfen, um der Aufgabe, um der Sache willen auch auf das zu achten und zu hören, was unter Anwendung ganz anderer Hypothesen als der meinigen zur Erklärung des Schriftwortes gesagt wird. Ich werde mich nicht einmal dagegen grundsätzlich verschließen dürfen, mich zur besseren Erklärung des Schriftwortes unter Umständen selbst zur Anwendung einer ganz anderen Hypothese entschließen und also mich mehr oder weniger folgerichtig zu einer anderen Philosophie „bekehren" zu müssen.

Zum Dritten: Es kann der Gebrauch einer bestimmten mitgebrachten Denkweise und Philosophie bei der Aufgabe der Schrifterklärung kein selbständiges Interesse für sich in Anspruch nehmen. Er kann in keiner Weise zum Selbstzweck werden. Hier haben wir der Gefahr zu gedenken, die die Philosophie für die Schrifterklärung und damit für die Theologie und Kirche überhaupt immer bedeutet hat und bedeuten kann.

Hier haben wir an Kol. 2, 8 zu erinnern: Βλέπετε μή τις ὑμᾶς ἔσται ὁ συλαγωγῶν διὰ τῆς φιλοσοφίας καὶ κενῆς ἀπάτης κατὰ τὴν παράδοσιν τῶν ἀνθρώπων, κατὰ τὰ στοιχεῖα τοῦ κόσμου καὶ οὐ κατὰ Χριστόν. Hier aber auch an die grimmige Erläuterung, die Tertullian eben zu diesen Worten des Paulus gegeben hat: *Fuerat Athenis, et istam sapientiam humanam, affectatricem et interpolatricem veritatis de congressibus noverat, ipsam quoque in suas haereses multipartitam varietate sectarum in vicem repugnantium. Quid ergo Athenis et Hierosolymis? Quid academiae et ecclesiae? Quid haereticis et Christianis? Nostra institutio de porticu Solomonis est, qui et ipse tradiderat Dominum in simplicitate cordis esse quaerendum. Viderint qui Stoicum et Platonicum et dialecticum christianismum protulerunt. Nobis curiositate opus non est post Christum Jesum, nec inquisitione post evangelium. Cum credimus, nihil desideramus ultra credere. Hoc enim prius credimus, non esse quod ultra credere debeamus.* (*De praescr.* 7.)

Wann und unter welchen Umständen kann der Gebrauch einer mitgebrachten Denkweise der Schrifterklärung gefährlich werden? Dann offenbar, wenn man sich bei ihrem Gebrauch ihrer Verschiedenheit von der biblischen Denkweise, ihrer ursprünglichen Nicht-Eignung zu deren Erfassung und Deutung nicht bewußt ist. Dann, wenn man sie für ein für diese Sache an sich geeignetes, ihr adäquates Instrument hält. Dann also, wenn man sie — und geschähe es in der besten Meinung, eben damit der Schrift gerecht zu werden — der Schrift gegenüber absolut setzt, weil man von ihr erwartet, daß man eben damit, mit der Schrift sozusagen auf gleicher Höhe, auch der Schrift habhaft werden könne. Dann also, wenn man in ihrer konsequenten Durchführung einen Selbstzweck erblickt, wenn man als Erklärer nicht nur der Schrift, sondern auch der eigenen Denkweise durchaus verpflichtet zu sein und durchaus treu bleiben zu sollen meint. Dann und in diesem Gebrauch wird die Philosophie zur κενὴ ἀπάτη, zur *affectatrix* und *interpolatrix veritatis*. Dann wird man die Schrift notwendig verfälschen. Nicht mehr als Mensch steht man jetzt dem Worte Gottes gegenüber, sondern als ein zweiter Gott, selber mächtig, selber zu verfügen, dem Wort des ersten Gottes, der als solcher nicht mehr der wahre Gott sein kann. *Inter pares* denkt man ja dann dem nach, was uns im Schriftwort vorgesagt ist. Es gibt in der ganzen Kirchengeschichte keinen Irrtum, keine Ketzerei, die nicht aus dieser *post Christum* ausgeschlossenen *curiositas*, aus dieser Verkehrung der notwendigen Haltung des Schrifterklärers, aus dieser Überschätzung der vom Menschen mitgebrachten Denkweise, aus dieser Verselbständigung des philosophischen Interesses und insofern allerdings aus der Philosophie entstanden wäre. Jede absolut gesetzte Philosophie muß zur Verfälschung der Schrift führen, weil eben dieses Absolutsetzen des dem Menschen Eigenen und von ihm zum Wort Mitgebrachten der Akt des Unglaubens ist, der die Erkenntnis des Glaubens und also eine reine Erklärung des Wortes unmöglich macht. Es wäre also nicht etwa angebracht, hier zwischen guten und schlechten, zwischen den Philosophien dieser oder jener Schulen zu unterscheiden. Es wäre nicht angebracht, nach einer Philosophie zu fragen, die in diesem Sinn nicht gefährlich werden kann. Keine muß gefährlich werden, weil es keine gibt, die man nicht haben kann, ohne sie absolut zu setzen. Keine kann unmöglich gefährlich werden, weil es keine gibt, die man nicht absolut setzen, d. h. deren Durchsetzung man nicht, der Schrift gegenüber fälschlicherweise, zum Prinzip, zum Selbstzweck erheben kann. Dies ist es also, wozu es, wenn man von seiner mitgebrachten Denkweise beim Nachdenken des Schriftwortes Gebrauch macht, unter gar keinen Umständen kommen darf. Selbständiges Interesse kann nur die unserer Denkweise vorangehende Denkweise der Schrift beanspruchen. Ihr nachfolgend kann jede menschliche Denkweise gut, ihr nicht nachfolgend, ihr gegenüber sich selbst behauptend und durchsetzend muß jede menschliche Denkweise schlecht werden. Hier ist die Probe darauf zu machen und immer wieder zu machen, ob man sich jene Grundregel von der Unterordnung des Eigenen unter das Fremde der Schrift wirklich zu eigen gemacht hat.

Zum Vierten: Es gibt bei dem notwendigen Gebrauch irgendeines Denkschematismus zum Nachdenken des uns im Schriftwort Vorgesagten keinen grundsätzlichen Vorzug des einen dieser Denkschematismen vor dem anderen. Wird es für den Einzelnen gewiß nicht zufällig sein und auch nicht zufällig bleiben dürfen, ob sein Denken gerade diese und diese oder eine andere Richtung annimmt, hätte es auch keinen Sinn, die immanente Bedeutsamkeit der Verschiedenheit der philosophischen Schulen und Richtungen in Abrede zu stellen — so ist doch nicht abzusehen, inwiefern sich von hier aus die allgemeine Notwendigkeit einer bestimmten Wahl unter diesen verschiedenen Möglichkeiten ergeben würde. Diese Notwendigkeit kann je nur eine besondere sein: es kann in bestimmter Situation gerade diese und diese besondere Denkweise in der Erklärung des Schriftworts besonders dienlich werden und es kann dann für Viele Gebot werden, sich ihrer in bestimmter Hinsicht zu bedienen. Es hat sich aber noch immer als verhängnisvoll erwiesen, wenn man diese besondere dann gleich zu einer allgemeinen Notwendigkeit erheben, wenn man also gerade diese und diese Denkweise Allen zumuten, wenn man mittels dieser und dieser Denkweise alle Schriftworte oder auch nur ein einzelnes völlig erfassen und deuten und wenn man sie als für alle Situationen und Zeiten maßgeblich behandeln wollte. Die Freiheit des Wortes Gottes erweist sich dann darin, daß es der angemaßten Notwendigkeit einer solchen vermeintlich erwählten Philosophie zum Trotz alsbald in der Sprache einer vielleicht gerade entgegengesetzten Philosophie neue und bessere Klarheit zu gewinnen pflegt. Es gibt kein Verständnis der Wirklichkeit, das man sich als Schrifterklärer als das normale Vorverständnis nun auch der Wirklichkeit des Wortes Gottes aufdrängen lassen dürfte. Wie könnte man sich einer Philosophie als der Philosophie verschreiben, wie könnte man ihr allgemeine Notwendigkeit zuschreiben, ohne sie nun faktisch — als notwendigen Partner des Wortes Gottes — doch absolut zu setzen und damit das Wort Gottes gefangen zu nehmen und zu verfälschen? Es gibt also von der Aufgabe der Schrifterklärung her gesehen gerade kein grundsätzliches, sondern immer nur ein zufälliges, kein letztes, sondern immer nur ein vorläufiges Interesse an den inneren Kämpfen und Auseinandersetzungen, an der ganzen Geschichte der Philosophie als der Geschichte der menschlichen Denkweisen. Hat es in dieser Geschichte noch kaum eine Möglichkeit gegeben, die der Schrifterklärung nicht zugleich an sich und als solche gefährlich gewesen, aber auch durch die

Gnade des Wortes fruchtbar geworden wäre und wird das wohl auch in Zukunft nicht anders sein, besteht also von der Aufgabe der Schrifterklärung her gesehen aller Anlaß, sich für diese Geschichte zu interessieren — so besteht doch nicht der geringste Anlaß zu der Meinung, daß in dieser Geschichte die Entscheidung gefallen sei oder zu der Erwartung, daß in dieser Geschichte die Entscheidung fallen werde, auf die es, von jener Aufgabe her gesehen, allein ankäme: die Herausstellung einer dem Wort Gottes angemessenen und also die Schrifterklärung von dem Wagnis des Gehorsams entbindenden, weil an sich mit der *potentia oboedientialis* ausgerüsteten und also als allgemein notwendig zu empfehlenden menschlichen Denkweise. Diese Entscheidung ist von der Philosophie darum nicht zu erwarten, weil sie nach der Schrift selbst vom Menschen überhaupt nicht zu erwarten, weil das rechte Nachdenken des Schriftwortes als des Wortes Gottes also überhaupt nicht unter eine von Menschen zu definierende Denkregel zu stellen, weil die Erwählung einer bestimmten Denkweise zur Dienlichkeit bei diesem Nachdenken Sache der Gnade ist und also nicht unsere Sache sein kann. Gerade vor den am Eifrigsten gemachten Angeboten, gerade vor den scheinbar lockendsten Möglichkeiten wird man sich in dieser Hinsicht am Sorgfältigsten in acht zu nehmen haben.

Zum Fünften: Der Gebrauch irgendeines Denkschematismus im Dienst der Schrifterklärung ist dann legitim und fruchtbar, wenn er bestimmt und beherrscht ist durch den Text und durch das im Text sichtbare Gegenstandsbild. Wir könnten auch einfach sagen: wenn er eben wirklich dem Nachdenken dienstbar gemacht wird. An dieser Stelle treffen wir also zusammen mit dem Entscheidenden, was zu dem Problem der Beobachtung und Darstellung zu sagen war. Über die Richtigkeit unseres Nachdenkens entscheidet der in jenem Gegenstandsbild des Textes gespiegelte Gegenstand als der Herr unseres Denkens, entscheidet also auf unserer Seite das Maß unserer Anpassungsfähigkeit und Fügsamkeit im Denken dieses Gegenstandes. Daß wir „mitkommen", das ist ja der Sinn des Nachdenkens des uns Vorgesagten. Was kann aber „mitkommen", wenn es sich bei dem uns Vorgesagten um das Wort Gottes handelt, Anderes bedeuten, als daß wir mit unserem menschlichen Denken durch das Wort Gottes mitgenommen werden und also: daß wir uns von ihm mitnehmen lassen, daß wir uns gegen die von ihm ausgehende Bewegung nicht sperren und verschließen, sondern unserem Denken eben diese Bewegung mitteilen lassen. Man kann also auch sagen: der Gebrauch des menschlichen Denkschematismus im Dienst der Schrifterklärung ist dann legitim und fruchtbar, wenn er ein kritischer Gebrauch ist, wobei der Gegenstand der Kritik nun allerdings nicht die Schrift, sondern unser Denkschematismus, die Schrift also vielmehr das Subjekt dieser Kritik sein muß. Es dürfte nun deutlich sein, warum der hypothetische, der relative, der zufällige Charakter jeder Philosophie in diesem Gebrauch so stark betont werden mußte. Es geht wirklich nicht darum, an Stelle der Philosophie nun etwa eine diktatorische, absolute und exklusive Theologie zu stellen und die Philosophie wieder einmal als *ancilla theologiae* zu diskreditieren. Es geht vielmehr um die Feststellung, daß gerade die Theologie, die doch in sich, abgesehen von ihrem Gegenstand schlecht und recht auch nichts Anderes als der Vollzug einer menschlichen Denkweise und also eine Philosophie sein kann, in Erklärung der Schrift ihren hypothetischen, relativen und zufälligen Charakter nicht verleugnen, nicht etwa jenes Sichsperrens und Sichverschließens gegenüber ihrem Gegenstand sich schuldig machen soll. Das würde sie aber tun, wenn sie jene Warnungen hinsichtlich des Gebrauchs der Philosophie überhören, wenn sie von der Philosophie einen diktatorischen, absoluten und exklusiven Gebrauch machen würde. Weil die Theologie ihrem Gegenstand gegenüber selbst nur *ancilla* sein wollen kann, kann sie der Philosophie jedenfalls in ihrem Raum eine andere Rolle als diese auch nicht zuweisen, wobei ja doch die *domina* nur die Schrift sein kann, so daß zu irgendwelchen Prestigestreitigkeiten hier wirklich kein Anlaß ist. Was unter keinen Umständen geschehen darf, ist dies, daß irgendein Denkschematismus sich seinerseits als Meister der Schrift gegenüber behauptet und durchsetzt. Sowie wir mit unserer mitgebrachten Denkweise der Schrift gegenüber Recht behalten, sowie wir sie der Schrift aufdrängen, die Schrift mit ihr gefangen nehmen, die Schrift an ihr messen wollen, sowie sie der Grund und Nerv unserer Bejahung der Schrift oder auch unserer Vorbehalte ihr gegenüber wird, wird sie automatisch zur Fehlerquelle. Die Schrift entwindet sich dann unserer Erklärung; sie geht dann über sie hinweg und an ihr vorbei; ihre Freiheit wird dann zum Gericht über die falsche Freiheit, die wir uns ihr gegenüber genommen haben. Der Dienst an der Schrift und an der Kirche, den wir als Erklärer leisten sollten, ist dann nicht getan, muß dann Anderen übertragen werden, die sich solcher Untreue nicht schuldig machen. Darum muß an dieser Stelle so dringend gewarnt werden. — Ist die Warnung gehört, dann kann von einer Gefahr der Philosophie für die Schrifterklärung keine Rede, dann darf grundsätzlich von ihrer Notwendigkeit die Rede sein. Die Philosophie, und zwar grundsätzlich jede Philosophie kann im Dienst des Wortes Gottes kritisiert werden und dann auch legitime kritische Kraft gewinnen, kann erleuchtet werden und dann auch wirklich erleuchten, kann in Bewegung gebracht werden und dann auch selbst bewegen. Wird man ihr als Schrifterklärer nicht mehr Zutrauen entgegenbringen, als man eben zu sich selber in seiner Menschlichkeit haben darf (und das kann das Zutrauen zu der Kraft der uns in unserer Menschlichkeit gewordenen Berufung sein), so wird man ihr dieses Zutrauen (immer das Zutrauen, das man der Schrift gegenüber verantworten kann!) auch nicht verweigern wollen noch dürfen. Wird man sich keiner bestimmten Philosophie vorbehaltlos und endgültig anvertrauen, so wird man sich dafür doch auch vor keiner Philosophie gänzlich und endgültig fürchten müssen. Man wird als Schrifterklärer — vielleicht nicht praktisch, aber grundsätzlich — in der Lage sein, den verschiedenen in der Geschichte der Philosophie sichtbar gewordenen und vielleicht noch sichtbar werdenden Möglichkeiten freundlicher und verständnisvoller gegenüberzustehen und von diesen Möglichkeiten sachgemäßeren Gebrauch zu machen, gerade wenn man ihren Dämonien gegenüber durch den Gegenstand, dem hier nachzudenken ist, auf die Hut gesetzt ist. Schrifterklärung könnte auch menschlich betrachtet die beste, sie könnte vielleicht die einzige Schule eines wirklich freien — von allem Kampf und Zwang der Systeme befreiten, nämlich zugunsten des Gegenstandes befreiten — menschlichen Denkens sein. Aber wie dem auch sei: Die Aufgabe der Schrifterklärung fordert wie jene Behutsamkeit so auch diese Aufgeschlossenheit gegenüber allen Möglichkeiten menschlichen Denkens, weil der Freiheit und Verfügungsgewalt ihres Gegenstandes keine Schranken gezogen werden dürfen. In dieser Behutsamkeit und Aufgeschlossenheit vollzogen, wird jener Übergang des Wortes Gottes aus dem Denken der Propheten und Apostel in unser eigenes Denken — wo und wenn das Wort Gottes in unser eigenes Denken übergehen will! — der unvermeidliche und dann auch recht geschehende Schritt zur Erklärung sein, dem sich, seiner Berufung getreu, niemand entziehen darf.

5. Das dritte einzelne Moment im Vorgang der Schrifterklärung ist der Akt der Aneignung. Von der *explicatio* muß es ja über die Brücke der *meditatio* zur *applicatio* kommen. Es muß sich der *sensus* auch als der *usus scripturae* erweisen. Wieder geht es also nicht um einen abstrakt für sich zu vollziehenden oder zu betrachtenden Akt, sondern um das eine Ganze der Schrifterklärung. Es gibt keine Aneignung des Wortes Gottes ohne Beobachtung und Nachdenken. Es gibt aber allerdings auch kein legitimes und fruchtbares Beobachten und Nachdenken des uns im Schriftwort Vorgesagten, wenn es nicht, in derselben Linie weitergehend, auch zu dessen Aneignung käme. Beobachtung wäre dann eben doch noch ein historisch ästhetisches Betrachten, und Nachdenken wäre dann eben doch noch ein müßiges Spekulieren gewesen — trotz aller vermeintlichen Aufgeschlossenheit für den Gegenstand hier wie dort. Gerade dies ist die Probe auf unsere Aufgeschlossenheit für den Gegenstand: daß das Beobachten und Nachdenken des uns Vorgesagten zu dessen Aneignung führt. Wie umgekehrt die Aufgeschlossenheit für den Gegenstand, in welcher auch die Aneignung allein von Rechts wegen sich vollziehen kann, daran zu erproben ist, ob sie wirklich vom Beobachten und Nach-

denken herkommt. Unter „Aneignung" ist zu verstehen: das uns Vorgesagte muß uns zu eigen werden, und zwar so, daß wir nun wirklich *conscientes*, Mitwissende, werden: solche, die, daraufhin, daß es ihnen gesagt ist, nunmehr selber auch wissen und also sich selber und Anderen selbst sagen können, was ihnen gesagt ist — solche, die nicht nur nachdenken, sondern selber denken. Selber denken: aus eigenem Antrieb, aus innerer Notwendigkeit, so wie man etwas denkt, was man denken muß, weil man es nicht nicht denken kann, weil es eine Bestimmung der eigenen Existenz geworden ist. Aneignung heißt, weil das Wort Gottes uns in der Gestalt des Schriftwortes begegnet: Gleichzeitigkeit und Kongenialität und indirekte Identifikation des Lesers und Hörers der Schrift mit dem Zeugen der Offenbarung. Aneignung heißt: Übernahme ihres Zeugnisses in eigene Verantwortung. Wie hätten wir sie gehört, wie wären wir ihre Hörer, wenn wir und solange wir unsere Sache von der ihrigen noch distanzieren könnten? Wie hätten wir ihr Wort vernommen, wenn wir es nicht als unser eigenes Wort uns selber sagen und an Andere weitergeben müßten? Aneignung ist also nicht ein dritter Akt, der zu der vollzogenen Erklärung der Schrift erst hinzukommen müßte und allenfalls auch nicht hinzukommen könnte. Erklärung der Schrift hat so lange noch gar nicht stattgefunden, als es zur Aneignung noch nicht gekommen ist, als Aneignung vielleicht noch immer als ein überschießendes gutes Werk erscheint, durch das wir die Erklärung erst fruchtbar zu machen hätten dadurch, daß wir mit dem schon erklärten Wort Gottes unsererseits etwas anfangen. Was wir als unser Tun Aneignung nennen, das kann ja nur unsere Betätigung angesichts dessen sein, was als Zueignung das freie, und zwar gerade das eigentlichste, das intimste Tun des Wortes Gottes selbst ist.

Was will denn der Gegenstand, der sich in jenem im biblischen Text sichtbaren Bilde spiegelt, um sich zum Herrn unseres Denkens über das uns im Bibeltext Vorgesagte zu machen? Er will nicht ohne uns, er will in Gemeinschaft mit uns und in dieser Gemeinschaft für uns sein, was er ist. Er will uns zu eigen werden. Er will nicht nur unser Denken über ihn, sondern unser Denken und Leben überhaupt, er will unsere Existenz beherrschen. Wäre er erst in sog. Theorie gesehen, der wir nun durch unsere Praxis das nötige Leben einzuhauchen hätten, dann wäre er noch gar nicht gesehen. Auch unser Beobachten, auch unser Nachdenken des Schriftworts wäre dann — nicht etwa bloß unnütz, sondern falsch gewesen. Falsche Schrifterklärung auf der ersten und zweiten Stufe pflegt sich auf der dritten darin zu offenbaren und zu rächen, daß das Verhältnis zur Schrift nun auf einmal in Gestalt der unseligen Lehre von „Theorie und Praxis" ein zwiespältiges wird, auseinanderbrechend in eine angebliche Glaubensgerechtigkeit und eine nun plötzlich doch triumphierende Werkgerechtigkeit. Vom biblischen Text, d. h. von seinem

Gegenstand her ist die Sorge um eine hinter einer sog. Theorie herhinkende sog. Praxis nicht nur überflüssig, sondern unmöglich gemacht.

"Οσα γὰρ προεγράφη, εἰς τὴν ἡμετέραν διδασκαλίαν ἐγράφη, ἵνα διὰ τῆς ὑπομονῆς καὶ διὰ τῆς παρακλήσεως τῶν γραφῶν τὴν ἐλπίδα ἔχωμεν (Röm. 15, 4). Πᾶσα γραφὴ θεόπνευστος καὶ ὠφέλιμος πρὸς διδασκαλίαν, πρὸς ἐλεγμόν, πρὸς ἐπανόρθωσιν, πρὸς παιδείαν τὴν ἐν δικαιοσύνῃ (2. Tim. 3, 16). Das ist der *usus scripturae:* man beachte, wie er in diesen Stellen gerade nicht etwa als etwas, was wir aus der Schrift zu machen hätten, sondern als eine notwendige, von der Existenz und also von der Erklärung der Schrift selbst unmöglich zu trennende Funktion beschrieben wird!

Für diese Funktion der Schrift selbst haben wir uns zu interessieren, gerade wenn wir die Funktion verstehen wollen, die hier, in der Freiheit unter dem Wort, im Dienst der Schrifterklärung, wiederum uns selber zukommt. Das Wort Gottes bleibt auch als das sich uns zueignende und von uns anzueignende das Wort Gottes. Beherrschen will es uns, indem es in uns Wohnung nimmt; als Herr also tritt es über unsere Schwelle. Dies ist der Sachverhalt, dem wir nach allen Seiten Rechnung zu tragen haben! Es wird ja wohl so sein, daß wir dem Wort Gottes unsererseits mit allerlei bestimmten Wünschen und Bedürfnissen, Hoffnungen und Befürchtungen entgegentreten. Der Mensch ist nicht nur hinsichtlich seines Denkens, sondern jeder von uns ist kraft seines ganzen Schicksals und Charakters ein bestimmtes System von Voraussetzungen, Erwartungen und Hemmungen. Eignet er sich etwas an, so bedeutet dies, daß er es in dieses System einbezieht. Er konsumiert es. Er assimiliert es sich. Er fängt etwas damit an. Er macht es sich dienstbar nach dem Maße dessen, was er ist und nicht ist, mag und nicht mag. Der Gebrauch des Wortes Gottes aber ordnet sich nicht auf diese Weise. Daß man sich das Wort Gottes aneigne, das bedeutet allerdings, daß jeder Einzelne, der es hört oder liest, das ihm Vorgesagte auf sich selbst beziehe als ein nicht nur im Allgemeinen, nicht nur zu Anderen, sondern gerade zu ihm Gesagtes und also von ihm zu Gebrauchendes. Ist die Kirche die Versammlung der das Wort Gottes Hörenden, so muß das letztlich (was wäre sonst alles Hören?) heißen: die Versammlung der von ihm Gebrauch Machenden. Aber eben dies kann nun nichts Anderes bedeuten als: die Versammlung derer, die dafür offen und dazu willig sind, daß es seinerseits von ihnen Gebrauch mache. Jener gewöhnliche, der umgekehrte Akt der Aneignung, kann hier offenbar nicht in Betracht kommen. Oder vielmehr: jene Art von Aneignung muß Zug um Zug in ihr Gegenteil verkehrt, es muß an die Stelle unseres Gebrauchmachens Zug um Zug das Gebrauchmachen der Schrift selbst treten, der *usus scripturae*, in welchem die *scriptura* nicht Objekt, sondern Subjekt, und in welchem der Hörer und Leser nicht Subjekt, sondern Objekt ist. Der Mensch hat wohl recht, wenn er vom Wort Gottes etwas, und zwar etwas Entscheidendes, Zentrales und letztlich Notwendiges für sich und sein Leben erwartet: Belehrung und Führung, Trost und Zurechtweisung, Stärkung und Freude. Er würde aber nicht recht haben, wenn er dabei bleiben wollte, selber wissen zu wollen, in was das Alles, wenn es ihm nun zuteil werden wird, bestehen wird. Er würde nicht recht haben, wenn er sich auf Empfindungen und Vorstellungen versteifen wollte, mit denen er dem Allem entgegensieht. Er wird sich im Gegenteil darauf gefaßt machen müssen, daß ihm das Alles zwar zuteil werden, aber vielleicht in ganz anderer, seinen Empfindungen und Vorstellungen vielleicht völlig entgegengesetzter Weise, nämlich in der im Wort Gottes selbst begründeten Weise zuteil werden wird. Er wird das Vertrauen haben müssen, daß die Entscheidung darüber, was ihm gut ist und wie ihm dieses Gute zuteil werden soll, nicht seine Sache ist, sondern beschlossen ist in dem ihm Vorgesagten, daß es gerade so gut beschlossen und also gerade so von ihm anzunehmen ist. Es wird also der Gebrauch, der von der Schrift zu machen ist, darin bestehen müssen, daß der Mensch das ihm in der Schrift Vorgesagte als solches in sein Leben hineintreten läßt, damit es daselbst — nicht des Menschen, sondern seinen eigenen Beschluß ausführe, seine eigene „Geduld", seinen eigenen „Trost" ihm vermittle und daß der Mensch eben damit sich zufrieden gebe, eben daran sich wohl sein lasse, eben so beschenkt ein Hoffender zu werden.

Es ist also nicht etwa an dem, daß bei diesem dritten und letzten Schritt der Erklärung nun etwa doch dem Menschen (dem jeweils modernen Menschen!) das Wort zu erteilen wäre zur Anmeldung seiner besonderen Ansprüche und Hoffnungen, so daß *applicatio* bedeuten würde: die Zurechtmachung des Wortes Gottes zum Dienste dieses Menschen. Es ist nicht an dem, daß die Erklärung der heiligen Schrift schließlich münden müßte in die Beantwortung der sog. brennenden Fragen der jeweiligen Gegenwart, daß sie womöglich erst darin ihren Sinn und ihre Kraft hätte, daß sie auf Fragen der jeweils lebenden Generation eine einleuchtende Antwort zu geben hat. Darf und muß sie in dem ruhigen Vertrauen vollzogen werden, daß sie das tatsächlich tun wird, so muß es doch der heiligen Schrift selber überlassen werden, inwiefern sie das tun wird. Alle ungeduldigen Bedingungen oder gar Ultimaten, die man ihr in dieser Hinsicht stellen wollte, alles Pochen auf irgendeinen Gegenwartsstandpunkt, dem sie durchaus Rechenschaft tragen und so oder so entsprechen müsse, alles Verfügenwollen darüber, was dem heutigen Menschen interessant, bekömmlich, verständlich sei, auf was er „warte" usw., könnte nur bedeuten, daß wir uns — scheinbar gierig uns öffnend — in Wahrheit vor ihr verschließen würden, und könnte nur die Folge haben, daß sie sich uns ihrerseits verschließen, daß sie ebenso über uns hinweg und an uns vorbeigehen würde wie dann, wenn wir sie durchaus nach Maßgabe irgendeiner philosophischen Konzeption erfassen wollten. Es ist mit der Freiheit des Wortes Gottes auch in dieser Hinsicht nicht zu scherzen. Was die wirkliche, die echte Gegenwart ist und welches ihre wirklich brennenden Fragen sind, ja auch dies: wer und was denn gerade wir sind, „unsere Generation", „der moderne Mensch" usw., das dürfen wir ihr gegenüber nicht schon vorher wissen wollen, das wird sich dann — und grundsätzlich wirklich erst dann — zeigen, wenn die Bibel aufgeht, um uns über das, was unsere wirklichen Fragen, Anliegen und Nöte sind, um uns über uns selbst den rechten, untrüglichen Bescheid zu sagen.

Gerade damit es zur wirklichen Aneignung des uns im Schriftwort Vorgesagten kommt, muß der Hörer und Leser willig sein, den Mittelpunkt seiner Aufmerksamkeit aus sich selbst, aus dem System seiner eigenen Anliegen und Fragen (auch dann, wenn er diesen den Charakter von Anliegen und Fragen seiner ganzen Zeit geben können sollte!) heraus in das Schriftwort selbst zu verlegen. Er wird sich aus sich selbst heraus in das Schriftwort und seine Anliegen und Fragen hinein versetzen lassen müssen. Unter allen Umständen nur von dorther kann und wird ja Licht in sein eigenes Leben hinein fallen und damit die Hilfe, die er für sein eigenes Leben nötig hat. Wie könnte das geschehen, wenn er sich darauf versteifen wollte, umgekehrt in den Mittelpunkt seines eigenen Lebens (oder auch den des Lebens seiner Zeit, so wie er es zu kennen meint) hineinzustarren, als ob von da aus irgend etwas hell werden könnte. Wie könnte der Mensch seines Glaubens leben, wenn er gerade den Glauben und das heißt das Hinwegsehen von sich selbst, das Hineinsehen in das Wort verweigern wollte? Und nun wird sogar Alles darauf ankommen, daß dieses Hinwegsehen und Hineinsehen nicht etwa bloß ein Anfangsstadium sei, das wir dann hinter uns zurückzulassen hätten, sondern daß wir es, gerade um der Errettung unseres Lebens willen, beim Glauben und also bei diesem Hinwegsehen und Hineinsehen bewenden lassen. Es darf gerade die Aneignung des Schriftwortes nun nicht doch wieder in zwei Teile zerfällt werden, von denen zwar der erste im Glauben und also in jenem Hinwegsehen und Hineinsehen bestünde, im zweiten aber hätten wir — dem Schriftwort nunmehr den Rücken kehrend, weil durch das Schriftwort nunmehr belehrt und getröstet — zu irgendeiner selbständigen Beantwortung unserer eigenen Anliegen und Fragen überzugehen. Gerade die ungeduldige Frage: Und nun? mit der wir an dieser Stelle so leicht nun endlich zur Sache zu kommen meinen, kann nur das Zeichen sein, daß wir in Wirklichkeit noch gar nicht an die Sache herangekommen sind. Die Sache, um die es hier geht, kann doch nur die unbedingte Herrschaft des Schriftworts, oder, von uns aus gesehen, das unbedingte Vertrauen in die Güte seiner Herrschaft sein. Jene Frage aber und ihre Ungeduld ist das sicherste Zeichen dafür, daß wir uns schon zuvor dem *usus scripturae*, in welchem die *scriptura* das Subjekt ist, in Wirklichkeit entzogen haben, daß wir im Begriff stehen, von der Schrift jenen profanen, weil eigenmächtigen Gebrauch zu machen, den wir von allen anderen Dingen zu machen pflegen, den wir aber von der Schrift gerade nicht machen können. Das Vertrauen, das wir ihr scheinbar auf einer ersten Stufe geschenkt, wird sich dann, wenn wir nachträglich auf einer zweiten Stufe des Glaubens doch wieder müde werden sollten, als unecht erweisen. Wir haben dann schon zuvor von ihrer Herrschaft nicht Alles erwartet, was auch wir selbst nötig haben. Wir haben dann schon zuvor nicht ihrer wirklichen Herrschaft Raum gegeben. Wir haben uns dann vorbehalten, nachträglich doch wieder selbst weise und gerecht zu sein, uns selber trösten und ermahnen zu können. Soll es zur Aneignung des Schriftwortes kommen, dann muß ganz geglaubt sein. Wie man überhaupt nur ganz oder gar nicht glauben kann. Das Wegsehen von uns selber, das Hineinsehen in das Schriftwort, jene Verlegung des Mittelpunktes und Schwerpunktes unserer Aufmerksamkeit in die vor uns liegende Schrift, darf dann also gerade keine Episode sein. Kein zweiter Akt unter anderer Spielregel darf hier folgen, sondern in jenem ersten und einzigen Akt muß alles schon geschehen sein und immer wieder geschehen. Jener erste und einzige Akt muß in vollem Vertrauen vollzogen sein und immer wieder vollzogen werden. Nicht in einem abstrakten Vertrauen auf seine Heilsamkeit als unser Akt, sondern in dem konkreten Vertrauen auf seinen Gegenstand, auf den Gegenstand, der uns in dem Spiegelbild des Schriftwortes entgegentritt. Dieser Gegenstand fordert und rechtfertigt unser Vertrauen als ein völliges Vertrauen. Jesus Christus ist ja dieser Gegenstand. Nur wenn das vergessen würde, könnte dieser Akt unterbleiben oder zu einem Akt werden, in welchem wir konsumieren wollten, statt uns konsumieren zu lassen, herrschen, statt beherrscht zu werden, oder zu einem bloßen ersten Akt, dem wir einen zweiten an die Seite zu stellen hätten, in welchem wir Besseres zu tun hätten, als zu glauben. Nur wenn Jesus Christus vergessen würde, könnten wir unter der von uns zu vollziehenden Aneignung des Schriftworts etwas Anderes verstehen, als immer wieder unsere Stellungnahme zu dem Akt der Zueignung, den es in seiner eigenen Weisheit und Kraft uns gegenüber vollzieht. Und nur wenn wir Jesus Christus vergessen würden, könnten wir unter dieser Stellungnahme etwas Anderes als eben den Glauben verstehen. Im Glauben denken wir selber, was uns durch das Schriftwort vorgesagt ist, und zwar so, daß wir es denken müssen, weil es die Bestimmung unserer eigenen Existenz geworden ist. Im Glauben kommt es zur Gleichzeitigkeit, zur Kongenialität, zur indirekten Identifikation des Schriftlesers und -hörers mit den Zeugen der Offenbarung. Im Glauben wird ihr Zeugnis Sache unserer eigenen Verantwortung. Er, der G l a u b e — der g e h o r s a m e Glaube, aber der Glaube — und endlich und zuletzt der gehorsame Glaube ganz a l l e i n ist die von uns geforderte Betätigung als Glieder der Kirche, die Betätigung der uns gegebenen Freiheit unter dem Wort.

ÜBERSETZUNG DER FREMDSPRACHLICHEN ZITATE

(ohne Bibeltexte), besorgt von Thorsten Jacobi und Hinrich Stoevesandt. Unberücksichtigt bleiben in der Regel allgemeine Wendungen und solche lateinischen Ausdrücke, die theologiegeschichtlich so gefüllt sind, daß eine Übersetzung ins Deutsche zum Verständnis nichts beitrüge.

S. 507 Z. 44 –S. 508 Z. 1 Jeder, der die Gestalt des Christentums anderswoher zu ermitteln sucht als aus der heiligen Schrift, geht in die Irre.

S. 517 Z. 11ff. Halten wir gut daran fest, daß St. Paulus, um zu zeigen, daß wir die heilige Schrift für über allen Zweifel erhaben halten sollen, an dieser Stelle nicht etwa sagt: Mose war ein hervorragender Mensch; er sagt nicht: Jesaja besaß eine bewundernswerte Beredsamkeit; er erwähnt nichts von Menschen, um sie als Personen herauszustreichen; sondern er sagt: sie seien Organe des Geistes Gottes gewesen, ihre Zungen seien so geleitet gewesen, daß sie nichts aus Eigenem vorgebracht hätten, sondern daß *Gott* durch ihren Mund gesprochen habe; es sei überhaupt nicht am Platze, daß wir sie in ihrer Eigenschaft als sterbliche Geschöpfe würdigten, sondern wir müßten wissen, daß der lebendige Gott sich ihrer bedient habe, und es als vollkommen feststehend ansehen, daß sie treue Verwalter des ihnen anvertrauten Schatzes gewesen seien. Wenn das wohl beachtet worden wäre, wäre man nicht in so große und schreckliche Verwirrung geraten wie die, in der all die armen Paptisten noch immer sind. Denn worauf gründet sich deren Glaube als auf Menschen?... Zwar werden sie den Namen Gottes im Munde führen, doch dabei werden sie ihre Träumereien und Phantastereien zu Gehör bringen, und das ist dann alles. Demgegenüber nun Paulus, der uns sagt, daß wir uns an die heilige Schrift halten sollen. Soviel über diesen Punkt. Aus welchem Grund? Weil Gott dort spricht und mitnichten die Menschen. Wir sehen also, wie er alle menschliche Autorität ausschließt, daß Gott seinen Vorrang vor allen seinen Geschöpfen haben muß und daß groß und klein sich ihm zu unterwerfen haben und keiner sich anmaßen darf, sich einzumischen mit einem «Jetzt spreche ich»!

Z. 31ff. *Sich selbst,* den Engel vom Himmel, die Doktoren auf der Erde und was immer es an Lehrern gibt – dies Ganze rafft Paulus einfach zusammen und unterwirft es der heiligen Schrift. Diese Königin muß herrschen, ihr müssen alle gehorchen und sich unterwerfen. Nicht ihre Lehrer, Richter oder Gutachter, sondern schlichte Zeugen, Schüler und Bekenner müssen sie sein, sei es der Papst oder Luther oder Augustin *oder Paulus* oder ein Engel vom Himmel. Und keine andere Lehre darf in der Kirche überliefert und gehört werden als das reine Wort Gottes, andernfalls sollen Doktoren und Hörer mitsamt ihrer Lehre verflucht sein.

Z. 38ff. Denn: Dies Laster ist uns eingepflanzt, daß wir Personen bewundern und mehr auf sie achthaben als auf das Wort, während Gott doch will, daß wir allein am Wort selbst hängen und haften. Er will, daß wir den Kern, nicht die Schale erwählen, daß wir uns mehr um den Hausvater als um das Haus kümmern. Er will nicht, daß wir an Petrus und Paulus das Apostelamt bewundern und verehren, sondern Christus, der in ihnen redet, und das Wort Gottes selbst, das von ihrem Mund ausgeht.

S. 520 Z. 42 … Zurückhaltung …

S. 525 Z. 25ff. Wir erkennen diese Bücher an als kanonisch und als zuverlässige Richtschnur unseres Glaubens: nicht so sehr gemäß allgemeiner kirchlicher Überzeugung und Übereinstimmung, sondern vielmehr nach dem Zeugnis und der inneren Bekräftigung des Heiligen Geistes, der sie uns unterscheiden läßt von den übrigen kirchlichen Büchern. Auf diese (obgleich auch sie von Nutzen sind) kann man keinen einzigen Artikel des Glaubens gründen.

Z. 29ff. Die Kirche kann nicht aus nichtkanonischen Büchern kanonische machen, sondern sie bewirkt nur, daß diejenigen Bücher als kanonische angenommen werden, die wirklich und in sich selbst kanonisch sind. Die Kirche, sage ich, verleiht der Schrift keine Authentie, sondern stellt sie nur fest. Denn das wird authentisch genannt, was sich empfiehlt, behauptet, bewährt und aus sich heraus Zuverlässigkeit und Autorität hat.

Z. 33ff. Auf göttlichen Antrieb hin … wurden (diese Bücher) angenommen, und das nicht in einem freien Entscheidungsakt der Kirche, sondern in unumgänglicher Hinnahme.

Z. 37ff. Diese (Bücher) erachtet die Kirche wahrhaft als recht und kanonisch ... deswegen, weil sie, unter Eingebung des Heiligen Geistes verfaßt, Gott zum Urheber haben und *als solche der Kirche selbst überliefert wurden.*

Z. 40f. «Die Bücher sind kanonisch vermöge des ersten [scil. göttlichen] Aktes und im Hinblick auf sich selbst, weil sie inspiriert sind, vermöge des zweiten [scil. kirlichen] Aktes und im Hinblick auf uns ...»

S. 526 Z. 2f. ... unfehlbare Glaubensregel, von der sogar die heilige Schrift ihre Stärke und Autorität bezieht.

Z. 4f. Die Schrift ist nicht zuverlässig ohne die Autorität der Kirche.

Z. 8f. Ich aber würde dem Evangelium nicht glauben, wenn mich nicht die Autorität der katholischen Kirche dazu veranlaßte.

Z. 13ff. Es gibt keine zweifache, sondern [nur] eine Autorität der Schrift, und [zwar ist] dieselbe göttlich, weil sie nicht von der Autorität der Kirche, sondern von Gott allein abhängt. Die Autorität der Schrift uns gegenüber ist nichts anderes als die Erweisung und Erkenntnis jener einzigartigen göttlichen und höchsten Autorität, die der Schrift innewohnt und eingepflanzt ist. Die Kirche verleiht also nicht der Schrift eine neue Autorität uns gegenüber, sondern sie leitet uns durch ihr Zeugnis zur Erkenntnis ihrer Wahrheit. Wir gestehen der Kirche zu, daß sie der heiligen Schrift 1. Zeugin, 2. Hüterin, 3. Bürgin, 4. Verkündigerin, 5. Auslegerin ist, aber wir lehnen es ab, daraus abzuleiten, daß die Autorität der Schrift, sei es überhaupt, sei es uns gegenüber, von der Kirche abhänge.

Z. 22ff. Das Zeugnis der Kirche ist der Zeit nach früher, das des Heiligen Geistes aber ist der Natur und Wirksamkeit nach früher. Wir glauben der Kirche, aber [wir glauben] nicht um der Kirche willen; dem Heiligen Geist glaubt man um seiner selbst willen. Das Zeugnis der Kirche zeigt das «Daß», das Zeugnis des Heiligen Geistes aber zeigt das «Darum» auf. Die Kirche rät, der Geist überzeugt. Das Zeugnis der Kirche bringt eine Meinung hervor, das Zeugnis des Heiligen Geistes aber Wissen und festen Glauben.

S. 528	Z. 19f.	... Von den kanonischen Büchern des Neuen Testamentes erster und zweiter Ordnung ...
	Z. 40f.	Alle (Bücher) des Neuen Testamentes sind wahrhaft, eindeutig und eigentlich göttlich und kanonisch, ohne Ausnahme.
	Z. 43f.	... Peinlichkeit ... Deren irrige Meinung darf, weil sie die weniger ist, nicht der Gemeinschaft der evangelischen oder reformierten Kirche aufgenötigt werden.
	Z. 51	... protokanonische und deutokanonische ...
S. 530	Z. 38	... Altvorderen ...
S. 544	Z. 7f.	... Evangelisten ... Apostels ...
S. 548	Z. 8	... oberhalb der Schrift ...
	Z. 10	... Wahrheit der Schrift selbst ...
	Z. 32f.	Denn wir sehen, allerdings in einem Spiegel und in einem Rätselbild, d.h. *anstelle der Sache begnügen wir uns mit dem Wort.*
S. 549	Z. 8ff.	Dies sei, schreibt Calvin, der Beginn des rechten Verstehens, wenn wir den Glauben, den man Gott schuldet, seinen heiligen Propheten schenken. Als «heilige Menschen Gottes» seien sie darum zu bezeichnen, weil sie, indem sie dem ihnen aufgetragenen Amt treu nachgingen, in ihrem Dienste die Rolle Gottes auf sich nahmen.
S. 554	Z. 7ff.	Die Sakramente ... lehren, daß die wesentliche Ursache der Gerechtigkeit und des Heils in seinem [scil. Christi] Fleisch ruht, nicht als ob ein bloßer Mensch von sich selbst aus rechtfertigte oder lebendig machte, sondern weil es Gott gefallen hat, das, was an und für sich verborgen und unbegreiflich war, in dem Mittler offenbar zu machen. [Übersetzung nach O. Weber]
S. 555	Z. 19f.	... dienstweise ... ursprünglich ...
	Z. 26ff.	Denn die Geheimnisse Gottes, wie beschaffen sie auch seien, die sich auf unser Heil beziehen, können an und für sich und ihrer (wie man sagt) Natur nach nicht wahrgenommen werden; sondern wir erblicken sie ausschließlich in seinem Wort; von dessen Wahrheit müssen wir so überzeugt sein, daß alles als geschehen und erfüllt zu gelten hat, was gesagt wird.

S. 559	Z. 29	… nützlich … die Kraft habend …
S. 560	Z. 17	… Zweiturheber.
	Z. 18	… Autorität …
	Z. 21	… empfangen vom Heiligen Geist …
	Z. 27ff.	Er [scil. Petrus] sagt, sie seien getrieben worden, nicht daß sie von Sinnen gewesen seien (was die Heiden bei ihren Propheten fälschlich als Begeisterung bezeichnen), sondern weil sie sich nichts von sich selbst aus herausgenommen hätten; sie seien nur gehorsam der Führung des Geistes gefolgt, der in ihrem Mund regierte wie in seinem Heiligtum.
	Z. 47	… Erstautorität …
S. 563	Z. 30f.	Zweierlei Dinge sind Gott und die Schrift Gottes, genauso wie der Schöpfer und die Schöpfung Gottes zweierlei Dinge sind.
	Z. 41ff.	Denn sagen, wie es ist, wer vermag's? Ich wage zu behaupten, meine Brüder, daß vielleicht nicht einmal Johannes selbst gesagt hat, wie es ist, sondern auch er [nur], wie er es vermochte! Weil er als Mensch über Gott sprach: wohl von Gott inspiriert, aber dennoch als ein Mensch. Weil er inspiriert war, sagte er [überhaupt] etwas; wenn er nicht inspiriert gewesen wäre, hätte er nichts gesagt; weil er jedoch als Mensch inspiriert war, sagte er nicht alles, was ist, sondern sagte [nur], was er als Mensch vermochte.
S. 564	Z. 1	… Klarheit … Vollkommenheit …
	Z. 8ff.	Durch die Lehre selbst erweist dieses Wort Gottes sich selbst als lebendig, und es prägt sich den Herzen der Erwählten durch das Wirken des Heiligen Geistes kraftvoll ein, ohne daß irgendein Mangel oder Fehler in diesen äußeren Organen das beeinträchtigt. Denn von ihnen hängt unser Glaube oder unser Heil nicht ab, sondern von der in ihnen enthaltenen Lehre selbst. … Die heilige Lehre ist aus eigener Kraft stark und überwindet den Mangel der Organe und schafft, obwohl von fehlbaren Menschen verkündigt, dennoch vollen Glauben an sich in den Herzen der Gläubigen.
	Z. 28	Was er als Mensch vermochte, sagte er.

S. 556 Z. 9 … der jüdische Mensch.

S. 568 Z. 22f. [Übersetzung s.o. zu S. 564 Z. 8ff.]

S. 575 Z. 29 … vom Wort Gottes und dessen Geist gesprochen …

Z. 37 Also hat der, der das zu Schreibende *diktierte,* es selbst geschrieben.

Z. 43 Denn was wir nach seinem (Christi) Willen von seinen Taten und Worten lesen sollten, das befahl er jenen gleichsam als seinen Händen zu schreiben.

S. 577 Z. 4 Der du jenem deinem Diener gabst, dies zu sagen, gib auch mir, es zu verstehen!

Z. 28ff. … daß wir jedes gesprochene Wort, durch wen auch immer es gesagt wird, auffassen, als sei es vom Herrn selbst gesagt, [ihm] glauben, nachgeben und demütig unseren Sinn unterwerfen. Denn so werden wir gerechtfertigt werden und nicht anders.

Z. 31 Denn der Glaube besteht in etwas Unteilbarem; also ist er entweder umfassend und glaubt alles, was geglaubt werden soll, oder [er glaubt] nichts, wenn er [auch nur] eines nicht glaubt.

Z. 44 … aus dem Himmel entströmt sei, als ob Gottes eigene lebendige Worte hier vernommen würden,

Z. 45f. … wo erkannt sei: daß ihr Urheber Gott sei. Deshalb wird die höchste Beglaubigung der Schrift gemeinhin in der darin redenden Person Gottes gefunden.

Z. 46f. Wir stellen fest (nicht anders, als wenn wir dort Gottes eigene Gottheit schauten), daß sie [scil. die heilige Schrift] durch den Dienst von Menschen von Gottes ureigenem Munde zu uns geströmt ist.

Z. 49 … Urheber …

S. 577 Z. 51–
S. 578 Z. 3 Dies ist das Prinzip, das unsere Religion von allen anderen unterscheidet, daß wir wissen, daß Gott zu uns gesprochen hat, und fest davon überzeugt sein sollen, daß die Propheten nicht aus ihrem Gutdünken heraus gesprochen, sondern *als Organe des Heiligen Geistes, die sie waren,* nur das vorgebracht haben, was ihnen vom Himmel her aufgetragen war; denn wer in der Schrift vorankommen will, muß sich zuvor klar darüber sein, daß das

Gesetz und die Propheten keine nach menschlichem Gutdünken hervorgebrachte, sondern eine vom Heiligen Geist diktierte Lehre ist.

S. 578 Z. 26ff. Denn was kann in den Schriften weiter Erhabeneres verborgen sein, nachdem die Siegel gebrochen sind, der Stein von der Grabestür gewälzt und jenes höchste Geheimnis bekannt geworden ist: Christus, der Gottessohn, sei Mensch geworden, Gott sei dreieinig, Christus habe für uns gelitten und werde in Ewigkeit herrschen? ... Nimm Christus aus den [heiligen] Schriften heraus, was wirst du dann noch in ihnen finden?

Z. 33 Gott [ist] unbegreiflich. Christus ist vnzvverstehen, weil er Gott ist.

Z. 44ff. In dem Geist müssen die Schriften gelesen werden, daß wir dort Christus finden. Wer von diesem Ziel abweicht, wird, wie auch immer er sich das ganze Leben lang mit Studieren abmühen mag, niemals zum Wissen der Wahrheit gelangen. Denn was können wir verstehen ohne Gottes Weisheit?

Z. 49 ... feste Gewißheit ...

Z. 50f. Denn Gott hat seinem Wort allezeit eine zweifelsfreie Glaubwürdigkeit verliehen.

S. 579 Z. 12f. Allein der Geist versteht die Schriften recht und gottgemäß. Sonst aber verstehen sie's nicht, auch wenn sie's verstehen [nach Jes. 6,9].

Z. 14f. Ein Häretiker ist, wer die heiligen Schriften in einem anderen Sinne auslegt, als der Geist es eingibt.

Z. 21f. Gott allein ist der einzige kompetente Zeuge seiner selbst – in seinem Wort zunächst und dann auch in den Herzen der Menschen.

Z. 23ff. ... derselbe Geist also, der durch den Mund der Propheten gesprochen hat, muß in unser Herz eindringen.

Z. 39ff. Der Herr hat die Gewißheit seines Wortes und seines Geistes wechselseitig miteinander verbunden, damit in unseren Herzen eine feste Beziehung zum Worte heimisch werde, wo der Geist erstrahlt, der uns dort Gottes Angesicht schauen läßt, so daß wir wiederum ohne jede Furcht vor einer Täuschung den Geist umfangen können, wo wir ihn in seinem Bilde, d.h. im Wort, wiedererkennen. So ist es in der Tat ... Denselben Geist, in dessen Kraft er das Wort hatte ergehen lassen, hat er herniedergesandt, um sein Werk durch eine wirksame Bekräftigung des Wortes zu vollenden.

S. 581 Z. 2 ... Von der heiligen Schrift ...

Z. 6 ... Ersturheber ...

Z. 8 ... geboten, eingegeben, diktiert usw.

Z. 10f. ... als Schreibgehilfen ... oder als Sekretäre ... oder als Protokollanten ...

Z. 13 ... Diener ...

Z. 19 ... das innere Zeugnis des Heiligen Geistes ...

Z. 27f. sie hatten die Funktion von Erforschern und Verfassern.

Z. 28ff. Die Schrift ... *kann nur von Gott,* der sie gegeben hat, und *von ihrem eigenen Licht,* das er ihr eingestiftet hat, *abhängen.*

Z. 30ff. ...die *innewohnende* und wesenseigene von Gottes Wort eingegebene Überzeugungskraft des Wortes und die Bezeugung und Versiegelung durch den Geist in den Herzen der *Glaubenden,* um dann von der letzteren zu sagen: Dieses Zeugnis darf nicht abseits oder außerhalb des Wortes gesucht werden, in unmittelbaren Geistergießungen und Verzückungen, sondern in und mit der Schrift ist es so aufs engste verbunden, *daß es eine einzige Handlung des Wortes und des Heiligen Geistes ist.* Damit es ausschließlich eine Erleuchtung des Verstandes ist, durch die er fähig wird zu verstehen und sich überzeugen läßt.

Z. 49 ... Händen Gottes, ja zu lebendigen und schreibenden Federn.

S. 582 Z. 3ff. Es ist festzuhalten, daß der Heilige Geist unmittelbar und in außerordentlicher Weise alles, was zu schreiben war und geschrieben ist, diktiert hat, Dinge, Worte, solches, was die Schreiber zuvor nicht wußten oder woran sie sich nicht erinnern konnten, wie auch solches, was sie gut wußten, Geschichtlich-Besonderes wie Dogmatisch-Allgemeines theoretischer unsd praktischer Art, sei es, daß sie es durch Sehen oder durch Hören, durch Lesen oder durch Betrachtung kennengelernt hatten.

	Z. 18	… Studien, Erforschungen und Vorüberlegungen …
	Z. 22f.	… in denen nichts Menschliches sei außer dem Organ des Mundes.
	Z. 31	eine göttliche und unfehlbare *Geschichte.*
	Z. 34ff.	weil wir, wenn die wahre Lesart und Aussprache der Propheten erst von den Massoreten angezeigt worden wäre, auf dem Fundament der Massoreten und nicht auf dem Fundament der Propheten gebaut wären.
	Z. 37f.	Kein Irrtum, selbst in Kleinigkeiten, kein Erinnerungsfehler, geschweige denn eine Lüge kann in der gesamten heiligen Schrift einen Platz haben.
	Z. 46ff.	Was aber entstünde daraus als ein reiner Pyrrhonismus, eine reine skeptische und akademische Bezweiflung, ja ein reiner Atheismus?
	Z. 49f.	Das Prinzip muß gewiß, unzweifelhaft, unfehlbar sein.
	Z. 50ff.	Wenn nämlich ein einziger Vers in der Schrift ohne unmittelbaren Einfluß des Heiligen Geistes verfaßt wäre, würde es für den Satan ein leichtes sein, dasselbe von einem ganzen Kapitel, von einem vollständigen Buch, schließlich von der gesamten Bibel zu behaupten und im Ergebnis die ganze Autorität der Schrift zu entkräften.
S. 583	Z. 1f.	Wenn die Worte nicht einzeln den heiligen Schreibern durch göttliche Inspiration eingegeben worden wären, wäre die heilige Schrift nicht eigentlich, absolut und schlechthin … göttlich inspiriert und dürfte nicht so genannt werden.
S. 595	Z. 28ff.	Wir glauben und bekennen, daß die kanonischen Schriften der heiligen Propheten und Apostel beider Testamente das wahre Wort Gottes selbst sind und genugsame Autorität aus sich selbst, nicht von Menschen haben. Denn Gott selbst hat gesprochen zu den Vätern, Propheten und Aposteln und spricht bis heute zu uns durch die heiligen Schriften.
	Z. 34ff.	Die Frage, ob die Schriften oder die heilige Bibel das Wort Gottes seien, ist eines Christenmenschen unwürdig. Wie nämlich auf den Hochschulen mit jemandem, der die Prinzipien leugnet, nicht disputiert wird, so müssen wir einen für unwürdig erachten, gehört zu werden,

der etwa das Prinzip der christlichen Religion leugnen sollte.

S. 596 Z. 1f. Die Autorität der Schrift uns gegenüber ist nichts anderes als die Erweisung und Erkenntnis jener einzigartigen göttlichen und höchsten Autorität, die der Schrift innewohnt und eingepflanzt ist.

Z. 18 Beweisgründe, Zeugnisse ...

Z. 24f. Daß, soweit die menschliche Vernunft reicht, genug sichere Beweise zu Gebote stehen, um die Zuverlässigkeit der Schrift zu befestigen.

Z. 26 ... zweitrangige Hilfsmittel für unsere Schwachheit ...

Z. 27ff. töricht handeln diejenigen, die Ungläubigen beweisen wollen, die Schrift sei Gottes Wort, was man ohne Glauben nicht erkennen kann.

Z. 31ff. Von dessen [scil. des Heiligen Geistes] Kraft erleuchtet also, nicht auf Grund unseres eigenen Urteils oder dessen anderer Leute, *glauben wir,* daß die Schrift von Gott sei ... Nicht Beweisgründe, nicht Wahrscheinlichkeiten suchen wir, auf die sich unser Urteil stützen könnte, sondern einer Sache, die der Zufälligkeit unserer Schätzung entzogen ist, unterwerfen wir unser Urteil und unseren Geist ... weil wir völlig davon überzeugt sind, an der unbestreitbaren Wahrheit festzuhalten ..., weil wir spüren, daß hier die unbezweifelbare Kraft der Gottheit waltet und atmet, durch die wir zum Gehorsam durchaus wissent- und willentlich gezogen und entflammt werden, lebendiger und mächtiger aber, als menschliches Wollen und Wissen es vermag ... Derart also ist die Überzeugung, die keine Gründe braucht, derart das Wissen, für das der beste Grund existiert, [ein Grund,] auf dem der Verstand sicherer und beständiger ruht als auf irgendwelchen Vernunftgründen, derart schließlich das Empfinden, das nur aus himmlischer Offenbarung heraus entstehen kann. Ich rede nur von dem, was ein jeder Glaubende bei sich erfährt, ohne daß die Worte [auch nur] annähernd für eine angemessene Darlegung der Sache ausreichen.

S. 597 Z. 17 ... das, was im heiligen Buch an Anzeichen und Beweisgründen für die Gottheit erhalten ist.

S. 597 S. 598	Z. 47– Z. 1	Autorität und Gewißheit der Schrift hängen vom Zeugnis des Heiligen Geistes ab, und dies ist die größte aller Beweisführungen. Denn die Autorität jedes Gesagten und Geschriebenen hängt von dessen Urheber selbst ab. Vieles basiert auf dieser Regel, die da ist die Grundlage der ganznen Theologie.
S. 601	Z. 11	Das «Zu den Quellen!» …
	Z. 18	… nach menschlichem Recht …
	Z. 23f.	… göttlichen Rechts …
S. 608	Z. 32ff.	Wir glauben, daß das Wort Gottes, das in diesen Büchern enthalten ist, von Gott gekommen ist, von dem allein – und nicht von Menschen – sie ihre Autorität entlehnt. Und da dieses Wort die Richtschnur aller Wahrheit ist, die alles umfaßt, was zum Dienst Gottes und zu unserem Heil notwendig ist, ist es Menschen, ja selbst Engeln nicht erlaubt, ihm etwas hinzuzufügen, etwas wegzunehmen oder etwas daran zu verändern. Daraus folgt, daß weder Alter noch Gewohnheiten noch die Mehrheit noch menschliche Weisheit noch Gerichtsentscheidungen noch Urteile noch Verordnungen noch beschlüsse noch Konzilien noch Visionen noch Wunder dieser heiligen Schrift entgegengestellt werden dürfen, sondern daß im Gegenteil alle Dinge nach ihrer Maßgabe zu prüfen, einzurichten und zu reformieren sind.
S. 609	Z. 24	Die Reinheit des Evangeliums …
	Z. 27ff.	… in geschriebenen Büchern *und nichtschriftlichen Überlieferungen, die aus dem Munde Christi selbst von den Aposteln empfangen oder von den Aposteln selbst durch das Diktat des Heiligen Geistes gleichsam von Hand zu Hand überliefert bis auf uns gekommen sind.*
	Z. 30ff.	… *und auch jene Überlieferungen, die sich auf den Glauben wie auf die Lebensführung beziehen, wie sie entweder mündlich von Christus oder vom Heiligen Geist diktiert und durch ununterbrochene Weitergabe in der katholischen Kirche bewahrt worden sind, mit der gleichen frommen Hingebung und Ehrfurcht übernimmt und verehrt.*
S. 610	Z. 4f.	… die Lehre der Apostel und das ursprüngliche Lehrsystem der Kirche für die ganze Welt.

Z. 6f. ... die zu glaubende Wahrheit als diejenige, die in nichts von der kirchlichen und apostolischen Tradition abweicht.

Z. 8f. was aus der geschriebenen – was aus der uns im Geheimnis von Hand zu Hand überlieferten Lehre der Apostel [stammt].

Z. 13 ... Überlieferung ...

Z. 15 denn nicht alles kann aus der heiligen Schrift entnommen werden.

Z. 17f. Man soll sich also nicht auf die heiligen Schriften berufen und die Auseinandersetzung nicht dort führen, wo entweder [gar] kein Sieg oder ein ungewisser [zu erwarten] ist.

Z. 21f. Halten wir daher die Überlieferung der Kirche für glaubwürdig. Es ist Überlieferung, mehr suche nicht!

Z. 24f. ... geschriebene oder ungeschriebene kirchliche Überlieferung ...

Z. 36 ... die Autorität des geschriebenen Gesetzes ...

Z. 37 Der Konsens der ganzen Welt.

Z. 39f. Woran die gesamte Kirche festhält, auch wenn es nicht auf Konzilien beschlossen wurde, woran aber stets festgehalten wurde, wird als ein nicht anders als auf Grund apostolischer Autorität Überliefertes mit vollem Recht geglaubt.

Z. 45f. daß dies vom Herrn und echt sei, was *zuerst* überliefert worden sei, das aber fremden Ursprungs und falsch, was *später* eingeführt worden sei.

S. 611 Z. 4f. Ich aber würde dem Evangelium nicht glauben, wenn mich nicht die Autorität der katholischen Kirche dazu veranlaßte.

Z. 13ff. ... daß aus ihnen (scil. den Schriften) die Wahrheit nur gefunden werden könne von denen, die die Überlieferung kennten; diese sei nämlich nicht schriftlich, sondern mündlich weitergegeben worden.

Z. 19 Gewohnheit ohne Wahrheit ist [nur] ein alter Irrtum.

Z. 21 Unser Herr Christus hat sich als Wahrheit, nicht als Gewohnheit bezeichnet.

	Z. 26f.	In dem, was in den [heiligen] Schriften klar niedergelegt ist, findet man alles, was Glauben und Lebensführung umfaßt, nämlich Hoffnung und Liebe.
	Z. 36	… Wahrheit der Schrift …
	Z. 43	In allen Dingen ist das *Spätere* das Abschließende, und das Nachfolgende hat *Vorrang* vor dem Vorangegangenen.
S. 611	Z. 53–	… Wahrheit des katholischen Glaubens …
S. 612	Z. 1	
S. 612	Z. 1f.	Zuerst nämlich durch die Autorität des göttlichen Gesetzes, und dann darauf durch die Überlieferung der katholischen Kirche.
	Z. 8f.	daß wir daran festhalten, *was überall, was immer, was von allen geglaubt wurde.*
	Z. 10	… die *universale Verbreitung,* das *hohe Alter,* die *allgemeine Zustimmung.*
	Z. 14	… den Priestern und Lehrern …
	Z. 39ff.	… ein Übergebenes: was dir anvertraut ist, nicht was du erfunden hast, was du empfangen, nicht was du ausgedacht hast, eine Sache nicht des Verstandes, sondern der Lehre, nicht der privaten Aneignung, sondern der öffentlichen Überlieferung, eine zu dir gebrachte, nicht eine von dir hervorgebrachte Sache, von der du nicht Urheber sein sollst, sondern Hüter, nicht Lehrer, sondern Schüler, nicht Anführer, sondern Nachfolger.
	Z. 43ff.	Zum Hüten, Bewahren und Erhalten also ist der Timotheus, der Priester, der Lehrer, der Schriftausleger, der Doktor der jeweiligen Gegenwart berufen: was du gelernt hast, lehre [es so], daß du, wenn du es auf neue Art und Weise sagst, nicht etwas Neues sagst.
	Z. 47ff.	die kostbaren Edelsteine der göttlichen Lehre arbeite heraus, füge treu zusammen, mache sie weise zurecht, füge Glanz, Anmut und Schönheit hinzu, durch deine Auslegung soll klarer verstanden werden, was vorher dunkler geglaubt wurde. Durch dich soll die Nachwelt sich am Verstehen dessen erfreuen, was vorher die Vorzeit unverstanden verehrte.
	Z. 52	… Veränderung …

S. 612 S. 613	Z. 53– Z. 6	daß sich etwas aus dem einen in ein anderes verwandle, wohl aber einen Fortschritt in der Religion: daß eine Sache in sich selbst größer werde. Denn das Verstehen, das Wissen und die Weisheit muß wachsen und ganz gewaltig fortschreiten, sowohl bei den einzelnen als auch bei der Gesamtheit, sowohl bei jedem Menschen für sich als auch bei der ganzen Kirche, je nach den Stufen der Lebens- und Zeitalter, aber nur in seiner eigenen Art, nämlich in derselben Lehre, demselben Sinne und derselben Bedeutung. Es soll die Religion der Seelen die Art der Leiber nachahmen, die, mögen sie im Laufe der Jahre ihre Glieder auch kräftig entwickeln, dennoch dieselben bleiben, die sie waren.
S. 613	Z. 49ff.	… die heilige Schrift auch nur zum privaten Gebrauch zu erklären im Widerspruch zu demjenigen Sinn, an dem die heilige Mutter Kirche festhielt und [noch] festhält, die das Recht hat, über den wahren Sinn und die Auslegung der heiligen Schriften zu urteilen, oder auch im Gegensatz zu dem einmütigen Konsens der Väter.
S. 616	Z. 23	… des christlichen Abendlandes …
	Z. 34	… mit der gleichen frommen Hingebung und Ehrfurcht …
	Z. 41f.	… Verstehbarkeit der heiligen Schrift …
S. 617	Z. 10f.	jedes Wort steht auf zwei Zeugen, auf der Schrift und auf der Überlieferung, die sich gegenseitig ihr Antlitz erhellen.
	Z. 14f.	… alten und allgemeinen Konsens der *alten* Kirche …
S. 620	Z. 23f.	Die Schrift ist nicht zuverlässig ohne die Autorität der Kirche. Die kanonischen Schriftsteller sind nämlich Glieder der Kirche …
	Z. 24f.	… Achilles für die Katholiken …
	Z. 26ff.	Jeder, der nicht auf dem Boden der Lehre der römischen Kirche und des römischen Papstes steht als auf der unfehlbaren Glaubensregel, *von der auch die heilige Schrift ihre Stärke und Autorität bezieht,* ist ein Häretiker.
	Z. 30f.	… als apostolische und kirchliche Überlieferungen …
	Z. 37f.	Dieser Geist wurde zuerst den Aposteln verliehen, dann aber blieb er durch die höchste Güte Gottes für immer in der Kirche.

S. 621	Z. 1	je jünger, desto scharfsichtiger seien die Doktoren.
	Z. 36	… der apostolische Stuhl …
S. 622	Z.26ff.	Die Schrift, ob sie nun entstellt worden ist, oder ob sie es nicht ist, kann als eine authentische Urkunde zitiert werden, solange sie in den Grenzen eingeschlossen ist, die wir oben bezeichnet haben, d.h. *solange sie sich erweist als im Einklang stehend mit der Lehre der Kirche.*
S. 623	Z. 13	Die Überlieferung ist durch die ununterbrochene Weitergabe stets lebendig *in den Herzen der Glaubenden.*
S. 630	27ff.	Deshalb lehren Wir im treuen Anschluß an die vom Anfang des christlichen Glaubens her empfangene Überlieferung, zur Ehre Gottes, unseres Heilandes, zur Erhöhung der katholischen Religion und zum Heil der christlichen Völker, unter Zustimmung des heiligen Konzils, und bestimmen als von Gott offenbartes Dogma: Wenn der römische Bischof in höchster Lehrgewalt spricht, d.h. wenn er seines Amtes als Hirt und Lehrer aller Christen waltend in seiner höchsten apostolischen Amtsgewalt entscheidet, eine Lehre über Glauben oder Sitten sei von der gesamten Kirche einzuhalten, daß er so auf Grund des ihm im heiligen Petrus verheißenen göttlichen Beistandes über jene Unfehlbarkeit verfügt, mit der der göttliche Erlöser seine Kirche bei Entscheidungen in der Glaubens- oder Sittenlehre ausgerüstet haben wollte; daß daher die Entscheidungen eines solchen römischen Papstes aus sich, nicht aber aus dem Konsens der Kirche heraus unabänderlich sind. – Wenn sich jemand jedoch, was Gott verhüte, herausnehmen sollte, dieser Unserer Entscheidung zu widersprechen: so sei er verflucht. [Übersetzung im Anschluß an Neuner-Roos, 7. Auflage, Nr. 388]
S. 631	Z. 33f.	… was überall, was immer, was von allen geglaubt wurde.
S. 633	Z. 21	… christlichen Abendlandes …
S. 633– S. 634	Z. 53– Z. 3	Das Vatikanische Konzil entschied schließlich auf Grund eines offenkundigen Zirkelschlusses und eines Trugschlußirrtums das, was es seit Jahresbeginn als entschieden und feststehend voraussetzte. Der Papst benahm sich persönlich vom Anfang bis zum Ende unfehlbar, so daß er sich schließlich persönlich als unfehlbar erklärte.

S. 636	Z. 36ff.	Wir stellen fest, daß die Kirche ein Haupt in zwei verschiedenen Personen habe, nämlich in Christus und Petrus. Wie die Menschheit Christi gleichsam das beseelte und mit ihr verbundene Werkzeug der Gottheit ist, die das Eigentümliche des Sohnes ausmacht, so kann auch auf ähnliche Weise der Papst bezeichnet werden als das hervorragende menschliche und beseelte Werkzeug des fleischgewordenen Wortes und der Gottheit, mit der er verbunden ist durch die uneingeschränkte Autorität des Stellvertreters. Zu Recht wurde deshalb der Papst … ein zweiter Christus genannt.
S. 639	Z. 28	… Herausrufung.
S. 644	Z. 27	… «Ihr werdet sein wie Gott» …
S. 649	Z. 6f.	«Vom Zeugnis der Propheten und Apostel» oder schließlich: «Vom Wort des Herrn», sondern: «Von der heiligen Schrift» …
S. 653	Z. 12f.	… die Zucht *Gottes* müsse in den *kirchlichen* Vorschriften beherzigt werden.
	Z. 18ff.	Wie es eine gotteslästerliche Teilung wäre, wenn der Glaube auch nur im kleinsten Artikel von einem einzelnen Menschen abhinge, so machen diejenigen Gott öffentlich zum Gespött, die unter Übergehung der Diener, durch die er spricht, so tun, als ob sie ihm als ihrem Lehrer gehorchten.
S. 655	Z. 11ff.	Gewiß wird niemand in der Kirche ein geeigneter Lehrer sein, der nicht zuvor Schüler des Sohnes Gottes gewesen ist und recht belehrt wurde in dessen Schule: weil ja allein dessen Autorität gelten soll.
S. 671	Z. 13f.	… ein Büchlein, [das] nicht nur der Unsterblichkeit, sondern auch [des Ranges] des kirchlichen Kanons würdig sei ….
S. 672	Z. 36ff.	… die alte und *allgemein verbreitete* Ausgabe, die im langen Gebrauch so vieler Jahrhunderte in der Kirche selbst sich bewährt hat, und fordert im Blick auf sie: daß sie … in öffentlichen Verlesungen, Streitgesprächen, Predigten und Auslegungen für authentisch zu gelten habe und daß niemand sie unter irgendeinem Vorwand zu verwerfen wagen oder sich unterstehen dürfe.
S. 673	Z. 40	Ein [allgemein] angenommener Text …

S. 674	Z. 17f.	Schau, worin ich dich eingeführt habe: die Versammlung dieser Heiligen ist keine Volksmenge; es sind nicht nur Söhne, sondern auch Väter der Kirche.
	Z. 18ff.	Durch solche Pflanzer, Bewässerer, Erbauer, Hirten und Ernährer ist [in der Zeit] nach den Aposteln die heilige Kirche gewachsen.
	Z. 41	… Konsens der Väter …
	Z. 46	… *Zeugen* der Wahrheit …
S. 675	Z. 3ff.	Weil nämlich die Kirche katholisch ist, rief Gott immer wieder an verschiedenen Orten Leute auf, die ein einmütiges Bekenntnis vom gesunden Verständnis der wahren Lehre zur Stärkung der Nachkommen ablegten. Und gute Geister werden sehr gestärkt, wenn sie sehen, daß die gleiche Stimme der Lehre zu allen Zeiten in der Kirche laut geworden ist.
	Z. 19ff.	niemand sei seit den Aposteln so begabt gewesen mit Weisheit, Glauben, Festigkeit oder werde es in Zukunft sein, wie wir es an dem verehrungswürdigen Manne Dr. M. Luther nicht ohne höchste Bewunderung für die Gaben Gottes wahrgenommen haben.
	Z. 24ff.	Deshalb entbrennt im Eifer für die Frömmigkeit nur einer, der die Geschichte, die Mühen, die Gefahren, die Kämpfe und die geradezu himmlischen Gaben dieses Mannes (scil. Luthers) oft bedenkt, bewundert und für diesen Mann Gott häufig danksagt und der nächst der heiligen Bibel den Büchern Luthers den ersten Platz zugesteht und sie preist als einen himmlischen, göttlichen und kostbaren Schatz … Luther hatte seine Theologie von Haus aus, d.h. aus himmlischer Offenbarung.
	Z. 29f.	… göttlichen Mann, großen Mann, Morgenstern der Theologen, Lichtspender und großes Wunder der Welt.
	Z. 38f.	Mit Ausnahme der apostolischen Schriften haben seit der Zeit Christi die Jahrhunderte kein diesem Buch ebenbürtiges geschaffen.
S. 676	Z. 5	… Von der Berufung des seligen Luther …
	Z. 11ff.	… Weissagungen über das Werk der Reformation, die, wenn sie auch den Namen Luthers nicht klar und ausdrücklich erwähnen, indirekt doch einen Hinweis auf das Werkzeug enthalten, das jenes Werk vollenden sollte.

Z. 15 ... heldenhaften und sogar in höchster Gefahr noch unerschrockenen Mut ...

Z. 20 ... Vom Dienst Calvins ...

Z. 44ff. Aber den Charakter der Erhabenheit und wahre Größe bewundere ich an Calvin, der mich bisweilen so erhebt und in die Höhe reißt, daß ich nicht mehr bei mir bin. Ich kann mich rühmen, daß ich das Theologesein, wenn von irgendeinem, dann von Calvin gelernt habe. ... Hier will ich etwas sagen, ihr Jungen, wovon ich möchte, daß ihr es auswendig behaltet: ich habe von keinem anderen Autor besser gelernt, *wie in Erklärungen und in Streitgesprächen das Wort Gottes zu brauchen sei: dieser allein lehrt predigen.*

S. 677 Z 2ff. Dann nämlich werden viele Möchtegern-Lehrer sich erheben, die unter dem Vorwand der Frömmigkeit Verkehrtes lehren und im Nu alles umstürzen werden, was wir in langer Zeit und mit großer Mühe aufgebaut haben. Dennoch wird Christus im Regiment bleiben bis ans Ende der Welt, jedoch wundersam, wie unter dem Papsttum.

S. 679 Z. 13 [Titel der von A. G. Spannenberg verfaßten Dogmatik der Brüdergemeine (1779)]

S. 686 Z. 26 ... Konsens der Väter ...

Z. 39f. ... Thomas von Aquino, Bekenner der evangelischen Wahrheit ...

S. 689 Z. 30 ... Macht [hier ungefähr: imponierende Gestalt] ...

S. 694 Z. 34f. Nirgendwoanders sollen wir Gott suchen als in seinem Wort, nichts über ihn denken als nur in Verbindung mit seinem Wort, über ihn nichts reden als nur durch sein Wort.

Z. 36 ... öffentliche Konfession ...

Z. 37f. ... daß nichts [anderes] in ihr gefunden werde als die ureigenste Wahrheit der Schrift ... daß sie nicht aus verschiedenen menschlichen Meinungen zusammengeflickt, sondern auf den rechten Maßstab der Schrift hin wohl abgewogen sei.

Z. 39f. Daß sie eine Bezeugung des innerlich empfangenen Glaubens ist, darf wiederum nicht hindern, daß sie dauerhaft und unverfälscht ist, und darum muß sie aus den reinen Quellen der Schrift geschöpft werden.

Z. 41ff. Wenn heute die heiligen Väter ihre Versammlungen hielten, würden sie [wie] aus einem Munde rufen, nichts sei ihnen weniger erlaubt oder auch von ihnen beabsichtigt gewesen, als irgendetwas zu überliefern, ohne daß Christus ihnen [darin] vorausgegangen wäre, der ihnen, wie auch uns, der einzige Lehrer war.

S. 695 Z. 5ff. Wir nehmen jedoch als Bekenntnis nicht lediglich ein solches an, das abergläubisch allein aus Worten der Schrift zusammengewoben und -gestoppelt wäre, sondern wir bestehen darauf, daß es mit solchen Worten abzufassen ist, die einerseits innerhalb der Schriftwahrheit einen genau bestimmten Sinn haben, andererseits möglichst wenig hart klingen.

Z. 17ff. Aber die Autorität der menschlichen oder der kirchlichen Auslegung ist bloß kirchlich, nicht göttlich und kanonisch: weil sie nicht unmittelbar von Gott diktiert, sondern durch Überlegung und Beratschlagung von Menschen überliefert ist, von denen die einen mehr, die anderen weniger Erleuchtung, die einen größere, die anderen kleinere Gaben zum Verstehen und Erklären göttlicher Dinge besitzen. Daher ist die kirchliche Auslegung der Schrift und so auch die kirchliche Konfession oder irgendeine Erklärung des Glaubens, ebenso auch der kirchliche Unterricht und jedwede Schrift oder Abhandlung frommer Leute ... nicht von vornherein gutzuheißen, zuzulassen und anzunehmen, sondern nur mit der Einschränkung und unter der Bedingung: sofern es mit der heiligen Schrift als der einzigen Quelle der himmlischen und heilbringenden Wahrheit, dem unerschütterlichen Fundament und der niemals täuschenden Regel des Glaubens und der guten Werke, übereinstimmt.

S. 696 Z. 53 ... der einen heiligen katholischen [Kirche] ...

S. 697 Z. 34f Das Wort Gottes bleibt in Ewigkeit.

Z. 37f. Das Bekenntnis des Glaubens wird im Symbol überliefert gleichsam im Namen der *ganzen* Kirche, die durch den Glauben vereint wird.

S. 701 Z. 9ff. ... sie erklären und zeigen, wie zu den jeweiligen Zeiten die heilige Schrift in umstrittenen Artikeln in der Kirche

		Gottes von den Doktoren, die damals lebten, verstanden und ausgelegt wurde.
	Z. 12	… Zeugen der Wahrheit …
	Z. 14ff.	Wir sind entschlossen, keinen Fingerbreit von den Dingen selbst oder auch von den Formulierungen, die in ihr enthalten sind, abzuweichen, sondern mit der Hilfe des Geistes des Herrn in höchster Eintracht beharrlich bei diesem frommen Konsens zu verharren.
	Z. 25f.	… schon die Augsburger Konfession gar kein *Bekenntnis*, sondern nur eine *Verteidigungsschrift* sein …
S. 702 S. 703	Z. 45– Z. 1	… Gesamtdarstellung der Theologie …
S. 704	Z. 17f.	Wir glauben, bekennen, lehren …
S. 705	Z. 4	Wenn jemand sagt …
	Z. 11f.	Wir mißbilligen, verwerfen, verfluchen, verdammen … diejenigen, die anders lehren.
S. 706	Z. 16f.	empfangen vom Heiligen Geist, geboren von der Jungfrau Maria … am dritten Tage auferstanden von den Toten …
S. 714	Z. 2	Die Gemeinden lehren bei uns in großer Übereinstimmung …
	Z. 21f.	… Glaubensbekenntnis der reformierten Kirchen des Königreiches Frankreich …
	Z. 35f.	Fehlt der Konsens der Kirche, dann fehlt auch die Kirche selbst, dann handelt es sich auch nicht um ein kirchliches Bekenntnis.
S. 717	Z. 22f.	… öffentlich bei allen Menschen, die die christliche Lehre bekennen, und so *auf dem gesamten Erdkreis* verbreitet überall laut erscholl und begann, in aller Munde zu sein.
	Z. 29	… in den letzten Zeiten und in diesem Greisenalter der Welt …
S. 718	Z. 2	… der Stadt und dem Weltkreis …
	Z. 4	… im Bekenntnisfall …
S. 719	Z. 11	… um zu disputieren …

S. 720	Z. 35f.	… bekennen, Bekenntnis, Bekenner …
S. 721	Z. 9f.	… zu dem ersten oder letzten Mittel …
S. 727	Z. 25	Es gibt ein Drittes.
	Z. 37	… ein Opfer des Verstandes [d.h. einen Verzicht auf dessen Gebrauch] …
S. 735	Z. 3f.	Ich glaube an Gott den Vater, den Allmächtigen, den Schöpfer des Himmels und der Erde, und an Jesus Christus, seinen eingeborenen Sohn, unseren Herrn?
S. 738	Z. 4f	… weil sie mit dem Wort Gottes übereinstimmen.
	Z. 12ff.	Ihnen erklären wir: Wenn irgend jemand in diesem unserem Bekenntnis einen Artikel oder Satz finden sollte, der Gottes heiligem Wort widerspräche … Wir versprechen ihm auf Ehre und Treue entweder Widerlegung seiner Bedenken durch den Mund Gottes selbst, d.h. durch seine Schrift, oder aber Verbesserung dessen, was er uns als verkehrt beweisen sollte. [Übers. von K. Barth, Gotteserkenntnis und Gottesdienst nach reformatorischer Lehre, S. 10]
	Z. 30f.	… über die besondere Mitwirkung Gottes …
	Z. 37f.	es ist gefährlich, ohne beigefügte Erläuterung die symbolischen Bücher Menschenschriften zu nennen.
S. 741	Z. 14	… Gemeinschaft der Heiligen …
	Z. 20ff.	… der in dieser Gemeinschaft stattfindenden Mitteilung der heiligen Dinge zur Gemeinschaft der *Heiligen* …
S. 742	Z. 26f.	Wenn die Welt krachend einstürzt, werden die Trümmer einen Unerschrockenen treffen [Horaz] …
S. 747	Z. 48f.	… christliche Freiheit …
S. 748	Z. 14	… eine heilige katholische [Kirche] …
S. 760	Z. 30	… unter Pontius Pilatus …
	Z. 38	… irdischem Staat und Staat Gottes …
S. 764	Z. 10	die Fähigkeit, sich selbst auszulegen …
	Z. 18f.	Dies ist das Buch, in dem ein jeder seine Dogmen sucht; gleicherweise findet auch ein jeder seine Dogmen darin.
S. 772	Z. 1	… fortwährenden Schöpfungsakt …
S. 779	Z. 16	… Erkenntnis …

S. 780	Z. 33ff.	… daß wir, durch seine Wohltat … befreit zur Freiheit der Gewissen und ausgestattet mit seinen geistlichen Reichtümern, auch mit Kraft ausgerüstet werden …
S. 782	Z. 15	… Mittel, um den wahren Sinn der Schrift zu erforschen, das häufige Gebet …
S. 799	Z. 4	… Klarheit …
S. 800	Z. 33ff.	Die Auslegung der heiligen Schrift ist die Erklärung des wahren Sinnes und dessen Gebrauch, in klaren Worten unternommen zur Ehre Gottes und zur Erbauung der Kirche.
S. 807	Z. 4ff.	Das Kriterium für die Schriftauslegung und für die Beurteilung dessen, ob eine Auslegung der heiligen Schrift wahr oder falsch ist, ist die heilige Schrift selbst, die die Stimme Gottes ist. Denn jede Auslegung, die im Einklang mit der Schrift steht, ist wahr und aus Gott; jede, die im Widerspruch zu ihr steht, ist falsch und nicht aus Gott.
	Z. 20f.	… zwischen Gleichen … zwischen Ungleichen …
S. 808	Z. 38	… auf gleicher Stufe …
S. 809	Z. 14ff.	Die Lehre der Propheten und Apostel ist eine bestimmte Rede Gottes, die man sämtlichen Stimmen der ganzen Welt furchtlos entgegenstellen und von da aus Wahrheit von Lüge unterscheiden muß. Diese Rede aber ist ohne jeden Zweifel in der heiligen Schrift [enthalten].
	Z. 22f.	Jede Auslegung einer Schriftstelle also, die mit der heiligen Schrift im Einklang steht, ist wahr; jede, die im Widerspruch zur heiligen Schrift steht, ist falsch und abzulehnen.
	Z. 35ff.	*Diejenige* (Auslegung) *aber steht im Einklang mit der heiligen Schrift, die allen Ruhm für unser ewiges Heil gänzlich Gott zuerkennt und dem Menschen ganz und gar abspricht; diejenige dagegen steht nicht im Einklang mit der heiligen Schrift, die auch nur den geringsten Teil der Ehre für das ewige Heil dem Menschen zuschreibt.*
S. 810	Z. 4	… Sinn …
S. 815	Z. 31	… zwischen Sinn und Gebrauch, zwischen Erklärung und Anwendung.
S. 816	Z. 11f.	… Opfer des Verstandes …

S. 820	Z. 37ff.	Er war in Athen gewesen und hatte diese Menschenweisheit, diese Nachäfferin und Verfälscherin der Wahrheit in Versammlungen kennengelernt, sie, die selbst in ihren Abweichungen vielgeteilt ist durch die Verschiedenheit der einander bekämpfenden Sekten. Was hat also Athen mit Jerusalem zu schaffen? Was die Akademie mit der Kirche? Was die Häretiker mit den Christen? Unsere Lehre stammt aus der Säulenhalle Salomons, der sogar selbst gelehrt hatte, man solle den Herrn in der Einfalt seines Herzens suchen [Weish. Sal. 1,1]. Die ein stoisches oder platonisches oder dialektisches Christentum propagieren, mögen selbst zusehen. Wir aber haben, nachdem Jesus Christus gekommen ist, kein neugieriges Forschen und, nachdem das Evangelium gekommen ist, kein eindringendes Untersuchen mehr nötig. Indem wir glauben, begehren wir nichts mehr über den Glauben hinaus. Denn das glauben wir in erster Linie: daß da nichts sei, was wir über den Glauben hinaus [noch glauben] müßten.
S. 821	Z. 15	… zum leeren Trug …
S. 823	Z. 10	… Fähigkeit zum Gehorsam …
S. 824	Z. 4	… Magd der Theologie …
	Z. 17	… Herrin …
S. 825	Z.26ff.	Von der Erklärung muß es ja über die Brücke der Besinnung zur Anwendung kommen. Es muß sich der Sinn auch als der Gebrauch der Schrift erweisen.

I. BIBELSTELLEN

II. NAMEN

III. BEGRIFFE